战略·法·战术

制胜重大、疑难、复杂案件

段军齐 著

新华出版社

图书在版编目（CIP）数据

战略·法·战术：制胜重大、疑难、复杂案件 / 段军齐著.
—北京：新华出版社，2021.1

ISBN 978-7-5166-5626-6

Ⅰ.①战… Ⅱ.①段… Ⅲ.①审判－案例－中国

Ⅳ.①D925.05

中国版本图书馆CIP数据核字（2021）第023418号

战略·法·战术：制胜重大、疑难、复杂案件

作　　者：段军齐

| 责任编辑：蒋小云 | 封面设计：中尚图 |

出版发行：新华出版社
地　　址：北京石景山区京原路8号　　　　邮编：100040
网　　址：http://www.xinhuapub.com
经　　销：新华书店
购书热线：010-63077122　　　　中国新闻书店购书热线：010-63072012

照　　排：中尚图
印　　刷：天宇万达印刷有限公司
成品尺寸：260mm×185mm
印　　张：34　　　　　　　　　　字　　数：552千字
版　　次：2021年3月第一版　　　　印　　次：2021年3月第一次印刷

书　　号：ISBN 978-7-5166-5626-6
定　　价：178.00元

作者简介

　　段军齐，男，汉族，中国政法大学法学博士，重大、疑难、复杂案件实务领域资深律师，北京市京师律师事务所高级合伙人。

　　段军齐律师长期专注操盘解决重大、疑难、复杂案件，擅长从全局战略高度与全方位战术维度对案件进行系统性掌控，积累了饱富的实战经验，创立了战略、法、战术思想体系，并形成以该思想体系为圭臬的实战方法论。

　　段军齐律师团队充分发挥战略、法、战术思想体系的实战威力，近十五年成功操盘解决百余宗标的逾亿元的重大、疑难、复杂案件，从个案成效与社会效果角度考量，战略、法、战术思想体系都实至名归。

从实务经验角度判断，重大、疑难、复杂案件与战争极为相似。企图以解决传统单纯诉讼案件的专业技术流思维方式与处理模式来解决重大、疑难、复杂案件，犹如以智力游戏结果来决定国运战争的胜败一样不切实际。每个重大、疑难、复杂案件对于当事人来说，都相当于国运之战。既为决定国运之战，双方必定充分研判形势，部署全局战略规划，运筹全方位、立体化、多层次、纵深化的战术体系，倾尽全力，全方位地积蓄综合实力，务求赢得全面胜利。重大、疑难、复杂案件的结果足以决定双方当事人的命运，讼争事务错综复杂、盘根错节、千头万绪、变幻莫测，若坚持传统专业技术流思维方式与处理模式，仅固守单纯诉讼战场，犹如对手发动全面侵略战争后，我方却偏守一城一隅，企图通过小规模战役的胜利赢得最终的全面胜利，非但无法解决局部问题，反而导致全局陷入危亡境地。实务中，太多重大、疑难、复杂案件被当作标的较大的单纯诉讼案件进行专业技术层面的处理，导致案件深陷悬停僵死与泥泞困厄的危亡境地，双方当事人却被长期围困于拉锯回合的缠斗。如何全面、深入、彻底地解决重大、疑难、复杂案件，已经是法律实务领域亟须解决的重大课题。

简而言之，重大、疑难、复杂案件是双方当事人为争夺关乎生死存亡的重大利益，穷尽并聚集各种优势资源与力量，发动所有利益共同者结成联盟，穷尽手段、用尽救济、倾尽全力，以争取巨额利益并彻底制服对方为目的，在漫长的战线上展开的殊死对抗与较量。重大、疑难、复杂案件属于诉讼案件范畴，但与传统单纯诉讼案件完全不同。理论上对两者不做区分无伤大雅，若在实务解决过程中不做泾渭分别，以传统专业技术流思维方式与处理模式来处理重大、疑难、复杂案件，必定深陷久战不决的汪洋大海。这也是众多重大、疑难、复杂案件深陷悬停僵死与泥泞困厄之危亡境地的根本原因。

传统单纯诉讼案件可以通过诉讼裁判定分止争，双方当事人在矛盾无法调和时，为追求公正结果，基本上都愿意选择明法守理，诉请权威的司法机关裁判。

裁判生效后，无论是心悦诚服，还是慑于法律强制执行力，大体都能够尊重裁判并执行，从而相对彻底地解决问题。在重大、疑难、复杂案件中，双方为关乎生死存亡的重大利益展开你死我活的讼争；当事人往往会发展众多拥有优质资源与雄厚力量的第三方，形成强大的利益共同体联盟，传统单纯诉讼模式中严格的相对性被实质打破，一对一的对抗演变成两大利益共同体联盟之间的斗争，其复杂性、疑难性绝非单纯诉讼案件可同日而语；双方讼争的终极目的只有战胜对方并实现全部利益诉求，胜败完全取决于双方实力对比，并非传统单纯诉讼案件中凭法律裁判定局的君子比武模式；基于重大利益与极端复杂性、疑难性，形成装睡的人叫不醒的尴尬局面，即使双方真正地明法达理，也往往用尽救济、穷尽手段、不遗余力地展开全方位的对抗与较量，犹如纸牌游戏中双方反复筹算出牌以压制对方点数一般，人为地、极限化地布设难题与障碍，形成极端疑难、复杂的局面，导致传统法律专业技术手段显得无能为力。

在重大、疑难、复杂案件实务解决领域未形成系统性的实战方法论之前，此类案件依然是按照标的较大、法律关系较复杂的单纯诉讼案件处理，即使双方处心积虑地布设了较多讼争战场，形成众多对抗与较量并存的复杂局面，依然被教条刻板地局限在每个单独对抗程序中进行专业技术层面处理，本来具有统一性、系统性的事务，被支离破碎地割裂，各自为政，互不呼应。在一些重大、疑难、复杂案件中，当事人出于专业需要考量，将众多不同法律关系的诉讼案件分别委托不同的专业团队代理，专业团队自然按照各自的标准与尺度进行处理，最终导致事务越来越泥泞困厄，非但原有问题得不到解决，新问题却如雨后春笋般冒头，令当事人应接不暇。此种头痛医头、脚痛医脚、按下葫芦浮起瓢的危难局势长期存在，即使实力再强大的当事人也会逐渐力不从心。好多当事人被消耗至弹尽粮绝、山穷水尽，在重大、疑难、复杂案件中彻底迷失。

传统专业技术流思维方式与处理模式，无法全面、深入、彻底地解决重大、疑难、复杂案件。必须运用系统性的实战方法论指导案件讼争实践，尊重案件客观形势与双方实力对比情况，从全局战略高度进行把握，充分运用法律手段，形成系统化的战术体系，围绕总体战略目标，逐一解决核心问题并化解人为布设的疑难复杂，案件才有望得到彻底解决。每个重大、疑难、复杂案件的解决都是个性化、差异化、高品质的私人订制模式，杜绝批量化、无差别、平均质的车间流水线处理模式。从笔者律师团队操盘解决百余宗重大、疑难、复杂案件的实践经验看，没有一宗案件是单一法律关系讼争，几乎都涉及民事、刑事、行政法律关系，常常形成极端复杂的交叉复合法律关系。好多案件还涉及民事、刑事、行政法律关系之外的对抗。局势复杂至此，仅凭单纯法律诉讼程序根本无法解决。极端复杂的法律关系、重大利益引致最高级别的对抗与较量、两大利益共同体联盟之间的斗争、人为布设极限化的疑难复杂等本质特征，导致重大、疑难、复杂案件的解决过程堪比战争。将关于战争的智慧、谋略、方法论等应用于此类案件的实战解决，在系统性的思想、哲学、理念、价值观、方法论、模式等指导下，形成系统性的实战方法论体系，完全超越法律专业技术层面的对抗，针对核心问题与主要矛盾，务求全面、深入、彻底的解决，无疑是案件真正走向胜利的命运转折。

笔者专注操盘解决重大、疑难、复杂案件十余年，从专业技术流思维方式与处理模式开始，走了不少弯路，也经历了不少错舛。及至逐渐谙熟重大、疑难、复杂案件的脾性，在实践中不断反思、总结、提升、创新，最终形成了系统性的实战方法论体系。该实战方法论体系以法律为基石和纲领，充分运用战略战术思想，讲究智慧与谋略，笔者将其命名为战略、法、战术思想体系。在解决重大、疑难、复杂案件过程中，战略、法、战术思想体系要求从全局战略高度出发，全程接受系统性的思想、哲学、理念、价值观、方法论的指导，全面了解案件客观情况，进行精挖细掘、掘地三尺的调研摸底及要素收集；在深彻把握案件的基础上，进行全局分析、全局考虑、全局谋划，制订总战略规划，对于案件整体解决过程中的战略目标、战略任务、战略方向、战略路线、战略阶段、战略力量、战略手段等重要事项进行全面谋划设计；在总战略规划的指引下，结合案件客观形势与双方实力对比，准确地预测案件发展趋势，确定具体的战略方向与战术运筹方案；针对对方的薄弱环节与致命要害部位，部署极富针对性的战术体系，形成完备的战略攻防系统；在讼争过程中全面、深入地收集战略要素，形成丰富的战术据点，以此为基础打造全方位、立体化、多层次、纵深化的战术体系，形成六合八荒、力度千钧的战略进攻体系以及密不透风、滴水不漏的战略防御体系；在主体诉讼等核心讼争领域，我方能够在攻防两端拥有足够的实力，给予对方全面压制，主体诉讼以外的对抗领域，我方也拥有丰富的后备战术体系，大幅增加我方战略力量的震慑力与纵深度，甚至在双方讼争结束后，依然拥有持续性战略震慑的后备战术体系，防止对方卷土重来、反攻倒算；充分利用强大的战略震慑缔造的绝对实力优势，创造完全掌控且不可逆转的战略优势，在绝对战略优势支持下，开放主动、因时制宜地实施外交与谈判等辅助战术，最终争取高效能、低能耗的优势和解，基本达成我方总体战略目标，或者发动战略总攻，实现全面、深入、彻底解决的高阶战略目标。在解决重大、疑难、复杂案件实务中，笔者律师团队充分运用战略、法、战术思想体系，近十余年操盘解决标的逾亿元的重大、疑难、复杂案件百余宗，从个案结果与社会效果的角度考量，战略、法、战术思想体系都实至名归。

本书以重大、疑难、复杂案件认知及解决过程为脉络，完全站在实务经验角度，深彻地认识重大、疑难、复杂案件的本质特征，全面剖析实务中亟须解决的重大问题，提出了战略、法、战术思想体系，创立了系统性的实战方法论体系。针对全局战略高度掌控、充分运用法律手段、部署合理务实的战术体系、智谋运用、战略战术调整等重大问题，进行了全面、深入、务实的系统论述。始终突出传统专业技术流思维方式与处理模式根本无法解决重大、疑难、复杂案件的基本论点，结合此类案件本质特征与解决的实际需求，将全局战略掌控、战术运筹、法律运用进行系统性的统筹，形成卓有成效的实战方法论，为实务解决提供第一手实战经验支持。重大、疑难、复杂案件实务解决领域亟须行之有效的实战方法论体系与模式，本书首次从战略、法、战术协调统筹的高度提出卓有成效的系统性实战方法论，期望为实务解决领域提供价值丰富的参考。本书力求分享纯粹的实务经验，将长期操盘解决重大、疑难、复杂案件形成的经验、思想、理念、价值观、方法论进行系统性的阐述，较少进行学理考究与专业技术层面的探讨。基于分享纯粹实务经验的定位，风格与语言相对灵动而富有个人特色，与传统法律专业著作过分严谨枯燥的风格相比，存在较大区别。本书集中记录了笔者律师团队十余年操盘解决重大、疑难、复杂案件的真知灼见，希望能够为围困于悬停僵死与泥泞困厄的当事人带来曙光，同时也向律师等法律实务同仁们抛砖，希冀引玉以资百尺竿头，更进一步。

段军齐

二〇二〇年六月于北京

目 录 |

第一章
俯察重大、疑难、复杂案件

实务界经常提及之重大、疑难、复杂案件，是否名副其实，必须运用饱富的实战经验予以厘清。表象的重大、疑难、复杂，导致众多徒有大标的的案件被误解为重大、疑难、复杂案件。这种误解对于律师等法律实务人士来说，最大的隐患就是在实战演习或局地战斗中轻松驾驭并大获全胜的泡沫经验，会误导我们对于战争的残酷性、艰巨性、复杂性缺乏正确认识，滋生严重的轻敌麻痹思想，在真正决定国运的战争中不堪一击。

实务解决过程中，人们习惯将标的较大且长期无法彻底解决的案件称为重大、疑难、复杂案件，仅从表象看，这种定义方法似无不妥，但忽略了重大、疑难、复杂案件的本质，有从显而易见的表征进行判断之嫌，比如具备争议标的较大、专业疑难复杂、久拖未决等要素，即被定义为重大、疑难、复杂案件。即使被定义为重大、疑难、复杂案件，处理方式与单纯诉讼案件也毫无二致，除了案情分析、调查取证、诉讼方略、庭审技战术准备、执行预筹等工作更深入细致外，基本没有建树性的解决方案。有些当事人甚至连对方的战略意图都未曾研究，便随着法律程序的推进按部就班地应对。在重大、疑难、复杂案件实务解决领域，客观地考量传统专业技术流思维方式与处理模式的解决成效，可谓只触及皮毛，根本无法深入实质。此类案件讼争事务错综复杂、盘根错节、千头万绪、变幻莫测，形成头绪复杂的无解之局，若不能坚持正确的战略方向与路线，极易偏离战略目标而误入歧途，围困于为斗争而斗争的怪圈，最终深陷悬停僵死与泥泞困厄的危亡境地。

传统专业技术流思维方式与处理模式，是众多重大、疑难、复杂案件未得到全面、深入、彻底解决的原罪。未掌握事物本质，便以缘木求鱼的方式去倾力解决，结果自然是南辕北辙。绝大多数重大、疑难、复杂案件，正是在对其本质特征缺乏正确认识的情况下，被视为单纯诉讼案件进行专业技术层面的处理，最终有可能在主体诉讼中得到胜诉判决，但对方往往经过神机鬼械的谋划设计，将双方核心诉求所依据的基础事实或法律关系移调至法律程序射程范围之外，导致法律判决权利根本无法转化为现实可支配法律权益，最终无法实现终极诉求，案件实质上已经悬停僵死。

在重大、疑难、复杂案件中，基于关乎生死存亡的重大利益纷争，双方不惜投入全部力量与资源，广泛发展颇具能量的同盟者，形成强大的利益共同体联盟，计出万全、策无遗算地谋划克敌制胜的方案，其中多数超出了法律程序的射程范围。若思想认识欠缺，战略战术准备不足，讼争开局便会处于完全劣势，只能跟随对方设定的程序与节奏，亦步亦趋地被动应战。被动方在应战的同时，亦采取钉铆相称的方式进行反击，双方极易陷入拉锯回合缠斗的泥潭，即使案件已经悬停僵死，双方的缠斗却旷日持久。重大、疑难、复杂案件中的疑难与复杂，人为谋划设计的成分居多，只有重大利益是在法律关系产生与发展的过程中自然形成。就此类案件本质而言，不仅是法律专业技术问题，更是人性、利益、谋略、实力等错综交织的复杂问题。要全面、深入、彻底地解决此类案件，必须在法律专业技术范畴之外谋求更多的解决之道。传统意义上争议标的较大的案件，其疑难与复杂是在法律关系产生与发展的过程中自然形成，与人为谋划设计无关，本质上属于法律专业技术问题，均可在法律诉讼程序中得到有效解决。

重大、疑难、复杂案件一般发生于实力不俗的主体之间，近年来逐年增多，但解决状况并不理想。有些业界翘楚或成功人士，一旦遭遇重大、疑难、复杂案件，动辄迁延数年乃至二十余年困厄其中，无法全身心地营务正业。全方位、高强度的消耗导致当事人精疲力竭、弹尽粮绝的情况比比皆是，因案件纠缠而一蹶不振，溺毙于重大、疑难、复杂案件的汪洋大海者也不胜枚举。这种现状给社会发展与稳定造成严重影响，已经成为法律实务界亟须解决的重大课题。深彻地认识重大、疑难、复杂案件，并探索行之有效的实战解决体系，是法律实务专业人士的当务之急。

第一节　名副其实的重大、疑难、复杂案件

重大、疑难、复杂案件，是法律实务界的高频措辞。每个当事人都认为自己的案件十分重大、疑难、复杂，这是最朴素直观的见解，与此处所探讨的重大、疑难、复杂案件不存在直接关系。此处要辨明的重大、疑难、复杂案件概念，相对于法律实务领域的解决需求而言。只有具备特定条件的案件，才能定义为重大、疑难、复杂案件。此类案件解决过程中，不但需要处理好法律专业技术层面的事务，更需要在法律专业技术范畴之外寻求突破。因此，正确认识重大、疑难、复杂案件的本质特征，对于实务解决具有决定性的意义。即使具备饱富的实务经验，也要防止思维定式与行为惯性扼杀思考创新，在每个新案件中，都要放空一切成见，予以全新考量。常年办理重大、疑难、复杂案件，未必能够深彻掌握其真实内涵，若只是在专业技术层面进行浅表耕作，即便历经弥久，也未必能够触及实质。要深彻把握重大、疑难、复杂案件的本质，不仅是专业经验与从业年限问题，必须具备正确的认知方法论。从实务解决效果的角度分析，自始认识错误是案件深陷悬停僵死境地的最大原罪。为了深彻认识重大、疑难、复杂案件，有必要从传统理解与全局战略高度理解的两个角度进行对比辨析，以便准确把握此类案件的本质，在实务中将其与普通案件进行明确区分。

一、重大、疑难、复杂案件的传统理解

在传统理解中，只要案件具备争议标的较大、专业疑难复杂、久拖未决等要素的其中之一，便被定义为重大、疑难、复杂案件。这种认知完全出于表象判断，并未触及本质，有失主观片面。争议标的较大固然是重大、疑难、复杂案件的必备特征，但并非所有争议标的较大的案件都是重大、疑难、复杂案件。只要在法律诉讼程序射程范围之内进行专业技术处理就能解决的案件，便不应归入重大、疑难、复杂案件的序列。一个普通借款纠纷案件，无论争议标的多大，只要没有人为谋划设计等复杂因素交织其中，仅通过正常诉讼判决与强制执行就能彻底解决，便没有必要归类为重大、疑难、复杂案件。同行业竞争主体之间为争夺市场

份额发动重大诉讼，索赔数额动辄逾亿元，争议标的不可谓不大，但究其本质，更应归属市场营销范畴的问题，是否属于真正的诉讼案件都值得商榷，显然不宜作为重大、疑难、复杂案件予以探讨。重大、疑难、复杂案件的重大性，不仅表现为争议标的巨大，更重要的是该重大利益关系到双方的生死存亡，讼争双方为争夺该重大利益，在各个领域与维度展开全方位的对抗与较量，最终形成极端疑难复杂的局面。

案件的疑难性，应当作专业技术层面与全局战略层面的区分，以便更准确地把握不同案件的本质特征。在传统理解中，案件的疑难性主要聚焦于专业技术层面，对于全局战略层面的疑难，全然忽视的现象比较常见。全局战略层面的疑难，是重大、疑难、复杂案件区别于普通案件的最显著特征，往往表现为一方蓄谋已久，钜细靡遗地进行谋划设计，将双方核心讼争所依据的基础事实或法律关系移调至法律程序射程范围之外，导致另一方根本无法通过正常法律诉讼程序实现诉求，案件的复杂性完全超越了专业技术层面，上升到全局战略级别的极端疑难。在此情况下，传统专业技术手段根本无能为力，必须以更高级别的实战方法论体系进行解决。全局战略层面的疑难，是重大、疑难、复杂案件的致命高地，太多重大、疑难、复杂案件深陷悬停僵死与泥泞困厄，均与对全局战略层面的疑难严重缺乏认识有极大关系。而专业技术层面的疑难，即使达到登峰造极的程度，也未必能够导致案件陷入悬停僵死的境地。因为法律体系是闭环，再疑难复杂的专业技术问题，最终都会因最权威机关的裁决而一锤定音。因而，专业技术层面的疑难，不应成为律师等法律实务专业人士的障碍，不宜将专业技术层面的疑难作为升格案件疑难复杂级别的依据。在经验饱富的律师视角下，基本不存在专业技术层面的疑难案件。即使存在此类情况，完全可以通过百倍努力研精钩深，最终彻底解决专业技术难题，决不会将专业技术难题当作案件的主要矛盾与核心问题。案件在基础事实、证据、法律适用方面存在疑难，均可通过精挖细掘的调研摸底与要素收集，以完善基础事实与证据体系、精研法律法规及案例、有策略地运用证据规则等途径来解决，这些应当属于律师的基本功。若以此将案件提升至重大、疑难、复杂案件的难度级别，难免混淆主要矛盾、核心问题与次要矛盾、外围问题，使重大、疑难、复杂案件的主要矛盾与核心问题得不到应有重视，导致案件始终停留在绵延不绝的治标层面消耗，丧失彻底解决的机会。实务中，悬停僵死的重大、疑难、复杂案件不胜枚举，正是这种错误认知直接引致的结果。因此，必须正确认识重大、疑难、复杂案件的疑难性，超越传统理解中专业技术层面的疑难，从全局战略层面审视案件的疑难性，紧抓主要矛盾与核心问题，才能始终坚持正确的战略方向与路线。

传统理解中，案件的复杂性往往表现为事务头绪众多、解决周期漫长、参与主体众多等，与重大、疑难、复杂案件复杂性的表征颇为相似，但两者的本质大不相同。重大、疑难、复杂案件的复杂性，最本质的特征是人为谋划设计而形成。一方当事人为了达成既定的利益目标，往往充分利用一切可能的条件、力量、资源，对双方讼争程序与节奏进行全方位的谋划设计，形成正常程序与手段无法解决的极端复杂。若按照传统专业技术流思维方式与处理模式予以处理，只能勉强解决表面问题，根本无法触及实质，会逐步深陷更为复杂的讼争程序。解决周期漫长，非因法律诉讼程序本身的延期，主要因为当事人为达成既定利益目标并全面压制对方，催生出无比坚定的讼争意志，进而处心积虑地发动极限化的讼争程序。参与主体众多，是因为追逐重大利益而形成利益共同体联盟，并非法律程序要求必须参加诉讼的主体众多。在某些传统单纯诉讼案件中，基于基础事实以及特殊法律关系，诉讼参与主体较多，往往也表现出极大的复杂性，但本质上是法律规定必须参加诉讼的主体众多，并非因为追逐利益而或明或暗地参与其中。比如，在建设工程合同纠纷案件中，基于发包转包等基础事实以及法律规定，诉讼参加主体往往较多，讼争事务可谓千头万绪，审理周期相对比较漫长，也表现出极大程度的复杂性，但均是因为法律明确规定而产生，本质上属于专业技术方面的问题，与人为谋划设计形成的复杂性有天壤之别。因此，传统理解中，案件的复杂性具有自然形成与法律设定的本质特征，而重大、疑难、复杂案件的复杂性，具有人为谋划设计的本质特征。自然形成与法律设定而形成的复杂性，能够通过正常法律诉讼程序解决，而人为谋划设计而形成的复杂性，正常的法律诉讼程序往往无能为力，必须从全局战略高度进行把握，以行之有效的实战方法论体系予以通盘解决。

二、从全局战略高度认识重大、疑难、复杂案件

从全局战略高度分析，一言以蔽之，重大、疑难、复杂案件是双方当事人为

争夺关乎生死存亡的重大利益，穷尽并聚集各种优势资源与力量，发动所有利益共同者结成联盟，穷尽手段、用尽救济、倾尽全力，以争取巨额利益并彻底制服对方为目的，在漫长的战线上展开的殊死对抗与较量。

重大经济利益催生的疯狂与投入。在重大、疑难、复杂案件中，讼争利益往往十分巨大，且关乎双方或一方的生死存亡，在讼争重大利益本身价值之外，其最终归属将直接影响当事人的社会地位、商业声誉、行业话语权等利益，如果当事人是个人，还涉及声誉、地位、舆论评价、圈子影响力、面子等人格尊严范畴的问题。巨大的经济利益足以令当事人疯狂，加上事关人格尊严问题，这些精英当事人更是在讼争过程中展现出异常坚定的战斗意志。复杂多端的讼争愈演愈烈，当事人会逐渐投入较多感情，在有些案件中，双方当事人之间甚至产生了极大的仇恨。在重大、疑难、复杂案件解决过程中，当事人往往表现出极端的疯狂与投入，从某种程度上看，甚至会不择手段、无所不用其极。好多当事人为此彻底偏离了正常轨道，完全沦为专业打官司的讼客，自此不务正业，这种情况也极大地加剧了案件疑难性、复杂性的升级。

人性与重大利益交织形成无解迷局。由于重大利益的诱惑，当事人积极地发展具有特定资源与力量的主体参与其中，某些颇具能量的主体也会自发地参与其中，最终形成利益共同体联盟。当然，该利益共同体联盟中不应当包括双方委托的代理律师，因为律师与当事人一样，同为法律规定的讼争参加主体，在诉讼中具有独立的法律地位，不应当归属于一方利益共同体联盟的参与主体。在各利益共同体联盟中，除当事人为主角之外，其他主体或明或暗地参与其中，案件不再是单纯法律诉讼的专业技术问题，升级为利益、人性、社会等问题交织形成的复杂斗争。众多参与主体、莫测的人性、疯狂逐利的坚决斗志交织在一起，形成极端复杂的迷局，局中事务错综复杂、盘丝错节、变幻莫测，实战经验饱富的律师未必能保证洞若观火、明察秋毫，当事人在该无解迷局中迷失，往往是无法躲避的宿命。

不容单独解决的高度复合疑难。在复杂无解的迷局中，双方往往发动极限化的讼争程序，展开拉锯回合式的缠斗，穷尽手段、用尽救济，主体诉讼未必能够得到解决，新生问题却有如雨后春笋、遍地四起，形成重大、疑难、复杂案件典型的高度疑难性。这种高度疑难性，由一系列难题有序或随机结合形成，就单独问题而言，一般来说并不难解决。一旦形成多点化、随机性、交叉状的复合疑难，驾驭难度便大幅提升。实践解决过程中，绝大多数重大、疑难、复杂案件的当事人根本无力应付，只能被动地跟随对方发动的讼争程序与节奏，亦步亦趋地四处应战，头痛医头、脚痛医脚，按下葫芦浮起瓢，非但解决不了核心问题，还导致案件全局深陷悬停僵死与泥泞困厄的境地。

遭遇极端疑难复杂的事物震慑，好多人并不会选择冷静沉着地分析应对，也不会甘心承认无能为力，往往会极力神化其疑难复杂程度之高，以此为无力解决的挫败感寻找合理的慰藉。实务中，重大、疑难、复杂案件公认的极端疑难复杂，多数即源于此。换句话说，此类案件的极端疑难复杂，足以吓退绝大多数不得其法的当事人，但并非真正的无解。正如拆解面袋口的锁线，若不懂其玄妙便盲目拆解，非但不能快速顺利地打开，反倒形成死结；若深谙其中玄机，弹指抽拉，迎刃而解。此事虽小，却可以喻大义。只要深彻掌握重大、疑难、复杂案件的本质特征，应当有足够的理由相信，除非是天造地设的难题，其余任何难题都可以充分地运用智慧、谋略、经验，找到适宜的解决之道。重大、疑难、复杂案件中的极端疑难复杂，多数是人为谋划设计。既然是人为谋划设计，必定遵循一定的逻辑规律进行架构，只要洞察入微并予以反向拆解，不难掌握其阿喀琉斯之踵。重大、疑难、复杂案件中高度复合的疑难复杂，往往穿插于案件的全局与局部、宏观与微观层面，不能按照解决法律专业技术难题的模式，在假定存在一系列理想前提的真空实验室条件下，通过逻辑的力量得到解决。它具有高度的动态化、复合化、多变性，必须在充分运用智慧、谋略、经验的基础上，从全局战略高度与全方位战术维度进行掌控并解决。

三、重大、疑难、复杂案件的本质特征

（一）不仅关乎重大利益，而且关乎双方的生死存亡

在重大、疑难、复杂案件中，双方当事人往往是在长期合作过程中形成共同利益，有些当事人之间甚至存在数十年的合作经历，曾经联手创造了巨额财富。随着共同利益的扩大与时代变迁，双方在共同事业中的地位不断变化，利益分配逐渐失衡，不和谐因素便渐次显现。随着利益分配失衡的加剧，双方的决裂势在必行。除非双方都能够在重大利益面前做到高风亮节，好聚好散，否则，势必以

极其惨烈的方式展开斗争。

人性透过利益的棱镜，常常会变得扭曲，极少有人能在重大利益纷争面前保持理性与克制，原本的体面在重大利益的失落面前，脆弱得不堪一击。即便是曾经珠联璧合、情同手足的合作双方面对重大利益分歧，也在草草数轮谈判后便展开你死我活的争斗。总有一方未雨绸缪，在正式决裂前蓄谋已久，处心积虑、别有用心地谋划设计系统化的斗争方略，只等对方自投罗网。多少亲朋好友在重大利益面前反目成仇，不计代价与后果地展开你死我活的斗争，不断地刷新人性中贪婪的底线。

在重大利益分歧面前，为双方仅存的理性与良善打上最后死结的，是情感的失落与安全感、成就感的被剥夺。双方在重大利益形成过程中，都付出了巨大而艰辛的努力，甚至大半生都在为此而奋斗。一旦正式决裂，在损失重大经济利益的同时，大半生的努力与成就付诸东流的失落与对未来的不安全感交织，往往会产生异常强烈的斗争欲望与无比坚定的战斗意志。争逐重大利益的贪婪与战斗意志可以完全操纵当事人，他们不再理性冷静地面对事务，而是人为地将斗争扩大化，在追索应得利益的同时，还执着地追求全面征服对方，甚至置对方于死地的目标。双方在重大利益面前的斗争，实际上演变成有关贪婪与征服的终极决战，任何一方也不会轻易认输，更不会轻言放弃。

重大、疑难、复杂案件中的重大利益，于双方当事人而言事关身家性命之大体，为此毕生讼争似乎成为唯一正确选择。重大、疑难、复杂案件的重大性不但表现为利益重大，还表现为关乎双方的生死存亡。双方在讼争过程中的战斗意志异常坚定，在讼争成本预算问题上，也往往表现出非常慷慨的状况，显然超越了普通巨额经济纠纷案件的理性范畴。在重大、疑难、复杂案件解决过程中，透彻地理解其事关双方生死存亡的特性，有利于从根本上把握主要矛盾与核心问题，从而全面、深入、彻底地解决问题。

（二）人为布设的极端疑难复杂，法律专业技术手段根本无力解决

对于真正杰出的律师来说，不应当存在专业技术层面的疑难案件。但重大、疑难、复杂案件的极端的疑难复杂性，却得到业界公认，很多专业技术过硬、经验丰富的优秀律师，在重大、疑难、复杂案件面前，也常常一筹莫展、无计可施，并非律师的专业技术能力在重大、疑难、复杂案件解决过程中完全失效，而是疑难复杂的维度截然不同，实务解决所持方法论完全不可同日而语。

普通案件的疑难复杂，归根结底是专业、技术、经验问题。这种疑难复杂相对静态化、原生化，对于经验丰富的律师来说，在一定时空范围内具有重复出现的规律性，完全可以用丰富的经验予以把握。但重大、疑难、复杂案件的疑难复杂，是双方当事人用尽救济、穷尽手段地斗法后衍生、派生、次生而形成，具有极大的不可控性。在讼争过程中，只要是能够压制对方的战术据点，都会部署相应的战术行为，增加本方战略攻防力度，导致讼争体系错综复杂、千头万绪。讼争的每一步都是按照蓄谋已久的计划有条不紊地实施，但未必与讼争目的完全协调，往往会产生出乎意料的结果，形成为斗争而斗争的混乱局势，解决案件的方向与路线彻底失控。双方都深陷悬停僵死与泥泞困厄的危亡境地，即便当初神机鬼械、巧设机局的一方，也常常作茧自缚，深受其苦。人为谋划设计并发动众多法律程序及其他讼争程序，交叉复合形成极端疑难的局面。各个问题之间互相依存，互为前提与条件，其中单个问题也极难解决，众多极端疑难复杂的问题犬牙交错，解决难度之大不言而喻。

人为谋划设计的极端疑难复杂，具备警戒性、防御性、免疫性的特点，布局方往往经过全面而深入的调研论证，充分考虑被突破的各种可能性，并提前筹划防御措施，最终在完全确定对方无力解决的情况下才会实施。显然，解决的难度无限提升，与普通案件的疑难复杂形成明显对比。法律关系自然产生、发展过程中形成的疑难复杂问题，即使疑难复杂程度再高，也可在法律专业技术范畴内得到解决。但重大、疑难、复杂案件中人为布设的极端疑难复杂，完全超越了法律专业技术范畴，导致太多案件深陷悬停僵死与泥泞困厄的危亡境地。若要全面、深入、彻底地解决，必须突破法律专业技术范畴，探索更具威力的实战方法论体系。

（三）两大利益共同体联盟之间的斗争

在重大、疑难、复杂案件中，利益的重大性决定了任何一方当事人都不是一个人在战斗，必然会形成以当事人为核心的利益共同体联盟。这些参与主体往往具有非凡能量，为当事人提供协助。双方的讼争，实质上演化成两大利益共同体联盟之间的斗争。参与主体的众多，已经大幅增加了案件的复杂性，更何况各参与主体均能量非凡，更是加剧了复杂性的升级。当讼争演化为两大利益共同体联盟之间的斗争时，表面的诉讼对抗与暗中的复杂较量并存，复杂性远远超出了传统单纯诉讼案件的极值。

　　形成两大利益共同体联盟之间的斗争后，各参与主体各显其能、倾尽全力，谋划设计极限化的疑难复杂，常常令双方当事人都迷失其中，最终导致全局陷入泥泞困厄的局势，而这种结局，往往出乎双方当事人的预料，这种现象在实务中司空见惯。在重大、疑难、复杂案件解决过程中，若缺乏足够的实战经验与驾驭能力，误将此类案件当作难度较大的单纯诉讼案件予以处理，非但不能解决现有的表面问题，反而会引致更为复杂的矛盾，导致局面越来越复杂，各项未解决的问题与新问题纵横交织，形成全新的复杂局势，并在双方拉锯回合缠斗中不断升级。好多重大、疑难、复杂案件解决过程中，当事人与代理律师深陷泥泞困厄，绵延缠斗数年非但无果，反倒与讼争目标渐行渐远，其中的迷茫困惑，一言难尽，只有亲历的人才深知其苦。

（四）死结之瘤

　　死结是重大、疑难、复杂案件最典型的表现特征之一，死结让此类案件的解决变得异常艰难。死结是双方倾尽全力明争暗斗的结果，双方极限化地发动攻防两端的力量与资源，形成众多无解之局。其中法律诉讼程序范围内的事项，双方在诉讼审理与强制执行中，用尽救济、使尽手段、穷尽力量，以各种合法的程序设计进行狙击，常常令司法机关出于社会效果考虑而束手无策。法律程序范围之外的对抗较量，便是无规则丛林中的钩心斗角、尔虞我诈、弱肉强食，在双方长期鼎力回合缠斗中，极易形成死结。

　　死结，似乎是众多重大、疑难、复杂案件无法逃避的宿命，概因双方并非以君子比武决斗的方式来解决问题。君子比武决斗中，双方选择一个平台，尊重平台规则，愿赌服输，决出胜负后交割对赌利益。在重大、疑难、复杂案件讼争过程中，双方以极强的讼争目的为导向，在某种程度上有些不择手段，甚至无所不用其极，但这些手段并不一定违法，在单纯诉讼案件中一般不会出现。这种复杂的斗争状况，直接导致案件不是朝着彻底解决的方向发展，而是逐渐滑入迁延胶着、反复拉锯缠斗的泥泞困厄。

　　由于事关重大利益与双方的生死存亡，重大、疑难、复杂案件的双方当事人追求亲自掌控对方败亡的快感，一般不会将最终裁决权交由权威的第三方。因而，权威的法律规定与严谨的法律程序，在此类案件解决过程中，往往在一定程度上会失灵。双方通过一系列鬼蜮伎俩的谋划设计，经常将核心诉求所依据的基础事实与法律关系移调至法律程序射程范围之外，案件核心诉讼即使得到生效判决，最终往往沦为一纸空文的胜诉判决。这种情况在实务中俯首即拾，死结在此种情况下无限加固，反复制造重大、疑难、复杂案件根本无法彻底解决的表象，使此类案件成为法律实务界几乎无法攻克的疑难杂症。

（五）永远叫不醒装睡人的窘境

真睡的人能叫醒，装睡的人却永远无法叫醒。双方当事人若要彻底解决问题，都需要明法守理，愿意认错让利，选择公平公正的解决途径。如果双方虽明法守理，却坚决不愿认错让利，只求本方大获全胜的终极目的，不择手段、无所不用其极地发动极限化的对抗程序，便极难以单纯诉讼的方式予以彻底解决。

在重大、疑难、复杂案件中，双方当事人往往都是各界精英，综合实力强大，社会阅历丰富，不可谓不懂法明理。但在追求大获全胜的重大利益目标时，往往别有用心地利用各种要素，于己有利时，鸡毛也尽可能地使出金牌令箭的威力，于己不利则用尽鬼蜮伎俩、神机鬼械，尽人力所能及地掌控客观形势，主观方面拒绝考虑遵守执行的问题，公正威严的法律程序，便沦为纯粹的斗争工具。在多数重大、疑难、复杂案件中，当事人在酣战中相当于装睡的人，根本无法叫醒。此类案件中，最终的胜败只能由绝对的综合实力来决定，在不具备绝对的实力与战略优势、未形成包抄合围之势以前，对方别有用心的装睡永远没有尽头。

（六）超出法律诉讼程序射程范围的基础事实与法律关系

传统理解中，解决案件问题就是在法院等司法机关从事特定的诉讼行为，这些诉讼行为都在法律诉讼程序的射程范围之内。重大、疑难、复杂案件自然也受法律程序约束，只是讼争程序相比普通案件而言更为庞杂。然而，讼争程序的庞杂只是冰山一角，背后的明争暗斗、波谲云诡才是此类案件的致命要害。

在重大、疑难、复杂案件中，各个讼争问题的法庭较量也不难分出结果，关键问题在于法庭较量结果根本决定不了结局。在一些重大、疑难、复杂案件解决过程中，各种法律关系的生效判决一大批，但讼争事务依然得不到彻底解决。由于案件客观形势复杂多变，双方的战略攻防体系庞杂无比，分项利益诉求众多，总体战略目标正好是由分项利益诉求有机结合而形成。即使主体诉讼取得胜诉判决，也未必能够实现总体战略目标。众多讼争程序的判决结果相结合，最终往往也无法达成目标。因此，法律诉讼程序之外的战略区域，往往是重大、疑难、复杂案件的主战场，其中多数对抗与较量都超出了法律诉讼程序的射程范围。

充分地认识重大、疑难、复杂案件中多数争斗超出法律诉讼程序射程范围的本质特征，有助于准确地把握案件解决的方向与路线。多数重大、疑难、复杂案件的当事人严重缺乏经验，代理律师也未必具备解决此类案件的丰富实战经验，经常把此类案件当作传统单纯诉讼案件进行处理，企图通过主体诉讼程序的判决达成总体战略目标。得到主体诉讼胜诉判决并不难，若对方已经将我方核心诉求所依据的基础事实或者法律关系移调至法律诉讼程序射程范围之外，即使得到主体诉讼胜诉判决，也无法执行到位，讼争权益还是停留在法律判决权利阶段。此类情况几乎在所有重大、疑难、复杂案件中都会存在，只要存在处心积虑的谋划设计行为，都会存在核心诉求所依据的基础事实或者法律关系被移调至法律诉讼程序射程范围之外的高度可能。好多案件当事人认识不到此类问题，缺乏未雨绸缪的战略部署，跟随法律诉讼程序按部就班地应战，最终守着胜诉判决迟迟无法转化成现实可支配法律权益。有些当事人长期为此四处奔波，殚精竭虑，甚至有人最终剑走偏锋，选择非法维权道路，彻底迷失于重大、疑难、复杂案件的汪洋大海。

若要轻松驾驭重大、疑难、复杂案件，不但需要在法律诉讼程序范畴内熟稔掌控，更需要精熟地运筹法律诉讼程序之外的合法手段、力量与资源，这为法律实务领域提出了重大而严肃的命题。掌控并驾驭重大、疑难、复杂案件，是法律实务专业人士义不容辞的责任，作为当事人，必须相对全面地认识到重大、疑难、复杂案件的本质特征，尤其是清醒地意识到此类案件中经常存在核心诉求所依据的基础事实或者法律关系被移调至法律诉讼程序射程范围之外的问题，从而对于专业技术手段的解决威力抱持理性预期。

第二节 重大、疑难、复杂案件的成因及现状

一、重大、疑难、复杂案件的成因

（一）重大利益相争的必然结果

天下熙熙，皆为利来；天下攘攘，皆为利往。人为财死，鸟为食亡，亘古未变。小利尚且能让人们痴迷追逐，重大利益更会令人疯狂。多少夫妻反目，亲人成仇，不外乎一个利字。一般来说，单纯追求精神或社会效果层面公平正义的案件，可谓凤毛麟角，绝大多数案件都是因利益而存在。为小额利益讼争的案件，基础事实与法律关系相对简单，当事人诉讼目的性不算太强，诉讼意志不算太坚定，诉讼成本的投入也非常谨慎，反击能力与意愿均相对较弱，对于诉讼结果更容易接纳，因此往往能够高效、全面、彻底地解决。为中等利益讼争的案件，当事人诉讼目的性明显加强，诉讼意志更坚定，诉讼成本的投入相对慷慨，反击能力与意愿均大幅增强，双方对于诉讼结果的接纳度显著降低，时常出现明显的缠斗现象，因此解决周期显著延长，彻底解决的难度明显升级。

为重大利益讼争的案件，当事人讼争目的升级为长远战略目标，为此不惜经年累月地奋斗。讼争意志异常顽强，屡败屡战是常有之事，双方积极地全方位备战，全身心投入，甚至当作毕生事业奋斗者亦有之。讼争成本的投入相对而言十分慷慨，有些当事人甚至会不惜一切代价。在讼争中，双方倾尽全力、用尽救济、穷尽手段进行对抗较量，在攻防两端均不遗余力，形成极为复杂的战略攻防体系。双方在漫长的战线上展开拉锯回合缠斗。对于阶段性结果或全局结果，只要于己方不利，双方当事人的接纳度极低，因而，案件极易陷入反复缠斗却悬停僵死的境地。因为重大利益的刺激，案件的重要程度、疑难性、复杂性均极限化地升级，绝非普通案件所能比拟。双方为重大利益相争不下，逐渐演化为你死我活的斗争，重大、疑难、复杂案件正是承载这种重大利益斗争的合法形式与途径，此类案件的根源都是重大利益之争，概莫能外。

（二）参与主体无论是数量还是质量均达极值

在传统单纯诉讼案件中，当事人具有严格的相对性，即传统意义上的原告与被告。该类案件由于涉案利益相对较小，案情简单清楚，讼争成本预算有限，当事人基本不需要案外因素为本方助威，从成本方面考量，也不值得让案外主体参与其中。因此，案件的处理往往干净利落。

在重大、疑难、复杂案件中，存在重大利益在双方之间转移的可能性，参与其中的往往不限于双方当事人。巨额利益的诱惑，足以使与案件直接或间接相关的主体或明或暗地参与其中。作为当事人来说，案件极难驾驭，需要多方面的资源与力量参与其中壮大本方实力。如果势单力薄地与对手较量，无论是从实力对比还是心理抗衡角度，都难以产生足够的安全感。因此，竭力发展颇具能量的主体介入，似乎是当事人不可避免的选择。虽然远离是非是千年古训，但在巨额利益的诱惑下，多数人选择追逐实际利益而公然参与他人的讼争，不遗余力地提供支持、配合、庇护、策划、协调等帮助。当然，双方当事人委托的代理律师不应属于此处所讲的参与主体，律师依法接受委托提供代理服务，是必要的诉讼参加主体，与当事人一样具有独立的诉讼地位，与双方利益共同体联盟中的参与主体是完全不同的概念。

双方的激烈对抗，不仅表现在讼争较量方面，在发展利益共同体方面亦展开激烈的军备竞赛，最终必然形成两个庞大的利益共同体联盟。每个利益共同体联盟以当事人为核心，聚拢了大批颇具文韬武略之能人异士，当然也不乏鸡鸣狗盗之徒，他们各司其职，各显神通，把案件的难度推向一个个新的高度。从实战经验角度分析，双方利益共同体联盟中的参与主体往往颇具能量，这些参与主体贡献的神机鬼械与鬼蜮伎俩，往往是案件极端疑难复杂产生的根源。好多案件最终深陷悬停僵死与泥泞困厄，这些参与主体不遗余力又缺乏谋略的掺和，发挥了决定性的作用。参与主体颇具能量，数量又几近极限，但未必懂得解决案件的战略战术，本想帮助一方解决问题，但往往适得其反，导致案件形势变得极度复杂。

（三）双方当事人无比坚定的战斗意志

理性的人很难相信，一个人可以为了一个案件缠斗二十余年，而且案件仅涉及经济利益纠纷，并非因为千古奇冤、血海深仇，而这却是重大、疑难、复杂案件中司空见惯的现实。以实践经验判断，重大、疑难、复杂案件得到彻底解决的理性周期，大概在三至五年之间。三年五载对于致力于事业的人来说太过宝贵，足以成就一番非凡的功业。但重大、疑难、复杂案件的当事人却可以在漫长的讼争过程中，停止营务正业而痴缠于官司的对抗较量。作为局外人，会理性地认为即使受重大、疑难、复杂案件的影响而一蹶不振，也完全可以选择放弃消耗极大的讼争，重新开辟一番事业，或选择适度地放下，交由专业人士全权处理，让生活与事业坚守正常轨道。或许未亲身承受当事人的苦难，很难设身处地地理解其感受，站在旁观者的角度发表高见容易，一旦置身事中，身处局外时的淡定与理性，恐将荡然无存。在重大、疑难、复杂案件解决实务中，能够理性而务实地委托专业团队处理，本人继续全力营务正业的当事人少之又少，该情况也可以看出此类案件当事人战斗意志异常坚定。

　　除了争夺重大利益的强大动力，捍卫底线与人格尊严的决心，也极大程度地强化了当事人的战斗意志。在重大、疑难、复杂案件中，涉案重大利益往往凝聚了当事人毕生的心血，该重大利益被觊觎或侵犯时，当事人迸发出母老虎护子般的疯狂与坚定，便不难理解。有些当事人为了保护该重大利益，甚至愿意付出数倍代价，也足见当事人斗争意志之坚毅。重大、疑难、复杂案件形成过程中，双方当事人往往从合作或合伙开始，历经千辛万苦终有大成，在出现分歧之前，双方往往是肝胆相照的利益共同体，凝结了深厚的感情，好多案件中双方当事人就是血浓于水的至亲。存在较深渊源的双方当事人，从亲密无间至渐生分歧，再到为重大利益而决裂，绝非仅为重大利益相争那么简单纯净，其中夹杂着浓重的情感因素和仇恨情结。爱与恨的转化，浓烈程度往往相当，同仇敌忾时有多亲密，反目成仇后就有多怨恨。在重大、疑难、复杂案件中，双方当事人正式决裂后展现出的斗争意志，往往相当惊人，双方为争取大获全胜的结果，常常不惜一切代价，不择手段，甚至无所不用其极，大有春蚕到死丝方尽的架势。坚定的战斗意志必定转化为实际战斗力，直接导致案件的疑难复杂程度极限化的升级，甚至完全出乎双方的预料。当然，当事人永远也不会相信其坚定的战斗意志，最终竟然换来作茧自缚的结果。此种情况，不同程度地存在于所有的重大、疑难、复杂案件之中，也是此类案件双方旷日持久地对抗较量却又无法彻底解决，被公认为诉讼案件中不治之症的原因。

（四）传统专业技术流思维方式与处理模式的误诊误治，急剧加重了案件的疑难复杂程度

重大、疑难、复杂案件虽然极不简单，但并非真正无解。只要从全局战略高度把握，充分地运用智慧、谋略与经验，准确把握主要矛盾与关键问题，确定明确的战略方针、路线、策略，部署针对性极强的战术体系，并在运筹实施过程中审时度势，灵活变通，不断地发展、积蓄战略力量，最终逐步取得战略优势，则达成总体战略目标完全可期。

从实务角度分析，重大、疑难、复杂案件的极端疑难复杂，足以令多数律师望而生畏。好多律师基于专业技术层面的判断，以传统诉讼的模式尝试解决，非但无果反倒折损了口碑信誉。在此类案件实务解决领域，当事人经常论及委托律师是否有用的问题，更有甚者，有些当事人上升到人身攻击的高度，侮辱诽谤代理律师，令好多律师深受其苦。对于这种现象，理当换位思考，充分理解当事人的需求与理性诉求。当事人支付律师代理费都是为得到某种特定结果，绝非为欣赏律师出色的专业服务。如果有那份欣赏美好事物的闲情逸致，他们大概会去影剧院，艺术表演比律师的法律服务美妙得多。律师提供法律服务的事由，均是令人不胜其烦的人间不平事，毫无欣赏价值。但站在律师的角度似乎也没有错误，严格按照委托代理协议办事，一事一议，在传统单纯诉讼案件中是不可动摇的原则。但在重大、疑难、复杂案件中，双方攻防战术据点往往较多，均实施海陆空立体化、全方位、多层次、纵深化的进攻，对于任何一方而言都是四面受敌、举步维艰的战略形势。有些对手擅长运筹战略战术，未必将全部战术在某个特定讼争阶段实施殆尽，极有可能部署阶梯递补化的进攻体系。于防守方而言，如果不能洞穿对方战略意图，未构建相对完备而稳固的战略攻防体系，被动地跟随对方发动的程序与节奏，亦步亦趋地被动应战，势必陷入四面楚歌的全面战略被动。

按照一事一议的单纯诉讼案件处理模式来解决重大、疑难、复杂案件，犹如驾一叶扁舟穿过礁石遍布的凶险水域，触礁是必然结果。无应对能力与经验的舵手，只好针对漏洞进行修补，直到漏洞太多导致无力修补时，只能面对沉没的命运。缺乏能力与经验的舵手，只知道在出现漏洞时修补，但永远不知道下一处漏洞在何处，以及有多少漏洞要产生，整个航程的主要精力，几乎全部投入于修补漏洞，却不愿意深入、系统地研究礁石分布情况，总结经验并吸取教训，投入成本去开辟新的安全航线。这种严重缺乏经验与能力的舵手的所作所为，是典型的撞钟守责模式，若用于解决重大、疑难、复杂案件，是致命性的灾难。小病用小医，头痛医头、脚痛医脚，一般没有太大问题。但遇到膏肓之疾，小医只知治标，非但于事无补，而且严重耽误救治时机。小医的能力与经验极为有限，在某些情况下，会基于自己粗浅的专业经验擅做论断，将肘腋之疾误诊为绝症，直接宣告不治，致使患者心理崩溃后加速死亡。小医盲目轻信极为有限的专业经验的诊治，属于典型的轻信擅断模式，如果应用于解决重大、疑难、复杂案件，会直接导致案件误入歧途。

在重大、疑难、复杂案件被当作传统单纯诉讼案件，按照传统专业技术流思维方式与处理模式予以解决的情况下，往往都经历过撞钟守责式与轻信擅断模式的处理，导致解决案件的方向与路线出现严重错误，讼争事务漏洞百出，急剧地增加了案件疑难复杂程度。如果能够从全局战略高度进行掌控，在正确的战略规划指引下，有条不紊地运筹战术体系，将各项疑难复杂的讼争事务统一于总体战略目标的方向与路线，此类案件的解决应当不至于过分艰涩。在缺乏足够的认知能力与实战经验的情况下，盲目地头痛医头、脚痛医脚，按下葫芦浮起瓢，跟随对方发动的程序与节奏，亦步亦趋地被动应战，此种错误操作往往使案件局势如盘错之丝、打结之网，难上加难。

好多重大、疑难、复杂案件的开始阶段，往往并未表现出明显的特别，从表象分析可能与普通案件毫无二致，直至一方战略意图逐渐暴露，战术体系全线铺开以后，另一方才如梦方醒。在此情况下，若缺乏行之有效的实战体系支持，就会陷入全面的战略被动，根本无法建立起有效的反击体系。因此，在重大、疑难、复杂案件解决过程中，必须杜绝传统专业技术流思维方式与处理模式，应当从全局战略高度予以掌控，力争主导案件客观形势，而非全程被动适应案件客观形势的发展变化。

二、重大、疑难、复杂案件实务解决领域的现状

（一）数量大，存量与增量均较高

自改革开放以来，中国经济经过几十年的高速发展，积累了巨量的社会财富，其中蕴含着无数商机，部分先行者在此利好环境中长袖善舞，成为各界的佼佼者，

创造了巨额财富。当初法律与政策环境相对宽松，企业呈粗放式发展无可厚非，但终究需要逐步规范。一旦法律与政策变得相对规范，社会经济主体的内部环境与外部形势都会发生重大变化，各种问题接踵而至，原本如鱼得水的人与事，往往会变得无所适从。

粗放发展模式的遗患，主要表现在权利、责任、利益不明晰，导致合作主体之间在一起创业时患难与共，谁也不过分计较，但随着共同事业做大做强并积累了可观财富后，元老院平等议事的氛围逐渐消弭，代之以明争暗斗、钩心斗角。随着矛盾的酝酿发展，各种严重问题逐渐暴露，股东权利未得到法律程序的保障、权力分配不合理、利益分配不均、贡献与收益不成比例、应得收益被公司长期截留等问题，不一而足，个个都足以引发激烈的讼争。此种形势持续发展到一定临界点，问题就会集中爆发，若得不到妥善解决，各方争权夺利的斗争便愈演愈烈，最终形成重大、疑难、复杂案件。并非所有的企业都存在粗放发展而遗留的问题，但为数不少的老一代企业，均不同程度地存在此类问题。纵观近十年向笔者咨询过有关企业粗放发展遗留问题的重大、疑难、复杂案件，全国各地都存在大批此类问题的案件，具体数量与经济发展水平相关，北京、长三角地区、珠三角地区以及其他一二线城市相对更为集中。这些案件在当地均有一定的影响力，在商界、司法界耳熟能详。

法律与政策变动引发外部环境的改变，导致利益分配方式产生相应改变，或者因为法律与政策的变动，双方承担责任的方式产生变化，这些都会引起经济主体之间利益失衡。如果协调处理不当，势必引发纷争。这些纷争多数具有标的大、历史渊源深、形成周期长、涉及主体众多等特点，会逐渐演化成重大、疑难、复杂案件。基于原来法律规定与政策，某些社会经济主体能够合法拥有可观的财富，但随着法律与政策的变动，可能会导致这些权利的实现受到影响，如果处置不当，当前问题与历史遗留问题并发，亦可引发重大、疑难、复杂案件。

从全国范围分析，重大、疑难、复杂案件数量巨大，绝大多数都经过司法程序处理，但得到彻底解决的并不多，案件现存量特别大。同时，此类案件每年也有大量新增案件。存量与增量均较高，解决现状并不理想，诉讼周期迁延漫长，当事人呼声强烈，这种现状导致法律与司法机关的社会信任度存在一定程度的降低，给司法机关带来极大压力，同时也严重影响社会的稳定与发展。全面、深入、彻底地解决重大、疑难、复杂案件，已经成为法律实务界十分紧迫的重大课题。

解决案件的实战方法论体系，应当随着时代的变化进行前瞻性的升级。虽然法律是古老、保守、传统的行业，但不能一味地抱残守缺、食古不化，以百年前的思想、哲学、理念、价值观、方法论处理当今的案件。如果传统方式明显感觉无力的时候，理当果断地升级实战解决体系，以适应解决案件的实际需求。重大、疑难、复杂案件数量巨大，存量与增量均较高的现状，强烈呼唤全新解决模式的出现。

（二）社会负面影响深远

一夜回到解放前。重大、疑难、复杂案件事关重大利益的转移，成败直接关系到双方当事人的身家性命。在讼争形成的过程中，至少有一方重大利益已经受到侵犯，在正式宣战时，已经有一方当事人穷其一生积累的财富被剥夺殆尽。讼争终究会出现结果，总有一方当事人要为此付出巨大代价。付出巨大代价的一方可能一蹶不振，甚至锒铛入狱、身陷囹圄。为数不少的案件中，最终的结局是两败俱伤。激烈的讼争让无数社会精英经营大半生的产业付诸东流，从人人追捧的明星企业家沦为落魄的官司专业户，令人感到万分惋惜。这些企业以及企业家们，曾是社会中坚，其产业在一定范围内具有较大影响力，一旦遭遇重大变故，直接影响一大批人的生活安定，给社会造成不可估量的负面影响。

好多重大、疑难、复杂案件中，双方经过漫长而激烈的争斗，最终却以两败俱伤的方式收场。在一宗案件中，双方当事人均在经营公司过程中存在不同程度的违法行为，双方在案件解决过程中互相鼎力控告举报，最终在经济利益讼争方面基本持平，任何一方也没得到额外的收益，但刑事犯罪问题因为彼此鼎力控告举报，双方当事人均被司法机关依法追究，双双锒铛入狱。本来蒸蒸日上的企业，交由资历浅薄的二代传人掌管，经营得气息奄奄。在全国范围内，类似的情况并不少见。事实上，重大、疑难、复杂案件不但让好多创业成功的企业家一夜回到解放前，也严重影响了社会经济发展，造成了极坏的社会影响。

自此君王不早朝。一些重大、疑难、复杂案件的当事人，随着讼争的白热化，逐渐迷失自我，几乎将全部时间与精力都投入于案件的对抗与较量，竟然能够忽略、抛却主业。官司的愁思固然才下眉头、却上心头，但生活与工作必须继续沿着正确的轨道前行。如果我们带着孩子行路时被狗咬伤，最要紧的事情是及时打疫苗并照看好孩子，而不是沉浸在与狗主人的理论纠缠，错失了打疫苗的最佳时机，甚至还在混乱中丢失了孩子。陷入重大、疑难、复杂案件讼争的当事人，在解决案件问题的同时，必须全力经营好主业，以防祸不单行，理当将解决案件的事务交由经验丰富的专业人士操持。尽管长期的讼争实践，已经使某些当事人变成半个律师，但比较出色的传统专业技术流律师尚且无力驾驭重大、疑难、复杂案件，作为一知半解的普通人，恐怕连边界都看不清楚。

从实务经验角度看，在重大、疑难、复杂案件解决过程中，近一半的当事人几乎将全部精力和时间倾注于讼争，经营企业、照顾家庭等主心骨完全被激烈讼争替换，整个人处于非正常的亢奋状态，偏执又敏感。只要提起案件讼争事务，有如临战誓师般亢奋激动，滔滔不绝，仇恨怨愤之情溢于言表，让人无法想象他们曾是大型企业的掌舵人。有些案件的当事人长住北京，随时与律师保持密切接触与沟通，企业管理只能通过电话与网络办公的方式遥控指挥。每次和他们会谈结束，笔者良久不能平静，为他们的状态担忧，更为他们掌舵的企业命运担忧。

案件事务错综复杂、千头万绪，当事人不知不觉便深陷其中，逐渐荒疏正业，变成官司专业户。在委托专业团队操盘解决的情况下，当事人在所有讼争事务中事无巨细的参与是毫无意义的。在重大、疑难、复杂案件解决领域，极致敬业与达成目标之间没有直接关系，关键在于能否以完备而稳固的战略攻防体系攻陷对方的战略防线，并有效地遏制对方的进攻力量，在综合实力方面取得绝对的战略优势。在打造完备而稳固的战略攻防体系过程中，当事人无法提供实质性的价值贡献。因此，当事人尽可能地减少参与不擅长的工作，专心营务正业主业。在实务中，笔者遇到过当事人潜心研究讼争，每天总有新的想法与建议，但这些想法和建议均系解决了最基础的法律专业问题，对于解决此类案件毫无补益作用。放弃正业主业，潜心于毫无实际意义的钻研，着实可悲，但这种情况正好反映出此类案件对当事人折磨至深。

连锁反应影响整个产业链。在一定范围内发生一宗重大、疑难、复杂案件，双方缠斗数年最终两败俱伤，乃至双双破产并身陷囹圄，整体而言，对行业信心与安全感必定产生严重的负面影响，导致商业投资的警惕性无限提高，足以改变好多重要方向与计划，整体上严重影响社会经济的发展。重大、疑难、复杂案件的当事人，往往是一定范围内的行业龙头，若因讼争出现闪失，势必引起一系列连锁反应，与之相关的全产业链都将受到严重影响。笔者在西南某省处理过一宗重大、疑难、复杂案件，一个大型建筑企业因为在讼争中全面溃败，负债累累，导致当地五个由其垫资的在建重点工程停工，施工队和工人们频频集体讨薪维权，工程材料供应商联合信访，当地政府出面协调半年多才基本解决。此类案件中，作为行业龙头的当事人一旦溃败，连锁反应对整个产业链深远的负面影响，由此可见一斑。

（三）国内重大、疑难、复杂案件解决现状

绝大多数在迷惘。从全国范围分析，曾经进入司法程序的重大、疑难、复杂案件，绝大多数系通过传统专业技术流思维方式与处理模式进行处理，即使疑难复杂程度达到登峰造极的程度，也往往被当作法律专业技术问题进行处理，缺乏系统性的实战思想与方法论指导，被动地跟随对方发动的程序与节奏，亦步亦趋地应战，头痛医头、脚痛医脚，按下葫芦浮起瓢，一步步陷入更庞杂的纷争。双方展开拉锯回合式缠斗，迁延胶着，剪不断、理还乱，使本来已经足够疑难复杂的案件雪上加霜。

重大、疑难、复杂案件被当作传统单纯诉讼案件处理，是由来已久的普遍现象，该处理方式的缺陷显而易见，社会反响极差。近年来，法律实务界开始意识到问题的严重性，也有不少律师开始研究此类案件的解决之道，但往往停留在专业技术层面。在当前法律实务界，多数律师坚定地认为此类案件必须通过单纯法律诉讼的方式予以解决，争议标的大小不影响法律关系的认定，其疑难性、复杂性均应在法律诉讼技术范围内解决。按照这种解决模式，即使推导出理想的胜诉结果，当事人往往只能持有一纸空文的胜诉判决，无法达成现实可支配法律权益，无论代理律师作出何等让人无言反驳的解释，律师职业的价值感在委托人的世界里也轰然崩塌。现实解决状况严重欠佳，导致法律与律师无用论成为萦绕在重大、疑难、复杂案件耳边的魔咒，嘲讽着法律的无力与律师的无奈，确实需要彻底的改变。

近几年，越来越多的律师开始研究重大、疑难、复杂案件的解决之道，这是法律实务界莫大的福音。律师理当是解决问题的专家，仅非法学专家。当事人支付律师代理费，不仅是需要律师提供专业服务，更为换来期望的实际结果。有种观点将律师职业定义为中介服务，似乎连专业代理都算不上，笔者认为这种定位

经不起历史考验，至少在重大、疑难、复杂案件解决过程中，律师的地位与作用远远超越了专业代理的范畴，更类似于项目的操盘人。在此类案件中，律师为委托人提取、发现、整合全部有利要素，形成完备而稳固的战略攻防体系，以精熟的战略掌控与战术机动能力负责全面推进，像项目负责人、飞机机长、轮船船长一样，在极端复杂的讼争事务中代理、引导当事人取得最终胜利。只有这种思维方式与运作模式，才有可能解决极端疑难复杂的问题，而传统专业技术流思维方式与处理模式，根本无法解决此类案件。身处实务一线的律师们开始质疑传统方式的时候，进步的种子已经无声地萌芽。

极少数渡劫成功。实务中，部分重大、疑难、复杂案件选择以行之有效的思想与方法论为指导，选择尝试创新解决模式。整体讼争事务在系统性的思想、哲学、理念、价值观、方法论的指导下，从全局战略高度进行把握筹划，通过全面了解案件客观情况，并进行精挖细掘、掘地三尺的调研摸底及要素收集；在深彻把握案件的基础上，进行全局分析、全局考虑、全局谋划，制订总战略规划，对于案件解决过程中的战略目标、战略任务、战略方向、战略路线、战略阶段、战略力量、战略手段等重要事项进行全面规划设计；在总战略规划的指引下，结合案件客观形势与双方实力对比，并准确地预测案件发展趋势，确定具体的战略方向与战术运筹方案；针对对方的薄弱环节与致命要害部位，部署极富针对性的战术体系，形成完备的战略攻防体系；在讼争过程中全面、深入地收集与运用战略要素，形成布点丰富的战术据点，以此打造全方位、立体化、多层次、纵深化的战术体系，形成六合八荒、力度千钧的战略进攻体系以及密不透风、滴水不漏的战略防御体系。在主体诉讼等核心讼争领域，拥有足够的实力在攻防两端完全压制对方战略力量，在该领域以外，也拥有雄厚丰富的后备战术体系，大幅增加战略力量的震慑力与纵深度。甚至在讼争结束后，依然拥有保持持续性战略震慑力的后备战术体系，防止对方出尔反尔、卷土重来、反攻倒算。通过强大的战略震慑力量，逐步掌控战略优势，以此为依恃，进可以赶尽杀绝，百分百实现利益目标，退一步可选择优势和解，基本实现总体战略目标。这种实战运筹推动体系，笔者在实务中称为战略、法、战术思想体系。

从实践经验角度分析，近十年由笔者律师团队成功操盘解决的重大、疑难、复杂案件，整体上以战略、法、战术思想体系为圭臬，其中百分之二十左右的案件是在完全掌控战略优势以后讼争到底而大获全胜。百分之七十五左右的案件是在我方绝对实力的压制下，对方主动求和而和解解决。和解虽然不如大获全胜来得酣畅淋漓，但提前收回了失落的重大利益，大幅节约讼争成本，而且规避了漫长讼争过程中的风险与变数，同时保全了双方的和气，日后还可相见甚至继续合作。百分之五左右的案件受众多无法掌控的客观条件限制，尽管也全力运筹战略、法、战术思想体系鼎力解决，但依然无法取得预期结果，真乃山重水复真无路，柳暗花明亦无村。因为对方确实属于经济与人格双重破产，我方核心诉求所依据的基础事实已经被完全破坏。或许这种情况正是此类案件的魅力所在，最起码让笔者时刻清醒地认识到，实务中真有无法解决的案件，从而朝乾夕惕，鞭策自己打造更具威力的实战解决体系。

在传统专业技术流思维方式与处理模式下，重大、疑难、复杂案件几乎无解，这种认识似乎已经成为业界共识。此类案件的当事人，尽管个个都是人中豪杰，一旦卷入激烈而漫长的讼争洪流，处处难掩悲悽愤恨之情，挫败失落之感充斥于言表之间，生活质量与人生规划都遭到严重影响。能让无数精英茫然不知所措，其难度不言而喻。本想以此类案件难、难于上青天来界定其极端化的疑难复杂，脑海中不断闪现众多当事人坚毅自信但凝重愁苦的面容，此等精英往往被消磨得踟蹰衰颓，不得不确信此类案件确实无解，令人情不自禁想起"问君能有几多愁，恰似一江春水向东流"的词句。"恰似"一词用得太好，准确地表达了种种表征导致像极了另一种事物的状态，但只是表象十分相像而已，或许本质方面大有不同。在长期实务解决过程中，寻寻觅觅，想为重大、疑难、复杂案件之无解找寻一种准确的界定，恰似无解极好，正是此类案件难度最准确的表达。从表象分析，所有表征均表现出无解的特性，像极了真正的无解。

既然是恰似无解，说明肯定存在真正的解决之道。重大、疑难、复杂案件的无解，是双方为追逐重大利益而人为炮制的疑难复杂现象，从表象看，事务错综复杂、盘根错节、千头万绪、变幻莫测，往往令人一筹莫展、无计可施，传统专业技术流思维方式与处理模式在此类案件面前，确实举步维艰，越解决越麻烦。若停留在地平面观察，可能会一叶障目、不见泰山。若变换角度或方位，以雄鹰、上帝、直升机的视野进行俯察，必定会有全新发现。重大、疑难、复杂案件具有人为炮制疑难复杂的本质特征，此种疑难复杂与自然形成的疑难复杂有天壤之别。

自然形成的疑难复杂未必个个都有解决之道，但人为炮制的复杂疑难，只要坚持正确的实战方法论，总能洞穿其神机鬼械、鬼蜮伎俩之所在，终将瞄准对方的阿喀琉斯之踵。对方的阿喀琉斯之踵一旦被攻破，貌似固若金汤的防线，犹如推倒第一个多米诺骨牌，其余应声全盘倒塌。

第三节　胶着迁延的窘境

一、胶着迁延的百慕大

一旦陷入重大、疑难、复杂案件激烈而漫长的讼争，能否尽快脱身，并非取决于主观意愿。讼争伊始，双方都不会意识到讼争将会旷日持久。不管有没有刻意追求持久战的消耗，双方的战略准备往往都相当充分，一旦正式交锋，常常出现势均力敌、难分伯仲的僵持局面。双方筹划的战略战术体系都相当庞杂，互相牵制，各有胜负，往往形成漫长的战线，战术据点众多且争夺激烈，形势胶着而复杂。此种形势下，任何一方想退出，已经完全不受主观意愿控制，这完全出乎任何一方的意料。这也是此类案件必经之技战术胶着阶段，要全面、深入、彻底地解决问题，必须熬过漫长的技战术胶着期，迁延时日。

在重大、疑难、复杂案件中，任何一方都无畏讼争大战，且都为此做了充分准备，甚至备选战术方案也都做出阶梯递补化的安排。讼争进入技战术胶着状态，迁延时日，旷日持久，往往完全出乎双方的预料，如果实战经验相对不足，法律实务专业人士也很难对此做出合理解释。此类案件的当事人往往擅长筹算，局面的失控并非因为未充分地预测结果，而是漫长的煎熬令其彻底迷失。要么一筹莫展，亦步亦趋地被动应战，六合八荒地迎接痛击，要么全身心投入于并不擅长的讼争洪流，沦为官司专业户，形成对抗型偏执人格，即便短时间远离讼争事务，也无所适从。只要自以为在案件解决过程中有事可做，便认为是在为维护权益添砖加瓦，本以为离总体讼争目标越来越近，但往往南辕北辙，徒劳无功。发展至此等境况，已经完全失去讼争的意义，演化为毫无实际意义的拉锯回合缠斗。好多案件中，胶着迁延状态持续数年甚至更久，双方展开反复绵延的缠斗，但讼争事务依然在原地打转，核心问题丝毫未得到解决，双方均付出极其惨重的代价，濒临绝境者不胜枚举。这种情况，无疑是重大、疑难、复杂案件最致命的界域。多数案件其兴勃焉，其亡忽焉。这种消亡，不是案件终局的正常结束，而是长期高强度的消耗中的无声消亡，犹如飞行器与船舶进入神秘的百慕大三角区域后的消亡。

二、胶着迁延状态的根源

（一）蓄谋已久，穷兵黩武，全面开战

没有毫无征兆的突发重大、疑难、复杂案件，从案件萌发至正式宣战，双方不但对讼争的来临有足够的心理准备，而且在讼争战略战术方面都有妥善部署，实际上高明与否另当别论，但在当事人看来绝对无懈可击。讼争全面展开后，双方都想以最快的速率全面铺开战术体系，企图以雷霆万钧的攻防力度，在最短时间内击溃对方，导致遍地开花、烽烟四起，各个战术据点全面开战，不可避免地形成胶着状态，这种局势一旦形成，任何一方也无力使其尽快结束。

全面开战形成的讼争体系中，往往包含民事、刑事、行政等法律关系的纠纷，一种法律关系中往往不限于一个案件，各案件之间紧密联系，互相依托，互为前提与条件。诉讼推进过程中，一个案件往往需要以另外一个案件的审理结果为依据，先刑后民等程序规则被经常启用，导致部分诉讼程序时常中止，讼争周期大幅迁延。双方用尽救济、使尽手段、倾尽全力，任何能够助益本方并压制对方的可能性，如管辖权异议、执行异议申请、执行异议诉讼及上诉等能够拖延诉讼期限的措施，均不遗余力地挥洒殆尽，导致案件陷入异常漫长的解决周期。这种蓄谋已久、穷兵黩武、全面开战的情况，在重大、疑难、复杂案件中普遍存在，直接导致案件深陷胶着迁延的泥泞困厄。

（二）拉锯回合缠斗，造成混战局面

在重大、疑难、复杂案件解决过程中，一方在某个战术据点率先发起进攻后，另一方在鼎力防守的同时，也会在本战术据点发起强势反击，或者在其他战术据点发起反攻，如此往复交替，酿成拉锯回合缠斗的局面，最终形成极其复杂、多层次性的派生、衍生、次生攻防混战局面。

在一宗重大、疑难、复杂案件中，初始讼争是施工方诉建设方追索工程款项，建设方立即提起工程质量反诉，并且进行刑事控告，追究施工方寻衅滋事等数项

刑事犯罪行为。施工方也毫不示弱，收集并组织翔实有力的证据体系，控告建设方偷逃税、销毁财务凭证账目等刑事犯罪行为，同时在多个行政管理部门举报建设方多项行政审批不合法，并以侵犯其合法权益为由提起两起行政诉讼，要求确认有关建设方的具体行政行为违法。这些令人眼花缭乱的讼争招数，有些具有法律意义与现实意义，有些则是可有可无的讼争，尤其是施工方提起的两起行政诉讼，实属为斗争而斗争的手段。但不能剥夺任何人的正当诉权，只能由法院裁判其诉求能否成立。为达成追索工程款的目的，双方狭路相逢，各显神通，真正地把法律赋予的权利行使殆尽，将各种可能发动的法律程序予以极限化的利用，原本单纯的建设工程合同纠纷诉讼，逐渐演化成名副其实的混战。

这种混战现象，在重大、疑难、复杂案件绝非个例，多数当事人都会选择以其人之道还治其人的方式展开较量，导致混战局势进一步恶化。双方的攻防手段，不仅体现在主体诉讼中的对抗与较量，在主体诉讼范畴之外，也会制造大批新的对抗程序来增强本方战略力量。在漫长复杂的拉锯回合较量中，案件的解决遥不可期，使双方当事人的消耗极为严重，也浪费了大量的司法资源。

（三）技战术竞赛，拉长战线

在重大、疑难、复杂案件的讼争过程中，双方对抗演化为混战状态后，便基本上不存在理性与克制，代之以疯狂的技战术竞赛。在实务解决过程中，双方展开疯狂技战术竞赛的情况司空见惯，一方在核心诉讼中处于明显被动后，勇气与意志力可嘉，不惜一切代价地展开军备竞赛，绞尽脑汁地部署一切可能的讼争战术体系，极限化地发动诉讼程序及其他战术行动，导致讼争经年累月处于胶着迁延状态。

在单纯诉讼案件中，从专业技术角度用尽救济程序从而拉长战线的方法已经够多，管辖权异议及上诉、人为谋划导致公告送达、申请调查取证、以合法理由申请延期、缺乏实质意义的上诉、申请撤销仲裁裁决、执行异议申请及诉讼等，这些诉讼程序在正常诉讼过程中可以充分保障诉讼主体的权利，但在重大、疑难、复杂案件中，双方的目的只有大获全胜并全面压制对方，必须尽一切可能地积蓄实力，往往失却理性与克制，展开疯狂军备竞赛，这些正当的诉讼程序被极限化的利用，导致个案解决周期几近峰值，众多诉讼程序及其他对抗程序错综交织，整体解决周期会无限迁延。

在案件解决过程中，双方时常展开战术竞赛，以法律诉讼为单位，穷尽讼争事务的最大产出量，极限化地筹划诉讼程序，作为进攻或防御的战术手段。单个案件诉讼周期通过技术竞赛的操纵已经异常漫长，更何况较多法律诉讼程序交叉并行，互为前提与依托，案件需要以另外一个案件审理结果为依据、先刑后民等引发中止审理等情况经常发生，导致系列案件的解决周期遥遥无期，根本无法进行理性预测。

这种技战术竞赛并不违反法律，从法律技术层面无法指责，只是不甚合乎情理。但不合情理的负面评价，在诉讼纠纷中历来没人愿意考虑，在重大、疑难、复杂案件讼争中更是不值一提。但必须清醒地认识到合理运用法律救济手段的重要性，至少可以专注解决核心问题，避免战线太长、战局太复杂而忽略主要矛盾与关键问题，触犯以筌为鱼的错误，深陷为斗争而斗争的漩涡。

三、胶着迁延状态的影响

（一）消耗至弹尽粮绝

讼争一旦进入胶着迁延状态，任何一方也无力尽快破局，如果缺乏正确的指导思想与实战方法论，任由双方殚精竭虑、倾尽全力地争斗，也极难走出拉锯回合缠斗的泥潭，消耗极为严重。双方在攻防两端均已付出极高的战略代价，胶着迁延的状态又持续产生高强度消耗，即使综合实力强大，也无法支撑太久。若对持久战的消耗有充分预见并战备充足，尚可勉力支撑；若无充分的思想准备与战略储备，抱持速战速决的追求进入讼争，深陷其中不能自拔，资源支持又无力为继时，被消耗至弹尽粮绝便是大概率事件。从实践经验角度看，约三四成左右的当事人在重大、疑难、复杂案件解决过程中会出现弹尽粮绝的情况，相比之前富甲一方的风光，着实令人唏嘘不已，这种情况给当事人本身以及社会经济发展均造成严重伤害，如何避免此类案件陷入胶着迁延的百慕大，是法律实务从业者毕生的重要课题。

（二）战略方向与路线的迷失

重大、疑难、复杂案件的双方当事人在总战略规划指引下，运筹实施首轮战术行为时，往往因为对方战略防御并未部署到位，极少遭受反制战略措施的钳制，因而战略掌控力未受外界因素干扰，基本上会按照本方计划运作铺陈，往往顺畅无阻、志在必得。随着讼争对抗进入技战术胶着状态并迁延良久，便会逐渐进入战略静默期。战略静默期只是解决成效方面的静默，激烈的对抗较量却未必减少，这种状况极易导致双方疲惫、麻木、动摇，不知不觉间迷失战略方向，出现战略盲目和战略方向偏误等常见错误。

进入战略静默期后，若无异常丰富的实战经验，除了在无法取得实质性突破的战术对抗中持续消耗外，将无计可施。应该运筹的战术行动都已展开，该部署的战略防御措施亦都运作到位，却丝毫无法接近总体战略目标。好多当事人难免怀疑当前战略措施的正确性，往往会在对战略形势缺乏深彻把握的基础上，盲目部署新的战术体系，导致案件讼争形势更显疑难复杂，陷入悬停僵死、缠斗不止的泥潭。在此危亡局势下，战略盲目现象比较严重，往往会迷失战略方向，在极端复杂的斗争中如同歧路亡羊，陷入太多错误的战术路线，盲目应战、为斗争而斗争、过分纠缠细枝末节问题等情况比较常见。讼争前期阶段，当事人战略方向感一般不会存在明显问题，随着讼争形势逐渐深化，局势逐步变得错综复杂、变幻多端，在极端疑难复杂的动态对抗中，除非具备十分出色的战略战术素养，否则都会存在不同程度的战略方向与路线错误。战略方向与路线的迷失，是绝大多数案件陷入悬停僵死境地的直接诱因。

（三）渐忘初心

别太迷信自己的方向感，出发时目的地非常明确，但行路太长时，路边的流连戏蝶、自在娇莺、花红柳绿便会渐迷人眼，即便内心依然坚守目的地并牢记正确路线，但经过无数歧路选择后，早已迷失了自我。轻车熟路倒也无妨，回归正确的方向只在清醒的一瞬间。若在完全陌生的复杂环境中，或在毫无参照的茫茫大漠，找回正确的方向绝非易事。

重大、疑难、复杂案件解决过程中，双方总体战略目标始终非常明确。但随着双方讼争对抗较量逐渐深入，战术据点渐次增多，各个战术据点的对抗都相当激烈，即便依然坚守总体战略目标，但在复杂甚至毫无实际意义的争斗中，投入了绝大部分战略力量，在泥泞复杂的争斗中，逐渐偏离了正确方向，不遗余力地在各个战术据点争高论低，实际上已经无力审视具体斗争行为与总体战略目标的关系。凡是能够压制对方的战术就坚决实施，有些战术行动甚至与达成总体战略目标风马牛不相及。若就此问题质问当事人，反应往往理直气壮且理所当然，具有明显的斗争即正义的使命感。殊不知这种纯粹为斗争而斗争的无谓消耗，最直接的恶果便是与总体战略目标渐行渐远，但深陷其中竟浑然不觉。如同纸牌游戏中不讲战略与智谋，不断出牌压制对方点数，只为纯粹的压制对方，也完全合乎游戏规则，但可能与本方追求的目标相去甚远。

重大、疑难、复杂案件讼争过程中的战略方向问题，如同经验丰富的司机将道路地形熟记于胸直达目的地，中途即使遇到意外变数，也能够应付自如，先前成熟经验发挥了不可替代的作用。经验再丰富的司机，在陌路行进照样会误入歧途。重大、疑难、复杂案件解决过程可谓波谲云诡，即使拥有丰富的实战经验，但成熟经验在处理新案件时，仅能发挥望闻问切的参考作用，如何彻底解决个案问题，永远是一项全新课题。成熟的实战经验最大的战略价值，是保障此类案件总体解决方向、路线、策略不出较大偏差。作为实战经验极度欠缺的当事人，在错综复杂、千变万化的复杂动态较量中，极难做到始终保持清醒，将各项讼争事务归置得层次分明、条理清晰、轻重主次缓急有别、着力程度符合战略意图。常见的做法是等量齐观、平均着力，将各项讼争事务纠缠一处，重眼前的对抗较量，忽略其与达成总体战略目标的关系。渐忘初心、迷失方向是此类案件解决过程中极易在温和演变中酿成的致命错误。

（四）心理障碍与人格变异

与恶龙缠斗太久，必成恶龙；凝视深渊太久，深渊必报以凝视。重大、疑难、复杂案件解决过程中的讼争异常复杂，双方都处心积虑、倾尽全力地制服对手，甚至不择手段、无所不用其极，常常突破法律原则与正义底线。要制服恶毒的对手，必须以更恶毒的方式去攻击，久而久之，自己也变成和对手一样的恶人，甚至比对手更加恶毒。

此处论述重大、疑难、复杂案件的斗争导致人格变异，无意贬损此类案件的当事人，反倒因为长期解决此类案件，对他们的遭遇更能感同身受。在此类案件极端复杂而漫长的解决过程中，好多当事人不同程度地出现了人格变异问题，这是不可否认现实。置身事中浑然不觉，与当事人长期一起生活的亲人，对当事人经历案件前后言行举止的明显变化进行分析判断，往往会强烈地感觉到案件对当事人人格的重大改变。经常有当事人的家属向笔者倾诉抱怨，对当事人在讼争过程中表现出的危险倾向表示严重担忧，希望笔者能够勉力劝诫其回归正常生活工作轨道，也可以看出在此类案件漫长而复杂的解决过程中，当事人产生心理障碍与人格变异是比较普遍的现象。

在重大、疑难、复杂案件复杂多变的讼争过程中，若内心不够强大，或未及时做好心理调适，极易形成好斗缠讼、猜忌偏执、抱怨愤世、狂躁抑郁、安全感空心等心理障碍和人格变异。尤其是在严重缺乏实战经验的情况下，以传统专业技术流思维方式与处理模式，摸着石头过河，对方发动的是战争，本方却以擂台赛君子决斗之道予以应对，自然是节节败退、无计可施。双方进入白热化的拉锯回合缠斗状态后，当事人的亢奋偏执也会逐渐升级，全身心地投入极端复杂的讼争，但又严重缺乏驾驭能力，在巨大压力与强烈挫败的夹击中，出现不同程度的心理障碍与人格变异，并不难理解。

好斗缠讼。偶见一些重大、疑难、复杂案件的当事人，每天早起学习法律、研究案例、撰写文章，并隔三岔五地与律师等人分享，其水平可谓达到初级专业水平。尽管一再奉劝当事人此类案件绝非专业技术问题，而是全局战略运筹问题，其费尽九牛二虎之力的研究成果，均可从任何法律专业人士处直接获得。但当事人即使明白这个道理，却依然无法自控，如同临阵决战前生死难料的士兵，只有在不断喊打喊杀的操练中才能找到些许安全感，否则便会被强烈而浓重的死亡恐惧感笼罩。当理智无法控制自主行为时，心理必定出现严重问题，像深受抑郁症患困扰的人，每每对晚睡晚起深恶痛绝，却总是无法早起，其主观意志已经完全不能控制自主行为。当事人在亢奋、专注、狂热的情绪支配下，只要发现有隙可乘，就像完成革命性的重大发明一样兴奋狂热，逢人便滔滔不绝地讲述其宏图伟略。其实，绝大多数是毫无建树意义的专业技术类雕虫小技，对于解决重大、疑难、复杂案件全然无用，这些行为足见好斗缠讼已经成为他们的习惯。亢奋、狂热、专注地追求目标的行为极富人格魅力，但沉浸于无关主要矛盾与关键问题的领域，深陷毫无建树意义的拉锯回合缠斗，非但于事无补，反而会使整个人生偏离正常轨道。

有些重大、疑难、复杂案件的当事人，逢人就不厌其烦地讲述其悲惨遭遇，滔滔不绝、絮絮叨叨，在无数人面前重复过无数遍，听众几乎可将其说辞记得毫厘不差，尤其是谈及过五关斩六将的英勇事迹、发誓表决斗争到底时，一派大义凛然、慷慨决绝之气势，谈至动情处手舞足蹈、声情并茂，浑然不觉疲倦。根据实践经验分析，这种现象并非个案特例，在此种案件中具有一定程度的普遍性。其实，当事人此种表现是内心充满斗争并严重失衡的典型表现，但有机会便纵情倾诉以宣泄压力。这般心理与精神状态甚至与家人也无法和睦相处，一个人内心充满斗争与压力时，完全正常的一句话、一件事，往往会被严重畸变化地解读，常为小事歇斯底里应该司空见惯。

猜忌偏执。在重大、疑难、复杂案件讼争中纠缠太久，一般很难与他人再建立真正的信任。此类案件的形成，往往是亲朋好友或亲密合作伙伴背叛反目的过程，当事人的心灵与感情均遭受严重伤害，加之讼争过程中各种挑战底线的事件层出不穷，反复而强烈地刺激着当事人本已伤痕累累的心灵与情感。正常情况下，心灵与情感受到伤害，会在结痂后生出厚重的防备老茧，心理及人格也会发生不同程度的畸变，相信他人只剩概念上的标榜，实质上却很难用心做到完全的信任。在一宗重大、疑难、复杂案件中，父子同为公司股东，上阵父子兵，父子同心，其利断金，联手打下大片江山，让人好生羡慕。后来儿子为独吞公司，数次带人上父亲办公室无理取闹，父亲脾气比较暴躁，在气愤难抑的情况下，曾动手打过儿子几次。只要父亲动手，儿子都报警处理，由于没有严重后果，不涉违法犯罪，公安机关出警协调教导后完结。随后事情的发展令人大跌眼镜，儿子与母亲搬来精神病医院的医生，以父亲有严重的暴力倾向并数次暴力伤害他人为名，强行将父亲扭送至精神病医院进行强制治疗。父亲有理难申、百口莫辩，越发辩解，愈被精神病医院坚定地认定为精神疾病患者。根据精神疾病医疗相关法律规定，监护人及配偶、直系亲属有权将具备某些行为条件的人送入精神病医院进行强制治疗，虽然法律明确规定需要履行法院裁决等程序，但实践中各地操作尺度不一，往往导致法律规定形同虚设。这种情况太过罕见，法律规定基于人性的良善与事务的合理，未曾顾及并防范至亲之间会运用此等鬼蜮伎俩互相残害。试想这位父亲需要经历多长时间、多么浓烈的人间温暖，才能融化严重受伤后冰封的心。类似情况在此类案件中并非罕见，经历此种劫难，当事人的内心变得坚硬无比，极度敏感多疑，对周围的人事充满猜忌，严重影响正常社会交际与合作，他们的心中已经封闭了温暖与善意的大门，往后人生道路的崎岖坎坷，已经完全注定。

抱怨愤世。有些当事人因为在案件中遭遇不公，长期得不到妥善解决，内心大量积压的怨愤总需要有发泄出口，对方设局、判决不公、律师无能等便首当其冲。有一个当事人身为亿万富翁，但因为饱受案件折磨而内心严重失衡，充斥着强烈的怨恨，对社会严重不满，多次扬言要以违法犯罪的方式危害社会，最后被司法机关依法处理。曾经风光无限、富甲一方的社会精英，却如此迅速地坠落，想必经历了常人无法想象的煎熬与痛楚。他们与人谈话，总是不由自主地将话题转移到案件遭遇上，常常酣畅无忌地诉说着遭遇的不公，总有全世界都亏欠他们的倾向。有位重大、疑难、复杂案件的当事人向笔者讲述案件时，偏执地认定系之前代理律师水平太差才导致满盘皆输，依此逻辑，任何律师也不能再接受其委托，相信这种态度会展现给任何一位与其接触的律师，他永远也不可能委托有能力的人为其解决问题。与其在遭受千古奇冤的负面情绪中碌碌无为，不厌其烦地讲述悲惨遭遇，不如选择沉默寡言，深思熟虑后谋划有效突围方略，以利早日脱困。

狂躁抑郁。当事人在激烈复杂又漫长的讼争战线拼力挣扎，培养出斗士的热情与亢奋的同时，身体、精力、财力、情感、心理的巨大消耗令其常常被浓烈的郁闷包围。事到临头或与人谈及案件时精神振奋，气吞万里如虎，往往表现得狂躁不安，独处时内心的苦闷与压抑却根本无法排解，久而久之，罹患抑郁症便是顺理成章之事，并且是抑郁症中危险指数较高的狂躁抑郁症，严重影响生活与工作的质量。曾有一宗重大、疑难、复杂案件的当事人，由于案件缺乏正确的战略思想与实战方法论指导，在悬停僵死、缠斗不止的泥泞困厄中挣扎了十二年，实在不堪忍受其苦，选择过吞药自尽，所幸被及时发现而得救。据该当事人讲述，其日常生活中满脑子全是打官司的事务纠缠，因此抑郁到长期失眠，需要服用安眠药才能入睡。有天晚上三次服用超剂量的安眠药之后，依然无法顺利入睡，睁眼闭眼全是多年来官司缠身又无力取胜的郁闷，一时想不开，竟鬼使神差地吞下半瓶安眠药以求一走了之，幸运地捡回性命后，对自寻短见的行为追悔莫及。显然，他本已长久伫立于悬崖边，抑郁症的魔爪又无情地推了一把。我们无力以局外人清醒的姿态发表高见，未亲历其苦，便不宜轻言宏大道理，或许亲身经历后，表现并不见得比该当事人理性多少，要知道他曾是从负债几千万的低谷中卷土重来，东山再起又重回巅峰的成功人士。

安全感严重缺失。在重大、疑难、复杂案件激烈复杂又异常漫长的讼争中挣扎许久，安全感空心便是常见心理问题，概因给当事人设局施害者非亲即故，这足以令人安全感全无，加之讼争过程中各种突破底线的鬼蜮伎俩层出不穷，持续而强烈地刺激着当事人的心灵与情感，正常情况下，很难保持最基本的安全感，连最亲近的人都无法再相信，日常生活中必定内心封闭、处处设防，极难与他人建立亲密与信任关系。在这种心理状态下，纵使当年筚路蓝缕、雄霸一方，但由于失去了高性能软件系统的支持，恢复当年荣光已经不切实际，这正是好多当事人在遭遇此类案件后，往往一蹶不振的根本原因。

要勇于面对恶魔，具备与恶魔斗争的智慧、谋略与经验，但也要尽力保持人格与精神的独立。否则，即使斗败恶魔，自己也会变成恶魔。在重大、疑难、复杂案件解决过程中，当事人必须清醒地认识此类案件的本质特征，传统专业技术流律师尚且根本无法驾驭，作为专业知识、技能、经验均严重缺乏的普通人，显然无法摸清边界。此类案件的当事人均为精英，即使在各自擅长的领域如何成功，也不可在此类案件的解决中企图一展雄才。从实务角度分析，重大、疑难、复杂案件与战争极为类似，各项讼争事务的疑难复杂与人性险恶几乎达到极值，人为布设的极端疑难复杂，绝非商场险恶所能比拟。即使是专业精熟的律师，若不具备战略级的思维方式、战略谋划能力、战术运筹能力、审时度势的洞察力、灵活应变的战略掌控与战术机动能力，尚且在此类案件实务解决过程中作茧自缚、难以脱身。至于非专业人士深陷其中，必定是如泥牛入海，有去无回。当事人深陷其中，企图将其他领域取得成功而形成的驾驭掌控习惯，移植于重大、疑难、复杂案件解决领域，非但于解决问题无益，反而给心理、情感造成不可逆的伤害，对整体人生的核心领域造成严重影响，实在得不偿失。此类案件解决的关键，在于人力水平的高低程度，绝非客观上有多努力。当事人理当全力营务正业主业，在重要节点上建言献策、听取汇报足矣。无论遭遇多么疑难复杂的案件，都要保持本真与独立，切莫陷入太深，杜绝此类案件的负面影响侵入本方核心领域。即使讼争本身就在本方核心领域，也要另辟蹊径，坚定地选择继续前行。

第四节　重大、疑难、复杂案件操盘人

一、歧路亡羊与正道坦途

在传统专业技术流思维方式与处理模式下，重大、疑难、复杂案件基本上被

视为单纯诉讼案件，只是由于争议标的较大，因而认为事关重大，在专业技术范畴给予较高重视，案情分析、调查取证、诉讼方略制订、庭审技战术准备、执行预筹等方面工作做得更加深入细致，其余基本没有太多亮点，均随法律程序按部就班地推动。纵观传统方式对于重大、疑难、复杂案件的解决效果，准确地说只是解决表面与形式问题，根本未触及实质。此类案件解决过程中，各项事务、诉讼、争斗错综复杂、变幻莫测，形成众多无解之局，若不能从全局战略高度掌控，极易误入歧途。

以专业技术流思维方式应对复杂如战争的重大、疑难、复杂案件，正如一国悍然发动全面侵略战争，被侵略方企图凭擂台比武分出胜负进而决定战争胜败一样天真烂漫，其结果必定是被动地跟随对方发动的程序与节奏，亦步亦趋地四处应战，若对方发动六合八荒的进攻，我方将陷入多线作战的全面战略被动。在错综复杂的讼争体系中，单个诉讼案件未必能尽快得到妥善解决，所有的讼争事务交叉复合，互为条件与依托，互相牵制约束，形成极端疑难复杂的局势，全面解决势必遥遥无期，案件不可避免地被拖入胶着迁延、僵持消耗的持久战。

既得利益方有备而来，自然对于持久战的僵持消耗做了充分准备，甚至蓄谋已久，计划在持久战的消耗中拖垮被动方。而被动方则完全不同，莫名陷入十面埋伏、四面楚歌的境地，根本就无力考虑系统性的应对问题，甚至在对方发起的一系列复杂的讼争程序面前，昏招迭出，绝大多数当事人竟然出于专业考量，选择由不同的专业律师团队代理个案诉讼，本来就缺乏全局性、系统性的应对策略，再加上在系列个案中各自为政，最后彻底跌入对方布置的战略陷阱，深陷全面的战略被动。至此，重大、疑难、复杂案件犹如歧路亡羊，走了太多不该走的错误岔路，再也无法找回正确的方向与路线。归根结底，是在复杂事物中缺乏正确方向与路线的指引而引发的致命问题。

解决重大、疑难、复杂案件的正确方向与路线，需要以理性而务实的全局战略规划与贯彻执行全方位、立体化、多层次、纵深化的战术体系来保障。从实践经验角度分析，解决此类案件确有正道坦途。简而言之，解决重大、疑难、复杂案件要保持正确方向并赢得光明前途，就必须在系统性的思想、哲学、理念、价值观、方法论的指导下，通过全面了解案件客观情况，并进行精挖细掘、掘地三尺的调研摸底及要素收集。在深彻把握案件的基础上，进行全局分析、全局考虑、全局谋划，制订总战略规划，对于案件整体解决过程中的战略目标、战略任务、战略方向、战略路线、战略阶段、战略力量、战略手段等重要事项进行全面设计。在总战略规划的指引下，结合案件客观形势与双方实力对比，准确地预测案件发展趋势，确定具体的战略方向与战术运筹方案。针对对方的薄弱环节与致命要害部位，部署极富针对性的战术体系形成完备的战略攻防体系。在讼争过程中全面、深入地收集战略要素，形成布点丰富的战术据点，以此打造全方位、立体化、多层次、纵深化的战术体系，形成六合八荒、力度千钧的战略进攻体系以及密不透风、滴水不漏的战略防御体系。在主体诉讼等核心讼争领域，拥有足够的实力在攻防两端完全压制对方战略力量，在主体诉讼等核心领域以外，也能够拥有丰富的后备战术体系，大幅增加战略力量的震慑力与纵深度。甚至在双方讼争结束后，依然拥有保持持续性战略震慑力的后备战术体系，防止对方卷土重来、反攻倒算。此为宏观纲领性的描述，实践运筹方法与细节，后面要做详细论述。

在方向与路线正确的前提下，案件的前途貌似一片光明，胜利好像触手可及。但实践操作绝非易事，最缺乏的根本不是法律专业技术人才、知识、经验与娴熟的诉讼技巧，而是能够全局谋划、全局掌控、全局负责，制订全局战略规划，全局掌控全方位、立体化、多层次、纵深化的战术体系，在讼争实战中纵横捭阖、攻防兼备、灵活机动，做好战略掌控与战术机动，以最小化的战略成本投入获得最大化的战略成果，最终实现全局战略目标的人才。

二、重大、疑难、复杂案件操盘人的基本素养

（一）战略级别的思维方式，精于战略规划

重大、疑难、复杂案件操盘人在面对案件时，需要习惯性地进行全局考虑、全局分析、全局谋划；对于案件客观形势进行整体分析判断，并结合丰富的经验对于案件发展趋势作出判断；对于双方实力对比进行全面、深入、准确的判断；在充分掌握案件客观形势与双方实力对比的基础上制订总体战略规划，对战略目标、战略方向、战略路线、战略方针、战略任务、战略阶段、战略手段、战略力量等重要问题作出明确规划和设计；并结合案件客观形势与双方实力对比状况，确定总体战术策略，部署全方位、立体化、多层次、纵深化的战术体系；并对于具体战术体系执行过程中的战略掌控与战术机动问题进行前瞻性、预见性地谋划

预筹，确保各项工作以总体战略目标为核心形成向心力。

重大、疑难、复杂案件操盘人战略级别的思维方式，并非只表现在案件处理过程中，在处理其他事务时，也会习惯性地以战略级别思维方式进行思考，这是一种十分优秀而杰出的习惯，尤其在解决复杂问题过程中，战略级别的思维方式具有无可替代的作用。重大、疑难、复杂案件中的疑难复杂程度，可谓登峰造极，终其解决全程，均需要战略级别的思维方式进行指引与掌控。以传统专业技术流思维方式与处理模式解决重大、疑难、复杂案件，实战效果必定是只见树木，不见森林；只要葫芦，无问根叶；只注重一城一隅，却忽略全局与整体，根本无法坚持正确的方向与路线，给案件带来永不可逆的灾难性后果。

（二）擅长运用智慧与谋略

智慧与谋略，是成事必备的能力特质，缺一不可，甚至可以将智慧与谋略看作成功的两个面。智慧是人们对于事物运行客观规律的最高领悟，能够运用事物最本质的客观规律解决问题，一定是睥睨天下的旷世奇才。谋略是为达成特定的目的，处理人与人、人与事之间关系的算计机谋。智慧只是解决问题，谋略有时候会炮制问题。纵观历史，长于智慧者，多以学者圣人而留名；长于谋略者，多以枭雄奇才而留名；智慧与谋略兼具者，是为人中龙凤，所向无敌。

重大、疑难、复杂案件的操盘人，必须擅长运用智慧与谋略，从个性风格、处事态度、学识能力、阅历经验等方面均能够习惯成自然地运用智慧与谋略，而不是刻苦努力地学习智慧与谋略，处心积虑地使用智慧与谋略。擅长运用智慧与谋略，才能做到既充满强大力量又令人生畏。智慧产生强大力量，谋略令对手胆寒。只有智慧而谋略欠缺，有腐儒无能、夸夸其谈之嫌，一旦上阵就会被立马秒杀；只懂谋略而智慧欠缺，或许也能成功，但难免不择手段，甚至卑鄙无耻。只有将智慧与谋略合而为一，在具体事务中灵活调度、运用自如，才能所向披靡。重大、疑难、复杂案件操盘人的工作目标只有大获全胜，因而智慧与谋略缺一不可，并且必须达到行云流水般运用的娴熟程度。

（三）杰出的战术运筹能力

杰出的运筹能力，能够把现有资源予以全面统筹安排，作出最合理配置，从而确定解决问题的最优方案，建立高效能、低能耗的运作模式。事无大小，都讲究运筹能力，它不仅可以使事务处理更易获得成功，而且还能最大限度地保障成本最优、效果最佳。在重大、疑难、复杂案件解决过程中，往往需要构建全方位、立体化、多层次、纵深化的战术体系，其中讼争事务异常复杂，讼争程序头绪众多，若缺乏全面而合理的统筹，势必杂乱无章、各自为政，理当紧密联系、协调统一的事务，失去内在联系与依托。同时，若不能建立高效能、低能耗的运作模式，必然造成大量的战略成本与资源的浪费，对实现总体战略目标造成极大影响，此类案件解决过程中，操盘人的战术运筹能力至关重要。

强调战术运筹能力，并非忽略重大、疑难、复杂案件操盘人的战术素养。相应，若具备杰出的战术运筹能力，其战术素养必定属于一流，否则根本无力驾驭战术体系。具备极高的法律专业素养、技术水平、实务经验，才有可能形成优秀的技术手段，技术手段的丰富与熟稔运用方能凝结成战术行为。显而易见，要达成杰出的战术运筹能力，自然需要极高的法律专业素养、技术水平与饱富的实务经验。

（四）战略掌控与战术机动能力俱佳

在重大、疑难、复杂案件解决过程中，战略事项虽然讲究稳定，但并非一成不变，需要随着案件客观形势的发展变化进行适应性的调整，操盘人必须始终对战略事项成竹在胸，并时刻敏锐地审时度势，进行适时掌控调整，以保持正确的战略方向与路线。同时，此类案件的解决，需要具体的战术行为来实现，操盘人必须根据案件客观形势与双方实力对比，在总战略规划指引下，确定总体战术运筹方略，熟稔地运用实则虚之虚则实之、声东击西、围魏自救、直入虎穴、运动战中伺机围歼、十面埋伏、围城必阙、分化瓦解以弱敌阵营等大战术运作。关于这些大战术运作问题，随后要做具体论述，此处先不赘述。在实施大战术运作的同时，必须讲究纵横捭阖，变幻莫测，随时根据对抗与较量的实际需要，随时调整具体战术行为。操盘人必须具备出色的战术机动能力，娴熟而灵活地运用、调配、整合、完善战术体系，形成六合八荒、力度千钧的进攻战术体系以及密不透风、滴水不漏的防守战术体系，以强悍的战术攻防体系保障各项战略意图的实现。

（五）纵横捭阖、收放自如的融通能力

重大、疑难、复杂案件的操盘人在复杂多变的事务运作过程中，需要坚定、执着、忠诚，始终致力于打造完备而稳固的战略攻防体系，但也要将原则性与灵活性的分寸尺度拿捏得恰到好处，当形势需要时，必须及时运用非讼争手段开展大开大合、收放自如的统战、分化瓦解、谈判和解工作，争取在最佳战略成本的前提下实现最优战略成果，打造高效能、低能耗的解决模式。讼争过程中，对方形成的利益共同体联盟并非牢不可破，只是基于追逐利益的松散结合，随着讼争逐渐白热化，对方内部的责任与利益会逐渐出现失衡现象，爆发矛盾与分歧是大概率事件。作为操盘人，应当始终钜细靡遗地洞察每个可以把握的时机，部署极富针对性的战术行动，分化瓦解对方利益共同体联盟，不断削弱对方阵营力量，团结一切可以团结的力量，壮大我方阵营实力。

操盘人还必须随时研判双方较量形势，在本方基本掌握战略优势时，利用核心战术体系的摧毁性打击力度，巩固战略成果并扩大战略优势。在掌控战略优势的情况下，抱持开放主动的姿态，建设外交与谈判平台，给对方息讼止争、拥抱和平的机会，同时大幅降低本方战略成本投入。操盘人必须始终坚持软硬兼具的战略态度，在战略战术运筹方面，务必强悍硬朗，否则便没有和解的资格。但在完全掌控战略优势的情况下，只要对方愿意和解谈判，态度一定要柔软顺滑，随时欢迎并奉陪到底。但在和解谈判的过程中，必须始终保持战略攻防体系的持续推动，保持强大的战略震慑力量。唯有如此，才能从根本上动摇对方的斗争意志，最大限度地压缩案件解决周期。在完全掌控战略优势后，若一味地强硬攻击，赶尽杀绝，往往激发对方誓死抵抗、鱼死网破的决心与意志，若要完全征服，需要付出更为惨痛的代价，于我方而言有百害而无一利。因此，在整个案件解决过程中，操盘人纵横捭阖、收放自如的融通能力都显得至关重要。

（六）准确的判断力与强大的执行力

判断力和执行力是成事的必备能力，其他能力的强弱只能决定量的问题，而判断力与执行力却往往能够决定质的问题。判断力决定该做什么以及如何做，执行力保障做出成效。普通事务中尚且如此，在重大、疑难、复杂案件解决过程中，事务错综复杂、千头万绪、变幻莫测，判断力尤显重要。实务中，太多案件陷入胶着迁延的混战局势，与实际掌舵人接二连三的判断失误存在极大关系。在重大、疑难、复杂案件解决过程中，双方讼争行为纷乱复杂，令人眼花缭乱，时机的出现往往带有极强的迷惑性，能否准确抓住时机并部署相应战术行为，非常考验操盘人的能力水平与实战经验。绝大多数时机往往转瞬即逝，迅速、准确地把握时机并作出快速反应，部署针对性极强的战术行为，容不得半点迟疑，或许因为一次迟重优柔，便会彻底丧失全盘战略优势。对于操盘人来说，判断力与执行力均要极度强悍，与其说是能力方面的要求，不如说是性格方面的要求更为妥帖。判断力和执行力，与天赋性格有更直接的关系，后天的刻意训练，似乎只能起到微乎其微的改变作用。

（七）人格独立与契约精神

重大、疑难、复杂案件操盘人要独立于任何人，包括委托人。操盘人完全有实力以自己的智谋、能力、经验、资源、渠道、团队等全局掌控案件，在合法的前提下整体规划并安排运作，随时紧握案件局势，基于专业、经验、理性、良知作出准确判断，随时保持正确的战略方向与路线，并坚守高效能、低能耗的讼争模式，确保以优战略成本实现最佳战略成果。

在案件解决过程中，操盘人全程均应保持人格独立，恪守契约精神，不因任何人与事而违背专业能力、实战经验、理性良知、契约责任、案件客观时势，作出违心又错误的决断。即使与委托人出现严重分歧，在契约存在的情况下，依然保持人格独立与责任意识，不服从委托人的意志与金钱利益，只服从正确与理智，依据专业能力、实战经验、理性良知、案件客观形势、双方实力对比等因素进行独立判断，并坚定地贯彻执行正确的战略战术方案，直至协议圆满结束抑或解除。

第五节　徒法不足以自成

从实务解决层面分析，重大、疑难、复杂案件与战争极为类似，由一系列争斗复杂交织形成系统化、规模化、全局化的战争，若要全面、深入、彻底地解决，涉及全方位、多层次的对抗较量，如同战争是军事、政治、经济、科技等综合国力的较量，此类案件也是双方综合实力的较量。双方在最大范围、最大纵深度、最漫长的战线上穷尽力量、用尽救济，展开你死我活的争斗，客观情况决定了此类案件必须通过全方位、立体化、多层次、纵深化的战术体系予以解决，绝非单纯的法律诉讼抗争。徒法不足以自成中的法，单指传统意义上的法律诉讼手段。

单纯法律诉讼案件，其实质是君子之间展开的擂台赛较量。双方共同选择法庭作为较量平台，双方都尊重法庭的权威性，愿意在该平台的公正裁决下导出结果；较量的规则是法律，法律具有唯一性和至高无上性，双方愿接受法律规则的束缚与制约；较量的程序是法定的，就像名士之间的决斗一样，进攻次序及手段均有明确规则，任何一方也不许突破底线；无论较量结果如何，双方的接纳度都相对较高。这是建立在尊重规则基础上的较量，而非不择手段地实现目的的对抗，双方都没有装睡，只要叫声分贝够大便足以唤醒。在重大、疑难、复杂案件中，事务的复杂疑难程度远超普通案件无数倍，双方倾尽全力，争相建构仅利于本方的较量平台，讼争战局被极限化地扩大，无法将双方的讼争局限于特定的较量平台，单纯诉讼案件的决胜，只能在局部、微观的较量过程中发挥战术作用，根本无法解决实质问题。所有讼争程序形成相当庞大的较量体系，必须通过六合八荒、力度千钧的战略进攻体系与密不透风、滴水不漏的战略防御体系联合发力，共同缔造绝对的综合实力优势，决定最终的利益分割原则与尺度，进而决定终局结果。

徒法不足以自成，在重大、疑难、复杂案件解决过程中，断然不可只痴迷于单纯诉讼案件的决胜，以免被对方全方位的战术体系层层包围，最终手持一纸胜诉判决而无法转化为现实可支配法律权益。必须在正确的思想、哲学、理念、价值观、方法论的指导下，从全局战略高度掌控，制订正确的总战略规划，部署全方位、立体化、多层次、纵深化的战术体系，并在运筹战略战术体系过程中做好战略掌控与战术机动，不断积蓄发展战略力量，形成完备而稳固的战略攻防体系。纵横捭阖、灵活应变，运用外交与谈判等辅助战术手段，在完全掌控战略优势的情况下，以讼争到底或和解的方式达成总体战略目标。

一、主角之困

（一）传统理念与模式下，律师被定位于专业技术人才

一般来说，解决重大、疑难、复杂案件的主角是律师。律师在实战解决过程中扮演着统帅角色，发挥策划、掌控、管理等作用。主角的思维方式、处事习惯、综合能力、实战经验等可直接决定案件结局。在传统专业技术流思维方式与处理模式下，绝大多数重大、疑难、复杂案件被当作难度稍大的单纯诉讼案件进行处理，非但不能解决局部个案问题，反倒使全局深陷悬停僵死与泥泞困厄的危亡境地。究其原因，无非是战略方向与路线出现严重偏误，没有从全局战略高度进行整体把握，而是在众多专业技术问题范畴进行浅表耕作，双方展开拉锯回合缠斗，复杂的讼争形势导致总体战略目标逐渐模糊不清。尤其是在一事一议的传统委托

代理模式下，即使存在有能力驾驭重大、疑难、复杂案件的律师，耕作空间仅限于接受委托的诉讼案件，其他领域既无权限处理，亦无职责方面的必要性，施展空间极为有限，因而缺乏实质建树意义。

传统社会印象中，律师职业属于专业技术工种。人们普遍认为律师熟悉法律规定，有实践代理案件经验，熟练掌握诉讼程序与规则，故可以胜任案件代理工作，属于典型的专业技术人才。社会角色定位形成并固化后，每个律师自接受系统法学教育训练以及执业伊始，便被寄予刻板教条的期望，绝大多数律师的思维定式由此形成，自我定位也水到渠成地定格。正式执业后，依然以专业技术人才的定位为宏纲，打造执业思想、理念、价值观体系，严格按照委托代理协议约定的事项办理事务，严守一事一议的教条，超出约定范围的事项，则必须另行签订委托协议。即使属于委托代理协议约定范围，往往仅限于咨询、代书、代理出庭、代为收发法律文书等事项。在传统单纯诉讼案件中，此种模式尚显滞后乏力，至少没有当事人能够真正地尊重与接纳，若以此模式处理重大、疑难、复杂案件错综复杂、千头万绪的事务，严守一事一议的签约原则，恐怕签订上百份委托代理协议也未必能够应付全方位的讼争，显然无法适应此类案件的实际需求。

专业技术人才可以沉浸于专业爱好，把专业范畴的分析、研究、论证工作做好即可。法律虽然极为专业，律师必须充分地学习并运用法律，但律师属于实务派，肩负解决问题之重任，万万不可如此宁静淡泊闲适。律师必须严格站定委托方的立场，坚定地维护委托方的合法权益，绝不可以像法官一样在懂法明理的基础上中规中矩地居中裁判，在解决诉讼纠纷的同时，兼顾良好的社会效果，更不可以像法律学者、专家教授一样专事学理辨析与探讨，习惯于将实践工作建立在真空实验室理想条件下的逻辑推导与设想的基础上。律师必须在法律功底深厚、程序技巧娴熟、诉讼经验丰富的中庸价值区域基础上，以合法的智谋与手段将委托方的权益拉向极点，这个极点与中庸价值区域之间形成的扇形面积越大，律师的价值也就越大，代理工作便越有成效，除此之外，没有更好的评判标准。正如特种兵与其他兵种相比，最大的战略价值是摧毁目标，绝非在军事演习或军事比武中获奖。

（二）基于传统观念与模式，律师承受的罪与累

严格遵循一事一议原则的代理模式，在传统专业技术流思维方式与处理模式下被奉为圭臬，似乎具有不容置疑的正确性。其实，律师法律服务基本上实现了市场化，律师已经不具备当年公务身份，虽然不能完全按照商业模式运行，但必须以法律服务市场的实际需求来确定自身定位。委托人支付律师代理费，绝非仅为购买法律专业服务本身，而是换来现实可支配法律权益的实现，最终全面彻底地解决问题，只是委托代理协议中无法或者不便作出如此明确约定而已，因为律师不能向委托人承诺案件承办结果。委托人根本没有雅兴去欣赏律师精湛的法律专业技术服务，他们委托律师代理只为达成理想结果，若结果不理想，即便律师提供了非常专业且无可挑剔的服务，也会一切归零，这是不以我们的主观意志为转移的客观现实，这与人们支付相对高昂的票价去欣赏艺术表演是完全不同的概念。欣赏艺术表演所追求的核心价值是享受美妙的过程，自始便知道结局是落幕。但律师的专业代理服务工作做得再出色，甚至足以令当事人佩服得五体投地，感恩戴德至欲金兰结义，一旦结果不遂心愿，瞬间反目是常有之事。在结果不理想的情况下，律师在提供专业代理服务中的一言一行、一举一动，都会被放在显微镜下反复审视，即使客观上正确合理，往往也被认定为大错特错，如果确实存在疏误，那便是十恶不赦的罪过。

　　重大、疑难、复杂案件解决过程中，各项讼争事务错综复杂、变幻莫测，形成众多无解之局，若以传统专业技术流思维方式与处理模式予以解决，企图在核心诉求所依托的单纯诉讼案件中大获全胜进而取得全面胜利，犹如一国悍然发动全面侵略战争，被侵略方却计划以规劝敌国认识侵略行为的非正义性，促其主动退兵一样的天真烂漫。其结果必定是头痛医头、脚痛医脚，最终陷入多线作战的全面战略被动，全部讼争体系中单个诉讼案件未必能尽快解决，至于全面而深入地解决案件问题，必定遥遥无期，不可避免地深陷悬停僵死的危亡境地。作为既得利益者，可以持续稳定地占有盗攫所得他人合法权益，并不排斥持久战的消耗，况且有备而来，对持久战作了充分准备，在持久战中拖垮被动方，本身就是非常重要战略规划。而被动方则完全不同，莫名陷入四面受敌的危亡境地，面对复杂的讼争形势，往往不具备系统性应对的能力，好多当事人在对方发动的一系列诉讼案件面前昏招迭出，彻底地跌入对方布置的战略陷阱。

　　案件深陷悬停僵死的窘境，责任理应是多方面的。但战败便斩主帅的故事，历史好像一点都不嫌乏味，在重大、疑难、复杂案件的落败中再上演一次战败斩主帅，似乎也不算奇葩。一旦案件陷入悬停僵死，委托人往往认为代理律师的错误罄竹难书，相比传统单纯诉讼案件，这种埋怨更显强烈、持久。代理律师自然十分委屈，常以不和普通人一般见识进行自我慰藉。必须正视客观现实，尊重委托人，况且委托人追求案件全面彻底解决的诉求，实属正常且理智的追求。在任何情况下，委托人也不可能只欣赏律师精湛的专业技术服务而不问结果，这不符合人性规律与客观现实。绝大多数律师是睿智理性的，在人性规律与客观现实面前懂得正确选择。律师在不违法也不挑战道德底线的情况下多一些担当，分寸恰当地帮助委托人彻底解决问题，实现合法的利益诉求，让自身价值感以及律师行业的社会价值逐渐升级，适应当事人日益增长的理智需求，是未来律师行业的发展趋势。

（三）理念升级，模式创新，富集职业价值

当今法律服务市场最尖锐的矛盾，是绝大多数律师坚守专业代理却不负责解决问题的执念与当事人唯结果是求的理智需求之间的矛盾。律师可以抱怨委托人不懂尊重他人劳动付出，只知一味地索要结果，但改变不了人性规律与客观现实。代理律师与委托人产生严重分歧，原因无非是当事人只看重结果，律师认为提供了专业服务，结果并非自己所能掌控，因此常常各持己见，在结果不理想的情况下极易出现分歧。代理律师习惯于仅从法律专业技术角度出发，结合基础事实与证据体系进行真空实验室条件下的理想分析，得出能够胜诉的结论，当事人却把专业技术层面的胜诉理解为达成现实可支配法律权益层面的胜诉。若得到法律胜诉判决，达成现实可支配法律权益却经常因种种复杂原因而搁浅，胜诉判决变成一纸空文，委托律师是否具有实际意义、法律是否有用等质疑不绝于耳。若连一纸胜诉判决也未取得，委托人极少能够保持理性克制，极其尖锐地攻击代理律师的事件时有发生。

不应当规避现实问题，只从专业跨度与人性等角度出发，认为委托人不能完全体谅律师的工作便掩盖掉所有问题，必须从根本上予以解决。律师没有裁决权，没有权力赋予委托人大获全胜的结果，也无力改变讼争活动中逐利轻义的现实，更不可能让所有委托人都学会欣赏精湛的专业服务，因而，自身若不做实质性改变，便无法改变律师与委托人之间的信任状态。设身处地地换位思考，认真聆听委托人的呼声与抱怨，足以让自身变得更强大、更富价值。委托人对代理费常常显得太过敏感，并非因为精明与悭吝，只因反复衡量是否值得，如果觉得律师只具备专业代理水准，往往锱铢必较、钻核卖李，一旦认准律师具备彻底解决问题的实力，往往表现得相当慷慨，一掷千金、分城裂土都不在话下。

律师与委托人相互高度认可，目标一致，建立责任付出与收益成正比的合理利益分配方案，案件讼争事务合法、合理、合情地推进，即使结局不算理想，委托人也不至于心理完全失衡，双方互信基础不会动摇，维持正常的社交关系应该不成问题。重大、疑难、复杂案件的当事人，往往是社会精英，深知向宽处行的精妙，只要认可律师的能力水平，加之律师在案件代理过程中恪尽职守，尽人力所能及，无论最终结果如何，委托人均能保持客观理性的态度，至少不会动辄反目成仇。律师与委托人之间的信任，实质是委托人需求能否得到尊重与满足的问题。律师提供的专业服务，尊重并满足委托人的合法需求，是律师的立身根本，专业、技术、经验只是律师的立身技能而已。在重大、疑难、复杂案件中，律师拥有解决问题的实战方法论，尊重委托人合法合理的诉求，并通过行之有效的方式给予最大满足，才能得到委托人真正的信任与尊重，律师职业价值才能得到最大限度的提升。否则，只能作为专业顾问等相对边缘化的角色镶嵌在案件解决过程中，显得无足轻重、可有可无。

律师不仅是法学专家，更应该是解决问题的专家。律师要在重大、疑难、复杂案件中有所作为，必须彻底扭转传统专业技术流派只提供专业代理服务无问结果的理念，将自身定位为拥有精熟的法律专业知识与丰富实战经验的解决问题专家，在法理、法律规定、实务经验、情理等中庸价值区域以外，以合法的方式将委托方的利益拉到极点，极点与中庸价值区域之间形成的扇形面积，便是律师的价值所在，显然，该扇形面积越大，说明律师的综合能力越强，提供的代理服务更有价值。

强调解决问题的核心地位，并非刻意淡化专业技术与经验的重要性，只因战略规划、战术运筹、神机妙断、灵活机变、刚毅执着、杀伐决断、纵横捭阖、大开大合等能力特质，在重大、疑难、复杂案件解决过程中远比专业技术与经验重要。若把律师的综合能力比作木桶，无论专业技术与经验方面能力的木板再高，即使已经在律师界一骑绝尘，希望也只是综合能力木桶的最短板。如此，才能成为真正拥有解决问题的思想、哲学、理念、价值观、模式、方法论的专家，这些与实战方法论相关的综合能力，在重大、疑难、复杂案件解决过程中，具有决定性的意义。

在解决重大、疑难、复杂案件过程中，律师工作模式也务必兴利除弊、大幅创新。当事人对案件缺乏认知与掌控能力，对手往往异常强大，讼争事务错综复杂、变化多端，令叱咤风云的精英当事人都一筹莫展。此类案件最危险的情况是缺乏正确的战略方向与路线，导致案件在众多歧路迷失，深陷悬停僵死的危亡境地。实务中，亟须能够全局掌控、筹划、部署并卓有成效地推进的实战方法论体系，代理律师运用实战方法论体系解决案件过程中，必须具备战略级别的思维方式，精于战略规划，擅长运用智慧与谋略，拥有杰出的战术运筹能力，战略掌控与战术机动能力俱佳，并能在案件推进过程中纵横捭阖、收放自如地融汇变通，同时拥有准确的判断力与果断执行力，坚守高度独立的人格，契约精神极强，成为重大、疑难、复杂案件操盘人的不二人选。其他人即使具备这些能力特质，也是只是战略运筹能力突出，欠缺法律专业知识与实务经验是致命短板，因而无力支撑操盘人所必需的战术运筹能力。实践中，好多叱咤风云的商界精英并不缺乏战略运筹意识与能力，但在自身的重大、疑难、复杂案件中，从讼争初期的踌躇满志、志在必得到逐渐怀疑自我、满盘皆错，终至一筹莫展、无计可施，便是战术运筹能力严重欠缺所致。

操盘人拥有出众的战略战术运筹能力，智谋超群，协助委托人在案件解决过程中总制订战略规划并部署战术体系，自然引发是否鼓动、怂恿委托人陷入复杂讼争的问题。从实务经验角度分析，答案是否定的。之所以存在持肯定观点的人，是因为其对重大、疑难、复杂案件本质特征的认识严重不足，固守专业技术处理层面，极端疑难复杂的事务也当作单纯法律关系进行处理，非但不能解决问题，还会导致全局深陷悬停僵死与泥泞困厄的危亡境地。同时，持有肯定观点的人对此类案件的当事人严重缺乏了解，能够白手起家创造亿万身家、动辄管理成千上万员工的社会精英，早已达到世事洞明、人情练达的境界，绝无可能轻易被人鼓动、怂恿。

在重大、疑难、复杂案件解决过程中，筹谋战略规划并运筹战术体系，与怂恿他人陷入复杂诉讼风马牛不相及。此类案件讼争事务盘根错节、复杂多变，往往涉及民事、刑事、行政等法律关系领域的对抗，众多法律关系之中的讼争程序常常无法单独处理，形成犬牙交错的态势，令只擅长处理单纯诉讼案件的律师一筹莫展。面对此种极端疑难复杂的形势，必须从全局战略高度予以把握，将所有法律手段有机统一，形成内在高度协调的战术体系进行全盘运筹，才能取得预期战术效果。民事诉讼、刑事诉讼、行政诉讼、法律监督等法律程序，均有可能转化为具体的战术手段予以应用，并非当事人刻意让讼争变得复杂，而是案件客观形势所必须。

建构战略战术体系与滥用诉权是完全不同的概念。在重大、疑难、复杂案件中，虽然需要启动众多法律程序作为战术手段，但每个法律程序均具有客观必要性，且具备事实根据与法律依据，若不启动相应法律程序，可能会导致全局陷入被动。为实现总体战略目标，启动相对较多的法律程序也是此类案件当事人的无奈之举，毕竟没有当事人愿意无限提升讼争成本。实务中，一方启动诉讼程序较多，被对手恶意投诉控告的情况时有发生，当然，投诉控告本身也属于对手的反击战术。只要诉讼程序是案件讼争之必须，且有事实根据与法律依据，显然无可指责。面对盘丝错节、千头万绪的讼争局势，对方发动六合八荒的攻击，只要不采取违法犯罪手段影响案件结果，将任何法律规定及程序作为战术手段，均是合法、合理、合情的。在此类案件中建构战略战术体系，与滥用诉权、怂恿他人陷入复杂诉讼等毫无关系，操盘人与当事人必须正确认识该问题，坚持走正确的路，让思想观念更加开放，突破专业技术之囿，打造实战威力强大的战略战术体系。

即便具备重大、疑难、复杂案件操盘人的基本素养，也需要以全新的模式来保障案件运作解决。律师在案件解决过程中，相当于项目操盘人、飞机机长、轮船船长等，全面负责、全局掌控、全局筹划、全局管理，运用一切合法的方式，充分发挥专业知识、经验、智慧、谋略的作用，为委托人提供一揽子操盘服务，委托人在重大事项中及时参与，并拥有终极否决权。在双方委托关系中，建立合理的利益分配模式，让责任、付出、风险、贡献、成效等要素与收益合理挂钩，督促双方同心勠力，共同实现总体战略目标。

律师是解决重大、疑难、复杂案件的主角，在理念升级、模式创新的基础上，以全面、深入、彻底地解决问题为己任，站在全局战略高度进行谋划，并合理运筹全方位、立体化、多层次、纵深化的战术体系，以操盘人的职业操守运作解决案件，成效往往十分卓著。与传统专业技术流思维方式与处理模式相比，新理念与模式具有相当明显的优势。

二、擂台赛与战争的联想

（一）擂台赛规则为王，对应于传统单纯诉讼案件

擂台赛中，双方选择擂台作为决战平台，熟知擂台竞技规则，比赛时也完全遵守规则，以公平公开的方式进行比赛。双方均服从裁判的权威与指挥，一般不会逾越规则红线，一旦逾越必受相应惩罚。如果不能在擂台竞赛期间以绝对优势击倒对手，则由评委按照规则评分，得分高者胜出。胜出者成为新的擂主，失败方尊重结果，愿赌服输。由此看来，规则是擂台赛的根基，虽然双方都极力追求最终胜出，但也都愿意尊重规则，并接受规则的约束。按照规则比出结果，双方也能够尊重并接纳，即使内心不服气也得认输，虽有争回名誉之报复，但也必须通过规范的打擂，还须接受规则的约束。如果一方或双方不尊重规则，擂台赛便失去存在基础。

传统单纯诉讼案件与擂台赛有异曲同工之妙。传统单纯诉讼案件中，双方矛盾发展至不可调和阶段后，一方率先起诉，另一方应诉。双方基本尊重法律规定与法庭权威，愿意让法庭根据法律规定及其程序进行裁判。开庭审理也完全按照法定程序与规则进行，最终由法庭根据双方举证、质证、辩论与陈述，裁判诉求成立与否。裁判生效后即具强制执行力，即使内心不服但也必须接纳相应法律后果。法律规定贯穿于传统单纯诉讼案件的始终，是传统单纯诉讼案件解决的根基。双方尊重并信仰法律，认同法庭的居中裁判权威，并愿意接纳法庭规则约束，最终判出胜负。如果不服生效判决，可以通过申诉、审判监督、抗诉等程序维护权益，还是在法律规定范围内进行。若有一方或双方不尊重法律，案件审理程序便无法顺利进行。虽然法律对不尊重法律与法定程序的行为规定了全面惩罚措施，但在好多残缺的审理程序以及被执行人金蝉脱壳的强制执行程序中，都能明确地感受到法律的无奈。

当法律规则起决定作用时，案件为传统意义上的单纯诉讼案件，无须费太多周折，不存在较大变数，也没有太多主体直接或间接地参与其中，案件可以在公开、公平、公正的环境中，通过法院居中裁判予以解决。再简单的法律诉讼也绝

非美事，相对于法律规则部分或者全部失灵的重大、疑难、复杂案件，已然显得春和景明。相信并尊重法律规则的讼争，乃君子比武决斗，此类案件显得专业又单纯，若律师职业生涯均遇此类案件，必定足够省心安逸，但专业水平与综合实力可能就此定格。

（二）战争只论胜败，对应于重大、疑难、复杂案件

战争也有规则，但更像丛林争夺，胜败才是王道。若都尊重规则，或许人类社会就没有战争。信仰、征服、复仇等名义，无非是为了让战争更富正义性，争取更多的支持力量。不管是侵略还是反侵略，抑或同时开战，最终都不可避免地指向重大利益。一旦开战，双方不仅在军事战场上展开你死我活的较量，在政治、经济、金融、外交、情报等领域亦展开激烈的明争暗斗，极尽削弱对方之能事。虽说国际法以及现代文明国家军事立法均对战争规则有详尽规定，但在实际作战中极少得到完全遵守，只有在战胜方惩罚战败方时，战争法的规定才显得无比庄严。

在重大利益面前，利令智昏、无视规则是人之常弊。战争的目的都指向巨大利益，双方为了攫取巨大利益，竭尽所能地展开全面较量，无所不用其极。规则在战争中往往形同虚设，双方战斗越激烈，规则越无力。最终，并非规则决定了战争的胜败，完全取决于双方的实力对比。在重大、疑难、复杂案件中，双方为了关乎双方生死存亡的重大利益，各自发展众多参与主体形成利益共同体联盟，用尽救济、穷尽手段、倾尽全力，展开你死我活的争斗，目标只有大获全胜，法律规则被极大程度地漠视，并非法律规则决定终局结果，往往取决于双方在全方位的对抗较量后形成的实力对比，这种表现与战争中的丛林争夺极为相似。

（三）规则决定不了战争的胜败——徒法不足以自成

重大、疑难、复杂案件确实与战争极为相似，亲历此类案件后更是深以为然。规则决定不了战争的胜败，实践经验证明，单纯的法律诉讼同样也决定不了重大、疑难、复杂案件的结果。为了更加充分地了解单纯诉讼在此类案件解决过程中的无力，有必要对此类案件的形成过程进行剖析，其中明显贯穿着利益重大至关乎双方生死存亡、双方各自形成利益共同体联盟展开你死我活的斗争、规则被最大限度地漠视、人为布设极端疑难复杂的主线。

从实务经验角度分析，重大、疑难、复杂案件的产生，往往经过几个重要阶段。第一个阶段是蜜月裂痕期，双方之间存在可分配的重大利益，但由于对合作规则的解读出现分歧，面对重大利益的诱惑，一方或者双方开始假装不懂规则，导致重大利益的分割出现不确定性。第二个阶段是决裂期。重大利益分配不确定，双方均在别有用心、处心积虑地谋划设计实现利益的方略，遇到极小问题也会引爆全局。加之总有一方掘地三尺地搜寻对方把柄，以增加分配重大利益的筹码。在这种状态下，双方根本无法正常合作，酝酿已久的矛盾，终究会在蓄谋已久的事件的刺激下正式爆发，双方正式决裂。第三个阶段是探底谈判期。虽说决裂，但事关重大，任何一方也没有一举搞定对方的绝对把握，同时也为杀敌一千、自损八百计，通常会选择通过协调、谈判、斡旋、调停等方式进行反复探底，但往往注定徒劳无功。第四个阶段是战备期。通过各种非战途径尝试解决均无效的情况下，双方均知兹事体大，非到准备至万无一失决不宣战。双方暗中展开军备竞赛，发展利益共同者组建共同体联盟、研判对抗形势与双方实力、全面搜集有利要素、制订战略规划、部署战术体系等工作紧锣密鼓地展开。最后一个阶段是正式宣战，切入点未必是直奔主题的诉讼，往往带有极强的迷惑性与策略性。至此，双方正式进入重大、疑难、复杂案件的讼争状态。

　　双方未必都在充分准备后胸有成竹地开战，宣战方往往准备得相对充分，应战方往往连思想准备都没有。也有一方因为对方绵延不断的战略侵扰而被迫宣战，此种宣战未必有充分准备。在重大、疑难、复杂案件中，准备充分只是相对而言，案件经过漫长的萌芽、发展、酝酿、明争暗斗才到正式宣战，以此类案件当事人社会精英属性，若说未做充分准备，极难令人置信。实务经验表明，准备相对充分的一方，在攻防两端均表现得无懈可击，应战方的战备工作往往存在不同程度的缺陷。好在宣战方所作战备工作未必光明正大，被攫取重大利益目的驱使，常常采取神机鬼械、鬼蜮伎俩的手段进行谋划设计，自以为无懈可击，故而盲目自负，最多只让精通专业技术的人士把关，这种做法已经犯了严重的原则性错误，如同让负责教练内务的军官挂帅出征，军容整肃的表象下掩盖着不懂战略、不谙战术的致命风险，自始便注定了一败涂地的结局。此种情况对于准备不充分的劣势应战方而言，无疑是巨大优势。劣势应战方基于对方六合八荒的攻势，一般都会谨小慎微地应对，国危思良将，往往能够委托实力不俗的操盘团队掌控危局。从个人实务经验角度看，笔者律师团队几乎都是接受应战方的委托而操盘解决重大、疑难、复杂案件，至今只操盘解决过六宗宣战方的委托，但这六宗案件在笔者介入时，均曾委托他人处理，委托次数最多的一宗，前后经过四批专业团队代理。从宏观层面分析，事物在发展过程中总是保持着相对的平衡。如果准备得无懈可击的宣战方自始委托实力不俗的操盘人参与策划，应战方必将十分被动，即使再委托实力更强的操盘人解决，恐怕也会无力回天。幸运的是，真正有实力的操盘人，必定有明确的原则与清晰的底线，一般来说不会襄助任何人暗中谋划致他人于死地的勾当，更愿意在他人发动非正义战争后，为相对弱势的受害方助力，扭转局势至讼争开始前的平衡状态。

重大、疑难、复杂案件发展至宣战，局势可谓变幻莫测、波谲云诡，各项讼争事务盘丝错节、千变万化，形成众多无解之局，绝非单个或者数个单纯法律诉讼所能解决。实务中，多有奉行单纯诉讼应对原则的案件，最终非但不能总体解决问题，甚至连个案单纯诉讼问题也无法解决，各种问题接踵而至，往往顾此失彼。解决问题必须从根本入手，扬汤止沸可解一时之急，但于根本无益，釜底抽薪才是正道。重大、疑难、复杂案件的讼争本质绝非专业技术问题，依靠单纯诉讼对抗让对手认错服输并让渡利益，无异于痴人说梦。所有重大、疑难、复杂案件当事人，在法院判决生效后强制执行过程中，依然动用一切可能的手段、力量、资源，以各种合法形式予以抗拒。这是此类案件利益重大、生死攸关的特性决定的；也是其人为布设极限化难度、规则不被尊重的特性决定的；亦是双方利益共同体联盟实力强大、神通广大的特性决定的。

在重大、疑难、复杂案件中，规则只有被利用的可能，绝无被尊重的现实。双方深知讼争关乎生死存亡，为了争夺重大利益而疯狂斗争，为避免一败涂地而不遗余力，最终的胜败，只有斗争至山穷水尽后的实力对比来决定。因此，只有通过运筹完备而稳固的战略攻防体系，通过全方位的对抗与较量，在核心、关键的战术据点逐步积累战略成果，并逐渐掌控战略优势后，前进足以使对方一败涂地，保守则可选择优势和解，基本达成总体战略目标，这才是真正的胜利。正如唯有实力才能决定战争结果，规则在战争中被充分利用，在战胜后却被极力标榜，战争的结果不是战败方因为违反规则而必须接受割地赔款的屈辱，而是在战胜方实力碾压下迫不得已的选择。

仅凭单纯诉讼案件的较量来解决重大、疑难、复杂案件，未免太过单薄无力，无数事实已经证明了这个道理。律师作为解决此类案件的主角，理当建立传统专业技术流思维方式与处理模式根本无法解决此类案件的基本认知，将自己打造成法律基本功过硬、诉讼经验丰富的解决问题专家，格局眼界、知识结构、处世哲学、智谋能力等均须在实践中不断升级，坚持战略运筹与战术掌控，在实战过程中不断发展完善，始终以打造更具威力的实战解决体系为己任。徒法不足以自成，仅凭法律诉讼解决不了重大、疑难、复杂案件，甚至连冰山一角的表象问题也无法解决，必须全面、深入地认识此类案件的本质特征，切中要害，标本兼治，在全程掌控中赢得胜利。

三、实务解决领域之亟需

根据业界经验判断，国内重大、疑难、复杂案件数量较多，得到彻底解决的占极少数，好多案件长期在悬停僵死、缠斗不止的泥泞中挣扎，主要原因是对此类案件本质特征的认识严重不足，以传统专业技术流思维方式与处理模式进行解决，在对方六合八荒的攻势下，亦步亦趋、按部就班地被动应战，最终导致局势越来越复杂，深陷拉锯回合缠斗的状态，但案件却陷入实质上的悬停僵死。未亲身在这种泥泞困厄中挣扎，便不能完全体会其中的艰难滞涩。据实践观察，此类案件当事人在委托笔者律师团队操盘解决时，几乎都是心力交瘁、身心俱疲的状态，即使深陷泥泞困厄，也在倾尽全力地试图掌控危局、扭转形势。有一位当事人在委托笔者之前已经更换过三批专业代理团队，足见其解决问题的决心之大以及投入成本之高。但现实情况远非想象中那么简单，往往越努力陷得越深，非但原有问题没有解决，新问题又接踵而至、应接不暇，局势越来越疑难复杂，当事人的压力持续升级。

绝大多数重大、疑难、复杂案件在无解乱局中挣扎，双方都缺乏系统性的战略规划与战术部署，都在尽人力所能及、不遗余力地制服对方，双方的攻防体系往往杂乱无章，不仅为对手制造麻烦，也给本方埋下重大隐患。有一宗重大、疑难、复杂案件，对方拒绝向我方支付数亿元合作收益，双方为此缠斗十余年。在缠斗过程中，有次对方借和谈约我方当事人去酒店，见面便拿出大量现金，称作为多年来因讼争劳碌奔波的补偿，此举任谁也会感动一二。但昨日还在你死我活地争斗，今日却画风大变、巧言令色，其中大有文章。接下来发生的情节令人啼笑皆非,虽十分荒诞但又相当真实。对方给我方当事人敬烟时发现只剩一根,便借口去酒店前台买烟。过了一会儿,酒店房间冲进来十几个大汉,拿着录像设备录像并报警,称对方遭受了我方当事人的敲诈勒索。司法机关以涉嫌敲诈勒索为由将我方当事人拘留,证据是双方谈判时的聊天记录、我方当事人敲诈所得现金、大量证人证言。公安机关在有基本证据证明存在犯罪嫌疑的情况下采取强制措施,完全在情理之中,但不会一直被蒙蔽利用。最终,经过全面、深入的调查,公安机关发现对方具有人为设局的高度嫌疑,加之我方维护权益的千钧力度,我方当事人恢复自由。我方当事人甫一恢复自由,便立即追究对方诬告陷害的刑事责任。最终,对方当事人因涉嫌众多刑事犯罪被司法机关依法处理,诬告陷害也在其中。

在重大、疑难、复杂案件解决领域,这种现象并非个案仅有,好多案件中双方的斗争手段都可谓无所不用其极,也反映出当事人解决问题的急迫程度,几乎每个当事人都有类似的焦灼心态,局势越疑难复杂便越发急迫,昏招迭出、作茧自缚者屡见不鲜。案件问题终究必须解决,往往成为好多当事人的毕生课题,有些当事人在长期僵持中被消耗至弹尽粮绝、走投无路,彻底迷失方向,纯粹为斗争而斗争,案件虽然陷于悬停僵死的状态,却缠斗不止,一些当事人再无心力营务正业,甚至出现严重的心理与精神障碍。此类案件如千钧压顶,如影随形的剧痛,足以将好多精英拖垮。一定行业领域与空间范围内的龙虎相斗,会对社会经济发展造成较大的负面影响。重大、疑难、复杂案件实务解决领域亟须行之有效的实战解决体系,这种呼唤十分急迫,早已达到火烧眉睫、急如星火的程度。

重大、疑难、复杂案件,是双方当事人为争夺关乎生死存亡的重大利益,穷尽并聚集各种优势资源与力量,发动所有利益共同体结成联盟,用尽一切手段、穷尽所有救济,以获取巨额利益、彻底征服对方为目的,在漫长的战线上展开的殊死较量,从实务解决角度审视,此类案件与战争极为相似。此类案件数量较大,实务中解决方法严重欠缺,导致案件的解决旷日持久,产生极为严重而深彻的消耗,如同连年战争般拖累着当事人,其解决需求已达顶峰。但在当前实务中,多数案件被误诊为标的较大的单纯诉讼案件,利用扬汤止沸的专业技术流操作模式进行处理,这种矛盾已经到达不可调和的程度。现实矛盾不可调和,必定呼吁变革。如何建立卓有成效的实战解决体系,让绝大多数重大、疑难、复杂案件得到全面、深入、彻底的解决，已经成为法律实务领域的重大课题。在这种大趋势的催生下，总结长期专注操盘解决重大、疑难、复杂案件的实践经验，对于此类案件具有普适性且卓有成效，以战略、法、战术思想体系为基础的实战解决体系应运而生。

第二章
战略、法、战术思想体系

　　重大、疑难、复杂案件与战争极为相似，完全可以将有关战争的智慧与谋略予以广泛应用。自古兵法谋略不仅应用于战争，在政治、商业、外交等领域亦得到广泛应用，现代战略战术涉及的范围越来越广，国家战略、全球战略、经济战略、外交战略等不一而足。战略战术从实用层面分析，是为了实现特定目标，熟悉规则、遵守规则并利用规则，在某种程度上甚至凌驾于规则之上，由智慧、谋略、筹算等构成的系统化操作方案。无论是普通案件还是重大、疑难、复杂案件，都为实现终极利益目标，解决过程极为复杂多变。令人不可思议的是，在斗争十分激烈的诉讼实战领域，几乎很少提及战略战术问题，即便偶有涉及，也是诉讼技巧方面的诡诈、诈术居多，本质上并未上升到战略战术级别。在传统刻板的观念中，法律领域的问题永远属于专业技术问题，只需按照法律规定并运用逻辑与经验推导相应结果即可，甚至有人把律师工作理解为钻法律空子、抠字眼等，社会偏见武断地将律师定位于专业技术人才阶位，好多律师便照葫芦画瓢般批量生产标准化的案件结果，就像医生照方抓药无关战略战术一般中规中矩。笔者认为在法学研究与法律适用领域，一定程度上可抱持此等观念，在以利益为导向的讼争中，尤其是因重大利益争斗至你死我活的重大、疑难、复杂案件中，实现终极利益目标才是王道，双方往往不会自发地尊重并执行法律规则，若可以按照法律规定标准化、批量化地推导结果，但凡具备基本法律素养的人均能办到，自然不会有人为巨额利益而不惜一切代价地展开殊死搏斗，律师的价值相应也会完全同质化，便不会有人支付相当高昂的对价委托经验饱富的律师操盘解决重大、疑难、复杂案件。突破了单纯规则范畴的问题，必须讲究战略战术掌控，重大、疑难、复杂案件的解决，是完全突破了规则范畴的激烈争斗，规则无法从根本上解决其极端疑难复杂的问题，在实战解决过程中，充分运用法律武器的同时，关于战略战术的思想、哲学、理念、价值观、方法论等均应当得到全面深入的应用，并且要居于纲领地位。

实现短期目标以及小目标，战术足以解决；要实现百年目标或者宏大目标，必须有正确的战略体系支撑。重大、疑难、复杂案件不但事务宏大复杂，而且解决周期漫长，仅有法律专业技术与经验为基础的技战术，远不足以解决。律师若想在此类案件实务解决领域有所作为，必须建构精湛的战略掌控能力与战术运筹能力，与法律专业技术与经验有机结合，形成独特而行之有效的实战方法论体系。

笔者律师团队十余年操盘解决百余宗重大、疑难、复杂案件，积累了丰富的实践经验，并在实战中反复运用并持续完善提升，逐步创立了战略、法、战术思想体系。战略、法、战术思想体系以法律为基础和媒介，将战略掌控与战术运筹进行系统化结合，形成系统化的实战方法论体系，在具体案件中，往往表现为完备而稳固的战略攻防体系，各个具体战术之间互相衔接依托，形成强大战略复合力量，整体推动案件逐步迈向预期战略目标。战略、法、战术思想体系强调全局着眼、全局考虑、全局谋划、全局统筹，设定总体战略目标并制订合理务实的总体战略规划；结合对方战略战术部署与薄弱环节，部署全方位、立体化、多层次、纵深化的战术体系，形成完备而稳固的战略攻防体系；在战略规划与战术部署全面实施推进过程中，随时高度关注案件客观形势的发展变化，审时度势地做好战略掌控与战术机动，灵活应变，争取每个具体战术达成预期战术目标；在系列战术成果基础上，争取战略优势地位，并不断巩固战略成果，形成无法逆转的绝对战略优势；利用绝对战略优势地位，适时展开纵横捭阖的外交、谈判手段，在降低成本与风险的前提下取得优势和解，抑或发动战略总攻，争取大获全胜。战略、法、战术思想体系的实战威力，在百余宗重大、疑难、复杂案件的实务解决过程中得到充分验证，是卓有成效的实战方法论体系，讲究从实务中来，到实务中去，在实战中反复运用、完善、提升，始终与趋势同步，在动态发展、开放包容、自省升级中不断强大。

笔者律师团队基本上都是接受相对正义一方的委托而操盘解决重大、疑难、复杂案件，概因相对非正义一方蓄谋已久，策无遗算、胸有成竹地开战，无须经验丰富的专业操盘团队予以运筹。因而，本书论述战略战术问题时，基本站在相对正义的应战方立场，充分论述防守与反击问题，所论战略战术体系，均是在对方悍然发动六合八荒的攻势时，我方所运筹的反制战略战术部署。作为律师，坚决杜绝参与任何襄助他人谋划设计以攫取他人合法权益的勾当，这种行径与战略、法、战术思想体系背道而驰。战略、法、战术思想体系，系为深陷泥泞困厄的案件及当事人提供彻底解决之道的系统性实战方法论，旨在解决案件问题，绝非制造重大、疑难、复杂案件。

第一节　概　述

一、战略、法、战术思想体系的基本内涵

战略、法、战术思想体系，是解决重大、疑难、复杂案件的实战方法论体系，要求操盘人从全局战略高度出发，在系统性的思想、哲学、理念、价值观、方法论的指导下，通过全面了解案件客观情况，并进行精挖细掘、掘地三尺的调研摸底及要素收集，充分掌握案件的客观形势；在深彻把握案件的基础上，进行全局分析、全局考虑、全局谋划，制订总战略规划，对案件整体解决过程中的战略目标、战略任务、战略方向、战略路线、战略阶段、战略力量、战略手段等重要事项进行全面设计；在总战略规划的指引下，结合案件客观形势与双方实力对比，准确地预测案件发展趋势，确定具体的战略方向与战术运筹方案；针对对方战略防线上的薄弱环节与致命要害部位，部署极富针对性的战术体系，形成完备而稳固的战略攻防体系；在讼争过程中，始终全面、深入地收集战略要素，形成丰富全面的战术据点，以此打造全方位、立体化、多层次、纵深化的战术体系，形成六合八荒、力度千钧的战略进攻体系以及密不透风、滴水不漏的战略防御体系。在主体诉讼等核心讼争领域，拥有足够的实力在攻防两端完全压制对方战略力量，在主体诉讼等核心领域以外，也必须拥有丰富的后备战术体系，大幅增加战略力量的震慑力与纵深度。甚至在双方讼争结束后，依然拥有保持持续性战略震慑力的后备战术体系，防止对方卷土重来、反攻倒算。充分利用战略震慑力与战术摧

毁力缔造的绝对实力优势，创造完全掌控且不可逆转的战略优势。在绝对战略优势与实力的支持下，保持开放主动的姿态，适时、适度地展开外交与谈判等工作，最终争取高效能、低能耗的优势和解，基本达成总体战略目标。或者发动战略总攻，实现全面、深入、彻底解决的高阶战略目标。这应当成为所有重大、疑难、复杂案件实战解决体系的战略力量标配。

战略、法、战术思想体系杜绝传统专业技术流思维方式与处理模式下将疑难复杂的问题支离切割、各自为政的做法；杜绝盲人摸象式的见解与态度；杜绝只见树木、不见森林，只要葫芦、不管根叶的格局观；杜绝单纯被动应战不做有效反制的战略盲目与慵懒；杜绝只讲专业技术不懂战略战术的战略狭隘；杜绝专业人士教条刻板而伴生的战略冒险；杜绝以法服人、以理服人、以德服人的战略幼稚。

二、战略、法、战术思想体系的基本架构

（一）战略——全局分析、全局谋划、全局目标

无论从共时性的横向维度分析，还是从历史性的纵向维度分析，重大、疑难、复杂案件中的讼争事务都是具有高度的整体性，绝不可支离分割。不管对方选择任何攻击方向与多少据点，制造多么复杂的讼争难题，我们必须将其有机统一，进行综合分析考量，以便确定其内在联系。充分运用实践经验，反复推敲讼争事务，确定对方攻防两端战略部署与战术布排，对案件客观形势与双方实力对比作出准确的分析评估，综合分析双方在人力、物力、资源、渠道、专业技术经验等各个方面的要素，极富预见性地确定我方战略方针、战略任务、战略阶段、战略措施、战略力量，形成总体战略规划。

总战略规划在重大、疑难、复杂案件解决过程中发挥提纲挈领的作用，解决全局目标、方向、阶段、计划、力量部署、过程与结果预测等所有重大问题，务实理性且饱含实战经验的总战略规划，足以为解决案件打开胜利大门。因总战略规划的偏误而导致所有努力付诸东流的事例，在历史长河中不胜枚举。解决重大、疑难、复杂案件的过程中，若无战略规划，必定深陷悬停僵死与泥泞困厄的危亡境地；若总战略规划出现偏误，往往会出现南辕北辙的解决效果。建构战略体系，事关重大、疑难、复杂案件能否成功解决之大体，对于当事人以及专业操盘团队

来说，都是十分严峻的考验。

（二）法——法为宗，法为器，法为媒

法是战略规划与战术体系的基础，也是制订战略规划与部署战术体系的红线，任何逾越法律的战略规划与战术体系，都应当被坚决排除。战略与战术的谋略性极强，谋略代表着为实现特定目的，对人与人、人与事物之间的关系进行的算计与机谋，谋略性强不代表违法乱纪，必须在法律允许或未明确禁的范围内，熟练地运用法律规定与法定程序，形成内在高度协调统一、完备而稳固的战略战术体系。

法在重大、疑难、复杂案件解决体系中，具有一定的工具性。由于讼争事务错综复杂、千变万化，要总体解决并实现特定的战略意图，所有可能发动的法律程序与手段，包括民事诉讼、刑事诉讼、行政诉讼、法律监督等均有可能转化为具体的战术手段，并非当事人非要让事情变得复杂，只因案件客观形势所必须。重大、疑难、复杂案件讼争体系中，仅从法律关系角度分析，往往涉及民事、刑事、行政等法律关系，这些法律关系往往交叉形成极端疑难的复合法律关系，令专业技术流思维方式与处理模式一筹莫展。在此情况下，必须将所有法律程序与手段有机统一，形成内在高度统一协调的战术体系，进行系统性的运筹推动，才能形成战术合力并有望达成预期战术效果。由此看来，法律程序与手段实质上是重大、疑难、复杂案件中双方讼争较量的重要工具。

在重大、疑难、复杂案件解决过程中，法律作为双方讼争较量的重要工具，与滥用诉权是完全不同的概念。在此类案件解决过程中，固然启动了较多法律程序，但都具有高度的客观必须性，并且有事实根据与法律依据，若不启动相应法律程序，往往会导致全局陷入被动。为达成既定目标，启动较多法律程序也是无奈之举，毕竟没有任何当事人愿意让讼争成本大幅提升。实务中，一方启动较多诉讼程序，被对方投诉控告滥用诉权的情况屡见不鲜，只要战略规划与战术部署均合法，这种投诉控告显然是无理取闹。也有律师固守传统理念与模式，认为只能严格固守委托事项范围从事专业代理工作，提供战略战术谋划有鼓动他人陷入更复杂的法律诉讼之嫌。面对重大、疑难、复杂案件错综复杂、变幻莫测的讼争局势，对方发动六合八荒的攻击，若固守钉铆相称的回合反击模式，势必跌落对方蓄谋已久的战略陷阱。法律以及法律程序在此类案件解决过程中作为重要工具，绝不代表灰暗与不光彩，只要不通过非法方式干预案件结果，一切合法或者法律并未明确禁止，并不违反社会公共利益的程序与手段，均可转换为战术手段予以运用。在重大、疑难、复杂案件解决过程中，任何战术都要与非法行为彻底划清界限，甚至有些法律并未明确禁止，但不被社会平均观念接纳的行为，也应当予以杜绝，双方讼争对抗异常激烈复杂，百密之中的一疏也会被对方无限放大并利用，因而必须合法、谨慎缜密地处理讼争事务。

法在具体战术较量中被无限利用与解读，成为特定讼争中决定天平倾斜的重要筹码。双方为达到既定目的，在讼争程序中对法律法规、司法解释、实务案例、各种实务指导意见、权威专家学者的意见等研精钩深，探求精微道理与深奥学问，力图在战术行为较量中胜出。实务中，这种研精钩深的过分解读，为达本方目的穿凿附会者居多，但精挖细掘的态度确实令人震惊，法在此时不是被尊重与信仰，而是被切切实实地利用。

法是战略与战术之间的媒介。战略规划的实现，必须依靠战术手段的运筹实施，而战术手段必须运用法律规定以及法律程序进行架构。战略规划与战术体系之间，需要通过具体的法律手段实现结合。法律程序将战略规划中全局、宏观的重要事项，落实为局部、微观的具体战术行为。

（三）战术——全方位、立体化、多层次、纵深化的战术体系

在重大、疑难、复杂案件解决过程中，战术是指导和进行具体讼争行为的方法，总体分为进攻战术与防御战术。双方正式进入讼争状态后，确立的战术据点往往较多，并非全是法律诉讼程序方面的问题，而且均很讲究策略，战术梯次递补布排考究，形成完整的战术攻防体系。其中往往涉及民事、刑事、行政等多方面法律关系，并交叉复合形成极端疑难复杂的法律关系。面对极端疑难复杂的局势，以单一战术行为应对，显然太过盲目冒险，必须以众多讼争战术据点为基础，攻防兼备，部署全方位、立体化、多层次、纵深化的战术体系。

全方位要求全面分析案件客观形势与双方实力对比，将对方重点攻击据点与防守据点作为部署战术的重点；收集全部有利要素与不利要素，尤其是对方侧翼与后方的薄弱环节与致命要害部位，作为制订具体战术的重要参考。在充分考虑案件客观形势、双方实力对比、重点攻防战术据点、有利与不利要素的基础上，以全部可行的战术据点为依据部署具体战术。各个据点的具体战术之间互相依托，互为前提与条件，相得益彰，分轻重主次缓急地运筹推进，形成内在高度协调统一且足以支撑总战略规划的战术体系。

立体化要求战术体系打击或防御的维度要广，如同海陆空三军协同作战一样具有极广的打击维度。全方位强调的是横向战术布局的宽广度，立体化强调的是全时空范围内全维度的打击与防御广度。战术体系的立体化，整体上强调所有战术行为之间因势配合，在进攻与防御领域的不同维度配合发力，在单个战术行为中，务求调动所有优势资源、力量、渠道，将特定战略区域的攻防力量提升至最广维度。

多层次要求战术体系梯次递补布排，在部署核心战术时，必须同时安排后备战术或替代战术。梯次递补的多层次部署，能够保障始终具有战略空间余地，在执行具体战术不利或情势变化导致战术行为失效的情况下，依然能够保持战斗力量的持续性，维护各个战术据点的价值。战术体系的多层次性，通俗地讲就是留足后路，守护具体战术目标的坚定性。

纵深化要求战术体系整体协调统一，形成由外围直奔核心问题的战略向心力。在合适的时机，由全部战术行为协同发力，形成直插核心问题的战略穿透力，从而具备全面、深入、彻底地解决问题的战略优势。在单个战术行为中，纵深化要求从讼争问题的表面现象，直接深入案件核心问题，追求单个战术行为产生决定战略优势转移的效果。

第二节　战略、法、战术的关系辩证

一、战略、法、战术的特性

（一）战略在重大、疑难、复杂案件中的特性

全局性。全局性在重大、疑难、复杂案件中首先表现在空间上，案件全部、一个核心问题、一组具体的战术组合、一个相对比较独立的战略方向，都可以是战略的全局。全局性也表现在时间上，贯穿于讼争准备与实施的各个阶段和全过程。战略是高层次谋划和决策，需要兼顾各方面和全程阶段性的重大且相对独立的领域，对各方面的要素与阶段进行全局性、系统性的战略筹划。战略掌控者始

终要观察全局、分析全局、把握全局，协调处理好全局中各种重要关系，解决主要矛盾与关键问题，还要解决好能够决定全局形势的局部问题。

纲领性。在重大、疑难、复杂案件解决过程中，战略是根据本方在一定时期内的任务而规定的战略目标和行动计划，往往以案件运作解决方略的形式正式表达出来，并在实践操作中严格信奉和坚持，是案件整体运作解决过程中起指导作用的原则。战略正如渔网上称为"纲"的粗绳子，拉住"纲"收拢就能收网，亦如抓住衣服的领子从而整体把握衣服一样，战略在重大、疑难、复杂案件解决过程中充分发挥着提纲挈领的作用。

宏观性。战略在重大、疑难、复杂案件解决过程中都是从大的方面、整体方面去研究把握案件，解决战略目标、战略方向、战略路线、战略任务、战略阶段、战略力量等重大问题。而战术通常是从相对较小的方面、局部研究把握并解决案件。战略具有宏观性，而战术具有一定程度的微观性。

对抗性。在重大、疑难、复杂案件中运筹和施行战略的明确对象是对方，通过对对方基本情况进行全面分析判断，制订理性而务实的战略目标，直接针对对方的客观情况发展并运用各种讼争力量与资源，不断掌握讼争的本质规律，运用丰富的战术行为，扬长避短，攻对方之虚弱，争取战略与战术方面的主动权。对敌抑长击短，对己扬长避短，以取得预期的战略效果。这些都充分体现了战略的对抗性。

预见性。重大、疑难、复杂案件中的战略是在全方位调查、研究、分析的基础上，充分运用饱富的实战经验，准确分析判断案件客观形势以及双方实力对比，对案件未来的发展趋势以及最终结果、各战略阶段成果等大胆地作出预测判断，从而对于各项重要事务做出前瞻性、预测性的安排部署。不但能够准确认识当下的讼争对象及其利益共同体联盟，也能够准确预见对方利益共同体联盟的发展变化。准确判明当前讼争的数量、种类、性质、方向和影响程度，也能够基本准确地预计将来或存讼争产生的时机、方向、领域、规模、进程和结局。预见性是谋划的前提、决策的基础，战略本身就是预见案件未来走向与结果而作的谋划，预见性十分明显。

谋略性。在重大、疑难、复杂案件中，战略是基于案件客观情况而部署的全面制胜的斗争策略。战略讲究在尊重客观现实的前提下，充分地运用计谋与策略，通过对讼争全局的谋划设计，变被动为主动，转劣势为优势，在条件具备的情况下不战而屈人之兵，具有明显的谋划、策略之特性。

长期性。重大、疑难、复杂案件的解决周期本身就很漫长，战略是解决案件问题的总体纲领，贯穿于案件解决的全过程，显然具有长期性。战略针对全局时间与空间界域，在全局事务与问题未得到彻底解决之前，战略将在全局战术执行过程中始终发挥提纲挈领的作用。

相对稳定性。在重大、疑难、复杂案件解决过程中，战略的稳定性是指战略在案件运作解决过程中，始终保持基本战略目标、战略方向、战略方针、战略任务、战略阶段等内容随时间推移与形势变迁而相对恒定的特性。战略的相对稳定性不管是相对于时间而言，还是相对于其他参照标准而言均相对稳定。正是战略的稳定性，才能够保障其在解决重大、疑难、复杂案件过程中犹如定海神针，保证了战术体系的整体性、统一性、协调性。

（二）法在重大、疑难、复杂案件中的特性

原则性。法的原则性主要体现在法是案件运作解决的底线，无论是战略部署还是战术运筹，都不能违反法律规定，不能损害国家、集体利益与个人合法权益。法的原则性在重大、疑难、复杂案件解决过程中，表现为总结实战经验而抽象出一系列合理化现象，合理的行为方式被尊重、坚持、信奉，不合理的被作为禁止事项予以排除，时刻提醒参与主体不可越雷池半步。法的原则性体现在全局高度，是不违反法律与社会公共利益，体现在具体战术上，不仅包括不违反法律与社会公共利益，还包括不触犯为人处事的底线，与道德、情感等因素有关。重大、疑难、复杂案件虽然关乎双方生死存亡，但只是经济利益方面的生死存亡，为了再重大的经济利益进行争夺，也不可违反为人处事的底线，否则，最终即使达成预期利益目标，也会引致相当严重的法律后果。法的原则性始终提醒所有参与主体，违反原则性的结果是不可逆转、不可挽回的，任何战略战术行为均必须依法从事。

工具性。由于重大、疑难、复杂案件讼争事务错综复杂、头绪众多，往往涉及多种法律关系交叉复合形成的极端疑难复杂情况，为解决这些特定问题，法律程序作为建构战术的主要手段发挥着重要的作用。对于法律的解读与阐释，在此类案件讼争过程中也是双方争夺的重要制高点。在传统单纯诉讼案件中，法律是方法论的最高准则。但在重大、疑难、复杂案件中，法律与法律程序具有明显的工具化特征，在具体诉讼程序中，作为定分止争的至高准则，也是当事人实现利益目标的重要手段。法在重大、疑难、复杂案件解决过程中的工具性，在实战中务必引起重视，对方发起某个法律程序的对抗较量，基于法的工具性考量，就应当拨云见日，探究其背后隐藏的真实战略意图与隐蔽战术目标，不被对方诉讼行为的表象迷惑。

衔接性。在重大、疑难、复杂案件运作解决过程中，战略规划所包括的战略目标、战略任务、战略方向、战略阶段、战略手段等重要事项，均需要通过法律规定与法律程序实现架构。战术是更为具体的行动，更需要以法律诉讼或其他法律程序为形式展开。战略与战术之间、战略分项之间、战术行为之间的衔接配合，均需要通过法律以及法定程序来实现。

局限性。重大、疑难、复杂案件中法律关系复杂，直接与间接参与主体众多，各种诉求、想法、观念等主观意识活动纷杂无比。法律无法直接调整单纯的思想、观念，但行为又受思想支配。在案件解决过程中，尽管双方竭力将法用到山穷水尽，但依然屡屡出现治标不治本的情况，体现出极大的局限性。法的普遍性、概括性在此类案件无孔不入、无奇不有的极端疑难复杂面前，往往显得爱莫能助。法律表达载体是语言文字，而语言文字的局限性、拙劣性也令法在实施过程中存在明显的局限性。法律严格讲究程序，然而程序却会显性地束缚法律权威，限制法律作用的发挥。重大、疑难、复杂案件中，人为布设的疑难复杂，自始便带有极强的法律免疫力，而法律必须依靠证据，在没有客观证据匡正法律事实前，即使公知某行为触犯了法律，但在证据不足的现实面前，也必须推定其无责。法的作用的发挥，受人为因素的影响极大，重大、疑难、复杂案件中双方争斗的激烈程度，在所有诉讼案件中登峰造极，多数法律适用问题均被赋予人为操纵的特征，法律作用的发挥往往受到严重的限制。

保守滞后性。在处理重大、疑难、复杂案件过程中，讼争事务发展变化极快，总有新奇特的事情摆在法律面前，然而法律是保守滞后的。因此，往往会令人失望地发现法律是灰色的，总是存在法律真空地带，让别有用心的人利用。比如，亲属将一切正常的当事人强行送至精神病医院接受强制治疗的行为，有关精神病人强制治疗方面的法律规定明显保守滞后，总让别有用心之人的神机鬼械、鬼蜮伎俩屡屡得逞。

机械性。解决案件过程中，出现法律根本无法调解的新情况是常有之事，当法律根本不能适应新情况时，其僵化、教条、机械的特性便暴露无遗。但法律必须保持连续性与稳定性才能保障其权威，不可随时修改。法的机械性让各种法律事务保持了相对的稳定，使人们有规律可循，但也导致好多客观事实无法接受法律调整与约束，在案件解决过程中经常出现无法可依的情况。

（三）战术在重大、疑难、复杂案件中的特性

从属性。战术是实现战略目的的具体手段，是指导具体讼争行为的方法与策略，战术必须服从于总体战略规划，必须以战略规划为纲领进行部署，并随着战略规划的调整而进行适应性的调整。具体战术行为的周期必须接受战略任务与战略阶段的规制，战略任务一旦达成，与之相对应的战术也宣告终结，即使该项战术行为并未实施完毕，也必须立即终止。因此，所有的战术行为都具有明显的从属性。

微观性。战术的微观性相对于战略的宏观全局特性而言，战略解决了讼争大的方面的宏观问题，战术解决讼争中局部而具体的微观事项，包括具体讼争的基本原则、具体诉讼与非诉讼程序的安排部署、具体战术之间的协同运作等问题，均限于解决特定问题的具体方法，具有明显的微观性。

阶段性。战略贯穿于重大、疑难、复杂案件解决的全过程，而绝大多数战术只在特定的阶段发挥作用，只有极少数战术行为贯穿于讼争全过程。战略规划中的战略任务往往是针对解决具体事务而设定，执行这些战略任务的时间受总体战略方针的辖制，而执行战略任务的表现形式便是具体战术行为，这就决定了具体战术行为的执行时间及周期，完全受制于总体战略方针，因而表现出阶段性的存在。

丰富多彩性。在重大、疑难、复杂案件讼争中，往往涉及民事、刑事、行政等多种法律关系，多种法律关系经常交叉形成极端疑难复杂的复合法律关系。在讼争过程中，为解决复杂法律关系问题，必须建立数量较多的战术据点，甚至呈现极限化的数量特征，每个战术据点的战术行为都很讲策略，战术梯次递补布排考究，常常形成全方位、立体化、多层次、纵深化的战术体系，战术体系的内容相当丰富多彩。

善变性。战术为实现战略意图而服务，一旦实现预期战术效果并达成特定的战略意图，战术便告终结。在实施具体战术行为时，需要随时根据讼争形势的变化作出适应性的机动调整，在战术执行过程中以及战术任务完成之前，除了战术目标相对稳定外，其他的战术要素均需随机应变、灵活调整，这种特性使战术表现出极强的善变性。

快速反应性。在重大、疑难、复杂案件解决过程中，战略问题可以平流缓进地制订，在贯彻落实过程中，也需要不疾不徐的姿态，以求事缓则圆、万无一失。但战术行为则讲究快速反应，因为具体讼争事务错综复杂，情势瞬息万变，时机往往稍纵即逝，在合适的时机、成熟的条件下，能否见缝插针、不失时机地部署针锋相对的战术，直接决定了战术效果与战略意图能否达成，进而影响全局战略形势。具体战术的部署与执行，讲究极强的时机性、适应性、紧急性，快速反应性应当作为战术素养的重要评判标准。

二、战略、法、战术高度统一，形成系统性的实战方法论

战略、法、战术思想体系，在解决重大、疑难、复杂案件过程中形成格局宏大、内在协调统一的实战方法论体系，从宏观全局、专业技术操作、局部微观三个维度，建构起完全适应客观情况、针对性极强的实战解决方略，形成以智谋为纲领的有机整体。智谋本身就是解决人与人、人与事之间关系及问题的方法论，在社会实践过程中，智谋往往表现为指导人们以最小代价与风险取得最大收益的思维方式。战略、法、战术思想体系，正是指导我们以最优方案、最大力度、最小代价与风险解决案件核心问题，实现讼争目的的系统性实战方法论。

战略、法、战术思想体系是完整的有机体，不可不成系统地支离分解运用，否则便与传统专业技术流思维方式与处理模式毫无区别。曾有为数众多的当事人在深度咨询后，对笔者从全局战略高度与战术角度掌控案件的战略运筹建议深以为然，对基于战略、法、战术思想体系擘画的实战解决方案十分满意，但或因顾虑成本，或因轻信自负，自忖既得实战运作方案，任何专业人士皆可执行到位，于是选择自行推动。事实情况远比理想分析中艰难滞涩，六合八荒、力度千钧的进攻战术体系与密不透风、滴水不漏的战术防御体系，在全盘推进过程中，必须做到灵动谐调、齐头并进、相得益彰、首尾呼应，若无丰富的实战运作经验，势必顾此失彼、手忙脚乱，甚至比盲目应战时期更为泥泞困厄。并非我们擘画的实

战解决方案存在问题，而是实际运作团队无力驾驭。首先，变幻莫测的案件客观形势，会使当初擘画的静态解决体系显得格格不入，生搬硬套地实施只会适得其反。规划得再完美无缺的实战解决体系，其灵魂依然是实战运作过程中审时度势的调整适应能力。其次，缺乏丰富的实战解决经验，很难做到从全局战略高度与战术角度掌控，战术意识与素养根本无力支撑实战解决体系，每个战术步骤都要从专业技术层面反复论证，物理相加求和的专业刻板惯性，导致无法真正理解战术行为之间的化合反应，因而使众多战术的实际效果大打折扣。有些战术只要实现策应、牵制、迷惑、辅助等战略意图即可，根本不求完整的战术结果。传统专业技术流思维方式与处理模式下，实施某种法律诉讼行为，就必求逻辑推导的形式结果，有时为了追求形式结果，甚至对实际目的全然不顾，至于战略、谋略、策略等实现目的的方法论，自然属于虚妄空洞之清谈。在专业技术流观念中，某个法律诉讼行为若不为导出形式结果，便会认为该行为毫无意义，此种教条刻板的态度，足以拒突破进取于千里之外，常常与解决问题的机会失之交臂。其实，即使经过反复专业技术论证，确定有十足把握得到理想的形式结果，实际结果未必尽如人意。传统专业技术流思维方式与处理模式，连传统单纯诉讼案件也无法很好驾驭，若以此驾驭并解决重大、疑难、复杂案件，无异于马谡守街亭的效果。

之所以出现教的曲子唱不上去的情况，根本原因在于传统专业技术流思维方式与处理模式从实质上破坏了实战解决体系的整体性、协调性、统一性。在实际运作过程中，各项战术统筹、布排、推进杂乱无章，不能精准地把握轻重主次缓急；缺乏系统性的思想、哲学、理念、价值观、模式、方法论等指导；运作团队不具备系统性的实战方法论，严重缺乏实战操盘解决经验，按照传统单纯诉讼案件的解决模式进行浅表耕作，单个战术力度远远不够，各项战术之间不能做到灵动谐调、首尾呼应，因而无法支撑起战略架构，导致战略规划形同虚设。其实质是将格局宏大、内在协调统一的实战方法论体系，畸变为众多讼争角斗，各讼争行为各自为政、一盘散沙，根本无法形成战术合力，非但单个问题得不到有效解决，反倒使全局陷入悬停僵死、缠斗不止的泥泞困厄，自然与总体战略目标渐行渐远。

无论多么翔实透彻的理论阐述，都无法将丰富的实战经验表述得淋漓尽致，而且这种经验与具体案件实践的结合往往表现出一定的随机性、混沌性，只有在案件运作的特定阶段，根据客观情势准确地预判案件发展趋势，并在复杂局势中当机立断地部署、调整具体战术的情况下，实战经验的作用才得以显性体现。没有人可以确保解决每宗重大、疑难、复杂案件，虽然十余年操盘解决此类案件百余宗，但笔者从未停止总结、反思、修正、提升。作为解决此类案件的专业人士，虽不能保证解决每宗案件，但对案件全局战略高度的运筹与战术角度的掌控，必须做到炉火纯青。全局战略高度的运筹与战术角度的掌控能力，在实践中往往表现为整体上把握实战解决体系，并在运作解决过程中将实战解决体系的整体性、系统性、协调性、有机性贯穿于每个具体讼争事务。

战略、法、战术思想体系中，战略、法、战术是有机统一的整体，形成以智谋为纲领的系统性实战方法论。该实战方法论体系精密复杂、灵动谐调、首尾相顾，有如人体之精妙。战略好比大脑与神经系统，决定做什么、何时做、谁来做、如何做的重大问题，并从整体上对于做的过程进行掌控，对成效进行评估，进一步指导具体行为；法类似于心脏与血液循环系统，是动力之源，用鲜活的血液将营养成分与氧气输送给每个器官与细胞，始终让全局充满活力与战斗力；战术犹如四肢，根据大脑的谋划与指令，实施具体行动，并在实施具体行动的过程中，根据客观情况向大脑反馈信息，协助大脑作出新的优化指令，配合大脑高效能、低能耗地完成行动任务。该实战方法论体系中，战略、法、战术犹如人体的大脑与神经系统、心脏与血液循环系统、四肢，高度精密配合、协调统一、首尾呼应，共同完成复杂的工作。智谋贯穿于该实战方法论体系，正如人的性格，在大脑与神经系统、心脏与血液系统、四肢联动工作的同时，性格在极大程度上左右着大脑的选择。性格能够决定命运，智谋使该实战方法论体系始终坚持理性态度、务实作风与正确方向，进而决定了重大、疑难、复杂案件的命运。

第三节　战略、法、战术思想体系的实战威力

一、生死攸关的抉择

在重大、疑难、复杂案件解决过程中，最关键的问题是战略方向与路线的问题，战略方向与路线，其实正是笔者向来强调的战略、法、战术问题。当事人对

此类案件缺乏全面、深入的理解，对其利益重大至关乎生死存亡、人为布设极端疑难复杂、参与主体众多形成利益共同体联盟并演化为两大利益共同体联盟之间的斗争等本质特征的认识相当贫乏，一般都会把此类案件当作传统单纯诉讼案件予以对待，只是重视程度更高，根本不会思考战略方向与路线的问题。在重大、疑难、复杂案件实务领域，极少有案件自始便能够把握绝对正确的路线、方针、策略，几乎都在错误的方向、路线、策略中迷失过。况且，此类案件并非自始便表现出其本质特征，好多案件的发展过程具有极大的迷惑性，讼争往往从局部、微观的问题逐渐扩大，初期阶段未必能够引起足够重视，这也为解决路线的错误提供了温床，让缺乏实战经验的人做到自始选择并始终坚持正确路线、方针、策略，未免强人所难。此类案件各项讼争事务错综复杂、盘丝错节、复杂多变，形成庞大繁复的无解局势，若缺乏相当丰富的实战经验，误入歧途似乎在所难免。

　　基本所有的重大、疑难、复杂案件都会犯的路线错误，就是被当作标的较大、法律关系较复杂、在专业层面存在疑难的单纯诉讼案件进行处理，除了案情分析、调查取证、诉讼方略制订、庭审技战术准备、执行预筹等工作做得更深入细致外，其余均跟随法律程序的推动按部就班、亦步亦趋地被动应战。但对方的进攻往往表现出体系化、多面化、全方位的特征，即使在每个诉讼案件中都以最大专业力度应对，也无法解决系统化地遭受攻击的问题。况且对方进攻战术据点分轻重主次布排，若只是随着对方的进攻节奏狼狈应战，势必陷入四面楚歌的危亡境地。纵观传统专业技术流思维方式与处理模式对重大、疑难、复杂案件的解决效果，客观地评判，只能称之为触及皮毛，根本未挨实质，存在典型的以筌为鱼的错误，目的是钓到鱼，却误将手里的捕鱼工具当作是核心，整天把盘摩挲还自以为这就是获取鱼的正道。显而易见，这种教条肤浅的认知水平，根本无法把握事物的本质，必定解决不了实质问题。

　　以专业技术流思维方式与处理模式处理重大、疑难、复杂案件，就像敌国发动全面战争后，我方却在研究训练演义中诸葛亮骂死王朗的技能，以图在正面交锋时凭借一番慷慨陈词、犀利论辩便可一决胜负般烂漫天真。实务中，好多案件就是在这种不知不觉的烂漫天真中误入歧途，发生了根本性的路线错误，跟随对方发动的程序与节奏，亦步亦趋地被动应战，一旦对方发动六合八荒的攻势，我方将陷入多线作战的全面战略被动，要解决讼争体系中的个案也相当艰难滞涩，众多讼争程序纵横交错，僵持消耗、悬停僵死的危局就此形成。

作为既得利益方，稳稳地占有盗攫所得利益，自然期望讼争周期无限延长。况且，既得利益方有备而来，在全面持久战的消耗中拖垮受害方，本身就是主要战略目标之一。既得利益方往往集中所有优势资源与力量，蓄谋已久、处心积虑地布设固若金汤的正面防线，将受害方核心诉求所依据的基础事实与法律关系移调于法律程序射程范围之外，导致受害方根本无法从正面防线直接突破。无论从战略形势还是双方实力对比分析，教条刻板地被动应战都不会有好的结局。深陷十面埋伏、四面楚歌的危亡境地后，好多当事人根本无力考虑系统性的应对，多数在对方全方位的攻防体系面前昏招迭出，出于专业性考量，竟由不同的律师团队处理系列较量中的个案诉讼。缺乏系统性的讼争路线、方针、策略，已经足够危险，加之零敲碎打、各自为政的做法，彻底陷入对方布置的战略陷阱，只是时间和程度的问题。有些当事人在客观战略形势明显不利，对方以正面防线等战略攻防体系已经形成合围之势的情况下，依然冒险选择正面交锋，即使实际战略资源与力量占据优势，往往也会一败涂地。归根结底，在重大、疑难、复杂案件的复杂讼争中渐入危亡境地，均由路线、方针、策略的错误而引发。

纠正错误的路线、方针、策略，建立正确的指导思想与实战解决体系，完全有可能翻盘取胜。笔者在长期操盘解决重大、疑难、复杂案件的实务中，创立了战略、法、战术思想体系，具体案件运作的战略战术体系，均在战略、法、战术思想体系的基础上擘画。战略、法、战术思想体系是卓有成效的实战解决方法论，根据笔者律师团队近十年操盘解决百余宗重大、疑难、复杂案件的实战效果分析，战略、法、战术思想体系在此类案件解决过程中能够发挥巨大的战略震慑力，绝大多数案件因此成功实现总体战略目标。战略、法、战术思想体系要求从全局谋划，建构正确的战略战术体系，由经验饱富的操盘团队贯彻执行；务必重视战略问题，结合案件客观形势与双方实力对比，重点把握对方侧翼与后方的薄弱环节与致命要害，形成最深彻的案件基础事实认知体系；在全局分析、全局考虑，全局规划的基础上制订总体战略规划，明确战略目标、战略任务、战略方向、战略手段、战略阶段、战略力量部署、战略较量区域划定等重大问题；精研战术，在战略规划指引下，部署全方位、立体化、多层次、纵深化的战术体系，区分轻重主次缓急，形成我方系统化的诉讼、非诉讼战术集群，充分运用法律规定与法律程序，以法律为基准与纲领，用诉讼、非诉讼等专业技术手段架构具体战术；重视战略掌控与战术机动，不断积累战术成果形成战略优势，赢得全面胜利或优势和解。从实践解决情况看，战略、法、战术思想体系具有极强的实务解决能量场，以此为圭臬操盘解决重大、疑难、复杂案件，无论是优势方还是劣势方，均能够极限化地建构起力度最大的战略攻防体系，为最终掌控战略优势赢得最大砝码。

二、卓有成效的实战解决体系

十余年操盘解决重大、疑难、复杂案件的实践过程中，笔者几乎尝试将各种合法方法应用于实践解决体系，但越来越坚信战略、法、战术思想体系确实是拯救重大、疑难、复杂案件最得心应手的武器。当然，并非只有战略、法、战术思想体系才能解决重大、疑难、复杂案件，笔者在实战过程中从未停止反思、总结、纠错、提升，始终极力打造更具战略震慑力的实战解决体系。到目前为止，战略、法、战术思想体系依然是解决重大、疑难、复杂案件最富成效的实战方法论。

战略、法、战术思想体系产生于解决重大、疑难、复杂案件的实战解决过程，经受了漫长而艰辛的蜕变，历经专业技术阶段、技战术阶段、全局战略运筹阶段。专业技术阶段只重法律与程序，往往被挤入逼仄绝境而无计可施；技战术阶段，法与战术并重，但往往被对方全方位、立体化的战略攻势四面合围，因而黔驴技穷、一筹莫展；直至全局战略运筹阶段，痛定思痛，在历经挫折后悟出真知灼见，逐渐形成系统的实战方法论，在实践操盘解决过程中反复运用、总结、反思、升华，最终形成战略、法、战术思想体系。以笔者律师团队操盘解决重大、疑难、复杂案件的实战经验分析，战略、法、战术思想体系是目前为止最具实战优势的系统方法论，它能够从全局战略、局部战术、微观技战术等维度全方位保障我方战略力量的生成与发展壮大，极力追求高效能、低能耗的实战解决模式，以相对最优质资源力量、最低成本实现最大利益目标，并能够保障从局部、微观角度的战术胜利逐步发展至全面战略胜利。

在重大、疑难、复杂案件中，两大利益共同体联盟为争夺重大利益展开殊死对抗与较量，即使自知没理，也要殚精竭虑地炮制理由，甚至不惜歪曲事实、伪造证据进行缠斗。无数深陷悬停僵死与泥泞困厄的案件向我们明确宣示，企图以打官司、辨法理、明是非、分胜败、止纷争的传统单纯诉讼案件解决模式解决重大、疑难、复杂案件，无异于痴人说梦。必须从全局战略高度进行统筹，建构强大的战略战术体系，以此产生足够的战略震慑力量，才能让对方彻底服输。此类案件的讼争较量，是一场征服与反征服的战争，不可能在一局决斗中分出胜负，双方必定组织全部有效战略力量，在较长战线上展开全面较量。面对这种战略形势，战略、法、战术思想体系是极为适宜的实战方法论。

要战胜恶龙，必须比恶龙更有爪牙。要制服绞尽脑汁给他人布设神机鬼械的人，必须比对方更擅长谋略。绞尽脑汁给他人布设神机鬼械，最多只是小聪明，与智慧、谋略根本不在同一级别。而且，鬼蜮伎俩者为达到不可告人的目的，巧设机局时往往遗患无穷，甚至触犯法律，这几乎是恒定规律。对方的神机鬼械越深沉，阿喀琉斯之踵越容易暴露。解决对方布设机局的问题，需要足够足智多谋，绕开正面防线另辟蹊径，杜绝被对手布设的正面防线完全牵制，陷入面对、解释、论证、突破之困厄。

对方挖空心思地布设疑难，完全属于阴谋范畴。面对阴谋，一旦遵循腐儒君子别人不仁我不能不义那套，立马就输了。既然已经进入重大、疑难、复杂案件战局，必须狠下一条心，只要不违反法律规定，也未挑战道德底线，该实施的计谋、策略、算计等，均应毫无保留地施行到底。若对处心积虑地使尽鬼蜮伎俩的对手抱持谦谦君子风范，对方设局，就困于其中拆解，久久未果；对方布一道坎，便心无旁骛地翻越，却迟迟不过。莫提努力无果、南辕北辙的结果，单凭对手恶作剧得逞后的窃喜所传递的嘲讽，足以让人冲冠一怒。在充满对抗的环境中，愤怒也是一种力量。当然，带着愤怒的情绪去解决案件，非但无益反而会严重地影响判断力，愤怒是一种力量，只是想表明对付恶人的态度。对恶人绞尽脑汁布设的神机鬼械，要有足够高的敏感度与警惕性，并且有反制的欲望与血性。想从对手布设的困局中突围，我方需要比对方更具实力，这种实力并非以牙还牙，以同样的方式给对方布设陷阱，而是以合法的手段，充分发挥智慧与谋略的作用，深彻把握对方布局规律与机关所在，以智谋与策略构建反制战略战术体系，针对对方因布设正面防线而导致侧翼与后方产生的薄弱环节与致命要害部位，部署极富针对性的战术，给予斩草除根的打击，以此为切入点拆解对方的布局并反败为胜。我们根本没必要与猛兽进行一对一的厮杀而完成征服，完全可以运用智慧、谋略、策略、经验等优势让其就范。与来势汹汹的恶人斗争，大可不必与其展开拉锯回合缠斗，应当足智多谋，以智谋、阳谋去征服对方的阴谋，使其阴谋无从得逞。这种注重智谋、阳谋的运筹、谋划、算计，是战略、法、战术思想体系的通俗表达。解决重大、疑难、复杂案件中对方绞尽脑汁地布设的神机鬼械，战略、法、战术思想体系是不二之选。

操盘解决百余宗重大、疑难、复杂案件的实践经验表明，此类案件讼争中，双方所追求的结果往往通过多种对抗较量与战略优势反复易主，在平衡、妥协、让渡等动态因素共同作用下形成。在极端疑难复杂的动态化讼争过程中，有的当事人甚至为此付出自由的代价，足见双方讼争之惨烈。在极其惨烈的斗争形势下，犹如战争的结果不可能由局部战役的胜负决定，重大、疑难、复杂案件的最终结果，基本不可能由某个具体战术行为的结果来决定。在讼争过程中，双方用尽救济、使尽手段、穷尽力量，对抗较量至一方无能为力，在系列战术成果基础上形成综合战略力量，只有拥有绝对战略力量的一方，最终才能完全掌控战略优势，进而赢得最终的胜利。由此看来，此类案件的结果如同分子结构异常复杂的化合物，由多种物质经过复杂的化合反应形成，化合结果意味着周期漫长、过程复杂、控制难度极大，其解决必须倚重战略战术的运筹，战略、法、战术思想体系正是此类案件战略运筹的圭臬。

成效是检验实战方法论的最好方式，笔者律师团队操盘解决百余宗重大、疑难、复杂案件的实践经验表明，最终得到全面、深入、彻底地解决的案件，均通过充分运用战略、法、战术思想体系解决，没有一宗案件凭借专业技术流思维方式与处理模式得到解决。更为令人不可思议的是，已获全面解决的案件，当事人及原运作团队都曾以专业技术流思维方式与处理模式，固守单纯诉讼案件阵地，以筌为鱼、穷究其理地与对方缠斗若干年，在深陷悬停僵死与泥泞困厄的情况下，才委托笔者介入处理。这种规律出现在每个案件中，基本可以证明专业技术流思维方式与处理模式根本无法解决重大、疑难、复杂案件的真理。其他同仁成功解决的重大、疑难、复杂案件，虽然方式各有不同，但都十分注重战略运筹，绝无可能将着力点限定于专业技术层面的对抗较量。十余年专注操盘解决重大、疑难、复杂案件的实践经验，使笔者有充分的理由相信，过去与现在坚持运用战略、法、战术思想体系解决此类案件是绝对正确的选择。在未来实务解决工作中，若无更具实战威力的实战方法论被创建，笔者还将坚定地以战略、法、战术思想体系为圭臬，在解决重大、疑难、复杂案件的道路上披荆斩棘。

三、核武器般的战略价值

（一）巨大的战术摧毁力量

在重大、疑难、复杂案件解决过程中，基于战略、法、战术思想体系建构实战解决系统，在总体战略规划的指引下，部署全方位、立体化、多层次、纵深化的战术体系，各个战术按照轻重主次缓急布排，有计划、有目的、有节奏地渐次铺开，并且互相配合、互相依托，灵动谐调、首尾呼应，形成完备的战略攻防体系，无论是全局战略力量还是局部战术力量，不管是瞬时爆发的战斗力抑或持久战的耐力，都几乎达到顶峰。对方若无更高明的应对方略，全面覆亡只是时间问题。

全局战略掌控形势下，在全方位、立体化、多层次、纵深化的战术体系中，各项具体战术协同推进并联合发力，以战略总攻的方式发起进攻，形成的战斗力足以摧毁对方的全部战略防线，与战争中核武器毁灭性的战斗力极为相似。实务中，一般极少协同调动全部战术行为发起总攻，毕竟重大、疑难、复杂案件以最终实现利益目的为追求，而非消灭对手。我们可以充分运用关于战争的智慧与谋略处理此类案件，但不可将此类案件完全当作战争予以处理，避免出现赶尽杀绝、缠斗不止的原则性的错误。核武器不会轻易使用，历史上仅有的使用核武器的战例，以有史以来最高代价向世人展示了核武器的战术摧毁力。笔者律师团队操盘解决的重大、疑难、复杂案件中，仅有三宗案件在对方一再突破我方底线的情况下，迫不得已发起了全面战略总攻，对方瞬间被秒杀。其中有一宗案件，我方当事人与对方系二十余年老朋友，双方合意共同经营矿业项目，由我方出巨资、对方负责经营管理，并约定了收益分成比例。双方既未签订书面协议，也未履行其他正式手续，项目便开始运作。项目进展异常顺利，五年间至少赚了十亿余元。自从大额盈利起，对方就开始拒绝承认合作经营的事实。经过无数次协商、争执甚至暴力冲突，并请有威望的第三方反复协调、斡旋，但均无果。在双方交涉过程中，对方数次指使他人将我方当事人打至骨折、人事不省。我方当事人只能选择诉讼确认股权，该案件前期股权确认诉讼笔者并未介入。一审判决确认我方享有百分之五十的股权，对方上诉后被发回重审。重审后确认我方当事人享有百分之二十的股权，我方上诉后又发回重审。再次审理后还是确认我方当事人享有百分之二十的股权，我方当事人又上诉后被改判驳回全部诉讼请求。至此，我方当事人落得一场空，不但拿不到分红，而且在该矿业项目中投入巨额资金的事实也未被认定。当然，我方缺乏关键证据，股权事宜无法得到证实。双方当年亲密无间，我方当事人根本未留后路，因而几乎没有任何有价值的证据。

长达五年的股权诉讼产生持续性的高强度消耗，使我方当事人濒临破产，几乎身无分文。诉讼期间，对方数次指使他人殴打我方当事人，有一次开庭结束后，对方指使他人在法院门口将我方当事人殴打至粉碎性骨折。双方的斗争异常激烈复杂，显然，单纯诉讼根本无法彻底解决问题，即使得到胜诉判决，未必能够执行到位。笔者律师团队介入后经过充分调研，得知对方早已将资产进行了体外循环设计，将我方核心诉求所依据的基础事实或法律关系移调至法律程序射程范围之外，导致我方即便手持胜诉判决，最终也无法执行到位，因而无法达成现实可支配法律权益。显然，通过摆事实、讲道理、辨法理、明法律的单纯诉讼方式根本无法撼动对方。我方当事人为控诉对方恶劣行径，曾在网上发帖声讨，对方以此为借口，挖空心思、不遗余力地罗织诽谤罪名，上纲上线地追究我方当事人的刑事责任，我方当事人差点身陷囹圄。更显神机鬼械、鬼蜮伎俩的是，对方以和谈的名义邀请我方当事人至酒店，当场给我方当事人大量现金后，找借口溜出房间报警，称我方当事人敲诈勒索，主要证据是双方聊天记录、敲诈所得现金、大量证人证言等。我方当事人在聊天过程中确实有人身攻击、威胁、辱骂之类言辞，但实质上与敲诈勒索无关。最终司法机关经过调查认定我方当事人不构成敲诈勒索罪，但给我方当事人造成了极大的心理阴影。

在双方对抗较量中，我方当事人完全落败，被折腾得精疲力竭、无计可施。对方一系列进攻手段确实令人眼花缭乱、防不胜防，合法与违法行为并行，明暗结合，全方位瞄准，从各个领域、层面、维度对我方当事人实施打击。我方当事人向我们倾诉数年来的遭遇时，竟哭得像个孩子，谁也无法想象他是曾经叱咤风云的商界精英。笔者律师团队接受委托后，以战略、法、战术思想体系为基础，部署了完备的战略攻防体系，关于战略战术部署与运筹的问题，以后详述，此处重点讲述最后的战略总攻。我方总体战略方针是必须打造绝对的实力，掌控战略优势，让对方在绝对实力面前屈服，进而彻底解决问题；避开与对方在股权确认纠纷中对抗较量，停止与股权诉讼相关的所有挣扎，完全避开对方布设的正面防线，废掉其经营数年的马其诺防线，可从合伙经营纠纷入手，从基础事实、现有证据、法律适用等方面分析，理当立足更稳；基于对方多次指使他人殴打我方当事人的故意伤害犯罪事实，掘地三尺地收集证据，追究对方组织领导黑社会性质组织罪、故意伤害罪的刑事责任；针对对方罗织构陷我方当事人敲诈勒索的行为，追究其诬告陷害的刑事责任；我方当事人在精挖细掘、掘地三尺的调研摸底与要素收集过程中，无意间提取了对方在经营矿山时非法占用耕地、非法占用林地、重大责任事故等证据材料，以此部署了后备战术体系。对方再三挑战我方当事人的底线，指使他人数次殴打我方当事人至粉碎性骨折，多次罗织构陷、诬告陷害我方当事人，可谓无所不用其极。对方一系列刑事犯罪行为事实清楚，证据确实充分，有明确法律依据，我方当事人只是行使普通公民控告举报权利。当然，局外人可以清高地指责我方当事人好斗缠讼、滥用权利，但亲历者的愤怒与压抑，人人皆可换位思考，但没人能够真正地感同身受。况且，我方当事人采取的系列战术行动，既未违反法律规定，亦没有突破道德底线。相反，我方当事人积极行使公民控告权利，自发履行法律并未赋予强制性的公民义务，协助司法机关查处违法犯罪行为，惩罚犯罪分子，维护公平正义与法律尊严。

我方提起的合伙经营民事诉讼步步为营，对方节节败退。我方当事人通过与双方相熟的第三方，巧妙地将追究对方违法犯罪行为的谋划传递给对方，确定对方完全知悉。在此情况下，已经到了战略优势点，若继续进攻，对方将被瞬间秒杀；若对方能够辩明形势，分清利害关系，选择和解解决，自是皆大欢喜。笔者强烈建议我方当事人主动搭建沟通平台，创造和解条件。令人意外的是，对方在多年缠斗大获全胜中早已目空一切，十分蔑视我方当事人，无论如何也不相信我方当事人具备制服他的能力，无论谁从中斡旋调停，督促双方和解谈判，均被对方严词拒绝。我方当事人第一次被拒绝后就异常愤怒，觉得掌握着战略优势，却低三下四地与对方讲和，竟然被断然拒绝，恼羞成怒，再加上数年来被对方打击、压制、陷害的怨恨，已经完全失去了理性与克制。经笔者再三劝说，极力勉强自己再次试图搭建沟通平台，但对方态度一如既往的强硬。至此，局势已经完全失控，如同战争中一方手持核武器，一再严正警告对手但均收不到公平回应，复仇的愤怒与正义的使命感形成强大的战斗意志，毅然决然地祭出核武器。结果可想而知，灰飞烟灭，残垣断壁，生灵涂炭。我方当事人完全被复仇的愤怒、追回巨额投资款及分红的执着、追究对方犯罪行为的正义使命点燃，将对方涉嫌组织领导黑社会性质组织罪、故意伤害罪、诬告陷害罪、非法占用耕地罪、非法占用林地罪、重大责任事故罪的翔实证据材料提交公安机关，正式控告对方一系列刑事犯罪行为。由于事实清楚，证据确实充分，对方最终被重判，我方在合伙经营民事诉讼中也顺利地实现了总体战略目标。

我方当事人一再被对方打击、压制、伤害，在持有核武器且取得足够战略优势的情况下，依然保持了足够的理性与克制，一再放低姿态寻求和谈解决，被数次拒绝后又向对方发出数次严正警告，但对方始终不做公平回应。我方当事人只能祭出核武器，对方瞬间被秒杀。在重大、疑难、复杂案件中，该案属于相对简单明晰的类型，但战略、法、战术思想体系如核武器般的战略摧毁力与战略震慑力，却得到了极好的验证。重大、疑难、复杂案件解决过程中，在正确的战略规划指引下，形成全方位、立体化、多层次、纵深化的战术体系，整个战术体系协同推动并联合发力，往往能够产生摧毁性打击力量。

（二）全时空的战略震慑

战略、法、战术思想体系指导重大、疑难、复杂案件的实战解决，形成全方位、立体化、多层次、纵深化的战术体系，各个具体战术运筹到位产生战术聚合效应，会发挥摧毁性的战术打击力度，犹如核武器之于战争。核武器不是常规战术手段，轻易不能投入战争，但拥有核武器，足够令战略战术系统全面升级，能够在军事战略上立于制高点，无论战与和，核武器均具有全时空的战略震慑。

基于战略、法、战术思想体系建构完备的战略攻防体系，其摧毁性的战术打击力度，犹如拥有核武器，使本方立于绝对的战略制高点，稳固地掌控全面战略优势。在全面掌控战略优势的情况下，各项推进成熟的战术均具有局部战术摧毁力，若继续执行全局战术计划，协同推进、联合发力并进行聚合，足以形成战略总攻态势，能够彻底摧毁对方的攻防战线。如果引而不发，形成高压态势的战略威慑，以此增加谈判筹码，促使对方在和谈中拿出最大诚意，从而加快事务彻底解决的进程。

在重大、疑难、复杂案件解决过程中，问题得到基本解决后，一方或者双方出尔反尔、反攻倒算的情况司空见惯，这似乎是此类案件又一个固有特征，属于案件的次生问题。如果拥有基于战略、法、战术思想体系建构的稳固的战略攻防体系，无论是彻底摧毁式的解决，还是在核武器战略震慑下和谈解决，均能够从根本上消灭对方出尔反尔、反攻倒算的可能性。因为无论以什么方式结束讼争，我方丰富的战术体系并不会运筹殆尽，总有后备战术体系作为必要战略力量储备，保证持续性的战略震慑。某些战术行为的持续性战略震慑，并不会随着双方和解或血战到底而消失，可能是永久性、持续性的。对方有没有反攻倒算的想法难以控制，但可以控制对方反攻倒算的成本与后果，当对方经过精明筹算，清醒而理智地认识到我方核武器的战略震慑力时，便会选择安分守己。

战略、法、战术思想体系，在重大、疑难、复杂案件讼争中发挥着核武器般全时空战略震慑作用，能够全面、深入、彻底地解决案件问题，大幅降低我方的战略成本投入，避免长期纠缠于持久战而消耗至弹尽粮绝。强大的战略震慑使对手轻易不敢越过雷池，能够长久地维持双方在讼争发生前相对平衡的状态。全面、深入、彻底地解决问题并长久地维持平衡状态，是解决重大、疑难、复杂案件最理想的标准。

第三章
战略预备阶段

第一节　战略准备

一、平流缓进，不疾不徐，事缓则圆

重大、疑难、复杂案件没有突发的可能性，在爆发或宣战之前，双方往往经过长期的明争暗斗。因此，双方对于正式宣战并不会感到意外。虽然不是突发情况，但事态往往异常严重，处理结果甚至会关系到双方或一方的生死存亡。非急若星火之突发事情，性质又十分严重，处理的态度必须像在平缓的水流中行船一样，稳步前进，恰当地掌握节奏，不操之过急，也不迟重缓慢，冷静地筹谋应对方法，才能达到更圆满的解决效果。

笔者律师团队解决过的所有重大、疑难、复杂案件，在讼争初期基本上都存在仓皇失措、急于应战的问题，或许因为事关重大，面对突然爆发的状况，除非处理经验异常丰富，否则任谁也会慌不择路。毕竟此类案件毕生遇到一宗已经足够承受，极少有人遇到若干次，当事人又非专门解决此类案件的专业人士，缺乏经验故难以沉着应对，也在情理之中。急于应战的弊端，如同夜遇劫营时无须对手攻伐便自乱阵脚，其实对方未必具备周密部署，只要我方稳住阵脚，不疾不徐，沉着应对，最终慌了手脚、乱了阵脚的极有可能是劫营一方。历史上夜遇劫营后稳住阵脚沉着应对的，往往成为教科书般的军事案例，这也从侧面说明遇到重要

且紧急的事情时，能够做到平流缓进者寥若晨星。实务中，绝大多数当事人遭遇对方突然宣战，往往自乱阵脚，面对对方发起的讼战，不做全面、深入的分析，便跟随对方建立的对话模式展开回合争战。对方坚持认为是马，我方极力证明是鹿，为此殚精竭虑、不遗余力。必须辩明一些重要问题，分明是鹿，对方坚称是马，其真正目的显然不仅是是非之辨，对方不可能糊涂到马鹿不分，无须我们当启蒙老师，我们也无力劝说别有用心的人接纳正确观点。即便法院判决确实是鹿，对方也不会甘心认理服输并主动割地赔款。对方指鹿为马的操作，必定是明修栈道、暗度陈仓之计谋。结合案件复杂的客观形势进行全面分析考虑，紧抓主要矛盾与关键问题，会发现对方其实就是想动用一切力量、用尽所有算计证明鹿就是马，这绝非是非问题，而是目的问题。是与非可以用摆事实、讲道理、明法律的方式解决，但别有用心、处心积虑地想达到某种目的的问题，刑法中的死刑震慑尚不足以完全制止，诉讼裁判自然也无力解决。及至对方的战术部署拾级而上、连绵展开，再恍然大悟恐怕为时已晚，往往造成不可逆转的后果。

实务中，经常遇到一方当事人在对方宣战后，几乎投入全部精力与资源，就对方摆擂台与本方打擂事宜进行商议、筹划、模拟、论证，一副全情投入、心无旁骛的架势，但往往忽略了事实真相。擂台由对方摆设，规则或许公正，但裁判未必公正，评委也未必能够一碗水端平，看客与啦啦队也极有可能是对方的拥趸。经过缜密思虑，第六感与理性均表明对方醉翁之意不在酒时，应当立即进行全局筹划，构建本方的战略攻防体系，而不是在战略迷失的道路上持续狂奔。专注应对并纠缠于擂台比武，往往是旧的擂台赛未打完，又有新的接踵而来，令人应接不暇，最终彻底陷入对方布设的战略陷阱。即便在某些小范围的比拼中偶占上风，从整体局势分析，已经完全处于对方战略掌控之中。莫轻言努力的程度，若方向不对，所有的努力都是浪费。世界上最不缺低质量的勤奋努力，往往能够感动自己与所有人，却在悽惨结果发生时能够博得自己与所有人的原谅。奉行低质量勤奋努力的人，兢兢业业、殚精竭虑、谨小慎微、废寝忘食的工作架势，貌似无可挑剔，但往往习惯于忽略方向、路线、策略等重要问题。在方向、路线、策略完全错误的情况下，付出再多的努力，结果也是南辕北辙。在重大、疑难、复杂案件解决过程中，好多当事人与运作团队由于缺乏系统性实战方法论的支持，往往头痛医头，脚痛医脚，跟随对方发动的讼争程序与节奏，极尽挣扎纠缠之能事，案件最终难逃悬停僵死的宿命。

　　与自乱阵脚相孪生的，往往是昏招迭出。在对方极富谋略的攻势下，能够稀里糊涂、亦步亦趋地被动应战，想必在具体战术部署运筹方面也不会表现得太高明。有一宗重大、疑难、复杂案件，当事人向笔者咨询对方提起股东知情权诉讼事宜，直觉表明对方想通过证据保全、我方举证等方式掌握特定阶段的财务账目情况，进而在其他战术行动中作为王牌证据使用。笔者表明此种顾虑后，当事人却不以为然，根本未引起足够重视，依然将战略目光全部聚焦于股东知情权诉讼。后来，笔者没有接受该案件委托，因为明知当事人在一步步陷入迷局，但又无法接纳正确建议，当然不能与当事人一起陷入已知的战略陷阱。后来，对方果然逐渐展现了其深邃的战术布局，令我方当事人追悔莫及。在股东知情权诉讼中，我方提交了大量的证据，对方也申请了证据保全，让法院调取了公司五年的账务账目。我方当事人正在全神贯注、专业精深地应对股东知情权诉讼时，对方悍然向公安机关报案，追究我方当事人公司及董事长销毁篡改财务账目凭证、偷逃税、职务侵占、挪用资金、抽逃出资、诈骗等刑事责任，公安机关已经正式立案调查。当事人再次与笔者会谈时，已经幡然醒悟，坚决不再认同仅从专业技术层面处理的理念。该案中，我方当事人之前没有系统的实战方法论，跟随对方的战术步伐被动应战，倾尽全力于单个战术行为，该战术行为于对方而言，只是为总体战略规划服务的策略性战术，通过股东知情权诉讼拿到想要的证据后，立即转移战术运筹重心，离开股东知情权诉讼的战场，将战略重心投入刑事追究的战术行动。我方当事人的表现可谓自乱阵脚、昏招迭出，配合对方完成了战略力量的补充与加强。

　　前述案例中，我方当事人存在严重的战略盲目，迷失于局部战术较量之中，将对方极力探寻的战略资源拱手奉送的离奇行径，在战争史上俯首即拾，在重大、疑难、复杂案件讼争中亦比比皆是。若不懂战略战术且不事谋略，在波谲云诡的重大、疑难、复杂案件讼争中，一招不慎，不仅是失去一城一池的问题，极有可能奠定了全局溃败的基础。重大、疑难、复杂案件，事关本方生死存亡，即使眼下的事务火烧眉睫，也必须先稳一步、慢一步，冷静沉着地进行全局观察分析，完全掌握案件客观情况后再采取相应措施。平流缓进、不疾不徐、事缓则圆，不光是做人风格问题，也是重大、疑难、复杂案件中必须选择的谋略。

二、全局分析，紧抓主要矛盾与关键问题

提起事物的主要矛盾与关键问题，似乎是习以为常的常识问题，似乎任何人都明白紧抓主要矛盾与关键问题。或许人们习惯于把自己想象得太完美，但立初心易，守初心太难，无论是在安逸顺境还是艰涩逆境，初心都极易被弄丢。绝大多数当事人深知讼争的终极目的是利益权益，一旦深入重大、疑难、复杂案件争斗的汪洋大海，会逐渐变成以筌为鱼的模式，整天把玩摩挲渔具，却自以为是在钓鱼无疑，实质上已经把手段当作目的，演化成为斗争而斗争的模式。一旦初心丢失，便再也走不到要去的地方，正如泱泱人海中，谁人当初都是指点江山、挥斥方遒，粪土当年万户侯，但终究在柴米油盐的挣扎中变得麻木机械，整日唯唯诺诺、缝缝补补，像蜗牛一样把柔软的身体蜷缩在壳里，再也不敢奢谈理想与远方。不管是觉得谈理想幼稚也好，还是暗自承认无力挣扎也罢，总之，忘了目标、丢了初心，已经完全不是原来的自己。重大、疑难、复杂案件如人生迷局，满布歧路，局势错综复杂，迷失往往只在某个瞬间的战术较量。因此，必须紧抓主要矛盾与关键问题，以始终保证正确的方向与路线。

操盘解决重大、疑难、复杂案件的过程中，最令人苦恼的不是案件问题解决难度之大，而是需要不断给委托人提醒警示，促其始终清醒地记得正确的方向与路线。事实上，当事人在此类案件极端疑难复杂的斗争中极易迷失方向，走着走着就偏离了正确方向与路线，把大量时间、精力、资源等集中于无关大局的较量，或因这些较量解气过瘾，当事人自认为非常重要。但谈起总体战略目标，当事人内心未必糊涂，理智一直在提醒当事人目标所在，实际行动却总在欺骗理智与追求，导致主要精力、资源、力量并非投入主要矛盾与关键问题的解决，而是纠缠于最激烈、最感兴趣、最能宣泄情感的争斗。紧抓主要矛盾与关键问题，是前期战略准备的重要工作，讼争伊始便应当作为当头棒喝，全程铭记。

（一）洞穿表象与佯攻

在重大、疑难、复杂案件中，率先发难的一方往往有较高明的战略战术部署，形式上表现出来的战术行为未必是其真实的战略意图，往往带有较强的迷惑性，必须透过表象洞穿其本质，进行全局分析、全局考虑、全局筹划，分析内在各种可能性，切莫被表象迷惑。当然，也有不讲策略的宣战方，但我方决不可被对方

表现出来的弱小麻痹，即使遇到真正弱小的对手，也必须以最高级别的战略谨慎去对待。勿论对手强弱，始终保持本方战略攻防力量的最强模式，是重大、疑难、复杂案件讼争中立于不败之地的法宝之一。结合案件客观形势进行深入分析，其实不难发现对方战术表象与佯攻下隐藏的真实战略意图与战术部署。讼争伊始便应当进行全局谋划，结合双方优势与劣势、强大与虚弱，极限化地确立攻防战术据点，并以此部署完备的战略攻防体系，在攻防两端均做到滴水不漏，将对方一切可能实施战术行为锁定于我方战略瞄准范围。前条所述我方与对方股东知情权诉讼案例中，对方提起股东知情权诉讼只是表象与佯攻，真实战略意图是在该诉讼中取得我方公司财务账目凭证，进而在刑事追究中作为王牌证据。若不加深入分析，便以专业技术流思维方式与处理模式展开回合对战，最终势必误入对方布设的战略陷阱。若我方拥有足够的战略战术掌控能力与经验，通过对方的战术表象与佯攻，敏锐地认识到对方后备战略方案与战术安排，则在股东知情权诉讼中一定会尽力保护好我方公司财务账目凭证，毕竟这是公司经营自主权范畴事项，我方理当具备极大程度的掌控权。针对对方可能罗织构陷我方刑事责任问题，提前做好充分的反制准备。对方既拿不到过硬证据，我方又提前部署了反制战略措施，完全切断对方战术阴谋的后路。该案中，我方公司董事长对当初坚持专业技术流思维方式与处理模式，只在股东知情权诉讼中做法律专业技术对抗的行为噬脐莫及。后来选择全局战略运筹的方式，虽然当初经过错误方向与路线的蹉跎，局势更显疑难复杂，但最终还是解决得相当彻底。若当事人在讼争初期便能提高思想认识，运用战略级思维方式对待处理，在股东知情权诉讼较量中就可令对方全面败退，免除了对方追究刑事责任带来的麻烦。

表象与佯攻往往带有极强的迷惑性，若非实战经验异常丰富，很难敏感地探究其实质。正如前述股东知情权诉讼是表象与佯攻，根据对方诉讼请求、事实理由、证据体系等予以分析，我方极力举出财务账目凭证作为证据，能够最大力度地证明我方并未剥夺对方的股东知情权，因而对方所主张的事实不能成立，在只谋一域不看全局的专业技术流思维方式与处理模式下，当事人与代理团队极难隐忍保留对本方极为有利的证据，往往会一挥而就，行云流水般将全部有利证据和盘托出，以期在讼争中大获全胜，但这往往为对方后续核心战术提供了重要战略要素。透彻认识对方进攻中的表象与佯攻，需要丰富的经验、战略智谋、战术素养来保障，只有洞穿对方的战术表象与佯攻，准确地把握对方核心战略意图与战略部署重心，才能保证坚持正确的战略方向，紧抓主要矛盾与关键问题，做好全面的战略进攻与防御。

（二）透视对方的核心目的

能够洞穿对方的战术表象与佯攻，就基本可以透视对方的核心目的，正如识货的最高境界是对假货过敏。重大、疑难、复杂案件中，讼争事务盘丝错节、变幻莫测，对方完全有可能部署一系列的战术佯攻，短期之内完全洞穿对方的核心目的，不仅需要聪明睿智，更多是基于丰富的实战经验而产生的直觉。基于直觉的推断，往往没有高度自洽的逻辑验证，但却能够屡屡命中，甚至表现出一定程度的玄幻神奇。经过长期的实战历练，自然会总结出丰富而务实的客观规律，无论对方所运筹战术行为伪装得多么逼真，其真实战略意图与战术目的，往往能够一眼望穿，百断几无一错。在重大、疑难、复杂案件中，结合案件的客观形势与双方实力对比，充分运用实战经验，通过洞察对方战术表象与佯攻的细节特征，便可准确掌握其深层次的战略意图与战术部署。法律关系简单的案件，有为权利、尊严等非经济利益而抗争的，但重大、疑难、复杂案件无一例外地是为重大经济利益而斗争，为权利、尊严等非经济利益而斗争者少之又少。既然以追求利益为导向，对方所有战略战术部署便具有内在的逻辑，无论如何矫饰掩盖，但还是难以模糊其战略战术行动的向心力。使对方全部战略战术行动形成向心力的，正是对方的核心目的。

在高度掌握客观规律的基础上，通过洞察对方战术表象与佯攻，确定对方的核心目的，并非难事。前述股东知情权案例中，对方首轮战术为股东知情权诉讼，目的是取得核心战术行为缺失的证据，表现出来的目的是维护股东权益。次轮战术目的是以刑事追究的战术手段对我方当事人形成强大战略震慑，这也是对方的核心战略意图与战术部署，但表现出来的目的是行使公民控告权利、维护法律尊严与社会公平正义。对方的终极目的是以强大战略震慑力造就绝对的实力优势，迫使我方当事人满足其利益诉求，至于实现的方式，无非是刑事附带民事诉讼，或者我方当事人基于刑事追究的强大震慑，为求平安宁静而妥协让利。若不能在讼争初始阶段透视对方的核心目的，并部署极富针对性的战略反制措施，陷入对方战略陷阱的可能性就无限升高。

（三）拨云见日，确定核心战略战术

在完全掌握对方的核心目的后，对其战略部署与战术安排也就了然于胸。针对对方处心积虑地布设的正面防线，讲究策略性与战术隐蔽，部署疑兵与诱饵牵制对方主要战略力量，诱使其做出错误判断，将战略注意力集中于正面防线战场，并将所有战略力量投入于正面防线。同时，针对对方的战略部署与战术安排，部署针对性极强的反制战略战术体系，尤其是针对对方侧翼与后方的薄弱环节与致命要害部位，部署极富针对性的战术行动，务求战术体系以及单个战术行为的最大纵深度，力求攻破对方战略防线中最薄弱环节，打乱对方全盘战略部署与战术安排，逐步扭转战略形势，取得战略制动权。这种战略运筹模式是应战方最核心的实战体系，经过长期实践证明，确有釜底抽薪的战略威力。

前述股东知情权诉讼案例中，讼争初期，我方当事人选择以专业技术流思维方式与处理模式为纲领，按部就班地展开回合较量，为证明其未剥夺对方股东知情权，举出大量公司财务账目凭证作为证据，貌似在股东知情权诉讼中占据了优势，正志得意满地等待胜诉判决时，对方系统化的刑事控告瞬间将我方当事人逼入绝境。至此，我方当事人才幡然醒悟，充分认识到专业技术流思维方式与处理模式的严重缺陷，决心采用全局战略运筹的模式予以解决。我们的核心战略部署是停止股东知情权诉讼的战略力量投入，就对方刑事控告问题，进行精挖细掘、掘地三尺的调研摸底与要素收集，建立翔实、有力、严密的证据体系，全面配合司法机关调查，以强大的证据体系申明我方不构成刑事犯罪，同时击垮对方罗织构陷的证据体系。为防范对方反复纠缠，以其人之道还治其人，针对对方历年经营过程中违反竞业限制、大量截留公司业务订单、以公司业务回款投资房产、为挪用侵占公司财产而大量伪造董事长签名等行为，全面深入地收集证据并建立起翔实有力的证据体系，坚定地追究对方相关刑事责任。我方以前出于同袍情面不予追究是仁至义尽，既然对方极尽罗织构陷、诬告陷害之能事，我方也无须再念及同袍之情。在核心战术部署方面，我方一方面在对方控告我方刑事犯罪问题上取得实质性突破，运用大量、全面、深入的客观证据，形成庞大有力的证明体系，以客观理性的视角展现事情全貌，协助司法机关从对方罗织构陷的证据体系中抽身，以全局化的视野俯察全局，最终作出正确的认定，还我方当事人清白。另一方面将能够证明对方构成刑事犯罪的证据材料进行系统性的组织，形成翔实有力

的控告证据体系，务求以事实为根据、以法律为准绳，使对方在参与公司事务中的违法犯罪行为受到全面追究，彻底解除了对方没完没了的纠缠。当然，虽然存在大量证据证明对方确实存在违法犯罪行为，但最终是否构成犯罪，必须由司法机关依法认定。

在我方核心战略规划与核心战术部署的支持下，对方控告我方刑事犯罪的问题，司法机关经过充分调查后认定不构成刑事犯罪，依法撤销案件。而我方当事人控告对方构成数项刑事犯罪问题，由于存在客观事实与相应证据，司法机关展开了深入调查。对方因此承受了巨大压力，数次向我方当事人求和。但刑事犯罪问题不容私了，我方即使有意宽容，也必须尊重司法机关的调查结果。平心而论，双方互相控告的犯罪行为均为经济犯罪，虽有一定客观证据，但完全认定构成刑事犯罪也存在相当大的难度，经济犯罪与传统犯罪不同，经济犯罪很难将刑事关系与民事关系做到泾渭分明。加之双方长期以来存在合作关系，均为公司股东，对方伪造签名、动用公司款项等行为固然不合法，但当时是否经过公司决策层授权，亦无证据证明。故司法机关从解决纠纷、化解社会矛盾的高度，就双方一系列纠纷事务做了大量调解工作，双方最终和解，我方基本实现了预期战略目标，对方亦未再平地起风波。实际上，我方在讼争中最终胜出，发挥决定性作用的是绝对的战略优势。我方根据对方战略部署与战术安排，运筹针对性极强的战略攻防体系，产生巨大战略震慑力量，并借此完全掌控了战略优势，因而具有利益分割原则与尺度的决定权。

三、知己知彼

（一）不但要知对方的人，而且要知对方的事

知己知彼，百战不殆，是耳熟能详的老生常谈，似乎毫无新意。每个重大、疑难、复杂案件的当事人都认为能够完全了解对方，双方合作共事的时间足够长，在案件萌发、发展、形成的全过程，双方都在频繁而密切地接触，因而具有足够程度的互相了解，彼此完全不了解的主体之间，基本不可能产生重大、疑难、复杂案件。但当事人自以为是的了解，是凭借粗浅而表象化的认知建立的印象，是最朴素、最基础的一种了解，存在激烈矛盾的主体之间，还往往夹杂着自负、轻蔑的姿态看待对方。因而，这种最朴素、最基础的知彼，往往存在极大的偏见，

在真正的战争中是极为致命的隐患，犹如韩信曾经钻过他人裤裆，对手往往因其猥琐行径而强烈鄙夷并傲慢轻视，最终却为此付出覆灭的惨痛代价。

从最朴素、最基础的层面了解对手越多，可能会越危险。好多当事人被对方逼入绝境后，才真正意识到对方变得相当陌生，与之前的认识判若两人，殊不知这是人性在重大利益面前最正常不过的表现。在巨额利益面前，父子相残、夫妻反目等让人三观尽毁的戏码俯首即拾，能在巨额利益面前经得起考验的关系，无论亲情、友情抑或爱情，都值得毕生珍藏。在重大、疑难、复杂案件中，由于利益重大到关乎双方的生死存亡，斗争异常激烈复杂，远远超出当事人的能力掌控范围，当事人均迫切需要有能力、资源、影响力的人士参与其中，而这些高能量人士也乐意参与，自然会形成阵容强大的利益共同体联盟。讼争过程中，双方的斗争行为不再是当事人的单独意思表示，而是表现为利益共同体联盟的集体意志，若再凭借对对方个人的了解来衡量，是人性把控方面的严重失策。当一方料定对方会怎么做，便多少带着轻蔑自负的意味，轻蔑自负必然导致轻敌。轻敌的后果，历史上无数惨痛教训的殷鉴在前，我们就不应重蹈他人之覆辙。遗憾的是，重大、疑难、复杂案件当事人及专业代理团队极少从人性最深处的贪婪极限、讼争事务演化为两大利益共同体联盟之间的斗争的层面与高度去考量，绝大多数都是建立在最朴素、最基本的了解基础之上。

仅从最朴素、最基础的层面去研究并了解对手，虽然对于我方克敌制胜发挥不了关键作用，但最起码也是一种了解。实务中，有些当事人及专业代理团队根本就不愿意了解对手，甚至认为了解对手太多会掺杂感情因素，不利于案件办理，这种想法十足危险。医生可以不用了解病人与疾病无关的任何情况，只需充分了解病情即可，但在重大、疑难、复杂案件中，斗争异常激烈复杂，而且是具有极强主观能动性与能量场的强人争斗，若不充分、全面、深入地了解对手，必定会在特定的节点招致溃败，甚至带来灭顶之灾。坚持只需充分了解案件基础事实、证据体系、法律适用等专业技术要素，根本就不需要过多了解对手的观点，往往是传统专业技术流思维方式与处理模式的典型价值观，其实质是格局的局限性太大，导致对人与事的理解高度止步于个人认知范围，在其他领域或许能行得通，但在重大、疑难、复杂案件的实务解决领域断不可取。好多重大、疑难、复杂案件的当事人与专业代理团队，无论事关全局的大事，还是细枝末节的小事，均当作专业技术问题予以处理，如此扁平匀速的姿态，对于生死存亡的大事要事，也不充分考虑其人为谋划设计、复杂多变的特性，最终导致讼争事务深陷悬停僵死与泥泞困厄的危亡境地，属于典型的作茧自缚、画地为牢，与不完全知己以及不充分知彼有莫大关系。知己知彼，需要充分了解自己，也要全面了解对手的思维方式与行为惯性；要熟知本方的战略战术体系，更要尽可能深入地掌握对方的战略部署与战术安排；要最大限度地高估对手，并相应理性地低估本方实力；必须尽可能地敬畏、尊重、高估对手的战略战术部署，适当低估本方战略战术体系的实战威力。

（二）情报工作至关重要，不但要先行，而且要贯穿始终

纵观历史上决定国运的战争，取胜方在军事实力上未必能够碾压对手，但在情报战当中一定完胜。情报战完胜的一方往往能够取得最终胜利，但拥有绝对军事实力优势的一方，未必能够获得最终的胜利。尤其在以少胜多、以弱胜强的情况下，弱小方必定在情报战中完胜对手。情报工作，实质上是知彼工作最务实的落地措施。

情报工作直接决定双方对抗较量所必需的全部重要战略要素。通过情报工作，可以充分了解对手的实力及其构成，避免战略的盲目性；还可以相对全面、深入地掌握对方战略部署情况，以利准确地判断对手战略运筹趋向；在掌握对方战术据点的基础上，部署针对性极强的反制战术；充分了解对方利益共同体联盟的内部结构，有助于运用利益与责任等因素进行分化瓦解，促使对方阵营分崩离析；随时掌握对方底牌与筹码，大幅提高战术运筹效率，降低成本，并在谈判和解时做到有的放矢。情报工作在重大、疑难、复杂案件解决过程中，拥有无法取代的重要地位。实战经验表明，在操盘解决此类案件过程中，若情报工作做得全面、深入、到位，各项战术运筹就相对得心应手；如果情报工作受客观条件制约而比较肤浅，实战运作便相对滞涩，甚至经常出现反复倒退的情况，给全局战略运筹造成极大阻碍。

情报工作是相对敏感的概念，狭隘的理解会联想到灰色地带、游走于法律边缘、不择手段等负面因素。在重大、疑难、复杂案件中，情报工作并不像战争领域那般复杂深邃、波谲云诡，往往通过公开透明的程序与专业经验而开展。比如，从对方被执行人身份规律性的批次解除情况，便可推断对方为了既制造资不抵债、无力偿还的假象，又要确保公司运营不受失信被执行人身份的影响，因而采取了迷惑战术，目的在于摧毁权利人的维权信心。依此情报信息，我们就不应被对方大量被执行案件吓退，理当加强对方财务信息调研与收集力度，必定会有极具价值的发现。如果对方刻意在某个领域部署较多战术，则该领域必定是其战略防御厚度最大的区域，从表象看极难攻陷，但实际上从另一面暴露了其薄弱环节与致命要害部位，可以直接判断该领域颇具能量的人士会大概率地参与其中。参与对方阵营的颇具能量的人士，必定接受一定组织与制度的管束，只要其与对方存在合谋串通等违法犯罪行为，可予坚决追究以促其撤出对方利益共同体联盟。颇具能量的人士一旦撤退，相当于我方取得了重大战略胜利。在此类案件解决过程中，情报工作基本上是基于饱富经验与专业技能而开展，不涉及违法侵权等问题，当事人和律师均应严格把握这条红线，切不可越雷池半步，在案件解决全过程以及整个职业生涯，无论多么富于智谋与策略的运筹部署，都应当在合法、不挑战道德底线、不违反社会公共利益的范畴开展工作，切忌挑战法律的威严与道德的厚重。

（三）全方位收集双方全部有利要素与不利要素

重大、疑难、复杂案件本身具有全方位要素的特性，案件讼争体系中各方面要素，从全局横向、全程纵向的维度审视，终究都会参与其中，只是参与时间早晚与程度大小的区别而已。只要是案件要素，无论大小，也不论有利与不利，都会在案件解决过程中发挥相应的作用。全方位要素特性，要求我们在解决此类案件过程中必须重视、利用每个要素，扬长避短，运筹帷幄，始终保持我方战略战术体系的最优化。

全方位收集双方一切有利与不利要素，与传统单纯专业诉讼所持思维方式完全不同。传统单纯诉讼案件中，律师会要求当事人提交某些特定证据即可，甚至以清单的方式列举，清单不是为了全面，而是为了严格限制范围，防止当事人钜细靡遗地统统提交，似乎律师早已知道案件中会有哪些证据。或许这些被严格限定范围的证据对于打赢单纯专业诉讼案件已经足够。笔者向来坚持让当事人将一切与案相关的证据悉数提交，无论是法律角度的有关还是事理情理角度的有关，均应当钜细靡遗地提交给律师，由律师进行筛选、整合、运用。先入为主、貌似极富经验的证据裁剪方式，其实是教条刻板的专业工匠精神在无数批量复制的案件中滋生的麻木，对所有案件都抱持不温不火、按部就班的态度，职业生涯实质上已经悬停于怠速状态行进。每个案件都独一无二，各自不可同日而语，因而无法等量齐观，每个案件对律师来说都是一个全新的征程，于当事人而言往往是身家性命，用先前经验辅助认知与判断是可取之道，若以先前经验对全新案件施以削足适履的整治，经验便发挥了指引歧途的负面作用。

在重大、疑难、复杂案件中收集有利与不利要素，力度务求最大，范围力求越广，数量要求最多，深度讲究最大，精挖细掘、掘地三尺的极限化要素收集，便是最好的阐释。尤其是对于对方有利的要素，一定要更全面、深入地收集，以促使本方建立足够的战略重视。最忌讳综合本方全部有利要素与对方全部不利要素进行模拟对垒，讼争未正式开始便已经注定了失败的命运。理性的方式是收集双方全部有利与不利要素，在模拟双方动态实战对抗较量中，将对方的智谋与实战经验均假设至最高程度，反复进行模拟推演，对未来实战中各种可能出现的情况做到胸有成竹。

全方位收集双方有利要素与不利要素，宏观方面包括双方总体实力、利益共同体联盟、战略方针、战略目标、战略方向、战略力量等要素，局部与微观方面包括双方单项实力、各参与主体的具体情况、具体战术部署等要素，甚至是对方利益共同体联盟中各参与主体的性格、思维方式、行为惯性、背景、近期与案件相关的阅历等要素，均应当充分地收集、分析、利用。

在全面分析、判断双方全部有利与不利要素基础上形成的战略战术体系，才能谈得上客观理性且适应案件的客观情况，否则便有狭隘的经验主义与战略盲目冒险之嫌，实战中会造成无法逆转的后果。好多案件的胜败，往往取决于某些并不十分显著的要素，千里之堤，毁于蚁穴的道理，在此类案件中常常得到充分体现，每个有利与不利要素，正是能够导致大坝溃塌的蚁穴。

第二节　制订总战略规划

一、总战略规划的基本含义

在重大、疑难、复杂案件解决前，站在全局战略高度进行全局分析、全局考虑、全局谋划，有预见性地制订总战略规划，对最重大性、全局性、最基础的事项以及具体解决过程中的目标、路线、任务、方针、策略等作出全局谋划。总战略规划主要涉及案件方向、总目标、主要策略、步骤、重要措施等方面。在实务运作过程中，总战略规划总揽全局，全方位掌控案件进展中的重大问题。总战略规划设定的全局目标、长远目标与具体战术目标、近期任务紧密结合，确保实战战术体系运作做到首尾呼应、灵动谐调，形成全局战略震慑力量与全方位、立体化、多层次、大纵深的战术攻防力量。

二、总战略规划的重要性

（一）定海神针

总战略规划在重大、疑难、复杂案件运作过程中掌控全局，对于要达到什么样的目的、要做什么、由谁来做、什么时候做、朝什么方向做、用什么主要方法做、运用什么力量等进行了全面的谋划设计，为战术体系的部署与执行提供了纲领。即使案件客观形势发生重大变化，总战略规划依然保持相对的稳定性与适应性，使战术体系始终有章可循并保持正确的方向。战术体系随着情势变迁而调整，战略决定着调整的范围与力度。总战略规划的水平，直接决定了战术体系的力量与实战效果，理性、务实、富于经验的总战略规划，是重大、疑难、复杂案件运作过程中的栋梁、主心骨、稳定器，是最终取得全面胜利最具决定性的因素，对案件整体局势起到定海神针的作用。

（二）防误纠偏

在重大、疑难、复杂案件解决过程中，需要动用较多的战术行为，诉讼与非诉讼手段均会涉及。但战术往往注重局部与微观，在局部与微观纠缠过久，格局与眼界会受到严重制约，处理事务便存在极其严重的存量思维障碍，只顾眼前却忽略全局与长远，导致只要葫芦、不管根叶的怪象频现。实务中经常发生只注重专业技术较量而无视策略与实效的情况，殚精竭虑、倾尽全力地打官司，即使最终取得胜诉判决，未必能够将法律判决权利转化为现实可支配法律权益，存在严重的战略盲目冒险与教条刻板等错误。战术目的与战略目标完全不是同一级别的概念，战略目标通过众多战术目标的集成复合才能达成，再高明的战术，如果没有正确的战略规划予以匡引，必定是盲目的，只有接受合理务实的战略规划指引，才能保持正确的方向，坚定准确的战术目标，在战术行为之间相互配合中做到协同推进、首尾呼应、灵动谐调，在战术调整、中止、终结等方面均保持高度敏感与及时，从根本上做到防误纠偏。

（三）调整战术的依据

在案件解决过程中，为了适应客观形势的发展变化，战术部署需要不断调整甚至是重新布排，唯一的依据是战略规划。战术在具体执行过程中具有一定的主观能动性，这是战术灵活性的体现，但战术的主观能动性仅限于策略性、技术性调整范畴，涉及重大方向、战术存在意义等重大问题，必须完全服从总战略规划的安排调度。总战略规划是重大、疑难、复杂案件整体目标与整体实现策略与方法的谋划，战术体系是具体实现手段的集合，具体实现手段必须绝对服从整体目标以及整体实现策略与方法。比如，在一宗重大、疑难、复杂案件中，总体战略目标是将对方通过虚假诉讼执行走的巨额款项追索回来，总体战略规划是坚守再审案件阵营，做好战略反攻工作的同时，追究对方虚假诉讼等刑事责任。在调查收集对方刑事犯罪证据的过程中，民事诉讼再审已经改判，预示着立即进入执行回转程序，此时，追究对方刑事责任的工作就可以停止，否则便是战术盲目与斗争扩大化，背离了总战略规划。

（四）信心之源

当重大、疑难、复杂案件推进到最艰难的时刻，红旗到底能打多久、星星之火岂能燎原的质疑，是任何当事人都无法回避的现实问题。如果只是深陷战术旋涡，便会对案件总体方向以及总体战略目标的实现产生持续蔓延的悲观情绪，必然出现放弃全盘努力的危险倾向。一局一域的失利或阻滞，并不代表总体战略目标与战略方向出现问题。遇到战术疑惑时，坚守总战略规划为纲领，结合案件客观形势适当地改变部署，在确信依然能够达成总体战略目标的情况下，只需相机调整战术部署即可。为一城一域的得失而放弃整体努力，是典型的战略狭隘与悲观。此类案件讼争对抗异常复杂激烈，势必要经历数次生死攸关的抉择以及信心灭失又重燃的过山车体验，引导当事人与专业操盘团队保持或重拾信心的，正是总战略规划高瞻远瞩的指引。

（五）控制节奏之本

在总战略规划的规制下，战术体系有秩序、有计划、有章法、有策略地渐次铺开，何时启动何种战术、何时中止、何时启动何种战术予以配合、何时终止以及多种战术联动推进，形成系统化的战术集群，均取决于总战略规划。总战略规划在重大、疑难、复杂案件实战解决过程中，如同乐谱控制演奏节奏般掌控着全局事务的节奏，乐团中的每个成员可以充分发挥主观能动性进行个性化的艺术创造，但整体节奏不可因个人主观意识而改变，否则便成俗话所言之不靠谱。音乐演奏不靠谱最多是有伤大雅，但重大、疑难、复杂案件实战解决过程中的随心所欲，会带来不可逆转的灾难后果。因而，此类案件实战解决事务的推进必须十分靠谱，严格遵循总战略规划设定的推进节奏，有条不紊地安排各项事务。

三、制订总战略规划的总体原则

（一）设定合理的战略目标

在重大、疑难、复杂案件中，战略目标的设定事关全局战术部署以及战略成本投入，最终直接决定本方追求的案件结果能否实现。双方都非常清楚本方的终极目的，但这种纯粹的目的未必是解决案件的有利要素，有时甚至会成为案件陷入僵局的罪魁祸首。目的与战略目标完全不同，目的是纯粹的主观追求，正如绝大多数男人都想成为总统国王、所有女人都想成为女王皇后般的目的，只是主观方面的纯粹追求，没有掺杂任何复杂的客观考量因素，最终能够达成者自然寥若晨星。因此，目的往往具有不切实际的理想化色彩，也不必分析考虑客观形势与现实实力，因而往往沦为空谈。战略目标则严格讲究客观、理性、务实，充分考虑、分析全局形势与双方实力对比，根据案件客观情况准确推断案件发展趋势，准确判断各种可能的结果，在深彻掌握案件客观情况的基础上设定理性的目的诉求。总体战略目标完全排除了主观意识方面强烈追求的色彩，未必有传统目的那么饱满丰盈，但却拥有胸有成竹、志在必得的自信与淡定。

在重大、疑难、复杂案件解决过程中，必须设定合理的总体战略目标，切忌被当事人单纯的狂热诉求绑架。在设定总体战略目标时，侧重考量客观方面能够实现的要素，而不是主观方面的强烈追求。志存高远自然不会有大错，但最好仅作为备选的高阶战略目标，不可作为案件追求的唯一结果。结合案件客观形势与双方实力对比状况，从务实、理性、科学、成熟经验等角度进行充分考量，设定实现度较高的战略目标，才是战略运筹最务实的要义。

实践经验表明，合理的战略目标对于彻底解决纷争发挥着至关重要的作用，笔者操盘处理的重大、疑难、复杂案件中，在笔者介入之前好多案件深陷悬停僵死、缠斗不止、持久消耗的危亡境地，均与坚持极不合理的目标有极大关系，双方均以强烈追求大获全胜的心理状态展开争斗，为此投入极高战略成本，造成大量人力、财力、时间、机遇的浪费，最终任何一方也无力在复杂纷乱的对抗中征服对方，又坚持极高且不务实的诉求目的不变，导致全局讼争事务终陷泥泞困厄。

合理务实的战略目标不代表妥协。若无完备的战略攻防体系支撑的合理战略目标，或许与妥协无异。但拥有强大、完备、稳固的战略攻防体系构筑的坚固防线，设定合理的战略目标就是尊重客观现实、遵循客观规律，理性追求全面、深入、彻底解决的实事求是。更何况在设定合理务实的总体战略目标时，都会配备高阶战略目标作为备选项，防止随着战略形势的转变，原定战略目标与我方所拥有重大战略优势严重不匹配。比如，在我方全面掌控战略优势的情况下，和解解决状态下的总体战略目标与血战到底状态下的总体战略目标，势必存在较大差距，如果和解谈判破裂，我方必定放弃和解状态下的总体战略目标，在讼争到底的战略形势下，坚守百分百实现利益诉求的高阶战略目标。

（二）尊重客观形势

总战略规划为实现重大、疑难、复杂案件最终诉求目的而制订，是实现理性务实的总体战略目标的一系列方针、策略、路线等谋划设计，必须以案件客观形势为基础制订，完全尊重案件客观事实，合理地预估双方实力对比，不冒进又不保守地确定本方合理诉求，以宏观性、全局性、方向性、预测性的表述方式对本方的总体目标进行步骤化的分解安排，其本身也是认识客观形势、预判客观形势发展趋势、预见最终结局的过程，因而必须完全尊重案件客观形势。

在一宗重大、疑难、复杂案件中，对方既提起民事诉讼主张巨额利益分配，又向司法机关控告我方刑事责任，同时向众多行政机关进行投诉举报，追究有关我方行政审批、许可等具体行政行为合法性问题，对方可谓发动了六合八荒的攻势。分析案件客观形势，对方终究是为了攫取巨额经济利益，由于主体民事诉讼缺乏坚实的证据，因而对达成终极诉求缺乏信心，故采用刑事、行政同时追究的方式来增加战术威力。基于此判断，处理该宗案件时，战略规划不宜像单纯诉讼案件般表述为诉讼请求被支持的数额，必须深彻认识客观形势并准确判断案件发展趋向，预见总体结局并合理预测案件最终结果，在此基础上制订正确、理性的总战略规划。鉴于对方在主体民事诉讼中缺乏坚实证据，我方在主体民事诉讼中务必狙击成功，确保对方诉求被驳回。我方在主体民事打造出密不透风、滴水不漏的战略防御体系，对方在刑事与行政追究中的势头便会大幅减弱。针对对方控告我方刑事犯罪问题，必须展开精挖细掘、掘地三尺的调研摸底与要素收集，打造全面、翔实、有力的证明体系，将对方刑事追究指向的基础事实与法律关系，以充分有力的证明体系予以释明，帮助司法机关正确认定基础事实，避免因对方鬼蜮伎俩的误导而混淆是非、颠倒黑白。若对方构成诬告陷害，则反手追究其刑事责任。关于对方追究我方行政责任问题，以同样充分有力的证明体系予以释明，协助有关行政机关充分认识客观事实，证明与我方有关的具体行政行为合法有效，使对方在行政投诉举报与行政诉讼中难以立足。以上战略部署运筹到位，对方企图攫取巨额利益的攻防力量均被遏制，不但在本轮对抗较量中无法达成利益目标，日后无理缠讼的主观意志也大幅减弱。在重大、疑难、复杂案件实战解决过程中，总战略规划的实施方式与普通案件的运作模式截然不同，总战略规划是全局性、宏观性、方向性、预见性的架构，本身是对案件客观形势、发展过程与结果的认知、判断与预见。因此，总战略规划的制订必须完全尊重客观形势，并充分反映客观形势的发展趋向与结局。

（三）充分考虑双方实力对比

重大、疑难、复杂案件中，讼争事务异常复杂，往往涉及民事、刑事、行政等法律关系，各种讼争程序数量较多，一方并非完全处于攻势或守势，往往是攻防兼备，制订总战略规划时，必须充分考虑双方的实力对比。双方总体实力对比是确定战略目标、战略方向、战略任务的重要依据，分项实力对比是确定战略手段、战略阶段、战略力量布排的重要依据。实力对比结果不同，战略部署则迥异。如果我方处于劣势，则正面防线以战略防御为主，在侧翼与后方实施战略大迂回，追求局部战术胜利成果，逐步积累战术成果以形成最终的战略优势；如果我方处于优势，则可直接选择从正面防线突破，也可以选择战略成本更低的侧翼与后方战略大迂回，在侧翼与后方的包抄中取得胜利后，与正面防线战术体系实施夹击合围。

随着讼争客观形势的发展变化，双方的实力对比也随之变化，战略规划必须及时作出相应的调整转变，以更好地适应客观形势的发展。战略规划如同国家长远发展规划，客观形势相当于社会经济大形势，而双方实力对比如同各项经济发展指标，我们既要研判社会经济大形势，随时调整整体发展规划，同时更要密切关注各项经济发展指标，做出行之有效、切实可行的调整转变。在重大、疑难、复杂案件总战略规划实施过程中，既要随时研判案件客观形势的发展变化，也要密切关注双方实力对比的变化，这样才能从宏观全局与微观局部两个维度掌控案件方向。

（四）决不将斗争扩大化

重大、疑难、复杂案件解决过程中，由于事务错综复杂、盘根错节、变幻莫测，双方往往极限化地发动讼争程序，在更大范围与领域展开对抗较量。这种情况是否属于违法滥诉，在解决此类案件过程中必须准确把握。违法滥诉应当勉强属于法律范畴的模糊概念，并非客观的法律概念，更不是道德概念。仅仅站在道德高度与主观喜恶角度认定的违法滥诉，完全是春秋手法与以讼为耻的传统观念在作祟，其本质上与滥诉没有任何关系。只要具备事实根据与法律依据，无论如何运用诉权，都应该被尊重和支持，不应该站在道德高度与主观喜恶角度认定为违法滥诉，否则，公民及其他社会主体行使正常诉权的正当行为，却常常被施以法外因素的考量而指手画脚，进而得到乌合之众的社会平均观念认同与助威，实为法治建设的悲哀与倒退。我们受封建儒家思想文化影响甚深，以讼为耻、讼者不祥、蔑称律师为讼棍、嘲讽打官司之人为无赖等思想余毒，至今依然在人们的思想观念中根深蒂固，成为法治建设的严重障碍。若要全面建设法治社会，必须将此等陈腐荒谬的观念彻底抛弃。一宗案件发动众多讼争程序是否合法，必须以事实为根据、以法律为准绳进行判断，绝不可以道德评判与主观喜恶替代法律予以认定，也不能以某些特定主体的安宁受到侵扰来评判，也不能以司法资源紧缺为由进行排斥。任何诉权与讼争行为，只要符合法律规定且有事实根据，都应当被尊重与重视。即使当事人的诉求无法律依据与事实根据，完全可以在法律程序中以裁判的方式做出定性，根本无须上纲上限地突破法律界限，以道德、主观喜恶、某些特定主体的利益取舍来界定。

谁的权利都有可能被粗暴侵犯，法律武器将是唯一的、最后的依靠。一旦全社会对正常维护权益的行为抱持极为苛刻挑剔的态度进行审视，未及维护权益便被评判该不该维护权益、如何维护权益的时候，甚至在运用合法手段与程序维护权益，只因力度大、范围广、周期长便被别有用心地反攻倒算的时候，每个人柔弱的权利犹如内脏裸露于体外，生命便也奄奄一息。一言以蔽之，重大、疑难、复杂案件中，讼争事务纷繁复杂、千头万绪、变幻莫测，通过单纯法律诉讼的方式注定无法解决实质问题的情况下，势必存在较多的讼争程序，这属于长期存在且完全合法合理的客观现象，全社会理当充分尊重当事人行使诉权，有事实根据与法律依据，无论怎么行使诉权都不为过。传统观念中以讼为耻、讼者不祥的陈腐观念，也从侧面充分地证明了没人愿意无故行使诉权，一桩诉讼足以令当事人身心俱疲，在众多讼争程序中反复缠斗，必定有权利被严重侵害但无法得到伸张的不平。设身处地地想，如果本人权益被严重侵害，明知通过一场单纯诉讼根本无力彻底解决，显然不会用以讼为耻的清谈来压制维护权益的强烈欲求。尊重有事实根据与法律依据的诉权，本身也是社会文明进步、包容自信的表现。

　　在重大、疑难、复杂案件解决过程中，并非发动讼争程序多多益善，应该在必须性与合理性的前提下进行部署安排。实务中，确实存在某些当事人把诉权行使至山穷水尽的情况，甚至为达目的不惜无理缠讼与罗织构陷之能事，非但不能达到维护权益的目的，反而造成极为恶劣的后果，甚至作茧自缚、锒铛入狱者亦不胜枚举。此等做法完全背离了维护权益的初衷，是战略迷失的典型表现。总战略规划作为此类案件运作解决的纲领，其中有关战略手段、战略力量的谋划部署，已经明确限定了战术体系的范围，这些战术都是对实现总体战略目标具有决定性、重要性、策应性作用的必要支撑，其余均应当予以排除。否则，不但会大幅增加战略成本付出，而且会导致讼争更加混乱无序，极易陷入为斗争而斗争的战略迷失。因此，在制订总战略规划时，关于战略手段、战略力量部署等重要问题，应当以具体战术的作用程度来界定，依次分为核心战术、重要非核心战术、后备战术，以此为范围确定具体战术部署与战略力量分配，坚决不让斗争扩大化，达到既能形成有效的战略震慑并足以形成战略优势，还能做到成本最优化控制的状态。

（五）准确地预测可能结果

　　战略规划本身具有明显的预测性，应该说所有的计划都具有预测的性质，总战略规划是对重大、疑难、复杂案件推进过程中各项重要事务进行筹划并预测可能的结果后制订，以预测的结果为导向，并对实现该预测结果的具体做法进行系统安排。从该角度分析，制订总战略规划时准确的预测至关重要，结果预测的准确程度，直接决定了总战略规划的水平。

重大、疑难、复杂案件解决过程中的预测结果与单纯诉讼案件的预测结果截然不同。前者是在全面分析客观形势与双方实力对比的基础上，借助丰富的经验预判案件整体走向，充分预计各项复杂讼争事务在冲撞、挤压的动态过程中可能形成的平衡或倾覆结局；后者是以案件基础事实与证据体系为基础，结合专业经验与法律规定、证据规则、实务判例等要素，在相对理想的真空实验室条件下，以逻辑推导的方式推断案件裁判结果。前者犹如坐在飞驰的汽车上打移动靶，而后者相当于定位打固定靶，两者预测结果的难度不可同日而语。在解决重大、疑难、复杂案件过程中，制订总战略规划时必须在丰富的实战经验基础上，对案件客观情况进行全局俯察分析，模拟推演即将运筹的战略战术体系，预测案件整体发展趋势与各种可能的结局，形成成熟的预测方案体系，作为制订总战略规划的重要依据。

（六）严格遵守法律规定

解决重大、疑难、复杂案件过程中，无论讼争事务多么复杂多变而需要多管齐下，也不管对方行为多么过激而必须对等报复，所采取的行动措施均应保持理性与克制，所有战略行动与战术行为都必须遵守法律规定，这是绝对不可逾越的底线。如果突破法律底线，不择手段，甚至无所不用其极，必定招致赔了夫人又折兵的后果。对方无时无刻不在紧盯我方的一举一动，但凡我方有丝毫违法行为，立刻会被放置于显微镜下无限放大并加以利用，此类案件解决过程中，这种情况司空见惯，案件的极端疑难复杂往往源于此处。双方都全力追求极限化的压制力度，容易失去理智动用非法手段，导致彼此都有大量把柄可抓，继而以此为战术据点展开拉锯回合攻伐，常常导致局势彻底失控，陷入胶着迁延的泥泞困厄。

如果突破法律底线，就失去了战略运筹的意义。战略战术思想是智慧与谋略在重大、疑难、复杂案件解决过程中的化身，智慧的宗旨就包括以最优成本投入实现最大价值输出，若通过违法犯罪的手段与对方展开讼争，牺牲自由是大概率事件，牺牲自由的成本太高，显然与智慧相去甚远。谋略是为达到特定目的而人为操纵的算计与计谋，算计必须以聪明睿智的做法去筹划实现目的的路径，而不能动用非法手段，非法手段本身与谋略判若云泥，甚至远不及阴谋来得光明磊落。既然讲战略战术，就必须把智慧、谋略、聪明、睿智等解决问题的高级武器奉为上选，远离违法乱纪等原始低级的互害模式。

（七）考虑社会效果

　　重大、疑难、复杂案件解决过程中的社会效果，主要表现在是否有损社会公共利益与他人合法权益，如果某种解决方式明显有损社会公共利益或他人合法权益，即使完全合法或法律并未明确禁止，也应当予以摒弃，只有兼顾本方利益与社会效果的战略规划，才能经得起历史考验。在案件解决过程中，需要纳入考量范围的社会公共利益与他人合法权益，多数情况下带有同情心、同理心等情感方面的色彩。正常情况下，解决双方之间的纠纷，仅从法律角度分析，侵害他人合法权益的可能性较小。但从情理角度考量，效果可能完全不同。在一宗重大、疑难、复杂案件中，在优势方完备而稳固的战略攻防体系运筹推动下，劣势方彻底陷入全面战略被动。但劣势方坚决不与优势方和谈，优势方无数次尝试搭建沟通平台均无果，只能发起全面战略总攻。最终，优势方完全达成了总体利益目标，劣势方涉嫌数桩刑事犯罪被判以重刑，余生注定交付囹圄。但劣势方年届花甲，尚有未满周岁的女儿，妻子本就患有产后抑郁，加之年纪尚轻涉世未深，抗压能力较差，受该事件的强烈刺激而罹患严重抑郁症，最终不幸地选择自尽，劣势方的女儿未满周岁便成孤儿。优势方虽然大获全胜，但面对此等糟糕结局，应该也会深感愧疚与自责，赢了官司却感受不到应有的快乐满足。只要具备正常的良知与理性，若早知有此等结果，宁愿当初放过对方。显然，该案社会效果不佳是不争的事实。

　　在案件讼争中，双方为了重大利益争得你死我活，在金钱与亲人、爱、自由、幸福、友情、良知等之间需要抉择时，若不考虑任何世俗挂碍，完全尊重人内心的良知、情感、理性、责任，相信绝大多数人会坚定地选择后者。若从法律与经济利益角度大获全胜，却无意间失去亲人、爱、自由、幸福、友情、良知等更宝贵的东西，极难得到胜利的喜悦与满足，再重大的经济利益在这些弥足珍贵的东西面前都显得毫无意义，这些能带给人内心高度平和的东西一旦失去，多少金钱都无法弥平。前述案例中，优势方虽然大获全胜，但失去了双方的世交之情，后来劣势方夫人自杀的沉重结果，直接让优势方背负了与责任无关却持续永恒的良心债。两家系世交，劣势方与夫人还是在优势方的引荐下结合，优势方的自责与愧疚，或许只有亲历才解其中况味，在这种极度强烈的愧疚与自责面前，夺回的经济利益似乎变得分外的微不足道。

总战略规划的制订必须考虑社会效果，理性地考量经济利益与永恒价值之间的取舍问题，即便一切行动都合法合理，但也要充满人情味地兼顾案外人合法权益，尽可能地保证将争斗结果限定在双方当事人能够承担和控制的界域，莫让第三方为双方的争斗连带背负沉重恶果。至于社会公共利益，更是不可触碰，一旦触碰，即使能够毫无障碍地通过公德关，法律恶果恐将是无法承受之重。

四、关于制定总体战略规划的若干重要事项

高效迅捷。在处理重大、疑难、复杂案件时，虽然不可操之过急，但毕竟是解决极端疑难复杂的纠纷，双方都在频频出招，为避免头痛医头、脚痛医脚的情况出现，高效迅捷地制订总战略规划，显得十分重要。全局讼争事务在总战略规划的匡引下，会形成内在高度一致的实战系统，形成以总体战略目标为核心的向心力，避免战术盲目与各自为政。尽早形成总战略规划，可先于对方一步占据战略优势地位，在对方战略规划与战术部署未完全成型时，打乱对方整体部署规划，从而赢得先机。

坚决果断。总战略规划解决全局大方向、重要性、决定性、关键性的问题，犹如隆中对并无具体操作细则一样，无法做到专业求证与逻辑自洽，好多问题是建立在实战经验基础上的预测，因此，只要充分地考虑了客观形势并运用饱富的实战经验进行筹谋设计，经过沙盘推演未发现原则性问题，即可确定并坚定地执行，最忌优柔寡断、瞻前顾后而贻误战机。

稳健。正如面对重大、疑难、复杂案件时保持平流缓进、不疾不徐、事缓则圆的应对态度，其关键点不在于缓，缓的目的也是为了更加稳健。制订总战略规划时也讲究稳健，这由总战略规划全局性的本质特征决定，要求决策者在全局分析考虑的基础上，对战略目标、战略方向、战略任务、战略阶段、战略力量、主要战略手段等重要事项作出明确规划，充分地运用饱富经验与智谋，对各项事务作出精准判断与预测，最大限度地确保总战略规划在实施过程中的稳健性，避免客观形势发展变化原因之外的原则性改变。战略方针、路线、策略的原则性改变，会对解决案件的方向、前景、成本、信心等造成根本性的影响，因此，保持总战略规划的稳健显得至关重要。

变通。总战略规划全局性、纲领性、谋略性、预测性的属性，注定其不会像具体专业战术般教条刻板。在制订总战略规划时要求决策者灵活变通，制订时所依据的客观情况，不可按照单纯诉讼案件中证据取舍原则予以确定，只有被证据证明的事实才是法律事实，应当运用饱富经验进行大胆而合理地想象预测，确定复杂事务在齐头并进运行过程中发展、变化、结局的客观规律，作为确定总战略规划各项事务的依据。

权衡与舍弃。从实战经验角度分析，重大、疑难、复杂案件不是非黑即白、非胜即败那么简单，最终结果往往是平衡，或者回到案件萌芽前双方相对平衡的状态，或者随着案件整体形势的发展变化，双方实力对比发生明显改变后不断权衡利弊而选择某种结果，此种结果也是一种全新的相对平衡。解决此类案件的全程都要保持权衡的思考习惯，在缺乏非左即右的明晰选择的条件下，摆在决策者面前往往是歧路百条，操盘人与当事人必须擅长权衡术，果断抉择方向与价值，在制订总战略规划时更应如此，避免反复论证、犹豫不决而贻误战略机遇，进而严重影响全局战略形势。实务中，好多案件在解决过程中深陷胶着泥泞之危局，与运作团队在复杂事务中战略决断力欠缺有极大关系。因此，权衡与舍弃的艺术，在解决此类案件的全程均需要修炼提高，在制订总战略规划时，更需要熟稔地运用权衡与舍弃的艺术。

第三节 部署全方位、立体化、多层次、纵深化的战术体系

一、概 述

此处讲述的战术体系，特指在重大、疑难、复杂案件实战解决过程中，总结提炼实战经验而形成的系统化战术集群，即全方位、立体化、多层次、纵深化的战术体系。在单纯诉讼案件中，基本不用考虑战术问题。近年来逐渐有人意识到单凭技术解决不了复杂问题，开始在法律关系较复杂的单纯诉讼案件中考虑战术问题，但并未形成系统性的理论与实战方法论。实务中，绝大多数重大、疑难、复杂案件被当作难度较大的单纯诉讼案件处理，最终非但案件本身未得到解决，其他纷争却如雨后春笋、遍地而起。在传统专业技术流思维方式与处理模式下，

即使考虑战术问题，多数是与法律专业技术相结合而形成的技战术问题，最大的缺陷是缺乏战略思想指引，未从全局战略高度考量，零星散乱而不成系统，终究还是囿于专业技术范畴，难以触及此类案件的本质问题。

在解决重大、疑难、复杂案件过程中，必须从全局战略高度进行掌控，讲究战术部署与运筹，以系统性的思想、哲学、理念、价值观、方法论、模式等指导战术运作。战术是解决案件过程中指导和进行具体讼争行为的方法。讼争一旦正式开启，双方往往不遗余力地建立极限化的战术据点展开拉锯回合讼争，所有讼争并非仅为法律专业技术问题，多数问题明显超出法律程序射程范围。双方运筹战术时均很具谋略，战术行为梯次递补布排考究，形成系统性的战术体系。从法律关系角度分析，此类案件往往涉及民事、刑事、行政等多种法律关系，并交叉形成更复杂的复合法律关系，多数案件还涉及以上三种法律关系之外的纷争，凭借单纯法律诉讼程序根本无法解决。综此情况，若部署单薄的战术行为应对，结局显而易见。总结笔者长期操盘解决此类案件的实战经验，并在实战中反复运用并升华，形成系统化的思想、哲学、理念、价值观、方法论、模式，表现在战术部署方面，便是全方位、立体化、多层次、纵深化的战术体系。

全方位、立体化、多层次、纵深化是成熟有序的战术体系应当具备的条件，实战经验表明，只有具备这些条件的战术体系，才能在实战解决过程中攻防两端做到严谨缜密、力度千钧、密不透风、滴水不漏。全方位强调的是纵横面的打击力度，要求准确把握全部战术据点作为部署战术的依据，集合所有有利与不利要素，统筹法律诉讼及其他合法的程序与手段，形成内在高度协调统一的战术体系。具体分项战术之间互相依托，互为前提与条件，相得益彰，梯次递补布排陈列，分轻重主次缓急地统筹推进，形成足以支撑战略意图的全方位战术体系。立体化强调全时空范围全维度的打击与防御力度，如同海陆空三军协同作战不留战术死角，在单一战术行动中，调动所有优势资源、力量、渠道将打击维度升至最广。多层次主要强调有备无患，成算再高的战术部署，亦应考虑失策后的退路问题，宜梯次递补化布排核心战术、重要非核心战术与后备战术，保障战术力度的持续性与战术目的的坚定性。纵深化强调战术体系形成由外围直奔问题核心的战略向心力，产生直插核心问题的战略摧毁力与无法转移的战略优势，在单个战术行为中也应该追求最大纵深力度，从问题表象深入核心矛盾与问题，力求单个战术行为的纵深度决定战略优势转移的效果。

二、部署全方位、立体化、多层次、纵深化的战术体系的实务意义

（一）终结零敲碎打、各自为政的战略盲目

重大、疑难、复杂案件实务领域最大的矛盾，是讼争事务千头万绪亟须全局战略运筹与传统专业技术流思维方式与处理模式只耕一亩三分地之间的矛盾。此类案件的当事人，基本都是各界精英，身边自然不缺精通法律、诉讼经验丰富的律师。但绝大多数案件初期的复杂性、疑难性往往被当作专业疑难复杂，客观形势犹如四面起火，本方核心谋划决策人员还在关门研究通过专业技术方面的攻难克艰来寻求突破。在混乱复杂的讼争局势中，对方发起的每个挑战均被以类似模式处理，最终导致每个专业技术问题都没得到有效解决，全局却深陷悬停僵死、缠斗不止的泥泞困厄境地。这是传统专业技术流思维方式与处理模式下头痛医头、脚痛医脚，将整体问题肢解分离后零敲碎打、各自为政而造成的必然结果，法律人特有的教条刻板在此体现得淋漓尽致，往往引致不可逆转的灾难性后果。此种理念与做派，不但让案件深陷危局，对整个律师行业的声誉、价值感也造成极大贬低，律师能否解决问题的质疑再次朝否定答案方向倾斜。法律是规则最典型、最系统化的展现，学习并熟悉太多规则固然是好事，但须知法律是律师实务工作的准则与工具，而不是唯一圭臬。律师必须通过综合运用法律知识、技能、实务经验，帮助委托人实现合法诉求与目的，而非在法律规则范畴内穷究其理后换来胜诉判决权利。其实，讼争权利本身就是客观存在的事物，只是通过判决再次得到确认，如果不能转化为现实可支配法律权益，该确认便毫无意义。长期从事法律工作，容易形成被规则束缚的惯性，思想观念、行事作风均会逐渐变得教条刻板，遇到问题总是习惯于从专业技术角度求证，而不懂从务实的角度追求实质性结果。这种教条刻板的思维方式与处理模式，应对重大、疑难、复杂案件千头万绪的局势时，无非是认为专业难度大了点、讼争案件数量多了些而已，整个案件处理过程是以完全相同的法律专业技术车间批量化、平均质地处理了一批案件。这种做法实在太过危险，是重大、疑难、复杂案件深陷悬停僵死、缠斗不止、泥泞困厄的危亡境地的最致命原罪。实务中，笔者坚持不厌其烦地给团队律师强调这个问题，希望闻者足戒。

全方位、立体化、多层次、纵深化的战术体系，以总战略规划为纲领，把重大、疑难、复杂案件解决过程中各项事务糅合成整体，各项事务的解决均以总体战略目标为核心予以推动，首尾呼应、灵动谐调，形成有机整体，从根本上杜绝了战略盲目，彻底突破了传统专业技术流思维方式与处理模式下零敲碎打、各自为政的窘境。

（二）形成战术合力，创造毁灭性的打击力量

如果将重大、疑难、复杂案件中每个讼争程序进行单独处理，即使各个都达成最理想结果，也无法形成系统性的战略力量，依然无法支撑本方的战略目标，核心问题未得到有效解决，反倒制造更为艰难滞涩的全新疑难复杂，此种情况在实务中比比皆是。究其原因，无非是众多战术行为各自为政，未能形成全局战略统筹下的协同配合，单独个案均被当作独立单元的专业实验，所有讼争程序一盘散沙，无法形成战术合力，甚至有些案件结果之间存在明显矛盾，反倒减损整体战略力量。

如果不能产生化合作用，只是简单的物理相加，由于各个案件正负性质不一，某些案件之间可能会产生反作用力效果。在重大、疑难、复杂案件解决过程中部署战术体系，必须把各个战术行为统一于战略规划，全面接受总战略规划的运筹调度，在案件解决过程中进行复杂动态条件下的化合反应，形成强大的战术复合力量，才能创造具有摧毁性打击力度的战术体系。

（三）终结清谈，求真务实

解决重大、疑难、复杂案件的工作作风相当重要，为数不少的法律人都存在严重的思维定式，总觉得世界由各种特定模式构成，在系统性的规则中予以维系，输入一个指令，必定导出特定结果。复杂的客观世界被狭隘认知格式化，万事万物都按照既定规则高效有序地运行，单调乏味，枯燥无趣，至于律师代理案件的工作，自然是按部就班的程式运动，无关工作作风问题。以传统专业技术流思维方式与处理模式处理传统单纯诉讼案件，类似于标准流水线车间般批量处理方式，一切四平八稳、波澜不惊，似乎无关工作作风、处事风格等问题。面对重大、疑难、复杂案件错综复杂、千头万绪、千变万化的极端疑难复杂形势，以缺乏工作风格、感情色彩、性格温度的机械方式处理，结果恐将是千篇一律的悬停僵死与泥泞困厄。实践中，太多重大、疑难、复杂案件被误诊为法律关系相对复杂的单纯诉讼案件而，进行浅表化的专业技术处理，头痛医头、脚痛医脚，按下葫芦浮起瓢，最终导致案件深陷悬停僵死、缠斗不止、泥泞困厄的危亡境地，给当事人造成极为严重的损失，严重损害法律的权威与公信力，影响社会稳定与发展，成为业界亟须解决的重大课题，该领域亟须一种带有温度与色彩的解决模式。

专业技术流思维方式与处理模式在重大、疑难、复杂案件面前，除了格局与远见严重不足外，更为致命的问题是清谈误事。在重大、疑难、复杂案件中，笔者始终认为清谈误事是相当致命的非显性谬误。清谈者往往具有较高的专业知识水平，也具备一定的实操能力，但由于基本不担责任的工作模式，所以习惯于条分缕析、头头是道、纸上谈兵，一旦要求落实执行并保障一定结果时，清谈者便只有作壁上观的本事。在传统诉讼案件处理模式下，律师代理案件仅限于在法律专业技术范围内分析实现结果的可能性，通过对基础事实、证据体系、法律适用等要素进行分析，并推定案件能够赢得期望结果，当事人选择相信故而委托。若判决结果与理想推导结果不一，律师一般不会主动归责于自身，更习惯祭出证据瑕疵、裁判公正与否等问题进行合理解释。事实上，律师也确实不应当承担责任，但仅限于诉讼裁判的过程，如果将案件作为高度统一的整体看待，解决问题的方向与路线出现严重错误，作为运作解决过程中的专业主导者，应该承担主要责任。若案件得到预期的胜诉判决，却因种种原因无法转化为现实可支配法律权益，面对当事人的质疑，律师会认为代理成功后能否执行到位与自己无关，当事人要求太高且超出委托代理协议范围。在法律专业技术范围内，代理律师的做法似乎没有任何问题，但突破法律专业技术范畴，将案件当作高度统一的整体看待，却触犯了致命的方向性错误。传统单纯诉讼案件模式下，律师所称能打赢官司与当事人理解的能赢是完全不同的概念，如果当初委托时理解不一，即使合同中文辞严谨缜密，依然为双方的合作遗留了重大隐患，当事人一旦发现自己理解中实现利益目标的胜诉，竟然是代理律师所指一空文的胜诉判决时，双方的合作基础会瞬间坍塌。

律师是解决案件难题的专家，需要极强的专业知识作为基础，但仅有专业素养远远不够，能够解决问题才是律师职业最根本的属性。因此，律师应该是具有法律专业知识与实务经验的解决问题专家，而不仅仅是法律专业人士。解决问题的专家不事清谈，务求实效，习惯于以结果来衡量工作成效。清谈者好条分缕析、头头是道、穷究其理、振振有词，追求在真空实验室理想条件下以逻辑推导实验结果，如果实际操作结果与实验结果相去甚远，必定认为是实操环境存在问题，极少归责于自身。律师不能向当事人承诺案件结果，不能以打包票的方式承办案件，该规定本意是防止律师在接受委托时虚假承诺进而影响司法公正，并非为律师不担责任提供合法理由。律师以解决案件问题为己任，主动担责，求真务实，力求全面、深入、彻底地解决案件问题，在任何情况下，都是绝对正确的选择。

清谈容易，求真务实干出成效相当艰难。清谈者最大的缺憾是没有解决问题的能力与担责意识，解决小事无果，往往能够因为装作无辜而幸免，但在生死攸关的事务中，清谈的恶果是致命的。从实践经验角度分析，清谈风格造成的影响相当恶劣。就个案而言，清谈者将系统性的问题当作专业技术问题，教条、刻板、狭隘地闭门造车，在逻辑自洽的范式中进行毫无实际建树意义的操作，即使取得小成也无关大局，不成便纠缠于事、理、法等白马非马论战，完全偏离从本质上解决问题的轨道。笔者操盘处理过一宗重大、疑难、复杂案件，当事人曾经委托一位律师代理过，为了更深入了解案情，当事人安排了包括该律师在内的三方会谈，以便充分、深入地沟通案情，共开过三次短会。每次开会前，该律师与委托人对话时均以"昨晚一晚上没睡着，我就在想……"开头，内容无非是开庭时如何说、如何利用证据规则让对方落入陷阱、如何推敲代理意见等问题。在火烧眉睫、急若星火的情况下，救火前还要正衣冠、修容颜，是可忍孰不可忍。对方已经发起七宗讼争程序，委托人已经丢盔弃甲、焦头烂额，本方军师与主帅还纠缠于被子叠放、用具摆放等内务问题，可以想象委托人已经万分焦灼狂躁。但该律师的态度是十分诚恳的，并无丝毫恶意，只是这种清谈议事的作风，显然是案件客观形势发展到悬停僵死状态的重大诱因。

在解决重大、疑难、复杂案件过程中，并非每个当事人都能委托作风务实硬朗的操盘人，因而不能只寄希望于人的主观能动性，必须建立一种稳定的运行模式来保障讼争事务顺利推进，即使交由相对羸弱的运作团队处理，也不至于陷入全面战略被动。在重大、疑难、复杂案件解决过程中，这种稳定的运行模式便是全方位、立体化、多层次、纵深化的战术体系。构建此种完备的战术体系，要求把所有与讼争相关的问题作为整体看待，将所有讼争战术行为统筹于总战略规划之下，以总体战略目标为核心，形成强大的战术合力，单个战术行为的盲目性与各自为政的状况被最大限度地避免。一旦建立这种相对完备的战术体系，从运行模式上确保每个战术行为都围绕总体战略目标而存在，同时保证了本方讼争参与人员求真务实的工作作风，以实现总体战略目标为至高追求，不但追求法律判决权利的胜诉，更追求现实可支配法律权益的实现。

（四）与总战略规划相得益彰

总战略规划如同人的大脑与神经系统，战术体系相当于人的四肢，法相当于心脏与血液循环系统。四肢是人类活动的最基础行为，无时无刻不在接受大脑与神经系统的指挥控制。战术是解决重大、疑难、复杂案件行动中最基本的单元，如果没有正确的战略规划掌控，犹如失去大脑指挥的四肢。只有在战略目标明确、战略任务清楚、战略方向清晰、战略手段丰富有力、战略阶段规划分明的总战略规划的指引下，战术体系才能实现其最大的战术威力与战略价值，并且共同朝着实现战略目标、战略意图的方向发力，最大限度发挥战术体系的威力。

再发达的大脑，若无四肢的有力支持配合，也无法与客观世界建立有效联结，因而无法完成改造客观世界的使命。再出色的总战略规划，如果没有全方位、立体化、多层次、纵深化的战术体系的支撑，犹如大脑强大但四肢退化，难免志大才疏、气宏力弱。只有总战略规划与全方位、立体化、多层次、纵深化的战术体系配合得当、相得益彰，互相联动发力，才能发挥战略战术体系最大威力。战略、法、战术思想体系在实战应用中，最重视战略规划、法律系统、战术体系内在高度统一协调，形成全方位、立体化、多层次、纵深化的战术体系，在解决案件过程中，该战术体系与总战略规划相得益彰，互为表里，缔造智力与行动力完美结合的战略震慑力量，是目前解决此类案件卓有成效的实战方法论。

三、部署全方位、立体化、多层次、纵深化的战术体系的实践指引

（一）关于全方位

在重大、疑难、复杂案件中，对方一般不会通过单一战术行为发起进攻，全方位部署战术就显得十分必要。部署全方位的战术体系，必须全面分析案件客观形势与双方实力对比，首先将对方重点进攻以及可能进攻的战术据点作为部署防守战术的依据，将对方的薄弱环节与致命要害部位作为部署进攻战术的据点。全面收集与案件有关的所有有利要素转化为进攻战术据点，将全部不利要素作为或

存防守战术据点，在各战术据点均部署极富针对性的具体战术严阵以待。将所有有利要素与法律程序相结合转化为具体战术手段，根据轻重主次缓急，梯次递补化有序陈列，待机而发。随着案件推进以及客观形势的发展变化，审时度势、因时制宜地调整并扩充完善战术体系。形成全方位战术体系后，根据战略任务与战略阶段的实际需要，合理布排具体战术，建立内在高度统一的战术体系。

在一宗重大、疑难、复杂案件中，对方承建工程的主体结构存在严重质量问题，按照合同关于质量及验收付款的约定，我方有权拒绝支付工程款项，却因急于销售而需要竣工验收手续，于是与对方履行了形式上的竣工验收程序，但未做任何特殊约定，对方借此坚决主张工程已经实际竣工验收并交付使用。讼争初期为单纯的建设工程合同纠纷，但讼争形势的发展完全超乎想象。对方纠集大量不明身份的人暴力围堵我方公司总部及售楼处，拘禁财务人员，强行要求转账付款，用各种手段威胁我方公司高管；雇佣大帮社会闲散人员到处散布流言蜚语，损害我方公司商业信誉与商品声誉；四处收集、罗织我方公司涉及税务财务等所谓违法犯罪证据进行控告；对我方房地产项目开发用地、工程施工手续等行政审批、许可事项中相关的行政机关工作人员，诬陷其收受我方贿赂并违法实施行政审批与许可；甚至将攻击矛头指向我方公司最大股东的亲属，在其工作单位制造严重不良影响。对方种种行径，实属无所不用其极，目的是逼迫我方公司退出当地的房地产市场。

我方原本只在工程合同纠纷中提起反诉，追究对方工程质量问题，且鉴定结果显示工程主体结构存在严重质量问题，以为借此足以解决问题，因而案件基本上被当作单纯诉讼案件进行专业技术处理，根本没有考虑全局战略运筹的问题。直至对方一系列鬼蜮伎俩、神机鬼械的谋划设计将我方彻底拖入泥沼，极力挣扎却越陷越深时，才开始怀疑讼争方向出现了问题。此处只论述部署全方位战术体系的问题，除此之外的内容一概略过。笔者介入该案后，针对双方异常复杂的讼争形势，制订了合理务实的总战略规划，并以总战略规划为纲领，部署了有极强针对性的全方位战术体系。主要包括：我方因房屋销售亟须竣工验收手续，已与对方履行了形式竣工验收，法院可能会因此支持对方支付工程款项的请求，因而提前对上诉及强制执行的相关事宜进行筹划；通过精挖细掘、掘地三尺的调研摸底与要素收集，打造全面、翔实、有力的证明体系，进一步加强工程质量反诉的战略力度；针对对方一系列违法犯罪行为，部署了追究对方非法拘禁、损害商誉、诬告陷害、妨害生产秩序等刑事犯罪的进攻战术体系；对方控告我方涉及税务、财务刑事犯罪问题，全面、深入地收集证据并形成释明体系，证明我方根本无违法犯罪事实，协助司法机关在调查过程中正确认定事实；对方追究我方在房地产项目用地、工程建设过程中的行政审批、许可违法事宜，深入展开自查并形成翔实、有力的书面释明体系，在对方发动的行政诉讼、投诉举报等程序中配合相关机关予以充分说明，证明相关具体行政行为的合法性。该案中，我方以攻防两端全部战术据点为基础，各战术据点均部署了针对性极强的战术，形成完备而稳固的战术攻防体系，很好地阐释了战术体系的全方位特征。

（二）关于立体化

战术体系全方位化建设完成后，还需要根据对方利益共同体联盟的架构层次，合理分配战术力量，在战术之间联动配合过程中实施立体化打击，结合对方战略力量的构成维度，分别实施有针对性的打击，如同战争中海陆空三军协同作战给予对方立体化打击，能够全维度地给对方攻防两端形成压制。在重大、疑难、复杂案件解决过程中，战术体系的立体化要求进攻与防御的维度要广，做到全时空范围内全维度的打击与防御，全部战术行为各自充分发挥优势，因势配合，在打击与防御领域不同的维度配合发力，分别解决对方不同维度的有生战略力量。如同特种兵作战的惯用打击模式，一支受过严格训练的特种部队潜入敌方阵地，锁定目标，后方指挥中心接到情报，远程导弹瞬间即可摧毁目标。这种作战模式将情报、特种兵单兵作战能力、后方远程打击能力完美结合，在全时空、全维度范畴给予对手摧毁性的打击。在重大、疑难、复杂案件运作过程中，类似于特种兵作战惯用模式的战术部署，正是战术体系的立体化。

前述我方与对方建设工程合同纠纷案例中，对方提起民事诉讼主张支付工程款项，主要依据是为配合销售所作形式竣工验收。对方承建的工程质量确实存在严重问题，我方提起工程质量反诉，要求对方赔偿返修费用。通过工程质量鉴定，鉴定报告证明工程主体结构存在严重问题，预计返修及赔偿损失的费用已经超过对方所主张工程款项数额。同时，我方收集了大量的证据证明当初形式竣工验收确系配合销售房屋之亟须，双方曾达成口头约定，实际竣工验收必须按照合同约定达到省级优质工程标准，直接证据与间接证据兼有，书证、物证、证人证言俱备，形成内容翔实、条理清晰、论理清楚的证明体系提交法院。对方若干刑事犯罪问题确有相关证据，司法机关展开正式调查，对方承受着巨大压力。鉴于因经济纠纷引发，双方之间又存在民事诉讼，司法机关在刑事案件调查的同时做了大量调解教育工作，督促对方承担责任，彻底解决纠纷。在我方强大战略攻势下，对方反复权衡，最终在民事诉讼中选择与我方和解，我方基本实现了总体战略目标，案件得到彻底解决。

该案中，战术体系的立体化主要表现在以反证体系攻破形式上竣工验收的证据，凿实了工程未实际竣工验收的事实，对方无权主张支付工程款项；工程质量鉴定报告证明对方承建工程主体结构存在严重质量问题，对方须承担巨额返修费用并赔偿损失，至此，对方在民事诉讼中全面沦陷；对方确实存在诸多刑事犯罪嫌疑，全方位的刑事追究令其无力再缠斗。多种战术齐头并进，实施全维度的进攻，使对方攻防两端的战略防线全面崩溃，最终对方彻底屈服，至今相安无事，双方陆续较量近二十年的漫长讼争宣告彻底终结。

（三）关于多层次

在重大、疑难、复杂案件中，战术体系的多层次是指战术备份充足，留足后路。因为此类案件斗争形势异常复杂，双方在漫长战线上不遗余力地展开争斗，任何一方也不敢保证在战术胜利后对方不再反扑。双方为争夺一城一池，反复展开拉锯回合较量也司空见惯。因此，在此类案件解决过程中，要想取得并巩固战术成果，战术体系的安排必须讲究层次性，在部署核心战术的同时，也要做好重要非核心战术、后备战术的布排，以防核心战术失利或失效的情况下，保证战术打击力度的持续性以及战术目的的坚定性。

多层次要求梯次递补布排具体战术，在部署一项具体战术行为的同时，必须安排后备战术，始终保持战略力量的延续性，维护战术据点的价值。在前述案例中，针对对方控告我方涉及税务、财务刑事犯罪问题，全面、深入地收集证据并形成释明体系，协助司法机关在调查过程中正确认定事实，释明我方根本无违法犯罪行为；就对方追究我方在房地产项目用地、工程建设过程中的行政审批、许可违法事宜，深入展开自查并形成翔实、有力的书面释明体系，在对方发动的行政诉讼、投诉等程序中配合相关机关予以说明，证明相关具体行政行为的合法性；鉴于为配合房屋销售而作形式竣工验收，又无补充协议等直接证据证明工程未实际竣工验收，法院审判后极大可能会支持对方支付工程款请求，因而对上诉与强制执行相关事宜提前进行筹划等战术部署，在案件解决过程中并未实际实施，与已经实施的战术相对应，形成强大的后备战术体系，整体上增加了我方战术体系的层次性与厚度。如果正式实施的战术行为不利，则立即启动后备战术体系，始终保持本方战略力量的持续性。

（四）关于纵深化

在重大、疑难、复杂案件中，战术体系的纵深化，就整个战术体系而言，是战术体系整体实施后的战术复合效果所能够达到的战略打击深度，于单个战术行为而言，是战术行为实施后产生的进攻或防御力度与总体战略目标之间的关联性，对于实现总体战略目标的推动作用越大，说明具体战术行为更具纵深度。战术体系的纵深化，要求在整个战术体系中必须有战略穿透力极强的核心战术，在具体战术行为中，必须有行之有效的策略确保该战术行为尽可能地直插核心问题。只要确定是核心战术，就必须充分保障其战略摧毁力量的实现，要么不做，要么做绝，伤其十指不如断其一指，力争最大限度地歼灭对方有生战略力量。战术体系再庞大，如果没有纵深度极大的核心战术，便无法给对方战略防线造成实质性的打击，终究无法取得预期战术目标，更别谈战略目标的实现问题。纵深度犹如战术体系中的刀锋，直接决定了进攻力量的终极打击深度与我方战略防线最薄弱部位的坚固程度。

实务中，实现战术体系的纵深化，往往会将战术体系整体协调统筹，形成由外围直插核心问题的战略向心力，一旦战略机遇出现，由核心战术领衔，全部战术体系协同推进，联动发力，形成直插核心问题的战略穿透力，一举奠定稳定的战略优势。前述我方与对方建设工程合同纠纷案例中，在民事诉讼中通过鉴定确定工程质量存在严重问题的战术行为，以及运用翔实有力的证据体系证明未实际竣工验收，进而有力驳斥对方诉讼请求的战术，两者从不同方向相向而行，合龙形成直插核心问题的战略穿透力，直接导致对方战略企图全盘破灭，是战术体系纵深化的典型表现。

第四节　沙盘推演

一、沙盘推演的基本含义

在处理重大、疑难、复杂案件过程中，制订了总战略规划并初步部署战术体系以后，不宜贸然实施，应当由有经验的操盘人组织进行沙盘推演。沙盘推演类似于战争沙盘模拟推演，模拟双方在攻防两端的真实对抗与较量，以利发现战略战术体系的不足，提高当事人参与实践操作的能力，使操盘团队与当事人更易配合得相得益彰。

二、沙盘推演的实务意义

（一）能够发现战略战术体系存在的问题

沙盘推演模拟双方在讼争中的真实较量，主要选取双方战略战术体系中的重要事项进行模拟预演。在总战略规划中，主要针对战略方向、战略任务、战略力量、战略手段等重要事项进行沙盘推演。在战术体系中，主要针对核心战术与决定性、重要性战术行为进行沙盘推演。通过沙盘推演，可以理性验证本方战略部署与战术运筹的可行性，在模拟预演双方对抗较量的过程中发现战略部署与战术筹划存在的问题，及时予以修正补充，确保战略规划与战术体系在正式实施时能够高度适应案件客观情况。

重大、疑难、复杂案件实践解决过程中的沙盘推演，对应于单纯诉讼案件的模拟开庭。笔者对律师团队有一个硬性要求，案件正式开庭之前均必须进行模拟开庭，由经验最丰富的律师扮演对方代理律师，与我方出庭的代理律师展开对抗较量，如此操作不但可以发现本方庭审准备工作的不足，也可以提前将双方的对抗较量以全真化的模式进行预演，无疑提升了律师对实际庭审的驾驭能力，大幅提高业务水平。在重大、疑难、复杂案件正式运作之前，通过沙盘推演模拟双方在复杂漫长战线上的实际对抗较量，以身临其境的模拟预演提高当事人的适应力，同时发现重要问题与不足，以利及时修正完善。

在一宗重大、疑难、复杂案件中，双方在民事法律关系方面主要表现为支付货款纠纷，民事诉讼方面的核心战术便是合同纠纷诉讼。在核心战术沙盘推演模拟对抗中，发现本方供货价值逾三亿元，但并未严格按照合同约定进行规范签收，全部由对方工地临时值班人员签收，总计六十二批次货物，签收人签名显示共计十余人，且均非合同约定的签收负责人。此种情况在实践中极为常见，双方均规模较大，工地现场根本无法做到严格规范管理，且绝大多数到货签收时间为深夜，因而实际签收人与合同约定不一致的情况屡见不鲜。在沙盘推演过程中，对方代理律师针对极不规范的签收情况，矢口否认收货事实，令我方代理律师措手不及。沙盘推演后，关于签收手续不规范应否作为重点防御环节的问题，可谓见仁见智。有些人认为对方事实上收取三亿余元货物，是不容争辩的事实，对方应当不至于不承认；更谨慎缜密的人认为必须作为我方战略防线上最薄弱的环节予以重视并加强，否则极有可能从此处溃败，在激烈复杂的对抗中，对方绝无可能放过如此重要且明显存在薄弱环节的战略区域。实务中，针对此类签收极不规范的情况，收货方一般不持异议，但必须考虑例外情况，毕竟是否完成送货义务的举证责任完全由我方承担。我们在沙盘推演中发现该问题后，一方面安排律师调查对方在类似情况的诉讼中所持质证态度，另一方面安排实际出庭律师筹划后备战术。后备战术包括申请法院向人事劳动部门调取对方的员工劳动合同信息，以确证对方十余个签收人中全部或者部分确系对方员工；鉴于价值三亿余元货物被签收后拒绝承认，本案涉嫌刑事诈骗问题，申请法院中止审理，移送公安机关立案侦查，准备好两套文件资料，一套是申请法院移送公安机关侦查的申请文件材料，另一套是庭后直接向工程所在地公安机关报案的材料；申请法院进行现场勘查，以确定涉诉货物确实已经在对方工程中使用，并申请法院让对方出示所谓供货方的相关合同、供货凭证；同时，向负责送货的物流公司调取当初送货时的物流档案资料，以证明确实存在我方向对方送货的事实。通过深入调查，果然存在与我方类似的供货方送货签收不规范，对方在庭审时否认收货事实，送货方无法证明完成供货义务而被驳回诉讼请求的情况。这种结果并不稀奇，若不按照我方那样安排全方位、多层次的后备战术体系，在证据为王的民事诉讼中，没有证据证明自己完成供货义务的事实，法院判决驳回诉讼请求也在情理之中。得知该情况，证明我们的后备战术体系非常有价值。

正式开庭时，对方果然对供货事实矢口否认。收取我方三亿余元货物用于工程，房屋已经全部出售，绝大多数货物上有我方明确标识，从情理角度看，根本站不住脚。但从诉讼技术角度分析，却无可厚非，甚至可以称之稳准狠，釜底抽薪，足以将经验与准备不足的对手瞬间击溃。幸好我方已有充分的思想准备与充足的战术准备，针对对方矢口否认的凌厉反击攻势，我方气定神闲地将后备战术体系渐次展开，申请法院向人事劳动部门调取对方的员工入职信息，以确证对方十余个签收人中全部或者部分确系对方员工，法院同意调取；由于货物被签收后拒绝承认，本案涉嫌刑事诈骗，申请法院中止审理并移送公安机关立案侦查，法院表示庭后研究决定；并当庭表示庭后直接向公安机关报案，并展示了报案材料；申请法院进行现场勘查，以确定涉诉货物确实已经在涉案工程项目中使用，法院当庭同意进行现场勘查；申请法院让对方出示所谓供货方的相关合同、供货凭证，法院也同意我方申请，要求对方出示；同时，向法庭提交了当初送货时的物流档案资料，并有物流公司出具的说明，证明我方向对方送货的事实。在我方六合八荒、力度千钧的攻势下，对方虽然方寸大乱，但还是故作镇定，坚持不承认收货事实，法庭宣布休庭。庭后我方立即向公安机关报案，法院也与公安机关进行了充分沟通，并且向人事劳动部门调取了对方人事档案信息，部分签收人确系对方员工。在公安机关立案审查阶段，对方主动表示收到全部货物。

该案中，我们在沙盘推演过程中发现重要问题，并及时补充完善，部署了密不透风、滴水不漏的战术体系。实践效果证明，该重要发现以及依此部署的战术体系，令对手瞬间无险可守，完全暴露于我方战略瞄准范围，最终全盘崩溃。对方在与我方情况类似的供货商讼争中业已得逞的故伎，重施于我方时惨遭滑铁卢，足以说明在重大、疑难、复杂案件解决过程中，沙盘推演绝非可有可无的形式工作，而是具有重大战略意义的必经程序。

（二）可大幅提高当事人参与实践操作的适应力

普通人面对单纯诉讼案件，往往被折腾得精疲力竭，一辈子都不想再碰到官司。重大、疑难、复杂案件，无论是对精力、财力、时间、心志的消耗，还是其极端疑难复杂的特性，都成为无数当事人根本无法承受之重，有些当事人甚至被折腾得倾家荡产、弹尽粮绝，谈及案件便杯弓蛇影、草木皆兵。归根结底，还是严重缺乏应对此类案件的实战经验，往往发生严重的战略方向与路线错误，导致战略力量过分的无谓消耗，却难以换来实质性的突破。即使拥有一定程度的普通诉讼案件实践经验，在重大、疑难、复杂案件解决过程中，也只是杯水车薪、无济于事。好多习惯于解决传统单纯诉讼案件的律师，在重大、疑难、复杂案件面前无计可施者比比皆是，尤其是对方发动六合八荒的攻势，本方采取专业技术流思维方式与处理模式应对的情况下，被动境地无异于四面楚歌。当事人无须积累解决此类案件的经验，肤浅经验会误导人们不自量力地蚍蜉撼树，即便习得一二也没有机会再派上用场，一般情况下，一生不会两次遭遇重大、疑难、复杂案件。面对此类案件，当事人往往极度缺乏应对经验，甚至连基本的认知能力也不具备，因而极难适应案件运作解决的过程。当事人在运作解决过程中能否正确认知案件并良好地适应，直接决定了案件的战略方向与最终结果，当事人认知与适应能力的最佳获取方式便是沙盘推演。

沙盘推演如同军事演习与正式演出前的彩排，将实际运作过程中的重大事项提前在完全放松的状态下进行模拟预演，推演结果虽然不能作为实际运作过程中的绝对标准，但具备重要的参考价值，对缺乏此类案件实战经验的当事人而言，是在未来实际运作过程中坚守初心的关键保障。实务中，好多重大、疑难、复杂案件推进至中途，当事人思想认识严重不足，对讼争事务的疑难复杂程度严重低估，极易产生严重的畏难情绪，或者精力、财力、心理耐受力根本无法承受持续性、高强度的消耗，半途而废者不胜枚举。此类案件与普通案件不同，双方激烈的争斗不但为追求关乎生死存亡的重大利益，往往有致对方于死地的强烈追求，一旦半途而废，犹如推着巨大石磙上狭窄山道时中途放手，结果无疑是粉身碎骨。通过沙盘推演，当事人对案件整体认知能力会有大幅提升，对案件发展趋势也会树立一定的预判意识，甚至对最艰难复杂的情况也能建立一定的思想准备，能够更好地掌握运用战略战术体系，与专业操盘团队建立更顺畅的配合关系，对案件的顺利解决大有裨益。

（三）有助于准确预估实战解决的阶段与周期

相对于普通案件，办理周期对于重大、疑难、复杂案件来说更显至关重要。普通案件受法律程序严格约束，只要不存在特殊情况，一般都能相对准确地预计办理周期与事务节点。重大、疑难、复杂案件往往包括多种法律关系的讼争程序，每种法律关系常常不止一个讼争程序，并且这些讼争程序未必同时启动。即使在单个诉讼中，当事人往往用尽救济手段与力量，极限化地行使各项诉讼权利，导致诉讼周期大幅延长，诸如管辖权异议、缺乏实质意义的上诉及申请再审、执行异议申请及诉讼等各种拖延时间的手段连绵不断，导致诉讼程序无限延长。各个法讼程序之间时常存在一个案件需要以另外案件的判决结果为依据，因此必须中止审理的情况。在民事诉讼程序中，若基于同样的基础事实存在刑事犯罪的情况，民事案件必须中止审理。凡此种种，都导致此类案件解决周期的极限化延长。讼争事务千头万绪、错综复杂、变化多端，本身就已经决定了解决周期相当漫长，加之双方极限化地行使程序权利，进一步导致解决周期的延长。案件解决周期与当事人生活、事业、财务等计划密切相关，充分了解案件解决周期，是能否顺利达成总体战略目标的必要条件。如果当事人认为此类案件能够像普通案件一样通过一审、二审、强制执行程序完结，并且以耗时最短的简易程序计算，得出此类案件应该在一年内能够结案的结果，该预期太过理想化，与客观情况严重不符。

通过沙盘推演，将案件实际运作解决过程进行模拟预演，能够帮助当事人认识案件办理的重要节点以及每个环节需要的周期，大致了解各程序之间相互联结、影响、牵制而导致解决周期延长的情况，进而对案件整体解决周期作出理性预估。案件解决周期是当事人决断重大事项的重要依据，包括坚持维护权益还是放弃的重要决定，也与解决周期的预估具有直接关系，如果确定需要很长的周期才能达成目标，当事人可能会选择放弃或者大幅降低期望值与对方和解。

实务中，有些案件并非因为本身无望而终止推动，而是因为当事人对解决周期的期望值太高，导致事务安排处处受阻。一旦当事人觉得解决周期太长，操盘团队在办理过程中事无巨细均要接受委托人的盘问追索，似乎操盘人应该像学校制订学期计划般准确预定各项日程，有时候当事人甚至会不甚良善地施压，时时处处充满疑惑与猜忌，甚至反复以濒临破产乃至自行了断等手段给操盘人施压，至此，案件的推动已经失去动力支持。当事人焦灼的心情完全可以理解，但若在战争中限定主帅必须在何时解决战斗，未免太过不切实际。在此类案件实务解决过程中，极端疑难复杂的讼争事务已经足够让人心力交瘁，还要反复地说服当事人坚定信心，即便操盘人具有极高的敬业精神，恐怕也会累不自胜。此等问题均与重大、疑难、复杂案件解决周期密切相关，对于此类案件解决周期，当事人与操盘人在正式运作之前都必须具有理性、客观的认识与预期，切莫在解决过程中因为周期太长导致半途而废。沙盘推演能够帮助当事人较为准确地把握讼争事务的节点与周期，以便合理安排时间、精力、财力等要素，将解决案件问题与生活、事业等协调顺当，与操盘人之间保持足够的信任与默契，保障案件运作解决过程的高效顺畅。

三、沙盘推演的重点内容

明确解决问题的关键点。分析总战略规划，结合战略方向、战略任务、战略阶段、战略手段、战略力量等重要事项的谋划，推断战略目标实现的各种可能性，进而根据轻重主次缓急预演运筹战术体系，更加深入地认识核心战术、重要非核心战术、后备战术的作用与地位，明确解决全局问题的关键所在，在模拟实战操作的过程中，将解决问题的系统性实战方法论具象化。

分解、细化全局目标。通过沙盘推演，操盘人将全局目标由宏观预测变成具体的分项目标与战术目标，帮助当事人更加清晰地认识总体任务与阶段任务，对各项讼争事务成竹在胸，树立更强大的战略信心。重大、疑难、复杂案件的目标具有高度复合化的特征，是基于经验与科学预测，将多种结果有机结合后形成的高度可能性，即便是专业人士，若不具备异常丰富的实战经验，做到完全理解都存在一定难度，于当事人而言无异于天方夜谭。当事人选择信任并全权托付操盘人，这种信任往往停留在抽象、感性阶段，通过分解、细化全局目标，将各项具体任务、细化目标进行具象化展示，供当事人充分地分析判断，建立具体化的思考依据，对案件宏观目标与任务、分项目标与任务均有全面认识，在此基础上建立的信心是客观理性的，能够经得起实战解决过程中的严酷考验。

战术布局具体化。在重大、疑难、复杂案件解决过程中，双方在攻防两端的战术据点都比较丰富，因此形成庞大的战术较量体系。对操盘人来说自然是轻车熟路，但其他参加人员未必都能够透彻理解。千里之堤，毁于蚁穴。此类案件解决过程中，战略战术体系的推进相当精密复杂，任何细微的疏漏都可能严重影响全局战略形势，谨小慎微、防微杜渐地掌控每个环节，是案件推进工作的基本要求。任何参加人员理解得不够透彻，在关键时候出现致命疏误，极有可能会导致功亏一篑。为了让所有参加人员充分了解战略战术体系，并能够在实战解决过程中密切配合，通过沙盘推演将战术布局具体化，以模拟实战对抗较量的方式将各项战术梯次递补化陈列，进行轻重主次缓急关系、条件依存关系的分析讲解，对分项及综合战术结果与总体战略目标之间的关系进行系统阐释，帮助参加人员在实际操作时更好地把握战略战术体系的运作精髓。笔者在实务中通常以课件或者白板作为沙盘载体，以筹码代表双方战术参与者及战术力量，在平面空间模拟推演实战战术布局，将各具体战术按照整体战略部署铺开，具象化地反复研磨战术体系协调运作与配合协同，实践证明，将总体战术布局具象化的沙盘推演，确实能够让实战运作成效大幅提升。

推演总目标实现的各种可能性。重大、疑难、复杂案件的总体战略目标具有明显的预测性、复合性，带有强烈的主观经验主义色彩。操盘人在整体掌握案件客观形势并充分分析双方实力对比的基础上，站在全局战略高度进行分析运筹，基本能够准确判断案件结局的各种可能性。操盘人坚信该判断，往往基于丰富的实战经验与直觉，但要让所有参加人员均能够较好地理解掌握，只能通过分析讲解整体战略部署与战术统筹。但仅凭抽象的专业理论分析讲解，其他参加人员未必能够理解战略战术体系与预期目标之间的内在联系。因为总体战略目标往往是结合客观情况，在丰富的实战经验基础上，大胆地对各项事务作出预测判断，将预测判断结果进行有机复合后凝练出的一种高度可能性，高度概括且十分抽象，必须借助具象化、归纳演绎等方式进行具体展示，沙盘推演便是具体展示的最佳选择。设定总体战略目标是在理性、经验、合理预测的基础上形成，有必要对阶段性战术结果预测、分项战术结果预测以及各项战术结果复合预测等工作通过沙盘推演的方式充分展开，在反复模拟推演中，自然会形成相对坚定的认知理解，这种认知理解便是总体战略目标理性化、具象化的表达。实务中，笔者操盘解决重大、疑难、复杂案件时，总体战略目标均通过反复沙盘推演的方式予以确定，完全掌握了总体战略目标实现的各种可能性，便对解决过程中客观形势发展变化、双方实力对比变化、战略优势产生的节点、整体解决时机等要素了若指掌。

四、沙盘推演与运作实践的衔接

战术衔接与调整。在重大、疑难、复杂案件实战运作过程中，首轮战术运筹往往与沙盘推演一致，都是结合当前客观形势，针对对方攻防战术部署相对应的战术体系。首轮战术往往是本方正式启动讼争后的最优方案，因此，该阶段战略战术运筹相对顺利，基本能够按照预期模式发展。首轮战术渐次铺开并取得一定战术成果后，对方必定采取针对性的防御反击措施，案件客观形势会相应发生一定程度的变化，甚至会产生根本性的扭转。案件客观形势的发展变化，会导致基于沙盘推演结果而部署的首轮战术体系出现水土不服，此时正是考验我方战略掌控能力与战术阅读能力的关键时刻，如何审时度势地做好战略掌控与战术机动以顺应形势发展需要，争取并保持有利的战略地位，是案件运筹解决过程中至关重要的课题。实战运作过程中的战术体系运筹，一切以讼争客观形势的发展变化状况为依据，沙盘推演的认知与经验仅作参考。

理性对待理想目标与现实目标。沙盘推演均以最理想的假设条件开展，尽管基于经验已经将模拟推演条件进行理性降级，但实战运作条件往往更为恶劣，势必导致总体战略目标与分项战术目标的实现与沙盘推演的状况存在较大差距。我们可以在人力所能及的范围内做到精准控制客观要素，最大限度地掌控实验结果的准确性，找寻一切导致实践结果出现偏差的原因并着力消除，是保障最佳实践结果的唯一正确方法。在总战略规划正确合理、总体战略目标理性务实的情况下，实践运作情况与沙盘推演差距较大时，全面研究导致差距出现的原因并逐一解决，正是重大、疑难、复杂案件操盘解决工作的重心。历史经验告诉我们，事情成功的关键不在于掌握成功的方法与诀窍，而在于掌握了方法与诀窍后，在具体实践过程中出现水土不服时的调整与掌控能力。在尽人力所能及之后，实践运作效果与沙盘推演的理想目标之间依然存在一定差距时，便应当理性看待该问题，切忌过分较真执着。此类案件均为杀敌一千、自损八百的对抗较量，从来没有真正的赢家，如果脱离客观实际过分追求理想目标，容易导致双方纠缠于无休无止的缠斗，案件深陷悬停僵死与泥泞困厄的危亡境地。

虽然在沙盘推演过程中对于对方可能采取的反制措施有充分预计，但实战运作过程中对方的实际表现往往出乎意料，有可能比我们预想中更高明精深，但也有可能比预想的更疏浅。结合笔者实务经验，实践运作中对方采取的反制措施往往比我方沙盘推演过程中的预想状态更简陋疏浅，以致经常把对方显而易见的错误反制措施当作佯攻等战术隐蔽动作。这足以说明通过沙盘推演我方充分发挥了主观能动性与经验的作用，在实战运作前将准备工作做到了极致。对方实际表现远比预想状态简陋疏浅，自然是求之不得的状况，但绝不可寄希望于对手的虚弱麻痹，必须始终将对手预想得比我们强大得多，因而做出万全准备，宁可在对手实际羸弱表现面前喜出望外，也别在轻敌麻痹后错愕追悔。

在沙盘推演过程中，虽极限化地想象对方可能祭出的高招，但也无法包罗万象，在实战运作过程中，对方完全有可能谋划设计更高明的战略战术体系全方位钳制我方。沙盘推演中的对手是静态的，且停留在我方预想假设的层面；实战运作中的对手是动态而复杂的，其主观能动性永远是我方无法掌控的领域。必须始终坚信对方的智慧、谋略、经验、意志力、决断力、执行力等均完胜我方，抱持谨小慎微、诚惶诚恐、战战兢兢、如履薄冰的态度全力应对对抗与较量，结果自然不会差强人意。切忌轻敌麻痹，自以为经验饱富便理所当然地预想对方羸弱愚钝，在志在必得、踌躇满志的亢奋状态下被残酷现实打回原形。实战成效是检验战略运筹成效的唯一标准，而非表现出的气势比对手更强大，必须以极度谨慎的战略姿态理性对待沙盘推演中的静态对手与实战运作中的动态对手，让沙盘推演的经验发挥有益战略要素的作用，而不是让沙盘推演过程中逻辑自洽的自信成为轻敌覆亡的罪魁祸首。

当事人的心态调适。在重大、疑难、复杂案件解决过程中，当事人的心态就像坐过山车般跌宕起伏，时而激昂亢奋，时而萎靡衰颓。极端疑难、复杂、激烈、旷日持久的争斗产生高强度的消耗，再坚强睿智的人也会被折腾得心力交瘁。当事人心态的剧烈起伏，对解决案件没有丝毫益处，激昂亢奋之时意气风发、同仇敌忾，萎靡衰颓之时便极力质疑红旗到底能打多久、星星之火岂能燎原，此种表现使操盘人进退维谷。操盘人选择前进，自然不想面对当事人的萎靡衰颓、极力质疑的状态；选择停滞不前，又觉得对不起当事人激昂亢奋的期待。当操盘人举棋不定的时候，危险敲门成功的概率便无限上升。以笔者实践经验分析，当事人最适合解决重大、疑难、复杂案件的状态，是心态理性稳健，目标明确坚定，胜不骄、败不馁，临大事不慌、处小事不疏。这种理性稳健的状态对于解决案件的支持意义，相当于稳定的软件系统作用于硬件设施。沙盘推演结果显然具有理想化色彩，过程往往顺畅无阻，容易使当事人构建过于美好的愿景，当实际运作远不及沙盘推演般美妙的时候，当事人的心态便会急转直下，对案件整体推进产生怀疑，信心受到根本性的打击，犹如高速狂飙后突然驶入泥泞小道般的落差。为避免出现这种情况，在沙盘推演时就应当保持良好心态与理性态度，莫让沙盘推演成为实战运作的累赘。实务中，当事人经常以沙盘推演中的理想指标质疑实战运作成效，往往对案件的解决产生严重不利影响，当事人保理性态度与稳健心态，正确认识并运用沙盘推演的价值，是保障沙盘推演战略价值的必要条件。其实，沙盘推演相当于组织我方参加主体开展军事演习，以更好地适应实战运作，寻找或存重要问题并及时修正，以便更加胸有成竹地掌控实战运作，而不是为了建立美好愿景。

当事人的心态能够直接决定案件结果。有实力操盘解决重大、疑难、复杂案件的专业团队，根本不可能做到一边在前方战场拼力死战，一边回头劝慰委托人重拾信心，接受盘问质疑并反复循环解释毫无实际意义的问题。拥有足够的综合实力与实战经验的专业操盘团队，会以独立人格、契约精神与职业敬畏全力以赴地实现本方总体战略目标，一旦委托人频频出现动摇，操盘人团队的战略决断力会受到严重影响。案件本身完全属于委托人的事项，讼争事务往往表现出极端化的疑难复杂，双方的斗争异常激烈，专业操盘团队即便遭到重大威胁时依然坚持勇往直前，若委托人信心出现严重动摇，需要操盘人反复劝说的时候，委托事项显然已经不值得操盘人去付出。犹如将帅领命在外拼力死战，国王今天想打明天要停，东也听来西也纳，不再是探讨如何做得更好，而是站在反对一切、怀疑一切的立场上让将帅解释并说服他，此等情况下，将帅肯定举棋不定、优柔寡断，事务势必受到致命影响。既然国王信心已经动摇，即使胜利恐怕也会被以抗旨斩杀；至于战败，自然死罪难逃。当然，古代征战的将帅没有选择的权利，国王的开明或昏庸决定了他们的命运；对于重大、疑难、复杂案件的操盘人来说，若委托人开明，操盘人必定尽人力所能及，若昏庸则有权利果断退出，委托人的开明或昏庸只能决定案件的命运。因此，在重大、疑难、复杂案件运作解决过程中，无论是相对于案件整体解决过程，还是相对于局部微观事务的处理，当事人均应保持理性稳健的心态，如同稳定的软件系统支持着高配设备飞速运转，促使案件解决过程更加和顺畅达。

第四章
避其锋芒，废掉对方正面防线

　　绝大多数重大、疑难、复杂案件的当事人在对方布设的正面防线面前绞尽脑汁、倾尽全力，最终非但不能成功突破，往往导致案件全局深陷悬停僵死、泥泞困厄的危亡境地。对方为达成攫取他人合法权益的目的，往往蓄谋已久，进行系统化的谋划设计，形成强大而坚固的正面防线。对方精心布设的正面防线，其战略防御强度可谓之固若金汤。面对对方布设的正面防线，多数人会习惯性地选择全力应对，企图从正面防线直接突破。但对方布设正面防线的目的就是为了让对手无法突破，其本质特征就是将我方核心诉求所依据的基础事实或法律关系移调至法律程序射程范围之外，导致我方根本无法在正面防线的突围中得到想要的结果。若不假思索地选择直接从正面防线突破，结果十之八九是惨败，若存在万一突破成功的可能性，也只能取得惨胜结果。固若金汤的正面防线，从正面直接突破的难度十分巨大，正如固若金汤的马其诺防线，从正面直接突破几乎不可能，绕开正面防线往往会有更好的选择。

　　借鉴历史上著名的绕开对手正面防线的战例以及其他领域成功应用的事例，笔者在操盘解决重大、疑难、复杂案件过程中，面对对方布设的正面防线时，均选择避其锋芒、绕开对方正面防线的大战术运作，避免与对方最精锐战略力量的直接对抗，从其他防御相对松懈的战略区域寻求突破，实践证明有出奇制胜的效果，不但使对方处心积虑、倾尽全力而布设的正面防线毁于一旦，还能够相对轻松地从对方相对空虚的侧翼与后方成功突破，导致对方深陷两线作战的危亡局势，我方相对轻而易举地取得战略优势。占据了战略优势，就拥有游戏规则的制定权，无论是继续讼争还是和谈解决，均会立于不败之地。

实践成效是检验方法论的至高标准，避其锋芒、绕开对方正面防线是笔者在总结长期实战经验基础上形成的方法论，在重大、疑难、复杂案件讼争实战中，基本上作为战术运筹之首选，在所有的案件中都得到过应用。事实上，绕开对方正面防线的战术运筹，确实具有极强的谋略性与实用性，在讼争开局就可令对方陷入战略被动。因为对方几乎将所有优势战略力量集中于正面防线，我方只需在正面防线牵制对方，然后集中所有优势战略力量主攻对方相对空虚的侧翼与后方，完全做到扬长避短，极大程度地提高战略战术运筹成功的概率，并最大限度地减少战略力量的投入与牺牲。

第一节　绕开正面防线的思维方式与处世哲学

一、正面防线与思维定式

人总是有太多思维定式，思维定式也是自我厌弃的原因之一，每当自我厌弃时，可能需要改变一些思维定式。如果被一件事情困扰太久，必定是应对方法出现了严重问题。解决问题的方法由思维方式决定，不同的思维方式使解决问题的方法千差万别。在相对优越的思维方式指引下，通过大量的实践活动积累丰富经验，便会逐渐形成解决问题的思想、哲学、理念、价值观、方法论，这正是日常所谓之处世哲学。思维方式决定解决问题的方法，特定方法长期应用于实践而形成的惯性，便是处世哲学。要正确处理重大、疑难、复杂案件，必须摆脱传统专业技术流思维方式与处理模式中的思维定式，建立相对更为优越的思维方式，在实践中转化为更具实战威力的方法体系，在此基础上形成系统性的实战方法论。

每个人都存在正面防线的思维定式，在双方对抗的情况下，面对他人摆在面前的问题，第一反应并非选择绕开，而是极尽解释申辩之能事以求解决，如此做法已经注定落入对方圈套。对方既然将问题摆在面前，势必经过万全准备，目的就是不想让问题得到解决，只是借问题达成不便明说的目的而已。如此分析并非把人设想得太坏，只是不愿祈祷在激烈讼争中遇到的对手总是真君子。小到生活中常见之争吵，大到两国之间的战争，均体现着正面防线思维定式的影响力。有一个叫作双鸭蛋的哲理小故事，颇有意思。甲指责乙为鸭蛋，乙极力反驳并质问原因。甲说乙的父亲就是鸭蛋，乙进一步质问之。如此反复纠缠，追根溯源至炎黄二帝时才发现两人都是鸭蛋。虽然好笑，但也是街头巷尾司空见惯之事，甲处心积虑地认定乙为鸭蛋的谋划设计与乙极力突破正面防线的思维定式，在此得到了完全体现。争吵是人类最原始、最温和的对抗方式，在这种温和对抗中，思维定式也会导致全面陷入被动状态。乙在甲别有用心、不怀好意的攻击下，习惯性地不予考虑该攻击有无实质意义，第一反应就是不假思索地从正面直接面对并反击。其实，乙根本没有必要质问甲为什么如此攻击，也可以不用正面面对甲的指责攻击，甲的目的就是为了让乙在被指责为鸭蛋的负面情绪中受辱，无论乙怎么解释都改变不了甲处心积虑、别有用心的立场，甲相当于布设了正面防线，乙企图从该正面防线直接突破的基础事实无法成立，因为到底是不是鸭蛋根本无人可以证明。乙完全可以选择绕开甲布设的正面防线，在正面防线之外的区域以密不透风、力度千钧的攻击行动击溃对手即可。显然，在对方布设的正面防线面前，思维定式会让人陷入对方的战略陷阱，从而导致全局都处于下风。

二、绕开正面防线的智谋

在人类对抗最激烈的战争中，思维定式会带来灭顶之灾。历史无数次上演一方在对方设置的正面防线面前不讲策略地拼死进攻，最终耗尽有生战略力量而覆亡的先例。当然也有无数讲究智谋，绕开对方布设的正面防线，穿插至对方侧翼与后方迂回进攻成功的先例。二战期间，法国与盟军耗时十余年构筑了坚固的马其诺防线，长达数百公里，目的是为了防止德军入侵。以法国为首的联军非常自负地认为德军插上翅膀也飞不过马其诺防线。以斯大林为首的苏联军界高层就德军的下一步动向进行研讨时，适逢林彪在莫斯科养伤，因而也参与了研讨。斯大林与苏联军界高层一致认为马其诺防线固若金汤，长达数百公里，北边的阿登高地地形崎岖，不适合运动作战，德军即使插上翅膀也无法越过马其诺防线。林彪却不以为然，认为希特勒一定会绕开马其诺防线，从阿登高地突破，斯大林等人对年轻的林彪的看法嗤之以鼻。后来，希特勒指挥德军先袭击荷兰，诱使英法联军支援荷兰战场，然后闪电偷袭阿登高地，直插马其诺防线后背，并联合荷兰境内的德军将联军围困于敦刻尔克。马其诺防线因为德军袭击其背后而失去作用，联军投入十余年时间与五十亿法郎构筑的防线，瞬间被德军完全废掉，德军取得巨大的战略优势，联军从此选择全面战略撤退。事实证明，能够一眼看穿事物本质的人，与一辈子都看不清楚事物表象的人，命运截然不同。在智商奇高、经验异常丰富的军事指挥家里面，一眼就能看透本质并紧抓关键问题的人，并非多数。林彪与希特勒等军事天才透过表象，直击要害，谋略之精深令人折服，勿以成败论英雄，单讲军事指挥能力，林彪与希特勒在指挥作战方面谋略超群是不争的事实，他们在面对对方正面防线时，思维方式出奇地一致，都果断地选择绕开正面防线，避其锋芒，从侧翼或者后方迂回攻击，因而能够屡屡所向无敌。

讼争是人与人之间对抗的合法形式之一，重大、疑难、复杂案件更是类似于战争的激烈对抗，人类对抗最高级别的战争中被成功验证过的智慧与谋略，完全可以借鉴运用于此类案件，同样能够出奇制胜。在解决此类案件过程中，基本都会遇到对方费尽心机设置防线的问题，绝大多数当事人在面对对方布设的正面防线时，会习惯性地选择你来我往、钉铆相称的回合争斗，而不是冷静谋划，寻求更好的解决方法。从实践经验角度分析，遇到对方全力布设的正面防线时，最佳战略选择是避其锋芒、绕开正面防线，首先废掉对方倾尽全力布设的正面防线，再从侧翼与后方包抄袭击。由于对方几乎将全部战略力量部署在正面防线，侧翼与后方往往十分空虚，根本经不起我方精锐战略力量的攻击。一旦对方侧翼与后方全面沦陷，正面防线又被我方牵制，对方便会陷入两线作战、两线皆被动的危亡境地，我方的战略优势或可一举奠定。

从人类最温和的对抗之争吵、最高级别的对抗之战争以及重大、疑难、复杂案件讼争对抗的实战经验可以看出，在存在明显对抗的情况下，首先应该选择绕开对方正面防线，避其锋芒，废掉对方消耗巨大成本部署的正面防线，从对方布防虚弱的侧翼与后方实施迂回包抄，这种谋略运筹在开局便可抢占全面的战略优势，从而奠定胜利基础。甚至可以绝对地说，只要存在对抗，避其锋芒、绕开对方正面防线，是智慧与谋略孕育的思维方式与处世哲学。

三、对方正面防线面前的山重水复

在重大、疑难、复杂案件中，优势方为布设固若金汤的正面防线，往往蓄谋已久、倾尽全力、巧设机局，将劣势方核心诉求所依据的基础事实或法律关系移调至法律程序射程范围之外，任凭劣势方在单纯法律诉讼范畴内如何挣扎，也无法达成战略目标。如果劣势方缺乏足够丰富的实战经验，选择以传统专业技术流思维方式与处理模式应对，企图在主体诉讼中通过基础事实、证据体系、法律适用、技术经验等方面的较量中分出胜负，进而决定终局结果，甫一开局便已经注定了失败的命运。非因优势方太高明精深，只因其准备充分并已经布设了坚固强大的正面防线，劣势方仓促应战且往往采取错误的战略方向与路线，导致客观形势于劣势方极为不利。当优势方固若金汤的正面防线的严重威胁摆在面前，且已经通过诉讼程序等战术手段宣战，劣势方必须应战。应战却注定是失败，即使万一存在胜利的可能，最多也是惨胜的结局。因此，在优势方布设的正面防线面前，劣势方处于完全的战略被动局面。

笔者操盘处理过一宗重大、疑难、复杂案件，对方公司及其董事长作为共同借款人拆借我方资金两亿元，逾期四年分文未还。双方正式决裂后，我方经初步调查得知对方公司已经借联营合作之名将核心业务订单转至其他公司，对方公司董事长名下也基本没有任何财产。事实上，对方公司业务并未衰减，对方公司董事长依然表现出极为强大的经济实力。更显诡异的是，对方公司与董事长均在不同法院有执行中的强制执行案件，执行状况均为全部未履行。面对此种情况，我方当事人一筹莫展，自忖启动法律程序也只能得到一纸空文的判决，当时惩治老赖的力度远不及当今强大，我方当事人便只能绞尽脑汁地动用一切资源与渠道与对方周旋。对方处心积虑地要赖账，借款逾期的四年里，对方通过合法的程序设计将公司核心业务以联营合作之名转移至其他公司，使公司基本变成无财产亦无业务收入的空壳，完成了业务与资本的体外循环设计，将我方核心诉求所依据的基础事实与法律关系移调至法律程序射程范围之外。对方公司董事长作为共同借款人，通过多种方式将资产予以隐匿，致使我方通过正常的诉讼及强制执行程序无法得到偿还，也完成了资金体外循环，实现了避开法律程序射程范围的目的。而且，对方公司及董事长均有未执行的强制执行案件，从客观表现分析，两者都已经严重资不抵债，根本无力偿还欠款。

严峻的客观形势令我方当事人无计可施，若通过正常法律诉讼程序解决，最终确定可以得到胜诉判决，但执行到位显然无望，两个欠款主体不但没有财产与收入，而且还有大量未执行的强制执行案件，因而只能在传统单纯诉讼模式之外，寻求其他解决方式。对方一系列的谋划设计，就是摆在我方面前的正面防线，犹如固若金汤的马其诺防线一般横亘于前方，我方当事人在两年多时间里，苦思冥想突破该正面防线之策，但丝毫未理清头绪，只能在对方的无尽拖延中焦灼蹉跎。显然，对方巧妙地运用法律手段与程序设计，完全将双方讼争核心问题安置于法律程序的射程范围以外，正常的法律诉讼手段根本无法解决。我方当事人被阻挡在该正面防线前一筹莫展，甚至一度打算放弃法律诉讼手段，真乃山重水复疑无路。该当事人的表现并非个例，面对对方布设的固若金汤的正面防线，如果没有极为丰富的实战经验与驾驭能力，基本上都会停滞于正面防线面前踯躅徘徊，无所作为。有些当事人甚至会天真地通过各种渠道与人脉关系与对方接洽，似乎是在等待对方良心发现的那一刻，显而易见，这种美好期望无异于卖火柴的小女孩的美梦。

四、绕开对方正面防线的柳暗花明

在强大坚固的马其诺防线面前蹉跎不前，苦思冥想解决之道，时时刻刻为突破正面防线劳碌奔波但几无所获，从来不想着如何绕开对方别有用心地布设的正面防线，似乎是人类固有的思维定式。当对方将问题摆在面前让我们作答时，我们就会不假思索地反复思考，穷尽其力地探索解决之道，即使问题本身无解，我们也沉浸其中不能自拔。如同电影三傻大闹宝莱坞中一个极有意思的情节，兰彻故意将自己与两个好友的名字随意组合形成一个看似生僻的词，激将大家解释其意，包括学院院长在内的诸多聪明博学之士，皆无问东西地埋头求解，当那些盲目碌碌然却终无所获的人们听到兰彻说出词语真相后，羞愤交加，无地自容。每个人都是这样，每每被思维定式导入歧途却浑然不觉。

之所以在对方布设的正面防线面前存在固执的思维定式，除了人性固有的缺陷外，更重要的原因恐怕是该正面防线太过强大坚固，导致正常运作模式根本就无法突破。对方布设的正面防线犹如庞然巨物横亘于面前，难免使人忧惧随时会被巨物吞噬，故而畏缩不前，像有巨物恐惧症的人见到庞然巨物后的绝望与恐惧，不以主观意志为转移。在重大、疑难、复杂案件中，一方在对方布设的强大坚固的正面防线面前，同样也会感觉到极度的恐惧绝望，从根本上缺乏对抗并成功突破的勇气，好多案件都是在这种情况下逐步陷入悬停僵死的境地，旷日持久地展开拉锯回合缠斗，但终久难见分晓。一些当事人抱持死马当活马医的心态，明知走法律诉讼程序有形无果，但还是为拿到胜诉判决而启动法律诉讼程序，期待等到柳暗花明的时刻。遗憾的是，装睡的人从来不会主动醒来，敌人也不会因为怜悯我方的悽惨而罢兵，在重大、疑难、复杂案件激烈复杂的斗争中，若无法拥有绝对的综合实力，期待奇迹的出现，无异于痴人说梦。

在本条前述案例中，如果不在对方布设的正面防线面前执着纠缠，而是在确认直接突破正面防线无望的情况下，果断地选择避其锋芒，绕开对方布设的正面防线，可能别有洞天。首先，对方虽然通过合法的程序设计，将公司核心业务以联营的名义转移到案外第三人，使公司基本成为空壳，从表象看无财产亦无业务收入，完成了业务与资本的体外循环，顺利地避开了法律程序的射程范围。但若进行深入分析，对方公司在转移核心业务时与客户以及案外第三人之间必定存在协议约定，在转移隐匿资产时必定违反财务规章制度，甚至可能构成犯罪，该转移隐匿财产的行为留下的蛛丝马迹，往往是客观存在的，正是凿实对方违法犯罪行为的铁证。而且配合其转移核心业务订单与资产的案外第三人、客户单位若不能证明其无明知之故意，便要承担相应的法律责任，一旦有任何承担责任的可能性，案外第三人往往会坚定地选择摘清责任，立即从对方利益共同体联盟中撤退，甚至为了证明自身无过错，将对方隐匿、转移财产的行径予以全面指证。从该战略区域发力，我方突围成功的可能性极大。其次，对方公司董事长作为共同借款人，通过各种方式将资产予以隐蔽，致使我方通过正常的诉讼及强制执行程序无法得到偿还，完成了资金体外循环设计，也实现了避开法律程序射程范围的目的。若直穿表象透析内里，资产可以通过合法的形势予以转移，但客观痕迹永远无法消除，尤其是不动产根本无法做到不翼而飞，对其转移路径与线索进行精挖细掘，必定能够证明对方公司董事长及配合其完成财产转移的案外第三人构成共同违法犯罪行为。如果构成共同违法犯罪，让对方公司董事长使用其账户管理资金以及配合其以虚假买卖、赠与等方式转移财产的案外第三人必然会为自保而揭发对方所有行径。同时，全面掌握对方隐匿转移财产的证据，在强制执行程序中也可大有作为。再次，对方公司及董事长均有未执行的强制执行案件，从表象看两者都已经严重资不抵债，自然无力偿还欠款。但应当对该批执行案件进行深入分析，对其真假也应当进行合理怀疑。存在大量的执行案件，法院通过正常执行手段进行全面查询后无可供执行的财产，终止案件执行完全在情理之中，但执行申请人并不着急，被执行人也稳若泰山，双方表现极不正常，明显系演双簧发起强制执行程序，迷惑我方的战略视线，令我方错误地判断其已经无力偿还债务，因而放弃法律诉讼程序。一旦发现对方与案外第三人合谋发起虚假诉讼，我方强势地追究其刑事责任，配合对方演双簧的案外第三人均会退避三舍，甚至为自保而力证对方的违法犯罪行径，全盘事务自会迎刃而解。

　　笔者在该案中大胆地运用实战经验，对案件客观情况作出准确判断，通过大量收集证据与有利要素，逐一证实了我方的判断。我方针对对方转移隐匿财产逃避债务的行为以及配合对方转移隐匿财产的案外第三人的违法犯罪行为，部署了全方位的刑事追究与民事追究战术体系，对方利益共同体联盟瞬时瓦解。配合对方实施转移隐匿财产的案外第三人在我方的强力追究中，积极主动地力证对方的违法犯罪行径以求自保，有一位对方的亲戚与对方恶意串通损害我方合法权益，被我方以宣告民事行为无效的诉讼连带追究，家庭唯一住房及汽车被采取财产保全措施，该亲戚系公务员，工作单位对其涉及重大诉讼并配合他人转移隐匿财产逃避债务的行为也十分重视，给其施加了巨大压力。庭前调解时，该亲戚情绪异常激动，指责对方公司董事长花天酒地、腰缠万贯却把自己害得家庭濒临破裂，甚至数次欲动手攻击。据说对方公司董事长当初假称借用该亲戚一张银行卡给境外读书的孩子汇款，但万万没想到该银行账户三年来年均流水竟逾亿元，显然该亲戚受到了欺骗。以实战经验和战略级的思维方式指导实战，通过精挖细掘、掘地三尺的调研摸底与要素收集，笔者当初预判的各种可能性，均得到了完全验证，对方公司在将核心业务订单以联营合作的名义转移至案外第三人公司的时候，果然与客户单位、案外第三人公司之间签署了三方协议，显然，客户公司与案外第三人公司将承担配合他人隐匿、转移财产的法律责任，甚至可能涉嫌刑事犯罪问题。对方公司为了制造没有资产的假象，在短短一年半之内通过一系列非正常的财务手段，将公司财产悉数转移，财务方面的违法违规行为比比皆是，单纯诉讼程序的战略力量根本无法辐射至该层面。如果将频繁地接受对方转账与资产让予的案外第三人作为战略目标，以宣告恶意串通损害他人合法权益无效、撤销权诉讼、刑事追究等方式予以全面追究，对方转移隐匿资产的联盟便会立即产生内乱。对方公司董事长为转移财产，将价值逾千万的别墅仅以一百余万元的作价转移至亲戚名下，但物业公司业主登记依然如故，在日常个人资金管理中，均使用几个亲戚的银行卡账户，这些配合其转移财产、搞资金体外循环的亲戚显然存在配合他人转移隐匿财产的行为，甚至会涉嫌刑事犯罪问题，如果我方坚决予以追究，对方利益共同体联盟便会瞬时作鸟兽散，即使是力度最小的宣告无效或者撤销权诉讼追究其返还及赔偿责任，已经足够案外第三人承受。

以上思考与实践，就是在对方布设的固若金汤的正面防线面前，选择避其锋芒，绕开正面防线的战略运作方式。事实证明，该案选择绕开对方布设的正面防线后，果然别有洞天，真乃山重水复疑无路，柳暗花明又一村。就像希特勒领导的德军选择利用进攻荷兰粘住英法联军，然后从马其诺防线北边的阿登高地成功突破，直接攻入马其诺防线的后背，从而成功废掉马其诺防线一样。在参与当年苏联军界高层会议时，林彪的谋划与希特勒如出一辙，看来军事天才们所见略同。我们以此汲取经验，在面对强大坚固的马其诺防线时，希特勒与林彪并非幸运儿，而是思维方式摆脱了定势，充分地尊重了客观情况，转换角度，避其锋芒，绕开对方正面防线，以优势兵力攻克对方虚弱的侧翼与后方，最终取得决定性的胜利，从而奠定巨大的战略优势。我们需要汲取这种摆脱了定势的思维方式与处世哲学，在重大、疑难、复杂案件中充分地研判客观形势，深刻地认识对方强大坚固的正面防线的巨大战略震慑，从正面防线直接突破并非不可能，关键问题是最佳结果也只能是惨胜。因此，必须全面掌握对方的战术部署，确定其战略布防的薄弱环节，集中优势力量，部署极富针对性的战术体系，绕开正面防线，猛攻对方虚弱的侧翼与后方，往往可一举奠定较为稳固的战略优势，达成总体战略目标仅为时日问题。

第二节 对方正面防线的属性

一、蓄谋已久的请君入瓮

在重大、疑难、复杂案件中，主动方为达成终极目的，往往在宣战前蓄谋已久，进行系统化的谋划设计，以主体诉讼为核心战术，部署全方位、立体化、多层次、纵深化的战术体系，形成系统化的战略攻防系统，各战术之间互相衔接配合，互为条件与依托，协同联动运作，最终产生的结果便是固若金汤的正面防线。被动方在主动方布设的固若金汤的正面防线面前处处被动，几乎无突围的可能性，犹如战争中一方确知对方必须从潼关突破，故而加固城池并增派重兵防守，毁坏对方行军道路且断其军粮供应，发动全时空战略范畴的战略力量与资源进行对抗，令对方陷入全面的战略被动，理性地分析客观形势，被动方似乎只能选择撤退或投降。

前述我方与对方公司及其董事长债务纠纷案例中，对方为了逃避两亿元债务，两个借款主体均进行了一系列神机鬼械、鬼蜮伎俩的谋划设计，对方公司将核心业务订单以联营合作的名义转移到案外第三人公司，并且将名下资产逐渐倒腾一空，导致公司成为空壳。对方公司董事长将名下资产悉数转移，在日常生活中使用亲戚的账户进行资金管理。两个债务主体还人为设置了若干强制执行案件，故意迷惑我方的战略视线，摧毁我方战略信心，令我方望而生畏，深感即使打赢官司也无济于事，故踟蹰消耗或知难而退。

这种谋划设计带有极强的针对性与目的性，针对我方主体诉求中的核心要素下手，稳准狠地解决掉能够促使我方诉求达成的基础事实与法律关系，导致我方即使选择死马权当活马医的维护权益，终究也是竹篮打水一场空。对方确信我方必定钻入其谋划设计的圈套，事实上误入或者被思维定式导入对方圈套的不胜枚举。还有一些当事人采取战略盲目与冒险，坚守教条主义路线，明知山有虎，偏向虎山行，在明知不可能从对方布设的正面防线直接突破的情况下，依然大义凛然地勇往直前，最终深陷其中不能自拔。在重大、疑难、复杂案件中，主动方经过长期准备，在全面钳制被动方核心诉求实现的基础上，极有针对性地谋划布设固若金汤的正面防线，并且料定被动方必定钻入其战术陷阱的行为方式，表现出明显的蓄谋已久、请君入瓮的意味。

二、全盘统筹的固若金汤

主动方在布设正面防线时，势必进行全盘统筹，全方位、全维度、全时空地部署针对性及实效性极强的战术体系，导致被动方在正面防线部署的战术行为根本无法伸展，即便勉强得以伸展，也注定徒劳无功。前述我方与对方公司及其董事长两亿元债务纠纷案例中，从战略规划层面分析，对方战略目标非常明确，导致我方即使通过诉讼取得大获全胜的生效判决，也无法执行到位，案件最终的结果也是不了了之；战略方向异常清晰，一切以断掉我方后路，令我方执行无望为追求；战略任务相当清楚，通过财产转移与核心业务转移，导致案件根本无法执行到位，同时设置虚假强制执行的迷惑战术，令我方彻底丧失诉讼维权的念想；战略阶段也相当明晰，法庭诉讼阶段直接无视，任由我方大获全胜，对方只坚守强制执行战场，确保在此让我方折戟沉沙；战略手段十分丰富，转移核心业务订单、利用合作等方式转移公司资产、低价转卖资产、以亲戚账户运作资金、炮制虚假诉讼以营造破产假象等，不一而足；战略力量部署十分到位，法庭审理阶段基本未动用战略力量，重点把守强制执行关口，做到了密不透风、滴水不漏，尤其是炮制虚假强制执行欲使我方彻底打消诉讼维权念想的战略力量部署，犹如斗牛士最后的穿心一刺，稳准狠地给战局画上了强势的休止符。

从战术层面分析，各具体战术手段部署合理，以形式合法的联营模式转移核心业务订单，通过大量合作经营方式转移财产，通过体外资金循环制造个人无财产的假象，以形式合法的方式低价转移资产，以虚假诉讼与强制执行狙击我方通过强制执行受偿的念头等，可谓刀刀见血、招招致命。尤其是以虚假强制执行狙击我方通过强制执行受偿念头的战术，连我方的思想状态与决策意志都纳入其打击范围，整个战术体系不可谓不全方位、立体化、多层次、大纵深，显然具有全盘统筹后固若金汤的气象。

三、自以为是的料敌如神

在重大、疑难、复杂案件中，主动方煞费苦心地布设正面防线，往往具有较为明显的战略豪赌倾向，主动方往往会认为赌赢的概率是百分之百。由于主动方在被动方核心战略区域提前部署战略战术体系，核心战略区域是被动方运用法律武器维护权益的首要战场，而主动方先下手为强，事实上给被动方维护权益造成釜底抽薪般的战略摧毁。基于此种情况，主动方一般都会坚定而自负地认为非常了解被动方的战略意图与战术布置，料定被动方必定如困兽般陷入其布设的战略陷阱，垂死挣扎但终究无益。

基于布设了强大坚固的正面防线的优势，讼争正式交锋前料敌如神的心态便是理所当然，但这种料敌如神颇显自以为是的基因缺陷。如果遇到传统专业技术流的对手，便是神机妙算、料敌如神，被动方一旦钻入主动方布设的战略陷阱，所有的战术行为都将无法达成预期目的，即使前期某些战术行为颇有斩获，一旦进入足以决定终局结果的核心战略区域，被动方将陷入全面的战略被动，总体目标根本无法达成，所有的努力挣扎注定付诸东流。前述我方与对方公司及其董事长两亿元债务纠纷案例中，若我方按照传统专业技术流思维方式与处理模式，按部就班地经历漫长诉讼并最终取得胜诉判决，再通过强制执行程序追求最终结果，基于两个债务人财产倒腾一空、核心业务订单通过联营合作方式转移、存在大量全部未履行的强制执行案件的客观情况，我方终将只能拥有一纸空文的胜诉判决，根本无法达成现实可支配的法律权益。

对方在自以为是的料敌如神状态下，若遇到实战经验异常丰富的操盘团队，形势将万分堪忧。对方公司及董事长为逃避两亿元债务，可谓机关算尽，对方公司与案外第三人公司合谋，无所不用其极地诱骗并说服客户单位，将核心业务订单以联营合作的名义转移至案外第三人公司，又通过合作经营等方式将公司资产悉数转移。对方公司董事长低价转让个人财产，借用亲戚账户走账以实现资金体外循环。对方炮制虚假诉讼与执行，制造资不抵债的假象，迷惑我方战略视线并企图使我方断了诉讼维权的念想。一系列的设计，可谓神机鬼械、鬼蜮伎俩、滴水不漏。我方摒弃传统专业技术流思维方式与处理模式，从全局战略高度与战术角度进行掌控，全然不按对方设定的套路出牌，选择绕开对方布设的正面防线，直接攻击其空虚的侧翼与后方，最终令对方彻底覆亡。我方通过精挖细掘的调研摸底与要素收集，得知对方公司为转移核心业务订单，虚构事实诱骗并说服客户单位将核心业务订单转移至案外第三人公司，并签署了三方协议，该协议足以证明对方、案外第三人公司、客户单位有恶意串通合谋损害我方合法权益的极大嫌疑，我方完全可以用宣告无效、撤销权诉讼的民事诉讼方式以及刑事控告的方式予以追究。同时发现对方公司为转移财产炮制太多虚假交易与合同，有些合同根本无基础事实，我方就此展开进一步的调查，发现对方具有严重的销毁财务账目凭证的行为，已经构成刑事犯罪，我方果断向司法机关报案予以严肃追究。经过调查得知对方公司董事长在近几年频频转让财产，价格均比正常市场价值低出太多，其行为显然损害了我方债权。配合对方转让财产的案外第三人也被在宣告无效与撤销权诉讼中连带追究，同时大量的证据表明对方公司董事长与配合其转移财产的第三方涉嫌共同诈骗，我方依法向司法机关报案进行追究。与对方长期合作同时也与我方当事人相熟的一位朋友，也被对方以类似的方式拖欠了两千余万元，在得知我方有办法解决的时候，主动向我方提供了大量对方借用亲戚银行卡走账的证据，其中涉及六位案外人账户，每个账户走账的资金量都相当庞大，根据实际情况分析，有些资金好像必须进入对方公司董事长的账户，但在资金转入后又立即转入几位亲戚的银行卡账户。针对该情况，我方果断地提起宣告对方与案外第三人恶意串通损害我方合法权益的行为无效的诉讼。通过大量调查工作，我方发现对方作为被执行人的数个案件均存在虚假诉讼的情况，系对方雇请他人配合完成虚假诉讼与强制执行，故意制造无财产可供执行的假象，我方果断地根据收集到的证据向司法机关报案追究。在全面掌握上述情况后，我方果断提起若干宣告对方与案外第三人恶意串通损害我方合法权益的行为无效的诉讼，要求宣告对方将其财产恶意转移他人的行为无效并返还财产、赔偿我方损失，并要求配合其完成资产转移的案外第三人承担连带责任。同时，鉴于对方虚假诉讼行为构成刑事犯罪，我方依法向司法机关报案追究。至此，对方利益共同体联盟彻底瓦解，原来配合其转移隐匿资产的案外第三人纷纷撤退并撤清责任，甚至指证对方种种违法犯罪行为，对方战略阵线全盘崩溃，很快就偿还两亿元债务的问题与我方达成和解。

在重大、疑难、复杂案件中，一方处心积虑地布设强大坚固的正面防线，自以为高明无比、固若金汤，其实均具有明显的盲目乐观倾向，一旦遇到真正强大的对手，往往会一触即溃，原本貌似强大的利益共同体联盟顷刻间便作鸟兽散。此类案件中对方布设的正面防线，具有明显的自以为是的固若金汤之特点。

四、战略重心的公然暴露

主动方在重大、疑难、复杂案件中布设正面防线的同时，也明显地暴露了其战略重心。暴露战略重心，在任何情况下都是极为危险的选择。但主动方没有太多更好的选择，因为通过非正义手段盗攫他人合法权益的路径本来就无法绕开违法犯罪，正如非正义的侵略战争，无论如何巧立名目，都洗不掉侵略屠杀的腥味。主动方在处心积虑、别有用心地巧设机局阻击被动方时，战略选择余地往往不大，毕竟在事理、情理、法理、法律规定等方面均不占优势的情况下，仅凭对重大利益的痴狂追求以及机关算尽来设局，只能停留在瞒天过海般低水平鬼蜮伎俩层次，根本经不起真正的智慧、谋略与经验的拆解。前述我方与对方公司及其董事长两亿元债务纠纷案例中，对方只能绞尽脑汁地实施将财产倒腾一空的伎俩，造成执行无望的假象来唬退我方，绝不会在诉讼程序中设立坚固城池，让我方折戟沉沙，因为对方也深知不可能，毕竟从事理、法理、情理、法律规定而言均严重有亏。

对方布设正面防线的同时，已经将其战略防线中最大的薄弱环节与致命要害部位充分地暴露，以此为切入点，紧循蛛丝马迹，顺藤摸瓜、抽丝剥茧般展开分析调研，便会发现对方布设正面防线时的大量遗患，这些遗患一旦被我方控制并运用，可直接导致对方战略战术体系的根基发生动摇，对方将全面失去战略主动权。对方布设的正面防线，往往彻底暴露了其战略重心，凭借该战略重心就可以准确判定对方的底牌。面对对方布设的正面防线，绕开是方向选择问题，绕开后如果无所作为，那便与逃跑无异。绕开正面防线，同时通过对方正面防线洞察其战略重心，进而登堂入室般掌握对方战术架构逻辑，进行极富针对性的反制拆解，均能掌控绝对的战略优势，从而奠定全面胜利的基础。

五、虹吸效应下侧翼与后方的空虚

在总量基本确定的前提下，事物总是保持着大体平衡的状态，此处过分投入，彼处便会相应空虚。在重大、疑难、复杂案件讼争中，双方均会投入极高的战略力量与资源，而且需要经受高强度的持久战消耗，虽然双方为大获全胜而不遗余力，但对具体战术的成本预算还是相当敏感而精细，力求以最优成本实现最大战术成果，双方在战术部署中都小心翼翼，生怕造成战略成本的浪费。理智的当事人面对胜负难料的最高难度纷争，必定有所保留，不大可能做到真正的倾其所有，因而双方投入讼争的资源总量是有限的。在具体战术部署运筹方面，过分地侧重某方面的投入，使该区域形成所谓强大而坚固的正面防线的情况下，于经验丰富的对手而言，便是足够危险的战略暴露，他们绝对不会将战略目光聚焦于对手倾尽全力布设的正面防线，而是潜移于对手虚弱的侧翼与后方。

当对手在某方面布设重兵时，经验丰富的统帅的第一反应就是计算对方整体兵力与重兵布防区域之间的差数，并结合对方重要战略据点分布情况，迅速断定对方侧翼与后方的兵力部署情况。在重大、疑难、复杂案件中，一旦对方将蓄谋已久的正面防线公然展现在我方面前，则侧翼与后方的实际虚弱状况已经暴露无遗。正面防线聚集了过多资源与力量，虹吸效应导致侧翼与后方的资源与力量瞬时转移，侧翼与后方因此无比空虚。虹吸效应下侧翼与后方的空虚，是此类案件实战解决过程中可以通用的经验法则，该经验法则的运用难点在于准确地判断侧翼与后方所在，以及精准地判断对方侧翼与后方的薄弱环节与致命要害部位，并采取针对性极强的反制战术体系予以攻破。

前述我方与对方公司及其董事长两亿元债务纠纷案例中，对方倾尽全力地谋划阻击我方通过强制执行实现权益的可能性，因此形成的正面防线貌似固若金汤，但背后的谋划设计、合谋串通、转移隐匿财产、炮制虚假诉讼等行为过程，显然是其战略防御力度极度虚弱的侧翼与后方，谋划设计过程中的纰漏、疏忽、罪证等如雪压炭火，在丰富的实战经验与正确的战略运筹面前，稍经拆解便会悉数暴露，令我方轻松掌握大量证据与把柄，并以此为基础发动全线战略反击，对方在正面防线投入力量与资源过多，导致虹吸效应下侧翼与后方空虚的表现异常明显。

六、强弩之末的疲软

主动方布设了貌似固若金汤的正面防线后，往往对正面防线能够确保其稳操绝对战略优势的判断极度自信，但这种心态本身就十分危险，犹如当年法英联军自信马其诺防线会让德军望洋兴叹一样。事实上，正面防线的强大坚固足以让主动方坚信被动方根本无法突破，被动方也无法以较低的战略成本投入从正面防线直接突破。主动方布设正面防线投入的力量与资源已近极值，相对于正面防线的固若金汤，侧翼与后方的战略防御便基本荡然无存，一旦被动方对主动方实施战略大迂回、侧翼与后方包抄合围的大战术运作，主动方将无力回救，主动方战略防线的任何部位被突破，都将无法组织起有效的反击。以实战经验分析，在重大、疑难、复杂案件解决过程中，对方的战略防线一旦被我方攻破，溃败的速度相当惊人，大概因为对方为布设强大坚固的正面防线，投入了太多战略力量与资源，在战略方针方面，也以正面防线作为唯一屏障，一旦正面防线失守，便很难再形成有生战略反击力量。

强弩之末，不穿丝绸。前述我方与对方公司及其董事长两亿元债务纠纷案例中，对方为逃避债务可谓机关算尽，极限化地设置各种形式合法的障碍，强势阻击强制执行程序。我方选择绕开正面防线，从侧翼与后方包抄合围后，对方利益共同体联盟出现严重内讧，互相指证违法犯罪事实，对方隐匿转移财产的违法行为悉数暴露。我方无论通过正常诉讼程序，还是依恃战略优势取得和解，均能够立于不败之地。对方则完全不同，自从非法转移资产导致遗留诸多违法犯罪事实的侧翼及后方被攻陷后，正面防线彻底失去战略意义，其战术布局完全暴露在我方战略力量的射程范围，对方再也没有组织起有效反击，甚至连反击的意念都未曾表露。概因当初固执地相信正面防线的强大坚固，几乎将全部战略力量与资源集中于正面防线，在正面防线一朝被废后，如强弩之末，甚至不具备射穿丝绸的力量。强弩之末，不穿丝绸，是此类案件中对方正面防线的固有特征，以笔者实战经验判断，对方布设的正面防线均会表现出此类特征，形式上的强大坚固是客观存在的，一旦被巧妙绕开并从侧翼与后方包抄合围成功，对方将失去所有的战略屏障，只能接受覆亡的命运。

第三节　是否直接突破正面防线是致命问题

在处理重大、疑难、复杂案件过程中，要不要直接突破对方布设的正面防线，不是专业技术选择问题，而是关乎案件命运的严峻问题。以笔者的实战经验分析，对案件解决发挥决定性作用的，从表象看是一波关键的战术部署与运筹，但本质是战略方向与路线发挥了决定作用。而战略方向与路线问题反映在具体案件解决过程中，首当其冲的便是是否直接突破对方布设的正面防线。战略方向与路线在案件启动之初便已确定，指导案件整体朝什么方向发展、以什么路线行进，相当于飞机飞行过程中领航员的作用。如果失去领航员的指引，经验再丰富的飞行员担纲飞行，也会变成极度危险的盲飞。战略方向与路线在案件整体运作过程中始终发挥着指引作用，并在客观形势发生变化时及时匡正案件运作的方向与路线，以适应并驾驭客观形势的发展。战略方向与路线落实在具体案件实战解决过程中，首要表现便是面对对方正面防线时的战略方向与路线的选择问题，要么直接突破对方布设的正面防线，要么选择极富谋略的绕开。实践经验表明，突破与绕开对方正面防线的选择，对案件的整体命运起到最重要的决定作用，无数重大、疑难、复杂案件深陷悬停僵死之绝境，缠斗不息却与实际解决渐行渐远，无非是错误地选择了直接突破对方布设的正面防线，部分案件相对轻松解决并实现极佳预期战略目标，几乎都与当初选择绕开对方正面防线，另辟蹊径有极大关系。

一、直接突破正面防线，结局注定是惨败或惨胜

直接突破对方布设的正面防线有两种情况，一种是别无选择的突破，另一种是不假思索的突破。实践中，不假思索的突破居多，因为人们更习惯接受思维定式的牵引，遇到问题时严重依赖既成路径，不假思索地开始努力解决。别无选择的直接突破正面防线的情况虽不多见，但也有一定的存在空间。做此抉择的当事人及运作团队认为别无选择的决断，是否真的别无选择，需要深入研究与斟酌，实务中，太多案件选择直接从对方布设的正面防线突破，并非没有战略迂回的可能性，而是受制于战略思维界域的局限。尽人力所能及，说起来容易，俨然一派鞠躬尽瘁、死而后已的名相风范，关键不在于力所能及的努力，而在于人力的高度与深度。蜗牛倾尽全力的奔波，也不如猎豹闲庭信步的一跃，如果猎豹尽到力所能及的努力，效果则大不相同，猎豹所言尽人力所能及，才算达到极限努力。因而，实务中被误诊为别无选择的直接突破正面防线，需要以战略级别的思维方式与丰富的实战经验予以审视。

笔者不赞成直接突破对方布设的正面防线，因为结果不是惨败就是惨胜，而惨胜有可能比惨败更糟糕。在传统专业技术流思维方式与处理模式下，不管主动方建构了多么固若金汤的布防工事，被动方往往坚守战略盲目与冒险，不自量力地选择从正面直接突破，完全按照主动方设计的模式与规则展开对抗较量，非但于解决问题无益，反而导致陷入无休无止的拉锯回合缠斗，案件却悬停僵死，形势越发泥泞困厄。别无选择的突破对方布设的正面防线，显得非常勇敢悲壮，貌似坚持唯一正确的方向与路线而奋斗，实际上可能是严重缺乏实战经验，对案件客观形势分析不周而引致的错误判断。前述我方与对方公司及其董事长两亿元债务纠纷案例中，我方当事人曾经两次委托专业团队代理，均在对方布设的正面防线面前许久谋划不出解决良策，只能抱着死马权当活马医的侥幸心态启动了诉讼程序，第一批专业代理团队代理了一审、二审以及强制执行的前半程，直至山穷水尽，认为执行无望而辞去委托，第二批专业代理团队专注解决强制执行案件，各方面资源均十分优渥，但在该案强制执行中终究一无所获，毕竟对方处理得实在太干净，我方诉求所依据的所有基础事实与法律关系，均被移置于法律程序射程范围以外，久久未见丝毫进展的情况下，当事人失去耐心遂解约。该案前两批专业代理团队都经过专业分析，认为在对方布设的正面防线面前别无选择，只能选择直接突破，最终费尽周折却一无所获，通过诉讼审理和强制执行程序与对方缠斗三年有余，案件完全处于悬停僵死之绝境。

在重大、疑难、复杂案件解决实务中，结合实战经验对突破对方正面防线的战略成本进行分析，以辨明直接突破对方正面防线所需代价，具有重要性的战略意义。主动方蓄谋已久，调集、运用一切优势力量与资源，巧妙地利用法律的局限性与法律程序的机械教条特性，谋划设计系统化的战略战术体系，集合成全方位、立体化、多层次、纵深化的战术体系，防御被动方全方位的进攻绰绰有余。主动方系列谋划设计最致命的威胁是将被动方核心诉求所依据的基础事实与法律关系移调至法律程序射程范围之外，使被动方在其谋划设计的程序与规则中根本不具备达成目的的可能性。在此情况下，选择按照主动方建立的对话模式展开较量，被动方根本没有丝毫取胜把握。笔者长期专注操盘解决重大、疑难、复杂案件，虽然积累了足够应对绝大多数极端情况的实战经验，但面对对方布设的正面防线时，也会坚决果断地摒弃直接突破的动议，以免付出惨痛代价。前述我方与对方公司及其董事长两亿元债务纠纷案件中，对方公司及其董事长作为共同借款人，为逃避我方两亿元债务，进行了一系列神机鬼械、鬼蜮伎俩的谋划设计，通过联营合作的方式将公司核心业务订单转移至第三方公司，并通过合作经营等方式将公司资产逐步转移。对方公司董事长几乎将其名下所有财产转移至亲戚名下，并且大动干戈地办理了离婚手续，在日常资产管理运作中均使用六个亲戚的银行卡账户进行资金体外循环。伙同他人炮制虚假诉讼与强制执行，以制造公司与董事长均已经资不抵债、无力偿还债务的假象，浇灭我方维护权益的残存信心。显然，对方布设了固若金汤的正面防线，我方根本无法直接突破。如果选择直接突破，只能采用法律诉讼方式，案件的胜诉是毋庸置疑的，难点在于法律胜诉判决转化成现实可支配法律权益。先莫提能否达成现实可支配法律权益的问题，仅旷日持久的诉讼周期，已经足够让当事人信心渐失。对方接到诉状后立即申请管辖权异议，被裁定驳回后又坚持上诉，多半年时间已经被无谓消耗。在审理过程中，对方几乎把所有能延长审理期限的程序权利行使殆尽，导致诉讼周期极限化地延长。好不容易在接近一年半的时候等到一审判决，对方又选择上诉，就连提起上诉也是拖到上诉期限最后一天。二审过程中，对方如法炮制，穷尽一切可以拖延诉讼期限的程序权利，导致二审历时一年才出具维持原判的裁判，好不容易才得到生效的胜诉判决。但噩梦才刚刚开始，我方当事人抱着死马权当活马医的心态开启诉讼维权模式，对强制执行基本未抱希望，本以为强制执行开始后，法院履行完相关必经程序，因对方还有大量未得到执行的强制执行案件，对方目前无财产可供执行便裁定终结执行，待有财产线索时再恢复执行。但对方来得更狠，竟然在本就无法执行的情况下，还依然运用法律赋予的程序权利，一路尾随精准打击，发动案外人提出执行异议申请，被裁定驳回后，又向法院正式提出执行异议诉讼。执行异议诉讼一审、二审本已消耗了太多时间，但第一波执行异议诉讼二审刚结案，又有案外人提出执行异议，对方拖延诉讼周期的行为此起彼伏、连绵不绝，至委托笔者操盘解决时，第二波执行异议已经正式提起执行异议诉讼了。相当不可思议，本以为对方战略部署重点在提前谋划设计正面防线以逃避强制执行，万万没想到对方竟在诉讼程序中设置了如此多的障碍，本来我方当事人对实现终极诉求严重缺乏信心，加之诉讼过程中对方穷尽法律救济程序的无尽纠缠，使我方当事人对案件彻底失去信心。不出所料，法院在全面查询对方财产线索后，告知我方对方没有可供执行的财产，目前对方作为被执行人的一批执行案件均为全部未履行的状况，要求我方提供对方财产线索，我方显然无可提供，案件只能悬停僵死在强制执行阶段。但对方依然正常过着亿万富翁腰缠万贯、声色犬马、一掷千金的日子，似乎法律于其而言纯属摆设。显然，我方在对方布设的正面防线面前一败涂地。该案在重大、疑难、复杂案件中属于疑难复杂程度最轻微的一类，选择直接从对方布设的正面防线突破，结局尚且如此糟糕，若为其他更为疑难复杂的案件，选择直接从正面防线突破，情况只会比该案更严重，案情越发疑难复杂的此类案件，对方布设的正面防线更难突破。

　　由此看来，在此类案件解决过程中，一旦对方布设了强大坚固的正面防线，我方如果选择直接突破，基本上可以确定案件会深陷悬停僵死的绝境，此正为对方处心积虑地追求的结果。因而，从对方布设的正面防线直接突破，结局十之八九是惨败，极少数案件可能会争得惨胜结局，但只是理论推断，以笔者实战经验看，选择从对方布设的正面防线直接突破，未有赢得惨胜结果的案件，至于杀敌一千、自损八百的正常胜利，也可能是奢望，大获全胜更是无异于痴人说梦。在解决此类案件过程中，若对方已经布设好固若金汤的正面防线，我方必须充分地认识到直接突破的战略方向性、路线性错误，务必避其锋芒、绕开对方布设的正面防线，莫以己之短攻对方之长，最大限度地保存有生战略力量，以图更高明的战略部署与战术运筹。这也是笔者历时十余年操盘解决百余宗重大、疑难、复杂案件的经验总结，不能保证放之四海而皆准，但笔者带领律师团队在解决此类案件时，首要工作均是深彻研究对方布设的正面防线，坚定地选择绕开并集中优势战略力量攻陷对方虚弱的侧翼与后方。

二、绕开正面防线，完全掌控战略优势

在重大、疑难、复杂案件中，主动方布设的正面防线往往异常强大坚固，若被动方选择从正面直接突破，非但成功无望，还会造成战略资源的严重消耗，正中主动方的下怀，完全在主动方谋划设计的程序与规则中将案件推向悬停僵死的境地，使主动方继续稳稳地占有盗攫所得利益。甚至可以一概而论地说，所有深陷悬停僵死与泥泞困厄的重大、疑难、复杂案件，均存在从对方布设的正面防线直接突破的致命错误。

绕开对方布设的正面防线，攻击对方防守虚弱的侧翼与后方，往往能够出奇制胜。对方布设正面防线时倾尽全力，虹吸效应下侧翼与后方会相当虚弱。对方在布设正面防线时往往只考虑在本案核心诉讼程序射程范围之内的安全问题，一般不考虑核心诉讼程序射程之外的问题。前述我方与对方公司及其董事长两亿元债务纠纷案例中，对方只考虑转移核心业务订单与财产制造无财产可供执行的假象，以图在强制执行程序中金蝉脱壳，但对于转移财产与核心业务订单而形成更严重的法律后果却甚少考虑，概因对方断定我方只会与其在核心诉讼程序中较量，包括案件一审、二审、执行、再审等程序，对方料定我方的战略进攻力量不会辐射到本案核心讼争法律程序以外，即对方战略战术运筹的前提基础是料定我方是以传统专业技术流思维方式与处理模式为操守准则，若对方早知我方持有战略、法、战术思想体系，能够从全局战略高度与战术角度进行全时空掌控，自然会收敛其神机鬼械的锋芒。倾尽全力布设固若金汤的正面防线而导致侧翼与后方极度虚弱，几乎是所有妄图盗攫他人合法权益一方的先天缺陷，该缺陷永远都无法得

到弥补。构筑了貌似坚固强大的正面防线，侧翼与后方必然空虚；若保持侧翼与后方的安全，则无正面防线可言，显然无力与相对正义的一方抗衡。

在重大、疑难、复杂案件中，被动方往往反应较为迟钝，在案件形成过程中或许也有所准备，但至少没有主动方那么决绝彻底，因而被动方往往是相对正义的一方，笔者十余年操盘解决此类案件的经验也能够证实该判断。被动方往往在对方布设的正面防线面前溃不成军的时候，才能逐渐感知到战略方向、路线、方针所存在的问题。主动方则完全不同，因为往往站在相对非正义的立场，为大获全胜必须矫枉过正地谋划设计，各种神机鬼械、鬼蜮伎俩可谓层出不穷，形成固若金汤的正面防线。被动方常常是相对正义的一方，往往因事实于本方有利而坚信自有公理，警惕性、准备力度远不及非正义一方。正式展开对抗较量后，主动方依恃固若金汤的正面防线的强大坚固，往往会在开局便占尽上风。主动方布设的正面防线最大的杀伤力，就是将被动方核心诉求所依据的基础事实或法律关系移调至法律程序射程范围之外，对被动方诉求实现的可能性均施以釜底抽薪的打击压制。但非正义的勾当在任何时候都具有先天的致命缺陷，在关键的节点遭到精准攻击便会崩盘，正因为主动方倾尽全力地布设正面防线，导致侧翼与后方势必出现致命的薄弱环节与要害部位。

被动方在宣战时完全处于战略被动，但战略方向尤为重要，选择强攻还是巧取，完全在于一念之间。选择从对方布设的正面防线直接突破，属于重大战略方向与路线错误，智慧、谋略与实战经验告诉我们，必须避开对方势头最强劲的正面防线，针对对方侧翼与后方的薄弱环节与致命要害部位，部署极富针对性的战术体系实施大范围、大纵深的包抄合围，对方侧翼与后方一旦沦陷，其倾尽全力布设正面防线也相应失去战略意义，成为昂贵而无用的摆设，对方无力再组织有效的抵抗，请降或被歼灭只是时日问题。绕开对方布设的正面防线的关键问题有两个，一个是确定对方侧翼与后方确实存在薄弱环节与致命要害部位，可作为我方战略大迂回并实现大范围、大纵深包抄合围的条件，并针对该可行条件部署极富针对性的战略方针与战术体系。另一个是正面防线的佯攻与牵制，需要强调的是，正面防线的佯攻与牵制并非重点问题，在绕开对方正面防线后，正面防线战场绝不可放弃，以防正面防线战场较量万一失利，导致侧翼与后方的战略战术部署受到严重影响，甚至战术威力能否发挥实质作用亦未可知。比如，在本节前述对方谋划设计逃避我方两亿元债务的案件中，若在正面防线战场主体诉讼中败诉，即使在侧翼与后方调取再翔实有力的对方转移隐匿财产相关证据，也将于事无补。因此，必须在正面防线战场有效牵制对方的战略注意力与主要战略力量，甚至发动虚张声势的佯攻亦无不可，以利于我方在侧翼与后方战略战术部署更好地展开。

敏锐地洞察对方的侧翼与后方，需要娴熟的战略运筹能力、大开大合的思维方式、饱富的实战经验，当对方固若金汤的正面防线横亘于战略视野中，便应当能够立即洞穿对方侧翼与后方的真实状况。正如本节前述两亿元拆借纠纷案件中，对方为逃避债务，可谓机关算尽，布设了两个债务主体均无财产可供执行且有大批全部未得到执行的强制执行案件的战术，从事实、法律、理性、心理等方面全方位地摧毁我方，已然布设了固若金汤的正面防线，在战略防御方面做到了密不透风、滴水不漏。事实上，对方公司蒸蒸日上，对方公司董事长依然锦衣玉食、一掷千金，这正是非正义一方致命的先天缺陷，后天怎么努力都无法弥补。如此反差强烈的表现，必定存在以合法形式转移财产的人为谋划设计，对方只是人格破产，并不存在经济破产的情况。实务中，不怕只有人格破产或只经济破产的债务人，只怕人格与经济双重破产。既然对方只是人格破产，经济并未破产，但从表面现象及形式程序方面无法实现有效追索，但背后的谋划设计却遗患无穷，只取决于我方有没有能力去揭露并追究。按照传统专业技术流思维方式与处理模式，只会在核心诉求所依托的法律诉讼程序范围内展开回合争斗，根本无法触及对方的侧翼与后方。但在战略、法、战术思想体系的指引下，我方从全局战略高度予以运筹，将战略进攻重心牢牢地锁定在对方的侧翼与后方，即对方在非法隐匿转移财产时形成的法律事实，并就此展开精挖细掘、掘地三尺的调研摸底与要素收集，形成了追究对方隐匿转移财产、逃避债务与强制执行的翔实、有力的证据体系，并通过大量走访调查，得知对方正在被执行的案件存在虚假诉讼的高度可能性，亦收集到大量的间接证据予以证实，为后来侧翼与后方迂回包抄提供了充分条件。以对方转移隐匿财产的证据体系为基础，制订了宣告对方与案外第三人恶意串通损害我方合法权益行为无效的诉讼战术，要求对方以及配合其转移财产的案外第三人连带偿还并赔偿损失。针对对方与案外第三人里应外合打虚假诉讼与强制执行的行为，以现有间接证据体系为基础，依法追究其刑事责任。这些战术部署完全针对对方侧翼与后方的薄弱环节与致命要害部位，形成力度千钧的包抄合围之势，对方倾尽全力布设的正面防线被废掉，侧翼与后方完全沦陷。

随着案件客观形势的发展，对方进一步沦陷，在宣告无效诉讼中，一位为对方公司董事长提供银行账户搞体外资金循环的亲戚的银行存款、家庭住房、车辆均被采取司法保全措施，事业与家庭生活受到严重影响，尤其是在知道其行为有可能构成刑事犯罪时，情绪当场崩溃，非常配合司法机关的工作，将对方如何谋划设计并逃避债务的情况和盘托出，并且将对方公司董事长以及公司转移财产至何处、与其他案外第三人如何勾结的情况悉数告知，至此，对方在正面防线战场的谋划设计完全作废。对方与案外第三人里应外合打虚假诉讼并强制执行的违法犯罪行为，法院向公安机关发出司法建议函，公安机关启动了调查程序。在笔者介入之前，当事人已经委托其他专业团队抱着死马权当活马医的心态将诉讼程序艰难地推动至强制执行阶段，对方在强制执行期间如此大手笔地隐匿转移财产逃避执行，其行为构成拒不履行法院生效判决罪，司法机关亦启动了追究程序。

至此，对方布设的正面防线彻底崩盘，变成中看不中用的马其诺防线。对方处心积虑地企图隐藏的财产也被全面挖掘出来，偿还债务是板上钉钉的事情。因为机关算尽地设计程序逃避债务，联合众多案外第三人触犯法律，案外第三人不仅需要连带承担偿还以及赔偿损失的责任，甚至还涉嫌刑事犯罪问题，对方处心积虑地建立的利益共同体联盟彻底瓦解。该案最终解决得很彻底，我方当事人顺利地收回了两亿元借款及利息、违约金。忆苦思甜，我方当事人每每想起当初在专业技术流思维方式与处理模式的误诊误治下，将重大、疑难、复杂案件当作法律关系稍显复杂、标的较大的单纯诉讼案件进行粗浅处理后带来的悬停僵死与泥泞困厄，未尝不叹息痛恨而对案件当前结果充满感恩。

该案在重大、疑难、复杂案件中属于最简单的一类，但在绕开对方布设的正面防线问题上却具有代表性。面对对方布设的固若金汤的正面防线，我方选择绕开，并针对对方侧翼与后方的薄弱环节与致命要害部位，部署针对性极强的战术体系进行大范围、大纵深的包抄合围，令对方侧翼与后方彻底沦陷，进而导致正面防线彻底作废，所有的战略企图全线崩溃，当初为逃避我方两亿元债务所作神机鬼械、鬼蜮伎俩的谋划设计全部破产，对方及与其合谋串通的案外第三人为此背负了极其严重的法律后果。战略、法、战术思想体系倡导的避其锋芒、绕开对方正面防线的战略思想，在解决重大、疑难、复杂案件实务中发挥出类似于核武器般的战术摧毁力与战略震慑，帮助我方牢牢掌控战略优势，在双方极端复杂的对抗较量中立于不败之地。

第四节　基于智慧、谋略与经验的抉择

从对方布设的正面防线直接突破，结果不是惨败便是惨胜，而且能够取得惨胜的可能性微乎其微。笔者在实战解决过程中遇到对方布设的正面防线时，均坚定而果断地选择避其锋芒，绕开对方布设的正面防线，集中优势力量与资源攻陷对方虚弱的侧翼与后方。从对方侧翼与后方攻破对方战略防线，不但更容易取得成功，而且付出的战略成本相对极小，可谓两全其美。只要具备丰富的实战经验与强大的综合实力，但凡对方布设了固若金汤的正面防线，便能够准确地把握对方相对虚弱的侧翼与后方。笔者坚定地认为直接突破正面防线是失策，但再成熟的实战经验，未必具有普适性，因而还是尊重任何明智的选择，有必要从智慧、谋略、经验的角度展开论述，探讨面对对方布设的正面防线时的选择问题。

一、历史启发

在世界军事史上，各种各样的军事防线在战争中曾经发挥过重要作用，万里长城便是其中的佼佼者。有些貌似固若金汤的军事防线，对方运用高超的智谋选择绕开而被轻松地废掉，导致其在战争中成为最昂贵的摆设，也有选择从正面直接突破，将对手横亘在面前的军事防线直接征服。历史向我们昭示着经验教训，他山之石，可以攻玉，完全可以从军事战例中悟出真理，用以解决重大、疑难、复杂案件中对方布设的正面防线的威胁。

最著名的当属马其诺防线，它是由法国在一战结束后位于法德边境打造的军事要塞，全长三百九十公里，全部由钢筋混凝土建成，其中防备工事近六千个，绝对称得上固若金汤。整个防线工程花费资金五十亿法郎，用了十七年才建成，耗资占当时法国军费支出近一半。当时，好多军事领袖都认为马其诺防线是永远不可能被攻破的堡垒。最后，德军绕过马其诺防线，从北部的阿登高地突袭南下，并联合在匈牙利的德军将英法联军围困于敦刻尔克。英法联军溃不成军，几乎倾举国之力打造的马其诺防线，竟成为看似强大但没有实际用处的代名词。

天道好轮回，德军攻破马其诺防线后却不汲取敌人的教训，在大西洋和挪威海沿岸修建了大西洋壁垒防线。大西洋壁垒防线更为庞大，全长近三千公里，由一万五千多个工事组成，是德国为弥补西线守卫兵力不足而构建。尤其是德军在苏联战场节节失利后，大西洋壁垒便成为德军最后的屏障与希望。总有学艺精进的学生，盟军或许是吃大亏长了记性，完全吸取了马其诺防线惨痛又耻辱的教训，选择绕开大西洋壁垒防线，未从北海岸登陆，而是从诺曼底登陆，大西洋壁垒防线像其前辈马其诺防线一样沦为摆设与笑柄。

中国近代军事史上也发生过类似的事件，只是操作模式不同。抗日战争期间，日本关东军为了阻止苏联军队南下而在中苏边境建构了一个大型军事防线虎头要塞，正面防御宽度达五十公里。日本军方认为虎头要塞牢不可破，完全可以将苏联红军阻挡在中国大门之外。但离奇的是，苏联红军生猛无比，出兵中国东北时在虎头要塞选择直接从正面突破，竟然将虎头要塞的日本守军全部歼灭，使貌似强大坚固的虎头要塞成为摆设，未发挥任何战略防御作用。

前事不忘，后事之师，但人们的记性还是具有明显的选择性重构倾向，别人的教训能看明白，但在自己的事务中却亦步亦趋地犯错。当今，在海陆空多兵种立体化作战的形势下，想必如马其诺防线一样的军事防线应该毫无战略意义，但仍有人固执地蹈他人之覆辙。以色列在第三次中东战争结束后，为了达到长期有效占领西奈半岛的战略目的，劳民伤财地在苏伊士运河东岸布设了长近两百公里的巴列夫防线，本以为可以凭此防线高枕无忧。但颇具喜感的是，在第四次中东战争中，埃及军队抓住巴列夫防线的构造特点，只用几十支高压水枪就轻轻松松地将貌似固若金汤的巴列夫防线攻破。

在上述有关正面防线的军事战例中，突破方的智慧、谋略、实力、勇气等闪耀的光辉令我们仰慕。在军事战争领域，对方布设了强大坚固的正面防线后，有选择以智谋方式巧取，避其锋芒，绕开对手正面防线，闪电突袭对手侧翼与后方而大获全胜的；也有采取简单粗暴的方式，直接从正面突破而大获全胜的。这些均向世人展示了战争中由智慧、谋略、勇气、实力等架构的斗争艺术，为我们解决重大、疑难、复杂案件提供了极好的教材示范。

重大、疑难、复杂案件从双方争斗的激烈程度看，类似于军事战争。双方当事人为防止对方侵入本方的利益领地，不惜调用一切优势资源布设坚固的防线，以求抵挡对方进攻，守护本方战略领地，确保立于不败之地。在此类案件解决实务中，人为布设的正面防线也确实挡住了绝大多数进攻，进攻方长期被牵制于突破正面防线的拉锯回合缠斗中，深陷泥泞困厄。但在深具智慧、谋略与经验的进攻方面前，人为布设的正面防线往往会沦为华贵的摆设。正面防线的战略威力如何，关键在于进攻方的选择以及实力。在对方布设的正面防线面前，必须审时度势，充分考虑双方在正面防线的力量对比，不盲目不冒险，确保以最小代价获得最佳战略效果，打造高效能、低能耗的讼争模式。

二、源于智慧的指引

智慧并非高深莫测的存在，提到智慧，人们总习惯于联想到形而上、玄幻等常人捉摸不透的东西，持有这种想法，其实已经拒绝接纳与修炼智慧了。智慧最朴实无华的解释，便是更好地掌握事物运行的客观规律，从而在处理事务中能够认清形势，因势利导，相对轻松地实现预期目标。智慧在解决重大、疑难、复杂案件中同样也体现在对案件客观规律的掌握能力，不但能够总结出同类事物共有的客观规律，也能够根据个案实际情况准确地掌握其内在要素特征，从而找到最佳解决方式，具体到个案当中便是全局战略与战术阅读能力以及运筹能力。

如果充分地掌握了重大、疑难、复杂案件的客观规律，应该会认识到对方蓄谋已久、倾尽全力、机关算尽地布设的正面防线，如果按照对方预设的模式或程序来解决，注定是无解之局，如同对方摆好擂台、定好规则、雇请裁判、请托评委、收买充场、甚至拳套暗藏铁钉后，静待我方上台挑战一样。非因对方太强大，而是因为对方占据了战略先机。既然对方布设的正面防线确实将我方核心诉求所依据的基础事实或法律关系移调至法律程序射程范围之外，我们大可不必在明知徒劳无功的战术对抗中消耗。关于对方布设的正面防线为无解之局的认识非常重要，奠定了全局战略规划与战术部署的基调。

彻底洞穿对方的战略力量部署，往往能够讶异地发现对方布设的正面防线往往是其唯一和最后屏障。对方布设正面防线时均存在合理假设的前提，其中最重要的假设前提是料定我方必定按照常理出牌，必须从其预设的道路行军，故而布置重兵防守，形成正面防线中最坚固最具有战斗力的核心部分。这种战略力量部署方式，存在极大的机会主义战略冒险倾向，但对方别无选择，因为非正义一方的布局设套向来会顾此失彼，这点几乎可以当作客观规律予以把握。基于智慧考量，对方倾尽全力布设固若金汤的正面防线，已经是拿出全部家底发起豪赌，一旦在正面防线失守，对方将无险可守、无路可退。

根据重大、疑难、复杂案件表现出的固有规律判断，只要对方倾尽全力布设了令人望而生畏的正面防线，则侧翼与后方必定空虚，甚至是大门洞开。这也是由事物发展的客观规律所决定，在总量相对固定的情况下，正面防线投入绝大部分力量，侧翼与后方必定相对虚弱。作战时若不受客观条件限制，优秀的指挥官不会出现这种低级失误，但凡在正面防线、侧翼与后方均有条件部署重兵把守，绝不会出现畸轻畸重的情况。在重大、疑难、复杂案件解决过程中，情况与战争有所不同，对方能够有效支配的战略力量与资源极为有限，总量更是相对固定，想凭借正面防线令对手陷入绝境，毕其功于一役，必须将全部战略力量与资源倾注于正面防线，虹吸效应导致侧翼与后方空虚，是此类案件运行过程中最基本的客观规律，充分地掌握该客观规律，就可以在对方的侧翼与后方大有作为。

基于智慧而派生的战略战术阅读能力与运筹能力，在充分掌握双方讼争客观规律的同时，也能够准确判断讼争形势的发展趋势及重要节点，进而较为准确地预测战略优势转折点以及由此决定的结局。在充分掌握重大、疑难、复杂案件客观规律基础上预测案件结局的过程，虽不如凭借基础事实、证据体系、法律适用等要素推断单纯诉讼案件结果般清晰明了，但准确度往往更高。前者是在诸多主观经验与客观形势相结合后，运用复杂条件预测一种实现可能性最大的结果；后者是根据确定性的事实与证据，结合法律规定，推断理性与理想的结果，但在实际结果形成的过程中，各种干预因素往往完全超出任何一方的掌控范围，比如高度盖然性之下的法官自由心证。前者是掌控者根据众多要素，在能够左右局势发展的情况下所作的理性经验预测，后者却是参加者根据仅有客观要素，预测他人将会如何处理事务。因而，在智慧指引下，重大、疑难、复杂案件结局预测的难度，未必远远高于传统单纯诉讼案件的结果预测。

三、基于谋略的筹算

在兵法中，谋略往往高深莫测，似乎与日常生活毫不相干，能够运用谋略的场合，想必是国之大事。但谋略也常被人们挂在嘴边，有小孩抖点机灵实现了小企图，便被赋予有谋略的美誉，看来谋略也可以与日常生活密不可分。其实，现实生活中处处都能够体现出谋略的印迹，话有三说、巧者为妙是谋略，小不忍则乱大谋是谋略，欲擒故纵也是谋略。有一个很有意思的小故事，能够把谋略与小聪明的区别讲得泾渭分明。话说清末有两个麦客子在夏忙时去一个并不殷实的人家收麦子，劳碌了一整天，晚饭时主人家只端出两满碗饭和一半碗饭，张三机灵敏捷地抢先端走一满碗，而李四则不慌不忙地端起那个半碗饭吃起来。显而易见，半碗会吃得更快，李四吃完半碗饭后，气定神闲、理所当然地将另外一个满碗饭倒入自己的空碗。张三怔怔地望着李四，良久不言，思绪复杂，感慨万千。显然，张三是小聪明，而李四更富谋略。谋略不过是为成功实现目标而对人与人、人与事的算计与计谋。合法的算计与计谋称之为高明，非法则为阴谋勾当。在重大、疑难、复杂案件中，处处充满斗争的火药味，并非均以坦荡荡的君子比武方式去解决纠纷，因而，合法的算计与计谋便显得尤为必要。

在重大、疑难、复杂案件解决过程中，要对双方整体实力对比以及各战略区域实力对比进行反复算计，将双方战略力量部署区域、各区域战略力量强弱等了若指掌，反复进行沙盘推演，最终以极富计谋的策略安排对垒。比如，本节前述案例中，对方布设的正面防线十分强大，而我方在核心诉讼中的力量与其相比简直不堪一击。但对方侧翼与后方由于其转移隐匿资产的行为而出现违法犯罪的致命虚弱，与我方主要战略力量相比，又不堪一击。因而，我方以主要战略力量的优势主攻对方虚弱的侧翼与后方，而用极小部分战略力量牵制对方主要战略力量于正面防线，最终使对方在其倾尽全力布设的正面防线一无所获，而侧翼与后方彻底沦陷于我方的包抄合围，对方全盘覆灭只是时日问题。因此，在重大、疑难、复杂案件运作解决过程中，必须时刻算计双方实力对比变化，明确双方整体上的优劣势以及具体战术较量中的优劣势，务必做到扬长避短，集中优势战略力量逐一消灭对方有生战略力量，积小胜成大胜，最终占据完全的战略优势。

同时，在处理双方讼争事务中要懂得因势利导，以富于计谋的方式去部署并运筹，往往会收到事半功倍的功效。比如，在本章前述案例中，我方以宣告无效诉讼的方式将配合债务人转移隐匿资产的案外第三人锁定于被告位阶，以雷霆之势将对方全部财产予以保全，并且基于其与对方恶意串通转移财产逃避强制执行的行为涉嫌刑事犯罪而予以强势追究，导致对方与该案外第三人迅速决裂。案外第三人极力洗清责任，鼎力襄助我方将对方转移财产的详细情况掌握得一清二楚。分化瓦解对方阵营的过程便极富谋略，实际运作效果也出奇的好。

谋略在重大、疑难、复杂案件解决过程中的战略意义，还表现在成本核算方面。聪明算小账的方法未必会实现真正的节省，甚至会因低价重复购买而导致无谓的浪费。好多重大、疑难、复杂案件当事人为节省成本计，采取添油战术，精打细算，逐渐将案件分别委托给只能处理单纯诉讼案件的专业团队办理，最终形成各自为政的局面，使已经足够复杂混乱的局势更显扑朔迷离。之所以出现此种情况，对案件复杂形势的轻视麻痹是一方面，更多是为成本考虑惹的祸，力求便宜最终却吃了大亏。好多当事人对笔者以战略、法、战术思想体系所构建的实战方法论以及依此擘画的系统性解决方案非常满意，但往往会表现出十足的犹豫优柔，核心问题往往在于成本预算。好多案件经过就事论事、头痛医头、脚痛医脚的一系列误诊误治后，深陷悬停僵死与泥泞困厄的危亡境地，当事人方知添油战术的失策，低额重复购买的成本也已相当高昂，讼争事务却始终停留在浅表耕作的层面，不进反退。带着艰涩纷杂的复合并发症，选择以正确的方略并愿意付出更高的成本重新启航，实际付出的成本不止双倍，而事情还在原来的起点，甚至比误诊误治前更显艰难滞涩。

突破对方布设的正面防线，需要高明的成本预算谋略。若直接从对方布设的正面防线强行突破，成本与代价必定十分高昂，除非我方具备绝对性的碾压优势，否则，即使集中所有优势力量与资源，并以最高明的战略部署与战术运筹去解决，取胜的可能性也微乎其微。结合笔者实战经验分析，直接突破正面防线最好的结果，往往仅为深陷悬停僵死与泥泞困厄的危亡境地。但在重大、疑难、复杂案件中，没有任何一方拥有绝对性的碾压优势。若说一方拥有绝对性的碾压优势，也不符合此类案件的客观规律。综此情况，最佳成本预算的运作模式，显然是绕开对方布设的正面防线，避免我方优势战略力量的无谓消耗，最大限度地保存有生战略力量并将战略力量的效用发挥至极致，运用我方优势战略力量攻击对方虚弱的侧翼与后方，以较低成本投入与极小的战略力量牺牲，实现战略成果最大化。

在与对方对抗较量过程中，始终要保持高度清醒，以极富谋略的考量方式核算战术成本，决不在杀敌一千、自损八百的情况下发起战术行动，决不拿鸡蛋碰石头，务必最大限度地保存我方有生战略力量，确保有钢用在刀刃上，不作任何无谓的消耗与牺牲。在解决重大、疑难、复杂案件中，由于事务错综复杂、千头万绪、变幻莫测，且周期相当漫长，需要高昂成本给予全程支持，全局成本预算统筹能力至关重要。从全局计，必须以极富谋略的考量方式掌控成本，避免任何无谓的投入与牺牲。

四、实战经验的提示

前述有关突破对方正面防线的马其诺防线、大西洋壁垒防线、虎头要塞、巴列夫防线的军事战例，既有选择绕开并从侧翼与后方进攻而取得成功的，也有直接突破取得成功的，可谓各有其道。这几例均为成功突破对方布设的正面防线的战例，历史上在对方正面防线面前不讲究战略战术，一味猛攻导致本方实力严重损耗以至溃不成军者，数不胜数，这种战略盲目与冒险的情况，在攻城一方中最为常见。能够精妙地运筹战略战术，选择以高效能、低能耗的模式解决者，往往名垂历史长河。之所以举这几个战例，一方面是因为其均取得了成功，在重大、疑难、复杂案件解决过程中，也力求成功突破对方布设的正面防线，以世界军事史上成功突破对方正面防线的战例来启发我们思考，能够令人茅塞顿开。另一方面是想借两个直接从正面防线成功突破的战例虎头要塞与巴列夫防线，来重点说明可选择正面直接突破的充分条件。虎头要塞是攻守双方战略重视程度完全不同、战略力量部署迥异而导致的结果，如果日本军队足够重视并派驻重兵把守，苏联红军可能较难直接突破。巴列夫防线看似坚固强大，实际上是典型的外强中干，竟然被埃及军队用"以水克沙"的策略就轻松搞定，从正面直接突破实在太过轻松。在重大、疑难、复杂案件中，主动方蓄谋已久，调集所有优势力量与资源，神机鬼械地将法律诉讼程序以及其他手段有机结合形成战术体系，将被动方核心诉求所依据的基础事实或法律关系移调至法律程序射程范围之外，任凭被动方在核心诉讼中如何左冲右突，单纯从核心诉讼法律程序角度分析，注定是徒劳无功，也足见主动方布设的正面防线的威力相当于马其诺防线与大西洋壁垒防线，主动方不但倾尽全力布设，而且也具备高度的战略重视，我方从正面直接突破的成功率极低。绝非像虎头要塞与巴列夫防线，战略防线的坚固程度与主动方的战略重视程度均较低，因而具备从正面直接突破的高度可能。重大、疑难、复杂案件至宣战时，主动方必定布设了强大坚固的正面防线，根据该类案件的客观规律，被动方若选择直接从对方布设的正面防线突破，属于严重的战略方向、路线错误，当事人与专业操盘团队该如何决断，确需三思而行。

笔者操盘解决的所有重大、疑难、复杂案件，概因我方均为被动应战方，均存在对方布设固若金汤的正面防线的情况，因而均选择避其锋芒、绕开对方正面防线的策略解决，以极小战略力量在正面防线牵制对方，针对对方侧翼与后方的薄弱环节与致命要害部位，部署针对性极强的战术体系进行大范围、大纵深的包抄合围，完全攻陷对方侧翼与后方。侧翼与后方沦陷后，对方布设的正面防线也失去应有战略意义，对方将处于完全的战略被动。如此运作，能够以最快速度占据绝对战略优势，并且成本投入相对于直接从正面防线突破而言大幅降低。

从重大、疑难、复杂案件实务解决领域的现状分析，绝大多数案件中双方旷日持久地拉锯消耗，战略优势反复转移，战略成果无法巩固，任何一方也没有绝对把握完全战胜对方，根本原因在于双方均在对方布设的正面防线面前选择了错误的战略方向。一方发起一种斗争模式，另一方便不假思索地进入该模式展开角力，如此胶着迁延，完全偏离了解决问题的轨道，逐渐陷入为斗争而斗争的逻辑怪圈。好多重大、疑难、复杂案件中，双方争斗异常激烈，倾尽全力、穷尽手段、用尽救济，胶着迁延及至二十余年依然未得到解决，皆因战略方向严重错误所致。如果一方极富战略谋划能力与战术运筹能力，拥有丰富的实战驾驭经验，在对方布设的正面防线面前，选择避其锋芒，绕开正面防线，以绝对主力进攻对方虚弱的侧翼与后方，结局则完全不同。正在陷于重大、疑难、复杂案件拉锯苦战的当事人，即使身处水深火热之中，依然可以尝试调整战略方向，将对方虚弱的侧翼与后方作为主要战略进攻目标，相信在较短时间内便会取得重大战略形势转折。

第五节　绕开对方正面防线的实务指引

本节从实务运作角度出发，分阶段阐述重大、疑难、复杂案件实战解决过程中绕开对方布设的正面防线问题，在相对宏观的理论认知基础上，进一步明晰具体运作流程。仍然以前述案例为素材，基本情况为对方公司及其董事长作为共同借款人，拆借我方两亿元，逾期四年拒不偿还。我方几乎打光所有底牌以求解决。最终非但未解决，反而等来对方公司与董事长名下几无财产且两个债务主体均为全部未履行的强制执行案件的被执行人的情势。无奈之下，我方当事人抱着死马当活马医的心态选择诉讼以固定权利，案件在强制执行阶段彻底悬停僵死。当然，对方公司业务依然蒸蒸日上，只是通过名义上联营合作的方式将公司核心业务订单转移至案外第三人公司，并且通过合作经营等方式逐步将公司资产悉数转移。对方公司董事长仍旧过着锦衣玉食、声色犬马的富豪日子，只是以明显低于市场价值太多的价格转让财产并且办理虚假离婚手续，日常个人资金管理通过一些亲戚账户走账实现了体外资金循环。对方的一系列谋划设计使我方无法通过诉讼以及强制执行法律程序实现权益。对方这些谋划设计在借款即将逾期时开始筹划实施，在我方起诉前已经彻底完成。摆在我方面前的就是对方两个债务主体均已经无财产可供执行，且两个债务主体均为全部未履行的强制执行案件的被执行人。显而易见，我方最终收回两亿元借款的目的难以实现。在强制执行深陷悬停僵死两年后，笔者接受委托操盘处理。以下从准确掌握对方战略部署重心、敏锐地洞穿对方的侧翼与后方、情报工作是决定要素、针对对方侧翼与后方的空虚部署战略战术体系、明确战略方向并两线推进五个方面，对绕开对方正面防线的实务操作进行论述。

一、准确掌握对方战略部署重心

准确掌握对方战略部署重心，是全面认识对方正面防线的基础。只有将对方战略部署重心完全搞清楚，才能真正了解对方正面防线的战略意图、战略力量部署、具体战术安排，以确定我方有没有把握从正面直接突破。在前述案例中，对方战略部署重心在于倾尽全力狙击我方强制执行诉求，令我方最终功亏一篑。对方在诉讼审判问题上没有实质性纠缠，只是极尽可能地拖延时间。案件具有黑白分明的事实基础，实质性的纠缠对于对方而言毫无意义。对方在倾尽全力狙击我方强制执行诉求的战略意图下，具体战略力量分为转移隐匿资产导致无可供执行财产，以及利用一批正在强制执行的案件作为掩护，叠加打击我方意图通过强制执行实现回款的战略信心。完全了解对方战略部署重心后，对我方战略战术部署具有决定性的意义。

二、洞穿对方的侧翼与后方

对方布设了正面防线，必定存在相对的侧翼与后方。把对方战略区域作为整体看待，如果对方在一个战略区域部署了绝对的战略力量，则其他战略区域即为侧翼与后方。正面防线部署较多战略力量，侧翼与后方必定空虚。在以上案例中，对方为了彻底狙击我方强制执行的诉求，通过一系列神机鬼械的操作将资产悉数转移，甚至以全部未履行的强制执行案件彻底消灭我方维权欲念，可谓杀人诛心。对方通过该谋划设计形成强大坚固的正面防线，完全达到了预想的战略震慑力。在认识对方正面防线战略部署重心的同时，应该以职业特有的敏感与犀利，将战略目光潜移至对方为实现主要战略意图而忽略、吸空、遗患的战略区域。既然对方公司正常经营，而且未见明显衰败迹象，公司董事长依旧华宅豪车、一掷千金，对方为实现形式上无财产可供执行的假象，暗中必定实施众多巧设机局、鬼蜮伎俩的操作。根据实战经验分析，无非是通过合法形式转移业务与资产，这些操作已经完全超出了单纯强制执行程序的射程范围。在传统单纯诉讼案件中，若仅以专业技术流思维方式与处理模式应对，只在法庭诉讼较量与强制执行中纠缠，显然丝毫无法触动对方。如果将对方转移隐匿资产等系列设计操作所引致的法律后果，准确地锁定为对方虚弱的侧翼与后方，并以优势战略力量运筹极富针对性的战术行为，对方其实已经迈入危亡的大门。

三、情报工作是决定因素

准确判定对方空虚的侧翼与后方，谋划战略进攻之前，需要做充分的准备工作。对方侧翼与后方的形成，往往是暗中设计操作的结果，在法律程序上存在防火墙问题，无法通过常规手段取得蛛丝马迹的证据，因此，情报工作显得尤为重要。能否获得揭穿对方侧翼与后方底牌的证据与要素，直接决定我方总体战略运筹的可行性，进而直接决定全局战略形势的发展变化。

在前述案例中，我方已经判定对方空虚的侧翼与后方是为制造无财产可供执行的假象而转移隐匿资产所造成的法律后果，这些行为若不涉及我方强制执行，均为合法交易活动，取得证据的难度应该不大。因其游走于法律边缘，带有极强的非法目的，故对方与配合其实施转移隐匿行为的案外第三人必定极力隐秘掩盖，给我方调查取证制造极大难度。正因为难度极大，方显情报工作的水平造诣。实务中，对方这种带着非法目的的灰色操作，未必具有极强的警惕性，多数被执行人并非真正破产而无法强制执行到位，显然是神机鬼械的谋划设计发挥了至关重要的作用。一般情况下，执行申请人并不会绕开正面防线去深究，只局限于强制执行程序的射程范围，因而使处心积虑、别有用心的被执行人的鬼蜮伎俩大行其道，倒逼该领域司法解释一再升级补强，但依然无法抵挡老赖们的花样百出，以致该问题上升至国家级重视程度，各有关部门、领域协同发力才有今日惩治老赖之恢恢天网。当然这是后话，在前述案件解决时，关于强制执行的实务操作体系远不及现在成熟完善。

针对对方的侧翼与后方，我方开展了精挖细掘、掘地三尺的调研摸底与要素收集。我方通过正当磋商程序，主要以责任与利益分割法与对方最大客户进行了深入有效沟通，申明利害，取得了对方公司为转移核心业务订单与客户单位、案外第三人公司签订的三方协议，证明对方确实存在转移资产与收益的非法故意与客观行为。根据调研摸底提取的线索，并通过强制执行程序中的调查权，获得了对方公司以明显低于市场价格的交易条件与某些甚至被吊销营业执照的公司签署合同，这些合同均为以合作为名行转移财产之实。同时调查获知对方公司董事长账户存在经常性的资金转进后立即转出情况，以转出账户为线索深入调查发现，相对稳定地接受其转账的账户大约有六个，进一步调查得知这些账户均为其亲戚持有，至此，对方公司董事长利用他人账户搞资金体外循环的事实被证实。除我方之外申请强制执行对方公司及董事长的强制执行案件，均为全部未得到履行、被执行人无财产可供执行被裁定终结的情况，执行申请人一方不急不躁，俨然稳坐钓鱼台而胜券在握的架势，显然极为反常。我方通过各种社会关系纵横穿插后得知，其中几个执行申请人与对方存在绝对的利害关系，甚至有对方亲戚实际控制的公司，至此，虚假诉讼以及诈骗的行为被证实。这些钜细靡遗的证据收集工作，为后来我方在侧翼与后方的强势进攻提供了强大战略力量支持。

四、极富针对性的战术体系

准确判定对方空虚的侧翼与后方，充分掌握其薄弱环节与致命要害部位的情报信息与证据线索之后，合理地部署战略战术体系便成当务之急。侧翼与后方战术体系讲究针对性，根据侧翼与后方的薄弱环节与致命要害部位的本质特征与内部结构，部署足以揭露其本质、瓦解其合谋串通的战术行为。同时，侧翼与后方的战术体系讲究纵深度，每个战术务求直插核心问题，伤其十指不如断其一指，单一战术行为追求决定全局战略形势转移的战略效果。

在前述案例中，我方在对方侧翼与后方部署的进攻战术，是追究对方及配合其转移隐匿财产的案外第三人民事责任与刑事责任，追究对方及与其合谋进行虚假诉讼者的刑事责任、追究对方拒不履行法院生效判决的刑事责任。不但追求在民事受偿方面得到保障，也让对方为其逃避债务、虚构事实、隐瞒真相、拒不履行法院生效判决的行为承担法律责任。具体战术行为包括：以确认无效诉讼将对方公司以及配合其转移核心业务订单的案外第三人公司诉至法院，以同样的案由将配合对方公司转移资产的案外第三人公司诉至法院，也以同样的案由将配合对方公司董事长搞体外资金循环的亲戚们诉至法院，并且在每个确认无效诉讼中均采取最大力度的证据保全；对方与案外第三人进行虚假诉讼并强制执行的行为涉嫌刑事犯罪，我方也依法向公安机关提出控告；对方在强制执行期间有能力履行但采取一系列非法手段转移隐匿财产、制造债务假象逃避执行，依法构成拒不履行法院生效判决罪，我方依法向司法机关报案处理。我方的战略部署与战术安排严格针对对方侧翼与后方的薄弱环节与致命要害部位，可谓刀刀见血，招招致命，对方强大坚固的正面防线完全失去了战略意义。

五、两条战线同时推进

针对对方侧翼与后方的薄弱环节与致命要害，部署完备的战略战术体系后，需要将对方正面防线战场与侧翼与后方战场的战略力量分配进行精准权衡，然后确定具体的实施策略，分轻重主次地铺开战术体系。存在两线作战的情况下，并非均匀用力平行推进，即使在分清轻重主次缓急的情况下，也需要重点把握核心策略。正面防线战术体系、侧翼与后方战术体系的推进关系，实务中主要有虚则实之实则虚之、声东击西、围魏自救、运动战中伺机围歼等具体运筹策略，需要根据案件客观形势予以精准运用。

在前述案例中，对方布设的正面防线是固若金汤的强制执行狙击防线，导致我方在强制执行程序中几乎无所作为，对方则尽力施展浑身解数，只等我方在其谋划设计的体系中作困兽斗。对方太过轻敌麻痹，严重地低估了对手，我方果断决定停止正面防线战场的所有无用功，将战略重心完全转移至侧翼与后方战场。当然，正面防线战场必须虚张声势地实施牵制佯攻，通过正常强制执行程序继续追究，以迷惑对方战略视线，使对方疏于侧翼与后方的防范。我方的战略重心完全转移至侧翼与后方战场，调集一切优势资源、力量、渠道，以合法的诉讼程序与手段，部署全方位、立体化、多层次、纵深化的战术体系，同时从民事偿还、赔偿损失、连带支付等方面将对方及配合其转移资产的案外第三人锁定，并以力度千钧的财产保全措施给配合对方实施恶意串通行为的案外第三人施加了极大的压力，首先保障了经济利益。并依法追究对方与案外第三人恶意串通损害我方合法权益行为的刑事责任，案外第三人认识到法律后果如此严重后，纷纷选择撤退并摘清责任，将与对方恶意串通行径和盘托出，彻底置对方于绝境，对方利益共同体联盟瞬间被瓦解。

侧翼与后方战线为核心阵地，正面防线战线为次要阵地，在侧翼与后方集中攻陷对方战略防线，以此战术成果与正面防线战线实施夹击合围，最终导致对方正面防线失去屏障，侧翼与后方彻底沦陷，对方的战略防线全面崩溃。该案中，我方两条战线互相呼应，协同配合，最终令对方处心积虑地布设的正面防线轰然坍塌，对方战略核心区域完全暴露在我方战略战术体系瞄准范围。对方为逃避债务实施的神机鬼械、鬼蜮伎俩的一系列违法设计亦被严厉追究，配合对方实施违法设计的案外第三人也承受了当初无法想象之重，进而给对方施加了极大压力，在一定程度上加速了案件的彻底解决。

第五章
战略大迂回，侧翼与后方包抄合围

战略大迂回、侧翼与后方包抄合围其实与前一章所述避其锋芒、绕开对方正面防线相衔接。避其锋芒、绕开对方正面防线侧重讲述面对对方布设的正面防线时的战略方向选择问题，而战略大迂回、侧翼与后方包抄合围侧重论述既定战略方向下战略任务、战略力量、战术体系部署问题。

面对对方蓄谋已久布设的正面防线，通过通盘分析考量，认为从正面直接突破无望或者需要付出极高代价的情况下，选择避其锋芒，绕开后另作他图，是基于智慧、谋略、经验的抉择。绕开对方布设的正面防线后，若无进一步的战略运筹与战术部署，相当于实质上的战略撤退。绕开对方正面防线，紧抓对方侧翼与后方薄弱环节与致命要害部位，形成全方位、立体化、多层次、纵深化的战术体系，充分发挥针对性极强的战术行为的穿透力与纵深度，攻陷对方侧翼与后方的薄弱环节与致命要害部位，各个战术行为之间协同推进，联动发力，充分发挥战术复合威力，在更大战略范围内实现迂回包抄，对对方侧翼与后方形成包抄之势，最终与正面防线战术体系实现夹击合围，进而奠定全面胜利基础。

前一章已经初步论述了绕开对方布设的正面防线、进攻对方相对空虚的侧翼与后方的战术运作问题，但并未将进攻侧翼与后方作为独立的战略单元进行考量。本章将进攻对方侧翼与后方作为独立的战略单元进行论述，旨在阐释重大、疑难、复杂案件实务解决过程中针对对方侧翼与后方实施战略大迂回，进而实现包抄合围的系统方法论。

第一节 概 述

重大、疑难、复杂案件解决过程中的战略大迁回、侧翼与后方包抄合围，具体而言就是在绕开对方布设的正面防线后，隐蔽我方在讼争中的战略企图，不直接与对方硬碰硬地接触，针对对方侧翼与后方的薄弱环节，在更大范围内实施对对方的包围，最终与正面防线的战略力量实现全面合围，最终实现我方总体战略目标的实战方法论。

在世界军事史上，大迁回战略运用得最成功的当属成吉思汗率领的蒙古兵。成吉思汗率领的蒙古兵能够在短期内征服欧亚大陆绝大部分地区，最大的制胜原因就在于其擅长兵法与谋略，在广袤的作战空间内，全面掌握敌情与地形条件，凭借蒙古军队的迅速机动能力与和持久耐力，出其不意地跨越军事险阻，大胆穿插敌人的深远纵深，并予以分割包围，与正面进攻部队形成呼应，最终实现对敌人的全面包抄合围，导致对方分崩瓦解。他山之石，可以攻玉。重大、疑难、复杂案件与战争确有太多相似之处，同样充满你死我活的斗争，同样充满复杂多变性，同样是双方综合实力的较量，同样讲究智慧与谋略等。借鉴军事领域战略大迁回的智慧与谋略，与此类案件的客观形势相结合，绕开对方布设的正面防线，不与对方硬碰硬地接触，紧盯对方侧翼与后方的薄弱环节，巧施大纵深穿插分割，最终在更大范围内形成对对方的合围之势，取得绝对稳固的战略优势，促成案件全面、彻底的解决。

战略大迁回、侧翼与后方包抄合围体现了集合我方优势力量进攻对方薄弱环节的智慧与谋略，相对于突破正面防线的成本与牺牲，具有更大的优势，亦更符合解决重大、疑难、复杂案件所要求的以最低成本投入实现最大权益获得的原则。对方蓄谋已久、倾尽全力、巧施机关后发难，硬碰硬的结果只能是惨败或者惨胜，惨胜尚且不是我们追求的结果，更别说惨败。探讨此类案件的实战解决方法论，就是为立于不败之地，结合笔者长期操盘解决此类案件的实战经验，战略大迁回、侧翼与后方包抄合围战术运作，具有不可替代的实战效用，只要具备实施该战术的条件，均应当予以全面运用。

为便于理论结合实际，更加具象化地阐释战略大迂回、侧翼与后方包抄合围的实战运筹，有必要以笔者操盘解决的一宗重大、疑难、复杂案件作为参考。我方当事人比绅公司是一家大型建筑类企业，前总经理史某为公司持股比例极小的股东，在任职期间严重违反公司规章制度，私自以亲属名义开办与公司经营同类业务的公司，将公司好多重要客户与项目填入其开办的公司，并且在日常管理中与其他高层管理人员摩擦不断，最终被公司解雇。客观地说，史某在比绅公司有一定的贡献，但绝非元老功臣。

被解雇后史某心怀不满，对比绅公司及其高层管理人员展开全面进攻。史某先以股东盈余分配为由将比绅公司诉至法院，最终被驳回全部诉讼请求。史某又以基本相同的事实与诉请数额，变更案由为侵权赔偿后将比绅公司诉至法院，同样被驳回。但史某依然不死心，又以同样的事实与理由，变更案由为劳动纠纷起诉比绅公司，要求公司支付其奖金等劳动报酬总计七千余万元。

在劳动仲裁阶段，史某的诉讼请求被驳回。史某起诉至法院，法院审理过程中，史某联合昭示工程造价鉴定事务所炮制了一份非法的鉴定意见书，说明比绅公司应当向史某支付工程项目奖金六千余万元。需要重点说明的是，昭示鉴定所并不具备相应资质，其只能作工程造价鉴定，而该案中鉴定事项为工程项目的利润及史某应当分配的奖金问题，显然不属于昭示鉴定所的业务范围。且在鉴定过程中，昭示鉴定所为虚构利润，将发票显示售价为五十余万元的房产人为地篡改为六百余万元，其行为严重违法违规。最后，这份鉴定意见书被当作重要证据，法院依此判决比绅公司向史某支付奖金等劳动报酬总计六千余万元。比绅公司当然不服一审判决，遂上诉。二审维持原判后，比绅公司立即申请再审。但即使申请再审，强制执行依然不可阻挡，判决很快便被执行到位。事实上，史某诉请分配奖金的四个工程项目，史某总参与度不到十分之一，况且涉诉四个工程项目在决算后均呈亏损状态。比绅公司章程明确规定，公司高层管理人员奖金的发放，必须是在项目核算盈利后，由总经理办公会议研究决定后，报请公司董事会审批后才能发放。而该案涉诉四个工程项目在史某被解雇时均未进展至十分之一，不可能存在盈利情况。即使最终产生盈利，也得按照公司章程规定履行奖金申报审批程序。但该案中，这些条件都不具备。

在劳动纠纷案件诉讼期间，史某对比绅公司及其高层管理人员展开全面攻击，四处举报比绅公司董事长经济犯罪问题，导致公司被相关行政管理机关及司法机关反复调查，所幸最终并未发现违法犯罪事实。比绅公司一位董事为当地企业商会会长，史某捏造事实、虚构证据四处投诉检举，虽经商会管理部门调查确证并不存在史某反映的事实，但禁受不住史某反复绵延的纠缠，最终该董事迫于商会会员单位的压力辞去会长职务。比绅公司新任总经理对史某的行为深恶痛绝，在某平台网站发表了揭露史某恶劣行径的帖子，其中措辞相当激烈，涉嫌一定的人身攻击。该总经理对互联网发帖相关法律规定并不熟悉，未料该帖子被大量阅读且转发。此事被史某抓住把柄，坚定执着地追究侮辱诽谤的责任，最终司法机关在该总经理承认错误并赔礼道歉的情况下，对该总经理进行了行政处罚。同时，史某不遗余力、见缝插针地诋毁比绅公司的商誉，尤其是在比绅公司客户面前，大肆贬低比绅公司，通过不正当竞争手段将大量客户与业务揽入自己开设的公司。雇佣大量社会闲散人员，到处散布虚假信息抹黑比绅公司的产品与项目，在当地造成对比绅公司极为不利的舆论环境。在史某向比绅公司全面开火的八年里，比绅公司业务一路下滑，尤其是在被强制执行走六千余万元后，加之行业整体萧条的大环境，甚至一度濒临绝境。

在六千余万元天价劳动纠纷案件再审期间，比绅公司委托笔者操盘处理。笔者介入以后，全面分析了八年多以来双方斗争的过程与当前形势，对双方旷日持久的讼争本质作出明确判断，史某并非仅为奖金应否发放的问题纠缠不休，而是想通过运筹一系列针对性极强的战术行为，达到全面彻底压制进而打垮比绅公司的目的。双方是你死我活级别的争斗，最终的胜败绝非一场是非黑白的诉讼或者愿赌服输的君子比武所能决定，而是完全取决于综合实力。当前，史某通过反复绵延、花样百出的系列诉讼，莫须有的刑事报案追究，各种无中生有的举报、检举、投诉，再辅以对比绅公司商业信誉见缝插针的诋毁，非但攫取了巨额利益，而且实现了全面压制比绅公司的战略意图，完全占据了战略优势。目前在再审案件中持续与比绅公司抗争的同时，也在不遗余力地攻击比绅公司，企图实现彻底压垮比绅公司的总体战略目标。以此为基础，笔者为比绅公司合理地设定了总体战略目标，我方务必倾尽全力，在打赢再审案件正面战场保卫战的同时，基于史某六合八荒的攻击情势，必须对正面战场之外的情况进行全面、迅速、深入的摸底调研，准确掌握侧翼与后方的要害部位与薄弱环节，初步确立战略大迂回、侧翼与后方包抄合围的战略战术体系。针对对方侧翼与后方的要害部位及薄弱环节，部署针对性极强的具体战术行为，各个战术行为之间联动发力，充分发挥战术体系的复合威力，在更大范围内大迁回穿插分割，对对方侧翼与后方形成包抄合围之势。在此基础上，与再审案件正面战场合并发力，形成全新的战略优势，全面彻底地压制对方有生战略力量，迫使对方在绝对实力上完败，最终根据对方态度，首选优势和解的方式终结案件，以根除对方反复侵扰之患。若对方负隅顽抗，便发动全面战略总攻，实现总体战术体系的全线合围，彻底击败对方。

大致了解案件事实梗概后，关于坚守再审案件正面战场的同时，运筹战略大迁回、侧翼与后方包抄合围的详细内容，在以下论述中与理论阐述相结合，逐渐展开。

第二节　战略大迁回，侧翼与后方包抄合围 大战术的适用条件

一、具备迁回开辟合围据点的可能性

在对方的侧翼与后方存在开辟战术据点的可能性，具体表现为对方集中力量打造正面防线而形成的薄弱环节，或者是对方为了提升正面防线的战略力量级别而实施形式合法但实质违法的行为导致遗留祸患，抑或是对方战略视野无法到达的界域。总之，对方存在明显的顾此失彼的情况，正面防线强硬，无论是战略力量部署还是战略重视程度，均无可挑剔，但侧翼与后方却不设重兵甚至大门洞开。在重大、疑难、复杂案件中，率先发难的主动方往往是非正义的，为了全面压制被动方而谋划设计正面防线，几乎耗尽其全部可支配的战略资源与力量，甚至不惜动用大量违法犯罪的手段予以补强，导致其侧翼与后方严重遗患，一旦遇到讼争经验丰富且极富智谋的对手，被当作战术据点实施大迁回战略，进而成功地实现包抄合围。只要站在相对正义的立场，对方侧翼与后方便存在明显的薄弱环节与致命要害部位，客观上具备部署战术据点的可能性。

在本章前述案例中，若史某行事规范缜密，在谋划设计以及实施系列战术行为过程中未触犯法律，则无论其行为于比绅公司而言多么恶劣，最多只能从道德层面予以臧否，任何人也无权认定史某过度运用法律权利就构成违法犯罪。事实

上，史某为了正面防线能够完胜，不惜发动昭示鉴定所出具虚假鉴定报告，昭示鉴定所的行为已经涉嫌提供虚假证明文件罪。根据比绅公司提供的证据资料，史某在担任总经理期间，曾经先后六次明目张胆地将比绅公司资金转入其以亲属名义开办的公司，双方并不存在任何业务合作与往来，其行为涉嫌职务侵占罪、挪用资金罪。史某在担任总经理期间，将比绅公司三十余套商品房以极低的价格转让至其亲属名下，旋即又转至史某名下，但购房款并未收入比绅公司账户，史某及配合其侵占公司财产的亲属涉嫌共同犯罪。史某捏造并散布事实，损害比绅公司商业信誉与商品声誉，给比绅公司造成较大损失，其行为涉嫌损害商业信誉、商品声誉罪。史某多次捏造事实，伪造证据控告比绅公司及高管刑事犯罪，经查证不存在史某控告的事实，该行为涉嫌诬告陷害罪。史某在任职期间及离职以后，违反竞业限制规定，自己经营与比绅公司同类营业，为自己公司谋取属于比绅公司的商业机会，严重违反了公司法相关规定，应当承担赔偿责任。鉴于该案中劳动纠纷再审案件正面防线战场之外，对方的侧翼与后方存在众多违法犯罪行为，史某需为此付出极高的代价，这也是对方侧翼与后方的薄弱环节与致命要害部位。针对该薄弱环节与致命要害部位，比绅公司若依法行使控告、追究权利，各自形成具体的战术行为，各战术之间联动推进，史某将无路可退。因此，该案具有较多大迂回战术据点，完全具备战略大迂回、侧翼与后方包抄合围大战术运作的条件。当然，也存在主动方布设正面防线时严谨缜密，正面防线密不透风，侧翼与后方也保护得滴水不漏的情况，于被动方而言，就不具备实施战略大迂回的条件，便需另当别论，具体问题具体分析，但这种情况极为罕见，笔者至今未遇一例。

二、兵贵神速

一旦发现对方侧翼与后方的薄弱环节，应当以迅雷不及掩耳之势，用针对性极强的具体战术行为锁定各个战术据点，以短平快的闪电突袭形成战术压迫态势，致使对方根本未及反应便被围困于侧翼与后方的各个战术据点。

在本章前述案例中，比绅公司通过缜密细致的调查，发现对方及与其配合的案外第三人存在诈骗、挪用资金、职务侵占、损害商业信誉与商品声誉、提供虚假证明、诬告陷害、包庇等刑事犯罪行为，并且因违反竞业限制规定，非法经营同类营业，给比绅公司造成较大损失，应当承担赔偿责任。鉴于史某八年来发动连绵不绝的诉讼给比绅公司制造巨大麻烦且已经造成重大利益损失，还无所不用其极地动用违法犯罪手段对比绅公司进行全面侵犯，比绅公司高管们早已忍无可忍，也不再念及同袍共事情分，坚决就史某涉嫌七宗刑事犯罪问题展开控告，并立即追究史某非法经营同类营业、谋取属于比绅公司商业机会的赔偿责任。这些刑事控告与追责赔偿诉讼同时迅速启动，瞬间将对方围困于各个战术据点，只有接受司法机关调查的结果。兵贵神速，在侧翼与后方包抄合围中尤为重要，闪电出击，短平快地迅速拿下，与正面防线战术体系形成呼应。如果在对方侧翼与后方的薄弱环节运筹战术体系迟疑优柔，不能迅速地形成包抄合围之势，相当于开辟了新的战场，导致战略力量分散，不能与正面防线战场形成战术合力，便失去了战略大迂回的意义。

三、战略企图的隐蔽性

在对方布设的正面防线发起进攻的同时，确定针对对方侧翼与后方的薄弱环节可实施战略大迂回、侧翼与后方包抄合围的大战术运作，则应当保证战略企图的隐蔽性，在正面防线吸引对方战略注意力，避免对方觉察我方包抄合围其侧翼与后方的战略企图。侧翼与后方包抄讲究迅速、准确、全面地铺开战术体系，以短平快的方式在短时间内取得既定的战略成果，以便及时与正面防线的战术形成配合。如果过早地暴露战略企图，对方会提前采取相应反制措施，往往在侧翼与后方包抄战术较量中与对方形成僵持局面，侧翼与后方战术运筹的战略价值就会大打折扣。

在本章前述案例中，我方在再审案件正面防线与对方较量的同时，无论是实际上还是形式上，均表现出倾尽全力的气势，吸引对方聚焦于正面防线的战略防御。在准确掌握对方侧翼与后方薄弱环节与致命要害部位前，丝毫未表露过我方战略大迂回、侧翼与后方包抄合围的战略企图。隐秘地将追究对方七宗刑事犯罪与赔偿责任诉讼形成战术体系，发动闪电突袭，所有战术行为同时启动，瞬时形成包抄之势，并与正面防线的再审案件协同配合，相得益彰，形成全面合围。其中，追究昭示工程造价鉴定事务所涉嫌提供虚假证明文件罪的战术部署，对再审案件正面防线作战提供了强大的战略支持，由于原审判决主要依据昭示鉴定所的鉴定意见书进行判决，该项鉴定涉嫌刑事犯罪后，原审判决基础被彻底动摇，为再审案件的翻盘创造了决定性条件。

四、大迂回战术具有系统性

此处所言战略系统性，是指部署在对方侧翼与后方的战术与正面防线的战术能够形成协调统一的战略力量，能够协同运作，联动发力，产生战略力量升级的效应。比如在本章前述案例中，比绅公司在对方侧翼与后方部署了极富针对性的战术体系，依法追究对方及与其配合的案外第三人诈骗、挪用资金、职务侵占、损害商业信誉与商品声誉、提供虚假证明、诬告陷害、包庇的刑事责任，并且因对方违反竞业限制规定、非法经营同类营业、非法获取属于比绅公司的商业机会，给比绅公司造成较大损失的行为，追究对方赔偿责任，便与再审案件的正面防线具有战略系统性，能够与再审案件正面防线的战术形成协调统一的战略力量，两条战线协同运作，联动发力，互通配合，产生整体战略力量升级的效应。尤其是追究昭示工程造价鉴定事务所提供虚假证明文件罪的战术行为，彻底否定了原审判决认定的基础事实，为再审案件翻盘提供了坚实依据。同时，追究对方诈骗、挪用资金、职务侵占、损害商业信誉与商品声誉等刑事附带民事赔偿责任，以及追究对方违反竞业限制规定、非法经营同类营业、非法获取属于比绅公司的商业机会的赔偿责任，能够全方位弥补比绅公司八年多以来被对方反复缠诉而造成的损失，为再审案件正面防线战场的万一失利提前做好战略准备，无论正面防线战场战果如何，最起码能够达到最大限度地保护比绅公司权益的战略目的，也不失为实现我方总体战略目标的一种途径。

在有些重大、疑难、复杂案件中，虽然具备在对方侧翼与后方实施战略大迂回的条件，但客观情况所允许部署的具体战术行为可能与正面防线的战术存在冲突，若贸然实施会对整体战略部署产生不利影响。因此，在侧翼与后方部署战术体系时，要确保与正面防线战术体系具有战略系统性，以保障正面防线战术体系与侧翼及后方包抄战术体系协同运作，形成战略复合力量。

五、对方侧翼与后方薄弱环节的致命性

在重大、疑难、复杂案件中，双方之间往往展开你死我活的激烈争斗，不光要在核心讼争问题的法庭对抗中一较高下，而且会极限化地发动战略力量，在漫长

战线上展开全方位的对抗较量，最终由综合实力来决定胜负。一般来说，被动方在对方精心布设的正面防线面前往往不会取得突破性的战略成果，如果一味地在正面防线战场纠缠，会形成完全僵持的局面，陷入全面的战略被动。主动方提前布设好正面防线，稳定地占有讼争利益，在持久战的消耗中拖垮被动方，也在其预期战术范畴之内。被动方要取得重大战略突破，必须从对方侧翼与后方寻找突破口。

对方为了谋划设计固若金汤的正面防线，往往会因虹吸效应而导致侧翼与后方的空虚，形成薄弱环节，这正是我方部署战术的首选目标。针对对方侧翼与后方的薄弱环节，要进行实证分析，确定其对整体战略形势的决定作用大小。如果某些薄弱环节无关全局形势，部署并运筹有针对性的战术只能起到袭扰作用，又无战略策应意义，就坚决放弃不用。如果一些薄弱环节对全局战略形势具有比较重要的意义，则一般考虑对其部署针对性的战术，多个此类战术可集成威慑力较大的战术集群。需要重点把握对全局战略形势具有决定性作用的薄弱环节，并部署力度千钧的战术行为集中攻克，单个战术行为足以决定战略形势的转移。实务中，对方侧翼与后方存在薄弱环节是共性，但并非所有案件中对方的侧翼与后方均具有致命性的薄弱环节。若无致命性的薄弱环节，则以多个重要薄弱环节的战术行为复合形成致命的战术打击力度。总之，要实施战略大迂回，在对方侧翼与后方的薄弱环节中，无论是单个薄弱环节的战术，还是多个薄弱环节的战术复合，必须形成能够决定全局战略形势转移的总战术体系，给对方的侧翼与后方形成致命性的打击。

在本章前述案例中，对方史某在机关算尽地布设正面防线的同时，侧翼与后方暴露出相当多的薄弱环节。史某与亲属虚构产权交易，将公司数十套房产先转让至亲戚名下，继而又转至史某名下的行为，已经构成刑事诈骗；史某挪用公司资金，且长期据为己有，构成挪用资金罪与职务侵占罪；为配合史某而违法出具鉴定意见书的昭示鉴定所构成提供虚假证明文件罪；史某长期以来捏造事实损害比绅公司商业信誉与商品声誉，给比绅公司造成较大损失，构成损害商业信誉与商品声誉罪；史某多次捏造事实进行控告，欲使比绅公司及其高管遭受刑事追究，其行为已经构成诬告陷害罪；史某违反竞业限制规定，非法经营同类营业、非法获取属于比绅公司的商业机会，给比绅公司造成较大损失，依法应当承担赔偿责任。对方的侧翼与后方存在众多薄弱环节，但重要性各不相同，其中提供虚假证明刑事犯罪问题，对于解决再审案件具有决定性的作用，属于致命性的薄弱环节，其余刑事犯罪均能够令对方违法侵犯比绅公司权益的行为受到应有惩罚而失去自由，并且在刑事附带民事诉讼中可以追索损失，在双方你死我活的争斗中也具有重要作用，但对全面、彻底地解决案件不具有决定性的意义，因而属于重要薄弱环节。史某违反竞业限制规定，非法经营同类营业、非法获取属于比绅公司的商业机会，给比绅公司造成较大损失，应当依法承担赔偿责任，对解决该案不具有重要作用，只能起到弥平部分损失的作用，因而属于无关紧要的薄弱环节。在该案实战解决过程中，运筹战略大迂回、侧翼与后方包抄合围大战术时，首选提供虚假证明文件的致命性薄弱环节，其次选择其余构成刑事犯罪的重要薄弱环节，最后才考虑同业竞争赔偿责任的薄弱环节。

既然是正面防线无法突破而运筹战略大迂回、侧翼与后方包抄合围的大战术，必须确保侧翼与后方取得重大且决定性的战略突破，否则，侧翼与后方包抄毫无意义，只会导致陷入两线作战、两线均陷入僵局的泥泞困厄。因而，准确把握对方侧翼与后方致命性的薄弱环节，是运筹战略大迂回、侧翼与后方包抄合围大战术的决定性条件。

六、精准的战略判断力

在运筹战略大迂回、侧翼与后方包抄合围大战术时，精准的判断力具有至关重要的意义，失却精准的判断力，所有的侧翼与后方包抄战术可能会沦为毫无意义的折腾，甚至会对本方整体战略部署产生重大负面影响。有一宗重大、疑难、复杂案件，田正公司在对方布设的正面防线面前久久无所作为，本想急中生智，从侧翼与后方想招包抄，无奈功力太浅，技艺不精，意图抵冲对方诉讼请求而炮制了一起另案诉讼，并在诉讼中采取了保全措施。最后该另案诉讼未成，反倒让对方追究错误保全的责任长达三年，导致田正公司精疲力竭，提起官司事务便草木皆兵、杯弓蛇影。田正公司在实施战略大迂回、侧翼与后方包抄合围大战术时，由于判断严重错误且谋划失策，导致侧翼与后方非但没有形成致命性的战术打击力度，反而成为对方反攻倒算的把柄，实在得不偿失。

在实施战略大迂回、侧翼与后方包抄合围战术时，是否具有战略大迂回的客观条件、对方侧翼与后方可否形成战略据点、对方侧翼与后方薄弱环节的洞察掌握、侧翼与后方战术体系各自发挥的战术作用、各项战术协同推进形成何种战术复合力量、侧翼与后方形成的战术体系与正面防线战术会形成何种战略力量等问题，均需要精准的判断力来解决。由于重大、疑难、复杂案件中各项事务错综复杂、盘根错节、变幻莫测，任何一个环节上的失误，均有可能导致全局方向性的转变。尤其是在实施战略大迂回、侧翼与后方包抄合围大战术时，精准地判断各项事务，更显至关重要。前述我方比绅公司与对方史某的案例中，由于对方炮制证据非法攫取巨额利益，虹吸效应下形成虚弱的侧翼与后方，我方精准判断该案具备实施战略大迂回的条件，进而抽丝剥茧地展开调查取证，最终完全夯实侧翼与后方包抄战术的基础。本条前述田正公司案例中，或许案件并不具备战略大迂回的客观条件，田正公司判断严重错误而强行实施包抄战术，最终导致全盘皆输。两个案件的结局判若云泥，其关键在于判断力的差异。

七、成本预算充足

在重大、疑难、复杂案件实战解决过程中，实施战略大迂回、侧翼与后方包抄合围大战术运作，势必形成两条战线，即正面防线战线与侧翼与后方战线。正常情况下，当事人对案件讼争各项成本的预算相当敏感，概因案件无论大小均为实现利益目标，任何形式的成本增加，均会导致总体利益目标缩水。因此，开辟两条战线，从当事人成本预算角度考量，意味着成本投入的成倍增加与预期利益目标的贬值。实施战略大迂回、侧翼与后方包抄合围的大战术运作，需要在侧翼与后方部署较多战术体系，而每个具体战术行为，均为一个单独的诉讼或者法律程序，单纯诉讼案件尚且成本不菲，众多诉讼案件或者法律程序叠加在一起，成本之高不言而喻。若要支持战略大迂回的实施并实现侧翼与后方包抄，最终与正面防线战术合围，形成全方位、立体化、多层次、纵深化的战术体系，各个战术区域协同推进，灵动谐调，首尾呼应，最终形成核武器般摧毁性的战术打击力度与战略震慑，每一个环节都需要用智慧、人力、财力去建构，因而必须拥有足够的成本投入。

好多重大、疑难、复杂案件在讼争后期普遍存在成本预算吃紧的问题，往往留下功败垂成、功亏一篑的遗憾。俗话说剔牙稀、掏耳聋，不打官司不受穷，古人已经深知打官司那剜肉剔骨之痛，但若不可避免地遭遇重大、疑难、复杂案件，即使本意极度排斥但也必须别无选择地发起全线反击时，足够的成本投入既是必须，也是一门投资艺术与学问。以笔者实战经验分析，凡是成本投入充足、及时的一方，整体成本投入与案件利益产出之间往往具有更佳的性价比。如果总体成本准备不足，断断续续地以添油战术的方式投入，或者在关键时候成本投入不能及时到位，均会导致整体成本投入与案件利益产出之间的性价比明显降低。

还有一种更危险的情况，一些当事人在案件解决过程中喜欢习惯性地博取同情，觉得自己遭遇了全天下最大的不公，全世界似乎都应该为其主持公道，但在实际解决成本的付出方面却过分算计，似乎仅凭正义的力量便可令对方屈膝求和，这是极为失策的正义悭吝。正义代表着力量，但绝对不代表现实的斗争力量。有时候邪恶更具有斗争力量，因为邪恶的人自知存在先天缺陷，因而在积蓄斗争力量方面的投入慷慨有加。以侵略战争的慷慨投入对反侵略战争的正义悭吝，结局不言自明。正义战争也需要足够的军火费，真理永远在大炮的射程之内。在重大、疑难、复杂案件中，决定最终结局的是双方的实力对比，而实力必须靠巨大的成本投入来保障。要在重大、疑难、复杂案件中取得大获全胜的终局，坚挺而慷慨的成本投入是必须条件。即使从商业营利角度考量也是如此，成本低廉但获利丰厚，往往通过犯罪勾当才能实现。既然双方在重大、疑难、复杂案件复杂漫长的斗争中，终极目的都是为争取重大利益，那应该投入何种成本，相信阅人无数、历事无尽的精英当事人自有成竹在胸。在整个案件运作过程中，充足、及时的成本投入至关重要，在能够扭转正面防线战场不利局面、实现战略优势转移的战略大迂回、侧翼与后方包抄合围大战术运作中，充足、及时的成本投入尤显重要。

第三节 战略大迂回，侧翼与后方包抄合围大战术的实务操作指引

一、确定方向和目标

大迂回主要针对对方的侧翼与后方，侧翼与后方相对于正面防线而言。比如本章前述比绅公司与史某的重大、疑难、复杂案件中，对方史某布设的正面防线在股东盈余分配、侵权赔偿诉讼、天价劳动纠纷诉讼战线，为达成正常法律规定

与程序无法实现的战略目标，史某进行了一系列违法运作，遗患无穷；同时，史某为了全面压制并战胜比绅公司，不惜捏造事实发动刑事控告、行政投诉检举、损害商誉等全方位攻势，这些行为同样为其制造了极为严重的法律责任。在考虑实施大迂回战略时，往往在正面防线无法取得预期的突破效果，战略大迂回的宏观目标与方向便是对方的侧翼与后方。

在宏观方向与目标确定以后，需要全面了解对方侧翼与后方的具体情况，最终锁定其薄弱环节与致命要害部位，这正是未来部署针对性极强的战术行为对侧翼与后方进行包抄的战术据点。正如军事战争中实施战略大迂回时，首先要对敌人侧翼与后方的地形、兵力部署、军事力量与作战条件的薄弱环节、大迂回包抄合围的路线等情况进行全面掌握。在本章前述比绅公司案例中，我方全面而透彻地分析双方讼争形势后，准确判断双方的争斗绝非正面防线再审案件那么简单，而是全方位的讼争综合实力比拼，事实上对方一直对比绅公司发动全方位的进攻。既然如此，仅凭再审案件的正面防线取得突破是远远不够的，即便再审案件全面翻盘，对方也会不遗余力地罗织构陷其他事由进一步纠缠。因而，必须在正面防线战场之外的战略区域，对对方形成有效的战略打击，才能从根本上遏制对方六合八荒的进攻势头与欲念。于是，宏观战略方向与目标转向对方侧翼与后方。

初步调研对方的侧翼与后方，便发现存在太多显而易见的问题。这些问题正是对方侧翼与后方的薄弱环节与致命要害，是我方实施战略大迂回、侧翼与后方包抄合围大战术运作的具体战略方向与目标。对方侧翼与后方致命性的薄弱环节与要害，是为了天价劳动纷纷案件诉求成立而唆使昭示鉴定所出具非法鉴定意见书，构成提供虚假证明文件罪，该严重问题能够完全改变再审案件的结果，进而左右全局战略形势。该致命性的薄弱环节与要害部位，是我方运筹战略大迂回、侧翼与后方包抄合围大战术的重点进攻方向与目标。

对方侧翼与后方严重性的薄弱环节与要害部位，是对方在任职期间挪用、侵占比绅公司财产，伙同他人虚构交易，将公司资产转移至自己名下，构成职务侵占罪、挪用资金罪、诈骗罪；对方捏造事实、伪造证据，控告比绅公司及高管刑事犯罪、行政违法，构成诬告陷害罪；对方极尽损害比绅公司商业信誉之能事，四处散布不利于比绅公司的虚假消息，给比绅公司造成较大损失，构成损害商业信誉与商品声誉罪；同时还必须就其职务侵占、挪用资金、诈骗、损害商业信誉与商品声誉行为对比绅公司承担附带民事赔偿责任。这些问题属于对方侧翼与后方的严重性薄弱环节与要害部位，若我方以极富针对性的战术着力进攻，对方的利益共同体联盟会轰然坍塌。这些重要性薄弱环节与要害部位，是我方战略大迂回、侧翼与后方包抄合围大战术运作的重要方向与目标。

对方侧翼与后方无关紧要的薄弱环节，是对方违反同业竞业限制，以亲属名义经营与比绅公司同类营业，非法截取属于比绅公司的商业机会，给比绅公司造成极大损失，依法应当承担赔偿责任。针对该问题部署相应战术行为，可以挽回比绅公司的经济损失，具有一定的实际意义，但与全面、彻底解决该案关系不大，因而作为我方战略大迂回运筹中的经济利益保底方案予以保留，一旦正面防线、侧翼与后方战线全线失利时，最起码可以保障本方经济利益的最大化。

结合以上案例可以看出，在运筹战略大迂回、侧翼与后方包抄合围大战术时，首先要锁定宏观的侧翼与后方包抄合围的方向与目标，在宏观方向与目标基础上，全面深入分析研究对方侧翼与后方的实际情况，再准确判断其薄弱环节与致命要害，作为具体的战术方向与目标，以确保大迂回战略坚持正确的路线。

二、敌情侦察

全面、充分、深入地了解对方侧翼与后方的情况，与战争中侦察敌情工作类似。在大迂回战略运作过程中，主要战略意图是在对方的侧翼与后方大纵深地穿插分割，从而在对方防御薄弱的据点实现既定战术目的，进而与正面防线战术相呼应，形成包抄合围之势。因此，针对对方侧翼与后方的敌情侦察工作，与之前所论述情报工作相类，不但要先行，而且至关重要，甚至成为战争胜负的晴雨表。战争中最终获胜的一方，往往在情报工作方面完全占据优势，军事实力未必占完全优势；但失败的一方，情报工作肯定处于完全劣势，但军事实力有可能还在对方之上，由此可见情报工作的重要性。在战略大迂回、侧翼与后方包抄合围大战术运筹过程中，情报工作就是针对对方侧翼与后方的敌情侦察。要求必须在既定战略方向与目标的前提下，充分、全面、深入地收集对方侧翼与后方的一切有利要素与不利要素，在必要的情况下扩大敌情侦察的范围，运用合法的纵横捭阖手段，利用对方内忧外患的客观情势，从不同领域、不同主体获取于本方有利的信息资料。敌情侦察工作，需要极为专业的团队来运筹实施，普通人再聪明睿智、明察秋毫，也因未在复杂的争斗一线浸淫深久，恐怕根本无法触及皮毛。重大、疑难、复杂案件专业操盘人士，在长期处理极端复杂讼争问题的过程中，练就的情报收集与要素抓取能力，类似于战争中特情工作人员敌情侦察与情报收集能力。由于在此类案件中钻研深久，往往能够见微知著、辨一叶而知秋、窥一斑而见全豹，这种能力靠聪明与努力根本无法替代。

在敌情侦察能力方面，举几个笔者操盘解决重大、疑难、复杂案件中的实例予以说明。在一宗重大、疑难、复杂案件中，对方公司与担保人设置了极为复杂坚固的正面防线，导致我方在正面防线战场一无所获，几乎每个进攻战术都在对方布设的防御体系瞄准范围，局势相当被动。笔者介入后，在查阅对方工商档案资料时，仅凭一位担任过对方公司半年监事的女士的个人基本资料，就敏锐地捕捉到更有价值的信息联结，从而成功地盘活全局，最终为案件的全面彻底解决奠定了基础。实务中，好多公司的监事职位往往形同虚设，在需要办理相关程序事宜时随意找人充数的情况屡见不鲜，因而监事身份历来不是调查的重点对象。但在经验饱富的人面前，任何蛛丝马迹都有可能引起足够重视。笔者看到该监事的基本情况后，第六感强烈地提示该人与对方担保人绝对是夫妻或者其他亲近关系，因为担保人能够为对方公司巨额借款提供担保，而该女士又无缘无故地在对方公司担任过一段时间监事，其中必定具有颇深的渊源，只是一时无法以法律手段架构其现实关系。况且，该女士身份信息虽然在工商登记档案中隐藏掉最后几位数字，但前边的数字所透露的籍贯与住址信息竟然与案件中担保人完全相同，年龄比担保人小两岁，瞬间有如灵感迸发般的震撼，结合案件强制执行中对方公司完全空壳、号称担保人年龄偏大无婚姻登记电子数据而婚姻状况不明的情况，笔者大胆地断定该监事女士就是担保人的妻子，立即安排律师着手调查，同时与法院沟通情况，最终证实该监事确系担保人的妻子，名下拥有七处价值连城的房产，足以偿还我方的巨额债务。该案由此蛛丝马迹的发现而成功破局，战略优势瞬间被我方牢牢掌控。

笔者代理一家建筑公司处理其与一家房地产公司案件的过程中，建筑公司被拖欠数亿元，对方房地产公司非但明目张胆地拖欠，还仗着背景深厚的优势，动用一切可能的力量、资源、手段，对建筑公司进行围追堵截，搞得建筑公司四面楚歌。建筑公司在对方布设的正面防线面前一筹莫展，在对方四面八方的全方位攻势面前也无计可施，只能跟随对方发动的程序与模式被动应战。笔者介入后与建筑公司董事长谈论案情的时候，他提及一次去对方家族会所谈判之事，引起了笔者的注意。根据他的陈述，该会所设在对方公司开发的一处高档楼盘中一栋三十二层楼房顶层，有餐厅与娱乐设施，同楼层其他房间是对方公司董事长家族一些人员的住所。对此笔者深感蹊跷，一般开发商不大可能住在自己开发的小区，开发商自己使用一处作为会所还可理解，但让家族人员免费居住于此，不合开发商精明盘算的风格。而且在绝大多数情况下，为了压缩成本，商业房地产均存在不同程度的质量问题，开发商在保修期限内都不敢保证房屋质量，对方竟举家长期居住于此，不怕业主动辄因房屋质量问题上门讨要说法，甚为蹊跷。据我方初步调研，对方房地产公司开发的楼盘质量均存在较大争议，经常引发一些群体事件，包括该会所所在小区的楼盘质量也出现过严重问题，对方实际掌控人家族聚居于此，说明有更大的利益刺激其心甘情愿地接受这份不便。那只有一种可能性，即该顶层楼房取得时支付的对价相当低廉，或者可以说是免费取得。房地产开发商往往精打细算，自己开发、自己住并不会认为是免费，而是未付或只付极少的土建成本而获得，那只有一种可能，该自住的房屋是违章建筑。笔者提醒建筑公司董事长，他天真地嘲讽律师都太敏感了，把事情想象得太离奇，他认为对方不可能那样明目张胆地搞违章建筑。后来，建筑公司抱着试试看的态度进行了调查了解，结果令人震惊，对方会所及家族人员居住房屋确系违章建筑，该栋楼立面图只有三十一层，而对方房地产公司私自加建了三十二层。后来，这个情况成为建筑公司与对方较量时至关重要的筹码，促使胶着迁延近十年的重大、疑难、复杂案件顺利解决。

在一宗重大、疑难、复杂案件中，笔者在仅被允许的三个小时内查阅总厚度近一米五高的案卷，在梗概浏览过程中，笔者在近七千页的笔录中发现了一个十分重要的问题，有一个人在重合的时间段，在相距六十公里的不同地点，对不同的对象进行问话并形成笔录。而且这些笔录所记述内容对整个案件具有决定性的意义，该发现直接导致该案形势发生根本性的转折，为我方争取了决定性的战略力量。

在运筹战略大迂回、侧翼与后方包抄合围大战术时，针对对方侧翼与后方薄弱环节与致命要害，不仅要能够准确地发现，还要有过硬的本领建构事实基础与证据体系，从而实现有效掌控，这些事实与证据必须依靠超强的敌情侦察能力来保障。要针对对方侧翼与后方的薄弱环节与致命要害提取有力证据组织有效战术体系，必须在饱富经验的基础上，充分利用同类案件所展现出的本质客观规律进行判断，并适当地采用合法的纵横捭阖之计谋，以四两拨千斤的方式取得致命要素与证据。

前述我方比绅公司与史某的重大、疑难、复杂案件中，针对对方史某在布设正面防线时遗留的法律责任问题，我方展开了全面、深入的调查。天价劳动纠纷案件判决主要依据是昭示工程造价鉴定事务所所作鉴定意见书，一个只有工程造价鉴定资质的公司，不但行使了审计机构的权限，将项目的利润进行了核算，而且还代替比绅公司的财会人员将史某应得奖金都进行了决算，该主要证据显然存在严重问题，但这种论理辩驳只是再审案件中重要的防御反击战术。最关键的问题是昭示鉴定所炮制该鉴定意见书时，严重违反法律规定，不尊重客观事实，仅凭史某的唆使与意愿进行炮制的严重违法行为，已经构成提供虚假证明文件罪。我方在该认识基础上对于昭示鉴定所提供虚假证明文件犯罪的证据进行了全面、深入、细致的收集，最终发现了将发票显示价款五十余万元的房产虚构为六百余万元，在原审诉讼期间史某与昭示鉴定所主任、鉴定人存在非业务需要的频繁往来等严重违法行为证据，为部署极富针对性的战术提供了强大支持。在精细梳理史某任职总经理期间比绅公司账目时，发现数笔款项有支出但无合同等基础交易凭证，进一步调查得知相对方收款公司正是史某以其亲属名义开办的公司，这些证据证明对方涉嫌职务侵占、挪用资金犯罪。我方比绅公司扩大了调查范围，大量走访了与对方存在严重矛盾的公司与个人，其中有些人深受对方之苦，都愿意鼎力襄助比绅公司揭露史某行径。这些案外人给比绅公司提供了大量史某捏造事实损害比绅公司商业信誉与商品声誉、非法经营与比绅公司同类营业、截取属于比绅公司的业务的相关证据，这些证据足以追究史某损害商业信誉与商品声誉罪。史某捏造事实、伪造证据，诬告陷害比绅公司及其高管的行为，比绅公司有大量的证据证明史某控告的事实均不存在，完全可以追究史某诬告陷害的刑事责任。关于对方史某一系列刑事犯罪证据的掌握，完全能够组织起翔实有力的证据体系，追究对方侵害我方合法权益的犯罪行为，不但令史某为其违法行为付出应有的代价，而且能够在附带民事诉讼中追偿损失，还能够让对方彻底丧失持续攻击比绅公司的能力。关于史某非法经营与比绅公司同类营业、截取属于比绅公司的业务的行为，违反了公司法关于高层管理人员行为准则相关规定，可依法向史某主张损害赔偿。

针对对方侧翼与后方的薄弱环节与致命要害，全面深入地收集各种要素与证据，如同两军对垒中的敌情侦察，只有全面掌握对手薄弱环节或致命要害的相关情报线索，才能实施精准打击，确保战术打击力度与纵深度。相应地，在重大、疑难、复杂案件解决过程中实施战略大迂回时，只有以客观、翔实、全面的证据体系作为基础，才能在侧翼与后方包抄合围战术运筹中立稳脚跟、稳操胜券。

三、部署侧翼与后方包抄战术体系

全面掌握对方侧翼与后方薄弱环节与致命要害，就此展开精挖细掘、掘地三尺的调研摸底与要素收集，形成翔实有力的证据体系以后，并非毫无计划地将所有优势资源一次性用尽，必须讲究谋略与章法，区别轻重主次缓急，梯次递补布排战略资源体系。好多案件深陷泥泞困厄，与双方或者一方不讲谋略章法、毫无计划地将所有优势资源一次性用尽的风格有关，本以为这样能够较快解决问题，殊不知重大、疑难、复杂案件与普通案件完全不同，其疑难复杂特性往往是人为布设的，战略形势随时都有可能发生转移，当一方一次性将所有战略力量用尽却并未达到巩固战略成果、稳操战略优势的战略意图，对方再次组织有生战略力量发起反击时，基本上只能面对覆亡的命运。这种不懂抓主要矛盾与关键问题、不谙统筹的盲目冒险作风，非但不能解决案件核心问题，反倒陷入多线作战的胶着迁延状态，偏离了解决重大、疑难、复杂案件的正确方向。针对对方侧翼与后方的薄弱环节与致命要害，调查收集的证据材料体系，相当于我方的弹药资源，从全局战略高度分析，属于我方有生战略力量，如果在无关战局命运的战场消耗太多，显然会严重影响我方战略目标的实现。因而，必须珍视任何有生战略力量，确保好钢用在刀刃上，充分发掘战略力量的最大价值。并根据调查收集的证据材料体系，分轻重主次缓急地部署具体战术行为，形成全方位、立体化、多层次、纵深化的侧翼与后方包抄战术体系。

（一）十分重要且十分紧急的核心战术

以前述比绅公司与史某案件为例，在正面防线战场，比绅公司与史某在天价劳动纠纷案件再审中持续较量，而该案的核心问题便是天价劳动纠纷案件的结果，全面驳回史某在天价劳动纠纷案件中的诉讼请求，无疑是我方核心目的。因而，围绕核心目的在侧翼与后方部署战术时，必须优先考虑能够最大限度地达成该核心目的的选项。在对方侧翼与后方所有可能战术据点中，提供虚假证明文件犯罪行为显然与再审案件的较量直接相关，如果最终认定昭示鉴定所非法出具涉案鉴定意见书的行为构成提供虚假证明文件犯罪，六千余万元天价劳动纠纷案件原判所依据的基础证据将被彻底否定，原判决显然应当予以改判。因此，必须将追究提供虚假证明文件罪的战术行为作为重要且紧急的核心战术，其他战术行为必须为核心战术服务，以该核心战术为刀锋，从侧翼与后方突破对方战略防线，扭转战略形势。

（二）重要但不紧急的重要非核心战术

其他可证明对方史某构成诈骗、职务侵占、挪用资金、诬告陷害、损害商业信誉与商品声誉刑事犯罪的证据材料，均可分别转化为五项具体战术行为，实施后对方史某将为其侵害我方合法权益的违法行为承担重大责任。但对再审案件正面防线的战局并无关键性的助益作用，而且有报复泄愤、扩大打击面之嫌，因而，可作为重要但不紧急的非核心战术体系，始终保持箭在弦上的战备状态，一旦需要便立刻全面启动以响应正面防线及侧翼与后方核心战术，完成大范围的战略包抄合围。侧翼与后方重要非核心战术体系需要全面启动的情况，一般是正面防线战场失利或者侧翼与后方核心战术行为失利。一旦全面启动重要非核心战术体系，于对方而言也是灭顶之灾，完全能够实现以实力完全碾压并全面征服对手的战略目标。

（三）一般重要也不紧急的增项战术或后备战术

关于对方在担任比绅公司总经理期间，以亲属名义经营与比绅公司同类的营业，并且多次将属于比绅公司的商业机会窃揽至其公司，比绅公司可依对方违反公司法有关高层管理人员行为准则为由主张损害赔偿，从而部署具体的战术行为。但该战术于六千余万元天价劳动纠纷再审案件的正面防线而言，无重要助益作用，还会拉长比绅公司战线，分散战略力量。因而，待正面防线战场全面彻底胜利或者全线失利后，作为锦上添花的增项战术或经济利益兜底的后备战术亦无不可。

总之，在运筹战略大迂回、侧翼与后方包抄合围大战术时，在对方侧翼与后方部署战术体系，要充分发掘每项战略力量的最大效用，不可将弹药一次性打光。分轻重主次缓急地部署有机协调、多层互动的战术体系，分别设置重要且紧急的核心战术、重要但不紧急的重要非核心战术、一般重要也不紧急的后备战术或增项战术，以适应双方讼争复杂形势发展之需要，确保达到战术层次丰富、战略纵深度大、战略力量厚度稳若磐石的标准。

四、有条不紊地运筹侧翼与后方战术体系

在对方侧翼与后方部署的战术体系，需要与正面防线战术协调推动，起到辅助正面防线战术的战略策应作用。正面防线战术是我方整体战术体系的核心，需要攻防兼备，实际力度与声势均需到位，以吸引对方战略注意力并牵制对方战略主力，为侧翼与后方的包抄战术提供战略机遇期。侧翼与后方的战术一旦部署到位，讲究雷霆出击，以迅雷不及掩耳之势拿下既定战略据点。无论是单个核心战术行为，还是多个重要战术行为复合运作，都讲究短平快，切忌过分纠缠。若迟重优柔，非但无助于正面防线战场，反倒另行开辟非必要战局，徒增泥泞困厄。侧翼与后方的战术运筹，虽然讲究短平快，但更重要的是有条不紊，协调推进，层次分明，建立深厚的战略力量基础。

（一）核心战术与正面防线战术相得益彰

在对方侧翼与后方运筹战术体系，首当其冲的便是核心战术，该战术行为取得预期战术成果后，足以决定战略形势的转移。虽然核心战术的预期战术成果未必能够实现正面防线战场追求的终极目的，但往往能够大幅增加正面防线战术体系的战略力量，极大地促进正面防线战场总攻条件的成熟，对全局战略形势具有至关重要的作用。在本章前述案例中，我方比绅公司从对方侧翼与后方包抄，以追究对方阵营中昭示工程造价鉴定事务所提供虚假证明文件罪的战术，将原审认定事实最重要的证据鉴定意见书彻底推翻，最后与正面防线战术实现包抄合围。从根本上动摇了再审案件正面防线的基础，以最强劲的战略支撑力度，促进了正面防线战场取得决定性的战略突破。该侧翼与后方核心战术与正面防线战术互相配合，协同推进，相得益彰，正是我方实施战略大迂回、侧翼与后方包抄合围大战术运筹的终极目的。

（二）正面防线或核心战术失利时，重要非核心战术体系有序启动

重大、疑难、复杂案件解决过程中，双方的争斗异常激烈，客观形势变幻莫测，不到终局结果出现，任何一方也不能在一次重大战略胜利后便认为稳固地掌控了战略优势，稍有不慎，对方便可组织起有效反击卷土重来。因而，在实施战略大迂回、侧翼与后方包抄合围大战术运作时，一旦遇到侧翼与后方核心战术受挫，则第二序列重要非核心战术体系便提前启动，保障侧翼与后方战线的持续战略进攻力度。

重要非核心战术在侧翼与后方整体战术体系中，是除核心战术之外最具战略力度的战术部署，其战术威力与核心战术相比不遑多让，只是与正面防线战术关联度不及核心战术紧密。侧翼与后方战线核心战术体系实施成功后，能够直接奠定正面防线战场的胜利基础，或者直接导致本方掌控战略优势。重要非核心战术实施成功，虽不能直接导致正面防线战场的胜利，但往往能够使对方彻底丧失讼争的可能性。由此看来，侧翼与后方重要非核心战术体系不及核心战术的准，但在稳与狠方面，却是有过之而无不及。实务中，重要非核心战术经常发挥奇兵制胜的战略作用。

在本章前述案例中，侧翼与后方战术体系包括追究对方诈骗、职务侵占、挪用资金、诬告陷害、损害商业信誉与商品声誉刑事犯罪的五项具体战术行为。该重要非核心战术体系中，每个战术行为均可单独实施，任何一个战术行为都能够产生决定性的战略震慑。在双方讼争白热化阶段，对方无所不用其极地构陷施害，实施这些战术行为倒也算快意恩仇、酣畅淋漓，但重大、疑难、复杂案件讼争终非真正的战争，因而需要把握良善的尺度，非到万不得已决不使出绝招杀招，轻易不扩大打击面。若对方负隅顽抗，一如既往地四处罗织构陷、煽风点火，导致我方正面防线失利或者侧翼与后方核心战术失利，则重要非核心战术体系必须立即启动。至于是五项战术一并启动还是分批次有理有节地启动，需要审时度势，灵活掌握。以笔者实务经验分析，侧翼与后方重要非核心战术体系运筹时，必须区分轻重主次缓急，确定一个相对核心的战术行为，该核心战术行为应该具有极大成算，根据现有客观证据判断，能够毫无障碍地实施成功，力争一举达成预期的战术效果，其他战术行动在此基础上实施包抄合围，迅速分割穿插，形成对对方侧翼与后方的全面包抄之势。

（三）后备战术与增项战术的运筹

在侧翼与后方战术体系中，后备战术、增项战术与正面防线战场关联性不甚紧密，未必具有较大的战略震慑力，但从全局战略高度考量，却具有一定价值，往往有助于我方利益目标的达成，或者减少我方的战略损失。后备战术与增项战术的战略意义，不是锦上添花，就是雪中送炭。在我方正面防线及侧翼与后方战术体系形成合围之势，并取得大获全胜的结局后，视情况而定，确有必要则可启动后备战术或增项战术，进一步扩大战略成果。如果本方在正面防线战场与侧翼与后方战术体系中全线失利，则后备战术与增项战术可以发挥兜底作用，在一定程度上弥平损失。

在本章前述案例中，退一千万步，如果再审案件正面防线与侧翼与后方核心战术以及重要非核心战术体系全线失利，即再审案件未获翻盘，追究非法鉴定人提供虚假证明文件罪未成，对方其余刑事犯罪行为亦未获追究，则必须启动后备战术与增项战术，基于对方任职比绅公司总经理期间经营同类营业、截获属于比绅公司的商业机会的违法行为主张损害赔偿，至少可以在一定程度上弥补比绅公司的损失。根据我方比绅公司实际损失情况，对方应该赔偿的数额甚至可以弥补天价劳动纷争案件造成的六千余万元损失。由此看来，后备战术与增项战术还是具有相当重要的战略意义，关键在于运筹得当。

五、合 围

在重大、疑难、复杂案件中，对方布设的正面防线异常强大，从正面直接突破基本不可能，即使存在直接突破的可能性，结局也必定是杀敌一千、自损过千，因而有必要实施战略大迂回，从对方侧翼与后方实施大范围、大纵深的分割穿插，形成有效的战术据点并争取达成预期战术效果，实现对对方侧翼与后方的包抄，最终与正面防线战术配合呼应，形成总体合围之势。战略大迂回的终极目的是为了与正面防线战术体系配合呼应，实现对对方的包抄合围，使对方在正面防线的战略力量部署全部失效，而侧翼与后方却完全沦陷，以避实击虚的策略完成战略优势的转移，从而奠定全面胜利的基础。侧翼与后方的战术体系具有出奇制胜的特质，是重大、疑难、复杂案件中相对恒定的客观规律。之所以成为客观规律，与其产生的客观基础有直接关系。对方倾尽全力布设正面防线，战略力量与资源几乎全部投入于正面防线，虹吸效应导致侧翼与后方必定出现空虚，而我方采取避实击虚的策略，实施战略大迁回，绕到对方侧翼与后方，以我方之实力精华攻击对方之空虚赢弱，可谓稳操胜券。待对方侧翼与后方沦陷后，往往已经丧失反击能力。因而，侧翼与后方的全面胜利往往就能够奠定案件复杂讼争的全面胜利。笔者操盘解决过的重大、疑难、复杂案件中，绝大多数都是在侧翼与后方取得彻底胜利后，使对方陷于两线作战的困局，往往侧翼与后方对其更具长远战略意义，为回救侧翼与后方便无力在正面防线抗争，只能权衡利弊后与我方全面休战，划鸿沟而治。侧翼与后方战线的全面胜利，在一定程度上意味着全局胜利，因而，侧翼与后方战术体系与正面防线战术体系合围，在我方争取重大、疑难、复杂案件全面胜利的道路上，具有划时代的重大意义。

在本章前述案例中，侧翼与后方的核心战术追究对方阵营成员提供虚假证明文件罪，使原审判决所依据的唯一证据不复存在，彻底动摇原审判决基础。该核心战术始终与再审案件正面防线相呼应，一旦非法鉴定人构成提供虚假证明文件罪，则再审案件必定全面改判，正是正面防线战术体系、侧翼与后方战术体系协同推进，形成合围之势后的战略成果。如果司法机关经过调查最终认定不构成提供虚假证明文件罪，则比绅公司全面启动侧翼与后方战术体系中的重要非核心战术体系，追究对方诈骗、职务侵占、挪用资金、诬告陷害、损害商业信誉与商品声誉的刑事犯罪责任，亦可与再审案件正面防线联动配合，尤其是职务侵占、挪用资金、诈骗、损害商誉犯罪行为本身就否定了对方在天价劳动纠纷案件中的诉求，亦能对再审案件正面防线直到重要辅助作用。同时，这些侧翼与后方重要非核心战术，每个战术都可单独发力，使对方彻底丧失继续与比绅公司绵延缠斗的可能性。即使再审案件正面防线失守，我方仍可在侧翼与后方重要非核心战术行为刑事附带民事诉讼中主张相应赔偿责任，赔偿数额完全可以弥平天价劳动纠纷案件造成的损失。若达成这种结果，也是正面防线战术体系与大迁回战术体系合围的结果，虽然不及核心战术般严丝合缝、相得益彰，但也足以导致对方全面溃败。

侧翼与后方战术体系与正面防线战术体系的合围，必须是在侧翼与后方战术分割穿插、迅疾夹击包抄对方侧翼与后方薄弱环节与致命要害后，瞬时导致对方侧翼与后方沦陷的形势下，侧翼与后方战术成果旋即与正面防线战术夹击合围，使对方在正面防线战场前进无力，在侧翼与后方后退无路，最终一溃千里。正如前述案例中对方史某一样，原审据以定案的鉴定意见书被提供虚假证明文件的刑事犯罪废掉，正面防线的再审案件再往前推动毫无意义，侧翼与后方又有六大刑事犯罪问题在严阵以待，对方的处境真可谓水深火热。

六、巩固战略优势

在正面防线战术体系与战略大迂回战术体系形成合围之势后，我方便基本上掌控了战略优势，只要不犯原则性的错误，战略优势轻易不会发生转移，但也存在例外情况。笔者操盘处理一宗重大、疑难、复杂案件时，我们介入代理时我方已被逼入绝境，在正面防线主诉讼争中全面处于下风，眼见极为不利的终局结果即将出现。我方的侧翼与后方也被对方全线攻破，我方公司董事长被对方控告的两桩刑事犯罪问题折磨得身心俱疲，无心再抗争较量，遂生请降求和之意。进行了两轮和谈，对方咄咄逼人、得理不饶人、得势必落井下石的嚣张气焰再次激怒了我方公司董事长，他决心即使冒着身陷囹圄的风险也誓与对方抗争到底，赔款可以，但决不纳贡称臣。笔者通过充分了解双方诉争情况，全面分析诉争客观形势，凭经验初步判断是我方严重缺乏应对重大、疑难、复杂案件的经验，完全陷入对方设定的程序与节奏，亦步亦趋地被动应战，因而导致陷入全面的战略被动。对方具有一定的重大、疑难、复杂案件斗争意识，懂得在正面防线之外开辟侧翼与后方战线，使我方完全陷入两线作战的窘境，根本无法形成有效的战略防御，更别提组织战略反击力量。经过专业深入调研，发现对方的诉求存在严重问题，其主要发难的问题是我方施工质量存在严重问题，以此拒付工程款项，同时反诉主张高于拖欠我方工程款数额的赔偿。但工程已经竣工验收并全部销售，至今未出现过购房人与对方交涉房屋质量问题的先例，对方在诉讼中对此问题也一直回避。对方申请鉴定工程质量，均将防水等非主体质量问题上纲上线地进行扩大解读，鉴定程序及鉴定结论本身存在严重问题。而且我方在诉讼中对待鉴定意见的质证态度存在严重错误，竟然把鉴定意见书当作类似于政府机关公文般的法律效力予以对待，未做任何质疑辩驳。因而，诉讼案件本身大有可为。同时，对方追究我方公司董事长刑事犯罪问题所依据的证据体系，不能完全界定为捏造事实、伪造证据，但曲解法律、牵强附会是确定无疑的，控告虽有一定的事实基础，但根据公安部就此类案件实务处理的指导精神，可以确定对方的控告终究不会成功。针对对方无所不用其极地攻击现状，我方的反制手段自然需要丰富强大。通过对战略战术运筹的整体谋划，我方在民事诉讼正面防线中建立起强势的防御反击战术体系，并且作出战略大迂回、侧翼与后方包抄合围的重要决定。我方公司董事长茅塞顿开，立即安排人员进行了精挖细掘的调研摸底与要素收集，最后掌握了大量对方涉嫌故意伤害、非法拘禁、强迫交易的翔实证据，形成我方侧翼与后方具体战术体系。以雷霆之势从对方侧翼与后方展开猛烈分割穿插，形成多点包抄之势。不到半月时间，对方公司董事长因刑事犯罪证据确凿，被依法采取强制措施。因为无人再从中作梗，双方民事诉讼得以正常处理，战略形势迅疾转变。我方通过大量的证据力证对方有关质量鉴定系违法悖理，且工程已经竣工验收，法院最终完全支持我方的诉讼请求，全部驳回对方的反诉请求。该案中我方成功地实现绝地反击，对方显然是在已经成功完成正面防线战术与战略大迂回战术体系合围并掌控了战略优势的情况下，掉以轻心、麻痹轻敌，最终导致全面覆亡的结局。

在基本掌控战略优势，对方无路可退的时候，往往是最危险的战略节点，对方面临交割巨额利益的不甘、可能身陷囹圄的焦虑狂躁、全面溃败的尊严羞辱，进行困兽犹斗、狗急跳墙般抗争的可能性极大。因此，在基本掌控战略优势的情况下，我方巩固战略成果并顺利实现最终战略目标的谋略显得至关重要。

可以和谈，但必须始终保持战略压迫态势。在我方基本掌控战略优势，对方请降寻求和解时，于成本而言我方不应拒绝，但必须保持足够的战略压迫态势，所有枪炮非但不能放下，而且始终保持战略瞄准与发射的态势。和谈成功，自然铸剑为犁，兵器入库；若和谈崩裂，则丝毫不给对方预留战略机遇期，瞬时发动龙卷风般的最终决战，全面击溃对方战略防线，赢得最终的战略目标。

展示我方战略力量厚度。在我方掌控战略优势的时候，对方已经真切地感受到了正面防线与战略大迂回防线战术合围夹击的威力，但为了让对方彻底断绝孤注一掷、殊死一搏的念想，宜不失时机地向对方展示我方战略力量的厚度，促使对方认清形势，不做无谓的负隅顽抗，如此能够大幅降低我方战略成本投入。在前述比绅公司与史某的重大、疑难、复杂案件中，我方侧翼与后方的核心战术追究提供虚假证明文件罪，从根本上否定了原审判决基础，与再审案件正面防线战术合围夹击后，对方已经深知威力巨大，但并不能完全保证对方就此止步。因为对方为炮制六千余万元天价劳动纠纷案，以同样的事实与理由，三次变更案由而捏合成型，展现出极为顽强的战斗意志。此局失利，对方全面服输的可能性极小。因此，我方不失时机地向对方展示了战略力量的厚度，将战略大迂回、侧翼与后方包抄合围大战术运作中未曾发动的重要非核心战术体系进行了毫无保留的实力展示，包括追究对方诈骗、职务侵占、挪用资金、诬告陷害、损害商业信誉与商品声誉等刑事犯罪责任，并将后备战术与增项战术也予以明示，将对方任职比绅公司总经理期间经营同类营业、截获属于比绅公司的商业机会的违法行为主张损害赔偿的计划坦诚告知。在我方深厚的战略震慑力量面前，对方经过反复权衡，深感无力抗争，无论是有生战略力量还是斗争意志，均无力为继，我方战略目标遂由此达成。

　　适可而止，保持持续的战略震慑。笔者不建议在掌控战略优势并且完全可达成战略目标时赶尽杀绝，因为这样会遗患无穷。在重大、疑难、复杂案件讼争中，没有任何一方会处于绝对的弱势，各个当事人都能量非凡，若在占据战略优势的情况下赶尽杀绝，别说重大利益交割而引发的绝对性敌对关系，单凭尊严与感情方面打成的死结，足以为本方埋下无穷隐患。如果能够在占据战略优势时得理饶人，放眼长远，不但全面而彻底地解决了当前案件讼争问题，而且为未来扫清了路障，甚至还能因为我方的全面战胜博来对方敬畏而惺惺相惜，或可再次珠联璧合。实务中，笔者经历过太多重大、疑难、复杂案件中双方当事人由激烈讼争至情谊甚笃的转变。我方强势反击并最终掌控战略优势后，对方主动求和仅非屈服于我方的战略震慑，更多的是突然觉得我方与其同样强大而产生的敬畏与尊重。双方由于长期反复缠斗，事实上已经建立了旗鼓相当的对手之间更愿欣赏对方优点与长处的战斗情谊。况且，在我方足够的战略力量厚度面前，只要对方没有彻底疯狂，量其也不会主动发起对抗与较量，毕竟我方引而未发的强大战术体系，并不会因为双方握手言和而失效，其战略震慑力将持续存在。

第六章
形成稳固的战略攻防体系

第一节 概　述

前两章重点论述绕开对方布设的正面防线，实施战略大迁回，从对方侧翼与后方更大范围内针对其薄弱环节与致命要害，实施大纵深分割穿插，建构大迁回战术体系对对方侧翼与后方进行包抄，取得预期战略效果后，与正面防线战术体系夹击合围，形成强大的战术复合力量，从而掌控战略优势，使对方陷入两线作战的危亡境地，前进无力，后退无路，最终达成我方总体战略目标。其中，避其锋芒、绕开对方正面防线主要针对绕开对方布设的正面防线的必要性以及如何绕开的实战操作进行论述，战略大迁回、侧翼与后方包抄合围主要针对绕开对方布设的正面防线以后，实施战略大迁回的战略战术实操细节进行论述，侧重于在对方侧翼与后方的薄弱环节与致命要害部位部署全新的战术体系，形成侧翼与后方系统化战线。虽然部分内容涉及与正面防线战术体系实施夹击合围，但总体而言，前两章重点在于论述绕开对方布设的正面防线的必要性、如何绕开对方正面防线、绕开后战略战术部署问题，本章重点论述建立正面防线战线与侧翼与后方战线之后，两条战线协同运作，各个具体战术有条不紊地渐次铺开，形成稳固的战略攻防体系的问题。

对方蓄谋已久、倾尽全力布设的正面防线，我方在正面防线与对方对抗较量的同时，选择避其锋芒，绕开正面防线，从对方侧翼与后方实施战略大迁回，建立侧翼与后方战线，这样就明显形成两条战线。正面防线战线攻防兼备，侧翼与后方战线以进攻为主，两条战线高度统一，各个战术之间协同配合，有条不紊地同步推进，相得益彰。在千头万绪、攻防随时转换的复杂条件下，需要极强的战略掌控与战术调整适应能力来驾驭全线战术体系，以确保两条战线始终产生战术复合力量，形成稳固的战略攻防体系。避免各自为政，制造了更多、更纷乱的新战场，最终偏离正确的战略方向，导致根本问题得不到解决，反而使本方或者双方陷入更胶着迁延的泥泞困厄。

第二节　稳固的战略攻防体系的实战案例参考

由于论述内容以全局战略掌控以及战术运筹居多，属于思想、哲学、理念、价值观、方法论范畴，基本上没有停留在具体案件法与术的层面进行法律专业探讨，相对比较抽象，对于缺乏重大、疑难、复杂案件实战经验的人来说较难理解，因而宜结合实战案例进行阐述，以便更好地理解运用。笔者操盘解决过一宗重大、疑难、复杂案件，在形成稳固的战略攻防体系问题上具有代表性，因而对该案作以梗概介绍，以便在以下论述中理论与实践相结合，更易理解掌握。我方委托人成某与对方利益共同体五名成员是亲兄弟姐妹关系，成某排行老大，以下为表述方便称其为成大，对方利益共同体成员依次类推，称其成二、成三等。成大十七岁起便在国外医疗器械行业工作，积累了丰富的经验，敏锐地预测到国内医疗器械市场潜力巨大，因而决定在国内开设公司经营医疗器械。因为国外事业几乎需要投入全部精力与时间，便全面委托成二出面设立普渡公司，约定成大全额出资、提供业务资源并在后台操盘运作，成二在前台经营管理，议事表决全由成大决断，分红按照成大百分之六十、成二百分之四十进行分配。由于成大长期在国外医疗器械行业从业积累的资源、渠道与人脉，加之当年国内该领域缺乏必要竞争，普渡公司业务蒸蒸日上，气势如虹。成大对公司资金支持也相当到位，不到五年时间，普渡公司已经成为业界相当权威的龙头企业，风光一时无两。成二已然跻身社会上层，对大哥自是非常敬重感激。随着普渡公司迅猛发展，需要更多亲信参与其中独当一面，成家老三至老六自然成为最佳人选。因为成家孩子多，家境相当困难，成大正是因为家庭困难才过早辍学出国务工。成三至成六虽在成大资助下都学业有成，但由于年轻，依然都是身无半亩的状况，遂自然而然地参与到普渡公司的经营管理当中，并且均担任了普渡公司各个部门的要职，形成改革开放后典型的家族企业模式。

如果一切都在约定、规则、规矩、良知、界限的约束下顺利发展，普渡公司必将稳居业界龙头，成家兄弟姐妹共同创业的神话，会成为激励无数家庭团结一心共创大业的精神教条。但遗憾的是，在公司蒸蒸日上、气势如虹的时候，成二联合其他兄弟姐妹逐渐开始与成大展开对抗，明显形成以成二为核心的派系，处处排挤成大。尤其是在经济利益上逐渐吞食成大份额，成大已经让出百分之二十的股权给其他兄弟姐妹，但成二等人依然在红利分配上大做手脚，严重地虚报支出，屡年核算出公司微利或亏损的结果。成大作为该行业资深人士，凭借第六感都能判断出公司盈利情况，何况主要业务资源全靠成大在国外医疗器械市场的积累，成大自然明白其中猫腻。但成大碍于兄弟姐妹情谊，反正肥水未流外人田，选择睁一只眼闭一只眼。

树欲静而风不止。有一次，成大回国后刚出机场就被一帮身份不明的人强制送入精神病医院，无论成大怎么辩解也无济于事，越辩解越被坚定地认定为精神疾病患者。后来，在接受完漫长的"强制治疗"，且有众多朋友鼎力相助的情况下出院。通过深入了解才得知系兄弟姐妹们精心策划，捕风捉影的理由是成大患有精神疾病，而且屡有暴力伤人行为。原来，成大因为工作压力大经常失眠，被诊断为轻度抑郁症。有意思的是，在国内因失眠数次去医院治疗时，成二等人全程陪同，跑前忙后地操办，成大当时觉得弟弟妹妹们对自己关怀备至，为此感动不已，直到事发才恍然大悟，原来是成二等人早已设好的局。至于暴力伤人行为，成大后来反复思索，推断应该是自己脾气较暴躁，又是兄弟姐妹中的老大，后带领兄弟姐妹们创业，让个个都摇身一变成为亿万富翁，自觉劳苦功高，自然有些专横强势，曾有几次在普渡公司开会时因意见相左，成大觉得成二等人观点明显错误却固执己见，曾动手打过成三、成四、成六。这些被成二等人利用，与成大曾经数次就医被诊断为抑郁症的结果相结合，成大便莫名其妙地被精神病了。

矛盾已经明朗化，成大遂委托专业人士对普渡公司进行全面调查，发现了更令人瞠目结舌的情况，成大名下仅剩的百分之四十股权，悉数不翼而飞，统统转至成二等人名下，成大对此根本就不知情。公司曾经投资购置的整层写字楼房产，当时价值至少六亿以上，但竟被以一亿余元拍卖，并且迂回转至成四名下。成大义愤填膺地找成二等人理论，每找一次对方就报警，找了三五次以后，成大又被强制送入精神病医院，再次经历了漫长的"强制治疗"。从此坐实了精神病患者身份，股权被莫名其妙地转走、成大奔走呼号地维护权益等行为，越看越像神经病。社会舆论向来具有选择性重构的倾向，当所有表象均说明成大就是神经病的时候，智子疑邻的精明聪慧不容成大作任何辩解，群氓意识裹挟着好事之徒的围观议论热情不断发酵，最终形成成大就是神经病的铁打事实。成大百口莫辩，控诉无门。亲兄弟姐妹骗父亲签字后，将成大送入精神病医院接受强制治疗，谁也没有必要去怀疑其合理性。

理论无果的情况下，成大发表了太多过激言论，扬言报复之类的应该不在话下。可惜成大错估了形势，成二等兄弟姐妹早已不是当年的他们，现在个个神通广大，笑谈有鸿儒，往来无白丁，呼风唤雨根本不算难事。成大在短短半年内，三次突遭人身袭击，最严重的一次被打至小腿粉碎性骨折。成大明知是成二等人背后指使，但苦于缺乏证据，事情都不了了之。再说，无人在意一个神经病被打成什么样子。成大做生意在行，但与恶人斗争的水平实在是童稚级别，除了找人理论与发泄情绪，意图唤醒装睡人之外，似乎没有太多更好的招数，便委托专业人士代理解决。当时的代理人认为核心问题就是股权在未经成大同意并签署相关必要文件的情况下转走，应该集中解决该核心问题。经过调查后发现，成二等人为了完成股权变更，伪造了成大的身份证，还伪造了当地商务管理部门以及某股权交易所的文件，当然，所有成大的签字均系伪造。代理人就当地商务管理部门、股权交易所文件，提出政府信息公开申请，要求相关部门说明其真伪，得到令人满意的答复，均一致表明从未出具该文件，印章也非本单位印章。代理人以此登堂入室，作了印章非同一的司法鉴定，同时也对假冒成大签名事项申请司法笔迹鉴定，得到的结果同样是非成大本人书写。一切准备妥当，遂提起行政诉讼，要求工商行政管理部分依法撤销该股权转让变更登记行为。

在已经提起行政诉讼后，成大曾咨询过笔者，笔者也曾提出大致解决方案，倾向于绕开对方布设的正面防线，从对方侧翼与后方着手解决。针对股权被非法转走、公司财产被低价转移的情况，不宜采取针锋相对的行政诉讼撤销工商变更登记，因为无论从法律规定、法律程序、行政责任等方面考量，对方均进行过精心设计，我方肯定占不到任何便宜。应该在对方布设的正面防线创建全新的战线，从股权被转走之前股东盈余分配、股东知情权、公司财务账目等方面入手，获取有价值的要素，拾级而上、登堂入室地展开追究。并从对方布设该正面防线时实施了太多神机鬼械、鬼蜮伎俩、巧设机局的违法犯罪行为，侧翼与后方的薄弱环节与致命要害甚多的客观形势着手，在该区域部署大范围、大纵深的战术行为，集中所有优势力量攻陷对方侧翼与后方。对方一系列违法犯罪行为被追究刑事责任后，其利益共同体联盟自然解体。在正面防线战场上，对方非法侵吞成大的财产权益，无论通过我方全新部署的战线，还是通过刑事附带民事诉讼方式实现，抑或利用绝对战略优势和谈，均能够挽回损失。但考虑到双方是血浓于水的亲兄弟姐妹，笔者建议成大还是慎重考虑，毕竟只是为了经济利益斗争，如果让对方悉数身陷囹圄，成大也未必能够安心。虽然对方从未念及亲情，对成大可谓机谋算尽、痛下杀手、不留活路，但成大未必以同样的方式对等报复。虽然我方所有战术行为均具有事实基础且合法合理，但从情感、道德层面分析，还是觉得存在一定问题，毕竟双方是一母同胞的亲兄弟姐妹。笔者甚至曾试图劝说成大看开，选择宽恕兄弟姐妹们，反正都在自家范围内，肥水未流外人田，再说成大在国外产业颇丰，金钱根本不是问题。但成大内心根本难以平衡，或许只有亲身经历才知道其中痛楚，他人再设身处地地换位思考，也无法真切感悟个中滋味。但笔者的劝说多少触动了成大内心最柔软的区域，感觉到他不想做得太绝，对正面防线创建全新战线以及在对方侧翼与后方实施战略大迂回、侧翼与后方包抄合围的总体战略架构很是认同，但还是想以较柔和的专业技术处理模式试试看。

至于撤销工商变更登记的行政诉讼，笔者一点都不看好。因为工商行政管理机关只是履行登记义务，只要程序合法即可办理，申请登记资料的真实性由当事人负责。当年工商变更登记并非必须要求股东亲赴现场做身份认证，甚至好多大型上市公司的股权变更登记，均由中介代理机构一手操办完成。因而，虽在合法的程序下办理，但当事人提交了虚假文件资料，导致侵犯了某些人的合法权益，该法律责任应该由做出违法行为的当事人承担，并不会导致工商变更登记行为违法或者无效。正如在无法读取电子数据、识别人脸的年代，仅凭形式上的身份证件登记结婚时，民政局的工作人员没有办法，也没有义务去识别身份真假。双方登记后，一方发现对方伪造身份证后，不能要求民政部门承认自己的行为违法一样的道理。也就是说，工商行政管理部门在股权变更登记过程中，仅履行形式审查义务，无实质审查的可能性。申请股权变更登记资料的真实性而引发的法律后果，均由当事人承担，对于当事人及代办人员，在办理业务时均要求签署法律责任声明文件。

果不其然，基于以上理由，成大的行政诉讼请求被驳回，上诉后亦被裁定维持判决，后又向最高人民法院申请再审，在行政诉讼程序中整整消耗了四年有余，但问题依然如初。成二等人生意做得有声有色，像好勇斗狠的角斗士鄙夷战败者一样，成二等人将这位带头大哥的尊严与人格彻底踩进泥土。成大完全深陷于官司纠缠，无心营务正业，整天绞尽脑汁地思考如何打赢官司。没有更好的办法去解脱，重大、疑难、复杂案件就是蕴含着重大利益，诱使人们为之疯狂，人为布设的极限化疑难复杂最是无解，对方狡黠、善变又贪婪，靠良善与规则根本无法将其唤醒。我方心存善念不想做绝，选择以君子擂台比武的方式决一雌雄，但在对方看来与腐儒的穷酸理论争辩无异。要彻底解决，必须拒绝或者绕开对方建立的对话模式，开辟属于我方掌控的全新战线，才有希望获得胜利。在重大、疑难、复杂案件中，人性、规则、法律、道义等均经不起考验，这里是强者存活的丛林，只有实力才拥有发言权。

成大的耐心、良善被无情的现实彻底粉碎，内心充满了复仇的愤怒，决定以最决绝的方式惩罚那些忘恩负义的人，并维护自身合法权益。其实，成大这样做无可厚非，但作为旁观者，心里却翻江倒海，总有说不出的滋味，自然会联想到有朝一日自己是否也会与至亲为了争逐身外之物而殊死搏杀。作为专业操盘解决重大、疑难、复杂案件的人，因为专业而富于阅历被当事人信任，以合法的方式尽力维护委托人权益才是唯一选择，就像医生不能夹带私人感情因素去工作一样。既然接受成大委托，我们只能别无选择又五味杂陈地离间他们兄弟姐妹关系，尽管他们已经因为重大利益而反目成仇。

笔者介入以后，针对对方转走成大全部股权并将公司财产转移至对方个人名下而布设的正面防线，立即停止在行政诉讼中的无益消耗。笔者当初预判行政诉讼毫无意义，事实证明确实如此，成大也完全赞同。我方立即实施正面防线战略大转移，提起股东权益诉讼，对历年公司营业收入、成本核算、股东盈余分配、财务账目等问题，要求逐一核查，在诉讼中以证据保全的方式申请法院调取公司历年财务账目，展开全面审查核算。以此将对方合伙做假账，不给成大分红的行为予以揭露，同时拿回历年应该得到的股东分红。同时，借此也可将对方通过虚假评估、拍卖的方式把公司财产转移至个人名下的行径予以揭露以便追索。

通过全局分析案件客观形势，发现对方在构筑正面防线时无所不用其极，好多手段已经完全构成刑事犯罪，从重大、疑难、复杂案件全局战略高度看，便是对方侧翼与后方明显的薄弱环节与致命要害。这些薄弱环节与致命要害部位包括为实现股权转让的目的而伪造商务管理部门的公文与印章、伪造某股权交易所的文件与印章、伪造成大身份证与签字；伪造文件、印章、身份证、签名骗取工商变更登记，非法获得价值重大的股权，构成刑事诈骗；在成大与对方理论追究期间，对方指使他人暴力殴打成大致其重伤；对方将公司购置的房产通过虚假拍卖方式转移至个人名下，构成诈骗；同时，在将公司财产非法转移至个人名下的过程中，对方以利益唆使拍卖公司、资产评估事务所等中介服务机构提供虚假证明文件；对方为达成其侵夺成大资产的目的，机巧地玩弄程序并罗织构陷成大是精神疾病患者的情况，让成大错误地接受强制治疗，虽然按照现行法律规定必须很遗憾地接纳其不触犯刑律的现实，但其行为至少严重地侵犯了成大的人身权。我方完全可以针对对方侧翼与后方这些明显薄弱环节与致命要害部位，部署有针对性的战术，形成大迂回战术体系，时机成熟时与正面防线战术共同实施包抄合围。

对方布设的正面防线，我方以战略转移以后的股东权益诉讼进行全面、深入追究，在保障权益的同时，完全牵制对方战略注意力，为侧翼与后方的战略部署与战术运筹赢得战略机遇。针对对方侧翼与后方薄弱环节与致命要害部位，部署了针对性极强的战术体系，包括追究对方伪造政府机关文件印章、伪造居民身份证件刑事犯罪共三宗；追究对方刑事诈骗一宗；追究对方故意伤害刑事犯罪一宗；追究对方利益共同体联盟两位主体提供虚假证明文件罪各一宗；同时，基于成大被精神病的事实，筹划追究对方侵犯人身权的侵权责任。这些具体战术在对方侧翼与后方大范围内实施分割穿插，逐一击破，形成包抄局势。然后与正面防线战术呼应结合，协调推动，实现战略夹击合围，形成稳固的战略战术体系。最终使对方在正面防线战线全面溃败，非法转让股权以及转移公司资产、剥夺成大股东权益的行为昭然若揭。对方战略防线无险可守的同时，侧翼与后方战线因众多刑事犯罪问题而无后路可退，甚至面临锒铛入狱的结局，同时也使正面防线战线原来极力争取但未获成功的撤销工商变更登记事宜迎刃而解。对方在正面防线战线以及侧翼与后方战线上全面沦陷，我方无论是血战到底，还是在完全掌握战略优势的条件下，选择宽恕并同意与对方和谈，均能达成我方的总体战略目标。后来我方在正确战略规划的指引下，合理地运筹正面防线战术体系以及侧翼与后方战术体系，两条战线通力协作，相得益彰，最终超标实现了预期战略目标。围绕我方总体战略目标，两条战线如何具体呼应协作，逐步形成稳固的战略攻防体系，产生战术复合力量与战略震慑，最终促成战略目标的实现，将在本章以下内容中详细论述。

第三节　两条战线的精准定位

一、正面防线战线的定位

（一）稳定性与纲领性而衍生的严重路径依赖

主动方布设正面防线时，往往针对双方讼争核心问题作出最强防御，被动方在正面防线只能针对对方布设的难题进行反击，除此之外似乎没有更好的选择。正面防线战线不像侧翼与后方战线那么灵动跳脱，只要能够有效地损耗对方有生战略力量即可，正面防线战线犹如四平八稳的中老年人一样稳健、中规中矩、目标明确又别无选择。因而，一般而言，正面防线战线具有较强的稳定性。

部署正面防线战线，势必聚焦解决案件根本问题的主要路径，大有自古华山一条道的感觉，这也是太多重大、疑难、复杂案件悬停、迟滞、胶着于正面防线战线的原因所在。若要解决问题，似乎只有一条路径，无论主观方面是否愿意参战，但客观方面必须应战，这是传统专业技术流思维方式与处理模式在解决重大、疑难、复杂案件时典型的路径依赖。明知对方选择了天险要塞作为城池，并且不断加固，兵精粮足，而我方要达到目的就必须拿下该要塞，因而只能选择强攻。进攻到弹尽粮绝、人困马乏但依然不言放弃，精神固然可嘉，方式却未必值得提倡，历来攻城拔寨的成功绝非靠努力蛮干。显然，正面防线战线路径依赖现象比较严重，从正面防线战线严重的路径依赖现象，便可足见正面防线战线战术选择空间之狭小。正面防线是全面彻底解决全局问题的核心焦点，任何工作都围绕正面防线展开并为其服务，正面防线战线在解决重大、疑难、复杂案件的过程中具有明显的纲领性。

在稳定性与纲领性之下，正面防线战线较量往往只有角度选择问题，无法像侧翼与后方大迂回作战一样，可以从更大的范围进行大纵深分割穿插。正面防线战线就像擂台竞技一样，只能在方寸之间研究克敌制胜之道。在本章前述案例中，对方成二等人骗取工商变更登记，非法擅自将成大的股权转让给自己，正面防线便是股权被非法擅自转出后如何恢复原状的问题。解决路径的选择似乎很单一，要么通过行政诉讼撤销工商变更登记行为，要么诉请法院宣告该行为无效，这是自古华山一条道的无奈选择，也是最常见的处理手法。但必须正视现实，依此路径解决成功者寥若晨星。改革开放后第一代创业者们，遇到类似问题的人很多，委托笔者解决过的类似案件就有三十余件。解决方式无非是行政诉讼与确认无效两种，这种操作从理论上推断没有问题，诉求完全可以成立，但从实战经验角度分析，这两条路径本身存在严重的矛盾。

关于行政诉讼撤销工商变更登记问题，工商行政管理机关只是履行形式审查义务，无法也没有义务做到实质审查，只要当事人提交的申请资料符合法律规定的形式即可办理，至于申请资料的真实性，由当事人签署法律责任声明予以保证，申请资料不真实的法律后果由当事人承担。当时既然能够办理变更登记手续，一般而言形式是合法的。既然形式合法，则工商行政管理机关便不存在行政违法行为，因而撤销工商变更登记行为便缺乏法律依据。如果当事人非要坚持对方伪造文件资料与签名骗取工商变更登记，工商行政管理机关则要求当事人出具司法机关权威法律文书认定结果，因而当事人往往选择刑事报案。在刑事调查过程中，公安机关如何认定该问题，必须讲究法律规定与程序。工商行政管理机关已经完成变更登记的事项，即具有最高的可信度与证据力，越过该登记的内容直接认定对方行为构成违法犯罪，似乎也不尽合理。犹如房产证已经颁发，但买卖其中一方主张交易过程中伪造文件、签名等问题已经失去说服力一样无奈。并非工商行政管理机关与司法机关之间互相推诿，此正是法律原则性、机械性、稳定性的体现，权利受害方因此陷入求助无门的窘境。曾经有一段时期，在权利人不知情的情况下通过伪造一方签名，非法擅自办理股权转让变更登记大行其道，也体现了盗攫非法利益之徒的神机鬼械、鬼蜮伎俩之精明高深，有此等聪明机巧，不去创造财富，却用诈骗与钻法律程序漏洞的方式盗攫他人财富，为人所不齿。相信法律最终不会对此类行为坐视不管，因为盗攫他人利益得逞者恶作剧后的窃笑，让法律蒙羞已久。

这些问题正好反映了正面防线战线稳定性与纲领性所衍生的路径依赖，正面防线已经布设完成，解决路径似乎只有一条，但该唯一路径往往又行不通，在传统专业技术流思维方式与处理模式下，被动方在主动方布设的正面防线面前倾尽全力但无所作为者多不胜数，导致该类案件成为法律实务界的癌症，多少专家学者频频研讨分享高招，但实效不佳，因为多数只停留在专业技术层面研究重大、疑难、复杂案件法律关系、法律事实与证据运用问题，而此类案件从本质上看是社会问题、斗争问题、实力问题，绝非专业技术问题。在解决过程中，专业技术手段必须娴熟丰富，这是最基本的入门资格，但仅有娴熟的专业技术手段，除了面对案件悬停僵死、胶着迁延的局面而徒叹法律无能之外，别无选择。因此，面对正面防线战线的稳定性与纲领性所衍生的路径依赖问题，需要完全打开思维界域，从战略高度进行整体审视，在正面防线战线上转变思维方式与处理模式的路径依赖，寻求全新的角度给予最佳解决模式，在更大范围寻求突破的可能性，正是战略大迂回、侧翼与后方包抄合围的精义所在。

（二）一般而言，正面防线极难直接突破，坚守为上

主动方在布设正面防线时，往往调集了所有优势力量与资源，在法律程序方面也是机巧算尽，甚至能够谋划设计出令法律、司法机关、行政机关都无可奈何的奇技淫巧、鬼蜮伎俩。主动方蓄谋已久后请君入瓮，被动方如果遂其心愿，在正面防线战场上的被动便可想而知。主动方布设的正面防线，从理论上讲可以直接突破，但从实战经验角度分析，直接突破成功的可能性极小。以笔者操盘处理的所有案件进行分析，直接从对方布设的正面防线突破成功的可能性为零。前两章与本章讲述的三宗重大、疑难、复杂案件案例，都反映了该问题。第四章所述案例中对方布设的正面防线是两个债务人通过貌似合法的程序设计，将名下资产与核心业务订单悉数转移，并且设置了虚假的强制执行程序彻底摧毁我方通过诉讼程序解决的信心，使我方通过诉讼并强制执行受偿的可能性彻底丧失。第五章所述案例中对方布设的正面防线是对方史某基于同样的事实与理由，三次变更诉讼请求与案由，并唆使鉴定机构非法出具鉴定意见书，达成索要六千余万元劳动报酬的天价纠纷案件，仅凭再审案件的正面防线单线作战，结局极难改写。本章前述案例中，对方布设的正面防线是成二等人利用伪造身份证件、政府机关文书印章、签名的方式骗取工商登记，非法擅自将成大的股权悉数转让至其名下，无论是通过行政诉讼要求撤销工商变更登记还是民事诉讼确认无效或可撤销，之前已经充分论述其不可行性。正面防线中的核心问题，单纯从法律专业技术层面分析，具有放之四海而皆准的公理正义性，按照法律逻辑推断必须胜利。但问题往往产生于此，多少重大、疑难、复杂案件被专业技术流思维方式与处理模式误诊误治，正是因为运作团队出于专业技术流特有的教条刻板与盲目自信，犯了战略盲目与冒险主义的路线错误，根本不懂案件是你死我活的实力较量问题，天真地企图以讲理明法的方式去摆平，结果绝无可能摆平，反而在极端复杂的讼争中将本方套牢。战略路线与方向产生偏误，越努力越泥泞困厄，这已经在无数重大、疑难、复杂案件当中得到过验证。

从实战经验角度分析，在重大、疑难、复杂案件中，面对对方布设的正面防线时，直接从正面防线突破的可能性极小。正面防线战线在解决整个案件的战略体系当中虽然是最关键环节，但绝不可作为唯一的解决平台与路径。操盘人需要异常重视正面防线战线，但不可投入太多的纠缠与思量，宜以坚守求稳为上，从对方侧翼与后方寻求突破后再与正面防线战线合围，方为最上之谋略。历史经验也无数次告诉我们同样的道理，三国时期邓艾在与姜维布设的正面防线对峙中，与魏国友军共同在正面防线战线上坚守求稳，牵制蜀军的战略注意力与主要战略力量，从蜀军侧翼与后方的薄弱环节入手，涉险奔袭，穿越险山深谷、悬崖峭壁，奇袭成都，顺利拿下布防空虚的侧翼与后方，令姜维率领的蜀军主力部队彻底丧失战略作用，蜀国遂破。该决定国运的成功战例也在向我们宣示正面防线战线的运筹谋略，即坚守求稳，牵制对方战略注意力与主要战略力量，从对方侧翼与后方的薄弱环节与致命要害部位分割穿插，在更大的范围实施大纵深迂回战略，最后促使正面防线的战略形势发生扭转，从而奠定全局胜利的战略优势。

（三）在条件允许的情况下，试图从不同角度突破

在正面防线战线，除了坚守求稳，牵制对方战略注意力与主要战略力量，并非一味地墨守成规，无所作为。受主动方蓄谋设计而导致极难直接突破，只能选择从侧翼与后方通过战略大迂回开辟新战线，但在正面防线战线范畴内，也可从不同角度试图突破。比如本章前述案例中，对方在我方不知情的情况下，非法擅自将我方股权转让至其名下，在行政诉讼撤销工商变更登记行为受阻后，我方选择以股东权益诉讼的方式将对方历年剥夺我方股东权益、虚构支出以拒付盈余、销毁篡改财务账目凭证、剥夺股东知情权等问题进行全面追究核查，并且以证据保全的方式将对方在公司财务方面的违法犯罪问题悉数掌握，取得更翔实丰富的对方伪造我方签名的证据材料，证明对方在伪造我方签名与政府机关文书印章、证件骗取工商变更登记之前，早已存在大量剥夺我方股东权利、伪造我方签名的情况，为证实对方伪造我方签名办理股权变更登记的刑事追究提供了更坚实的证据支持。同时也与侧翼与后方追究对方诈骗、伪造政府机关公文印章、伪造居民身份证件的战术密切配合，共同指向核心战略目标，对方伪造我方签名与政府机关文书印章、证件骗取工商变更登记的事实清楚，证据确凿，依法应当予以追究。

　　从不同角度寻求突破，与战略大迂回、侧翼与后方包抄合围不同。前者只是在正面防线范畴内，从不同的方向、维度、角度等寻求突破的可能性。后者是在正面防线范畴之外更大的范围创建全新的战线支持。在正面防线范畴内，如果把正面防线的核心问题进行实务分解，便不难找到突破口。比如在本章前述案例中，正面防线的核心问题是如何恢复我方的股权利益。如果只知道将该问题宏观对待并宏观解决，除了行政诉讼请求撤销工商变更登记与民事诉讼确认无效或可撤销之外，别无作为空间。但如果将该宏观问题进行实务分解，在全部恢复股权利益缺乏可操作性的情况下，可以选择部分恢复，将双方矛盾彻底爆发前几年对方串通合谋剥夺掉的股东权益摆出来，逐一审查解决，循序渐进地夯实全部恢复我方股权利益的基础，事实证明，会产生他山之石、可以攻玉的奇效。

　　（四）牵制对方有效战略力量胶着于正面防线，创造大迂回战略机遇期

　　对方为了布设正面防线可谓煞费苦心，几乎倾尽全力，目的就是在正面防线完成对我方的全面狙击，毕其功于一役，这是传统专业技术流处理模式下的不二之选，也正是我方实现全面战略突破的切入点。如果我方与对方抱持同样的思维方式与处理模式，坚定不移地在正面防线打阵地战，在对方设置好的战场，按照对方制定的规则，拼尽全力地攻坚克难，那可真是棋逢对手，这也是众多重大、疑难、复杂案件越打越难的根本原因所在。

对方布设正面防线时无疑展现出一定水平，但能够在全局战略掌控问题上做得天衣无缝者，却是凤毛麟角。行非正义之道，一般仅有小聪明与算计，在大智慧与谋略方面历来极为欠缺，这是笔者操盘解决重大、疑难、复杂案件十余年的切身感受。对方以为布设了固若金汤的正面防线便可完成全面狙击我方进攻的判断，本身就是战略短视的表现，说明对方在正面防线之外并没有太多战略防御，如果我方保证不在正面防线被对方压制至全面溃败，对方已经失算过半。

从对方布设的正面防线直接突破难度极大，而且即使直接突破成功，那也只能博得惨胜下场，得不偿失。因而，在正面防线战线上，我方最重要的战略意图就是牵制对方战略注意力与主要战略力量于正面防线，甚至作出全力以赴地攻克正面防线的假象，以使对方完全放松对侧翼与后方的防备，为我方实施战略大迂回、侧翼与后方包抄合围的大战术提供战略机遇期。在本章前述案例中，我方在正面防线战线上，一方面在明知诉请撤销工商变更登记的行政诉讼是绝对错误的情况下，依然未放弃再审，甚至表现出比之前更大的力度，对方也更加重视并将所有战略注意力与主要战略力量投入于行政诉讼案件的再审。另一方面，我方以股东权益诉讼的方式将对方历年剥夺我方股东权益、虚构支出以拒付盈余、销毁篡改财务账目凭证、剥夺股东知情权等问题进行全面追究核查，并且以证据保全的方式将对方在公司财务方面的违法犯罪问题悉数掌握，取得更翔实丰富的对方伪造我方签名的证据材料。对方不遗余力地在正面防线战线挣扎，根本无暇顾及侧翼与后方的安全问题，及至我方在其侧翼与后方迅疾分割穿插，在每个薄弱环节与致命要害部位以针对性极强的战术行为实施包抄后，对方回救为时已晚。正面防线战线为我方实施战略大迂回提供战略机遇期的作用，可见一斑。

（五）侧翼与后方战线包抄成功后，正面防线战线发动总攻

我方在战略大迂回、侧翼与后方包抄合围大战术运作过程中，针对对方侧翼与后方的薄弱环节部署具体战术行为，分轻重主次缓急，分为十分重要且十分紧急的核心战术、重要但不紧急的重要非核心战术、一般重要但不紧急的后备战术渐次铺开，战术实施的节奏根据战略打击纵深度来决定，一旦取得预期战术效果，即可考虑与正面防线战线实施合围。如果核心战术足以使对的方侧翼与后方沦陷，则可立即联动正面防线战线实施合围，而没有必要继续在侧翼与后方纠缠。

在本章前述案例中，我方当事人成大在对方侧翼与后方部署的具体战术行为包括追究对方伪造政府机关文件印章、伪造居民身份证件刑事犯罪共三宗；追究对方刑事诈骗一宗；追究对方故意伤害刑事犯罪一宗；追究对方利益共同体联盟两位主体提供虚假证明文件罪各一宗；同时，基于成大被精神病的事实，筹划追究对方侵犯人身权的侵权责任。按照战术分级，追究对方伪造政府机关文件印章、伪造居民身份证件刑事犯罪三宗和追究对方刑事诈骗的具体战术行为属于我方侧翼与后方战线的核心战术，应当优先实施。在核心战术体系中，追究对方伪造政府机关文件印章、伪造居民身份证件刑事犯罪应当为前锋，率先突破对方营垒。进而顺藤摸瓜、庖丁解牛般追究至核心问题，伪造这些文件、印章、身份证件是为实现骗取他人价值巨大的股权，构成诈骗，伪造文件、印章、身份证件的行为极有可能被吸收，最终构成诈骗罪。一旦诈骗罪追究成功，预示着我方在对方侧翼与后方战线中取得预期的战略目标。

在侧翼与后方战线取得预期战略目标，应当立即与正面防线战线实施夹击合围，工商行政管理机关基于司法机关有关对方骗取我方股权构成刑事犯罪的认定，主动撤销该工商变更登记成为大概率事件。最差的结果也是在刑事附带民事诉讼中恢复我方股权。至此，正面防线撤销工商变更登记的行政诉讼以及股东权益诉讼均得到侧翼与后方战线战术成果的强力支持，我方已经完全具备全面发动战略总攻的充分必要条件。正面防线发动全面战略总攻，是实现我方总体战略目标的前奏，预示着我方已经完全掌握了战略主动权。

二、侧翼与后方战线的定位

（一）严格的从属性

在对方侧翼与后方部署的战术体系，形成全新的战线。解决重大、疑难、复杂案件，是为了让斗争与矛盾消除，而不是扩大，但侧翼与后方战线的开辟，似乎扩大了斗争与矛盾。这与侧翼与后方战线的属性有关，它严格地从属于正面防线战线的讼争需要，如果侧翼与后方战术体系不是为解决正面防线问题而开辟，便是扩大斗争与矛盾。

侧翼与后方战线的开辟是为正面防线战线提供支持。正面防线从形式和程序上看，从正面直接突破往往不可行，要扭转不利的战略局面，最具智慧与谋略的选择是在对方侧翼与后方的防线打开缺口，进而改变战略形势。侧翼与后方战线的开辟完全为正面防线的讼争服务，这个本质属性与传统专业技术流思维方式与处理模式下双方穷尽手段、用尽救济的缠斗完全不同。前者为明确的使命而开辟，后者是为了斗争而斗争的产物，具有战略盲目性与随意性，甚至好多当事人为了斗争而斗争，违法乱纪作茧自缚者也不胜枚举。

侧翼与后方战线的存在，取决于正面防线的需要。在侧翼与后方战线上取得预期的战略目标后，与正面防线实施夹击合围，并有效地固定了战略成果后，侧翼与后方战线就失去实际存在的战略意义，不宜在侧翼与后方战线上再做纠缠。比如，在本章前述案例中，一旦追究对方伪造政府机关文件、伪造政府机关印章、伪造政府机关证件刑事犯罪成功，进而顺藤摸瓜般追究至核心问题，伪造这些文件、印章、证件是为实现骗取他人价值巨大的股权，最终证实对方构成诈骗罪，便可立即与正面防线实施合围。在此情况下，侧翼与后方战线已经完成了使命，因而失去了现实存在的战略意义。侧翼与后方战术体系中重要非核心战术以及后备战术便失去存在的现实意义，原则上可以断然放弃，只作为保持我方持续战略震慑的储备力量即可。

如果对方损害我方合法权益的行为构成刑事犯罪，依法行使控告权是公民的法定权利与光荣义务，我方显然可以理直气壮地追究到底，这本来就无可非议。即便违法犯罪行为未侵害我方合法权益，发现线索也应当向司法机关反映情况。在重大、疑难、复杂案件中，对方的违法犯罪行为往往是在经济纠纷过程中发生，与传统犯罪有所不同，在罪与非罪之间不存在泾渭分明的界限。在既定战略目标实现的情况下，适当保持克制与宽恕，给他人留一条路，也不失为美事一桩。再说，全面掌握这些违法犯罪行为的证据，使我方保持持续性的战略震慑亦无不可，因为谁也不能保证对方不会反攻倒算。

侧翼与后方战线具有严格的从属性，因正面防线的需要而开辟，因正面防线战线的战略需求得到满足而终止。不存在地位独立的侧翼与后方战线，除非是为斗争而斗争的战略盲目。

（二）优势力量、精心筹划对薄弱环节、城门洞开，胜算极高

一直强调从对方侧翼与后方实施战略大迂回、侧翼与后方包抄合围的大战术运作，根本原因是其中蕴含着避其锋芒、以我方优势力量击其虚弱的道理。对方的锋芒正好集中在其布设的正面防线，而最虚弱的部位正在侧翼与后方。如果以我方全部战略力量对抗对方布设的正面防线，会产生极大的消耗，极不利于保存有生战略力量，即使双方同时消耗到弹尽粮绝，也不符合智谋之道。在别无选择的情况下可以硬拼，但在重大、疑难、复杂案件解决过程中，基本上不存在别无选择而必须在对方布设的正面防线面前硬拼的情况，只要富于智慧、谋略、经验地谋划，都能运筹战略成本更优的突破方式，在对方侧翼与后方实施战略大迂回，正是上佳选择。

对方布设的正面防线，往往是极难突破的人为设计。对方利用法律程序机械性、原则性、稳定性等缺陷，巧妙谋划设计防线，将我方核心诉求所依据的基础事实或法律关系移调至法律程序射程范围之外，导致我方实现核心目的的基础条件灭失，对方布设的正面防线是不可逾越的天堑。于对方而言，正面防线是集中所有优质战略资源的天险，完全可以将我方狙击在正面防线之外。如果我方选择以部分战略力量在正面防线战线牵制对方，将优势力量投入对方侧翼与后方战线，情况则完全不同，战略形势将发生根本转变。由于对方倾尽全力布设正面防线，虹吸效应导致侧翼与后方异常空虚，在绝大多数情况下，对方为了实现正面防线战线的固若金汤，必须在其侧翼与后方实施较多违法犯罪行为。并非对方不知其法律后果，只是对方未必具备驾驭重大、疑难、复杂案件的经验，往往以专业技术流思维方式衡量我方，轻率地认定我方一定会全力纠缠于正面防线战线，即对方断定我方只会在法律程序射程范围内与其展开拉锯回合争斗。而对方的战略盲目与轻率，是重大、疑难、复杂案件在客观上存在开辟侧翼与后方战线的重要原因。

既然对方侧翼与后方往往异常空虚，而我方决定将优势战略力量投入对方侧翼与后方战线，战略形势则变成我方最优势战略力量解决对方最虚弱部位，胜算自然极大。实务中，在对方侧翼与后方开辟战线并将具体战术实施到位，对方根本就来不及反应时，战略优势已经牢牢地掌握在我方手中。在侧翼与后方战线中，是典型的我方优势力量、精心筹划面对对方薄弱环节、城门洞开，胜算极大。在侧翼与后方战线取得全面突破以后，与正面防线战线形成合围之势，对方其实已经没有反转战略优势的可能性。在本章前述案例中，我方在对方侧翼与后方部署运筹战术追究对方伪造政府机关文件印章、伪造居民身份证件刑事犯罪，对方根本就没有过多防备。其实防备也无益，木已成舟，想再恢复到事情未发生的状态已无可能。而且这些犯罪证据是客观存在的，只要提起刑事控告程序，往往必能成功。而这些刑事犯罪被认定以后，进而将伪造之后的目的行为牵连追究，其非法擅自转让我方股权的行为将被定性为诈骗，恢复我方当事人股权也就顺理成章，正面防线战线追求的战略目标便会自然而然地实现。

在对方布设的正面防线面前，对方是优势力量、精心准备对我方的全部力量、被动应战，我方绝无胜算。正如本章前述案例中，对方骗取工商变更登记，非法擅自转走我方股权，令我方在行政诉讼中四处碰壁、终无所获一样。而在侧翼与后方战线，我方则是以优势力量、精心准备碾压对方的薄弱环节、城门洞开，我方胜算极大，就像本章前述案例中，我方以迅雷不及掩耳之势追究对方伪造政府机关文件印章、伪造居民身份证件刑事犯罪后，对方骗取我方股权的行为最终被定性为刑事诈骗，被骗取变更登记的股权自然应当恢复至当初正常状态，我方战略目标全部实现，全局问题得到彻底解决。

（三）单个战术成果难以转化为战略成果

在侧翼与后方战术执行过程中，单个战术成果往往只与整体战略形势存在一定关系，不具有决定性的作用，因为侧翼与后方战术成果必须与正面防线战术相结合才能转化成为战略成果。在本章前述案例中，单独追究对方伪造我方当事人成大身份证的行为，即使成二等人构成伪造居民身份证罪，也与全局战略形势无太大关联。必须与其他战术行为相配合，才能发挥既定的战略作用。该案中，我方将对方伪造居民身份证罪行视为其诈骗攫取我方股权的准备行为，被吸收到诈骗的目的行为当中，最终认定对方构成诈骗罪，才与案件整体战略目标挂钩。因此，在侧翼与后方战线中，单个战术成果往往难以转化为直接的战略成果。但正面防线战线则不同，由于正面防线战线中的战术，往往囊括了双方核心讼争问题，只要产生战术成果，便等同于战略成果。正面防线战术可单独决定战略形势的转移，而侧翼与后方战术，需要互相配合以及与正面防线战术配合才能决定战略形势的转移。

（四）纵深度是衡量侧翼与后方战线的唯一指标

此处所讲纵深度，是指战术或者战术体系所能产生的直接解决核心问题的战略向心力与战略穿透力，或在单一战术行为中，能够通过讼争问题的表面现象，直接深入至整个案件的核心问题，而且越深入越好，追求单一战术行为产生决定战略优势转移的效果。在战术体系中，各项具体战术行为协同运作产生的战术复合力量，若能直接从外围直插双方讼争问题的核心区域，实现战略掌控，就是战术体系纵深度的最好体现。

正面防线战术，显然具有最大的纵深度，直接聚焦双方讼争的核心问题，要解决的问题本身就在核心区域，因而不存在纵深度的问题。侧翼与后方战术体系则不同，由于是在绕开对方布设的正面防线后开辟的战线，每个战术据点未必与双方讼争核心问题存在直接联系，有些甚至不存在法律逻辑上的关联，只存在情理、事理角度的间接关联。比如，在本章前述案例中，对方指使他人三次殴打我方当事人的故意伤害行为，虽然也属于双方争斗范围事务，但以此追究对方刑事责任，与解决案件就不存在法律逻辑上的关联。因而，追究对方故意伤害刑事责任的战术，不具有纵深度。只可作为惩罚对方违法行为的方式，交由司法机关处理即可，在解决案件过程中不可对该战术过分着力。

通俗地讲，在侧翼与后方战术体系中，一个战术或者战术体系若能够直接决定案件最终结果，便具有极大的纵深度。比如，在本章前述案例中，对方成二等人伪造国家机关公文、印章，伪造居民身份证件的行为得到认定后，进而可以认定该违法行为系诈骗他人财产的准备行为，最终认定其行为构成诈骗。诈骗罪行的认定，直接导致对方非法擅自转走我方当事人成大的股权应当恢复原状，案件讼争核心问题得到解决。因该战术行为无论是直接还是与其他战术行为配合后，最终都能够直插双方讼争的核心问题，因而具有较大的纵深度。

在侧翼与后方战术体系中，纵深度是唯一衡量指标。之前在部署侧翼与后方战术体系的论述中，曾将侧翼与后方战术体系分为十分重要且十分紧急的核心战术、重要但不紧急的重要非核心战术、一般重要也不紧急的后备战术或增项战术，就是基于战术的纵深度作以区分。在对方侧翼与后方部署具体战术时，必须充分考虑具体战术的纵深度，确保每个纳入战术体系的具体战术均具有直接或间接解决双方讼争核心问题的可能性。

（五）功成身退，颓败勿缠

侧翼与后方战线，不具有独立存在的意义，其开辟是基于正面防线战线的需要，具体战术的实施方式、力度、周期等都需要服从正面防线战线的约束。侧翼与后方战线上既定战略目标一旦实现，侧翼与后方战线与正面防线战线实现夹击合围后，便立即收拢，可谓功成身退。功成身退的定位，是由侧翼与后方战线的从属性决定的。开辟侧翼与后方战线的目的，是为正面防线战线创造战略突破的可能性，降低我方在正面防线突破的难度与消耗。侧翼与后方战术体系中，每个具体战术行为指向的目标，均不是我方在解决案件过程中追求的目的，设置该战术的目的是实现多个战术据点包抄的战术效果，进而实现侧翼与后方包抄后会同正面防线战术实施夹击合围，令对方陷于两线苦战的危亡境地。因而，侧翼与后方战线中，无论是单个战术行为还是整个战术体系，实施成功则立即与正面防线呼应联动，完成战略任务后功成身退。若不成功，则即刻终结，决不纠缠。

关于侧翼与后方战线功成身退、颓败勿缠的定位，是十分重要的战略原则问题。实务中，好多重大、疑难、复杂案件中双方陷入周期漫长、山重水复的绵延争斗，极大的原因是战略定位不清晰，其中包括侧翼与后方战线定位模糊的问题。以传统专业技术流思维方式与处理模式解决重大、疑难、复杂案件时，一般只知道在正面防线战线拼尽全力，苦苦挣扎，能否富于智谋地开辟侧翼与后方战线，也未知其可，更遑论在区分正面防线、侧翼与后方战线的基础上，再将侧翼与后方战线中每个具体战术行为进行精准定位。

在本章前述案例中，我方强势地追究对方伪造国家机关公文印章罪、伪造居民身份证件罪、诈骗罪后，对方以伪造方式骗取工商变更登记并非法获取他人股权的行为，最终被认定为诈骗罪，该具体战术行为与正面防线战线合围，我方讼争核心目的已经实现，原来在泥泞困厄中垂死挣扎的行政诉讼再审案件也迎刃而解。在此情况下，未启动的具体战术行为，包括追究对方故意伤害以及追究对方唆使第三方提供虚假证明文件刑事责任，全部放下。至于是否光荣地行使公民权利、履行公民义务而控告到底，完全交由当事人决断，至少侧翼与后方战线已经功成身退。相应，如果侧翼与后方的单个战术行为或整个战术体系运筹并不顺利，无法实现预期战略目标时，便应当果断放手，决不纠缠。在运作侧翼与后方战线时，功成身退、颓败勿缠的定位，必须严格把握，切勿逾越这个合理的限度，始终恪守解决问题为唯一追求的原则，决不扩大斗争范围，以集中我方战略注意力，集中优势力量办大事要事，节约讼争成本，实现最佳讼争性价比。

第四节　攻守兼备

一、克服惯性，争取主动

（一）人遇攻击时心理与思维定式：接招、解释、证明、反击

其实我们都是很脆弱柔软的动物，微不足道的小人物被领导一句贬损指责，便自惭形秽，甚至毕生都在为此纠结、解释、证明，领导一句无心指责，真就改变了一个人的命运。强权人物在网络上看到有人贬损辱骂自己的文章，竟也长篇累牍地撰文解释澄清，并因此患上了抑郁症。没有多少人能够做到对他人的恶意攻击选择置身事外，以最理性的态度面对并解决。理性如韩信为避免与无赖纠缠钻裆而过，血性如杨志怒斩牛二，他人的攻击就是摆在我们面前的一道防线，如何应对，最终会以蝴蝶效应的存在方式，注入生命的基因。

如果不是命运多舛，大家都完全一样天真幼稚、懒惰随性，面对他人攻击时呈不约而同的心理与思维定式：接招、解释、证明、反击，根本不去多想为什么要这么做，只知在行为惯性的推动下必须这么做。心理与思维定式投射到实际行动中，便是行为惯性。有一个很有意思的哲理小故事叫双鸭蛋，甲攻击乙是鸭蛋，乙坚称不是。甲又说乙的父亲就是，乙又极力否认。如此反复追索，甲一直追溯至炎黄二帝时，才发现自己也是鸭蛋。显然，乙在甲的无事生非当中度过了忙忙碌碌的解释人生，心理与思维定式真能害死人，他人一句不怀好意的攻击，彻底断送了一生的光景。日常生活中的攻击都能让一个人迷失，选择为了攻击而攻击、为了斗争而斗争，甚至忘却了衣食住行。如同杨志面对牛二、前述甲面对乙之应对方式，是绝大多数常人行为惯性使然，在需要智慧、谋略的激烈对抗中，应不可取。在他人恶意攻击面前，真正能够做到洞穿对方目的，理性评估对方攻击言行与自己的关联度，并选择在无所谓时像韩信一样风轻云淡地处理者，寥若晨星，绝对可谓之得道高人。如果选择慈悲为怀或因志存高远而置之度外者，其作为或可借鉴。在别无选择地卷入对抗之激烈如讼争者，只能选择审时度势，因势利导，攻防兼备且两手都硬的方式应对。

（二）在重大、疑难、复杂案件中，遭遇对方攻击时的行为惯性：针锋相对、钉铆相称的回合战

在错综复杂、波谲云诡的重大、疑难、复杂案件讼争中，面对对方发难攻击，在常人面对攻击时接招、解释、证明、反击行为惯性裹挟中，不问路在何方，只顾拼尽全力展开拉锯回合争斗的当事人也不在少数。由于事务复杂，斗争千头万绪，双方都一门心思地筹谋如何制服对方，偏离了方向也浑然不觉，他们都自以为在专心致志地解决问题，但实际上在争斗泥淖中越陷越深，离真正的解决渐行渐远。与人面对攻击时的行为惯性相应，在解决重大、疑难、复杂案件过程中，一方面对对方的攻击时，不假思索便虔诚地接招，进而在对方构建的讼争模式中解释、证明、反击，展开针锋相对、钉铆相称的拉锯回合争斗，便是此类案件中遭遇对方攻击时的行为惯性。

好多重大、疑难、复杂案件的当事人在对方布设的正面防线面前，从来不想要不要全力应战的问题，而是将应战并取胜作为唯一的路线选择，似乎任何要不要全力应战的思考都会显得本方理亏怯战。若不思考如何富于智慧与谋略地去应对，只能在对方别有用心、蓄谋已久、机关算尽而布设的正面防线中展开拉锯回合斗争，本方战略目标基本无望达成，因为对方布设的正面防线具有将我方核心诉求所指向的事实基础与法律关系移置于法律程序射程范围之外的本质特征。在本章前述案例中，我方当事人成大因为对方以伪造政府机关公文印章及身份证、签名的方式，将成大的股权非法擅自转让至对方名下，选择以行政诉讼的方式企图釜底抽薪，撤销工商变更登记行为。但遗憾的是，此类诉讼不具有可行性，工商行政管理机关只是履行形式审查义务，对于申请工商变更登记材料的真实性不负审查义务，该材料的真实性由当事人负责，成大的诉讼请求显然不能成立。历经一审、二审及至在最高人民法院的再审，经验饱富的人一眼便能洞穿结局，但成大却在顾影自怜中与对方对抗数年，结局比原点显得更糟糕。对方是真糊涂还是装糊涂，我们无法擅断，但在这种毫无意义的消耗中陪跑数年，想必也是人困马乏。笔者操盘处理的一宗重大、疑难、复杂案件中，对方不承认我方实际投资行为，料定我方必定确认股权，事实上我方也确实不假思索地在股权确认纠纷中历时七载，三上三下，最终一局被彻底清零，非但没有实现目标，反而被法院生效判决结实地锁定在非股东的位置，显然比讼争的起点不知要糟糕多少倍。在笔者介入代理之前，我方当事人在对方布设的正面防线面前锲而不舍地血拼了许久，于对方而言求之不得，因为已经盗攫了巨额利益并稳稳地持续占有，若讼争的持久战能够一直持续，或许正中对方下怀。该案中，我方当事人在面对对方攻击与挑衅时，无问西东地展开钉铆相称、针锋相对的拉锯回合战的行为惯性相当明显。

在重大、疑难、复杂案件解决过程中，这种针锋相对、钉铆相称的回合战，显然受常人心理与思维定式而导致的行为惯性影响至深。目的是钓到鱼，出海后却整天摩挲摆弄渔具，还总以为自己真的在钓鱼，显而易见，犯了以筌为鱼的方向性、目的性错误。这种错误对于受到攻击的一方来说，是致命的灾难，但对于进攻方来说，通过前期的谋划设计、罗织构陷，已经掌控了实际利益与战略优势，稳坐钓鱼台观瞻对手作困兽犹斗的挣扎，显然无须提醒对手方向性错误的问题。因此，深陷重大、疑难、复杂案件泥淖中的当事人，必须冷静地停下来，放远眼光审视前方，在确定战略方向与路线正确的前提下，再匆匆奋进前行。在循环往复的拉锯回合斗争中，浪费点斗争时间冷静深思一番，或许华山未必一条道。对方已经攫取实际利益并且神机鬼械地布设战局，我方决不应当在这种极为不利的情况下树立虚妄信心，导致损失进一步扩大，离完败越来越近。但凡经过这种思考与沉淀，或许真能惊醒梦中人，在面对对方进攻时，彻底改变心理与思维定式决定的行为习惯，另辟蹊径，转折至制胜之道。

（三）一念之转变，争取主动权

在重大、疑难、复杂案件中面对对方的发难与挑战，需要攻防兼备，进攻的范围不仅限于对方建立的模式范畴。对方建立的讼争模式范畴主要包括我方的反诉或者另案诉讼的进攻战术，对方建立的模式范畴之外典型代表便是战略大迂回、侧翼与后方包抄合围的大战术运作。一旦停止没完没了的接招、解释、证明，我方就已经掌握了部分战略主动权。而在我方精心谋划的侧翼与后方战线，针对对方侧翼与后方的薄弱环节，部署针对性极强的战术，在更大的范围大纵深地分割穿插，各个击破形成包抄之势，并迅疾与正面防线战线夹击合围。对方侧翼与后方由于倾尽全力布设正面防线，因虹吸效应而形成绝对的真空战略区域，实务中典型表现就是为实现正面防线的固若金汤而无所不用其极、矫枉过正地实施违法犯罪行为，此正是我方全面攻陷对方战略防线的切入点。对方一般料定我方只会在其建立的正面防线对话模式下较量，对保护侧翼与后方缺乏足够的思想准备与战略储备，只要我方部署运筹得当，往往可一举拿下并迅疾与正面防线战术顺利实现合围。一旦实现包抄合围，对方选择前进将在正面防线无所作为，甚至是全面溃败；若选择后退，侧翼与后方已经完全沦陷，甚至面临牢狱之灾，对方将处于全面的战略被动状态。

在重大、疑难、复杂案件中，无论是主动进攻方还是被动防守方，均须转变观念，杜绝传统专业技术流思维方式与处理模式指引下的头痛医头、脚痛医脚模式，改变常人在攻击面前接招、解释、证明、反击的行为惯性，避免传统处理模式下在对方建立的程序与规则中针锋相对、钉铆相称的拉锯回合斗争，改变传统应诉思想催生的只重进攻或者防守的战略狭隘。宜打开思维界域，从全局考虑、全局谋划、全局设计，运筹攻防兼备的战略战术体系，以求轻松驾驭重大、疑难、复杂案件讼争中错综复杂、变幻莫测的事务。

二、攻防本为一体两面

（一）攻防统一于战略规划中

战略总体上包括战略进攻与战略防御，战略规划对战略进攻与战略防御的重要事项均作出设计与安排，以便在总战略规划的指引下，有目的、有节奏、有计划地全面展开战术行为。战略规划将进攻与防守提到同样重要的战略地位，战略规划本身就是进攻与防御的有机统一体。在重大、疑难、复杂案件中，进攻与防守本质上是以总战略目标为主体的两个面。进攻与防守互相结合，彼此协调联动，进攻中有防守，防守中有进攻，共同构筑完备的战略攻防体系。对方的进攻行为，往往是在前期布防的基础上展开。我方即使以防守开始讼争，但只要不是盲目应战的情况，一般也是在总战略规划的基础上，从攻防两端开始运作。

因此，在全局分析、全局考虑、有预见性地制订总战略规划基础上，对最重大、全局性、最基础的事项以及具体解决过程中的目标、路线、任务、方针、策略等作出全局谋划，并对具体讼争策略、具体战术部署、合理化推进节奏等工作作出明确规划的情况下，进攻与防守高度统一于总战略规划，是围绕本方核心战略目标的一体两面。

（二）攻守兼备在案件实战运作中的体现

全局层面的攻守兼备。从全局战略高度分析，进攻与防守主要表现在正面防线与侧翼与后方两大战略区域的划分上。若是被动应战方，在正面防线战略区域以战略防守为主，战略进攻为辅；在对方侧翼与后方战略区域以战略进攻为主，战略防御为辅。若是主动进攻方，在正面防线战略区域以战略进攻为主，战略防御为辅；在侧翼与后方战略区域，以战略防御为主，战略进攻为辅。正面防线战线佯攻牵制对方战略注意力与主要战略力量，针对对方侧翼与后方的薄弱环节部署针对性极强的战术，在更大范围内实施分割穿插，逐一击破并形成包抄之势，最终与正面防线战线实现夹击合围，迫使对方陷入两线作战的危亡境地，这种战略部署与战术运筹模式是全局范畴攻防兼备的宏观表现方式。在重大、疑难、复杂案件实战解决过程中，无论何种角色与界域，进攻与防守都是有机统一的主要战略架构。

具体战术行为中的攻守兼备。在具体战术执行过程中，战术目标决定了以进攻或者防守为主，总体而言也是攻守兼备的状况。犹如在近身白刃战中，进攻时必须考虑防守，在防守中伺机反击进攻。具体战术的执行，在重大、疑难、复杂案件实战中表现为具体的诉讼或者其他法律程序，进攻与防守便体现在庭审或者其他法律程序较量中。比如，在一宗重大、疑难、复杂案件中，其中一个具体战术行为是合同纠纷诉讼，我方为原告。我方举证后，对方认可了证据甲的真实性、合法性、关联性。由于案情复杂，双方证据体系都相当庞杂，容易出现混乱，再加上对方于理有亏，炮制了为数不少的证据，对方在举证时触犯了低级错误。对方举出证据乙，与我方所举证据甲的前半部分内容完全一致，但却没有后半部分，企图证明我方主张的部分事实不存在。可能由于准备不足，证据体系庞杂，对方根本就没有注意到该严重疏误。对方所举证据丙，日期签署为开庭当年，而要证明的事实却发生在三年前双方履行合同期间。对方所举证据丁是一份证人证言，书面证人证言言简意赅、条理清晰、层次分明，足足分九条陈列。在质证阶段，我方针对对方所举证据乙发表质证意见，认为矛盾的事物有一真必有一假，对方对我方所举证据甲的真实性、合法性、关联性完全认可，而对方所举证据乙的内容只是与我方所举证据甲的前半部分内容完全一致。既然对方举出证据乙，说明对方认为其真实性、关联性、合法性都没有问题。但关键问题是这两份证据并不一致，对方却均认可其真实性、关联性、合法性，要求对方给予合理解释。对方当时微咬嘴唇，眉头紧蹙，一言不发。在法官一再追问下，才勉强作出大概以我方提交的证据为准的模棱两可答复。针对对方所举证据丙，我方要求对方回答证据形成的时间，对方脱口而出称是三年前，当我方质问为何签署日期显示为今年的时候，对方才大惊失色地细察落款日期，顿觉大事不妙。我方陈述质证意见称按照日常生活经验法则，年初习惯性地将日期签署为去年，合乎情理，出现这样的错误尚能解释得过去。但在签署合同的时候，将日期中的年份误写为三年以后，完全不符合常理与日常生活经验法则。出现这样的情况，只有一种可能，就是对方临开庭前伪造了大量证据，疏忽间习惯性地将日期写成当下日期。对方在法官追问下无言以对，要求撤回该证据。但我方坚决要求法院依法对该伪造证据的行为予以处罚惩戒。针对对方所举证据丁，我方在向证人质询发问时，问证人是何种专业背景与职业，证人回答是财务会计专业人员。我方遂对其凝练的语言表达能力进行了赞赏与褒奖，并谦称自叹弗如。因为他能够将自己所要证明的事实以凝练条文罗列得清清楚楚，条理清晰、言简意赅、要言不烦、层次分明。我方随即问他要证明的事实是什么，他对答如流。我方又问他证人证言是否为其本人书写，得到十分干脆的肯定回答。我方又问既然当时能够分九条陈述证言内容，想必仅在一周之后也应该能够清楚地复述证言内容，也得到肯定回答。我方就突然问他第九条写了什么，对方苦思冥想了半天无法作答。我方接二连三地问第八条、第七条等，该证人都张口结舌。最后，我方问他第一条印象应该很深刻，让其说第一条写的是什么，他竟也无言以对。当时旁听的人哑然失笑，法官及时予以制止。我方向该证人申明做伪证的法律责任与我方不会姑息的态度，在法官的质询与教育之下，该证人将接受对方公司董事长教唆，在打印好的证言内容上签字的事实经过如实托出。对方公司董事长当时也出庭应诉，尽管在其怒目横眉注视下，该证人还是选择了自保。

质证情况如此，结局不言而喻，我方在该诉讼战术行为中大获全胜。从这个案件举证质证情况可以清楚地认识到攻防兼备的重要性。对方在防御的同时亦想对我方发起进攻，但无奈业不精、人不勤，连弄虚作假都搞得错漏百出、贻笑大方，给具体战术行为中攻防兼备问题呈现了别开生面的反面教材。因而，在运筹具体战术行为主力进攻时，务必谨慎缜密、滴水不漏地做好全面防守，以防被对方业务精熟、明察秋毫的律师挑落马下。在主力防守时，务必火眼金睛、洞若观火地显微放大对方进攻中任何纰漏与疏忽，以便在此消彼长中成倍增强我方战略力量。

攻防转换。无论是从全局战略运筹，还是局部战术运作，随时都存在进攻与防守的转换问题。双方讼争过程是动态发展的，形势瞬息万变，在全力进攻时，极有可能被对方抓住我方防守漏洞猛攻，此时，我方必须将防守工作兼顾到位，否则，进攻便失去意义。在全力防守的战略形势下，也应当审时度势，伺机发动有效进攻以改变战略形势。若只知一味地防守，其实与战略投降无异。本节前述案例中，对方举证行为于我方而言相当于防守，我方在防守过程中敏锐地发现对方所举证据中存在的严重问题并提出相当锐利的质证意见的行为，相当于在防守过程中伺机进攻。从这个过程看，攻防转换是战术执行过程中随时随地发生的情况，若要轻松驾驭具体战术行为，修炼精熟通达的讼争专业技术素养，自如地驾驭攻防转换是十分重要的一环。在全局战略运筹过程中，我方从对方侧翼与后方实施战略大迂回时，在针对对方侧翼与后方薄弱环节与致命要害部位部署针对性极强的战术时，必须做好本方当事人的自检自查工作，确保在一切可掌控范围内查缺补漏，夯实坝堤，防微杜渐，避免对方在恍然大悟后以同样的战略运筹模式攻陷本方的侧翼与后方。该项工作在重大、疑难、复杂案件实战解决过程中是十分重要的功课，体现了攻防转换在全局战略高度的重要意义。

第五节　逐步形成稳固的战略攻防体系

稳固的战略攻防体系，是战略、法、战术思想体系在重大、疑难、复杂案件实战解决过程中最经典的战略震慑表现形式，也是我方在全面运筹总战略规划、运作战术体系后最主要的阶段战略成果。稳固的战略攻防体系的形成，预示着我方在既定战略方向与路线的指引下，经过了前期战略战术运筹阶段，完成了绝大部分战略任务，将战略力量调配至最佳状态，初步掌握相对稳定的战略优势，实现总体战略目标的问题，已经摆上议事日程。如果说战略、法、战术思想体系是解决重大、疑难、复杂案件的核武器，稳固的战略攻防体系便是核弹头。

一、稳固的战略攻防体系的形成条件

（一）正面防线战术体系成熟

笔者习惯于站在重大、疑难、复杂案件中相对正义一方应战角度进行论述，一则因为笔者操盘解决的百余宗重大、疑难、复杂案件均是接受相对正义一方的

委托，在被动应战状态下开始讼争，二则相对非正义一方神机鬼械、巧设机局、先声夺人，并不需要经验饱富的操盘人团队参与其中。操守严正的操盘人也不会参与罗织构陷他人的勾当，哪怕是为此等勾当出谋划策也绝无可能。因此，在重大、疑难、复杂案件中，关于有效解决的实战方法论站在相对正义一方的立场，具有合理的客观基础。

正面防线一般经过对方处心积虑、别有用心地布设，从正面直接突破具有极大难度，甚至可以肯定地说绝无可能。所有选择从正面直接突破的，无不陷入悬停僵死与泥泞困厄，双方讼争胶着迁延数年甚至最长二十余年，完全改变了当事人的命运。虽然直接突破正面防线的现实难度堪比登天，但并不代表可以逃避正面防线。相反，正面防线聚焦了我方核心诉求所指向的基础事实与法律关系，正面防线问题得不到解决，双方的缠斗往往没有尽头。实务中，好多重大、疑难、复杂案件双方当事人在正面防线长期纠缠，用尽救济手段，穷尽救济力量，展开反复绵延的拉锯回合争斗，根本原因是双方或者一方正面防线战略战术体系不成熟所引致。以笔者的实战经验判断，对方处心积虑地布设正面防线企图完全狙击我方，绝非盲目开战，若我方陷入战略盲目与战术无能的窘境，正中对方下怀。正面防线战略战术体系的成熟，对解决重大、疑难、复杂案件具有决定性的意义。

面对对方布设的正面防线，明智的做法是避其锋芒，绕开对方正面防线，针对对方侧翼与后方薄弱环节，部署针对性极强的战术进行大范围的分割穿插，对侧翼与后方实施包抄，并最终与正面防线战术实现合围。但是绕开正面防线并不代表放弃正面防线战场，正面防线战场不以我方主观意志为转移，它存在即具有客观合理性，若不能彻底解决正面防线问题，终将被其吞噬。侧翼与后方的战略大迂回大战术运作，在对方侧翼与后方的薄弱环节及致命要害的基础上，我方主观意志却是决定因素，进攻哪里、如何进攻、进攻时机与周期等均由我方决定。正面防线战场聚焦了双方讼争的核心诉求，犹如攻城略地的战争中，夺取对方最重要的战略要塞是核心战术目标一样，在重大、疑难、复杂案件中，最终攻克对方布设的正面防线才是我方核心战术目标。因此，正面防线战略战术体系的成熟，是我方战略攻防系统成熟的一个重要标志。

绕开对方布设的正面防线，核心战略意图是战略力量的合理部署，不是普通意义上的逃避。绕开正面防线以后，我方的优势战略力量将在对方侧翼与后方实施战略大迁回、侧翼与后方包抄合围的大战术运作。在正面防线，我方用有限的战略力量完成吸引对方战略注意力并牵制对方主要战略力量于正面防线战场，为我方在对方侧翼与后方战略大迁回提供绝佳战略机遇期，并在正面防线范畴内，伺机从不同角度寻求突破。达成这些部署运筹效果，便是相对成熟稳健的正面防线战术体系。

以笔者长期操盘解决重大、疑难、复杂案件的实战经验分析，绝大多数情况下，我方面对对方布设的正面防线，选择避其锋芒，绕开对方正面防线，实施战略大迁回、侧翼与后方包抄合围的同时，对正面防线战术常做大幅调整。其中一宗在笔者介入之前已经在股权确认诉讼中两次发回重审，最后一次发回重审后，一审判决确认我方享有一定比例的股权，上诉之后，二审改判驳回我方全部诉讼请求，对方布设的正面防线之固若金汤可见一斑。我方充分研究全局形势后，在对方侧翼与后方实施战略大迁回的同时，对于正面防线战术也做了相应调整。鉴于三上三下的股权确认合同纠纷已经确认我方当事人投资的事实，但对股东身份未予认可的具体情况，以合伙经营纠纷为由诉讼主张分配合伙收益，并在诉讼中通过证据保全提取公司财务账目，查明历年营收与盈利情况。合伙经营纠纷诉讼实质效果与股权确认诉讼无异，却能将对方处心积虑地谋划数年，防守得密不透风、滴水不漏的战略防线打开缺口。后来，正面防线合伙经营纠纷的战术与侧翼与后方战术体系联合发力，解决得非常彻底。本章前述成大与其兄弟姐妹的案例中，成大股权被成二等兄弟姐妹以伪造身份证件、签名、政府机关公文印章的方式，非法擅自转至对方名下。在笔者介入代理之前，成大坚持打撤销工商变更登记的行政诉讼数年，甚至再审已经打到最高人民法院，但还是回到原点。我方通判客观形势，决定在对方侧翼与后方实施战略大迁回的同时，果断调整正面防线战术体系，以股东权益诉讼的方式，将成二等历年剥夺成大股东权益，销毁、伪造、篡改财务账目，虚构支出拒付股东盈余红利的行为，以及伙同第三方拍卖公司、资产评估事务所作虚假评估、拍卖，以极低价格将公司资产迁回转至对方名下等行为通过证据保全、庭审较量等途径悉数掌握，并与侧翼与后方追究其伪造身份证件、签名、政府机关公文印章等刑事犯罪相结合，在极短时间内便解决了胶着迁延十余年的讼争。

这些实战案例充分说明，正面防线战术体系的成熟对整体解决重大、疑难、复杂案件具有决定性的意义。虽然侧翼与后方的战术体系往往发挥关键作用，但在正面防线打开缺口，也加速了案件的提前解决。若正面防线依然坚持原来错误的战术安排，即便侧翼与后方取得重大突破，依然难以形成战术复合力量与战略复合震慑，案件也得不到全面彻底的解决。因此，在充分考虑全局客观情况的基础上，对正面防线战术体系作出合理部署与调整，使其能够与侧翼与后方的战术体系协调推动，相得益彰，以更有利的角度、更具有战术杀伤力的方式，对对方正面防线的主要战略力量形成牵制，完全令对方将战略注意力聚焦于正面防线战场，为我方侧翼与后方的战略大迂回创造战略机遇期，是形成稳固的战略攻防体系至关重要的一环。

（二）战略大迂回战线的战术体系部署到位

几乎所有重大、疑难、复杂案件的实质性突破，都是从侧翼与后方的突破开始。从全局分析，对方战略力量厚度最深的区域是正面防线，最薄弱透亮的区域是侧翼与后方。在正面防线，我方的战略力量厚度往往不足以穿透对方的战略防线厚度。在侧翼与后方战线上，我方集中优势战略力量的厚度却足以轻松穿透对方薄弱甚至虚无的防线。我方在侧翼与后方部署的核心战术，对于解决正面防线问题往往具有决定性的促进作用。因此，侧翼与后方沦陷后，对方在正面防线也失去了战略屏障。以此分析，侧翼与后方的战术体系部署到位，也是我方形成稳固的战略攻防体系的标志之一。

侧翼与后方战术体系的部署，取决于对方侧翼与后方薄弱环节与致命要害。对方的侧翼与后方，一方面由于对方将战略重心几乎全部侧倾于正面防线，另一方面由于在布设正面防线时必然性地遗留众多隐患，因而薄弱环节与致命要害并不难发现。以这些薄弱环节与致命要害为有效战术据点，有针对性地部署战术体系，按照具体战术与正面防线的关联度，依次分为核心战术、重要非核心战术、一般重要的后备战术，分轻重主次缓急地铺开，在具体战术执行中讲究短平快、稳准狠，出其不意、攻其不备，一般而言，战略打击力度相当惊人，对方阵营因我方侧翼与后方核心战术的实施便一触即溃的情况并不少见。而且，根据与正面防线的关联度区分三级战术体系，极大地增加了我方战略力量厚度，在正面防线战术与侧翼与后方战术合围后，若未取得预期战略效果，重要非核心战术体系以及一般重要的后备战术体系梯次递补，保持战略力量的延续性，整体战略攻防体系因此而保持成熟稳固。

（三）正面防线战线与战略大迂回战线具备合围条件

战略大迂回、侧翼与后方包抄合围的目标有两级，初级阶段目标是在对方侧翼与后方薄弱环节实现包抄，终极目标是与正面防线实现夹击合围。因此，衡量侧翼与后方战术体系的唯一指标是是否具备与正面防线战术合围的可能性，以及对正面防线战术支撑力度有多大。如果通过实施战略大迂回，在对方侧翼与后方实现了包抄，但无法协调一致地与正面防线战术实现合围，总体而言，形成稳固的战略攻防体系的条件远未成熟。

正面防线战术与侧翼与后方战术合围的条件是侧翼与后方的战术成果将对方重要依恃力量完全抵销或者绝大部分抵销。比如在本章前述案例中，对方布设的正面防线主要依恃力量是通过伪造行为骗取工商变更登记后，我方要求工商行政管理机关撤销，工商行政管理机关要求司法机关就伪造的事实予以证明。我方要求司法机关追究刑事责任，司法机关认为工商变更登记具有最权威的法律效力。我方当事人成大历经数年打行政诉讼请求撤销该工商变更登记行为，再审打到最高人民法院也未实现夙愿。笔者介入代理以后，直接从对方侧翼与后方的最薄弱环节部署战术，不是将其骗取工商变更登记的行为作为整体予以追究，而是将对方为实现诈骗股权目的所作准备行为进行拆分，分别追究其伪造政府机关公文印章、居民身份证件、诈骗的刑事责任，由于件件证据确凿，理由充分，故而很快便达成战术目标。而该侧翼与后方核心战术目标的实现，直接导致对方在正面防线所依恃的力量完全消失，工商行政管理机关由于见到司法机关关于对方伪造行为与诈骗行为的相关司法文书，因而主动撤销变更登记，案件得到全面彻底地解决。而这仅仅是我方在对方侧翼与后方核心战术产生的战略威力，重要非核心战术体系、一般重要的后备战术体系尚未发动，问题已经全面解决，但我方的战略力量依然雄厚。

当侧翼与后方战术体系运作至可以给正面防线战术提供强力支持的时候，便初步具备与正面防线战术合围的条件，我方的战略复合震慑力与战术复合力量几近巅峰，对方布设的正面防线在此情况下往往成为无源之水、无根之苗，全线崩溃只是时日问题。这也是我方稳固的战略攻防体系形成的重要标志。

二、稳固的战略攻防体系的实务意义

（一）栋梁支撑

形成稳固的战略攻防体系之后，我方若选择在正面防线发起战略总攻，对方将不堪一击。在本章前述案例中，我方在侧翼与后方战术运筹过程中，已经成功追究对方成二等伪造国家机关公文印章、居民身份证件、签名以及诈骗的刑事责任，在该刑事案件事实认定基础上，工商行政管理机关撤销当初成二等非法擅自变更股权的登记行为，便为顺理成章之事，我方在正面防线核心诉求得到完全实现。如果毫不留情，彻底地将控告权行使到底，对方不但会因为伪造与诈骗行为承担刑事责任，当初与对方合谋进行虚假评估、拍卖的中介机构也会因提供虚假证明文件罪获刑，对方指使他人殴打我方当事人成大致其重伤的行为亦将受到刑事追究，这些法律责任于对方来说无异于灭顶之灾。

在该强大的战略力量系统中，起栋梁支撑作用的便是我方稳固的战略攻防体系。从全局分析，如果把我方战略运筹与战术运作比作修建大厦，稳固的战略攻防体系无疑是大厦的栋梁，在横向联结与纵向支持的维度支撑起整个大厦，使设计、装修、空间布局等工作具备存在的基础条件，若失去栋梁支撑，再好的工作成效也将无从依附。在重大、疑难、复杂案件实战解决过程中，稳固的战略攻防体系正是支撑我方全面彻底地解决案件问题的栋梁支撑，只有形成稳固的战略攻防体系，才能真正无限接近并实现我方核心诉求，其他的辅助工作才能具备客观存在的基础。否则，任何努力与付出都会在成王败寇的铁则下黯然失色。别无选择，重大、疑难、复杂案件只信奉成王败寇的唯结果决定论，这里没有苦劳，只讲功劳。战略方向与路线错误、智谋与经验不足、缺乏稳固的战略攻防体系的栋梁支撑，在重大、疑难、复杂案件的泥泞困厄中反复挣扎，浮浮沉沉，犹如只凭热情与技术建构高楼大厦却忽视栋梁支撑，反复起高楼又反复塌陷，也就不足为奇了。

（二）形成具有战略摧毁能力的战术复合力量

形成稳固的战略攻防体系之后，战略大迂回战术体系攻陷对方侧翼与后方，并且给正面防线战术体系提供强力支持，两条战线战术之间形成有机整体，互相配合，互为依托，相得益彰，产生强大的战术复合力量。这种战术复合力量与两线各自作战产生的战术合力是完全不同的概念。战术合力最大的杀伤力是对方需要两线作战，若无法形成致命的杀伤，则与单线作战无本质区别。因为我方开辟另外一条战线在使对方战略力量分散的同时，也分散了本方战略力量。以传统专业技术流思维方式与处理模式应对重大、疑难、复杂案件时，普遍存在此种情况，双方均用尽救济手段、穷尽法律程序进行争斗，开辟的战线不可谓不少，但均匀用力、撒胡椒面似的布排力量，根本无法给对手制造致命的杀伤，谁也无法轻易降服对方，只是在持续性的对抗较量中感觉一直在努力解决而已，其实可能与真正的解决背道而驰。战术复合力量则完全不同，它不仅是两条战线战术威力的叠加，并且由于两条战线战术之间形成有机整体，互相配合，互为依托，相得益彰，互相使彼此战术力量的打击纵深度大幅提升，因而产生复合力量。战术复合力量除了比战术合力更强大，还更稳定持久。

在本章前述案例中，我方在侧翼与后方攻陷对方防线，证明对方为非法擅自转让股权所实施的伪造国家机关公文印章、公司身份证件、签名以及诈骗的行为构成诈骗后，正面防线撤销工商变更登记的行政诉讼以及股东权益诉讼，均得到了久违的关键证据支持，核心讼争问题迎刃而解。而正面防线核心问题的解决，又促使侧翼与后方战术体系迈入更深入、坚实的追究层面，两条战线战术之间产生了互相配合、促进、补益的效果，其战术复合力量相当于核武器当量级。

（三）现实与长远兼顾的战略复合震慑

基于战术复合力量，正面防线战术体系与侧翼与后方战术体系产生的复合战略震慑，对于全面、彻底地解决案件问题提供了终极支持。在本章前述案例中，侧翼与后方的战术体系使对方成二等面临多项刑事追究，该战术成果又直接导致正面防线行政诉讼与股东权益诉讼目的全面实现，对方正面防线及侧翼与后方战线同时沦陷，这种战略震慑已经足够实现我方总体战略目标。但战略震慑力度并未就此停止，我方在侧翼与后方战术体系中，还有追究对方及其利益共同体联盟故意伤害罪、提供虚假证明文件罪以及罗织构陷使成大错误地接受强制精神治疗的侵权责任等重要非核心战术并未启动，若对方在全面溃败后计划卷土重来、反攻倒算，也必须忌惮我方后备战略力量的震慑力。

在重大、疑难、复杂案件实战解决过程中，解决案件核心问题的战略震慑与后备战略震慑呼应形成复合战略震慑，具体表现为稳固的战略攻防体系，该体系产生的战术复合力量与战略复合震慑，不但能够全面彻底地解决案件问题，也能够相对长久地保障双方互不侵扰。根除重大、疑难、复杂案件的次生问题或再次爆发的隐患，也是此类案件解决过程中十分棘手的问题。实务中，未得到彻底解决，对方心有不甘而卷土重来、反攻倒算的情况司空见惯。只有拥有雄厚的战略力量，并保持持久的战略震慑，才能从根本上避免斩草未除根的情况发生。

第七章
常用战术及实战应用

富于智慧、谋略、经验地制订总战略规划，并部署高明、理性、务实的战术体系，在对方布设的正面防线面前明智地选择避其锋芒，绕开正面对抗后在对方侧翼与后方实施战略大迂回，针对对方侧翼与后方薄弱环节进行包抄，最终与正面防线战术合围而实现全局战略目标，是操盘解决重大、疑难、复杂案件最基本的战略素养与战术修养。如果不具备这种战略素养与战术修养，一开始便会出现战略方向、路线、策略方面的严重错误，导致案件逐渐深陷悬停僵死并胶着迁延的危亡境地。

但仅拥有这些战略素养与战术修养，远不足以驾驭重大、疑难、复杂案件。在具体战略运筹与战术运作过程中，为适应讼争形势千变万化的需求，要求当事人与操盘团队时刻审时度势，做好战略掌控与战术机动，确保全局战术行动在总战略规划的匡引下，坚守总战略目标，保持正确的战略方向与路线，各条战线高度统一，密切配合，灵动谐调，各个战术行为保持高度的战略向心力，始终保持足够的战术复合力量与复合战略震慑，最终保障总战略目标的实现。在解决重大、疑难、复杂案件过程中，战略掌控与战术机动能力，是战略战术体系最终能否顺利实施以及实施效果的决定因素。

关于战略规划与战术体系的谋划设计，更类似于军师谋臣的出谋划策，但军师谋臣未必能够率兵出征，将战略战术体系与实践情况毫无违和地结合并执行到位。因此，战略战术体系的谋划设计，更考验智谋、战略运筹、策划能力。战略掌控与战术机动更像军事将领将战略战术体系贯彻落实到实际战争中，根据战场形势的变化审时度势地作出调整适应，在总体目标、方向、路线基本不变的前提下，灵活地运用战术，渐次实现战术目标，最终实现总体战略目标。因而，战略掌控与战术机动更侧重考验实战执行与变通能力。擅长智谋、战略运筹与策划的人，未必也擅长实战执行与变通。在实战中，军师谋臣们谈起战略、智谋、策划等雄辩滔滔，成竹在胸，若真让他们领兵出征并执行到位，恐有赶鸭子上架之嫌。而擅长实战执行与变通的战将，往往不擅长智谋、战略运筹与策划，非要让他们去完成全局战略规划与战术体系的谋划设计，结局恐怕多是误国。历史上打了若干胜仗便被缺乏识人慧眼的决策者委以重任，最后兵败误国的先例不胜枚举。

战争中出谋划策与实战执行往往严格分开，交由不同的团队来实施。战争与重大、疑难、复杂案件存在太多相似，笔者经常将两者类比。在出谋划策与实战执行是否严格区分并由不同团队实施的问题上，两者迥然不同。在重大、疑难、复杂案件解决过程中，出谋划策与实战执行必须由同一团队实施完成，无数惨痛教训已经证明了这点。笔者经常遇到有些重大、疑难、复杂案件当事人为成本考虑，索取有关案件实战解决体系书面文件后，交由其他专业人士照猫画虎地执行，但实际执行情况相当艰难滞涩，顾此失彼的情况比比皆是，非但不能实现既定的战略目标，甚至连最基本的战术都无法运筹到位。讼争客观形势千头万绪、变幻莫测，在初步分析基础上谋划设计的实战解决体系，不可能囊括所有未来客观形势的发展变化，只能靠实战过程中战略掌控与战术机动进行审时度势地驾驭。在解决重大、疑难、复杂案件过程中，如果出谋划策与实战执行可以分开由不同团队完成，笔者更愿意只做出谋划策的工作，不愿承受两手都得抓而且两手都必须硬的艰巨任务。笔者经常调侃律师工作是戴着手铐与脚镣在铡刀刃上跳舞，下面却是火海。在重大、疑难、复杂案件中，即使实战经验饱富，也时常感觉被严重掏空。但这也是一种享受与成就，出谋划策与实战执行能力集于一身而且屡屡顺利完成，激励着笔者对自己提出更高要求，每天都在一点一滴的进步提高当中体验着收获的喜悦。在点滴积累过程中，逐步形成战略、法、战术思想体系这套卓有成效的实战方法论。之前着重论述了战略运筹与战术运作问题，更倾向于智谋、战略、策划范畴，探讨的是出谋划策的问题。本章主要论述实战过程中战略掌控与战术机动，侧重于实战执行、变通范畴，探讨的是执行力问题。

用兵作战丝毫不排斥计谋、诡道、诈术，战略与兵法在古时甚至被直接称为诡道、诡术等，其实就是用巧妙的手段迷惑、诱导、欺骗敌人以实现我方目的的方法论。只要存在激烈对抗，而且双方都十分看重结果，战略、计谋、兵法等方法论就有巨大的存在价值。甚至在斗争并不激烈的领域，战略与兵法也被经常提及。比如在商业领域，战略是商业项目运作人经常提及的高频词，而且战略也是重大商业项目运作的首要考量因素。遗憾的是，在斗争激烈如战争的法律讼争领域，尤其是重大、疑难、复杂案件讼争中，战略问题却鲜有提及。即使提及，也是局限于法庭诉讼程序之内，在举证质证、调解和解等领域将三十六计等生搬硬套地应用，往往显得更像是诡术、诈术，总体感觉不够光明正大且无多少实际效用。

在单纯诉讼案件中，战略兵法在理论上具有一定的实际意义，但单纯诉讼案件事实相对简单清楚，证据相对固定，诉讼程序又有严格限制，因而战略与兵法的用武之地大为受限，也只有战术策略在诉讼实战中有一定的存在价值。或许是这种观念与模式被顺理成章地移植过来之故，战略与兵法在重大、疑难、复杂案件实战解决过程中，亦未得到重视与大范围地运用，这绝对是法律实务界的重大缺憾。但从当前重大、疑难、复杂案件解决实务状况判断，该类案件的实务解决对战略与兵法的渴求，远远大于对法律专业、技术与经验的期望。因为当事人明知他们的案件靠说事、论理、明法的方式解决不了，但又无法躲开单纯法律诉讼程序的管束。其实，关键在于解决重大、疑难、复杂案件操盘人与决策团队的认知水平与实战经验，若能够认识到此类案件的本质，相信绝对不会再盲目轻率地选择用一场君子比武式的法律诉讼来决断极端复杂的讼争。从此类案件最重要的几个本质特征来说，因为利益重大到关乎生死存亡，任何一方也不会在说事、论理、明法后甘心认输而让渡利益。若真有这种可能性，也就不会形成该类案件。换句话说，在重大利益面前，装睡的人永远都叫不醒，既然叫不醒，即使法院裁判后，恐怕也会被对方用一系列神机鬼械的谋划设计而釜底抽薪，最终落得一纸空文的法律判决权利。因为利益重大，自然会有与此直接或间接相关的第三方参与其中，逐渐形成稳固的利益共同体联盟，最终深化成两个实力强大的利益共同体联盟之间的斗争，一场擂台赛决出雌雄后各自退场的可能性为零。必定是绞尽脑汁、倾尽全力、用尽救济途径与手段地展开殊死搏杀，这方战阵失利那边又登场。强大的利益共同体双方为重大利益争得你死我活，各自穷尽手段，花样百出，甚至无所不用其极，导致案件局势往往变得异常复杂，绝非单纯专业诉讼所能驾驭。诉讼可以解决相对自然的过程中形成的法律关系，但人为布设的极端疑难复杂，布设的目的就是为了躲开法律程序的射程范围，单纯的法律程序显然无能为力。因此，重大、疑难、复杂案件解决实务中对于战略与兵法的渴求，不亚于久旱焦苗呼唤甘露。

哪里有迫切的呼唤，哪里就会有全新而进步的接管模式应运而生。在重大、疑难、复杂案件中，双方为巨额利益展开你死我活的激烈斗争，而且都倾尽全力追求大获全胜，讼争事务错综复杂、千头万绪、盘根错节、变幻多端，其情状与战争无异，战略与兵法具有重大而现实的存在意义。目前业界已经逐渐认识到在重大、疑难、复杂案件面前，徒法不足以自行，因而经常展开交叉法律关系研究，说明单纯的诉讼程序根本就解决不了好多复杂案件，也预示着重大、疑难、复杂案件的解决之道正在经历临产前的阵痛，母子都在经受着严峻考验。但还是没有深入实质，仅从单一法律关系走向多种法律关系的研究，终究还是停留在法与术的层面探讨复杂事务如何彻底解决，显然有螳臂当车之嫌。必须提升至战略高度进行实战方法论级别的创新研究，创建以智慧、谋略、经验为特征，以战略、法律专业技术经验、战术为内核的实战解决体系，才是解决重大、疑难、复杂案件的王道。

笔者经常强调单纯诉讼案件与重大、疑难、复杂案件的区别，本意是想着重强调战略兵法对于解决重大、疑难、复杂案件的意义。在传统专业技术流思维方式与处理模式下，重大、疑难、复杂案件被当作标的较大的单纯专业诉讼案件，不讲战略、谋略与兵法，往往在对方设定的程序与规则中四处碰撞，费心九牛二虎之力却得不到解决，甚至越解决越麻烦。

既然重大、疑难、复杂案件中双方斗争异常复杂，要实现我方讼争目的，肯定需要进行全局分析、全局考虑、全局统筹，设定合理目标，对于我方讼争总方向、任务、阶段、任务、力量等作出安排部署并在具体实施过程中审时度势、因势利导，加强对各项讼争事务的掌控与调整，打造高效能、低能耗的讼争解决模式，以最小的成本付出实现最大的讼争收益。此正为战略与兵法在重大、疑难、复杂案件中最典型的实战运用。

第一节　实则虚之，虚则实之大战术运作

一、实则虚之，虚则实之大战术运作的基本含义

在重大、疑难、复杂案件解决过程中，双方实力的强大与虚弱并非绝对，由于讼争形势错综复杂，案件客观形势变化多端，双方实力对比情况也在随时变化。一方即使在某一特定时间段内完全占据战略优势，一派胜券在握的气象，但由于对方一个精妙的战术部署与实施，顷刻之间便又面临倾覆的情况比比皆是。因此，实力强大时莫得意忘形，实力暂时虚弱时也别过早悲观地决断。此类案件最大的魔性，就是不到最后关头，任何一方也不敢轻言胜利在望。如同顶级职业篮球比赛在最后零点四秒也可以绝杀逆转一样充满魅力，重大、疑难、复杂案件不到最后关头绝对不可轻言放弃，这也是此类案件区别于传统单纯诉讼案件的最大特质。传统单纯诉讼案件四平八稳，如同年方弱冠便深沉嗟叹这辈子就这样了的极端保守者，而重大、疑难、复杂案件充满活力、爆发力、变数与神秘，即使是经验饱富的操盘人也无法完全读懂看透。

在重大、疑难、复杂案件激烈讼争中，向来不排斥战略、谋略、计谋、策略、兵法等可称之为诡术与诡道的方法论。只要在合法或者法律未明确禁止的范围内实施，怎么做都不为过。既然进入重大、疑难、复杂案件的深水，就莫固守君子有所为有所不为的那套，还是理性、务实又合法地实现本方利益目标为要。对手一般都不再是传统意义上的正人君子，用传统社会腐儒君子那套，只能把对方攫取更大利益的野心刺激得更加膨胀。我们虽然不能因为凝视深渊而变成深渊，缠斗恶龙而变成恶龙，最起码在争斗时要比深渊更深不可测，比恶龙更富爪牙。在重大、疑难、复杂案件中，只相信实力决定一切，只会以结果倒推的方式来评判错对。因此，不用讨论战略兵法是否可用的问题，应该直接考虑如何运用至极致的问题。

此处重点论述的虚则实之、实则虚之，主要是结合双方实力对比存在较大差距的情况下，我方如何巧用谋略转移战略形势，将对方强大实力消弭于无形，并

创造最佳战略机遇，集中我方优势力量攻陷对方布防最薄弱的战略时期或战略区域，实现以弱胜强的绝杀逆袭。

二、实则虚之，虚则实之大战术运作的实战案例参考

为了便于更好理解虚则实之、实则虚之的谋略在具体讼争中的运用，特举一个实战案例进行说明。话说有一个叫翩思妮的品牌商在全国大肆招揽代理商加盟，大大小小、林林总总有一千多人加盟成为代理商。若一切在诚信轨道运行，可能是一个美好的财富故事。可翩思妮一开始就没守游戏规则，以非注册商标冒充注册商标，而且在宣传资料与路演中掺杂了太多虚假信息与资料，真真假假，假作真时真亦假，真假难辨，在稀里糊涂、恍恍惚惚间，一千多人已经被裹挟上船。翩思妮所供货物号称质量全球一流，产品基本与模具手机无异，根本就不具备核心使用功能。加盟商的货物基本无法销售，即便售出也被消费者退货维权而收场。加盟商向翩思妮反映情况都石沉大海，无奈之下，加盟商只能联合维权，讨要说法非但无果反被暴力以待，走投无路，方欲诉讼。

笔者代理加盟商一方，通过分析双方实力对比，发现我方虽人数众多，但一盘散沙，各怀异志，甚至被翩思妮逐个击破，已经有一批人被统一到翩思妮战线，此等情况，人越多反倒越无力。还好，终有一批头脑清醒、思想坚定的加盟商，因为三观基本相合团结在一起，决意共同起诉翩思妮。显而易见，翩思妮绝对实力远在我方之上，如果采取战略教条与冒险，选择直接与其对垒，即使我方握有一定力度的证据，也无法保证绝对成算。根据前期调研摸底，我方得知翩思妮从一开始就设好了局，以非注册商标冒充注册商标，所供货物均系非正规批发市场淘得劣质货品后贴牌。而且在公司创设初期便就应对加盟商维权事宜进行了谋划设计，可谓深谋远虑，这点在加盟商与其沟通磋商时也得到过证实，翩思妮公司董事长一再强调在他们的地盘上没有翩思妮打不赢的官司。加盟代理合同也设计得严谨缜密、滴水不漏，即使出现严重的质量问题，依然抓不住翩思妮的任何把柄。或许翩思妮当初擘画的蓝图太美，让加盟商都不敢细看，生怕发现有碍签约的字眼而阻延了发财大计。当然，加盟商们不知道翩思妮用非注册商标冒充注册商标的事情，他们一直坚定地以为翩思妮确系注册商标无疑，冒充注册商标的重要情况是我们律师调查后掌握的重要情况。对该重要情况我们一直选择保密，担

心加盟商人多嘴杂而走漏风声，让翩思妮提前做好准备。

我方除了掌握对方以正在申请中尚未核准注册的商标冒充注册商标的情况外，没有任何证据对我方有利。虽然冒充注册商标的证据也足够有力，但要充分考虑对方蓄谋已久、策无遗算、实力强大的现实，即使贸然以冒充注册商标的事情理论，未必有绝对成算。因为对方毕竟是以正在申请中尚未核准注册的商标冒充注册商标，而非假冒注册商标，因而该问题必须慎重对待。笔者建议宜平流缓进，待对方逐渐露出底牌，我方完全观察清楚情况再做进一步安排部署，该建议得到了委托人的一致支持。有几批加盟商急不可耐，毅然决然、不假思索地拿起法律武器开始了维权征程。有选择诉解除合同的，也有诉撤销合同的，但均以产品存在严重质量问题为核心理由。由于适用简易程序，仅用两个多月就得到一审判决，结果自然是驳回全部诉讼请求。当事人上诉后，也都在一个月之内被裁定维持原判。我方委托人惊出一身冷汗，纷纷对诉讼维权失去信心，但笔者律师团队的胸有成竹，使委托人残存了丁点信心。

基本掌握了案件客观形势，该正式启动维权行动了。起诉前，笔者律师团队与委托人开了碰头会，委托人最关心的就是我方应该怎么打这个官司。笔者建议还是走之前已经败诉的加盟商的老路，打撤销合同或者解除合同。之前已经有加盟商被驳回全部诉讼请求，委托人信心顿时冰封。但当笔者将计划的下半部分讲完时，委托人又瞬时兴奋得摩拳擦掌。我们选择继续打解除合同或者撤销合同诉讼，战略意图是为麻痹对方，使对方对我方的诉讼从根本上轻视麻木，从而完全按照之前对付已经败诉的加盟商一样例行公事般应付，在应付过程中会给其埋下致命隐患。尤其是在法庭调查阶段，基于品牌加盟基础事实，法官必定会针对注册商标问题进行例行公事的发问，以目前情况分析，对方肯定不会承认是非注册商标，而会一口咬定是注册商标，因为其已经在宣传资料与路演中标注为注册商标，在法庭上自然也会一以贯之。甚至在法官询问是正在申请中尚未核准注册的商标还是已经核准注册的商标时，对方应该也会不假思索地坚称系已经核准注册的商标。若对方做出此种回答，我方的战略意图就完全达成，不管是法院判决结案，还是我方果断撤诉，再以对方冒充注册商标发展品牌加盟代理的行为违反法律强制性规定为由，诉请宣告合同无效，应该能够得到法院支持。绝不可贸然启动宣告无效诉讼，是因为对方在合同条款中已经作了相关模棱两可的设定，我方直接诉请宣告合同无效未必能够得到支持。如果有对方在解除合同诉讼中将正在申请中尚未核准注册的商标冒充注册商标的陈述，则其冒充注册商标的行为便可坐实，再结合其宣传与路演资料中有关冒充注册商标的证据，诉请宣告合同无效的证据应当更加充分有力。

我方先以货物存在严重质量问题为由诉请解除合同，开庭时法官果然就商标问题进行例行公事地发问，对方脱口而出坚称系注册商标，法官又问是已经核准的注册商标还是正在申请中尚未核准注册的商标时，对方一口咬定是已经核准注册的商标。我方战略意图已经实现，其实完全可以撤诉了，但又生怕引起对方警觉，选择继续以正常的水平与态度将诉讼进行到底，甚至表现得比正常力度要更显寸土必争。由于合同条款对我方严重不利，即便存在严重质量问题，最终还是不出意外地被判决驳回全部诉讼请求。

我方未上诉，旋即立即诉请宣告合同无效，理由是翩思妮以非注册商标冒充注册商标骗取加盟商加盟代理，其行为违反法律强制性规定。在商标管理机关调取的相关证据、对方宣传与路演资料中冒充注册商标的证据、法院依我方申请调取的一系列解除合同诉讼与撤销合同诉讼中对方坚称注册商标的陈述笔录、法院依我方申请调取的工商行政管理部门有关对方非注册商标等证据的强力支持下，法院最终认定对方以非注册商标冒充注册商标违反法律强制性规定，判决合同无效，对方悉数返还我方加盟费、货款并赔偿我方因加盟而产生的损失。至此，该案战略目标全面达成。

三、准确把握双方的实与虚

无论我方实力有多么强大，在双方对垒时都有必要充分地掌握双方的实与虚。实与虚并非绝对，即使整体实力再强大，也有虚弱部位。相应，即使总体实力虚弱，但总有坚硬强大的部位。双方在讼争对抗中，都在绞尽脑汁地谋求制胜之道，恰到好处的权谋、诡道往往能够起到关键制胜作用。

在双方讼争对垒之前，必须通过全面调研摸底与情报要素收集，充分运用经验法则，将双方战略力量构成进行全面掌握，磨刀不误砍柴工，这项工作耗费多少时间都值得。切不可不加调研收集，只凭法律专业技术分析以及手头现有证据材料就贸然出击，前述案例中那些贸然诉请撤销合同与解除合同的加盟商就犯了这种错误，结果自然是在对方精心布局面前一筹莫展。要做到充分了解我方实力的强大部分，并对其进行深度分析评估，做到心中有数，既不高估也不轻视。同时也要清醒地认识我方的虚弱部位，进行审慎评判，通过沙盘预演从虚弱部位被攻陷的各种可能性，时刻警醒本方该战略区域绝不可触碰。同时，要对对方实力构成进行深入研究剖析，在透彻认识对方实力强大部分的同时，重点研究对方实力虚弱部位，不但要全面了解该虚弱部位，而且要在未来战术部署中保护好该虚弱部位，以防因疏误引起对方警觉后加强战略防备，导致我方丧失战机。

应当充分地分析我方实力构成情况，若觉得实力强大的方面尚不足以十拿九稳地战胜对方时，可以故意向对方展露我方实力虚弱的方面，而且表现出实力强大、寸土必争的表象，诱导对方以其全部战略力量或者实力最强大的部分来与我方虚线对抗，消耗其有生战略力量。在对方实力损耗殆尽之时，以我方实力最强大部分为基础，筹谋战略规划并部署战术体系，利用对方在虚线对抗中暴露的致命缺陷，猛然发动实线进攻，往往能够一举攻克对方战略防线。

在本节前述案例中，对方翩思妮公司实力强大的方面，首先是综合实力远比我方任何一个加盟商强大太多，即使所有加盟商联合起来，也未必能与其综合实力相比。关于综合实力在重大、疑难、复杂案件解决过程中的重要意义，笔者坚定地认为是双方讼争对垒必须首先考虑的因素，从法律专业技术角度以及事实证据角度考量得出必胜无疑的论断，最终往往沦为清谈误国的笑柄，律师职业的社会口碑，很大程度上也是因这种清谈误国的论断方式而降低。综合实力强大，无论是在专业攻击力、防御力，还是运用多种资源、渠道的能量共同运作的能力，抑或是因为资金实力雄厚而聘请资深专业人士操盘的绝对软实力，都足以弥补太多基础事实本身的缺陷。重大、疑难、复杂案件拼的是实力，不是事实与法律方面的正义。笔者曾无数次断言重大、疑难、复杂案件中被动应战方往往是正义的一方，但如果没有高明的战略战术运筹，几乎没有获胜的先例。因此，双方的综合实力对比是分析案件客观形势时的首要考量要素。

翩思妮公司不但综合实力远胜我方当事人，双方加盟合同的约定也对我方严重不利，加盟费在合同中被约定为品牌许可使用费、渠道占用费、技术指导费等名目，均与货品质量无直接关联。供货方式约定为加盟商委托翩思妮采购供应，显然委托代理的法律后果由委托方承担，翩思妮甚至对货品质量都无须负责。而且，关于商标事宜，约定为加盟商加盟即表示认可其品牌价值，无论该品牌为正在申请注册还是已经核准注册，不管是翩思妮品牌还是旗下子品牌，加盟商都必须无条件接受。而实际上其使用的正是正在申请中未获得核准注册的商标，只不过其公然作了注册商标标注而已。从合同约定角度分析，我方当事人处于完全的劣势。

通过深入调研，我方从特定渠道了解到翩思妮公司在项目启动初期已经将法务处理事宜作了妥善周密的部署，据说翩思妮公司董事长曾自负地叫嚣如果能让加盟商反了天，他就把姓倒过来写。说来也是巧合，该董事长竟然姓田，其姓倒过来也是田，看来他对于未来的倾覆一语成谶。既然对方如此成竹在胸，想必在法律专业技术防范、程序设计、团队组建、资源筹备等方面均进行了全面部署。从贸然起诉但未获丝毫支持的加盟商的遭遇看，翩思妮公司董事长所言非虚。

在双方正式对垒前，我方作了深彻的敌情分析，发现翩思妮委托的操盘团队实力相当雄厚，通过分析其之前曾经代理过的重大、疑难、复杂案件便知道，该团队非常擅长战略兵法，能征善战，经常策无遗算、计出万全。这点必须引起足够重视，打官司过程中，硬件十分重要，但软件更为重要。事实、证据、法律相当于硬件设施，配置必须具备基本的可行条件。代理或操盘团队相当于软件系统，若没有先进强大的软件系统支持，再好的硬件体系也是形同虚设。在双方操盘团队实力方面，我方肯定不遑多让，但也必须引起足够重视。

我方通过精挖细掘、掘地三尺的调研摸底与要素收集，发现翩思妮将正在申请注册中未核准注册的商标冒充注册商标，骗取加盟商加盟代理，该重大发现瞬间让局势产生了扭转的趋向。但结合合同约定，膨胀起来的信心又被刺破，因为双方合同中关于商标事宜，约定加盟商加盟即表示认可其品牌价值，无论该品牌为正在申请注册还是已经核准注册，不管是翩思妮品牌还是旗下子品牌，加盟商都必须无条件接受。以此分析，即使对方以正在申请注册中未核准注册的商标冒充注册商标，似乎也无法撼动其根基。但在进一步深入调查后发现，对方在宣传与路演资料中均明确作了注册商标标注，但对方更聪明诡秘的鬼蜮伎俩就是在合同中关于商标一事，均持模棱两可的态度与表述方式，也未出现过注册商标标识。如果站在非正义的立场行事，即便绞尽脑汁、机关算尽，终究还是得露出破绽。商品上大量使用注册商标也是铁证，宣传资料与路演资料也明确标注了注册商标识，这些都是铁打的事实。部分加盟商贸然起诉解除合同以及撤销合同诉讼中，虽然对方在庭审时公然混淆是非、矫枉过正，连加盟商提交的货物证据的真实性都不认可，作为签约前商谈基础的宣传资料的真实性也不认可。但太过精明往往最容易露馅，可能正应了机关算尽反误了卿卿性命的古话，憨厚之人往往有意想不到的福气。日常生活中，有太多擅长经营与投资理财的人，将血汗甚至是冒着犯罪风险赚来的真金白银，因为一点高利许诺便塞入机谋更深的大诈骗犯的胃里，最后落得个大地白茫茫一片真干净。要怪只能怪自己太精明、太贪婪、太擅长算计钻营，在利益诱惑面前，理智被无限压制与弱化。翩思妮机关算尽都得逞，唯独有一点算错了，翩思妮太过轻视加盟商的实力，就拿正在申请中未获核准的注册商标冒充注册商标一事来说，翩思妮自负地认为所有的加盟商中就没有明白人，况且还不断打擦边球、游走灰色地带、计谋颇深地设计合同，至少在翩思妮看来完全能够过关。翩思妮算计之精深还在于以正在申请中未获核准的注册商标冒充注册商标，顶格的法律责任无非是处以非法所得百分之二十以下的罚款，对于坑蒙拐骗的人来说，这成本相当于加盟费，基本可以忽略不计。总而言之，无论是基础事实还是合同设计，抑或是对于法律规定的娴熟驾驭，翩思妮认为加盟商无法抓到其以正在申请中未获核准的注册商标冒充注册商标的证据。及至在后来贸然起诉解除合同与撤销合同的诉讼中，以及我方虚而实之，以存在严重质量问题为由诉请解除合同的诉讼中，一则在胜利的风口上春风得意马蹄疾，头脑发热便信口开河，二则麻痹轻率，实在太过无视加盟商的实力，根本就不消过多考虑，与当初宣传与路演时又犯了同样的精明机巧之谬误，不假思索地坚称翩思妮商标为注册商标。在法庭审理过程中，当事人陈述笔录的证明力往往比其他证据的证明力更受法院青睐与重视，该举动为其后来的倾覆奠定了基础。

以上就是对方翩思妮的实与虚。在对方实力构成的实与虚的基础上，对于我方实力构成的实与虚，也必须作以深彻分析认识。我方的实就是目前已经掌握了翩思妮以正在申请中未获核准的注册商标冒充注册商标的事实。鉴于对方在之前部分加盟商贸然起诉的诉讼中对于宣传资料与路演资料矢口否认的情况，殷鉴在前，我方必须引起警觉与高度重视。在我方虚而实之的解除合同诉讼中，开庭时法官就商标问题进行例行公事地发问，对方脱口而出称是注册商标。法官又问是已经核准的注册商标还是正在申请中尚未核准注册的商标时，对方不假思索地坚称是已经核准注册的商标。该行为将其以正在申请中未获核准注册的商标冒充注册商标的事实，铁板钉钉般固定在庭审笔录中。至此，我方的实方才具备扭转战局的战略力量。

我方的虚，无须多言也能够明确推断。双方激烈对抗时，对方的实往往就是我方的虚，对方综合实力强大、法律程序设计完美、蓄谋已久后万事俱备的实，正好对应了我方综合实力弱小、事实与合同方面严重不利、毫无机谋仓促应战的虚。因此，我方选择了耐心的战略等待，待全部洞穿对方的计谋之后，再采取虚而实之的解除合同诉讼，像其他贸然起诉的加盟商一样，根本不会引起对方的重视。我方在虚则实之的解除合同诉讼中表现得完全投入、倾尽全力，甚至可能虚张声势，表现得比正常诉讼要更显尽力而为、寸土必争，即使庭审中对方坚称其正在申请中未获核准的商标为注册商标时，我方也表现得气定神闲、不动声色。因此，对方根本就没有觉察出我方的战略意图。不出意外地被驳回解除合同的诉讼请求后，我方立即在全面、充分、极具深度的证据体系基础上，以对方以非注册商标冒充注册商标违反法律强制性规定为由，诉请宣告合同无效。我方有商标管理机关调取的相关证据、对方宣传与路演资料中冒充注册商标的证据、法院依我方申请调取的一系列解除合同诉讼与撤销合同诉讼中对方坚称注册商标的陈述笔录、法院依我方申请调取的工商行政管理部门有关对方非注册商标等证据体系强大支持，法院判决宣告合同无效，对方悉数返还我方加盟费、货款并赔偿我方因加盟而产生的损失。

该案战略战术体系运筹大获成功，首功便是我方对于双方实力构成的实与虚进行了全面、深入、细致地分析把握，并在此基础上部署运筹正确的谋略与战术，以我方最精锐的战略力量，从对方实力最薄弱的环节一举攻陷。

四、实则虚之，务必隐蔽、保密、周全、忍耐

在双方讼争对垒过程中，我方的实是经过全面、深入分析研究后确定为我方实力最强大的部分，作为最核心的战略力量与区域，将对讼争形势产生决定性的作用。因而，关于我方的实，不宜过早地暴露战略意图，必须采取切实可行的措施予以隐蔽、保密。如果过早地暴露战略意图，容易引起对方警觉与重视，进而补强薄弱环节并采取相应反制措施，我方实力构成中最精锐部分便因对方的反制

措施而消弭。在本节前述案例中，我方在掌握了对方以正在申请中未获核准的商标冒充注册商标的情况以后，显然将此作为我方实力结构中最精锐部分，并早已决定以此发起宣告合同无效诉讼，釜底抽薪，毕其功于一役，但依然做到完全隐蔽战略意图，对该战略意图与架构高度保密。甚至在劝说委托人耐心洞察时势的时候，也未向委托人透露分毫。事实证明，关于我方的实，做到高度的隐蔽、保密，对于保护、培育、创造、维持战略机遇至关重要，作为重大、疑难、复杂案件操盘人，必须对此足够重视。

在运筹实则虚之战略时，务必做到周全、忍耐。如果考虑不周，可能会因为某个并不起眼的疏误便葬送了全局经营。若不能做到善于忍耐等待合适时机，可能会在时机不成熟的时候过早暴露战略意图，被强大的对手瞬间秒杀。周全与忍耐，其实代表着一种处世哲学，即使客观分析认为本方完全具备战胜对手的绝对实力，但也要永远高估对手，一定要认为对手肯定比自己厉害，万不可有点实力便沾沾自喜，总喜欢轻佻地料定对手比自己弱小。聪明的人总认为别人比自己更聪明，愚蠢的人总以为自己是世界上最聪明的人。在本节前述案例中，我方在认准了本方的实与对方的虚以后，并没有急于实施，而是保持战略忍耐与克制，仔细洞察其他加盟商与对方对抗较量的情况，以期掌握更多有利与不利要素。在战略忍耐与等待中，确实发现了太多重要情况，印证了我方对于双方实力对比的分析判断是正确的。如果贸然起诉，将所有弹药一次性打光，而对方却战兴正酣，势必导致我方一蹶不振。从庭审情况看，对方坚称其申请中未获核准的商标为注册商标的事实是存在的。这些对于我方后来的确认合同无效诉讼发挥了极为重要的情报价值。在战略忍耐与等待中，我方的谋划更加周全，尤其是在对方已经在诉讼中自述其申请中未获核准的商标为注册商标，为了避免非案例法体制对于我方案件的影响，还是在我方提起的解除合同诉讼中让对方再重复陈述一遍，进而以我方解除合同诉讼中的笔录作为宣告合同无效诉讼中的证据使用。再辅以我方向商标管理部门调取的证据，并在诉讼中申请法院向商标管理部门调取有关商标非注册商标的证据，同时调取其他加盟商诉讼中笔录作为证据，再结合对方宣传资料与路演资料中冒充注册商标的证据，整个战术体系周全至此，完全做到了尽人力所能及的处事标准，相信尽人力后天命自然不差。

需要重点强调的是，对方的宣传资料与路演资料中有冒充注册商标的事实，但对方在与其他加盟商的诉讼中对宣传与路演资料的真实性都不认可，并反手一击，称系加盟商伪造证据。在我方虚则实之的解除合同诉讼中，对方亦轻车熟路地发表否认一切证据的质证意见。但在后来宣告合同无效诉讼中，由于有大量直接证据证明其以申请中未获注册的商标冒充注册商标的事实，对方竟然又改口承认宣传资料与路演资料的真实性了，看来一切别有用心地坑害他人的谋划设计，都是外强中干的纸老虎。

在战略忍耐中等待合适的时机，绝非一味地被动等待，而是在积极地积蓄、发展战略力量，事实证明，完全实现了战术要素周全的至高标准，在时机成熟时发起雷霆一击，对方根本没有还手之力。

五、虚则实之，讲究声势、投入、全真、保密

为了确保我方实力精锐部分得到保护，能够在时机成熟时发起致命一击，往往需要将实力虚弱的部分刻意展现给对方，并且故意作出实力强盛、斗争欲望强烈、势在必得的气势，以迷惑对方作出错误判断与战略部署，将全部战略力量投入于虚线争斗中，待对方战略力量消耗殆尽，暴露出较多薄弱环节与虚弱部位后，再以我方最精锐实力全力进攻对方薄弱环节与虚弱部位，实现战略优势掌控。要做到这些，虚则实之的战略运筹，就必须做到声势浩大、效果逼真、倾尽全力、秘而不宣。只有这样，才能让对方完全相信虚线战场就是我方的主战场，从而倾尽全力于虚线战线，最终导致对方战略力量的无谓消耗，为我方掌控战略优势提供充分必要条件。

在前述我方与翩思妮公司的案例中，我方在虚则实之的战线安排上，借着其他加盟商提起解除合同、撤销合同诉讼的形势，我方也随即提起解除合同诉讼，确实也以正常诉讼的水准与应对力度进行运作，在诉讼过程中明知结局是被驳回诉讼请求，但依然寸土必争、分毫不让，比实实在在的战术行动要更显真实投入，对方根本就没有觉察出任何异样。而且，我方在虚则实之的诉讼全程均没有向任何人透露过实线战术的部署安排情况，做到了严格保密，一步步诱使对方深入，充分地暴露了核心虚弱部位，为我方接下来在实线战术运作提供了极佳的战术据点。最终能够大获全胜，与虚则实之战线的声势、投入、全真、保密等要素有极大关系。

六、虚战与实战的配合

为了方便表述，把虚则实之的战术称为虚战，把实则虚之的战术称为实战。

（一）虚战与实战精准定位，各司其职

虚战的定位是疑兵诱饵，实战是核心战场，这个定位必须清晰而稳定，不容半点偏差。虚战既为疑兵诱饵，必定充斥谋略性，有着非常明确的目的性，一方面必须达到我方虚战诱使对方错误深入的目的，另一方面必须得到将来实战中能够补强薄弱环节的有利要素。同时，若能够通过虚战发现对方更为全面、深入、致命的薄弱环节与致命要害，虚战战略收获就相当丰盈。虚战需要完成的使命是尽力以全真模式展开激烈对抗与较量，吸引对方战略注意力，诱使对方作出错误的战略判断，牵制对方主要战略力量胶着于虚战战场。并将我方在实战中的战略要素补全需求，通过谋略与算计诱使对方和盘托出。有明确的目的与任务匡范，虚战定位一般不会出现偏差。

实战是核心战场，是我方的大本营，是我方实现战略目标的依托，必须将几乎全部有效战略力量与资源集中于实战战场，始终以与对方决战的战略姿态来部署实战战场。只要精准把握实战是核心战场的定位，任谁都会分得清轻重主次。好多当事人往往因为虚战的声势、投入、全真需要而投入太多战略资源，最终导致前紧后松的情况比较常见。思想认识方面能够准确把握实战与虚战的定位，但一入战局，在虚战激烈的对抗当中情不自禁地投入较多战略资源，甚至能够忘了初心，与对方在虚战战场争斗得不可开交，笔者在实务中屡屡遇到有当事人存在类似情况。在前述我方与翩思妮的虚战解除合同诉讼中，一审判决驳回我方全部诉讼请求后，有一位委托人义愤填膺地坚决要求上诉，这是正常人最直接的心理反应，一旦上了战场杀敌沾血，会逐渐忘却自己为何而来，只知道无休止的战斗杀敌，良善克制的人性完全被残忍邪恶、嗜杀好斗替代。在重大、疑难、复杂案件解决过程中，为达成我方既定战略目标，运筹虚则实之、实则虚之战术时，精准地把握虚战与实战的定位，始终将虚战定位于疑兵诱饵，守住实战核心战场，才不致出现方向性的错误。

（二）虚战与实战明暗呼应，相得益彰

虚战为实战创造条件与机会而存在，因而虚战进行的过程，便是实战战略筹

备与完成的过程。两者一明一暗，互相呼应，协同运作，往往能够产生使彼此的战术威力更大程度地发挥的战术复合效果。虚战迷惑对方作出错误判断并将全部战略力量与资源投入于此，本身已经为实战创造了极大的战略优势，瞬间便将我方主要战略力量与对方较量的胜算无限提高。虚战过程中，我方会进行精妙谋划，专门针对对方在未来实战中的薄弱环节与致命要害布设特定战术行为，诱使对方在认为有利本方的情况下作出昏聩行动，而这正好为我方实战提供了重要的战略储备，逐渐将我方实战战略欠缺要素补齐，帮助我方建立战略优势。能够利用敌人的贡献壮大我方战略力量，无须火中取栗，只需谋略兵法即可搞定，不失为美事一桩。

前述我方与翩思妮案件中，我方为在实战宣告合同无效中稳定立足，在明知其他加盟商诉请解除合同、撤销合同被驳回全部诉讼请求的情况下，依然选择以虚战解除合同之诉来加强战略力量厚度，并且在虚战中以全真的架势完全吸引了对方战略注意力，诱使对方将所有的战略力量与储备统统消耗在虚战战场。最关键的是在法庭审理过程中凿实了对方以非注册商标冒充注册商标的事实，为将来实战宣告合同无效诉讼奠定了坚实基础。虚战进行过程，实质上就是在为实战创造最佳战略机遇，增加战略储备力量厚度，使我方在未来实战中甫一开局便能先声夺人。而且，基于虚战积淀的雄厚战略力量，任由对方如何挣扎，也都难以逆转局势。况且，对方已经在虚战中消耗了太多的战略力量。

实务中，笔者由衷地推崇并积极运用一鼓作气、再而衰、三而竭的战术论说，在前述案例中其实也得到了体现。对方翩思妮公司在虚战解除合同诉讼中由于事实、证据、法律、同类案件胜绩等有利因素加持，志得意满、胜券在握，感觉一派攻城略地、踌躇满志的气象，运筹帷幄、决胜千里般调度着各种筹码，睥睨着我方的垂死挣扎。显然，对方用力相当过度，正类似于春风得意马蹄疾的状态下横扫千军如卷席、一鼓作气的极盛状态。但在我方以迅雷不及掩耳之势发动实战宣告合同无效时，对方已经开始疲软，不知是认为我方是无理缠讼还是再而衰之故，总之，大不如前次虚战中的意气风发、志在必得。及至我方抛出商标管理机关调取的有关对方以非注册商标冒充注册商标的证据、对方宣传与路演资料中冒充注册商标的证据、法院依我方申请调取的一系列解除合同诉讼与撤销合同诉讼中对方坚称注册商标的陈述笔录、法院依我方申请调取的工商行政管理部门有关对方非注册商标的证据时，对方起初懵懵懂懂、云里雾里，待逐渐清醒后犹如严霜打过的茄子般蔫头耷脑，似乎放弃了所有的抵抗欲望。或许在解除合同与撤销合同诉讼中耗光了所有的战略资源，故三而竭了罢。事实上，对方没有组织起任何具有战略意义的反扑，甚至在法庭辩论时也语无伦次、神情涣散，显然已经彻底放弃了抵抗。

若被实力强大的对手布设的固若金汤的正面防线压迫得无路可走时，也可以考虑将一鼓作气、再而衰、三而竭的战术予以运用，先起诉对方，待对方将蓄谋已久、倾尽全力布排的战略资源消耗至气数将尽时选择撤诉，再次起诉时，对方已经相对衰弱不少。如果对手足够强大，如此重复若干次以后，对方的战略资源与力量可能会被消耗殆尽。待对方气息衰竭时发动全力总攻，大获全胜的把握会更大。

（三）我把青春献给你

虚战无论打得多么逼真，终归为实现一定的战略意图而存在，并非为实现总体战略目标，投入其中的战略资源属于必需的成本支出，不必过分计较已经付出的成本而难以放弃虚战纠缠。只要实现了既定的战略意图，便应当从战略力量投入方面进行果断截流，不可再产生实质性的消耗，但在战术表象方面不能让对方有所觉察。即使在实现战略目标后形势一片大好，令我方油然而生宜将剩勇追穷寇的豪气，也不可轻易恋战。当然，如果在不影响实战战略力量部署的情况下，在虚战中若能够实现较大的战略成果，可另当别论。但疑兵诱饵取胜除了在个别极端情况下发生过，一般不宜作为常规战略战术予以应用。因为虚战投入太多时间、精力、资源，势必影响实战效果。我们必须始终清醒地认识到核心战场所在，集中所有优势力量在实战中创造决定性的战略成果，以奠定稳固的战略优势。

以此看来，虚战注定是为实战奉献与付出的命运，虚战在前方战场阻挡了对方最精锐强盛的战略力量，将对方牢牢地牵制在虚战战场，而且持续性地诱使对方将战略注意力聚焦于实战战场。并且在虚战中敏锐地洞察对方薄弱环节与致命要害部位，为实战取得安身立命之本，从而给实战提供绝佳战略机遇与战略力量储备。虚战的使命一旦完成，便义无反顾地退出讼争舞台，无私地将自己的光与热传递给实战，让实战继续完成我方的战略任务，而最终战略成果全是实战的功勋，但虚战无怨无悔。其实，军功章里，有你的一半，也有我的一半。虚战想说的是，我把青春献给你，我的实战。

第二节　声东击西大战术运作

一、声东击西大战术运作的基本含义

声东击西是在对方存在两个相对独立的战略区域，且存在明显的战略力量倾斜的情况下，东线由于重兵布防而极难突破，西线则相对薄弱，而无论从东线还是西线突破，均能够取得预期的战略成果，我方便可运筹明修栈道、暗度陈仓之计佯攻东线，实则以主要战略力量进攻西线，率先从对方防守薄弱的西线突破，从而改变战略形势，奠定战略优势并最终取得全面胜利。

声东击西强调的是东线为实际上的策应战场、佯攻的主战场，一般较难或者极难突破，或者我方根本就没有计划从东线突破，只要做到有足够的形式战术动作迷惑对方的战略视线，从而忽略我方在西线的战略部署即可。西线是实际上的主战场，一般来说较易突破，只要能够有效地吸引对方的战略注意力于东线，便能够以较小的代价取得实质性的突破，进而奠定全局突破的战略形势。声东击西是利用对方的战略盲目、轻信自负与判断失误，只有对方错误地以为我方必须从唯一栈道来攻而忽略了陈仓战略防御的情况下才可运用。在具备条件的情况下，我方在东线战场以明显的战术进攻迷惑对方，使对方作出错误判断，从而完全忽略我方的真实战略意图，使我方能够以优势战略力量突袭西线之侧翼与后方，出奇制胜。

声东击西战术运作中，两条战线虽有轻重主次之分，但在时间上却完全重合，强调的是同时推进。而虚则实之、实则虚之的两条战线存在先后顺序，虚战在先创造战略机遇、储备战略资源与力量，实战在虚战创造的战略成果基础上发起进攻。实践中必须将声东击西战术与虚则实之、实则虚之战术进行严格区分，避免混淆。如果将具备虚则实之、实则虚之条件的讼争对抗较量误用为声东击西，虚战与实战同时推动，非但虚战毫无意义，不能为实战创造战略机遇、储备战略资源，反倒会过早地暴露实战战略意图，导致全盘失算。若将具备声东击西战术条件的讼争对抗较量误用为虚则实之、实则虚之战术，西线未能在东线的迷惑掩护

下及时发力攻下，则东线因本来突破难度极大而面临崩盘的可能性极大。若东线崩盘，西线突破难度随之提升，最严重的情况下，西线会彻底失去战略意义。因此，在解决重大、疑难、复杂案件实战中，务必审慎甄别，活学活用。

二、声东击西大战术运作的实战案例参考

为了避免理论阐释与实战操作较难无缝对接的尴尬，特援引一宗成功运筹声东击西战术的案例进行辅助说明。为突出阐明声东击西战术的重心，故选取相对简单的一宗案件进行说明，但从精熟运用并通透阐释声东击西战术的角度看，该案足够说明问题。美良馨公司拖欠我方公司巨额借款十年不还，陶某承担连带担保责任，我方费尽周折追偿十年未果，无奈诉讼。诉讼过程平淡无奇，按部就班。至强制执行阶段，风云突变、波谲云诡、山重水复，美良馨公司账户无资产，名下无财产，且公司已经连续三年以上无营业收入。陶某名下无资产，亦无固定收入。当执行法官将情况通报给我方公司后，我方公司顿时黔驴技穷、无计可施。在此阶段，笔者的律师团队接受委托介入该案。介入代理的机缘特别神奇，一次朋友聚会中，因为笔者是律师，自然总会有与法律实务相关的话题有意无意地夹杂其间。同座一位初识朋友古某称自己公司被他人拖欠十年的巨款目前追讨无着，哀叹法律无用。明显能感觉其极不甘心，却又违心地自我慰藉并奉劝后生们莫争莫气。笔者追问陶某为何说法律无用，古某称其已经尽人力所能及，但根本就有任何实际意义，目前对方无财产与收入，法律根本就不能丝毫撼动对方。笔者表示他们虽然已经尽力而为，但如果只是浅表耕作、未触及实质，悬停僵死的可能性相当大，案件是否真正陷入绝境，有待进一步分析判断。古某似有不屑，但还是保留一线，随口一句改天让笔者看看案件材料以帮忙参谋之类的话收场。

事后几日，古某果然带着全部案件材料来访，看来古某还真是实干家。笔者初步审查案件材料后便发现了严重问题。笔者的目光聚焦在一个不起眼的人身上。有一位剡女士在对方美良馨公司担任过一段时间监事就退出了，其余时候均未在公司以及案件中出现。众所周知，好多公司监事形同虚设，真正做到实至名归的并不算太多，多数都是在公司设立与变更时随意找人充数，一般动用三亲六朋者居多。当然，这种做法虽不违法，但也不符合立法本意，希望能够引起大家重视。笔者问古某剡某为何人时，古某表示根本不知道。古某在回答时挺不耐烦且略带

讥讽，想必是暗指笔者捕风捉影，看来古某平时一言九鼎、言出令随习惯了，办事目的性极强，极为重视效率。正是这种目的性极强、苛求效率的思维方式，让好多特有逻辑的人既成不了艺术家，也成不了思想家，只是做事家。笔者郑重地告诉古某，剡某不但有必要研究，而且对方的阿喀琉斯之踵可能就在这位女士身上。笔者进而追问陶某婚姻状况，古某称不知情，法院调查无果。法院调查无果存在极大可能性，以陶某的年龄，在适婚年龄作结婚登记时应该是手工书写、纸质档案的办公时代，故其婚姻状况未进入电子档案系统的可能性应该存在。在全国范围内，曾经有一段时期无法查询某些被执行人婚姻状况的情况是普遍存在的。笔者告诉古某，虽然没有直接证据反映剡某与案件共同被执行人陶某存在何种关系，但从常理分析推断，陶某无缘无故为美良馨公司巨额贷款提供连带担保，剡某又无缘无故地在美良馨公司担任过一段时间监事，说明陶某与剡某之间或存比较亲近的关系，至少均与美良馨公司过从甚密。笔者发现陶某与剡某的身份证号码前几位完全相同，推断两人籍贯为同一区县，且男性陶某比女性剡某正好大两岁，在传统婚配观念中，男性大女性两岁者相配甚为流行。基于此，陶某与剡某为夫妻关系的可能性极大。至此，古某沉吟不语，若有所思。但立即又恢复做事家的神气，连续发射若干质疑、理性、客观之类的惯性炮弹收官。但对于笔者明确指出美良馨公司与陶某转移隐匿财产逃避债务、抗拒强制执行的侧翼与后方战略大迂回谋略，深以为然并赞赏有加，故当天毫不迟疑地委托笔者的律师团代理。

通过我们深入调查，初步判断剡某与陶某系夫妻关系的可能性极大，但无实证支持。而且剡某名下貌似不止一处房产，并且均在核心地段，房产价值不菲。通过分析美良馨公司与陶某的社交网络界域，圈定了一批可以重点团结并向其求助的人员，其中包括曾经担任过美良馨公司财务工作的人士，被美良馨公司董事长赫某无妄追究刑事责任，但司法机关最终未予认定。这些朋友对美良馨公司唯利是图的行径早已忍无可忍，都愿意为我方公司提供帮助以实现债权，同时惩罚背信弃义的人，他们提供了大量极有价值的证据线索，证明美良馨公司与陶某为逃避我方债务而转移隐匿财产的事实。通过笔者的律师团队深入调查，发现确有其事，且取得了大量证据。这些证据证明美良馨公司及陶某在我方公司债务到期以后，通过形式上转让、变卖等方式转移了公司主要固定资产，同时已经将公司核心业务转至美良馨公司董事长赫某另行设立的公司，该另行设立的公司还是美良馨公司的原班人马。陶某在一段特定时期内，频繁地将大量个人资金转往三个固定账户，而这三个账户所有人均为陶某的近亲属。

我方立即将陶某婚姻关系状况的重要线索反映给执行法院，法院在明确线索的指引下，向民政部门调查证实陶某与剡某确实系夫妻关系。得到法院调查证实后，我方公司董事长古某彻底震惊了，数次追问笔者是否早已知道陶某个人情况，笔者解释这如同他看股票走势一样见微知著。进而我方申请法院立即查询剡某名下房产并迅速查封，法院经查询得知剡某名下共有七处房产，粗略估计价值不低于一亿元，虽然不足以偿还我方欠款，但至少已经取得了至关重要的突破。

另一方面，关于美良馨公司与陶某转移隐匿财产逃避债务、抗拒强制执行的问题，我方并未向法院反映，而是作了其他战略部署与战术安排。我方已经收集了足够证据，充分证明对方存在转移隐匿财产的行为，如果将这些证据交给执行法院，法院只能按照法律规定与程序告知对方法律后果，劝其限期履行，否则最严重的后果无非是司法拘留，这种后果于对方而言实在不值一提。对方曾不止一次叫嚣，让我方公司董事长尽快申请法院赐予其司法拘留，并称拘留一次能管大半年，他们根本就无所谓。我们完全掌握美良馨公司与陶某转移财产的路径后，将配合其实施转移隐匿财产的第三方迅速锁定，基于该行为属于双方恶意串通损害我方合法权益，诉请法院宣告无效，第三方应当将收到的财产悉数返还并赔偿相应损失。同时，考虑对方虚构事实、隐瞒真相，伙同案外人转移隐匿财产逃避我方债务，数额特别巨大，导致我方巨额债权无法实现，给我方造成极大损失，对方因此获得巨大利益，是否涉嫌刑事诈骗的问题，交由司法机关调查处理。对方一系列转移隐匿财产的行为显然构成拒不履行法院生效判决罪，尤其是陶某隐瞒个人婚姻状况与家庭财产状况，逃避执行，是典型的拒不履行法院生效判决的犯罪行为，我方就该犯罪行为依法向司法机关进行控告。以上追究对方刑事责任与宣告无效的民事诉讼，均在坚决不暴露战术意图的情况下紧锣密鼓地做着战略准备。同时，在正面战场，我方在强制执行程序中将陶某与剡某婚姻关系作为重点，迅疾对剡某名下的房产启动了查封拍卖程序。同时也以积极主动的方式推动法院强制执行往前迈步，提交了大量的书面申请，其中包括申请法院将对方司法拘留。基于这些申请，法院展开了全方位的调查与制裁。

声东击西的战略谋划分两条战线展开，强制执行战线为东线，我方战术行动明显，力度十分大，成功地迷惑了对方战略注意力，对方坚信我方战略重心在东线强制执行上，根本没有注意到自己的违法行为已经在西线为其布好了天罗地网，拒不执行法院生效判决罪、诈骗罪以及与案外第三人恶意串通转移隐匿财产行为无效的民事诉讼已经将对方牢牢地钳制。后来，在法院拍卖陶某与剡某房产的同时，我方迅疾启动了西线战术体系，以翔实的证据体系追究对方以及配合其转移隐匿财产的案外人第三人诈骗、拒不履行法院生效判决罪的刑事责任；以债务到期后，对方与第三方恶意串通，向第三方转移财产，损害我方合法权益为由，提起七个确认法律行为无效的民事诉讼。在东线强制执行战事正酣的时候，西线突然遭到暴击，对方彻底无力招架，在司法机关关于诈骗罪、拒不履行法院生效判决罪的调查中，对方以及配合其实施违法行为的案外人第三人已经面临无法承受之重。在七个确认恶意转移财产行为无效的诉讼中，配合其转移隐匿财产的案外第三人也将直接承担重大法律责任。刑事追究与民事追究双重压力之下，这些配合对方实施违法行为的案外人终于全线反水，纷纷选择撤退并与对方划清界限，有人甚至倒戈一击配合司法机关调查，并表示愿意极力配合司法机关与执行法院解决问题。显然，这些案外第三人肯定没少给对方施加压力，对方美良馨公司董事长赫某、陶某均为风云人物，在其亲朋好友圈子也算是颜面扫尽。最终在多重压力下，对方美良馨公司与陶某主动拿出和解方案，希望与我方尽快解决问题，诚意还算到位。我方公司董事长古某为人向来豪爽宽厚，丝毫没有得理不饶人的陋行，大度让利，免掉几乎所有利息，双方和解解决。

三、声东击西大战术的适用条件

（一）存在开辟两条战线的可能性

案件的客观条件具有开辟两条战线的可能性，即东线策应战线与西线主战线。东线战线就是双方爆发矛盾的核心讼争，是完全摆在台面上的对抗与较量。在东线明面较量战线之外，必须存在开辟另外一个适合声东击西战略运筹的战线的可能性。任何一个重大、疑难、复杂案件均具有开辟两条或者多条战线的可能，但运筹声东击西战略所需要的西线战线有特殊要求，新开辟的西线战线必须是对方未曾觉察或者未曾重视，且我方在该新开辟的战线上拥有足够的战术储备，形成具有绝对性战略压迫的战术体系。

在前述我方与美良馨公司案例中，除了强制执行案件东线战线之外，根据案件的实际情况，完全可以另行开辟一条战线。基于对方在债务到期后以及法院强制执行期间伙同案外第三人转移隐匿财产、逃避债务并抗拒强制执行的行为，以翔实的证据体系追究对方以及配合其违法行为的案外第三人诈骗、拒不履行法院生效判决罪的刑事责任；以及债务到期后，对方与案外第三人恶意串通，向案外第三人转移财产，损害我方合法权益为由，起诉确认对方与案外第三人恶意串通转移财产损害我方合法权益的行为无效。该战线相对于强制执行案件的东线战线，显然是刻意隐蔽战略意图的西线战线。对方当初只顾转移隐匿财产的痛快，将我方核心诉求所依据的基础事实与法律关系移置于法律程序射程范围以外，料定我方不会、也没有能力穷追猛打至这般深度，因而对方万万不会预料到我方会从该处痛下杀手，完全处于战略麻痹与轻敌大意的思想状态。实务中，即使有当事人面临与我方同样的问题，也极少有人能够做到从侧翼与后方攻陷对方营垒，不知道是出于人道怜悯还是战略近视，总之十分遗憾。或许正是受法律专业技术流思维方式所限，若对方教条刻板地与我方展开钉铆相称的回合拉锯战，在你来我往的纠缠中还算适应与擅长；一旦对方套路狂野，将我方核心诉求所依据的基础事实或法律关系移调至法律程序射程范围之外，立马就会黔驴技穷、一筹莫展。因为已经超出自己耕种的一亩三分地，不想管、不该管也无力管。针对对方美良馨公司、陶某以及配合其转移隐匿财产的案外第三人一系列违法犯罪行为，追究刑事犯罪与民事行为无效返还的责任，对于解决案件核心问题具有决定性的意义，于对方而言，这种力度无异于灭顶之灾。

开辟两条战线以满足声东击西的战略运筹条件，可以进行适当的人为运作，但必须在合法前提下，严格依据案件客观情况予以调研、发掘、提取并加以运用，绝非处心积虑的发明创造。而且新开辟的西线战线，必须是对方意想不到或者完全忽略的战略区域，我方可以在西线战线部署卓有成效的战术体系，并最终产生强大的战略震慑力。切忌为战而战，强行开辟不符合声东击西战略运筹条件的新战线，非但不会起到突破对方战略防线的作用，反而分散我方力量，陷入无谓的两线作战窘境。

（二）东边不亮西边亮

东西两条战线，东线在先且在明面上，经常是双方讼争问题的焦点所在，但较难突破，至少对于被动应战一方来说，基本上不存在突破的可能性。由于笔者均接受相对正义的受害方委托操盘解决重大、疑难、复杂案件，而相对正义的受害方，往往是被动应战方，因此基本站在被动应战方的立场上谈论战略、法、战术思想体系。在开辟战线问题上，被动应战方其实有得天独厚的条件，因为这个特权往往属于被动应战方。对方处心积虑地布设好正面防线以后，便以正面防线为依恃，高枕无忧地等着我方在正面防线覆亡，对方一般会自负地以为不需要开辟新战线，且自认为有固若金汤的正面防线足矣。

智慧往往因现实的倒逼而生，在千钧一发的刹那间，人的智慧往往是无穷的。被动方被动应战，面对主动方布设的强大正面防线，在望洋兴叹之余，必定会绞尽脑汁地琢磨出一些应对招数。因此，在主动方根本不设防或防备松懈的侧翼与后方开辟一条全新战线，成为被动方自我救赎的唯一希望。正因为主动方侧翼与后方不设防或防备松懈，一旦开辟出新战线，被动方必定占据先天的战略优势，再加上出色的战略运筹与战术运作能力，主动方侧翼与后方的覆亡只是时间问题。对于需要开辟西线新战线的一方来说，东线突破无望，新开辟的西线突破大望在即，呈现出东边不亮西边亮的奇异景象。

如果能够在对方侧翼与后方开辟西线战线，但根据对方侧翼与后方客观情况，无法部署卓有成效的战术体系，那就无法运筹声东击西的战略，因为东边不亮西边黑，徒陷两条战线毫无意义。换言之，在运筹声东击西战略时，必须是在正面防线战线之外，可开辟一个能够让我方突破对方战略防线的侧翼与后方战线，必须保证西线战线能够以雷霆万钧的闪电袭击全面攻陷。

在前述我方与美良馨公司、陶某案例中，在正面防线的东线战线上，我方在强制执行案件中一筹莫展，美良馨公司名下无财产，近三年无业务收入，陶某名下无财产，甚至无固定工作无收入来源，虽与能够举债数亿人士之风范严重不符，但却是货真价实的法律事实，我方在东线战线根本不可能取得突破。通过对对方侧翼与后方的敌情侦察，不但准确地掌握了对方侧翼与后方的薄弱环节与致命要害部位，还掌握了大量对我方极为有利的证据，以这些证据为基础，可以部署摧毁力极强的战术体系，不但能够使我方债务得偿，而且会使对方逃避债务的行为接受顶格法律惩罚。显然，西线战线完全具备突破对方战略防线并取得重大战略成果的高度可能，案件完全具备运筹声东击西战术的条件。

（三）出其不意，攻其不备

声东击西战略运筹的另一个重要条件，是对方对于我方西线战线根本没有战略觉察或者重视。要让对方完全忽略西线战略防备，我方必须在东线制造声势，提高战术执行力度，扩展战术辐射广度，对对方主要战略力量形成最大牵制，以此迷惑对方最大限度地忽视侧翼与后方的战略防备，出其不意，攻其不备，在对方根本没有预料且防御极为松懈的情况下，迅疾在西线战线发动强大攻势。在前述我方与美良馨公司、陶某案件中，我方一方面在东线战线将陶某与剡某系夫妻关系且两人名下有七处房产的事情作为重要战术要素予以运用，继而进入强制拍卖程序，并申请法院进行全面的调查与惩戒，包括对于美良馨公司董事长赫某以及陶某处以司法拘留，这些举措是进入强制执行程序以来是从未有过的力度，对方必定认为我方只能在强制执行中发力了。至于侧翼与后方，对方根本就没有这个概念。

我方通过紧锣密鼓的调查，在充分收集了足够翔实的证据后，部署了西线战线战术体系，追究对方以及配合其违法行为的案外第三人诈骗、拒不履行法院生效判决罪；以及追究对方与案外第三人恶意串通转移财产损害我方合法权益的民事责任。对方对此完全忽略，没有任何防御意识，更别提战略防御措施。我方以迅雷不及掩耳之势发动全面突袭，对方在西线战线瞬间一溃千里。在声东击西战术运筹中，击西时出其不意、攻其不备的战术特点，在此得到了完美的体现。

四、声东击西大战术与战略大迂回、侧翼与后方包抄合围大战术相类

两者相通之处。声东击西战术运筹，与战略大迂回、侧翼与后方包抄合围大战术运作很相似，因此，关于战略大迂回相关理论与实战经验，完全可以在运筹声东击西战术时借鉴运用。只不过战略大迂回、侧翼与后方包抄合围大战术运作，更侧重全局战略层面，而声东击西则侧重于战术层面的指导。前者从全局、宏观的高度对于以智谋克敌制胜之道进行匡引，后者则在相对更具体、局部、微观的战术运作问题上进行指导，两者共同组成讼争对垒过程中的实战智谋集群。

两者相异之处。声东击西与战略大迂回，侧翼与后方包抄合围虽然相类，某些理论与实战经验均可互通应用。但有必要将两者的区别进行分析，以利更为熟稔地掌握运用。战略大迂回、侧翼与后方包抄合围战术的前提条件是正面防线战

线并未放弃，只是经过理性而饱富经验的分析后，认为直接突破无望而选择战略大迂回，从对方侧翼与后方包抄后实现两线夹击合围。在侧翼与后方战线取得预期战术成果后，还是需要与正面防线战线合围后形成战术复合力量，最终从正面防线突破。侧翼与后方战线取得的战术成果不具有独立性，也不能产生决定战略优势转移的效果，只为正面防线战线的突破提供支持。

声东击西战术运筹，重点在击西，东线只是疑兵与诱饵，只要能够完成吸引对方战略注意力，迷惑对方作出错误判断进而忽视西线的战略防御即可，至于能够形成多大牵制力，在所不问，因为我方的战略部署重心在西线。西线是我方突破对方战略防线的目标所在，所有战略力量、资源、手段均以西线为核心予以部署。东线虽然在正面，但其本身也是为西线战术的展开而服务，一旦西线取得突破，东线有无必要存在以及存在的意义，对于战略形势几乎没有影响。

因此，战略大迂回、侧翼与后方包抄合围更侧重战略层面，基于战略的稳定性，在该战略运筹中双方讼争核心问题聚焦的正面防线始终是战略核心所在，侧翼与后方的战术体系以正面防线为核心展开。而声东击西战略运筹中，正面防线的东线完全是为吸引迷惑对方的战略视线而存在，在对方忽视且无战略防御的情况下，我方在西线取得预期战略目标后，东线便可不复存在，这也正好体现了战术的灵活性与机动性。

五、正中对方预判，诱使其聚焦东线

（一）巧妙利用对方的人性弱点

读精彩的历史，休要过分较真，韩信当年到底是在友军牵制西楚军队形成战略机遇的情况下抹出陈仓，还是真有明修栈、暗度陈仓之事已经不再重要，反正明修栈道、暗度陈仓的历史故事不但有趣，而且极富智谋，时隔两千余年依然令人心驰神往。明修栈道、暗度陈仓是声东击西战术最经典的阐释。当年刘邦迫于项羽强大压力率军退回蜀地时，依张良之计故意烧毁沿途几百里的栈道，以假示汉军不会觊觎关中，而该栈道是从蜀中进入关中的必经之路。项羽方面一致认为，汉军要出川必须而且只能修好栈道以后原路返回，因此，把守好栈道入口以及沿线重要关口足矣。

项羽这么想，那刘邦就必须这么做，必须正中项羽的预判。于是刘邦命韩信率军出川时，首先大张旗鼓地开始修栈道。项羽方立即警觉并进入战备状态，瞬间将目光死死地聚焦于栈道，调兵遣将，布下天罗地网，誓死不让一只鸟飞出蜀地。人有时候确实挺悲哀的，项羽何等英明神武，但人性的弱点往往在其职业生涯中最致命的关头闪现。当一个人经过理性分析思考作出一种预判，如果对方果真按照这种预判做，那么就会让这种预判变成真理，即使第六感一遍遍强烈提醒对方可能会别有用心，但还是一次次被理性思考与预判成真的自恋而拒谏。正如陷入传销旋涡的人，本来就天天幻想着天上会掉金元宝，果真等到有人告诉他在哪里如何去接天上掉下来的金元宝时，基本上就会深陷于逻辑自洽的执拗认知，即使第六感反复提醒可能是一场骗局，但发财的理性计算与预判成真的自恋、天予不取的贪婪会拉扯其急速滑入财富欲望的深渊。或许项羽方面当年因为刘邦方面正中下怀的做法与预判成真的自恋而蒙了双眼，迷惑了心智，根本就没多想刘邦还能有其他操作方式，及至暗度陈仓成功，项羽方面如梦方醒，但为时已晚。

明修栈道、暗度陈仓的典故，向我们宣示了一个在运筹声东击西战略时最重要的心智机谋，那就是正中对方预判。对方经过审慎分析思考后料定我方必定怎么做，我方就将计就计，完全顺应对方的预判，并且做得义无反顾、心无旁骛。对方的审慎预判经过我方自投罗网的加固，便固执得油盐不进。我方主动地羊入虎口，对方已经在磨刀霍霍中算计能剔下来多少肉，早已顾及不了太多。理性而僵化的思考、预判成真的自恋、天予不取的贪婪交织在一起，已经足以诱使对方将目光完全聚焦于东线，这正是我方运筹声东击西战术，在西线开辟战线，排兵布阵的绝佳战机。

（二）正中对方预判，诱使其聚焦东线的实务操作

重大、疑难、复杂案件实战运作过程中，若具备声东击西的战略运筹条件，首当其冲的要务便是如何以东线的战术迷惑对方战略视线，诱导对方完全忽视西线。最好的方式便是正中对方预判，使对方陷入理性而僵化的思考、预判成真的自恋、天予不取的贪婪中无法自拔，进而埋头算计如何在东线毕其功于一役。说来容易做来难，如何做到正中对方预判是考验我方智谋与经验的难题。首先，我们必须设身处地地站在对方角度思考，形成像对手一样思考的习惯，这样能够更加充分、深入地了解对手在想什么。久而久之成为习惯后，结合案件客观形势，便不难盗取对手的想法。明白对手的想法后，便不难布设疑兵与诱饵，对方想什么我方就必须极力配合，诱使对方陷入错误的判断不能自拔。别担心对方会觉得我方真实表现与其预判过于吻合而生疑，人性的弱点会帮助说服对方，预判成真的自恋、理想思考结果的僵化、天予不取的贪婪交织在一起，对方分外眼红，满脑子只有一个想法，就是如何在东线全歼我方以大获其利。所谓天助我也，其实是人性助我而已。

在前述我方与美良馨公司、陶某的案件中，对方通过一系列自以为是的运作，将名下财产与收入悉数转移隐匿，给我方布下固若金汤的正面防线，令我方通过强制执行追索欠款的目的根本无法实现。甚至连强制执行无果后被司法拘留的成本，对方都已经纳入正常损失范围而毫不在意，说明对方经过周密准备并分析客观形势后，料定我只能通过强制执行与其对垒。及至我方挣扎无果后又卷土重来，将陶某的婚姻状况发掘出来并拍卖其房产时，对方更加坚定了我方只能在强制执行战线与其对抗的预判，因而战略视线已经完全聚焦于强制执行的东线。后来的事实证明，对方确实陷入了绝对错误的判断，在我方的战术迷惑下完全忽略了西线战略防御，因而酿成全盘倾覆的后果。我方正中对方预判，按照对方料定的方式纠缠于强制执行，对方不但预判成真，自恋到无以复加，日思夜想如何在强制执行中绞杀我方，终于可以美梦成真，因而立即进入极度兴奋的战时状态。而且我方战术力度陡然增加，更是强化了对方在强制执行战线全歼我方的心气。此时，我方的战术迷惑行为，已经完全让对方丧失理智，作出彻底的错误判断，将战略注意力聚焦于东线，也将全部战略力量投入于东线，完全忽略了西线战略防御。结果我方在西线以迅雷不及掩耳之势发起如核武器般摧毁力的战术体系，导致对方彻底覆亡。该案中我方酣畅淋漓的胜利，与正中对方预判，诱使对方聚焦于东线有直接关系。

六、战略隐蔽，待机闪电突袭

运筹声东击西战略时，西线战线讲究隐秘，在对方不能觉察的情况下厉兵秣马，做好万全的战斗准备，当东线完全吸引了对方战略注意力并牵制对方主要战略力量后，对西线以雷霆万钧之势发动闪电袭击，根本不给对方反应的机会，就已经使对方在西线全面沦陷。西线战线发动进攻，讲究战斗准备工作的隐秘、时机的把握、袭击的突然性。

（一）战斗准备工作的隐秘性

我方西线战斗准备工作要做到绝对隐秘，必须在对方不能觉察的情况下进行，一方面充分利用东线虚张声势的战术行动迷惑对方，使对方作出错误判断，从而忽略西线的战略防御，另一方面在东线的厉兵秣马工作中要做到完全保密。此处所讲完全保密是一个相当严格的概念，绝非日常生活中所强调的严格保密。日常生活中，人们即便对一个事情严格保密，但也经常会透露给自己最亲近的人，又要求最亲近的人为其保密，但最亲近的人又会透露给自己最亲近的人，又要求保密。如此传播扩散，最终其实与广而告之没有本质区别。在重大、疑难、复杂案件中运筹声东击西战术时，笔者一般只与委托人方面最核心的一个人对接沟通，并且对其充分释明保密工作至关重要的意义，促其从思想认识高度确保不致将西线战术谋划在无意间透露给其信任的任何人，以此保障西线战术筹备工作做到绝对隐秘，以增加实战突袭时的战术爆发力。

（二）精准把握西线突袭时机

西线突袭行动，必须在东线虚张声势的战术行动完全迷惑了对方的战略视线，甚至刺激对方在东线倾尽全力应对，从而从根本上忽略了西线战略防御的情况下才能发动。要求我方东线战术行动的声势足够浩大，表现足够真实，以便能够真正地吸引对方战略注意力。聪明的人总以为别人比自己更聪明，愚蠢的人总以为自己是世界上最聪明的人；厉害的人都会觉得别人只能比自己更厉害，无能之辈却总认为别人都是病夫。我们必须高估对手，而且充分地无限接近对手，尽可能更多地了解对手的想法。以笔者实务经验分析，对方往往异常敏锐警觉，如果我方东线战术行动稍有敷衍，可能会被对方立即发觉并引起强烈反应，极有可能导致我方声东击西战略运筹被提前废掉。因此，东线战术行动为西线突袭创造战略机会方面，不能仅做到虚张声势，必须真假结合，令对方无法判断，从而在本来已经固执存在的预判成真的自恋与轻率中，更加坚定地投入于东线纠缠，完全忽视西线的战略防备。当对方在东线激战正酣，完全忽略西线的战略防备时，便是西线发动闪电突袭的最佳战机。

在前述我方与美良馨公司、陶某的案件中，为给西线突袭创造最佳战略机遇，我方在东线不但有虚张声势的战术迷惑行动，更有货真价实的战术部署，即追究陶某隐瞒婚姻状况逃避执行的问题，将陶某妻子名下七处房产线索交给法院继而进入强制拍卖程序。并将强制执行程序进行最大限度地细分，将每个细分流程转化为具体可落地执行的任务，由笔者的律师团队为主导，以书面申请形式主动发起每项任务，极力配合执行法官将强制执行工作迅速向前推进。在该推动过程中，发现原来的执行程序存在太多的合理怠惰，可能受强制执行惯性思维的制约，绝大多数执行申请人只会被动等待法院调查结果，如果法院调查结果不理想，案件便会别无选择地陷入僵局，剩下的工作除了偶尔与执行法官沟通之外，别无建树，这是极度遗憾的方向性、根本性的战略错误。强制执行是法院的职责所在，但线索却要求当事人提供，如果我方不能提供有价值的财产线索，靠法官去调查获得，基本上与中亿元大奖的概率差不多。毕竟每个执行法官负责的案件数量庞大，压力巨大，不可能将每个案件都照顾得体贴入微，能够从法律规定的强制执行程序层面尽到基本义务，已经难能可贵，若再奢求在我们的强制执行案件中像我方当事人、代理人一样深挖细掘，基本是是痴人说梦。因而，我方主动、全面、深入地发动强制执行各项具体措施，形成全面推动的形势，再加上法院拍卖陶某与剡某夫妻共同房产亦提上日程，在东线战线，无论是形势还是实质上，均做到了声势浩大。尽管如此，我方醉翁之意也不在酒，而在于西线的闪电突袭。

（三）西线战术行动讲究快与稳准狠

在东线完全迷惑对方战略视线，诱使对方将战略注意力聚焦于此，并将全部战略力量投入于此，完全忽略西线的战略防御时，便是西线战术全线发动的最佳时机。西线战术行动总而言之就是闪电突袭，讲究出其不意、攻其不备且雷霆万钧的快速袭击，不给对方留战略反应与战术反扑的机会。针对对方致命弱点，发动力度千钧的打击，确保每个进攻的战术据点都具有战术摧毁效果，消灭对方有生战略力量，从而一举奠定绝对的战略优势。

在前述我方与美良馨公司、陶某案件中，我方在东线强制执行战场声势浩大的战术行动完全迷惑了对方战略视线，并将对方全部战略力量牵制在东线战场，对方完全没有考虑过我方会在强制执行程序之外有大的战术动作，甚至对其转移隐匿财产的行动所产生的恶果都未曾料想。我方却闪电突袭西线，追究美良馨公司伙同他人转移隐匿财产逃避债务与强制执行的诈骗、拒不履行法院生效判决的刑事责任；追究美良馨公司与配合其转移隐匿财产的案外第三人恶意串通损害我方合法权益行为无效的民事责任；追究陶某伙同他人转移隐匿财产逃避债务与强制执行的刑事诈骗、拒不履行法院生效判决的刑事责任，同时也追究陶某故意隐瞒婚姻状况逃避执行拒不履行法院生效判决罪的责任；追究陶某与配合其转移隐匿财产的亲属转移隐匿财产行为无效的民事责任。该完备的战术体系，每个具体战术均针对对方致命弱点，雷霆出击，均能致对方于万劫不复之境地。不但能够将对方已经转移隐匿的财产悉数挖出，为强制执行提供强力支持，而且使对方恶意逃避债务、抗拒强制执行的行为受到最严厉的法律制裁，可谓稳准狠，刀刀见血，招招致命。

第三节　围魏自救大战术运作

一、超出法律程序射程范围的角色与战场

诉讼具有严格的相对性，双方当事人身份相对固定，双方讼争的基础事实所构建的法律关系，均产生于双方共同或者单方的法律行为。法律行为会使双方当事人享有相应权利并承担对应的义务，诉讼是权利义务失衡后的必然结果。如果双方当事人都能够依法行使权利并履行义务，便是天下无讼的理想状态，或许每个法律人都不同程度地存在此种专业洁癖，认为制订法律的目的就是为了得到遵守，法律贯彻落实的最高境界便是天下无讼。可现实比显微镜下的千万倍成像更加清晰残忍，在关乎生死存亡的重大利益问题上，法律可能是用来让别人遵守的，而自己却想借此寻求通天利益的输出之道。经常有人戏谑称发大财的方法都在刑法典里，虽为调侃但也有一定道理。杀人越货、打家劫舍是发财最原始有效的方式，在无规则的丛林社会中大行其道。但后来有了规则，人们逐渐开始崇尚规则，不但鄙夷而且运用规则严厉惩处暴力掠夺与巧取豪夺的行为，发财方式才发生了彻底改变。及至今日，人们以规则界限内的发财致富为荣，以突破规则、违反规则而暴发横财为耻，此正是规则的意义，它框定了人们行为的底线，而这正好是法律的具体表现。

法律具有稳定性、机械性、滞后性，不可能完全合乎时势与时宜，因而在重大利益面前，规则被利用、歪曲解读、漠视、突破的情况司空见惯。在特定情况下，总有形形色色的事实与法律关系完全超出了法律程序射程范围，导致一方的

合法权益遭受伤害，但法律爱莫能助，像无力抗争的羊妈妈在猛虎吞噬前流泪爱抚幼子一样虚弱。法律诉讼具有极强的相对性，一般而言只发生在特定的双方当事人之间，即使一方主体众多，但也具有明显的阵营归属，均属于大范畴之内的一方当事人。但在重大、疑难、复杂案件中，经常会有双方当事人之外的角色参与其中，导致案件形势暗流涌动，有些角色甚至能够完全左右案件客观形势，导致双方战略优势发生严重偏移，在实战解决过程中必须高度重视并予以有效解决。

在重大、疑难、复杂案件酝酿形成过程中，双方或者一方当事人就已经机关算尽、巧设机局，充分地利用法律程序布设系统化的战术行为，往往很有谋略与章法，已经能够上升至战略高度，这种布局正是正面防线。正面防线对于对手来说极难突破，因为存在事实上的不可能与法律程序上的无能，正如被执行人将财产通过形式合法的手段转移一空，导致强制执行案件根本无法推动时的正面防线。对于被动方来说，事实上不可能达成目标，从法律程序角度分析，也是无能为力。关于正面防线的谋划设计过程中，总有案外第三人参与其中，虽非法律意义上的当事人，但发挥的作用不容小觑。一些案外第三人参与其中，甚至具有决定性的战略意义，导致案件方向彻底发生转变。令人感到可悲的是，法律程序辐射不到这些案外第三人，使一些别有用心、投机钻营之徒肆无忌惮，其鬼蜮伎俩、神机鬼械大行其道，不但严重损害了另一方当事人的合法权益，又令法律啜泣蒙羞，实在贻害无穷。甚至在某些特定时期内，批量产生某种类型的重大、疑难、复杂案件，无疑是这些别有用心、投机钻营之徒屡屡得逞导致效仿者甚众之故。曾经有一段时间，共同创业股东之间在打下大片江山后为了重大利益互相攻伐，一方在另一方不知情的情况下通过代签名字、伪造相关文件资料的方式，非法擅自将其他股东股权转至个人名下的案件，像流感病毒一样肆虐，就类似问题咨询过笔者的案件约有五十余件，委托笔者处理的也不少，此类问题遍布全国各地。如此勾当系利用法律程序上的不协调而非法获利，受害方进行刑事报案，司法机关认为工商行政管理机关变更登记具有较高的法律效力，在工商变更登记完成后，轻易不会认定被控告人的行为构成刑事犯罪。受害人向工商行政管理部门申述情况，要求撤销股权变更登记，甚至有些受害人私下委托鉴定签名等文件资料系伪造的情况下，工商行政管理部门依然坚称伪造与否必须由司法机关认定。并非司法机关与工商行政管理部门之间推诿，从实务角度分析，司法机关与工商行政管理机关都没有做错，但受害人权益被粗暴、精巧、严重地伤害，却是不争的事实。此时，法律的稳定性、机械性、滞后性表露无遗，侵权人在攫取他人财产权益后，像恶作剧得逞的孩子嘲笑被捉弄的人一样嘲笑着法律的无能，欣赏着自己的杰作，盘算着在稍做喘息之后又实现下一波神机鬼械。

还有一些中介服务机构严重背离职业道德，违反法律规定，为一些不法之徒提供鉴定、评估、拍卖、出具专业意见等虚假证明，配合那些别有用心、投机钻营的非法之徒完成盗攫他人财产权益的勾当，导致他人合法权益面临严重威胁，也严重挑战了法律尊严与权威。在传统实务解决过程中，此类行为往往安然无恙。这些非法机巧之徒面对受害方，典型的心态就是喜欢看受害人仇视自己但又搞不定自己的样子。

在传统专业技术流思维方式与处理模式下，这些非法机巧之徒在实现勾当后的短暂忐忑之后便高枕无忧，因为正常的法律手段与程序根本辐射不到他们的行为。当一个人的行为明知不合法又能攫取重大利益且又得不到法律严惩的时候，自我膨胀堪比核聚变，更多人的合法权益就会面临严重威胁。笔者经常提及传统专业技术流思维方式与处理模式，并非刻意贬低，只是觉得这种方法论不适合解决重大、疑难、复杂案件，休说重大、疑难、复杂案件，连一般法律关系稍显复杂的案件都无法驾驭。对方与案外第三人为所欲为，粗暴地践踏我方的合法权益，作为法律实务领域解决问题的专家，没有勇气摊开双手无奈地告诉委托人自己无能为力。往外走一步，走出自己一亩三分地的边界，相信会云开雾散。

对于一方当事人与案外第三人合谋侵害他人合法权益问题，在双方当事人核心讼争法律程序中或许无法追索与惩罚，因为法律的公正公平正好是由程序公正来保障，如果法律程序追及权堪比古时候的青天大老爷，在自己权益面临侵害时，青天大老爷可以一句话便株连连坐、祸及三族，来得淋漓痛快；但哪天别人想侵犯自己利益的时候，也会在某些人主观喜恶的怂恿下来得干脆利落。因此，莫怪法律程序无能，这正是法律程序最闪耀的光辉所在。面对恶人恶行，也应当明白徒法不足以自行之理，不能要求法律像人一样会主动思考，能在复杂的环境中随机应变，顺应我们的需求。我们必须将法律程序活学活用，在完全合法的前提下，充分运用法律赋予的一切合法权利与可行程序，在精挖细掘、抽丝剥茧、掘地三尺的调研摸底与要素收集基础上，追及本方合法权益流失通道，追根溯源至合谋串通实施非法行为的每个主体，并以极富针对性的战术行为将其围歼。因而，在重大、疑难、复杂案件解决过程中，在确需解决与对方实施非法勾当损害我方合法权益的案外第三人、解开案件死结并攻破对方战略防线的情况下，围困魏国迫使魏国退兵以拯救赵国战线的谋略便频频闪亮。

二、围魏自救大战术运作的基本内涵

（一）围魏自救的含义

论述围魏自救战略运筹，难免联想到耳熟能详的历史典故围魏救赵。围魏救赵是魏国进攻赵国，赵国在濒危之际向齐国求救，齐国用围困魏国都城的方式迫使魏国撤兵的经典战例，后来兵法中以围魏救赵代指包抄敌人后方迫使敌人退兵的谋略。笔者在解决重大、疑难、复杂案件实战过程中经常运筹围魏自救战略，与历史典故围魏救赵颇为相似，都可以归入攻击对方后方据点以迫使其撤兵，从而实现一击制胜的战略目标的包抄战术范畴。

（二）自救精神与意识是实战中最实用的软实力

围魏救赵的含义与笔者所论述的重大、疑难、复杂案件中围魏自救战术有所不同。围魏救赵历史典故中，赵国与魏国是战争双方，围困魏国的是第三方齐国。在重大、疑难、复杂案件中，我们要围困的"魏国"却是案外第三人，因其与对方非法合谋串通侵害了我方合法权益；实施围困"魏国"的是我方，而非第三方"齐国"；被攻打需要救援的也是我方，而非"赵国"。因此，我方既是被即将攻陷的"赵国"，又是火速施救的"齐国"。围魏救赵中，赵国等待他人施救。在重大、疑难、复杂案件中，我方自救。因而，我们将这种对方与案外第三人合谋串通损害我方合法权益，导致我方在正面防线突破无望时，选择舍近求远，迂回进攻共同施害的案外第三人，从而击穿对方与案外第三人之间的非法勾当，迫使案外第三人在顶格法律惩罚重压之下撤退，使对方彻底丧失战略屏障，从而一招制胜的战略运筹，称为围魏自救。

围魏自救与围魏救赵的区别，在实务中必须清楚掌握，避免以字面意思和耳熟能详的典故为范式生搬硬套而不得其法。借此也想表达我方在重大、疑难、复杂案件中的自救精神与意识，这是我方最基本也是最实用的立场与态度，围魏自救战术就是这种自救精神与意识的典型代表。在重大、疑难、复杂案件中，自救精神与意识是我方与对方对抗较量过程中最实用的软实力。

以笔者实务经验分析，自救精神与意识往往能够决定重大、疑难、复杂案件的走向与结果，此种诊断并非危言耸听，实务效果无不证明该论断的正确性。好多重大、疑难、复杂案件被悬停在强制执行阶段，执行申请人往往不过多分析根本问题所在，只是一味地等待执行法官突破，但终究还是一场空。笔者一直坚持一个坚定的原则，委托人委托笔者操盘解决重大、疑难、复杂案件，决定介入与否的唯一标准就是对方是否为经济与人格双重破产。如果答案是双肯定，那轻易不可接受委托，因为经济与人格双重破产的人，任天神下凡也无计可施；如果对方经济与人格只有其中一项破产，则案件最起码有突破的现实可能性；相对来说，人格破产但经济方面未实质破产的案件更好办，这种对手是典型的老赖，我们有足够的能力与手段令其束手就擒；较难办的是经济确实破产但人格没有破产的情况，对方也在积极筹措还债并奋力拼搏以爬出低谷，但对于何时能够解决案件问题，口头无法回答，内心也不知道答案，但实务中这样的案件总体履行还算理想。

在重大、疑难、复杂案件中，一般来说双方都曾实力雄厚，在案件酝酿形成过程中或者双方讼争宣战后却身无半亩，显然极不正常。只要有足够敏锐的战略眼光与丰富的战术手段，必定能够解开其中迷局并从海底捞出我方迷失的利益。自救精神与意识便成为能够将案件从僵局拯救出来的关键因素。试想一个重大、疑难、复杂案件悬停在强制执行阶段，执行申请人与代理人除了定期询问执行法官案件情况外便别无建树，案件实质上已经进入山穷水尽的境地，实务中好多案件不可避免地落入这种宿命。但对于案件败落的结果，当事人除了归因客观与他人，极少有人深彻地反思自身问题。这也反映出多数当事人存在着习惯性的怠惰与依赖，自身权利等着他人与法律规定、法律程序去拯救，认为已经进入强制执行程序，法院该实施的调查手段都已到位，对方可被调查的项目也已经应查尽查，若确实没有财产可供执行，案件也就不可避免地走到了山穷水尽，最终感叹尽人力听天命以显豪迈悲壮。其实大可不必，笔者还是相信尽人力所能及的关键在于人力深度几何，而不在于是否确实努力到家。猎豹闲庭信步的一跃，也比蜗牛的拼命狂奔要来得实在。在力度尚不能穿透表皮的情况下，对方的毛细血管都未曾伤及，显然不会让渡重大利益而割地赔款。如果势大力沉，直插要害，相信对方最谙权衡取舍之道。笔者操盘解决的重大、疑难、复杂案件中，一旦我方形成战略合围后取得绝对战略优势，一般来说对方的配合度相当高。不要太过高估对方誓死捍卫某种事物的表态，一旦要伤到手指头的时候，利益或许真的会迅速贬值。必须明白我们的对手都是驾驭过巨额财富的人士，并非那种以生命为代价去捍卫蝇头利益的莽夫。昨天信誓旦旦地要为维护其合法权益不惜一切代价地斗争，转眼便在底牌被揭穿、手指头要受伤的情势下急剧变色，至情至理地割地赔款者，笔者亦见识过太多。因此，案件悬停僵死，或许真的不是因为客观条件引致，而是本方自救精神与意识极度欠缺，导致案件并未尽到人力所能及所致。

在前述我方与美良馨公司及陶某案件中，在笔者介入之前，案件已经悬停僵死，在强制执行程序中纠缠近两年，对方两位被执行人无财产无收入，我方当事人一筹莫展。笔者的律师团队介入后，仅凭在对方公司短期任职的一位监事剡某的身份，进行大胆而富于经验的推断，进而确定其为陶某妻子，并发现剡某名下七处房产而使案件破局。至此，案件似乎已经可以完美收官，但我们并未停止强力推进的步伐。我们通过大量的调查，收集了大量美良馨公司、陶某与案外第三人合谋串通非法转移隐匿财产逃避债务、抗拒强制执行的证据材料，毅然启动追究对方及配合其实施非法行为的案外第三人诈骗、拒不履行法院生效判决的刑事责任，并依法诉请宣告对方与第三方合谋转移财产行为无效，一个悬停僵死的案件就这么极度轻松地迎刃而解。在原来已经悬停僵死数年的强制执行程序中，我们将强制执行程序做了最细化拆分，落实为最小单位的可落地执行具体措施，以书面申请等方式督促、配合法院将强制执行程序推出新的力度、深度与速度，按照我方委托人的话来说，就是换了人间。其实无它，唯手熟耳。作为专业的代理人，被委托人委以重任，给予极大信任，相信律师一定能够战胜他们未曾战胜的青面獠牙的对手，压力不可谓不大。代理律师的首要工作就是让委托人转变思想，认识到自己被侵害的权益、失落的利益只有靠自救才能闯出一片生天。如果只是被动等待法律恩赐与法律程序哺养，结果大概率地会令人失望。这种被动等待模式，在事实清楚、法律关系简单、双方争议不大的案件中尚可一试，若运气极佳兴许能够实现目标。但在重大、疑难、复杂案件中，如果摒弃自救精神与意识，等待法律恩赐与程序哺养，结果必定是竹篮打水一场空。因此，我们必须在重大、疑难、复杂案件实战解决过程中始终保持自救精神与意识，自己掌控案件的推动与解决，万万不可中庸无为，消极怠惰，等待法律恩赐与程序哺养。

（三）围魏自救战略运筹的核心是自救

围魏自救是在对方与第三方串通合谋侵害我方合法权益，导致我方实现权利严重受阻的情况下，我方舍近求远，包抄进攻对方与第三方形成的后方战线，从而出奇制胜，其核心便是主动自救，绝非在面对法律诉讼程序范畴以外的人与事时的望洋兴叹、不知所措。因为诉讼具有严格的相对性，一般在诉讼程序中只解决双方当事人之间的法律纠纷，不涉及案外第三人的问题。若案外第三人配合对方实施了侵害我方合法权益的行为，而我方只固守诉讼程序的界域，在方寸擂台上被全面围殴却无力还手，绝对称不上是君子有所为有所不为。在自己利益被他人粗暴侵害后，草莽般展开血腥报复固然不可取，但运用合法手段与程序使侵害我方权益的人承担责任并受到最严厉惩罚，却是天经地义与酣畅淋漓，根本就不涉及可为与不可为的问题，而是必须全力追究到底的问题。

围魏自救战略运筹中强调的自救精神与意识，是相对于传统专业技术流思维方式与处理模式下的被动应诉而言。在传统模式下，单纯诉讼案件当中确实没有太大作为空间，除了专业、技术、经验探究外，别无奥义。当然，也可以秉持专业技术流研微究著的态度，将任何一个专业技术问题提升至无限高度与至深奥义，但依旧解决不了重大、疑难、复杂案件中人为布设的极端疑难复杂。过分囿于专业技术的钻研，势必导致在重大事务处理中的僵化教条，有时甚至会因为对专业技术推断结果的自信而敢于拿鸡蛋碰石头，从而轻而易举地触犯战略冒险主义错误。传统专业技术流思维方式与处理模式也正是好多重大、疑难、复杂案件深陷悬停僵死境地的原罪。在该模式下，案件的推动工作往往是被动等待程序拉动、被动听候裁判、被动等待权益实现成果、被动接受对方赐予的迷局、被动接受对方的明枪暗箭。笔者操盘解决过的好多重大、疑难、复杂案件，在委托笔者的律师团队之前均经历过这些阶段。当事人在一次次吃亏受罪中虽能悟出些许道理，但上升为思想理论与方法论，则过于勉为其难，好多法律实务专业人士，毕其职业生涯也未必能够树立最基本的有关重大、疑难、复杂案件解决问题的方法论，更遑论非专业的当事人，他们能够认识到传统专业技术流思维方式与处理模式的弊端，已是十分难能可贵。

一旦摒弃了被动，树立起自救精神与意识，形势必定发生明显扭转。前述我方与美良馨公司及陶某案件中，我方自从贯彻了自救精神与意识，全线出动，将对方非法串通合谋转移隐匿资产的证据悉数掌握；并精妙地利用蛛丝马迹的线索将陶某处心积虑地隐瞒的婚姻状况洞穿，进而查封了价值过亿的房产；极致地细化强制执行程序，形成众多具体可落地执行的措施，配合、督促法院加快速度、加大深度与力度地推动强制执行程序；追究对方以及与其串通合谋的案外第三人诈骗、拒不履行法院生效判决的刑事责任；追究对方串通合谋转移隐匿财产行为无效的法律责任，使对方的战略防线瞬间全面崩塌。无它，唯态度转变尔。

或许有人会认为树立自救的精神与意识后战略形势会发生根本扭转存在机会主义倾向，但以笔者实务经验判断，这不是概率问题，而是客观规律。智慧无非是人们深度掌握事物客观规律而形成的认知，在重大、疑难、复杂案件处理过程中，笔者从不敢断言所有案件的悬停僵死都是因为当事人及专业代理团队没有自救精神与意识，但绝大多数都与严重缺乏自救精神与意识有关。在笔者律师团队处理的所有重大、疑难、复杂案件中，至少每宗案件在笔者的律师团队介入前都存在自救精神与意识严重欠缺的问题。前述我方与美良馨公司及陶某案件中，若不是我方积极自救，掘地三尺、方寸不遗地收集证据，揭穿对方的恶意串通转移隐匿财产的勾当，案件也不会有任何实质性突破。最理想的状态无非是在我方的强势请求下，法院依法给予对方司法拘留处罚，但这显然于解决案件核心问题无益，对方多次扬言愿意接受司法拘留处罚，并且极富专业素养地声称不过是半年进去一次而已，态度之猖狂与嚣张可见一斑。

只有牢固树立自救精神与意识，我方才能在错综复杂的讼争事务中掌握主动权，变被动等待法律恩赐与程序哺养为主动争取把握；才能将对方设置于法律程序射程范围以外的事实与法律关系钩回来并予以解决；才能将对方及与其串通合谋的案外第三人基于利益结成的脆弱联盟如庖丁解牛般迎刃瓦解。在围魏自救战略运筹中，核心是自救，无论案件客观形势如何，如果在正面防线确定无法突破，而对方显然又存在巧设机局的高度可能时，切莫四顾迷惘，立即行动去找那个给对方提供强大援助的"魏国"，并以雷霆之势围困之，相信波谲云诡的案件会云开雾散。

三、围魏自救大战术运作的实战案例参考

为了理论与实践相结合，更好地把握围魏自救大战术的运筹，特举笔者律师

团队运筹围魏自救大战术的一个实战案例进行辅助说明。我方当事人公司与对方金产公司存在十余年良好合作关系，我方为金产公司提供加工生产所需主要原材料。金产公司主营外贸订单，在欧洲市场颇有建树。随着金产公司对外投资扩大，资金链经常出现问题，逐渐开始拖欠我方货款。起初拖欠是有欠有还，但得到偿还的远不及拖欠数额大，拖欠数额逐年增高。我方公司就此问题经常与金产公司进行协商，金产公司除了态度超级诚恳，实质上并没有加大偿还力度。基于双方十余年合作关系，而且金产公司也是我方公司最大客户，不便终止合作，便一直任这样的状态持续。直到拖欠数额达到八亿元以上，我方公司实在顶不住资金压力，决定把追索货款作为头等大事对待，遂与金产公司展开正式交涉。金产公司态度依然好得出奇，但依然没有加大实质偿还力度，继续维持之前细水长流还巨款的模式。我方坚决不能答应，双方遂撕破脸皮。我方公司初步调查才得知，金产公司偌大工厂，除了厂区到处乱堆已经不具有使用价值的原材料外，几乎没有像样的财产，账户据说也是空空如也。我方公司方才如梦初醒，第一次真切地感觉到离破产仅一步之遥。八亿余元货款要是打了水漂，我方公司将无力持续经营。情况虽万分紧急，但又无计可施。

笔者律师团队接受委托以后，通过缜密调查发现金产公司近年来资本、业务、项目运作频繁，表面看似越来越强大，旗下产业众多，资本雄厚。就金产公司单独来说，已经成为空壳。金产公司核心业务中的全部外贸订单，已经逐渐由一家名为拓俏的公司全面接盘，并且金产公司与境外客户单位、拓俏公司之间签订了战略合作合同。据可靠情报证实，拓俏公司实际上主要是金产公司董事长赖某实际投资，十余位股东除一位吴某之外，其余均为股权代持情况。吴某以前曾在赖某公司任职，是赖某的忠实拥护者，与赖某私交甚笃。赖某虽在拓俏公司只占百分之一的股份，但在公司重要会议上均扮演重要角色，在重要决策管理行为中从未缺席。实际上，金产公司与赖某就是通过资本运作、业务填装、幕后决策掌控的方式完成了金蝉脱壳，将核心业务转移至拓俏公司。

掌握这些初步线索以后，我方顺藤摸瓜般展开进一步深度调查，便有了重大发现。金产公司与赖某用近五年时间通过与拓俏公司业务合作的方式，以明显低于市场价格太多的对价，逐步将金产公司财产转移至拓俏公司。这种温暾而漫长的处理方式，也只有卧薪尝胆般意志才能做到。若以此坚韧与毅力做正经事业，想必也能成就一番大业。赖某在拓俏公司虽持股仅有百分之一，但其与其他股东约定分红比例却是百分之六十。而且，拓俏公司章程、公司日常管理制度及流程中均无意中透露出赖某对公司的实际控制权。

金产公司、拓俏公司与境外客户单位签订战略合作协议时，为了让客户相信金产公司与拓俏公司实际上均为赖某控制的公司，在战略合作协议中明确强调，拓俏公司是金产公司战略转型升级后，通过资本运作、生产线升级换代、产品质量控制系统升级之后的全新公司，将为客户单位提供更优质、更富人文关怀的服务品质云云。宣示金产公司与赖某本人以全部资产担保拓俏公司供货质量与或存法律责任，金产公司将原有生产线、技术研发人员、车间工人已经全部经过升级培训后妥善安排至拓俏公司全新的生产系统。还在战略合作协议中将拓俏公司股东合作协议作为附件，以证明拓俏公司确系金产公司与赖某实际控制，只不过该股东合作协议对外是绝密文件，一般人根本看不到。拓俏公司的股东们对此也是三缄其口，对外从未透露实情。另外，该战略合作协议附件中还有其他能够证明金产公司将资产、技术、人员、设备悉数转移至拓俏公司的文件资料。通过这种操作，金产公司才取得了境外客户单位信任，同意将原来业务订单全部变更为由拓俏公司供货。

这些重磅证据极难取得，但如果充分发扬主动自救的精神意识，再加上饱富经验的助力，凭借我方公司与金产公司合作十余年掌握的充裕信息，即便是在道听途说的信息中找到一个可行且价值不菲的突破口，也并非不可能。只怕将复杂事务托付于刻板教条先生，他会坚定地保持专业技术流思维方式与处理模式，让当事人只把特定的证据交给自己即可，其余的根本就用不着，总习惯于拿之前打过的同类官司来框定新案件的界域，一派浓郁的削足适履风范。如此风范，连现有的那点可怜证据都被大刀阔斧地裁撤了绝大部分，更遑论掘地三尺、深挖细掘、地毯搜索式收集证据了。我方公司显然无太多证据可交，刻板教条先生称欠债还钱、天经地义，我们的官司赢定了。我方公司的诉求聚焦于最终能否实际收回货款，刻板教条先生认为那是执行阶段的事情。我方公司弱弱地提醒是否现在就该筹划回款问题，刻板教条先生振振有词地答复称若无一审胜诉，就没有后来的强制执行。我方公司指定哑口无言，因为刻板教条先生说得太正确了，形式逻辑太严密，让人无言以对。刻板教条先生只想对自己打一审负点专业责任，至于二审与强制执行根本就与他无关。甚至还能免费代理二审并帮我方公司免费书写强制执行申请书，并提供定期与执行法官通电话沟通案情的增值服务。当然，调侃戏谑权当在枯燥论述那乍暖还寒的早春，看见了迎春花的嫣然一笑，千万莫过分当真，也不必对号入座。若真发现有影射之巧，希望来日在实战当中痛改前非，表现得投入、深邃、尽责、主动自救即可，亦不必找任何人喋喋不休地理论出高低错对。金产公司、拓俏公司与境外客户单位签订的以转移核心业务订单为主要目的的战略合作协议，正是笔者律师团队帮助我方公司通过精挖细掘、掘地三尺的调研摸底与要素收集，从我方公司董事长一位出国留学并在国外工作的亲戚处获得。她当时在国外求学毕业后，竟然还是我方公司董事长央请金产公司董事长赖某引荐进入金产公司境外客户公司工作的。这么重要的情报渠道，我方公司董事长竟然能够忽略，若非笔者律师团队极力引导其深挖细掘地摸排，恐怕也将失之交臂。

结合调查取证的情况，对方通过一系列谋划设计，已经将公司业务与资产转移一空，仅剩一个偌大的空壳工厂，而且工厂用地系租赁，对于偿还货款无任何意义，货款偿还义务主体只有对方公司，也没有任何担保措施。显然，通过民事诉讼程序只能得到胜诉判决，最终在强制执行阶段将无所作为，案件会悬停僵死于强制执行阶段，仅凭民事诉讼很难达成收回货款的目的。而且对方系统化的谋划设计相当高明，于我方而言虽然不是完全合法的行为，但若持中立态度分析，似乎并无不妥。明知对方将资产与核心业务转移给拓俏公司，如果我方仅通过民事诉讼程序与手段，即使在强制执行阶段，也无法直接对拓俏公司采取卓有成效的强制执行措施。因而，欲通过正常民事诉讼程序解决，本案基本上已经宣告死亡。

经过对对方转移资产与核心业务订单情况的深入调查，我方掌握了大量证据证明对方近五年来以业务合作名义，总计有一百二十余次将公司货物、设备等财产以明显低于市场价格作价转让给拓俏公司，并且签订有联营合作协议，其中不仅有关于货物、生产设备转移至拓俏公司的约定，也有员工劳动合同由拓俏公司逐步接盘的约定。该协议名为联营合作，实为转移财产与业务的幌子。我方也通过特定的合法渠道掌握了对方金产公司与拓俏公司、境外客户单位签订的三方战略合作协议，该协议将对方金产公司及其董事长赖某实际控制拓俏公司、金产公司将核心生产线、人员、技术等转让给拓俏公司的事实全部予以证实。至此，对方转移财产与核心业务逃避债务的事实得到完全证实。既然通过正常的民事诉讼程序难以解决，则需要充分运用智慧、谋略、经验法则，从战略高度进行全局把握，结合案件客观形势制订总体战略规划。我方决定采用围魏自救的战略方针，在正面防线的民事诉讼中几乎被对方堵得水泄不通的情况下，已经无法将正面防线作为重点战略区域进行部署，只能作为形式上的战略重点区域实施策应战术。若不提起民事诉讼，债权虽有事实证据，但并无法律认可的债权强制执行效力，对于对方与案外第三人串通合谋转移资产与业务的行为亦不便进行追究。我方战略重点在于深究对方与拓俏公司串通合谋转移资产与业务，逃避我方债务的行为，拓俏公司也需要为此承担责任。因此，在民事诉讼尽快推动的同时，集中我方优势力量舍近求远，迂回进攻对方与拓俏公司串通合谋转移业务与资产的行为，力求在此寻求突破。

我方提起民事诉讼，按部就班地推动，没有太多意外情况发生。对于对方金产公司与拓俏公司串通合谋转移业务与资产的追究，作为我方的主要战略任务。我方收集到的证据包括在我方债务陆续到期后，对方与拓俏公司分一百二十余笔以明显低于市场价格作价转移资产的证据；对方与拓俏公司、境外客户单位签署的战略合作协议及相关附件，证明对方金产公司与董事长赖某为拓俏公司实际控制人，金产公司将核心生产线、核心技术、技术人员及其他员工全部转移到拓俏公司，金产公司承诺拓俏公司虽为独立公司，但与金产公司均由赖某控制，并由赖某与金产公司对拓俏公司供货质量责任及其他或存法律责任全权承担担保责任；赖某通过资本运作、业务填装、决策掌控设立拓俏公司过程中与其他股东的合作协议等。以这些证据为基础，我方组织起了证据种类齐全、数量庞大、证明力强大的两个证明体系，第一个证明体系目的是追究对方与拓俏公司恶意串通转移财产损害我方合法权益。在我方债务到期以后，对方与拓俏公司恶意串通，以明显低于市场价格作价，分一百二十余笔转移资产的行为属于恶意串通损害他人合法权益的行为，属于无效民事法律行为。我方不但能够证明存在低价转移资产损害我方合法利益的事实，而且有拓俏公司实际上系对方金产公司及其董事长赖某实际控制的证据，证明对方与拓俏公司具有明显的串通合谋损害我方合法权益的故意。第二个证明体系的核心目的是向对方境外客户单位征询是否存在明知金产公司与拓俏公司恶意串通损害我方合法权益转移核心业务订单的事实而依然配合金产公司。我方有证据证明对方的客户单位与对方及拓俏公司签订了以转移业务订单为主要内容的战略合作协议，而且客户单位每年均要求金产公司提交基本的资产损益表，推定其应知金产公司拖欠我方公司巨额货款的事实，然而依然配合对方金产公司与拓俏公司完成核心业务订单转移，事实上金产公司与拓俏公司具有明显恶意，有损我方债权。若对方的客户单位明知该情况而予以配合，则亦需承担相应法律责任。

我方毅然决然地提起确认民事法律行为无效的诉讼，请求确认对方金产公司与拓俏公司恶意串通转移财产损害我方合法权益的民事行为无效，并要求拓俏公司依法返还恶意低价受让的财产并赔偿我方损失。在诉讼过程中，以最大力度做了诉讼财产保全，几乎将拓俏公司能够控制的财产均进行了保全。尤其是对于对方货物的保全，令拓俏公司急得如热锅上的蚂蚁。由于提前了解到拓俏公司给境外客户急需发货的货物摆放位置，直接剑指该货架区域进行查封，导致拓俏公司无法给境外最重要的客户及时发货，承担了巨大压力。在财产保全过程中，有一个很有意思却极具威慑力的细节，值得研究推广，如果所有被恶意拖欠的债权人都能如此稳准狠地行事，想必老赖们基本上都退回正常人的序列了。由于诉请数额巨大，我方申请保全对方财产数额不足以覆盖我方诉请数额，故我方明确申请将对方拓俏公司厂区中心花园一座火箭雕塑进行保全。我方认为对方被保全财产不足以覆盖我方诉讼请求主张的数额，该火箭雕塑具有一定财产价值，并且我方提供了足额担保，故法院亦同意保全。在采取保全措施的时候，执行法官曾反复提醒我方，火箭雕塑在户外，风吹雨打，贴了封条后注定是无益。在保全查封时，对方拓俏公司董事长诡异又无所谓的表情似乎也告诉我方在做毫无意义的折腾。但令所有人万万没想到的是，我方竟然还请来做户外广告的专业团队，丈量该火箭雕塑的外围尺寸，要做一个巨大的透明亚克力封罩将张贴司法保全封条后的雕塑保护起来。对方得知该情况后怔怔地发呆，良久不语。执行法官认为想得很周到，只有如此操作，张贴查封封条以后才能保证不被风吹雨打侵蚀掉。对方见法官如此表态，只能作罢，只好打碎钢牙和血吞，任由这个风水雕塑被张贴司法保全封条后，静静地安放在巨大透明的亚克力封罩里面。这对于对方来说是个奇耻大辱，因为对方极为迷信风水，据说该火箭雕塑系当初花了不少心思求神问仙后安置于厂区中心花园，成为公司的图腾与标志，在公司宣传资料中频频出现。在被张贴司法保全封条后，对方内心之五味杂陈可想而知。况且，该雕塑正好在进入厂区主路环岛中心位置，进出厂区都会看到，对企业形象的负面影响十分巨大。尤其让对方拓俏公司、赖某在客户面前根本就抬不起头。

该招数虽然稍显狠绝，但基于对方恶意拖欠我方八亿余元货款多年，几乎将我方拖垮，并且神机鬼械、机关算尽地谋划设计逃避债务的恶劣行径，却丝毫不算过激。如果对恶人仁慈，或许是更大的罪恶，甚至比恶人的丑陋行径更为贻害无穷。真正的好人，一定是是非善恶分明，分得清好人也能火眼金睛地辨识恶人，并且对好人比好人更好，对恶人比恶人更恶。如果一个人对好人与恶人均能平等地施以博爱，那绝对是隐形的大恶人。在历史长河中，整个国家命运被某些人凭一己之力便可推入火坑的情况，往往是那些对待好人与恶人态度不甚明朗，却表现得胸怀天下的大恶人的所作所为。因此，最正常的人格结构应该是七分善良三分恶，善良用来与良善的人柔和地共享世界，三分恶是用来在遭遇恶人挑衅时瞬间以龙虎爪牙击碎对方并恢复良善秩序。当对方以无所不用其极的鬼蜮伎俩逃避我方债务时，只要在合法的范围内，钳制力超级强大的措施多多益善。况且，我方是依法申请财产保全并且提供了足额担保。站在局外的人只听到皮鞭抽打在肉体上的残忍，但无法感知受害人听到的只是敷衍。作为受害人，只会认为对施害人再残忍一万倍也不够。天天出于人道主义主张废除死刑的人，若有朝一日被犯罪行为暴击，招致灭顶之灾后，是否会后悔当初坚守的无根无基的良善与人道？

在该诉讼中，我方最关键的证据是能够证明拓俏公司实际上系金产公司及赖某控制，因而确认民事行为无效诉讼中最难证明的双方恶意串通的意图以及双方合谋串通行为等重要法律事实得到了有力证明。同时，我方也将相关证据材料通过公开渠道交付给拓俏公司其他股东，由于这些股东均为代持情况，在收到相关材料后得知可能承担重大法律责任后，内部立即产生了严重分歧。该诉讼中我方证据充分，成算极高。一旦对方与拓俏公司恶意串通转移财产损害我方合法权益的行为被宣告无效，拓俏公司不但需要返还接受转让的资产，还需赔偿因此给我方造成的损失。况且，由于在财产保全中我方出其不意，攻其不备，祭出几记左撇子旋球，令对方根本无法接招，对方本以为只是肘腋之疾，谁知竟成心腹大患。若以常规财产保全，未对其向最重要客户急需发货的货物进行保全，则根本不会对其产生丝毫触动，对方依然是嚣张、鄙夷、无所谓的姿态。若未对其厂区中心花园风水雕塑进行保全，并且以巨大透明亚克力封罩保护司法保全封条，对方也不致因为保全而决定放弃抵抗，毕竟八亿余元的诱惑力足以让好多人铤而走险。确认无效的诉讼虽然没有让对方彻底崩盘，但显然比我方追索货款的民事诉讼更能让对方感受到雷霆电击的滋味。

我方随即又祭出最后杀招，计划向对方境外客户单位征询是否存在明知金产公司与拓俏公司恶意串通损害我方合法权益而转移核心业务订单的事实却依然配合金产公司，但在具体实施之前给对方做了通报。提前通报的目的是不想将斗争扩大化，因为该境外客户是对方的生命线，占对方全盛时期业务订单量的一半以上，对方已经悉心全力维护了近十五年，如果失去该客户，对方将损失惨重。无论是出于我方的为人良善留有一线还是投鼠忌器，总之没有不由分说便直接向其境外客户征询情况。通过我方前期调研摸底掌握的情况，对方境外客户单位相当信守诚信，而且实际控制人行事风格硬朗古板，眼睛里不揉一点沙子，如果得知金产公司与拓俏公司合伙转移业务订单是为逃避我方债务，断然放弃与对方合作的可能性极大。而对方为该境外客户提供的产品，并非独此一家不可替代。

对方得知该情况后，第一时间主动与我方联络，对方董事长赖某第二天便带着诚意较大的还款方案来与我方董事长面谈。最终拓俏公司愿意以业务订单、不动产、库存货物、设备、专利技术等作为偿还保证，赖某本人也愿意以个人名义为偿还我方公司八亿余元货款承担连带担保责任，经过约月余协商沟通，我方公司、金产公司、赖某、拓俏公司四方签订了一系列协议，对于偿还我方货款与担保事宜作出明确约定。当然，在协商沟通过程中，我方所有战术行为并未中止，正面防线战场主张偿还货款的民事诉讼也在进行，诉请确认对方与拓俏公司恶意串通损害我方合法权益行为无效的民事诉讼也在进行。关于向对方境外客户单位征询是否存在明知金产公司与拓俏公司恶意串通损害我方合法权益转移核心业务订单的事实而依然配合金产公司的计划也如一把利剑，始终高悬于对方金产公司、拓俏公司、赖某头顶，大有箭在弦上、一触即发的态势。对方因此压力极大，基本上每天都保持与我方公司董事长通一两次电话，似乎是防止我方公司董事长酒后无意按错核爆按钮似的。在解决前夕，拓俏公司台面上的董事长、实际上的二号人物、曾经赖某最忠实的拥护者吴某为趋利避害，已经暗中与境外客户单位频繁接触，意图将所有责任推卸给金产公司与赖某，以图掀翻赖某而独享客户订单。赖某对吴某的举动亦有所觉察，赖某其实已经失去了所有的屏障。最终，在内忧外患的境况下，对方分十次、历时一年将所欠八亿余元货款还清。

该案中我方成功运筹围魏自救的大战术，在正面防线根本无法突破的情况下，果断迂回进攻对方的侧翼与后方，追究对方与案外第三人恶意串通转移财产损害我方合法权益的责任，并严格针对对方侧翼与后方最薄弱环节与致命要害部位，采取一系列针对性极强的战术运作，迫使与对方恶意串通损害我方合法权益的案外第三人承受了巨大的战略压迫，最终使对方利益共同体联盟分化瓦解。尤其是拓俏公司台面上的董事长、实际上的二号人物吴某在案件解决前夕为趋利避害，已经暗中与境外客户单位频繁接触，意图掀翻赖某以独享客户订单的行为被赖某觉察后，更是让金产公司与赖某断了最后顽抗的意念。我方在没有消耗太多战略力量的情况下顺利实现了战略目标。

四、围魏自救大战术的运筹要点

（一）正面战场极难突破的情况下舍近求远的抉择

在重大、疑难、复杂案件解决过程中，对方一般会在正面防线进行极有针对性的部署安排，将我方核心诉求所依据的事实或者法律关系移出法律程序的射程范围，导致我方即使拥有法律判决赋予的权利，最终也难以转化为现实可支配法律权益。此种情况普遍存在于此类案件中，实务中解决难度极高，好多案件因此悬停僵死。满则损，盈则亏。当对方在正面防线为布设固若金汤的防线而用力过度时，必定导致侧翼与后方出现虹吸抽空的情况，这正是我方运用战略力量的首选目标。世界上没有独立存在的事物，也没有独立存在的人与组织，任何事物都在持续发展变化中与其他事物保持着密切关系，任何人与组织也都在社会大环境中与其他组织及个人发生着千丝万缕的关系。对方要设置强大坚固的正面防线，必定要想方设法将我方核心诉求所依据的事实移调至法律程序射程范围以外，该过程如果只是在对方个人或本体组织范围内进行移调处置，就像曾经一度有人为逃避法院强制执行，将银行存款由几大国有银行账户倒腾到其他较小地方商业银行账户一样，虽然在当年某些银行之间信息共享不畅的情况下曾有短暂奏效的灵光闪现，但相对于今时今日而言，无异于鸵鸟埋头于沙子的蠢萌。显然，这样的操作缺乏任何实际意义。既然无法独立完成，总需要与其他人发生各种关系才能实现转移隐匿财产的非法目的。既然如此，一旦对方实施了转移隐匿行为，必定在其侧翼与后方留下永久难以擦除的痕迹。如果我方具备洞察发现并提取运用这些痕迹的能力，对方侧翼与后方的薄弱环节与致命要害部位将完全暴露在我方战略瞄准据点，而且被攻击的对象不只是对方，还有配合其实施转移隐匿勾当的案外第三人。

当正面防线突破基本无望，确实又有案外第三人配合对方实施了恶意串通侵害我方合法权益的行为时，我方可以选择绕开正面防线，舍近求远，迂回至对方侧翼与后方，针对案外第三人实施精准打击。一般情况下，案外第三人战斗力比我方的对手相差甚远，一则案外第三人不是直接当事人，因而无须全力投入，无风险时则坚持战斗，但有风险则立即撤退。另外，案外第三人之所以与对方行恶意串通之事，指定是在自忖我方所依赖的法律程序辐射不到他的领域，才为追逐蝇头小利而犯险，若早知存在巨大风险，基本上不会配合对方，甚至有案外第三人是被对方蒙骗而无意识地配合对方。一旦法律责任之火蔓延过来，案外第三人逃命速度比我们想象得要快。因而，案外第三人一般没有太强的忧患意识与防备措施，在此情况下突遭暴击，往往会瞬间崩盘，立即撤退是极大概率事件。在实务中，笔者经常遇到有些配合对方实施违法勾当的案外第三人不但立即撤退，而且为了洗清责任而极力配合我方以及司法机关，将对方恶意转移隐匿行为的证据与路径和盘托出，令对方的战略核心区域完全暴露在我方战略瞄准区域，对方覆亡的命运已经注定。

（二）围魏，考验智慧、谋略与经验

围魏是围魏自救战略运筹的又一核心问题。自救是围魏自救战术中的核心精神意志要素，围魏是围魏自救战略运筹的核心战术要素。要围困的"魏国"何在、可否围困、如何围困、围困后结局如何等问题，相当考验我方的智慧、谋略与经验。

智慧会帮助我们根据案件客观形势追寻蛛丝马迹，见微知著地透彻分析正面防线与对方的侧翼与后方，为实施围魏自救战略提供第一手资料。智慧是人们充分掌握事物客观规律后而形成的认知或者方法论，其中掌握客观规律是智慧的核心构成部分。提到智慧，总让人情不自禁地想起白发苍苍、长眉仙须的长者，或许是这些长者经事阅人无数而掌握了太多的客观规律。面对对方布设的正面防线无计可施而运筹围魏自救战术时，应当充分而全面地分析对方正面防线的客观情况，充分地分析各种蛛丝马迹的情况，结合类似情况的客观规律进行评估预测，大胆而科学严谨地还原对方与第三人在侧翼与后方合谋串通的过程，形成基础事实的认知体系。形成该认知体系后，再回头与对方布设的正面防线的客观情况进行反复对比分析，以此作为方向进行初步调研，往往能够确定对方在其侧翼与后方实施了什么行为，存在何种薄弱环节与致命要害。然后再充分运用同类事物的客观规律进行预判，以确定第三人的具体范围，为我方调查取证、深挖线索提供坚实基础。比如，对方存在转移隐匿财产的行为，不可能与陌生人实施，关系不够亲密也不可能，因而，只能是其极为亲近的人。亲近的人往往以亲属居多，其次便是秘书、司机等常年陪伴身边并对其略显非理的要求不便拒绝的人。如此，范围就无限缩小了，在无限狭小的范围内，若再打不出油井，就该审视一下钻头是否该更新换代了。

同时，在确定围魏的过程中需要充分地发挥谋略的作用。谋略是处理人与人、人与事之间关系以实现特定目的的算计计谋，带有极强的目的性与一定程度的诡诈。谋略在各个领域均被广泛应用，一个人很有本事，人们挂在嘴边的评价就是很有谋略。这就说明谋略是成事的重要方法论。众所周知，谋略有阴谋与阳谋之说，也没必要上纲上线地划线扣帽子，刻意分出好坏。一种谋略对于我方来说是阳谋，但对于对方来说肯定是阴谋。因此，阴谋与阳谋是相对的概念，没有绝对。凡是谋略，都带有算计诡诈的特性，都容易让人联想到负面因素，这是不可争辩的事实，就连兵法起初都被公然称之诡术、诡道、诈术等。在重大、疑难、复杂案件中运用谋略，就别再顾虑他人的是非议论。之所以提及该问题，是因为好多案件当事人或者专业代理团队对此总是存在认识误区，固执地认为法律手段就是按部就班地遵守法律安排的程序以及程序限定的行为范式开展工作，就像走路时来回都必须踩在固定位置的地砖上一样刻板严谨。这种思维方式与行为范式往往给案件带来不可逆转的恶果，尤其是在重大、疑难、复杂案件的解决过程中，更是贻害无穷，必须坚决予以革除。革除此积弊最直接举措就是在法律许可的范围内，充分地运用谋略，加强对案件中各种形势与条件的算计、谋划、权衡。

在运筹围魏自救战术确定围魏大计时，要充分发挥谋略的价值，在总体战略目标的指引下，充分地将案件各方面条件进行条分缕析并换算为筹码，用筹码进行精细算计，并根据各种算计结果设计出成本最低但收益最大的计谋，作为指导我方行动的纲领。如果对方正面防线太强大，我方直接从正面突破可能会产生较大损失，而且结果也不会太好，甚至会导致我方全军覆没，并且需要消耗很长时间；如果绕开对方布设的正面防线，在对方的侧翼与后方针对薄弱环节与致命要害部位下手，更有把握突破对方部分防线，对方战略防御意识淡薄甚至可以忽略，而且需要付出的战略代价显而易见会较低，耗费的时间也相对更短。将各个筹码进行算计谋划，显然，舍近求远，从对方侧翼与后方迂回包抄其薄弱环节与致命要害部位更划算，成本低、见效快、胜算高，谋略的功用在此得到充分展现。

　　经验在运筹围魏自救战术时也发挥着不容忽视的作用，可以笼统地讲，围魏自救战术的确立与运用，本身就是经验结的果。经验如果是建立在与时俱进、科学的基础上，就是准确预知未来的能力。如果建立在固步自封的基础上，那就成为自我设限的绊脚石。在重大、疑难、复杂案件解决过程中，我们需要与时俱进、科学辩证的饱富经验，要杜绝那种在专业经验基础上，甚至对委托人提交证据都严格限定收受范围的夜郎自大般经验短视。在饱富的实战经验基础上，通过深邃、敏锐地审视对方布设的正面防线，便可推断背后发生的各种人事关系，对于对方为狙击我方权利的实现而在侧翼与后方实施的违法行为判断出大概情状与程度，充分运用智慧、谋略与法律专业技术能力进行分析判断，基本上就能做到对于侧翼与后方的包抄胜算进行准确预测。预测的主要决定因素是饱富的实战经验，而非法律专业技术能力。

　　智慧解决了是什么的问题，带领我们全面认识重大、疑难、复杂案件中各种复杂现象，升华为本质性的认知系统；谋略指引我们如何做得更好；法律专业与技术能力为我们具体战术的落地执行提供了方法与手段。在复杂多变的条件下，凭借饱富的经验孕育的第六感往往可以准确地预知结果，而且即便是事后倒推，竟也发现不差分毫。在重大、疑难、复杂案件处理过程中，遇到艰难抉择的情况，笔者无数次被理性分析的决定欺骗，但从未被第六感欺骗过。其实基于经验已经对事物作出准确认识与决断，但在复杂的条件下，理性会促使笔者反复思虑、取舍、抉择，最终被复杂的现实条件蒙蔽。

　　或许正应了那句古老的法律格言——法律的灵魂是经验而非逻辑。笔者对此深信不疑，法律的灵魂的确是经验，逻辑在律师职业生涯初期诱骗笔者犯了不少错误。当笔者在严密的法律逻辑指引下进行了充分的准备，本以为庭审结果若不符合本人放之四海而皆准的逻辑架构，简直是天理不容，但结果每每完全出乎意料。在信奉逻辑是法律灵魂的年代，除了抱怨愤世，好像并未觉得自己才疏学浅，对法律实务处理存在极大误解。及至经验渐丰，慢慢地彻悟法律的灵魂的确是经验，绝非逻辑，逻辑只是法律实务工作的具体方法。举个最浅显的例子，一个经验异常丰富的法官，初阅双方诉请与答辩后，如何判决在内心已经形成相对明确而稳定的看法。后来审慎地审阅、聆听只是为防止出现偏差而必须履行的专业审慎与尽职尽责。在经过专业审慎与尽职尽责之后，实际裁判与当初基于经验的论断往往不差分毫。在裁判中充分地援引法律法规，既是裁判文书的专业要求，也是为向当事人及社会增强法律裁判文书的说服力。若只凭法官经验判断，纵使件件都能做到传说中包青天般神准，但在激烈对抗的诉讼中，再公正的裁判也会有利益让渡割舍，被压制一方自然不会感觉到公正。这种丰富经验而孕育的神奇第六感现象，只有具备饱富实务审判经验的法官才深有体会。而经验浅薄的法官往往包罗万象、钜细靡遗地援引法律法规，企图将复杂的案件事实囊括于法律规定之内，这种削足适履的做法引致的裁判水平，往往不敢恭维。法不尽事，如果严格按照法律边界与纵横格间来格物致知，恐怕会不自觉地感染毕生学习规则、研究规则、运用规则而引发的规则性人格狭隘症与规则普适强迫症。律师职业生涯的重要瓶颈，包括能否用智慧、谋略、经验的免疫抗体战胜规则普适强迫症与规则性人格狭隘症的围剿。

在围魏自救战术运筹中，关于围魏问题，经验最重要的作用是决断是否存在正面防线诉讼之外大有可为的战术据点，进而确定该战术据点可部署的具体战术行为，并且对于战术行为的结果能够进行准确预测。经验最具四两拨千斤的表现，是对于围魏过程中至关重要的细节进行独到认识并加以利用。比如，在确定对方与案外第三人存在恶意串通损害我方合法权益的行为后，凭借丰富的经验便能够立即判断对方与案外第三人的关系以及关系的牢固程度。

前述我方与金产公司、拓俏公司、赖某案中，我方委托人被金产公司拖欠八亿余元货款近十年，竟然连金产公司转移核心业务与资产一事全无所闻，只是疑惑对方业务明明蒸蒸日上，为何在短期内就走入穷途末路。但笔者律师团队介入以后，通过委托人初步提交的证据，便作出拓俏公司实际上就是金产公司与赖某实际控制并配合金产公司与赖某接盘了所有核心业务与资产的判断，并且对金产公司及其董事长赖某与拓俏公司之间的关系状态也作出明确判断，断定拓俏公司实际上由赖某控制，但必定存在一个二号人物，该人仰仗赖某与金产公司，想利用赖某与金产公司的资源、实力来壮大自己，因而才选择冒重大风险配合金产公司与赖某实施转移核心业务与资产的行为。

其实，拓俏公司该二号人物判断失误了，如果只是面对之前他们经过分析评估后认为不足为虑的对手，风险可谓比开车前担心车祸发生的风险还要低，如果遇到经验饱富的操盘人，风险就是现实发生以及性质严重程度的问题。这种削尖脑袋往上钻的人，往往机敏有余而智慧不足。为了蝇头小利便能够配合他人违法损德的人，显然十分擅长见利忘义、见风使舵的操作，一旦遇到风险真正要来临时，必定会选择自保，当初仰仗与依赖的靠山，不推倒当作垫脚石，就已经表现得非常之高风亮节了。事实与笔者基于经验的推断基本一致，我方针对拓俏公司配合对方金产公司与赖某转移核心业务与资产的证据翔实充分，并在诉讼中采取力度强悍、角度刁钻的财产保全措施，并且告知对方要将金产公司、拓俏公司及其境外客户签订战略合作协议，令金产公司将核心业务订单转移至拓俏公司是否涉嫌恶意串通损害我方合法权益的违法行为的问题，在翔实证据材料基础上征询对方境外客户时，拓俏公司的台面上的董事长、实际上的二号人物、曾经赖某的忠实拥护者吴某立即表现出与邪恶划清界限的架势，主动表示愿意尽力配合我方给赖某做工作，妥善解决问题。并且通过知情人士线报，该二号人物吴某已经着手与境外客户珠胎暗结以架空赖某。基于饱富经验，对对方内部结构的精准把握，并以针对性较强的战术行为进行分化，对方貌似坚若磐石的利益共同体联盟瞬时瓦解。

（三）拆解对方与案外第三人恶意串通形成的利益联盟

运筹围魏自救战术过程中，在决定围魏时，一定要将该魏国与对方的关系状况进行充分的把握，这对于我方战术部署、战略力量投入程度以及最终结果都将产生极大的影响。如果在该问题上作出完全错误的判断，最严重的情况是非但导致案件运作未果，还会引发不该承担的法律责任。

实务中确实存在被追究的案外第三人未被认定担责的情况，此种情况存在两种可能，一种是案外第三人确实未参与恶意串通损害我方合法权益的行为，只是客观上与对方存在业务合作而已，从表象看确实有恶意串通的嫌疑。这种情况显然不会被认定为恶意串通损害他人合法权益。我方在决定围魏时，一定要充分发挥智慧、谋略与经验的优势，全面洞察并准确决断，避免问题得不到解决反而惹火烧身。另一种是实务领域共同面对的难题，在双方恶意串通损害他人合法权益的确认无效诉讼中，最难证明的问题是双方存在串通的恶意，以及双方存在串通勾结的行为。仅凭望文生义的直觉，就足以领教证明的难度之大，实务中对方与案外第三人确实实施了恶意串通损害他人合法权益的行为，但由于缺乏足够的证据予以证明，因而往往被法院驳回诉讼请求者，多不胜数。证明对方有合谋串通的行为虽然已经够难，但仅算难度较大而已，而要证明对方与案外第三人存在串通的恶意，是要证明他人有何种思想状态，该难度简直是登天级别。法律尚不诛心，让一个普通人去证明他人的意念思想，明显有强人所难的意味，但这也是法律本质属性所决定，在维护受害人权益的同时，尺度也需要合理掌握，切不可放得太宽导致社会关系极不稳定，交易双方正常经济往来被他人恶意攻击为串通合谋，就可被轻而易举地宣告无效，后果必将是浩劫级别的灾难。

实际上，证明对方与他人之间存在串通合谋的恶意，虽然极难但总有办法。一是需要有证据证明对方与案外第三人共知其行为损害我方合法权益而实施；另一方面需要有证据证明双方实施该串通行为时针对我方权益实现的基础事实，无论是时间上的关联还是事实过程关联，均要得到证明；还有，如果能够证明对方与案外第三人存在亲密的关系或者密切的利害关系，也能够证明双方恶意串通的问题。实务中，只要大力发扬自救的精神意识，以拯救国难般坚决而深彻的态度调查取证，找出证明对方与案外第三人存在亲密关系或者密切利害关系的证据并不难。永远记住，证据不是天造地设的自然物，它与我们主观努力程度存在极大的正比例关联。这也没证据那也没证据，只能说明没有努力；若真努力了还是几无所获，可能是方法不对；方法正确又足够努力了，效果肯定不会太差。如前述我方与金产公司、拓俏公司确认无效诉讼中，我方取得了证明金产公司与拓俏公司实际上均为同一人控制的证据体系，大量证据证明其对于拖欠我方巨额货款共知的事实；也取得了大量翔实的证据证明双方通过一百二十余次名义上的合作经营合同，以明显低于市场正常价格作价将金产公司财产与业务进行转移。不但证明了双方串通合谋的基础关系，也证明了双方明知损害我方合法权益的事实，亦证明了恶意串通实施侵权行为的事实，因而在宣告双方恶意串通损害我方合法权益行为无效的诉讼中，我方的战略掌控力足够强大，确实为最终攻克拓俏公司防线，成功运筹围魏自救战术提供了坚实保障。

关于对方与案外第三人关系得到证明的同时，还需要极强的洞察力分析判断双方联盟关系的牢固程度。事实上，好多小马在过河时被小松鼠的警告吓退。在重大、疑难、复杂案件解决过程中，有些当事人其实也知道对方与案外第三人存在合谋串通的行为，但往往不做深究，原因是非常简单粗暴而貌似绝对正确的论调：既然人家合谋串通，肯定让我们找不出证据，遂放弃。放弃此处，就等于全线放弃案件。猎人来东山打野兔，野兔悉数转移隐匿至西山，猎人守在东山不挪步，坚信既然兔子处心积虑地藏入西山那肯定找不到了，猎人在东山守株待兔中饿死，兔子在西山活蹦乱跳中乐死。但兔子们只会感谢自己的聪明，而不会感恩猎人的蠢笨。

对方与案外第三人实施恶意串通侵害我方合法权益的过程中，双方的关系并非欠缺经验之人错判的牢不可破状态，事实上往往相当脆弱，经不起太多的风吹雨打。能与对方合谋串通损害他人合法权益的人，显然缺乏最基本的做人原则与立场，多是一叶障目的见利忘义与敏感地趋利避害的机会主义者。这些案外第三人在有小利可图的时候，愚蠢到连重大法律责任也分不清楚便贸然应允，或者明明清楚但轻信我方足够愚蠢而无法追及，或者经过粗读本草纲目便鄙夷现代名医，从而料定法律程序辐射不到他的区域。总之，这些案外第三人不是蠢笨得出奇就是小聪明过头，这种人一旦在突然清醒或者经过算计后得不偿失的时候，叛变只是一转念的功夫而已。笔者律师团队操盘解决过的重大、疑难、复杂案件中，涉及对方与案外第三人恶意串通转移财产以损害我方合法权益的情况，案外第三人往往表现出在突然清醒或经过算计后得不偿失的情况下毅然决然地叛变的惯性现象，甚至好多案外第三人为了洗清责任，主动与我方或者司法机关配合，将对方转移隐匿财产的企图与路径彻底揭露。

以上是基于宏观现象与经验的认识，也不排除有极个别案外第三人是忠勇死士，决不背叛请托人的情况。即便如此亦无妨，在前述我方与金产公司、拓俏公司的案件中，在我方种类齐全、数量庞大、证明力充分的证据体系面前，案外第三人拓俏公司与董事长吴某即使誓死抵抗，显然也是螳臂当车。于我方而言，只不过是在一定程度上增加了战略成本而已，对于战略形势不会产生任何影响。

在具体案件中，要深入、全面分析对方与案外第三人在合谋串通实施侵害我方权益过程中的行为以及形成的结果，准确把握双方关系结构，认准双方关系最关键的纽带，我方解决对方与案外第三人联盟关系的釜底抽薪之妙正在此处。一般而言，对方与案外第三人形成串通合谋关系的关键纽带，往往表现为利益输送与亲密关系的其中之一，或者两者兼有。无论哪种情况的关键纽带，均经不起极有针对性的拆解。人性经不起直视，有人在无麻烦与风险的情况下施以援手，已经值得感恩一生。若在大难大险面前丝毫不予计较，依然坚挺地施以援手的，恐怕也只有至亲的人。小时候打篮球时，篮球经常卡在篮脖子处，小朋友们便抬起一个小伙伴去踢掉篮球。但在踢掉篮球的一刹那，踢掉篮球的功臣便被大家齐刷刷地撒手不顾而掉落在地。他重摔之下的疼痛狰狞与其他人聚焦篮球的专注冷漠，或许已经写就了人性在利益取舍面前的务实与凉薄。对方太过高估案外第三人在遇到风险时的坚定忠诚，也太低估我方扩大法律程序射程范围的能力，在对方的致命高估与要命低估的基础上，我方稳准狠地实施釜底抽薪之术，对方与案外第三人的利益结盟瞬间便会瓦解。

在前述我方与金产公司案件中，案外第三人拓俏公司虽然实际为金产公司董事长赖某控制，但拓俏公司的董事长吴某毕竟也是独立的个体，参与其中必定有自己的利益诉求。吴某当年虽为赖某的忠实拥护者，但如今也是羽翼丰满，当初能够接纳赖某的怂恿而予以配合，无非是想借金产公司与赖某的资源将自己的小微公司壮大。近年来，在金产公司与赖某将资本、业务、生产线、技术人员装填以后，蒸蒸日上，吴某早已今非昔比。据我方调查了解到，吴某对于自觉贡献巨大但只持百分之十股份的情况相当不满，多次有与赖某分开单干的想法。足见赖某与吴某并非铁板一块，只要策略得当，促使该违法二人组分崩离析并非难事。事实上，在我方确认无效诉讼中以保全急需给境外最重要客户发货的货物与公司风水雕塑以后，吴某对赖某的不满已经几近爆发状态，加之我方将欲征询其境外最重要客户是否存在明知金产公司与拓俏公司恶意串通将核心业务订单由金产公司转移至拓俏公司损害我方合法权益的事实而故意配合的计划告知拓俏公司与吴某时，不知吴某与赖某关起门来开会的场景如何，但有两个事情完全证明吴某与赖某行将决裂。一个是可靠情报称吴某与境外最重要客户暗中往来频繁，甚至可能珠胎暗结，企图将其与赖某恶意串通的责任悉数推卸给赖某，以求稳定与境外客户的合作关系，并借机将赖某踢出局。在这个案件中，我方对于恶意串通损害我方合法权益的双方之间结成的利益共同体联盟实施的釜底抽薪之计，不可谓不成功。

（四）围魏是战术核心，自救是战略核心，围魏必须具有实现自救的战略意义

在围魏自救战略运筹过程中，围魏是核心的战术部署，但围魏的目的是为了自救，我方终极目的是实现自救，最终实现案件核心利益诉求。因此，围魏与自救之间的关系，是围魏自救战略运筹过程中最关键的一环。围魏是最核心的战术环节，也是战略力量部署最多的战略区域，但却不是我方的战略核心区域。这种重头戏不在主戏台的唱法需要有足够的功力来把握，以保轻重主次缓急之有条不紊。如果没有相当丰富的重大、疑难、复杂案件实战操盘经验，仅凭理论阐述恐怕很难对围魏与自救之间的关系引起足够重视，因为连在一起讲出来很简单，但其实已经包含了两个重大的战略运筹项。总而言之，围魏是战术核心，自救是战略核心，围魏必须具有实现自救的战略意义。

运筹围魏自救战术时，容易出现非但不能实现自救的战略目的，反而引发意外纠纷导致陷入更麻烦讼争的情况。这种情况在缺乏总体战略统筹的重大、疑难、复杂案件解决过程中比较常见。在重大、疑难、复杂案件中，双方均不大可能固守正面防线的主诉中较量，一般来说会开辟较多的较量据点，形成一系列诉讼与其他程序的对抗与较量，存在主诉战场之外的讼争，司空见惯，不足为奇。而这些主诉之外的诉讼或者法律程序的创设，多多少少也会有围魏救赵的目的，不管有无高深理论予以指导，但其实也具有绕开正面防线，实施战略大迂回的意思。但在传统专业技术流思维方式与处理模式下，重大、疑难、复杂案件往往被当作大标的之单纯诉讼案件，仅在法律专业技术范畴图谋解决之道。一方发动诉讼或者程序进行较量，另一方便被动应和而战。若双方用尽手段、使尽救济地发动极限化的据点进行对抗较量时，法律诉讼与其他程序的对抗会极大限度地增多，案件彻底进入极为复杂难解的剪不断、理还乱的讼争局势。这是好多重大、疑难、复杂案件被误诊为大标的单纯专业诉讼案件的必经之路。在其被误诊误治过程中，除主诉之外发起的所有诉讼或程序，虽有围魏救赵、声东击西等战略大迂回的雏形，但毕竟不是真正意义上的战略大迂回。每个诉讼或程序较量的战术行为在毫无谋略甚至不讲目的的情况下发动，对于解决案件核心问题缺乏战略意义，甚至对于解决案件核心问题造成严重障碍，因而不具有客观存在的战略价值。这是围魏实现不了自救战略意义的典型代表。

围魏必须具有自救的战略意义，要求我们在确定围魏战术体系时充分了解案件客观情况，对于每项重要战略要素进行全面分析，结合实战经验作出明确判断，将对方与案外第三人合谋串通的行为所引致的法律后果，作为我方在对方侧翼与后方战略运筹与战术运作的重点战略区域。一般而言无非是双方恶意串通损害他人合法权益的行为无效、恶意串通逃避强制执行的行为涉嫌拒不履行法院生效判决罪或诈骗罪、在债务到期后恶意对外转让财产的行为损害我方债权应予撤销等。也就是说，我方首先要确定围魏的正确方向与路线，将具体的诉讼行为确定下来，这是围魏战略运筹的首要任务。

对方非法合谋串通损害我方合法权益的行为，正是对方侧翼与后方的薄弱环节与致命要害部位，对此应当进行更深入的调查分析，以确定具体战术部署的轻重主次缓急。在好多案件中，配合对方的案外第三人往往不是一个主体，可能会有多个。在此情况下，并非必须全部进攻或者选择转移隐匿情节最严重的进攻，而是选择最脆弱的进攻，先打破一隅，固定证据与法律事实，再进一步攻克其他恶意串通的行为。对方与案外第三人行为方式也可能复杂多样，我方必须根据具体违法串通行为，部署针对性极强的战术行为。即在围魏确定运用哪种具体诉讼行为或者法律手段，大方向正确的前提下，对于该具体诉讼行为或法律手段的具体战术安排，也要做到周密准确、算无遗策。只有这样，才能确保我方围魏战术行为具有实现自救的战略意义，也不致在围魏不成被反攻倒算，承担无妄的责任。

在确定了围魏的正确方向与具体战术之后，打铁还需自身硬，务必在围魏战场上打出战术成果。围魏战术在实务中多体现为双方恶意串通损害他人合法权益的行为无效、恶意串通逃避强制执行的行为涉嫌拒不履行法院生效判决罪或诈骗罪、在债务到期后恶意对外转让财产的行为损害我方债权应予撤销等诉讼行为。稍有经验的法律实务专业人士都深知这些诉讼对于发起方来说是难于上青天。因为信息严重地不对称，我方一般来说根本无法掌握对方与案外第三人暗中实施违法恶意串通勾结的证据。况且，这些行为在实施时必定在背地，即使我方是世外仙人恐怕也难作留心防范。在开始面对并作为我方运筹围魏自救战术中重要一环时，已经时过境迁，证据被隐藏、自然湮灭等原因导致取证极为困难。况且，我方往往需要证明对方与案外第三人主观方面存在损害我方合法权益的恶意，还需要证明双方存在恶意串通的行为。这对于我方驾驭这些诉讼程序的综合能力提出非常严峻的考验。

真的假不了，假的真不了。笔者坚信世间人与事总是不可避免地需要与外界产生各种各样的联系，没有独立存在的个体。尤其是在错综复杂的重大、疑难、复杂案件中，对方若要实施非法恶意串通行为，根本不可能单独完成，必须和案外第三方的人与事发生一定关系才能实现。如同对方为了布设正面防线，使我方诉讼请求所依据的客观基础事实湮失而制造了侧翼与后方的薄弱环节与致命要害一样的道理。对方在与案外第三人实施了非法恶意串通的行为的同时，必将引致其他法律后果，这些法律后果是客观存在的，只是被隐藏于我们常规视线与调查范围之外。犹如对方将我方核心诉讼请求所依据的事实移调至法律程序射程范围以外一样，立马挡住了常规审度视线，阻却了教条刻板的解决力度，但却难不住经验饱富的操盘人。我们必须相信魔再高也只是魔而已，如果魔真能高于道，魔显然更愿意做道。对方与案外第三人再高明的筹谋，也是不可见光的阴谋，在我方事实有利、极富阳谋、经验饱富的照射下，原形毕露的可能性极大。只不过在实务中，好多受害方当事人无心、无力、无能去争取，每每在擦伤对方表皮时便悻悻然离场，使对方与案外第三人的非法勾当，在短暂忐忑之后便归于得意嚣张罢了。其实，对方与案外第三人非法合谋的纸老虎根本就经不起撕扯。

我们必须具备神探般的精神信仰与专业素养，相信在客观世界中，只要有人实施了一定的行为，必定产生相应的印记与后果留存于客观世界，即使为了消除这些印记与后果而实施了一定的掩盖行为，又会产生新的印记与后果。只要对方与案外第三人实施了非法恶意串通损害我方合法权益的行为，则一定遗留大量的客观证据与印记、线索供我们发掘提取。笔者律师团操盘处理的重大、疑难、复杂案件中，对方与案外第三人机关算尽、鬼蜮伎俩、神机鬼械的操作，基本上都会被我们通过精挖细掘、掘地三尺的调查追索而破解。在前述我方与金产公司、拓俏公司确认对方恶意串通非法转移财产与核心业务行为无效诉讼中，我方正是通过上述方法顺藤摸瓜地展开地毯式搜索调查，收集到了相当庞大的证据体系，包括对方金产公司与第三人拓俏公司近五年来以业务合作名义，总计以一百二十余次所谓联营合作将公司货物、设备、无形资产等以明显低于市场价格作价转让给拓俏公司；对方金产公司与拓俏公司、境外重要客户单位签订的战略合作协议，该协议将对方金产公司及其董事长赖某实际控制拓俏公司、金产公司将核心产品生产线以及人员技术等转让给拓俏公司的事实全部予以证实；拓俏公司股东合作协议，其中就有金产公司董事长赖某实际持股百分之六十并实际控制拓俏公司的约定，除吴某相对独立外，其余人均为赖某安排持股的显名股东；拓俏公司章程、日常管理工作中形成的相关文件资料，足以证明赖某实际控制管理拓俏公司。在这些证据基础上，我方围魏之战相当成功，在诉讼财产保全中又出奇制胜，将对方急需发给最重要境外客户的货物、拓俏公司厂区中心花园火箭雕塑予以保全。未及进入实质诉讼过招，对方已经缴械请降，我方未付出较大战略代价便顺利拿下围魏之战，进而双方和解，全面解决了案件问题。正面防线追偿货款的民事诉讼在没有任何作为、也无力作为的情况下得到圆满解决。显然，我方的围魏战术完全发挥了自救的战略作用。

在围魏自救战术运筹过程中，首先确定正确的战术方向，将某项具体的诉讼行为作为我方围魏的主要战术，进而根据对方与案外第三人实施非法恶意串通行为留下的蛛丝马迹，充分发挥神探本领，顺藤摸瓜、抽丝剥茧地将对方违法恶意串通行为予以揭露。在翔实而庞大的证据体系基础上打好公认最难、甚至需要证明对方与第三人存在主观恶意与串通行径的围魏诉讼。令围魏战术不但具有正确的战术方向，并且能够真正力透纸背，产生拯救正面防线主诉、盘活全局的作用，从而实现自救的战略目标。在实战中，要精熟地把握与运用围魏自救战略，必须深彻理解围魏是战术核心，自救是战略核心，围魏必须具有实现自救的战略价值与意义。

五、围魏自救大战术运作的实务指引

（一）围魏乃破釜沉舟，背水一战

运筹围魏自救战略，说明我方已经面临绝境，没有任何退路，为寻求最后一线生机，迫不得已而舍近求远，进攻给对方提供强大掩护支持的案外第三人。如果围魏成功，我方便有可能绝境逢生，赢得突破对方正面防线的可能性，进而实现我方的战略目标。一旦围魏失败，我方将没有任何退路可选，正面防线突破无望，且极有可能陷入围魏困战当中不能解脱，陷入两线作战且均严重失利的危亡境地。因而，围魏之战，是我方求生的唯一希望，我方已经身处绝境，没有退路，唯一的希望就是在围魏之战中求得一线生机，因而必须破釜沉舟，背水一战。

前述我方与金产公司案例中，对方陆续拖欠我方八亿余元货款长达数年，已经导致我方发生严重的经营困难，甚至到了危亡境地。结果对方早已通过与案外第三人拓俏公司恶意串通，将财产、核心业务订单、生产设备、人员、无形资产等悉数转移至拓俏公司，使金产公司变成空壳。实际上，拓俏公司就是金产公司暗中新设立的公司，完全受对方金产公司及其董事长赖某实际控制。我方按照常规程序起诉，显然根本无法实现最终诉求。我方已经面临绝境，公司流动资金被对方以拖欠八亿元巨款的方式吸干，追索被拖欠的货款时又遭遇对方机关算尽、鬼蜮伎俩、神机鬼械的谋划设计，终究注定落得一场空。别无选择，想要绝处逢生，只有对方金产公司与拓俏公司恶意串通转移财产损害我方合法权益的行为予以追究，至少为我方从绝境突围提供了唯一出口。因此，只有通过追究对方与案外第三人合谋串通的法律责任，使对方与案外第三人的违法行为被宣告无效，进而将被非法转移的财产予以返还，作为偿还我方货款的保障，才是我方突出重围的王道，也就是我方围魏自救大战术运筹中的围魏战术。为此，我方必须下定决心，调动所有力量与资源，做好全面准备，包括全面牺牲的准备，置之死地而后生，与对方及配合其实施恶意串通的案外第三人决一死战。

事实上，由于我方前期工作充分而极富深度，证据体系强大，战略战术运用得当，最终我方破釜沉舟，背水一战取得了非常大的成功，案件得到了全面解决。但如果准备不周便贸然发动围魏之战，战略战术运用不当，在宣告无效诉讼中一旦失利，我方在正面防线战场上偿还货款民事诉讼将注定成为一纸空文的判决。而且在围魏战场上，对方肯定会穷追猛打，追究我方宣告无效诉讼以及证据保全给其带来的损失。届时，我方的形势真乃雪上加霜，万劫不复。由此看来，面临绝境时围魏是唯一的出路，但也是相当惊险的抉择。我方在案件中的胜败，在此一举，兹事体大，不可不察。我方需要有破釜沉舟的勇气，背水一战的决心与付出，确保决战成功。

（二）围魏成功后打拉结合，扩大统一战线。

通过追究对方与案外第三人恶意串通损害我方合法权益的行为，在围魏战场取得预期战略成果后，要保持清醒的战略头脑，准确地把握我方的战略方向，须知围魏只是核心战术，我方战略核心依然是正面防线战场诉讼目的的实现。因此，围魏之战要打出力度与威风，但决不可越战越酣，将战略重心完全侧倾于此。利用围魏之战的战术威力，一方面揭穿对方转移隐匿财产损害我方合法权益的真相，同时将对方与配合其实施非法合谋串通的案外第三人结成的利益共同体联盟解散，我方基本战略目标已经达到，已经基本掌握战略主动权。此时，应该利用我方掌握的战略优势，分化瓦解对方与案外第三人的结盟，尽可能地让更多支持力量从对方阵营撤退，并最大限度地让我方阵营变得强大。

要充分地研究对方利益共同体联盟的构成情况，确定其内部结盟的关键纽带，针对该关键纽带进行分化打击，使重压之下思想出现异动的人相继尽快脱离对方阵营，最终使对方陷入孤军作战、四面楚歌的危亡境地。对方阵营因为我方有力进攻而出现严重嫌隙后，其利益共同体联盟出现人心思变的现象极为正常，再随着我方战略进攻力度的加大，当初抱着贪占便宜的心态与对方结盟，一旦在大火真要烧到自己脚后跟的时候，撤退的果断性远远超乎我方想象。在我方围魏战术取得预期战略目标后，持续有条不紊地落实我方后备战术部署，与已经掌控的战略优势形成战略复合震慑，对方利益共同体联盟的瓦解指日可待。

在前述我方与金产公司、拓俏公司案例中，我方在起诉宣告对方与第三人非法恶意串通转移财产行为无效的诉讼中，首先，庞大有力的证据体系作为重大战略力量给对方形成强大战略震慑，对方已经感觉在宣告无效诉讼中难以全身而退了；其次，我方在诉讼财产保全中采取非常规但又合法的精妙部署，令拓俏公司给境外重要客户急需发货的货物被查封，同时作为公司图腾标志的火箭雕塑被张贴司法保全封条后静置于巨大透明亚克力封罩中，使吴某感受到巨大的压力，因而对赖某逃避债务给其公司带来巨大负面影响的事相当不满；再次，我方就对方与案外第三人合谋串通转移核心业务订单问题，欲征询对方境外重要客户单位，并在其明知对方与案外第三人恶意串通损害我方合法权益但仍予以配合的情况下，欲一并追究法律责任的战术部署，使赖某与吴某真切地感觉到财源将断的危机，也彻底摧毁了吴某最后的防线，其对金产公司与赖某的配合与忍耐也已冲破极限。吴某主动愿意与我方配合，说服赖某筹措如何解决问题。我方亦向吴某明确表示本方目的只为解决问题，无意将拓俏公司置之死地而后快。吴某得知此讯喜出望外，甚至当场以极大的自制力压抑了相当感激之情。是的，我方被坑害至此，在完全掌握战略优势，甚至可以高傲地睥睨着对方给出大拇指朝下的决断，但依然保持理性与克制，对手感恩戴德数秒也在情理之中。

如此简单而富有成效的沟通，其实已经无形中将吴某拉拢至我方阵营。随后，吴某其实扮演了我方说客的角色，一方面劝说、督促赖某偿还货款，另一方面背着赖某与境外最重要客户保持密切联络，以图万一我方将其与金产公司、赖某恶意串通合谋之事透露给该境外客户后，还能保持与该境外客户继续合作的一线可能，同时也有在赖某行将失势前落井下石之嫌。人性本该如此，何况这是我方敌对阵营的自戕，任由其便。与此同时，我方还是保持着一贯优良作风，在对方愿意和谈时，随时都可答应，但枪炮始终保持瞄准发射状态，战略进攻态势并未丝毫减弱。一方面以强大的战略进攻力量压制，另一方面以围城必阙的策略留一条出逃的路，完全动摇对方的战斗意志力。以打拉结合的方式，将对方主要掩护力量发展至我方阵营，加速了对方的瓦解覆灭。

（三）围魏战线以揭露隐匿财产、瓦解对方联盟为己任

可以预想围魏战线一战到底的结局，以前述我方与金产公司、拓俏公司案件为例，如果我方坚决不接受对方的和解提案，或者对方在我方全面攻势下岿然不动，双方血战到底，最终法院全面支持我方的诉讼请求，宣告对方金产公司与拓俏公司非法恶意串通转移财产的行为无效，拓俏公司返还被转移的财产。既为返还，那便是物归原主，根据民事法律行为的相对性，拓俏公司还是得返还给金产公司。如此便很有意思，既然是血战到底，相信金产公司与拓俏公司依然会一如既往地保持其机关算尽的风格，鬼蜮伎俩、神机鬼械层出不穷，无所不用其极地与我方对抗，在案件判决返还被转移的财产后，拓俏公司指定不会主动返还给金产公司，而金产公司作为执行申请人，也不去申请强制执行，我方似乎也无计可施。宣告无效却产生不了相应的实质法律效果，案件由正面防线战场的无望又转移到围魏战场的无望，两线均无望的双倍绝望摧残下，首先瓦解的应该是我方阵营。

在实务中，类似案件得到判决以后无法执行的情况比比皆是。为了解决实务操作的尴尬，各地法院操作尺度不一，有建议直接判决返还给受害方的，但显然违反了民事行为尤其是合同的相对性，对方与案外第三人肯定会抓住这个把柄穷追猛打，没完没了。有按照宣告民事法律行为无效的原则判决的，宣告无效后所得财产原路返还，但我方作为申请方宣告互相转移财产的双方法律行为无效，只能是非法收受财产方返还给转出方，这纯属荒谬的玩笑。案件走到这步田地，实际上已经进入无解的死循环。因此，围魏战线如果血战到底，结局并不美妙。极大的可能是又开辟一个与正面防线战线同样战而无果的命运的新战线，我方终将在两个毫无意义的战线上被消耗尽最后一滴血。

围魏战线即便在掌握了大量、充分证据的情况下，也不宜血战到底，那对方应该完全可以选择硬扛到底，等待我方收取无果的胜利，如果我方后备战略力量不足，对方完全可以这么做。在激烈的对抗中，双方都在倾尽全力地较量，任何合法有效的斗争方式都是被允许的，我们换位思考也会作此预判。我方有谋略运筹围魏自救的战略，就有足够的战略掌控力避免出现这样更讽刺的结局。我方充足的战略力量储备正是为解决围魏战场不宜血战到底的弊端。围魏虽是我方战术核心，但不是战略核心，围魏战线始终为正面防线战线服务，因而我方本身也未做与对方及案外第三人血战到底的战略准备，核心目的就是将对方与案外第三人实施非法恶意串通损害我方合法权益的行为予以彻底揭露，并在该诉讼中通过财产保全等措施给对方与案外第三人形成钳制合围之势，一方面将我方权益实现所依据的事实基础予以固定，同时使对方阵营出现分裂，并在持续增强的战略震慑力压迫下最终瓦解。我方见缝插针地做好统战工作，及时扩大统一战线，最终将对方的掩护、支援力量逐一消灭，使对方完全陷入战略孤立，最终只能接受投降或者覆亡。这个核心目的不是通过围魏战场的结果实现，而是通过围魏之战的过程而实现。

实务中，从来没有遇到过围魏战场中案外第三人坚持到底的情况，这是由案外第三人在案件中的特殊地位决定的。案外第三人当初配合对方实施非法恶意串通的行为，仅为贪占小利，至少相对于最后要承担的法律责任来说是小利。为贪小利而配合，及至宣告无效诉讼进入白热化阶段，如前述案例中案外第三人拓俏公司财产悉数被保全，甚至急需给重要客户发货的货物、公司图腾标志的火箭雕塑都被保全，并且面临失去最重要客户的高度危险。在此严酷形势下，案外第三人拓俏公司若还能坚持为对方打掩护，就不是当初为了小利链而走险实施违法行为的案外第三人了。若真有这般骨气与硬气，想必当初也不稀罕对方金产公司的利诱。因而，在我方拥有足够战略力量资源的情况下，案外第三人一般不会奉陪到底。在我方战略震慑力达到一定阈值时，案外第三人必定撤退，这才是我方在围魏战术中最大的战略目标。

（四）正面防线战场大概率的和解

我方在围魏战场给对方施加足够的战略压迫，对方侧翼与后方的薄弱环节与致命要害部位全部暴露在我方战略瞄准据点，已经面临全面战略被动局面。并且，对方利益共同体联盟也在我方巨大战略攻势下逐步瓦解，对方的全线崩盘只是时日问题。在这种绝对战略优势下，我方依然具备充足的战略储备力量与资源，这也是我方在基本掌握战略优势后，为巩固战略成果并防止对方行缓兵之计，借和解伺机反扑而实施的战略力量加固。

在前述我方与对方金产公司、拓俏公司案例中，我方除了在宣告无效诉讼中给予对方金产公司以及案外第三人拓俏公司极大的战略震慑，同时还准备了相当庞大而充分的证明体系，准备向对方及案外第三人境外最重要的客户征询是否在明知金产公司与拓俏公司恶意串通损害他人合法权益而故意配合完成核心业务订单转移的问题。以我方诉前掌握的情报准确显示，对方与案外第三人境外最重要客户公司董事长行事古板硬朗，一向特别重视诚信问题，一旦其确信对方金产公司与拓俏公司存在如此鬼蜮伎俩、神机鬼械时，必定愤然与其终止合作。因为我方的证明体系足以证明对方与案外第三人确实存在非法恶意串通转移资产与业务逃避我方债务的行为，并且也能够证明对方与案外第三人同时也严重地欺骗了该境外最重要客户公司。有这样的战略储备力量，在对方已经风雨飘摇、四面漏风、行将沉没的破船上再灌入巨铅，对方若不及时上岸，恐遭灭顶之灾，遂决心与我方诚意和解。

从实战经验判断，围魏之战莫求一战到底，只求将对方与案外第三人非法恶意串通的行为全面揭露，使对方的后方完全沦陷，加固我方权利实现的基础，同时借强大战略震慑促使对方阵营分化瓦解，使对方失去掩护与支持而陷入孤立，从而迫使对方与我方在正面防线和解。因此，在运筹围魏自救战略中，正面防线虽无所作为，但最终因围魏战场建立的战略优势，最大概率地迎来双方和解解决的终局。

（五）宜将剩勇追穷寇

当然，前述围魏战线血战到底的结局往往会出现相当讽刺的局面，需要对方申请强制执行，要求案外第三人将非法收受的财产返还对方，这好比让曹操替蜀汉报杀害关羽之仇一样不切实际。这种超现实的局面我们不想面对，只是相对于通常情况下我们总能在围魏战争过程中凭借强大的战略优势赢得全面彻底解决问题的情况而言。如果对方与案外第三人确实形成异常稳固的战略联盟，任我方施加核武器级别的战略震慑却依然视死如归，对于我方来说已经面临绝境，只有围魏取得突破的一线生机，只能破釜沉舟并选择背水一战了，出于战略成本计，虽然不想让战线拉长，但也不畏惧血战到底，毕竟我方能够取得围魏之战的成功，凭借的是绝对的战略实力。我方虽施以最强战略压制，但一般不宜关闭和谈解决的大门，如果我方坚持打拉结合的理性良善策略，却依然得不到对方的公平回应，那只能选择毫无保留的战略推动，与对方血战到底。

以前述我方与金产公司、拓俏公司案件为例，若在我方诉请宣告对方金产公司、案外第三人拓俏公司非法恶意串通转移财产与核心业务逃避我方债务行为无效的诉讼进行至白热化，我方在庞大、翔实、有力的证据体系支持下，已经将其合谋串通的违法行为全面揭露，并且通过力度极大的财产保全措施给予极大压力，甚至在我方将准备向对方及案外第三人境外最重要的客户征询是否在明知金产公司与拓俏公司恶意串通损害他人合法权益而故意配合其完成核心业务订单转移的计划善意地透露给对方，对方全然不顾，毅然决然地选择对抗到底时，我方将毫无保留地发动全面战略攻势。届时，因为有大量、充分的证据为保障，对方与案外第三人非法恶意串通转移财产的行为将被确认无效，因为我方已经做了财产保全，即使是要求第三人将收受的财产返还给对方，也可以全程掌控，并非由对方与案外第三人肆意演双簧敷衍了事。即使对方与案外第三人演双簧敷衍，我方亦可在正面防线追索货款的民事诉讼中申请财产保全，将对方对案外第三人享有的财产返还请求权予以保全，至此，我方正面防线追索货款的民事诉讼也得到了实质保障，正面防线也会因为围魏战术成果而全线盘活，我方追索货款的战略目标也能够实现。

但对方与案外第三人则完全不同，我方后备战略力量将发挥战术摧毁力，一旦将向对方及案外第三人境外最重要的客户征询是否在明知金产公司与拓俏公司恶意串通损害他人合法权益而故意配合其完成核心业务订单转移的计划予以实施，因为我方庞大、充分、有力、客观的证明体系完全可以证明两个事实，一是对方金产公司与案外第三人拓俏公司非法恶意串通，将对方金产公司的核心业务订单以虚构事情、隐瞒真相的方式，欺骗客户单位的方式转移给拓俏公司，目的是为逃避我方巨额债务，基于该客户单位每年要求对方金产公司提交资产损益表的惯例，应该知悉对方金产公司拖欠我方货款的事实。若明知对方金产公司背负巨额债务而转移其主要业务收入来源之核心业务订单，显然具有明显逃避债务的恶意。而该客户单位确实配合实施了转移行为，若不能证明确实不知情，我方将依法追究相应的法律责任。若确实不知情，那说明对方金产公司向该客户单位提交了虚假的资产损益表，此行为不仅违法，而且严重欺骗客户单位，这样的供应商显然不是该客户单位愿意合作的。无论我方是否将该客户单位一并追究，对方及案外第三人与该客户单位的合作必定走到尽头。而该客户单位的采购量占对方营业收入一半以上，对方与案外第三人其他业务订单也直接或间接与该客户单位存在关联，一旦失去，对方不仅是失掉半壁江山那么简单，还有可能失去更多客户，生产经营将遭到毁灭性的打击。当然，并非我方报复对方而在讼争范畴之外人为地制造对抗，而是对方、案外第三人、该客户单位确实在对方金产公司拖欠我方八亿余元货款的情况下签订了三方战略合作协议，配合金产公司将核心业务订单转移至拓俏公司，严重地损害了我方的合法权益，应当受到追究。这也符合战略、法、战术思想体系实战方法论的原则，决不将斗争扩大化，一切讼争战术行为均与双方讼争的核心问题直接相关。而该客户单位配合对方金产公司与拓俏公司恶意串通，将核心业务订单转移，直接损害了我方债权的实现，该客户单位的行为与我方核心诉求存在直接关系，因而针对该客户单位的战术行为，于事实有据，于法有依，于情有理。

第四节　直入虎穴，毕其功于一役大战术运作

一、无解危局及根源

在重大、疑难、复杂案件解决过程中，如果缺乏系统性的思想、哲学、理念、价值观、方法论来指导具体战略战术行动，双方都会为了压制对方而盲目地用尽

救济手段，穷尽所有资源与力量展开全方位的对抗与较量，形成众多诉讼与非诉讼程序作为双方较量的平台，逐渐形成错综复杂、变化多端的疑难局势。在这种情况下，核心诉求所依托的主要诉讼只是理论与观念上的重点，但双方的战略目光也不再聚焦于主要诉讼与核心诉求的解决，战略力量极大程度地分散，导致均匀用力，极易犯撒胡椒面式的战略扁平化错误，最终连各个毫无意义的对抗问题都解决不了，更别提主要诉讼中的核心问题，形成按下葫芦浮起瓢，剪不断、理还乱的悬停僵死、泥泞困厄的危亡境遇。这是好多重大、疑难、复杂案件在实务解决过程中几乎不可避免的问题，根本原因在于对案件定性错误，从而选择了完全错误的应对策略。

从重大、疑难、复杂案件的本质特征看，双方为重大到关乎双方或者一方生死存亡的利益展开你死我活的斗争，斗争的激烈程度与普通案件根本不在一个当量级；基于重大利益，当事人拉拢有一定资源与力量的案外第三人或者案外第三人主动加入，形成强大的利益共同体联盟，传统单纯诉讼案件中一对一的对抗模式升级为实质上两大利益共同体联盟之间的斗争，复杂性绝非单纯诉讼案件可以比拟；双方目的只有战胜并全面压制对方，胜败完全取决于双方实力；并且基于重大利益、斗争复杂、参与主体众多还会形成装睡的人叫不醒的尴尬局面。双方各自用尽救济手段、使尽力量与资源展开全方位的斗争与较量，仿佛纸牌游戏中双方不断提升点数压制对方一般展开无休无止的斗争，人为布设的疑难与复杂，导致传统专业技术解决手段哑然失灵。

若重大、疑难、复杂案件实务解决领域未形成系统的思想、哲学、理念、价值观、系统方法论，此类案件被削足适履地视为标的较大、法律关系较复杂的单纯诉讼案件予以处理，哪怕是双方蓄谋已久、别有用心地人为布设了较多战场，形成众多诉讼程序较量并存的复杂局面，但依然是教条刻板地坚守在每个单独的诉讼程序中，仅作较深的专业耕耘，导致本来具有统一性、系统性的事务被肢解得支离破碎。甚至在好多案件中，这些众多不同类型的诉讼案件，当事人基于专业性考量而选择由不同专业团队处理，各自理所当然地奉行自己的一套处理，最终导致事务越来越疑难复杂，已存问题得不到解决，新问题又接踵而来。这种局势任当事人实力再雄厚，亦恐将力渐不支。因而，好多重大、疑难、复杂案件的当事人被消耗至弹尽粮绝、山穷水尽也在情理之中、预料以内。

二、破解危亡局势的谋略

传统专业技术流思维方式与处理模式，根本不可能解决重大、疑难、复杂案件，犹如通过各自主帅单挑来决定国运战争胜负一样幼稚天真又富于超现实的荒诞，必须运用系统的思想、哲学、理念、价值观、系统方法论指导实践解决过程。但每个案件的具体情况以及阶段性的时势不同，解决的战略方针、路线均不相同。必须根据个案特殊情况，极富针对性地确立正确的战略战术体系，形成个性化实战解决系统，直击病灶，彻底解决核心问题，其他人为布设的难题也应声遁形。

每个重大、疑难、复杂案件的解决应该是个性化、差异化、高品质的私人订制模式，坚决杜绝批量化、无差别、平均质的车间流水线处理模式。此类案件被以偏差极大的理念与模式推进至按下葫芦浮起瓢，剪不断、理还乱的极度混乱的危局时，显然已经具有极端的特殊性，不但与传统案情复杂的单纯诉讼案件有天壤之别，而且与其他情形的重大、疑难、复杂案件也有着巨大差别。在这种十万火急的情况下，如果依然按照其他可以平流缓进的战略方针与路线进行处理，犹如大火四起之十万火急时刻，救火前还要先正衣冠一样迂腐可悲。在综合运用其他高明的战略战术手段已经不能有效解决病入膏肓、各处炎症并发的危亡状况时，若能确定并直击病灶，直入虎穴、得其虎子的谋略未尝不可。

直入虎穴的战术，在重大、疑难、复杂案件实战解决过程中一般是指在面对讼争纷起的混乱复杂局面，即使一一处理妥当也不能达成我方总体战略目标，且围困于纷乱讼争中产生极大消耗的情况下，针对对方战略核心部位，直接实施雷霆袭击，一举解决核心问题。其核心在于准确掌握对方战略部署的核心部位，并且以极为准确、迅猛、威猛的战术方式一举拿下。如同班超当年出使西域行至鄯善国时，伊始鄯善国王很是热情周到，但在接受匈奴使者的离间拉拢后，态度反转为冷淡敌对。班超敏感地意识到绝非态度转变那么简单，通过胡人耳目得知鄯善国王接受匈奴的拉拢策动，打算与匈奴结好并谋害大汉使者的重要情报。班超一行人单力薄，身处遥远他国，大汉再强也无法及时援救，形势可谓十万火急、危在旦夕。但班超何等英明神武，审慎冷静地分析当前形势后，立即决定实施直入虎穴、得其虎子的战术。当日天助班超，正好月黑风高，班超一行突袭匈奴使团驻地，将有限的人手分配至四面八方，擂鼓放火以虚张声势。匈奴使团所有人等美梦正酣，又在鄯善国被奉为上宾，礼遇有加，根本就意料不到如此突变，急急如漏网之鱼，忙忙如丧家之犬，四散奔逃，被班超一行杀得落花流水。鄯善国王知情后惊惧不已，一则是大汉的国威，二则是班超的威猛。第二天，班超带着匈奴人头面见鄯善国王，陈以利害，劝其归附大汉。鄯善国王亦深知利害轻重，遂归附大汉。班超在极端复杂危亡的形势下，果断决策并雷霆出击，直入虎穴、得其虎子的战术运作，取得了毕其功于一役的战略效果。若非班超英明神武，当机立断，直入虎穴，大汉使团班超一行注定成为鄯善国与匈奴结盟的牺牲品，身死异国他乡。大汉也因为失去鄯善国的依附而在西域失去重要屏障，西域边境的安全威胁陡然升级。班超直入虎穴战术的成功运作，不但解决了大汉使团眼前危亡境地，甚至也实现了大汉西域边境安宁的宏大战略目标，可谓毕其功于一役，千年难遇第二。

班超在危难绝境中直入虎穴的英勇事迹，为我们在重大、疑难、复杂案件解决过程中处置纷争四起的混乱局势提供了极佳的战略范式，如果面临按下葫芦浮起瓢，剪不断、理还乱的危亡局势，若能确立纵深度可达对方战略核心部位的刀锋战术，在对方完全没有战略防御的情况下雷霆突击，迅速占领对方战略核心区域，完全掌控战略优势，从而一举奠定胜局。该谋略便是重大、疑难、复杂案件解决过程中经常得到运用的直入虎穴战术。

三、直入虎穴，毕其功于一役大战术运作的实战案例参考

讲述历史典故直入虎穴，远不及重大、疑难、复杂案件实战案例贴切生动。特讲述笔者律师团队操盘解决的一宗运用直入虎穴战术成功解决的案例，在叙述过程中亦将直入虎穴战术运作要点进行阐述，以便理论结合实践，更好地理解与应用。我方当事人元某与对方鄂某系多年至交，元某是鄂某进入社会工作的领路人，鄂某曾经在很长时间内对元某言听计从、尊重有加。后来，元某因为诸多不便，便全权托付鄂某出面经营某矿业项目，由元某出资百分之九十，鄂某出资百分之十，由鄂某全权负责经营管理，盈利按照各自百分之五十进行分配。矿业项目进展顺利，短短六七年时间，便累计有数亿盈利。盈利伊始，数额未大可观时，鄂某尚能保持以往的毕恭毕敬。随着盈利激增，鄂某态度渐变，以眼花缭乱的托

词虚构成本以抵销盈利，元某始终隐忍未发。后来，鄂某直接拒绝向元某支付盈利，甚至公然否认元某投资的事实。双方无法再交涉，交恶至深，讼争打响。

元某诉讼确认股权，一审判决确认元某享有百分之九十的股权，鄂某上诉后被发回重审；重审后判决驳回元某全部诉讼请求，元某上诉后又被发回重审；再次重审后依然判决驳回元某全部诉讼请求，元某又上诉后，二审裁定维持判决。该案件元某全线失利的主要原因是鄂某伪造了大量公司设立过程中的文件资料，并涉及众多案外人，而且这些人均在诉讼过程中出庭作证，证实该伪造的文件资料的真实性。事实上，元某当初在设立公司时因众多原因不便直接参与，故而由鄂某及其亲属作为股东、董事，但突然冒出来的文件与人员，元某确实不知，显然系鄂某伪造。鄂某发动大批所谓知情人向法庭提供证人证言，证明元某确未向鄂某的公司投资。这些所谓知情人，元某一个也不认识，显然不可能知道元某是否曾经与鄂某共同投资的问题。由于元某是原告，除了汇款给鄂某与公司的汇款凭证外，就没有有效的客观证据证明自己主张的事实，因而，被全部驳回诉讼请求也在情理之中。至此，历时五年有余，三上三下的民事诉讼，几乎耗光了元某所有战略资源与力量，元某彻底陷入了困顿。

在双方股权确认诉讼迁延五年多期间，鄂某在倾尽全力掌控股权确认民事诉讼以外，从未停止对元某六合八荒的攻击。有一次指使不明身份的一群人闯入元某家里对元某及家人进行殴打恐吓，限制元某及家人人身自由，连喝水上厕所也不允许。三次指使他人在元某单位车库、银行门口、公园对元某进行殴打，最严重的一次打到元某颅内出血，所幸抢救及时未危及生命，但留下严重的后遗症。更为令人发指的是，有一次确认股权诉讼开庭后，元某刚出法庭就被一群人围殴，打得元某人事不省。这些不明身份人员的违法犯罪行为，公安机关均已经立案受理，但由于缺乏直接证据线索，经过长期调查也未取得实质进展。元某明知是鄂某指使他人所为，但案件查无实证，鄂某的恶行得不到应有惩罚，气焰嚣张得无以复加。

除了暴力殴打，鄂某还用为人所不齿的鬼蜮伎俩、神机鬼械整治元某，使元某遭受刑罚。元某为人豪爽，神经大条，贪恋酒杯。一次有一位老友从远方来，自称找元某密谋重要事项。两人在元某家中饭饱酒足以后，该老友接到一个电话，称是一位在密谋重要事项中必须参与的朋友约见，该老友让元某一起前往。临行前该老友刻意强调事宜机密，不便让司机陪同，建议只与元某二人前往。元某向来神经大条，法律意识不算强，对于酒驾之类的风险比较麻木，因而自行驾车与该老友出门。在接近目的地的高速出口，被交警查个正着，醉驾入刑。后来，我们经过充分调查得知系鄂某与该老友故意设计实施，至于公安查酒驾的行动，只是鄂某充分掌握了该高速出口每逢周三、周五、周六晚上必查酒驾的规律而已。或许性格决定命运吧，元某军人出身，作风硬朗果决、豪爽坚毅、执行力超强，但线条粗疏，易相信他人，不擅谋略。硬朗的作风、坚毅豪爽的性格、超强的执行力曾经令其在商场纵横捭阖，所向披靡，取得了极大成功。若一直生活在人心思古的年代，元某或许会代表主流社会精英阶层，将这些性格优势发扬光大，成为有志青年自我修炼的范榜。一旦遇到鄂某这种工于心计、擅长算计的人，便如大门洞开的城池暴露于敌军视野。元某与鄂某合伙经营，投入巨款却未留任何有价值的书面协议资料，如此重大事项在诉讼时仅凭口头陈述与大量证人证言，其豪爽与线条粗疏可见一斑。被鄂某与他人合谋陷入醉酒驾驶遭受刑事处罚，还是线条粗疏、法律意识淡薄所致。这种豪爽与线条粗疏，为人生制造了太多麻烦，如果不是这种性格缺陷，或许元某会更成功、更幸福。笔者无意说经历过重大、疑难、复杂案件纠缠的人就一定不幸福，之前在论述此类案件全方位的深度负面影响时提及其深彻危害，会导致当事人一夜回到解放前、无力营务正业、人格与精神在一定程度上变异等严重后果，长年累月地浸淫其中，至少会令一生的幸福蒙受严重阴影。

最令人不可思议的是，元某在双方确认股权诉讼进入白热化阶段后，曾经一度态度突转，甚至在电话信息中屡屡提及当年知遇恩情，令元某颇有动容。但元某还是保持军人特有的耿直与粗暴，对于鄂某已经深恶痛绝，故对其示好也气不打一处来，张口就骂是家常便饭。或许元某还习惯性地沉浸在鄂某知遇恩人的角色。在鄂某主动但隐晦地提出想和解的意向时，元某在痛骂之后曾提出过具体补偿要求，其中夹杂着威胁恐吓之类的字眼，但笔者相信元某只是泄愤而已。如此拉锯扯皮多个回合，有次鄂某在信息中称想知道元某到底想怎办，如此折腾导致他精神压力极大，寝食难安。神经大条的元某顺手就回复了自己要求分红的数额，并且耿直粗暴地称如果不答应他就要怎么报复云云。鄂某约元某在一个酒店面谈，元某欣然应允。

在酒店见面后，鄂某先是带着诚意一通赔礼道歉，温习旧交，感念知遇之恩，声泪俱下地称近年来生意艰难，元某难以理解他的苦衷，因自己无能未让企业盈利满足元某的利益诉求等等，并顺手递给元某一大袋现金以表诚意，让元某相信他一定会重整河山，赚来更多的钱让公司盈利，保证不辜负大哥重托。元某还是保持了一贯的豪爽、粗疏线条与良善，竟然在数次被蛇咬伤后，依然对巨蟒不敏感。换作正常人，见了草绳也会不由地哆嗦。元某竟然在鄂某一通即兴表演后感动了，当时真的相信了鄂某。据说两人那时迎来了融冰后短暂而又高亮的甜蜜时刻。谈兴正浓时鄂某接到一个电话，故作不方便状退出房间接听，许久未回。突然之间酒店房间闯入一彪人马，元某此时估计又是群殴，因为已经有过前五次遭殴打的经历。正想鄂某这次逃不掉了，酒店里监控齐全，再查无实证天理难容之际，才发现这彪人马带头的人手持的长枪短炮竟是录像机，并且大喊快报警抓住敲诈勒索犯罪分子。遂有人报警，元某被这彪人马控制等待司法机关工作人员到来。

司法机关工作人员到来以后，鄂某出示了长期以来受到元某"敲诈勒索"的证据，称元某为了讹诈，虚构投资事实，恶意向法院起诉确认股权，但已经被法院驳回，还在不断无理缠讼。无理缠讼倒行，但近期用威胁、恐吓等方式勒索其钱财，迫使其已经交付了五十万元。证据有双方聊天记录、法院判决、当场缴获的现金五十万元。在鄂某蓄谋已久、机关算尽的鬼蜮伎俩下，元某被其施以解决机会，又数次激怒，元某发给鄂某的好多信息既提出明确要求鄂某付钱，同时也有大量的信息言辞激烈，可能因为投入巨款被讹再加上五次遭受毒打，心中充满愤怒与仇恨，所发信息中确实存在威胁、复仇、杀戮等字眼，甚至还提及对方亲属。亦有若不及时兑现付款，将让鄂某鸡犬不宁等字眼。站在客观中立立场上看，这行为已经构成敲诈勒索了，遂被追究刑事责任。

元某恢复自由以后，鄂某生意越做越大，已经俨然跻身名流，呼风唤雨，好不威风。但元某却垂垂老矣，身无立锥之地。但正是遭受如此困厄，内心生出了智慧与谋略，为人处事显然沉稳深邃了许多。虽然依然下定决心坚定地维护自己的合法权益，但不再狂躁盲动，而是有板有眼地筹备起来。因为认识到确认股权确实存在客观难度，双方虽有口头约定，但即使有出资事实，能否上升为股权得到认定，确实缺乏客观证据支持，故不再只坚守确认股权诉讼的战场，放弃了申请再审的计划。而是以法院判决确认元某确有向鄂某提供资金的事实,转而提起合伙经营纠纷诉讼,比确认股权更能立得稳妥坚实。但在合伙经营纠纷诉讼进行期间,鄂某老调不改,故伎重施,又指使他人对元某实施过两次殴打,并且在诉讼中极尽歪曲颠倒之能事,发动众多案外人以各种各样的理由起诉元某,提供反证,以图证实元某打虚假诉讼。最后元某迫于压力撤诉了事。看来鄂某铁了心又要发动所有战略力量与资源在合伙经营诉讼中绞杀元某。眼见命运又一次攫住元某,欲将其推下同一条河流。

其实,元某与鄂某之间的纠纷,已经完全不同于一般的单纯诉讼案件,即使元某改打合伙经营纠纷,鄂某也依然运用暴力殴打、神机鬼械等手段全面围剿元某,令其不但在民事诉讼中诉求得不到伸张,而且从肉体、精神、思想、心理、经济等方面遭受全面暴击。在鄂某持续而猛烈的战略攻势下,元某想通过民事诉讼实现目标的路,显然行不通。

由于弹尽粮绝,元某自知无力与鄂某较量抗衡到底,因而萌生了退意。但树欲静而风不止,元某想消停,鄂某却没想过要答应。鄂某也能感觉元某大势已去,遂展开落井下石般的狂轰滥炸,暴力殴打、威胁恐吓家人,使元某全家均面临极大危险,甚至元某的孙子亦因此转学外地。利用利诱、欺骗、造谣中伤等方式策反元某亲朋好友与元某对立,令元某成为孤家寡人。元某为了东山再起,承包了一片果林,挂果伊始便被一群不明身份人员连幼果带果树一并破坏,明知是鄂某所为,但基于证据不足,无法得到处理。至此,鄂某六合八荒的攻击,已经将元某完全围困,元某已经无路可走,面临绝境。唯一能够走得通的光明大道股权确认诉讼与合伙经营诉讼,亦被鄂某以各种各样的鬼蜮伎俩断了后路。

其实,元某也认识到案件到了这一步,只有一条路能够解决问题,那就是全面追究鄂某实施众多违法犯罪行为的刑事责任,令其受到法律严惩。一旦鄂某遭受应有惩罚,包括民事诉讼在内的所有程序,都会因为不再有鄂某非法混淆视听的干扰而得到公正结果。毕竟鄂某现在俨然社会名流,资源优渥,在元某追究其责任的所有程序中均能够颠倒黑白、捏造构陷、串联鼓动而导致事实发生严重错位扭曲,因而即使是在绝对公平的裁判环境中,元某也处于绝对劣势。正如鄂某诬陷元某敲诈勒索时,就有大批所谓知情人士出面作证,力证元某敲诈勒索行为放之四海而皆准。

有时候，法律程序很无奈，固然它的公正性会受到实务工作人员专业精良、责任良知等匡正，但由于其机械滞后，往往会被一些擅长弄虚作假、混淆视听之徒利用，导致客观证据反映的法律事实与客观真实相去甚远。如果懂得这点，在重大、疑难、复杂案件中，面临无所不用其极的对手后，就不会再迷信地坚守某一个法律诉讼程序，期望以此实现全局胜利。法律程序没有任何问题，法律实务工作人员也都公正、专业且富有职责良知，但不讲规则、不守底线的对手却在炮制一个又一个事实虚假但却能够达到法律真实与证据确凿标准的个案法律事实，达成其不可告人的目的。因此，在普通单纯诉讼案件中，双方基本上都能够做到中规中矩地按照法律规则出牌较量，因而，法律事实被一方或者双方扭曲的情况并不严重。但在重大、疑难、复杂案件中，为了达到百利甚至万利的目的，铤而走险者比比皆是，越规逾矩的情况司空见惯，法律事实被最大限度地人为扭曲，相应法律程序的公正就无法得到保障。不但给司法工作造成极大困扰，也严重地侵害了另一方的合法权益。这也是近年来，司法实务界下大力气惩罚虚假诉讼相关行为的根本原因。

在元某与鄂某的案件中，元某面临绝境，已经无路可走。即使元某想退一步海阔天空，鄂某也将后路斩断。唯一出路便是全面征服鄂某，令鄂某为其累累罪行承担应有法律责任，解除鄂某歪曲、混淆、构陷行为对于法律程序公正的影响，进而使案件在客观基础上高度还原事实，得到公正裁判。只有直入虎穴、谋得虎子，将极度疑难复杂的始作俑者有效控制，案件才能得到全面彻底解决。虽然难度极大，但一旦行通，一了百顺。

元某在四面绝壁、走投无路时委托笔者律师团队代理。经过全面分析，笔者对于案件整体形势进行了判断与评估，也一致认为对方鄂某算计机谋极深，导致元某实现诉求困难极大。而且，案件已经在被动状态下迁延数年，战略优势完全被对方掌控，元某已经面临绝境，几乎无路可走。只有运作直入虎穴战术，将对方所犯累累罪行进行严厉追究，使其无力再以鬼蜮伎俩、神机鬼械的歪曲、构陷、混淆手段影响案件正确裁判，最终在法律公正裁判下实现元某合法权益。

确认股权民事诉讼并非没有希望，法院判决已经确认了元某投资给鄂某的事实，但关于投资款项用途，最终鄂某发动大量证人提供证人证言，以证明该投资款项与矿业项目无关，但这些证人证言显系伪造，因为绝大部分证人根本就从未听说该项目，元某也根本就不认识他们。还有，鄂某以工商登记档案为基础，伪造了大量的公司设立过程中的文件，且有大批忠实拥护者出庭作证确认文件的真实性，这些均存在推翻的可能性。一旦鄂某其他犯罪行为得到应有惩罚，指使他人作伪证的行径极有可能被揭露，案件必将出现转机。再说，还可依借款返还或者不当得利主张返还投资款项，固然无法主张分红收益，但最起码能够将投资款项收回。

在与元某讼争过程中，鄂某至少七次指使他人在元某家里、公园、银行门口、元某公司地下车库、法院门口等场所对元某及家人进行殴打，最严重的一次将元某打致颅内出血，留下较严重的后遗症。其行为构成故意伤害罪，也有组织、领导黑社会性质组织罪的嫌疑。鄂某指使他人闯入元某家中，限制元某及家人人身自由，构成非法侵入住宅罪、非法拘禁罪。鄂某捏造事实、伪造证据使元某被追究敲诈勒索罪，其行为构成诬告陷害罪。同时，鄂某指使他人将元某承包经营的果林悉数破坏，已经构成故意毁坏财物罪。这些罪行虽然均已经立案，但由于没有直接证据证明实施者是何人以及与鄂某有直接关系，因而始终未取得重大进展，公安机关一直十分重视并从未停止调查。

其实，鄂某这么多年横行霸道，得罪的人实在太多，包括鄂某身边的人也经常因为其唯利是图、背信弃义、坑蒙构陷的行径而对其深恶痛绝，尤其是鄂某侵害、整治元某这个大恩人的恩将仇报的行为，激起了鄂某身边人兔死狐悲的共情，在鄂某身边往往都战战兢兢，生怕哪天也遭遇与元某同样的下场。这显然已经为鄂某的覆亡埋下了伏笔，当一个人身边的人都想着如何自保以求不被这个魔头伤害的时候，他的结局可能与张飞相差无几。常在河边走，肯定得湿鞋。有一位在鄂某公司负责安保工作的经理大概是因为掌握的内幕太多，让鄂某感觉到了威胁，鄂某便借机指使他人将该安保经理打成重伤。该安保经理惧于鄂某的淫威未敢报案，内心对鄂某的仇恨却从未消减。元某以共同遭遇与该安保经理接触，在交流共同遭遇时，双方产生了极高的认同与信任。该安保经理为人仗义豪爽、耿直不屈，与元某基本属于同一类型，两人相见恨晚。他愿意鼎力帮助元某，将鄂某背后组织、指使、操控他人对元某实施殴打、非法拘禁、诬告陷害等行为的证据线索提供给元某，其中有些证据是非常重要的直接证据，而有些证据提供了明确的线索，包括当时出面殴打元某的一些身份不明的人的具体情况。获得这些证据线索以后，鄂某其实已经非常危险了。元某在调查过程中，发现鄂某在经营公司过程中存在较多违法犯罪问题，包括非法占用耕地，毁坏耕地、林地，虚报矿难事故，指使人员殴打、威胁矿难职工家属等。并且均取得了翔实的证据材料。

除非元某能够完全接受放弃的结果，否则，元某要维护自己的权益只有一条路可走，那就是直入虎穴，将鄂某所犯累累罪行悉数进行控告追究，使其得到法律应有惩罚。并使鄂某在确认股权诉讼中伪造证据、指使他人提供伪证的行为得到证实，为案件本身的突破提供条件。无论是继续坚持确认股权纠纷民事诉讼申诉，还是再提起合伙经营纠纷诉讼，抑或是主张借款或者不当得利返还当初的投资款项，均可躲开鄂某伪造、歪曲、构陷等行为的干预。

元某在绝境中走投无路，只有直入虎穴一搏了。因此，在做好全部准备，将鄂某涉嫌组织领导黑社会性质组织罪、故意伤害罪、非法拘禁罪、诬告陷害罪、故意毁坏财物罪、非法占用耕地罪、非法占用林地罪、重大责任事故罪的证据材料悉数提交司法机关。由于证据确凿，鄂某上述犯罪行为很快被全面立案调查。后来，鄂某被数罪并罚判处极重刑罚。在确认股权民事诉讼中，通过刑事案件调查，鄂某当初在确认股权民事诉讼中伪造证据，其他人接受鄂某指使、恫吓、怂恿提供伪证的情况一一得到证实。我方重新组织了证据体系，通过精挖细掘、掘地三尺的调研摸底与要素收集，取得了许多重磅证据材料。包括直接能够证明元某与鄂某合意设立公司并约定投资数额、股权比例、分红比例的重要证据。其中一项是从元某一个多年不用的手机中恢复了大量数据，而这个重要证据在之前三上三下的诉讼中元某竟然未想到，其神经大条、线条粗疏真的令人大跌眼镜。加之鄂某恶贯满盈，对其严重不满的人也纷纷愿意伸出援手，提供证据、出具证言者也有十余人。案件证据体系完全能够证明双方确实存在实际上的投资合作关系。原审判决因为存在一方提供伪造证据、提供虚假证言问题最终得到改判。法院根据审计机关对历年公司收益进行审计后，判决元某享有百分之九十股权，并对于分红亦作出明确判决。元某作为创始人，终于在久违的煎熬中重新恢复股东身份，并且实际上掌控了公司，在经历九死一生的挣扎后，如愿以偿。

元某虽然如愿以偿，但代价太过沉重，相信其内心并未获得真正的满足与平和，从而未从胜利当中收获幸福，因为幸福就是内心高度的平和与满足，从来不追问什么是幸福。显然，元某在与鄂某的长期缠斗中失去了太多，而这些失去的东西永远不会再回来了。正如丢失孩子后，即使在十年后有幸在茫茫人海中找到，但失去的那些年永远不会再回来了。失而复得并不是最幸福，只是最幸运而已。最幸福是永远没有失去，一直在平凡的陪伴与拥有中长相厮守。因此，最高明的做法就是像照顾心脏一样看管好自己的孩子，莫让丢失。同理，若元某拥有较强法律意识，适当地将性格中粗疏豪爽的负面影响得以压制，以理性、严谨与适当的谋略做事，想必也不至于被鄂某折磨至如此悽惨。而鄂某可能也会一如既往地在元某身边做一辈子的忠实拥护者。因为我们的爪牙不是为了伤害别人，而是在别人想伤害我们的时候的战略震慑。能力强大的人，不但能够保护自己以及身边人，而且也能够保护恶人不犯错。恶人在遇到极为厉害的人时，作恶欲念会在反复算计中消退，因为恶人会自知不敌。若元某是一个真正强大的人，鄂某作恶的欲念会被强力震慑，难有露头的那天，兴许鄂某也就做了一辈子的好人。在复杂的世界里生存发展，适当的尖牙利爪还是必须持有的武器，为了自己与身边人，甚至是为了潜在对手严守规矩的初心。

四、直入虎穴，毕其功于一役大战术的适用条件

（一）正面防线一筹莫展，无计可施

直入虎穴战术可谓绝境逢生的唯一选择，是被对方围追堵截至穷途末路后的殊死一搏。在实施该战术时，我方面临的战略形势往往是无路可走且十万火急，除了直入虎穴谋得虎子，没有别的更好选择。在十万火急的情势下，不容过多考虑与等待，要么束手就擒，要么直插对手心脏，背水一战。犹如当年班超在鄯善国，眼见着要成为鄯善国与匈奴联合的牺牲品，救援根本不现实，逃跑也不可能。动之以情、晓之以理地劝鄯善国王回头是岸，无异于催促其与匈奴联合提前痛下杀手。面临绝境，班超英明神武，果断地采取直入虎穴战术，直接击杀匈奴使团，威逼利诱鄯善国归附大汉。毕竟两害权权取其轻，需要直插对方核心战略区域入虎穴谋得虎子，万一失手便万劫不复，若有更好的选择，断然不会如此犯险。

在实施战术前，面对无路可退的绝境，我方往往会做最充分的准备，下最大的决心，几乎使出我方全部战略力量与资源，也做好了面对最坏结果的准备。一旦成功，可能会毕其功于一役。一旦失败，我方将没有任何战略反击的可能性，只能面对完全倾覆的结果。因此，直入虎穴战术往往是在面对极端复杂艰难的局

势，我方一筹莫展、无计可施的时候实施。当然，理论上也存在在重大、疑难、复杂案件伊始便能够发现对方战略核心区域存在致命的薄弱环节，我方可针对该薄弱环节实施直入虎穴战术一举拿下的可能性。但结合实务经验分析，对方核心战略区域在开局伊始便存在致命薄弱环节的可能性微乎其微，因为对方核心战略区域的薄弱环节，都是在双方对抗较量过程中逐步掌握或者形成。事物的发展变化都严格遵循客观规律，如果对方循规蹈矩，在遵守法律规定与程序约束的范围内与我方较量，基本上不存在核心战略区域出现薄弱环节的可能性。核心战略区域出现明显薄弱环节，往往是对方在狙击我方时用力过度而露出的馅儿，或者作茧自缚、作法自毙的结果。此处所讲直入虎穴战术，一般都是我方在对方强大攻势面前一筹莫展、无计可施的情况下实施。

在前述元某与鄂某案件中，元某最终实施直入虎穴战术，一举将鄂某拿下前面临的局势是股权确认的主诉三上三下，最终被驳回全部诉讼请求，对方伪造证据，并且发动多人在诉讼中作伪证，严重歪曲事实。在诉讼期间被对方指使他人殴打七次，最重的一次被打至颅内出血，留下严重后遗症，并且家人也被殴打、威胁、恐吓。欲通过合伙经营纠纷诉讼追究对方，对方故伎重施，又提供大量伪证并发动众多案外人提供伪证，导致合伙经营纠纷无果而终。连元某决定放弃，承包果园打算东山再起的路都被斩断。显然，元某在解决案件方面已经是黔驴技穷、无计可施、一筹莫展了，而且想放弃的退路也被悉数封死。然而，对方过满渐亏，为全线狙击我方，无所不用其极地实施了一系列犯罪行为，逐渐形成对方阵营核心战略区域致命薄弱环节，达成我方运作直入虎穴战术的基础条件。因而，我方在别无选择的情况下，只能选择破釜沉舟，背水一战，最终实施直入虎穴的战术，直接将对方一击毙命。

（二）对方核心战略区域存在明显薄弱环节

对方核心战略区域存在明显薄弱环节，是实施直入虎穴战术的决定性条件，如果该条件缺失，直入虎穴战术无异于抱薪救火。因此，在实施直入虎穴战术前，对于对方核心战略区域的薄弱环节，一定要给予充分的认识并准确把握。对方核心战略区域，可以是对方主要战略力量集中区域、对方战略目光聚焦区域、对方决策指挥中枢系统等。在我方处于全面被动的情况下，对方主要战略力量集中区域与对方战略目光聚焦区域基本上不存在我方可以部署新战术的可能，因而，出现薄弱环节可能性最大的核心战略区域，往往是对方决策指挥系统，好比象棋中将帅活动的田字格。对方决策指挥系统，简而言之就是对方的核心主体，比如在前述元某与鄂某的案件中，对方的决策指挥系统显然是鄂某本人。一旦核心主体存在以重大法律风险为表现形式的严重薄弱环节，其实覆亡的命运已经注定。

对方决策指挥系统薄弱环节的产生是符合客观规律的。我方并非凭借运气等待对方决策系统出现薄弱环节，而是建立在我方相对正义基础上推断出的必然性结果。只要我方坚守正义，除了合法运用谋略之外，不会为达目的不择手段，甚至不惜以违法犯罪的行为来为本方在案件的斗争增添筹码，因为有利的事实基础本身就是最好的战略屏障，我方无须矫枉过正地通过罗织构陷而达到目的。因而，无论什么情况下我方核心战略区域都会安全稳固，可以在讼争较量中败诉，但核心战略区域不会因为人为的投机钻营而遗患。对方则不同，本身处于非正义的状态，事实基础本身就对其极为不利，为了弥补该先天缺陷，只能实施伪造、捏造、隐瞒、隐匿、转移、串通等违法犯罪行为，在这些违法犯罪行为依然不能增加对抗分量时，只能铤而走险，施以更为危险的手段，比如实施故意伤害等人身攻击行为，企图吓退我方。这些违法犯罪行为所导致的薄弱环节，遇到不懂战略、不讲战术的对手，或许只是隐患。但对于经验饱富的对手而言，已然成为实施直入虎穴战术的最佳条件。

只要我方永远站在正义立场，则对方必定为非正义。非正义的一方为了弥补基础事实于其严重不利的先天缺陷，必定实施一系列违法犯罪行为增加筹码，甚至不惜对我方发动人身攻击伤害。对方越是努力加固正面防线，其核心战略区域的薄弱环节越明显。当我方被对方构建的正面防线逼到绝境时，从悲观的角度看，我方无路可走了。但如果从全局战略高度乐观地分析，恰好是对方核心战略区域最薄弱的时刻，也正是我方集中最后的力量与资源，大胆地实施战略大纵深穿插，直击对方心脏，入虎穴得虎子的最佳时机。如果确定本方是站在正义立场，在山穷水尽时，莫慌张，用战略望远镜观察，会发现对方核心战略区域其实已经大门洞开了。

在前述元某与鄂某案件中，显而易见，元某站在正义立场，鄂某背信弃义，为非正义一方。在确认股权诉讼中，元某除了缺乏直接证据证明双方合资成立公司的细节外，投资的事实确实是存在的。鄂某为了让元某的核心诉求终究落空，便采取了大量伪造、伪证、串通等行为妨害正常民事诉讼。同时，数次殴打元某企图威胁元某放弃诉求，还巧设机局、神机鬼械地诬告陷害元某敲诈勒索。凡此种种，虽然也给元某造成一定伤害，但却已经提前自掘坟墓。鄂某作为对方战略阵营中的决策指挥中枢，为了压制我方正当合法的诉求，不择手段，无所不用其极，导致自己背负如此重大刑事责任，在其核心战略区域为我方制造了重大且明显的薄弱环节，不管将我方压制到任何绝望的程度，自己却已经脆弱得不堪一击。犹如拳击比赛中，一方在对方狂风暴雨般进攻中，自知采取与对方同样的策略会迅速溃败后，选择以防守为主，在防守躲避中保存了实力。而对手全程一味地疯狂出拳进攻，体力几乎消耗殆尽，已经虚弱到不堪一击了，最后被以防守为主的一方伺机重拳击倒而解决战斗。我方就是那个在对方密如雨点的进攻中选择防守为主、保存实力并以敏锐的战略洞察力钜细靡遗地透视着对方阵营的变化，最终利用对方核心战略区域重大且明显的薄弱环节，施以直入虎穴战术，一举将对方彻底征服，毕其功于一役。

（三）具备实施大纵深战术的充分条件

打铁还需自身硬，实施直入虎穴战术，具体操作方式为大纵深作战，需要绕开正面防线，直插对方心脏区域，而该区域对方布防最严密，若不具备特种兵般的技战术素养，恐怕难以全身而退。在历史上，如特种兵般实施大纵深作战最成功的，肯定有霍去病一席。他当年率领八百骑兵便敢深入匈奴腹地，斩敌两千余人并俘获匈奴相国。后又率军出征河西地区，大胆地在匈奴核心腹地大纵深分割穿插，歼灭匈奴四万，俘获匈奴王，并俘获匈奴王子、相国、将军等一百余人。历史如同人的记忆，都具有选择性重构的倾向，如今提起霍去病的战绩，多以军事天才、年少气盛等说辞轻描淡写地掠过。实际上，霍去病的光辉战绩，决定因素是其建立的适合大纵深作战的特种部队，里面配备了匈奴通，对于匈奴的情况十分了解，这对排兵布阵大有裨益。还配有专门辨别方向、寻找水源、打探消息、兽医等专业人员，这与现代特种兵配置相仿，因而能够准确地在匈奴腹地找到匈奴老巢，直捣黄龙，而不致在广袤的匈奴领地迷路误事。由此看来，实施大纵深作战的充分条件，一是过硬的技战术素养，二是对于对手充分的了解，三是对于对手各方面基本情况的充分掌握，四是我方大团队人才齐备。

在前述我方当事人元某与对方鄂某的案件中，我方在实施直入虎穴战术，大纵深作战直捣黄龙全面追究鄂某刑事责任时，抽调最精锐的资深专业人士组建团队，技战术素养相当过硬。通过元某与鄂某多年缠斗，对于鄂某进行了全面分析了解，深知其虽异常精明，擅长算计机谋，但做事往往不择手段，尤其是在暗地里做事甚至不考虑后果，因而往往遗患无穷，这正是其阿喀琉斯之踵，为我方重点攻击的部位。对方由于基础事实于其不利，为了全面压制我方取得暂时的较量优势，已经构成故意伤害、非法侵入住宅、非法拘禁、诬告陷害、故意毁坏财物刑事犯罪，同时，对方在矿业经营过程中，违反法律，构成非法占用耕地、林地罪，虚报重大事故，构成重大责任事故罪。对方的核心腹地已经鼓衰力竭、松松垮垮，不堪一击。元某在调查取证过程中，除了法律实务专业人员参与，同时也广泛发展统一战线，把与自己有同样被鄂某迫害至深经历的人团结在一起，这些人均对鄂某的情况了若指掌，组建起了综合能力齐备的大团队。拥有这些条件，基本上具备了大纵深作战的充分条件，因而在直入虎穴战术实践执行中取得完全预期的战略效果。

（四）攻陷对方核心战略区域，可达成毕其功于一役的战略效果

其实这个问题还是经常强调的决不将斗争扩大化的问题。在重大、疑难、复杂案件中，决不将斗争扩大化是非常重要的原则，是避免陷入为斗争而斗争的恶性循环的底线，只有坚守决不将斗争扩大化的原则，才能保证每个具体的战术行为都与解决核心问题存在直接关系，保障每分战略成本付出均具有实际意义。对于实施直入虎穴的战术，直接进攻对方核心战略区域，往往会给对方主体造成毁灭性的打击，因而往往能够毕其功于一役，全面而彻底地解决案件核心讼争问题。如果我方实施直入虎穴战术并攻陷对方核心战略区域，只对对方主体造成毁灭性的打击，对于解决双方讼争的核心问题却无助益，那只能说该直入虎穴的战术行为仅为报复措施，严格来说不应当作为重大、疑难、复杂案件解决过程中战略战术范畴的问题予以探讨。因此，我们在解决重大、疑难、复杂案件过程中要实施的直入虎穴战术，必须在攻陷对方核心战略区域后，能够达成解决双方讼争的核心问题的战略效果，毕其功于一役。如果达不到毕其功于一役的战略效果，则应当慎重考虑是否应该实施。

在前述我方元某与对方鄂某的案件中，我方直接进攻对方战略核心区域，追究鄂某组织领导黑社会性质组织、故意伤害、非法拘禁、非法侵入住宅、诬告陷害、故意毁坏财物的刑事责任，是因为鄂某实施的累累犯罪行为均与案件讼争的核心问题有直接关系。故意伤害、非法拘禁、非法侵入住宅是在诉讼期间，鄂某企图以暴力打击元某及家人以图让元某放弃诉求与追究。诬告陷害同样是在诉讼期间针对我方诉讼主体实施的毁灭性打击行为，在很大程度上造成确认股权民事诉讼败诉的结果。因而该系列犯罪行为不但直接伤害到元某，而且对于双方讼争的核心问题的解决造成极大负面影响。元某只有坚决地提请司法机关追究对方刑事责任，才能将其对于民事诉讼案件的负面影响予以消除。同时，鄂某在诉讼期间通过屡屡实施暴力犯罪打击伤害元某的同时，也以其淫威震慑其他诉讼参与人提供伪证并帮助其伪造证据以歪曲事实、混淆视听。只有追究对方鄂某刑事责任，才能使这些受到胁迫的人回归本位，坚持正确立场，剔除虚假证据，让民事诉讼案件在尊重客观基础事实的前提下得到公正处理。事实上，在追究对方刑事责任后，一众当初配合对方在法庭上作伪证的人、配合对方伪造证据的人纷纷向司法机关如实供述当时被对方胁迫、利诱、欺骗提供伪证、配合伪造证据的事实经过，为案件最终在再审程序中得到正确处理起到了重要作用。因而，我方在该案中实施直入虎穴战术，攻陷对方核心战略区域后，对于解决案件核心问题发挥了至关重要的作用，实现了毕其功于一役的战略效果。

关于元某同时提请司法机关追究对方非法占用耕地、林地以及重大责任事故罪的问题，对方若不存在实施故意伤害等刑事犯罪，也不存在威胁、利诱、欺骗他人作伪证、配合伪造证据的行为，若只是单独存在非法占用耕地、林地以及重大责任事故的问题，即使依法被追究，对于解决案件核心讼争问题并无帮助，因此该战术虽可作为直入虎穴战术的具体战术行为进行部署，也能攻陷对方核心战略区域，但对于解决案件核心讼争问题不具有实质意义，因而无法发挥毕其功于一役的战略效果。因此，应当排除在直入虎穴战术体系之外。当然，如果我方当事人具有较强法律意识，对于已知的他人刑事犯罪问题，依法行使公民控告举报权利，配合司法机关惩罚犯罪，维护社会稳定与法律尊严，也未尝不可。作为律师，在帮助委托人解决讼争的过程中，发现类似问题时，是让人非常纠结的问题。从内心深处，笔者不愿看到双方当事人深究遍查，穷追猛打，无限扩大斗争范围。要知道在重大、疑难、复杂案件复杂斗争中，双方穷尽力量与手段在斗争，只要攥着一个机会，必定大做文章，尤其是发现对方存在刑事犯罪嫌疑的情况下，更是像鲨鱼嗅到血腥味儿一样兴奋，充满了攻击欲望。于法律意识与社会责任而言，笔者觉得每个人都有将发现刑事犯罪的事实与线索反映给司法机关依法进行处理的义务。因而，只要没有罗织构陷、诬告陷害，双方在重大、疑难、复杂案件中，充分地、毫无保留地将对方刑事犯罪事实与线索向司法机关提出控告与举报，应当被尊重。因此，在元某与鄂某的案件中，在鄂某构成故意伤害、非法侵入住宅、非法拘禁、诬告陷害等刑事犯罪对于解决案件核心讼争问题起到至关重要作用的情况下，元某依然将鄂某构成非法占用耕地、林地以及重大责任事故罪的刑事犯罪证据与线索向司法机关提出控告。

五、直入虎穴，毕其功于一役大战术运作的实务指引

（一）思想高度重视，无限地接近对手，充分了解对手

在重大、疑难、复杂案件这种极端复杂、对抗性超强的斗争中，为了取胜更有把握，千万不要仇视对方，仇视只会让人变得狭隘自负、轻敌麻痹，从而做出错误的判断。我们要无限地接近对手，甚至接近到能够清晰地听到对手的呼吸，从而了解掌握对手的一举一动。我们时刻要设身处地地换位思考，完全站在对手立场上，审视我方的战略战术部署，猜测我方下一步的战略方向与路线。在这种实战经验与主观能动性的基础上，在冥想中反复推演双方较量的各种可能性，以便在未来实际对抗中对于讼争战场发生的各种情况能够做到胸有成竹。尤其在实施直入虎穴战术时，需要与对手无限接近，大纵深地进攻对手战略核心区域，必须从思想上高度地重视对手，无限地接近对手，尽可能地做到最全面了解对手。

（二）情报全面、充分、透彻

在思想上重视的同时，我们要用合法的手段与渠道建立情报收集系统，作为我方战术有的放矢的基础保障。两军对垒，情报工作必须先行，只有在充分地掌握情报的基础上，才能准确地制订战略规划与具体战术。如果缺乏充分而准确的情报支持，即使拥有再丰富的实战经验，制订的战略战术体系也是盲目的。重大、疑难、复杂案件不容任何批量化、流水线处理模式的存在，若用以往经验想当然地估摸着处理，结果肯定会陷入更糟糕的纠缠。好多案件按照传统专业技术流思维方式与处理模式进行预处理后，陷入长期毫无意义的迁延胶着之缠斗状态，正是将批量化、流水线处理模式盲目地应用于此类案件而产生的恶果。在该处理模

式下，证据甚至都会被按照以往专业经验的模具进行削足适履的切割，只要求提供哪些特定的证据即可，要做到完全针对个案特殊性，并在充分的情报工作基础上制订具体操作方案，显然是很遥远的事情。因而，情报工作要做得全面、充分、透彻，还要从提高思想认识入手，首先必须清醒地认识到重大、疑难、复杂案件的复杂性导致其不可能像普通单纯诉讼案件般以专业技术经验便可轻松驾驭，必须在制订具体操作方案前进行大量、深入、全面的情报收集工作，在全面深入地掌握对方基本情况的基础上，有的放矢地制订战略规划与战术体系，确保实战战术行为的针对性、实效性。

在前述我方元某与对方鄂某的案件中，如果不充分地掌握对方情报，案件将一直深陷于民事诉讼战线的纠缠，事实上双方已经在民事诉讼战线上纠缠了六年多，股权确认诉讼三上三下，最终元某的诉讼请求被全部驳回。后来元某又以合伙经营纠纷之案由起诉，最终也不了了之。民事诉讼期间，对方发动一切可能的资源、力量，运用一切可能的手段，甚至无所不用其极地伪造证据、唆使他人提供伪证与我方对抗，并且多达七次指使他人殴打、拘禁元某，捏造事实诬陷元某敲诈勒索，完全而彻底地压制了我方的诉讼进攻，使我方最终陷入绝境，这也是元某情报工作严重不足而引发的恶果。莫要上升到情报工作高度谈，但凡元某能够做到对对方鄂某多一点点了解，也不至于陷入如此被动的境地。其实，对方已经完全脱离了诉讼对垒的文明对话模式，完全蜕变为野蛮暴力的原始侵略与征服。

元某亦想让对方累累罪行得到法律严惩，但苦于无计可施。关于该问题笔者有话要说，好多当事人被对方折腾得气息奄奄，身心俱受严重摧残，却总将没办法挂在嘴边。不说可怜之人必可憎，最起码可以说哀其不幸、怒其不争。对方既然能够把我方当事人折腾得气息奄奄，身心俱受严重摧残，运用合法的手段显然是办不到的，指定动用了非法的恶行暴行。既然是非法的恶行暴行，必定留下永久痕迹。如果收集不到证据线索，只能说明我方没有能力或者不够努力，肯定不是对方遮掩得太密实。如果对方真有这本事，那也不会动用如此龌龊之手段与他人对抗，可能是高智商犯罪的天才人选，他甚至会用人性深处的邪恶智慧去挑战世界顶级侦探。

笔者律师团队介入后，通过分析对方鄂某对元某所为忘恩负义、背信弃义、鬼蜮伎俩的行径，便可确定这不是偶然，而是其一贯行为方式。因其邪恶受害的人，绝对不止元某一个，必定还有其他受害者。正如元某与鄂某交集过深被伤得体无完肤，其他与其亲近的人肯定有与元某同样遭遇的受害者。从元某与鄂某二人缠斗过往细节可断定元某是个仗义豪爽、慷慨大方、热肠古道的人，绝非因为元某的邪恶而遭到鄂某的修整教育。这更为鄂某行为严重不端，即使是身边人最亲近的人亦有极大可能叛离的判断提供了坚实基础。其实，历史上行为不端被自己身边人揭露告发的情况俯首即拾，甚至亲生儿子大义灭亲向世人揭露父亲恶贯满盈行径的事例，在史书与孝义榜中也可偶见，而且是排除了宣传需要的作秀嫌疑后货真价实的大义灭亲。因此，鄂某实施的累累罪行，根本无法做到密不透风。通过我们分析指导，元某初步调研走访后便很快与原来在鄂某公司担任过数年安保经理的人成功接触并取得信任，该安保经理与元某具有同样的遭遇，忠心耿耿地伺候鄂某数年，大致因为知道的内幕太多，鄂某对其渐生猜忌，便落得张都监府上武松的下场，被鄂某借机指使他人殴打至人事不省并扫地出门。迫于鄂某淫威，该安保经理亦未敢报警处理，只能忍气吞声。元某与该安保经理促膝长谈后，两人性格相投又遭遇同一人打击陷害，立即站在同一战线。该安保经理在有元某支援后，勇气倍增，将鄂某多年来的罪恶行径，包括在背后指使他人屡次殴打元某的事实以及主要证据线索进行了全面揭露，为最终全面制服鄂某提供了决定性的证据材料。

　　在重大、疑难、复杂案件中与对方对垒至绝境时，需要以直入虎穴战术破局，必须万分慎重，如果拿不下对方，非但满盘皆输，而且还有可能被对方反攻倒算，那可真是万劫不复。元某在正常诉讼时尚且被对方罗织构陷遭到敲诈勒索追究，更进一步设想，若强势地追究对方组织领导黑社会性质组织、故意伤害、非法拘禁、非法侵入住宅、诬告陷害、故意毁坏财物罪、非法占用土地、重大责任事故等刑事责任缺乏翔实、客观、充分、有力的证据支持，最终对方经调查未果，那元某将面临何种险绝危境，以鄂某以往的所作所为推断，后果真的不堪设想。元某在挺身而出控告鄂某累累罪行前，向家人安排好后事的行为，足以说明这一切。

　　这可能是命运的安排，更有可能是性格的诱惑，某种性格特质好像就特别招某种特定的人青睐，就像苍蝇之于腥臭，秃鹫之于腐肉。因为经济利益纷争，引致如此严重对决，真的不划算。即使大获全胜，命运也注定被改写。我们不能保证毕生不遇到鄂某一类的人，但可以尽力做到让此类人在算计考量后放弃作恶念头。在元某都打算放弃抗争并承包果园东山再起的时候，鄂某依然穷追不舍，指使他人大搞恶意破坏而断绝了元某后路，想必鄂某一定具有深恋元某某些性格缺陷的癖好。这也强烈地提醒所有人，不是你觉得不招惹恶人就可以无事无非，如果性格里面存在让恶人癖恋的某些缺陷，招致恶人小人便是大概率事件。笔者操盘解决重大、疑难、复杂案件十余年，经历了太多当事人之间你死我活的斗争，由衷地为受害方感到遗憾的就是每个受害者往往具有让恶人特别癖恋的某种性格缺陷，比如说精明而自以为是、缜密而琐碎、全面而难分轻重主次、明理但较真狭隘、好斗但又不够狠绝、有退一步海阔天空的意识但缺乏千金散去还复来的豪气等等，无形中为恶人在摸清底线后吊起来痛打提供了温床。因此，在自我修养方面，除了知书达理与高雅精致外，必须拥有制服恶人所必需的爪牙。只要是人类没有完全摆脱动物本能，这种爪牙就不能退化。

言归正题，元某在与鄂某讼争缠斗中，情报工作虚无与情报工作深彻的情况下所面临的形势判若云泥，足以说明情报工作确实具有决定性的意义。在实施直入虎穴战术时，需要在对方核心战略区域作战，情报工作的重要性更是不言而喻。想想当年班超如果未做深彻情报工作，在匈奴使团防备森严的时候，以区区几十人贸然去与十倍于本方的匈奴使团血拼，显而易见，结果只能是覆亡。霍去病如果不是在完全掌握匈奴腹地情况的基础上实施大纵深袭击，直捣黄龙，恐怕也是有去无回。

（三）悟透对方战略意图及战术安排，沙盘推演至内心高度确信

在深彻的情报工作基础上中，对方的战略战术体系在我方面前相当于透明，在此基础上切不可轻信大意，自负地以为对方只能是这样，这是非常危险的战略思想。一旦对方故施疑惑，我方将完全中计，情报工作反倒成为盗取书信的蒋干。即使分析情报准确无误，也必须作出梯次化的战术安排，防止情况有变后我方依然能够保持足够的战略进攻态势。这就需要根据对方排兵布阵的情况，分析对方战略意图核心指向，并准确地对其可能导致的战术变化作出预测，进而作出后备战术部署，确保我方前锋战术的安全性与战略力量厚度。

在前锋战术与后备战术体系部署完成后，充分运用沙盘推演对于双方交锋对垒进行实战模拟演练，我们经常通过模拟开庭等方式进行实战演练，提高具体战术实施的掌控力。通过沙盘推演模拟实战对抗，充分地发现战略战术体系存在的问题，及时予以修正补充。并对于我方直入虎穴战术的实施以及实施过程中可能出现的变数，均做到心中有数，内心对于战术结果高度确信，在此状态下进入实战，方为最佳状态。

在前述我方元某与对方鄂某的案件中，对方构成组织领导黑社会性质组织罪、故意伤害罪、非法拘禁罪、非法侵入住宅罪、故意毁坏财物罪是直入虎穴战术的前锋战术行为，但由于对方这些违法犯罪行为缺乏客观直接证据证明，虽有十分可靠的间接证据与直接线索，但司法机关经过调查最终能否认定其构成犯罪行为，谁也不能完全确定。对方可谓恶贯满盈、穷凶极恶，一旦其累累罪行因证据不足未得到应有惩罚，必将气焰熏天，元某的生命安全未必能够得到保障。因而，便存在对方在经营矿山过程中非法占用耕地、林地以及重大责任事故罪的后备战术体系。并且在元某正式控告之前，经过反复调研确证与模拟推演，在我方基于事实、证据、经验、沙盘推演而内心形成高度确信以后才正式实施。事实证明，前锋战术体系与后备战术体系均取得了完全成功，这与我方悟透对方战略意图与战术安排，掌握充分证据的基础上反复进行沙盘推演，模拟实战对抗至内心高度确信有极大的关系。

其实，律师工作完全属于法律实务领域，落地效果才是唯一的检验标准。专业解答、设计、应诉、程序等各方面做得再出色，委托人无须欣赏，也无心欣赏，因为委托人委托目的只有取胜。不知何时，律师界流行一个伪命题的传说，律师以合法方式尽力为当事人达成合法目的，就等同于给当事人承诺办案结果，这是十分荒唐可笑的见解。在某些专业技术流派的世界观里，律师就应该理直气壮地收取代理费，却可以理所当然地对案件结果不负责任。他们认为委托人支付律师代理费是为了像去剧院欣赏话剧一般的艺术享受追求，尽力帮助委托人实现诉讼目的就好似越规逾矩。之所以有此等狭隘而谬误的认知模式，绝大多数是在吃盐多过吃米、削足适履的既定经验中按部就班、被动怠惰地跟随法律程序安排，在亦步亦趋、刻板教条、条条框框的自我设限中滋生出怠惰无为的惯性，最终导致全面虚弱，柔弱的肩膀再也不敢担当任何压力与责任。律师不应该为当事人承诺个案审理结果，因为涉嫌以非法关系、渠道、资源干预司法公正的敏感问题。但完全可以用合法的专业技术与经验、智慧、谋略等帮助委托人从全局把握案件形势，准确地确立战略方针路线，并部署合法合理的战术，在不违反法律的前提下，充分地运用智谋手段，最终帮助委托人实现合法的目的诉求，这正是律师职业价值最高标准的体现。笔者难以面对委托人挂在嘴边那委托律师没用的一概而论，但我们没法改变当事人的看法，只能转变自己的做法。尽量在自己力所能及的范围内改变委托人对律师的看法，让委托人在人生初识律师职业时便肃然起敬的情怀，落实到具体个案和个人，而非因盛名之下、其实难副的失望转化为对整个律师群体的质疑贬低。双肩如铁、勇于担当地为案件结果负责与不尽力、不愿意为案件结果负责的两种理念，其实就是战略级律师与事务级律师的区别，不存在孰是孰非的白马非马之辩，只是看待问题的层面不同而已。一个重大项目的操盘人，肯定要对整体结果负责，而一个只负责狭小流程段的角色，自然可以在泰坦尼克号行将沉没时将所有的责任推卸得一干二净，但没有任何实际意义，除了向世界宣告只能负责狭小流程段工作的人生格局，别无他用。

（四）以战略眼光洞察并遏制对方后备战略战术部署

前项已经初步论述该部分内容，但只是从实施直入虎穴战术时后备战术的角度予以探讨，并未上升到战略防御的高度。我方不但要完全掌握对方目前的战略战术部署体系，而且要在谋略、经验的基础上，充分而合理地预测战略形势变化，将对方的后备战略战术部署进行合理假设推断，并提前制订反制战术体系。确保在直入虎穴战术执行遇到极端情况时转危为安，并保持持续的战略进攻力量，增加我方战略力量的厚度。

前述我方元某与鄂某案件中，鄂某用一系列违法犯罪的行为妨碍民事诉讼正常进行，并七次用暴力手段伤害元某，甚至在元某决定放弃时依然对元某承包的果园进行破坏，导致元某无路可走，完全陷入绝境。但鄂某一系列违法犯罪行为却为元某提供了制服对手的唯一可能性。元某只好实施直入虎穴战术，直接进攻对方核心战略区域，追究其组织领导黑社会性质组织罪、故意伤害罪、非法拘禁罪、非法侵入住宅罪、故意毁坏财物罪。因为这些行为都是鄂某策划、教唆、指使他人实施，并未亲自参与实施，假使鄂某行事异常周密，没有留下任何证据证明其发挥了策划、组织、教唆、指使行为，司法机关经过调查后因证据不足而撤销案件，结果显而易见，元某的生命安全将面临严重威胁，更别提通过民事诉讼实现凤愿。对方实施该系列犯罪行为的周密性，就应当列入我方合理假设判断其后备战略战术部署的范畴，宁可把对手想象得更厉害，也千万不可把对手想象得太简单。历史上本来是厉害角色，但被对手故意示之以假而麻痹轻敌后被反手一击的先例，实在不胜枚举。

因而，我方要有足够的战略防御意识，即使在确保对方无后备战略战术部署的情况下，也要做到以高明的智谋、经验为其合理地部署可能的后备战略战术部署，并针对该或可发生的战略防线，提前制订应对战术体系。正如我方元某在与鄂某对抗中，除了提请司法机关追究对方组织领导黑社会性质组织罪、故意伤害罪、非法拘禁罪、非法侵入住宅罪、故意毁坏财物罪的直入虎穴战术外，还预备了提请司法机关追究对方非法占用耕地、林地罪以及重大责任事故罪的后备战术体系。事实上，虽然对方均未达到我们至高合理设想中的高明缜密，将其组织领导黑社会性质组织罪、故意伤害罪、非法拘禁罪、非法侵入住宅罪、故意毁坏财物罪的罪证掩盖至永不见光，导致我方的控告追究不了了之。但充分的准备总归不会有错，即使对方行事周密，将其组织、策划、教唆、指使他人实施的一系列犯罪证据隐藏掩盖至任再高明的侦探也无法找到蛛丝马迹的程度，元某直入虎穴战术就要宣告失败，若无后备战术体系支撑，将面临灭顶之灾。但我方提前早已预备好后备战术体系，其战术力度与战略作用一点也不比直入虎穴的战术体系逊色，需要启动时亦能发挥毕其功于一役的战略功效。从战略防御高度洞察对方战略战术体系，并充分合理地假设对方后备战略战术部署，针对该或可存在的战略战术体系提前制订反制战术，在直入虎穴战术执行过程中具有极为重要的意义。

在充分了解对方的基础上，全面、深入地收集情报，对于对方战略战术部署了若指掌后，再合理地假设对方或存后备战略战术部署，并提前制订反制战术体系，对方其实在我方面前已经变得晶莹剔透。

（五）狭路相逢勇者胜、直捣黄龙的锐气

在需要实施直入虎穴战术时，其实非常类似于敌对双方狭路相逢，想后退却连打转的余地也没有，故只能勇往直前、义无反顾。纵观历史上直入虎穴战术取得成功的战例，分析笔者律师团队操盘解决重大、疑难、复杂案件过程中成功案例，直入虎穴战术取得成功确实需要狭路相逢勇者胜、直捣黄龙的锐气，而且，这种锐气分心理与气势、实力两个层面，两个层面都得锐利，才能取得预期效果并全身而退。

从心理与气势层面来说，在必须执行直入虎穴战术的时候，已经面临绝境，反正横竖是倾覆，不如放手一搏。放手一搏最坏的结果只不过是倾覆而已，而面对绝境无所作为的结果同样是倾覆。显然，身后已经是万丈深渊与地雷阵，往前完全有可能闯出生天。因而，不管往前是万丈深渊还是地雷阵，勇往直前、义无反顾的气势不是理性算计的问题，而是血性与勇气的表现。在对方已经将自己逼入绝境后，还算计着该不该放手一搏的人，与被敌军掳走妻女后，不是勇往直前、义无反顾地拼命，而是精明地算计着付出与成果到底划算与否的精致小人无异。笔者并非有意鼓动当事人热衷对抗，只是人的本性使然，在绝境中奋力反抗也是人性最光辉的一面。好多重大、疑难、复杂案件当事人被对方全面围剿至倾家荡产、身无分文、身陷囹圄，如果个性中本来就具有显性的在绝境中义无反顾、勇往直前、奋力一搏的锐气，想必对方的气焰与神机鬼械会收敛太多。若彼时因为长期浸淫于复杂社会那圆融、温润、一团和气的主流空气而丢失了锐气，此时面临绝境怒然一喝也正是时候。在对方赐予的绝境面前切莫犹豫不决、优柔寡断，最终错失拯救自己的良机。

在直入虎穴战术中取得完全胜利的操盘者，必定充满血性与锐气，敢于在对方给予的绝境面前冲冠一怒、勇往直前、义无反顾，这种心理与气势上的优势已经足够震慑对方，再加上我方处于正义立场的底气，最终的胜利并非神话。

实施直入虎穴战术时狭路相逢勇者胜、直捣黄龙的锐气也表现在实力方面，仅凭心理与气势方面的锐利是远远不够的，爱国青年一腔报国热血难能可贵，但手无缚鸡之力，身无实战之先，懵懂上阵杀敌，徒留鞠躬尽瘁、死而后已的悲壮。在重大、疑难、复杂案件中，任何形式与思想上的义愤慷慨都毫无意义，宁可要谈笑间樯橹灰飞烟灭的潇洒自若，也不需要宰牛杀羊祭旗誓师的郑重其事。最终的结果是要靠真正的实力决定，心理与气势上的锐气只是某些个头较小的恐龙为恫吓敌人而生出的脊扇，具有一定的战略意义，但毫无实战应用价值。

实力方面的锐气只能靠我方战略规划、战术部署、技战术素养、战略掌控与战术机动等硬性战斗力来保障，同时也需要智慧、谋略、经验等软件系统来强化。确保我方的真正战斗实力配得上直入虎穴战术的野心。在前述元某与鄂某的案例中，元某曾经在民事诉讼中被对方捏造事实、伪造证据、罗织构陷、穿凿附会的一通操作而被诬陷为敲诈勒索，显然，客观地讲，元某彼时的实力远远配不上他与鄂某缠斗的身份，及至在执行直入虎穴战术中，仅凭元某的实力，根本难以构架直入虎穴战术所需要的锐利。没有金刚钻，不揽瓷器活。要有气吞万里如虎的气势，也要有能征善战、所向披靡的实力，在直入虎穴战术执行过程中才能稳妥驾驭，不但能够毕其功于一役，完全战胜对方，而且也能够保证自己全身而退。在前述元某与鄂某案件中，如果按照元某之前在案件中的粗疏风格与被动、浅表化的行事力度，即使接纳高明建议，实施直入虎穴的战术，但恐怕也只是起点之美，虎头蛇尾。最终不但不能征服对方，反倒让对方反手一击，身陷囹圄。在直入虎穴战术中所需要的实力方面的锐气，与解决重大、疑难、复杂案件中所需综合实力完全相同，因为在本书其他部分已做详细论述，因此不再赘述。

（六）他山之石，可以攻玉

读史可以使人明智，尤其是处理复杂事务过程中，历史的经验是最好的导师。小事可以用技术、技巧解决，但大事必须依靠智慧、谋略与经验。而智慧、谋略、经验在历史长河中静静地流淌了千百年，有心之人深受启发，总结出客观规律、计谋策略、经验法则等与自身实践相结合，融会贯通，形成系统的方法论，运用于自身工作领域，此正谓他山之石，可以攻玉。有必要对直入虎穴经典战例与现代应用进行联系对比，以便更好地理解掌握直入虎穴战术。

班超当年出使西域行至鄯善国时，鄯善国王由热转冷的变化，敏锐的班超结合近期匈奴使团来访事宜，便敏感地意识到问题很严重，并通过胡人耳目确定了自己的推断，鄯善国王确实接受匈奴的拉拢，打算与匈奴结好并谋害大汉使者以表坚定忠诚。班超分析形势后，果断决定以大汉使团区区人马实施直入虎穴、得其虎子的战术。遂趁月黑风高突袭匈奴使团驻地，并施以虚张声势之计，将有限的人手分配至四面八方，擂鼓放火以壮声威，使匈奴使团根本无法判断虚实，还以为是大汉神兵天降。在美梦正酣、毫无思想准备中被打得落花流水。鄯善国王深为惊惧，班超的威猛与大汉的国威足以令其慑服，班超先声夺人使匈奴使团多数命丧鄯善国，亦使鄯善国王无法解释清楚，形势由不得他做选择，只能彻底放弃心猿意马的骑墙姿态，在班超面陈利害后归附大汉。

霍去病十八岁时率领八百骑兵深入匈奴腹地，斩敌两千余人并俘获匈奴相国。十九岁时又率军出征河西地区，大胆地在匈奴核心腹地大纵深分割穿插，歼灭匈奴四万，俘获匈奴王，并俘获匈奴王子、相国、将军等一百余人，完成直捣黄龙的壮举，令匈奴上下肝胆俱裂。

现代战争虽然与冷兵器时代大不相同，但智慧、谋略、经验并未过时，反倒在现代化军事设施与武器的强化作用下更显其威力。在确定了打击目标后，先派特种兵远程直升机奔袭突降，了解清楚目标情况并锁定具体位置后，通过卫星定位系统回传后方，由后方指挥系统启动远程导弹命中目标，从而解决战斗。

他山之石，可以攻玉。经典的智慧、谋略、经验永不过时，历史上光辉熠熠的篇章为现代化军事战争提供了先见之引，给我们解决重大、疑难、复杂案件过程中运作直入虎穴战术也提供了极佳范例。无论是古代班超和霍去病的战例，还是现代化模式创新、能耗降低的全新作战模式，无不透露出直入虎穴大纵深作战，直捣黄龙的智慧、谋略与经验。在解决重大、疑难、复杂案件过程中，其事务之复杂疑难，斗争之激烈长久，堪比战争。有关战争的智慧、谋略、经验，应当合理地汲取并运用。在面对对方布设的极为复杂艰险局面实在无路可走的情况下，必须做好所有准备，决心背水一战的时候，直入虎穴战术往往是最佳的终极选择。这就要求我们必须充分地了解对方，确定其核心战略区域的致命薄弱环节，组织我方全部精锐战略力量，以雷霆之势在对方核心腹地迅猛穿插分割，一举攻陷对方核心战略区域，从而全盘结束战斗，反败为胜，毕其功于一役。

第五节　运动战中伺机围歼大战术运作

一、运动战中伺机围歼大战术的适用情形

在重大、疑难、复杂案件领域，有一种颇有规律的现象，在一些案件中，双方当事人实力对比极为悬殊，案件形成的事实基础，几乎是完全按照强势方的意志进行实质上不平等的合作而形成，弱势方因为依赖强势方的市场或者资源，根本没有太多发言权。这种合作取决于强势方的主观喜好，乐意的时候大体能够维持正常合作水平，不乐意或者资金吃紧的时候，简单粗暴地违约便是家常便饭。弱势方根本没有底气质问，若弱势方胆敢旁敲侧击、含沙射影地提醒，往往会得到掷地有声的爱干不干的答复，似乎能够给弱势方被拖欠的机会都是弱势方三生有幸。在这种情况下，一旦矛盾发展至不可调和的程度而爆发纠纷，弱势方的劣势可想而知。实务中，确实有这样一批案件，弱势方与强势方实力不可同日而语，

无论从哪个层面较量都不在一个当量级，因此，弱势方一般都会忍气吞声，能够支撑就坚决不敢宣战，有些甚至被拖垮但依然不敢迈出维护权益那一步。随着时代变迁，市场环境日新月异，公平竞争成为主流，企业核心竞争力成为驰骋纵横的最有力武器，强势方对于弱势方的控制力早已不复当年，强势方说了算的时代逐渐褪去。因而，在这类双方实力悬殊的领域内，爆发了不少纠纷，其中有些案件双方争议的基础事实周期长、事务复杂、牵涉人员与层级主体众多，因而形成重大、疑难、复杂案件，双方各尽其能、倾尽全力地缠斗数年不息。这种双方实力对比悬殊的强势方与弱势方之间产生的重大、疑难、复杂案件中，弱势方若被强势方利用强势有利地位从基础事实、合同等事实证据、法律技术、综合实力等各方面压制，形成绝对劣势时，便可以考虑运筹运动战中伺机围歼的战术。

二、运动战中伺机围歼大战术运作的特定含义

运动战中伺机围歼战术是指在重大、疑难、复杂案件中双方实力对比极为悬殊，强势方通过事实证据、法律技术、综合实力等各方面优势对弱势方形成全方位压制，弱势方通过正面防线阵地战根本无望取胜的情况下，针对强势方战略防线中的薄弱环节展开运动战，在运动战中积累战术成果，等待最佳战机并发动全面进攻进而围歼强势方的战术。

首先，运动战中伺机围歼战术是弱势方运用较多的战术。其实，为了表述方便，必须将强势与弱势两方进行泾渭分别，但在实务中，重大、疑难、复杂案件中双方往往没有绝对的强势与弱势，双方实力对比会随着战略形势的变化而变化，强势地位与弱势地位也随之变化。虽然在实战过程中弱势方运作运动战中伺机围歼战术较多，但强势方也未尝不可运用，实力再强，亦可谦逊地自认为弱势，故而谨小慎微地与哪怕实质上极为弱小的对手对抗，结果只会更满意。但既有尚方剑，便无需用牙签。强势方是否可运作运动战中伺机围歼战术，需要根据实际情况决断。因此，在探讨运动战中伺机围歼战术时，站在弱势方角度进行阐述，更容易把握其内涵。

运动战中伺机围歼战术之所以是弱势方运用较多的战术，是因为弱势方在正面防线阵地战中没有突破的可能性，如果选择在阵地战中消耗，必定会全军覆灭。但从案件本身分析，并非完全对弱势方不利，只是因为双方实力对比悬殊而导致

无法突破。可能是双方在合作过程中，强势方对于基础事实过程中形成的文件资料进行了完全有利于本方的设计、保护，导致弱势方在诉讼中缺乏有力证据；或许是强势方对于核心事实部分的证据进行了人为隐匿，弱势方根本就没有证据证明于己有利的案件事实；或许是双方信息严重不对称导致弱势方根本就无法掌握核心事实过程形成的证据；或者双方优势地位悬殊，强势方利用其资源优势迫使弱势方接纳其不平等条款。凡此种种，导致弱势方根本无力与强势方在正面防线阵地战中抗争，权益保障受到严重威胁。

其次，双方实力对比悬殊。这主要体现在事实证据、法律技术、综合实力三个方面。由于强势一方占有优势地位，在基础事实形成过程中，合同中的合作条款均对于弱势方严重不利，导致弱势方的权利无法得到保障，及至付款等重要事项，也对于弱势方进行层层限制，导致权利实现的难度进一步扩大。一旦产生法律纠纷进行诉讼，弱势方维护权益基础极差，因而从法律技术层面操作较难实现正常诉求。笔者曾经遇到过一个案件，弱势方供货商与强势方建筑单位签订的合同中，在正常合同之外针对价格与付款期限又单独签订了补充合同，约定最终价格以建设单位审定的中标价作为结算依据，付款期限为按照购买房屋的业主付款节点与进度进行付款。最后因为建筑单位拒付货款长达四年，供货商好说歹说央求无果，最后只能选择诉讼。在诉讼期间，该补充合同成为供货方最致命的软肋。价格以建设单位最终审定的中标价格为准，建设方根本就没有审定也不可能配合，价格无法确定，法院也就无法认定如何付款。付款节点与进度，以购买房屋的业主的付款节点与进度，房屋如果未销售，供货商还真没权利主张。基于双方优势地位的悬殊，双方合作条件不对等，被迫接纳强势方霸王条款，弱势方在法律技术方面的实力太显弱小，根本就无法作为维护权益的依据，甚至在某种程度上说，是权利受暴烈侵害的合法凭证。

从基础事实上的不平等与法律技术上地位悬殊的情况，便可知道双方综合实力绝对不在一个层级。在进入诉讼以后，强势方能够组织起的力量也明显处于优势地位，在事实证据、法律技术尽占优势的情况下，综合实力的优势也体现得更加明显。强势方可以委托实力超强的专业团队操盘处理，而这个成本对于弱势一方来说都是难言之隐。强势方在事实证据、法律技术、综合实力均占据绝对优势的情况下，加之实力强大的专业操盘团队加持，如虎添翼。而弱势方几乎无优势可言。存在显而易见的强势方与弱势方的重大、疑难、复杂案件中，双方实力对比实在悬殊，强势方对弱势方形成全面压制。

再次，弱势方从正面防线阵地战中根本就无法突破。强势方在事实证据、法律技术、综合实力方面占尽优势，如果仅在双方核心诉讼中对抗，弱势方显然面对极为坚固而强大的正面防线，如果坚守在正面防线的阵地战中与强势方消耗，结果显而易见，即使打成平手也是惨败，何况根本就没有打成平手的可能性。因此，正面防线阵地战对于弱势方来说是覆亡的噩梦。正如前述强势方建筑单位与弱势方供货单位签订的补充合同，将价格约定变更为以建设单位最终审定的中标价为准，付款期限变更为以购买房屋的业主付款的进度与节点付款，弱势方在诉讼中根本就无法完成举证义务，根本无力谈及在正面防线阵地战中取得突破，这种情况在双方实力悬殊的重大、疑难、复杂案件中比比皆是。

还有，弱势方在运动战中或许有取胜机会。双方核心诉求所依托的主要诉讼是正面防线阵地战，在这个诉讼之外，对于弱势方必定存在突围的机会，关键看弱势方有没有能力去把握。虽然双方实力悬殊极大，但只是利用综合实力的优势地位进而人为干预事实证据的形成过程、利用优势地位投机取巧进行法律技术设计而建立的优势，不可能是基础权利义务方面的绝对优势。如果剔除综合实力、事实证据、法律技术方面人为操纵的成分，显然是弱势方处于有利地位。莫说假作真时真亦假，真作假时假亦真。真的假不了，假的真不了，在重大、疑难、复杂案件中亦如此。投机钻营、巧设机局、鬼蜮伎俩只能吓唬经验浅薄、遇到困难就望洋兴叹的人，在真正经验饱富的人面前根本就经不起拆解，任何人为巧妙别有用心的设计，从另一个方面看必定存在致命的缺陷，但自然形成的事实与法律关系，便不会存在这种缺陷。

如同前述强势方建筑单位与弱势方供货单位签订的补充合同将价格约定变更为以建设单位最终审定的中标价为准，付款期限变更为以购买房屋的业主付款的进度与节点付款的情节中，对于经验浅薄的人来说，此种约定就是灾难，看完连连摇头摆手走开，根本就不敢接招。但对于经验饱富、战略眼界开阔的人来说，并非没有机会。首先，该补充合同约定为附条件法律行为，而该约定条件均需要案外第三人的特定行为才能实现，而案外第三人建设单位、购买房屋的业主均非本合同中的权利义务主体，甚至在本合同中连不享受权利、不承担义务的第三方也不是。况且建设单位与强势方建筑单位之间的合同、建设单位与购房人之间的合同均与本合同无关，且亦未作为本合同的附件，故不能以与本合同无关的主体的行为成就与否作为合同双方当事人法律行为所附条件，否则就违反了合同相对性的原则。如果在诉讼中以与双方合同无关的第三人之间的行为，作为判断双方当事人法律行为是否成就的条件，那相当于对于案外人权利与义务作出处分，违反了诉讼相对性的原则。因此，该补充约定无效，应当以双方合同中原本约定的价格条款与付款期限条款履行。事实上，该案件正是针对该补充合同条款单独进行诉讼最终才得以破局。因此，对于弱势方来说，在正面防线阵地战中可能根本就无法突破，但在运动战中，往往能够寻找合适的机会成功突破。这也是此类案件的共有特征。

三、运动战中伺机围歼大战术运作的实战案例参考

结合一宗重大、疑难、复杂案件中成功运用运动战中伺机围歼战术的实战过程，可以更好地把握该战术的运作要点。我方璧盈公司是对方翩致公司的供货方，双方合作时间长达八年，对方也是我方最大的客户，对方的订单占我方年总销售额七成以上。对方翩致公司是一家超级大型企业，在国内各省市都有子公司及其他分支机构，我方与其签订了一揽子合作协议，供货对象根据对方总公司调配需求随时调整，因此，我方为对方总公司、市级子公司、区县级子公司均有供货行为。因为对方在业界稳居翘楚，与我方合作期间几乎占据完全优势地位，在合作条件方面，基本完全按照对方要求设定。除了双方一揽子战略合作协议外，没有其他更有保障的具体合同，而且该战略合作协议中条款极为苛刻，几乎就是大内对于地方供品的严苛挑剔态度，战略合作协议对于我方货物质量，事无巨细均设定了极为苛刻的条件。由于我方供货对象包括对方总公司与各地子公司，货款由各地子公司汇总后上报总公司按季度结算。结算凭证对方单方持有，仅供对方作为公司内部管理文件资料保管，不可由我方持有，双方战略合作协议明确约定系基于安全保密需要。虽然条件苛刻，但由于对方需求量大，我方也必须忍受这种不便。对于我方发货后对方收货验收手续也均由对方单方持有的事情，我方公司也做过多次争取，但对方以保密需要为由严正拒绝，甚至表态该问题是原则问题，如果我方坚持就可考虑放弃合作。由于我方十分珍视对方提供的商业机会，也就

忍痛作罢。我方公司不是没有担忧过重要证据被对方完全控制问题，而是为了争取巨大商业机会，冲着对方业界翘楚的地位与实力，美好地以为只要我方精诚合作，对方绝对不会行卑劣之事。货款约定按季度结算，但实际上往往是按照半年甚至年度结算，对方机构庞大，推诿扯皮，人浮于事，常常找各种借口拖延结算付款，拖欠现象十分严重。

我方出于维护最大客户的忍耐，对于对方拖欠行为均未明确表示过抗议声讨，最多只是旁敲侧击地友情提醒。但后来由于金融市场出现动荡，我方公司资金链出现严重问题，对方拖欠数亿元货款必须收回，否则难以为继，便正式与对方交涉。令人不可思议的是，对方态度相当蛮横，大有指责我方不识抬举的架势，声称供货单位一大批等着排队，要不是看在我方是老合作单位，就凭我方单位货品质量，早就应该出局。其实，对方品控确实十分严格，若我方货品质量有问题，会被收货后立即退回，并且在结算时按照每发生一次退货情况，下次结算按照百分之九十五结算的原则罚款。因此，我方对于货品质量一直以来谨小慎微、战战兢兢、如履薄冰、诚惶诚恐，根本就不存在对方指责的货品质量问题。对方展现一下高傲的姿态倒不要紧，最要命的是对方在我方正式交涉拖欠货款的第一时间立即取消了我方公司订单，并且向其他供货单位发送了货品质量通告，通告中对于我方公司货品质量进行了大量不实诋毁，导致我方公司商业信誉与商品声誉遭受严重损失，对于我方公司产品销售产生了严重影响。对方明显就是利用其优势地位，想彻底致我方公司于死地。被拖欠数亿元货款，最长的一笔长达三年半，我方公司正式交涉后，对方反应如此激烈，完全超乎我方公司董事长的预料。他反复与对方公司董事长沟通，均未产生任何效果，只得到对方公司法务部门会妥善处理的口头答复。

我方公司还没缓过神来，就接到法院传票，对方起诉称我方货品质量存在严重问题，给其造成巨额损失，要求我方赔偿损失近两亿元，并且附有专业鉴定报告与审计报告。看来真是来者不善、气势汹汹。我方公司彻底被打蒙了，被拖欠货款数亿，甫一正式交涉，对方竟然来这么凶猛的招式，正常人都一时难以消化。但这就是现实，看来只能拿起法律武器应战了。

欠债还钱，天经地义，说起来很容易，但看针对谁。在我方公司与对方翻致公司合作关系中，对方占尽优势与先机，合同条款近乎严苛，基本没有对我方有利的丝毫约定，全是赋予我方义务。我方的权利似乎就是收取货款了，若是货款能够及时支付到位倒也无妨。不能及时到位也就作罢，对方还以保密为由不许我方持有结算凭证，只作为其内部管理文件资料予以保管。因此，我方除了零零散散的发货单据，根本就没有其他有效的证据证明对方拖欠货款数额。而且这些发货单据由于时间久远、保管不善而残缺不全。或许仅凭翩致公司的强大实力与信誉，我方公司太过信赖对方。况且，由于我方公司只与对方总公司签订了战略合作协议，但供货对象包括对方总公司与全国各地的子公司，这些子公司在合作愉快的时候自称一家，一旦双方发生诉讼纠纷，恐怕根本就不会认可双方之间存在合作关系。因此，我方连到底供了多少货、对方到底欠多少货款的基本问题都证明不了，通过正面防线阵地战的诉讼追索货款，将难于上青天。

我方公司董事长原计划在与对方总公司沟通无效的情况下，试图与各子公司沟通，看能不能有什么突破。这个计划被笔者律师团队坚决制止，因为这样做无异于让对方提前充分沟通情况，从而统一口径，一旦形成统一口径，我方将更难突破。对方机构庞大，因为我方货款事宜，公开开会商讨对策的可能性不大。况且，以往都是由各地子公司将我方供货情况统计后上报，由总公司与我方进行结算，因而，各地子公司目前恐怕根本就不知道我方与对方总公司之间发生纠纷情况。毕竟船大难调头，若是一家小型公司，只要董事长一个决定，全员统一口径，信口雌黄，那可能性较大。但对方是业界翘楚，必须考虑企业文化问题，不大可能全员发动统一口径后在拖欠我方货款问题上信口雌黄，极有可能会在对方体制内严格保密，要求各地子公司将我方供货情况汇总后统一上报总公司，由总公司安排特定人员，相对保密处理。毕竟拖欠我方货款不是什么光彩的事情，不但不能在公司体制内部造成影响，或许也不愿让业界其他公司知晓。故选择恶人先告状，气势汹汹地先下一城，在早有预谋的万全准备下，起诉我方所供货物质量存在严重问题，主张巨额赔偿责任。

关于货物质量诉讼问题，我方不算太被动，战略合作协议虽然约定了永久保质的条款，但同时约定对方收到货物时，若我方货品质量未经过对方品控部门验收，应当立即予以退换，每发生一次退换货情况，从下一季度整体结算货款中扣除百分之五的罚金。因为该苛刻条款，反倒帮了我方大忙，因为我方产品质量过硬，从未发生过对方品控部门验收不合格退货的情况，这也完全可以证明我方货品质量合格，对方显然是为提前压制我方追索货款的诉讼，故而以货物质量存在问题为由，先声夺人。

重点在于我方追索货款的主要诉讼。我方主要证据缺失，价值数亿货物，除了送货单据与我方公司内部出货详细记录，竟然没有其他直接证据予以证明。仅有的送货单据，还因年代久远与保管不善而残缺不全。而且现有的送货单据，多是物流公司收取货物的粗糙简陋凭证，甚至连货物名称都不规范。战略合作协议只能针对对方总公司收货的情况，而其他各地的子公司根本就没有供货合同。直接起诉对方，恐怕凶多吉少。针对该情况，我方决定采取运动战中伺机围歼战术，在全力应对对方质量赔偿诉讼的同时，先不与对方直接在正面防线打阵地战，而是选择地域跨度较大、不同层级的数家地方子公司，以双方之间存在事实合同为由，起诉对方要求支付货款。如此运作主要目的是在对方总公司不知情的情况下多点开花，各个击破，由选定的各个子公司在无意间展露我方送货数量、价款、对方公司内部结算汇报情况等我方缺失的重要信息。我们通过深入的情报工作取得了好多重要信息资料，得知对方总公司财务与法务规定，标的三千万元以上的诉讼案件才需要申报总公司。我方选取的这几家子公司货款标的均在三千万元以下，因而，从诉讼标的方面来说不至于惊动总公司。基于对方机体庞大、层级繁多、等级森严的现实情况，这几桩诉讼并不算重大诉讼，至少诉讼伊始应该不会惊动总公司。我们通过特定渠道得知我们选定起诉的几家子公司诉讼繁多，法务团队忙碌不迭，对于与我方之间标的不大的诉讼，按照流水线程序处理的可能性极高，根本不可能申报总公司。而且，对方组织体系庞大，派系林立，总公司与各级子公司之间官僚现象严重，人浮于事、推诿扯皮的情况十分常见，同级公司、上下级公司之间明争暗斗、钩心斗角的情况司空见惯，彼此之间猜忌、隐瞒、推卸责任的情况比比皆是，因而，该几桩诉讼理性判断应该会在对方总公司不知情的情况下展开，至少在形成生效判决前，对方总公司会不知情。最起码可以得到这些子公司将所有责任推给总公司的相关说辞或者结算汇总表。而我方的目的正是在对方总公司不知情的情况下，得到对方总公司刻意隐藏的供货批次、数量、价款、对方公司内部结算汇报情况等重要信息，进而合并信息后围歼对方。

由于双方在事实证据、法律技术条件、综合实力方面悬殊太大，正面防线阵地战不宜贸然发动，因而运筹运动战中伺机围歼战术，在对方较长的战线上寻找比较有把握的薄弱环节打运动战，力争取得突破，并积累这些较小的战术成果为较大战略成果，伺机向对方发起总攻，达到围歼的战略目标。我方选择对方三家子公司为被告，以我方实际为其供货为事实基础，起诉主张对方支付货款。诉讼进程风平浪静，几乎没有任何波澜，对方三家子公司如同提前统一过口径似的，一致认为我方所诉非人，双方之间不存在合同关系，我方与总公司存在合同关系，我方送货是基于总公司的指示，而且货款亦由总公司与我方结算。并且为了反驳我方提供的送货单据、凭证，称本公司已经将收货情况汇总并申报总公司按照季度结算，并提供了相关的汇总结算凭证。果然是船大难调头，对方公司体系庞大，分支机构林立，尤其是这些子公司亦为独立法人组织，各行其是，各自为政。大概是觉得我方没有什么证据，各子公司法务团队仅从法律专业技术角度考量，觉得完全有把握驳回我方诉讼请求，故无须与总公司请求申报，况且，诉讼标的又未达到申报总公司的标准，不申报也不违规。因此，给我方提供了极大有利战略空间，使我方缺失的关键证据环节得到了补充。

关于双方综合实力对比悬殊的问题，笔者认为应该抱持审慎又敬畏的态度对待，同样的案件，对手实力不同，应对的策略就完全不同。虽然法律关系相同，但由于对方综合实力强大，制造麻烦与障碍的能力成倍提升，如果忽略该问题，就触犯了典型的战略盲目与麻痹的错误。在传统专业技术流思维方式与处理模式下，过分注重专业技术，忽视双方实力对比、人为布设疑难复杂、对方利益共同体联盟强大等更致命的问题，导致专业技术诉讼解决效果犹如扬汤止沸，即使取得了短暂的胜利战果，但也被错综复杂的现实情况绞杀得七零八落。笔者曾经遇到有位法律实务工作者在公开讲座中宣扬法律关系决定论，对虔诚聆听高见的年轻后生灌输案件标的大小根本就无所谓，年轻人与经验丰富的人最大的区别是年轻人遇到大标的案件就战战兢兢、矫枉过正，本质上来讲一元钱与一个亿的案件法律关系完全相同，因此大可不必对于大标的的案件全民皆兵，人为地提升应对等级。其实，这种认识对于重大、疑难、复杂案件的解决来说是致命的，标的大意味着太多，双底对抗激烈程度升级为你死我活；讼争主体可能不再是单一主体单打独斗，会自发地形成利益共同体联盟；案件的疑难复杂不再停留在单纯法律专业技术方面，更多的是人为布设的疑难复杂，通过常规手段根本无解；原本讲理明法便可定分止争的解决尺度，蜕变为唯实力决定的丛林法则，令众多不信重大、疑难、复杂案件这个邪的当事人与法律实务工作者在一纸胜诉判决面前终觉黄粱一梦的情况,不胜枚举。因此,在对方综合实力强大并与我方实力对比悬殊的情况下,必须熟稔地运用智慧、谋略与经验,运筹正确的战术策略进行对抗周旋,充分利用对方庞大机体的弱点与缺陷,在运动战中将我方的诉求基础逐渐夯实。

在取得该三家子公司货款结算汇总报表以后,我方掌握了近四分之一的货物数量、价款、结算时间等重要信息,理性分析在该案件中争取或许能够取得一定效果,但也存在极大风险,因而决定撤诉。后来又以同样的原则与尺度选取了对方四家各地子公司,以事实合同关系起诉要求支付货款,同样也得到了对方货款结算汇总表。至此,我方掌握的证据基本可谓能与对方一战。但还远未到成熟状态,于是又抱着试一试的态度,打算与对方总公司作以沟通,兴许有解决的可能性。根据我方前期情报调研工作的成果,初步判断对方总公司法务团队受其董事长个人风格影响,特讲法律技术,虽然也有一定的原则与诚信度,却是那种只要觉得从法律角度能够拿住对方的时候,就大肆地运用法律技术进行纵横捭阖地操作,往往置客观事实于不顾。比如,他借了你的钱,亲笔书写了借款协议与欠条,你现金给付。对方一旦从法律技术角度分析后认为完全可以不承认该借款协议与欠条的真实性的时候,他便可以将借款协议、欠条、收到借款的事实否认得比讲述真实过程还要专注认真。对方总公司法务团队也深受其董事长影响,保持了法律技术立足论的处事立场,我方刚正式交涉偿还拖欠数载巨额货款对方便瞬时翻脸,不但骤然终止与我方合作,还立即恶人先告状起诉我方货物质量问题并索赔近两亿,更过分的是还将其虚假指责的我方货物质量问题形成书面文件,通报各大供货单位,对我方商业信誉与商品声誉造成极大影响。看来真是法律技术运用得走火入魔了,竟也意识不到此举已经触犯了法律,轻则需承担民事赔偿,重则需负刑事责任。

而且,对方总公司喜欢与人针锋相对,只要你出招,他们在觉得完全于本方不利的情况下,也会振振有词地狡辩,若是觉得对于本方特别有利的情况下,那更是洋洋洒洒、滔滔不绝地宏大论理叙事。以本次我方正式交涉偿付拖欠货款如此天经地义的事,本来是对方理亏,对方尚且反应激烈并恶人先告状般先声夺人,那如果就货款一事试着再沟通一次,或许能够得到答复。按照对方总公司的风格,答复与我方起诉过的对方子公司庭审中提交的结算汇总表如出一辙是不现实的,那么，对方总公司的答复应该会与其他各地子公司大相径庭，这也是我方所愿，同为对方阵营，说辞不一，显然为我方在未来围歼决战中提供了极为有利的条件。我方抱着反正都无所谓的态度给对方总公司发了一份洽商函，就对方拖欠货款事宜进行沟通，并隐约地以与对方各地子公司诉讼中取得的结算汇总表为依据进行计算。果然不出所料，三周后我方公司收到了对方的复函，可谓杀气腾腾，非但对于我方所提货款一事不置可否，针对我方以对方子公司在诉讼中提交的货款汇总结算表为依据主张的事实，对方全然否认并信口雌黄，完全摆出一副你没有证据我就是不认的架势，令人啼笑皆非，同情其不知道我方已经掌握了充分的证据。对方复函主要还是为了加强其提起的货物质量诉讼，不厌其烦地强调我方货物质量如何如何差劲，给其造成多大损失等问题。

沟通无效亦有效。我方选取诉讼的对方各地子公司，有市级子公司，也有区县级子公司，该七家子公司均在陈述与辩解中提出同样的观点，我方只与对方总公司之间存在合同关系，虽然我方有直接发货给其子公司行为，但系基于总公司的指定，子公司作为独立法人组织并未要求我方公司供货。从法律关系分析，子公司只是接受总公司供货，况且，子公司已经将结算汇总表上报总公司，并且按照季度与总公司完成结算。因此，我方根本无权向其主张货款。并且为了印证其答辩意见，附有翔实的汇总结算表，其中将我方供货数量、价款、货品质量、付款期限、结算情况等重要问题做了清晰的说明。上述证据与对方总公司的复函中的陈述存在严重出入，这些证据在未来围歼决战中出示，不知对方总公司情何以堪。

对方综合实力强大，在双方合同条款设定、实际履行过程、证据独方把持等方面占尽优势，但却不幸地完全暴露了阿喀琉斯之踵。我方在运动战中取得了丰硕的战术成果，串联起来完全具备相当程度的战略决定力量，我方公司愁肠百结的关键证据问题完全得到了解决，是时候在对方起诉我方货物质量诉讼的同时发起围歼反攻了，我方在充分准备的基础上提起反诉要求对方偿还货款。在我方并未全部展示证据前，对方起初态度与其在复函中的态度如出一辙，信口雌黄，百般抵赖，除了在质量问题诉讼中提及的货物外，其他供货大有矢口否认的架势。虽然在与对方各地子公司诉讼中已经取得了有力证据，质证时也交给我方一份复印件，但为了稳妥起见，我方还是申请法院依法向当初审理案件的各法院调取证据材料与庭审笔录。对方总公司在得知该情况以后，代理团队与出庭法务工作人员当场申请休庭，明显感觉其晕晕然不知所措。后来，再次开庭时全是新面孔。法院调取这些证据以后，对方最终在双方战略合作协议、我方发货单据凭证、对方七家子公司就我方对其供货重要细节问题上的结算汇总表形成全面、充分、有力的证据体系面前，完全放弃了抵抗。因为对方七家子公司申报给总公司的结算汇总表中明确表示我方所供货物质量为优质等级，具备付款条件。这与对方总公司诉我方货物质量问题诉讼主张完全相反。对方总公司与子公司虽然为独立法人组织，具有独立的法律地位，但毕竟对外在同一商号品牌下开展营业活动，正如我方亦基于其同一组织体系而不加个别审慎便向各子公司供货一样。因而，对方子公司展示的对于其总公司不利的证据，法院采信度会更高。对方质量诉讼也无法立足了，我方主张偿还货款的诉讼请求此时才变成天经地义。

　　对方虽然综合实力强大，与我方公司完全不在一个当量级，并且从案件形成过程中的事实证据、法律技术方面完胜我方公司，甚至可以决绝地说让我方公司无路可走，被拖欠数亿货款甚至连大气也不敢喘，甫一正式交涉便被扫地出门并反攻倒算，其仗势嚣张姿态着实令人汗颜。若论正面防线阵地战，我方根本就不是对手，欠债还钱、天经地义的诉讼中，因为基础事实证据不足以及基于法律技术设计导致的法律事实缺陷而败诉者比比皆是。该案中，我方若幼稚地相信正义即力量，选择贸然诉讼，折戟沉沙的可能性几乎是全部。对方曾经以这样的手法彻底征服过供货商，可能太过迷恋过去的疏浅经验，这次终于在阴沟里翻了船。但这船翻得好，正义得到了伸张，法律被尊重被信仰，一些实力强大的主体玩弄法律技术设计公然侵害他人合法权益的美好时代越来越稀薄了。我方在绝对实力完全不占优势的情况下，最终能够大获全胜，完全得益于审时度势，正确运用运动战中伺机围歼战术，充分了解对方内部结构与关系，针对其较长战线中的薄弱环节，部署极富针对性的战术行为，在以事实合同关系起诉对方各子公司的诉讼中，得到了关键证据体系，不但能够有力地支持我方要求支付货款的诉讼请求，而且能够将对方先声夺人的质量问题索赔诉求彻底予以压制，导致对方防线全面崩溃。我方在各个运动战中取得了丰硕的战术成果，这些战术成果逐渐形成战略优势，最终在时机成熟时发动围歼总攻，将对方一举拿下，从而赢得全面胜利。

四、运动战中伺机围歼大战术的战略意义

（一）以弱胜强的最佳选择

在重大、疑难、复杂案件中双方实力对比极为悬殊的情况下，对于弱势方而言，似乎没有太多有胜算的解决方式可供选择。而弱势方在正常情况下往往是相对正义一方，面对合法权益被强势方粗暴侵犯，却无计可施，于个案来说显失公平，于社会效果而言，会造成严重的社会不公，严重地损害法律的威严与公信力。在传统专业技术流思维方式与处理模式下，此类案件往往在选择按部就班的诉讼后折戟沉沙或者悬停了事，着实可惜。虽然绝对实力是王道，但社会必须存在正道，否则便与丛林无异。以弱胜强的方法历来被人们给予至高无上的推崇与传颂，历史上以弱胜强的战例，千百年来一直为人们津津乐道，大概是人们内心深处总有惩罚恃强凌弱者的朴素情结。在重大、疑难、复杂案件中，该类案件是最考验水平与素养的类型之一。站在强势方立场，一切要风得风、要雨来雨，根本就体现不出多高水准。而站在弱势方，如何取胜可绝对没有丝毫运气成分，必须是货真价实的实力。

战争中弱小的一方要与强大的对手对抗，如果选择在正面防线阵地战中直接对抗，结果只能是悲壮惨烈的英雄故事。这种拿鸡蛋碰石头的英勇壮举，当作别人的故事听足够美好，一旦恶果由自己来背，恐怕就与英勇无关，而是自取灭亡的莽撞与轻率。当双方实力差距悬殊，弱势方在正面防线根本就没有丝毫胜算的情况下，必须巧取而绝不可力战，这是最浅显的道理。具体如何巧取，是非常专业而考验实战经验的问题，正如世间正常人均明白道理，但活得明白却是学问一样。面对实力远胜自己的对手，谁都知道必须杜绝蛮干，应当代之以巧取，但真正掌握巧取之道的人却寥若晨星。从历史长河中汲取经验，在面对实力异常强大的对手时，最被广泛运用并且屡屡取得不俗战绩的战略方针就包括运动战中伺机围歼战术。

强大不是绝对的，此时强大，彼时有可能弱小。正面强大，侧翼与后方可能存在薄弱环节。整体强大，但内部可能存在严重内耗。对方实力强大，但船大难调头，决策缓慢、信息传递迟滞、人浮于事、组织结构臃肿、层级烦琐、派系林立、各自为政等问题便是家常便饭。因而，运动战中伺机围歼战术正好是利用了

对方实力强大相对来说船大难调头的契机，利用弱势方灵巧轻便的优势，专门针对对方薄弱环节实施运动战，逐一创造战术成果，最终形成战略成果。完全绕开了对方蓄谋已久的正面防线决战邀约，转而展开逐个击破的运动战，使对方主要战略力量集中区域无法发力，并利用对方庞大机体的烦琐层级导致信息传递迟滞、决策缓慢的弱点，在对方无法预知的战术据点迅速分割穿插，在对方有所反应后系统地组织各部门、层级进行筹划整体应对方略时，我方战略目标或已达成。因此，运动战中伺机围歼战术，是在敌强我弱的情况下，以弱胜强的最佳选择。

在前述我方与对方翻致公司案件中，对方综合实力与我方根本不在一个当量级，可以随意吊打虐杀我方。对方利用优势地位，在双方合作过程中设定了对其完全有利的合同条款，甚至在业务合作过程中，也霸道地将主要证据材料单方保管，致使我方无法有效证明货物数量、价款、质量等重要问题，双方实力悬殊显而易见。我方若选择在正面防线阵地战中对抗，显然会折戟沉沙，况且已经有与我方情况类似的供货单位刻骨铭心地领教过威力了。但我方在正义一方，从全局来说必须取胜，否则天理荡然无存。

经过全面分析，对方的弱点也暴露无遗。我方不但给对方总公司直接送货，也经常根据对方总公司指令，直接将货物送至各地子公司。但这些子公司为数众多，与总公司之间存在组织结构上的防火墙与隔膜，虽然对外为一个整体，但内部运作过程中却相对独立。我方按照对方总公司指令送货至特定子公司后，子公司定期与总公司结算。而子公司与总公司之间的结算凭证，是我方最急需的证据材料。因而，利用对方组织机构庞大臃肿、层级烦琐、信息沟通不畅、内部管理制度缺陷，针对各个子公司以事实合同关系为基础诉请支付货款，令这些子公司在缺乏整体战略规划的情况下贸然应战，只为打赢个案诉讼，因而极力地将对其有利的证据和盘托出。这些证据就是子公司为了证明与我方无合同关系与合作事实，相当于是向总公司采购，并已经完全结算的相关凭证。事实与我方预料的完全一致，对方七家子公司在与我方的策应性诉讼中将结算凭证悉数托出，为我方证据体系补充了最为欠缺的核心环节。按照对方总公司的要求，标的未达到一定数额的诉讼，子公司无须上报总公司。而我方运动战中的诉讼均未达上报标准，导致对方子公司均将案件当作专业技术问题处理，根本就没有思考过我方的战略意图。尤其是在子公司已经悉数将货款支付给总公司的情况下，更有大获全胜的十足把握，手持有力证据，当然应当酣畅淋漓地打击并大获全胜，因而和盘托出也在情理之中。及至后来我方围歼决战中申请法院调取这些证据时，对方才深觉不妙，但为时已晚。一个庞然大物在我方面前显得笨拙迟重，无力反抗。而这种优势正是运动战中伺机围歼战术的正确运筹所创造。事实证明，在双方实力极为悬殊的对抗中，弱势方运用运动战中伺机围歼战术，往往是最佳突破策略。

（二）整合战略资源的最佳方式

强大与弱小都不是绝对的，必须在特定时空领域来界定。在重大、疑难、复杂案件中，除非我方既弱小又没道理，那真的该放弃。事物总是遵循客观规律在发展变化，当一个弱小的人坚定地找强大的人决斗时，公理正义往往是站在弱小一方。因为人性本就趋利避害，弱小的人若想通过无理纠缠获利，一定会找实力比自己更弱小的人去欺凌，绝不会选择实力远胜自己的强大者。因而，在重大、疑难、复杂案件中，双方发生激烈对抗但又实力悬殊，一般断定弱小方为相对正义一方不会出错。既然是相对正义的一方，基础事实、法律规定都更能保护本方权益，这已经是最大的优势。但正义不代表实力，被侵略的一方历来是正义的一方，但也是遭受侵害最严重的一方。侵略者放下屠刀便可立地成佛，只相当于回到原点。而被侵略者却在侵略者轻松回到原点后用毕生的努力爬出深渊。在正义的基础上，弱势方还需要具备出色的智慧、谋略与经验，并具有良好的战略运筹能力与战术运作能力，整合本方所有优势资源，形成足以制胜的战略战术体系。

弱势方并非全时空的弱小，变换角度、时间点之后，双方实力对比在某个特定领域或许会发生转变。对方强大，但有船大难调头、首尾难以相顾的麻烦；而我方轻巧灵便，首尾呼应。对方组织机构庞大臃肿，上情不能下达，下情不能上陈；而我方谐调灵动，反应敏捷。对方内部派系林立、矛盾重重，各自为政；而我方高度统一，齐心协力。对方在正面防线以外毫无战略部署，一盘散沙、散兵游勇般作战便成常态；而我方战略部署的重心却在正面防线以外的战略区域，以己之精锐对敌之松懈，胜算极高。如果整合本方所有优势与战略资源，形成战术体系，针对对方较长战线上的薄弱环节进攻，必可成功拿下。运动战中伺机围歼战术，正好就是这种在动态中发现对方薄弱环节，并以本方最精锐战略资源逐一取得胜利，实现战略资源最佳整合与配置的战略手段。

前述我方璧盈公司与对方翻致公司的案件中，我方除了站在正义立场的优势外，似乎没有其他明显优势。但全面、深邃地洞察分析之后，会发现我方优质战略资源其实并不脆弱，只是零散分布，未形成系统的战略战术体系而已。对方拖欠我方数亿货款，我方货品质量合格，这是我方最大的优势。我方公司政令统一，纪律严明，内部高度团结一致，首尾呼应，而对方则几乎相反。我方除了单方面的送货单据凭证外，没有证据证明我方履行义务状况，这也是我方最大劣势。但从另一面看，以此为线索并利用对方总公司与子公司之间的组织结构与制度方面的缺陷，尝试发掘我方需要的核心证据体系，完全具有可行性。正是运用运动战中伺机围歼战术，将我方仅有的有效战略资源进行了最佳整合，形成系统化的战术体系，使战略资源威力得以最大化发挥，最终将对方的防线彻底攻破。

（三）肃正法律风气的五色棒

曹操刚当尉官的时候，为了惩治违法作乱的豪强，整肃社会风气，制造了五色棒悬挂于衙门口，如果有人胆敢触犯禁令，无论豪强平民，一律棒杀。有一次，当时最受皇帝宠信的太监蹇硕的叔父违反宵禁规定，曹操当即棒杀了他。洛阳上下震恐，没有再敢轻易冒犯禁令的人。虽然与皇帝接近受宠爱的佞臣都嫉恨他，但却因曹操行正义之事，人望颇高，这些佞臣也拿曹操没辙。这种扶弱锄暴强的正义之举，为曹操积攒了初期发展资本，因此调任为顿丘令。五色棒震慑豪强，肃正了社会风气。在法律实务领域，也存在综合实力非常强大的一方利用优势地位欺凌弱势方的现象，令弱势方在完全正义有理的立场上却吃败仗，严重地损害了法律的威严与公信力。明白其中深层次原因的，能够客观理性地看待问题，会有哀其不幸、怒其不争的看法。但对于普通大众来说，更容易解读为司法不公等严重有损社会公正与法律尊严的阴谋论，造成的影响是极度恶劣且无法逆转的。其实，弱势方的落败，绝大多数原因还是在于自身的缺陷。双方合作过程中由于实力地位严重不对等，导致合作条件严重偏倚，合同等基本证据、文件资料均完全偏袒强势方；而且由于信息严重不对称、实力不对等导致对话不平等而形成的关键证据持有权独占现象；再加上强势方综合实力强大，往往能够委托强大的专业操盘团队运作，具备系统化的战略战术体系，能够更好地组织运用本方战略资源与力量等。这些因素存在于前，如果弱势方还是以传统专业技术流思维方式与处理模式予以应对，显然会面对必然的失败。就像在强势收货方安排任意现场值班人员收货的案件中，弱势供货方明知对方可能会否认收到货物的事实，但依然坚信真的假不了，法院就是主持公道的地方，抱持这种迂腐可笑的态度去与对方拼命，落败后还要首先攻击司法公正问题，真是可怜又可憎。从来不提前筹划对方一旦否认情况下的反制战术体系，因为没想过事情有那么复杂，或者猜测对方没有那么无聊。强势方往往在不利的情况下能够大获全胜，懦弱无能的对手也帮了不少忙。

强势方在不利的情况下往往能够大获全胜，在司法实务界会形成风声鹤唳的效果，好多弱势方当事人宁可被强势方拖欠至破产，也从未敢想用法律手段维护权益。一些强势方屡屡得手，便肆无忌惮，气焰嚣张，大有实力即正义的傲慢与偏见。一个程序与实质结果都公正的案件是理所当然，并不会对法治建设产生多大积极的作用。但一个程序公正但实质结果产生现实不公正的案件，在社会大众心目中，法律的形象与地位会产生雪崩般的溃塌。强势方在基础事实明显不利的情况下屡屡大获全胜的现象，对于法律风气造成极大的破坏，导致好多弱势方更弱，甚至从内心就畏惧与强势方交手，因而，任人宰割，逆来顺受。但内心却并不打算如何征服、清算强势方，反而染上严重的斯德哥尔摩综合征，对于暴虐自己的恶人产生敬畏与崇拜。但有一日有幸成为强势方，对手也与曾经的自己一样被蹂躏虐杀。如此恶性循环，导致社会大众对于司法公正产生强烈的负面评价，直接以显性因素影响法治建设的成效，败坏全社会法律风气。因此，以卓有成效的战略战术体系压制强势方的巧设机局、鬼蜮伎俩、神机鬼械，不仅对于个案的公正有立竿见影的功效，对于国家法治建设亦具有十分重要的战略意义。

不是强势方太强，而是弱势方太弱，缺乏有效的智慧、谋略与经验去构建卓有成效的战略战术体系来反制强势方。如果弱势方具有行之有效的反制手段，强势方恢复清醒理智不需要太长时间，正如让施暴狂徒清醒的最好方法不是动之以情、晓之以理，而是由一个在绝对实力上完胜暴徒的人一击便震撼暴徒的身心，使其从脱离现实的控制欲、征服欲当中醒来。在重大、疑难、复杂案件中双方实力悬殊的对抗情况下，运动战中伺机围歼战术是弱势方最有力度的实战解决体系，犹如连通器一般，能够瞬间将双方实力巨大差距匀平，实现以弱胜强的绝地逆袭。

弱势方一旦掌握了战略震慑力与战术攻击力强大的智谋系统，强势方优势荡然无存的时候，双方便恢复了平等，往后若还有幸能够合作，也就摆脱了被颐指气使的被动地位，因而也就避免了弱势方在法律讼争中必败的宿命。在前述我方璧盈公司与对方翩致公司案件中，我方通过运动战中伺机围歼战术将对方拿下以后，对方坚持上诉后被维持原判，在强制执行程序开始不久，对方便主动履行。后来，据说对方与供货商合作模式有变，对方开始规范地与供货商办理收货、验收、结算等凭证了，这也算是个案产生的社会效果，最起码让强势地占据法律制高点，利用优势地位搭建完全有利的事实证据、法律技术与综合实力来左右法律公正裁判的现象在局部范围内有所收敛。笔者在操盘解决重大、疑难、复杂案件过程中，遇到过太多强势方在落败后由不甘失败、气急败坏到平静理性、谦逊平和的转变，根据笔者长期观察判断，这些恢复理性与谦逊的强势方在后来的社会经济活动中，明显讲理明法多了，这也是法治建设在进步的最实在的表现。甚至有些案件结束后，原来激烈讼争双方还能够握手言和、重归于好，在强势方收敛的基础上，双方合作非常顺畅，这是法治建设最光荣的锦旗。其实，法治建设与法治进步没有那么宏大，它体现在社会生活的细微点滴之中，社会最小单位的人或者组织的合法权益依法得到了保障，法治就在进步。尤其是相对弱小的个人或者组织的权益得到更好的保障，才是法治建设成效最务实的衡量指标。法律面前人人平等是法律设定的原则，而法律适用的最理想效果却是公平，因而，尤其是在法律实务领域，必须具备更有效、更丰富的实战方法论来保护相对弱势方，抑制强势方的非理性诉求，达到公平、公正的法律适用效果。

五、运动战中伺机围歼大战术的适用条件

（一）我方在正面防线阵地战中无望取胜

这里有一个重要的前提是从基础事实角度分析，我方具有取胜的公理必然性，换句话说，我方可以竖起欠债还钱、天经地义的大旗。如果我方本身就不具备这种取胜的公理必然性，那就失去了探讨运动战中伺机围歼战术的实际意义。我方如果在正面防线对抗中具有绝对优势，那也不用迂回曲折、绞尽脑汁地去筹谋解决案件的战略战术问题，直接正面掩杀过去结束战斗便是。若对方占据绝对优势，但还像我方一样绞尽脑汁地筹谋高明的战略战术体系，我方可能会无路可走。我方在对方布设的正面防线面前完全处于劣势，在正面防线阵地战中显然会遭到全面压制，即使假定对方以最糟糕状态与我方最佳状态对阵，恐怕我方也无力取胜。

因而，正面防线阵地战中无望取胜，就可以考虑运筹运动战中伺机围歼战术，在对方较长战线上敏锐地发现其薄弱环节，考虑以灵活的运动战与其展开周旋，在运动战中取得相应的战术成果，以求突破对方战略防线的可能。

在前述我方璧盈公司与对方翩致公司案件中，对方在合同条款、证据资料、法律技术设计、综合实力方面具有绝对压倒性的优势，我方如果选择贸然搭建正面防线阵地战平台与对方展开讼争，结果必定是铩羽而归。因为曾经有与我方情况类似的供货商在与对方产生纠纷后，选择直接在正面防线阵地战中对垒，结果因为证据不足被全部驳回诉讼请求的先例，在我方正式交涉偿还拖欠数亿货款时，对方还以此威胁我方掂量一下轻重，三思而后行。因为正面防线阵地战中我方不占一点优势，必须在正面防线以外寻求突破机会，将我方战略潜能逼迫出来，最终选定对方庞大机体中的致命缺陷与薄弱环节，以轻便灵巧的战术行为，逐一取得我方明确的战术结果，最终形成运动战中伺机围歼战术体系。

（二）对方庞大机体中存在薄弱环节

对方实力强大，自然机体相对庞大。事物总是具有两面性，在机体庞大保障了实力的同时，便又因为庞大而造成环节众多，实际上又不可能面面俱到地将每个环节打造得固若金汤、牢不可破。必定存在某些环节未受重视或者布防虚弱，或者再严谨规范的规章制度也难以将千头万绪的客观现实管理得井井有条，因而也就存在必然的薄弱环节与致命要害部位。这些薄弱环节与致命要害部位对于对方庞大机体并不会产生显性负面影响，若在激烈对抗的情况下，这些薄弱环节与致命要害部位一旦被对手利用，后果是致命的。而对方的薄弱环节与致命要害部位，正是我方运作运动战中伺机围歼战术的客观条件。

在重大、疑难、复杂案件中双方实力对比悬殊的情况下，弱势方无法在正面防线阵地战中突破，欲寻找对方庞大机体中的薄弱环节与致命要害部位，不是有没有的问题，而是客观存在的问题，唯一的问题是我方如何发现并加以利用。一般来说是基于对方弥补基础事实与公理方面的缺陷而矫枉过正地加强本方证据体系而遗留的问题，或者由于对方内部信息沟通不畅、组织隔阂导致重大情况被局部掌控、管理制度限制、内部分歧等原因造成。总之，只要我方具备敏锐的洞察力与不俗的调研能力，对方的薄弱环节与致命要害部位并不难把握。

在前述我方与对方翩致公司案例中，对方各地子公司均为独立法人组织，拥有较大的独立管理权限，而我方接受对方总公司指示，经常直接将货物送至对方各地子公司。子公司定期与总公司结算，子公司不可能拖欠总公司的货款。而且，总公司规定各子公司遇到标的三千万元以上的诉讼才需报备总公司。对方总公司与数量众多的子公司之间层级烦琐，管理控制形式复杂，信息沟通不畅，人浮于事、各自为政的情况比较常见。总公司与某些子公司以及某些子公司之间也存在着明显的矛盾，互相猜忌、隐瞒、保密等情况也属常见。而这些正是对方庞大机体的薄弱环节与致命要害所在。我方一旦以事实合同关系为基础分别起诉问题比较严重的子公司，无论是按照规章制度还是对方总公司与各该子公司之间的关系现状分析，总公司不知情的可能性非常大。况且，该诉讼中对方子公司因为已经及时将货款支付给总公司，因而自认为百分之百胜诉的事情，无须汇报总公司更是理所当然。因而，在庭审中必定极力地拿出已经结算、本方无须承担法律责任的证明来证实抗辩理由。而这正是我方所要拿到的核心证据体系。事实证明，对方子公司在运动战中配合我方出示的结算凭证体系，成为我方最有力的战略武器，对于后来围歼决战成功奠定了基础。

对方的薄弱环节与致命要害部位，是我方运作运动战中伺机围歼战术的前提条件，但该条件能否具备，更大程度取决于我方的综合能力与主观努力。与其说对方庞大机体中存在薄弱环节或者致命要害部位，还不如说我方必须具备发现对方庞大机体中薄弱环节与致命要害部位的能力。

（三）运动战战术成果可形成战略优势

该问题也涉及重大、疑难、复杂案件中决不将斗争扩大化的原则问题。在重大、疑难、复杂案件激烈讼争过程中，法律程序往往比普通诉讼案件要多得多，因而，难免会有部分诉讼程序或对抗方式与案件讼争的核心问题无关的情况，导致双方为此陷入为斗争而斗争的泥潭。案件本身已经够复杂了，再加上这毫无意义的争斗，更显泥泞困厄。好多缺乏驾驭能力的当事人与代理团队深陷其中不能自拔，既无助于解决问题，反倒严重地分散了战略力量，严重影响案件核心问题的解决。在运作运动战中伺机围歼战术时，在运动战中选取的战术据点上，针对对方薄弱环节与致命要害部位部署的具体战术行为可能产生的战术成果，必须与正面防线阵地战诉讼中的法律事实具有直接联系，能够使正面防线诉讼中的重要案件事实得到证明或支持。如果不具备这点核心价值，那运动战中的战术行为便不具有存在的实际价值，沦落为纯粹的斗争工具，在实务中必须坚决避免这种现象。

因而，在实施运动战中伺机围歼战术时，运动战中的具体战术行为必须进行全局考量，以确定该战术行为高度可能的战术结果能够转化为有效战略力量，确定每个具体的战术行为都有的放矢且卓有成效。比如，在前述我方璧盈公司与对方翩致公司案例中，我方在运动战中确定的具体战术行为是起诉对方某些子公司基于事实合同关系向我方支付货款，战术目标是让这些子公司在诉讼中为极力证明其不应承担该义务而举证证明其已经向总公司履行了结算义务。事实上，对方子公司在诉讼中确实提供了翔实的结算凭证体系，我方得到该证据以后，起诉对方总公司的证据链条得到了强力完善，完全具备向对方发动围歼决战的条件。因此，该战术行为的战术成果显然能够直接转化为战略优势，是运动战中伺机围歼战术运作过程中优质的战术行为选项。在实务中，未必每个案件都具备精炼提取如此优质战术要素的条件，但最起码应该选取能够支持我方正面防线核心诉讼基本事实与理由的战术项，坚决杜绝与核心诉讼无直接关联的战术行为。

（四）运用运动战创造的战略优势可发动围歼决战

在运动战中伺机围歼战术中，运动战是手段，伺机围歼才是目的，运动战是为发动围歼决战创造条件而存在的。因而，运动战战略效果评判唯一标准就是是否围歼决战创造了充分条件。因而，运作运动战中伺机围歼战术前期阶段，需要始终将工作重心放在评估运动战能够创造的战略优势方面。发动运动战并不难，如果奉行那种为斗争而斗争的原则，处处皆可为运动战。如果要求运动战战术结果能够创造一定战略优势，如何发动以及怎么运作就具有一定难度了。如果要求运动战创造的战略优势为发动围歼决战创造充分条件，那就非常考验智慧、谋略与经验。在实务解决过程中，好多重大、疑难、复杂案件当事人与专业操盘团队在强势方面前一筹莫展、无计可施、黔驴技穷的情况，多数是因为无法精炼提取能够创造围歼决战充分条件的运动战战术体系。在该类案件解决实务中，无论是当事人还是专业操盘团队，其实早已认识到不可头痛医头、脚痛医脚。最无奈的事情是思想认识提升了，但驾驭水准跟不上去，还不如传统专业技术流思维方式与处理模式下的懵懂无知来得快乐。因此，如何建构能够为围歼决战创造充分条件的运动战战术体系，是运动战中伺机围歼战术能否成功的最关键因素。

运动战战术体系为围歼决战创造充分的条件，客观条件占三成左右，其余均靠主观能动性解决。必须相信任何事物均遵循客观规律，月圆则缺，日中则移，花绚则靡，水满则溢。对方即便再强大，只要没有站在正义的立场上，企图通过利用优势地位在双方合作过程中控制一切，包括法律事实、法律技术、证据材料等方式稳固其讼争地位，必定留下太多违法违规后果，因为有些事实一旦客观存在，便无法人为改写。比如前述我方璧盈公司与对方翩致公司的案例中，对方虽然强势地单方保管收货凭证等关键证据材料，但无法改变其子公司向其汇总结算的事实，最终还是在此环节上阴沟翻船。对方为了在质量上达到吹毛求疵的高标准要求，甚至在合同中约定若因质量未达到品控要求而发生一次退货情况，则下季度结算时扣除当季度整体货款百分之五的罚金。后来对方又恶人先告状，先声夺人，在最后一次收货长达一年后起诉我方产品质量存在问题并索取近两亿元赔偿。在该诉讼中，法官询问对方根据合同约定，既然质量存在问题，有没有在季度结算时扣款时，对方王顾左右而言他，根本就无法面对，真是机关算尽反误了卿卿性命。显然，对方在为自己创造有利条件的同时，却掉入了自己设置的陷阱。

在重大、疑难、复杂案件中运作运动战中伺机围歼战术，构建能够为围歼决战创造充分条件的运动战战术体系，是十分重要且考验智慧、谋略与经验的工作。但只要经验丰富且善于分析发现，七八成以上的案件都存在该客观条件，关键问题是看我们有没有发现提取的能力。有时候该项能力与意识成正比例关系，能力越强，发现提取有利要素的意识也越强。相应，发现与提取有利要素的意识越强，该项能力也越强。有一个重大、疑难、复杂案件当事人咨询过笔者，说对方是一家实力相当强的上市公司，在与本方进行技术成果交易时，收取所有程序源代码后拒付转让费用。当初签订协议时对方公司没有盖章，只是其一位副总经理签字，但在法庭审理中对方不承认该事实。笔者提醒他申请法院去人事劳动部门调取该副总经理与对方公司的劳动关系证明，他欣然致谢离去。后又致电问笔者称该副总经理是从对方公司系统中其他公司借调而来，因而没有调到劳动关系证明，笔者提醒他既然是上市公司，已经到副总经理级别，不大可能像个花瓶一样作为摆设，其在好多对外业务活动中均会留下签名等痕迹，比如证监会公开的相关资料中亦有可能存在其签名。又欣欣然挂掉电话。大概是调取有效证据了，否则还会致电或面谈，笔者还得教一步走一步，他们永远不懂得提前把这些工作一次性做到位。如果我方在重大、疑难、复杂案件诉讼中采取这般治标不治本的方式发现、提取、组织有利要素，全面彻底解决普通案件问题也不现实，更别提解决重大、疑难、复杂案件中的尖端难题。实务情况并不乐观，这样的应对方式与力度普遍存在于重大、疑难、复杂案件实战解决领域，导致太多案件在基础条件并不差的情况下悬停僵死。睹错思对，我们要构建为围歼决战创造充分条件的运动战战术体系，必须具有敏锐、深彻、全时空的有利要素发掘与提取能力，而且要具备组织、运用有利要素于实战的智谋与执行力，只有这样才能保证我方确立正确的运动战战术体系，并且正确执行具体战术行为，将各个战术结果进行复合运用，形成战略优势，并以此战略优势发动全面围歼决战。

六、运动战中伺机围歼大战术运作的实务指引

（一）透彻地认识双方实力对比

运动战中伺机围歼战术是在双方实力对比悬殊的情况下，弱势方运用较多的战术。该战术运作的首要工作就是充分而透彻地认识双方实力对比，如果这点认识不清或者存在偏差，将会给实战效果带来致命的影响。在实务中，往往存在两种易犯的错误，一种是过分地夸大对方的实力，因而选择战略逃避，属于战略怯懦错误；另一种是过分扁平化看待问题，忽略双方实力差距，统统归于专业技术问题予以对待，结果导致螳臂当车的可悲结果出现，属于战略幼稚错误。

战略怯懦错误者最为常见，这种当事人过分地夸大对方实力，可能是因为双方在合作过程中实力奠定的优势地位形成的惯性，好多弱势方在发生纠纷以后根本就没有勇气与强势方对垒，只能选择忍气吞声、息事宁人，有些企业甚至被压制至破产境地，也未敢迈出抗争那一步。多少请教过笔者不下十遍的弱势方当事人，一遍遍地问、反复地盘算、不停地给自己打气，但最终还是选择了放弃。其实案件本身并非毫无希望。如果一个人连维护自己权益的丁点勇气都没有，那再好的智慧、谋略与经验也是摆设。所以，在有些缺乏勇气的弱势方当事人反复向笔者请教如何制服强势方对手时，笔者也劝其既然没有勇气，那还不如给自己一条退路，干脆放弃别再去想，另谋一条出路或者退路，不用整天想斗但又瞻前顾后，实在纠结得有如撕裂般的疼痛。

　　战略幼稚错误者往往扁平化看待实力对比悬殊的问题，认为标的再大、对方实力再强最终也是拼事实、讲证据、听法律，便按照传统单纯诉讼案件对待，结果双方甫一正式交锋便败得溃不成军，被对方坚固而强大的正面防线压制得连气都喘不过来，坚持一路抗争追究，最后落得一场空。在前述我方璧盈公司与对方翩致公司的案件之前，曾经有一个情况与我方公司基本类似的当事人，在与对方发生纠纷后，未对双方悬殊的实力对比进行深入分析与认识，坚持正义就是力量的战略幼稚，以传统专业技术流思维方式与处理模式进行处理，在诉讼中最坚定有力的做法是申请法院向对方调取证据材料，称对方利用优势地位单方持有关键证据，为了查明基本案情，保护原告利益，要求法院向对方调取证据。这是很荒唐的事情，首先不论法院未受理该原告申请的对与错。众所周知，在民事诉讼中谁主张谁举证，如果当事人不能举证证明其主张的事实，必须承担不利的法律后果。一方申请居中裁判的法院向另一方调取对于申请方有利、对被调取方严重不利的证据，恐怕严重有违基本法律原则。实务中固然有这么做的，但毕竟是极少数，而且法院为此承担了极大风险。结果显而易见，该原告因为缺乏证据，铩羽而归。后来又主张双方合同显失公平，来回诉讼折腾了好几年，形势比当初原点要糟糕得多。这种扁平化看待双方悬殊实力对比的战略幼稚错误，是好多重大、疑难、复杂案件陷入绝症的病灶所在，案件经过长期努力与折腾，在用尽救济手段、使尽所有力量后悬停僵死，深陷泥泞困厄，绝非案件本身的疑难、复杂，而是战略方向、路线、方针等根本性、方向性、全局性的错误导致。而这种根本性、方向性、全局性的错误源头，正好在于当事人与专业处理团队固守传统专业技术流思维方式与处理模式，误将重大、疑难、复杂案件当作单纯诉讼案件进行模式化、标准流程化、平均值化加工处理。因而，战略幼稚错误在处理重大、疑难、复杂案件中，必须极力遏止。

　　透彻地认识双方实力对比，要求我们在战略自信的基础上，结合案件客观形势进行深入研究，对于案件全部有利要素与不利要素进行提取并综合分析运用，充分地利用经验法则对于案件未来可能走向进行预测判断。在此基础上充分认识双方的优势与劣势，务必做到全面客观，既不能犯战略怯懦错误，也不可犯战略幼稚错误，理性地面对对方的强大与我方的相对弱小，睿智地洞察对方的阿喀琉斯之踵与我方的以弱胜强的可能性。初步建立起我方克敌制胜的战略战术框架体系，并大致确定我方应该采取的核心战术，制订争取核心战术所需证据与有利要素的方向与途径，为双方正式讼争做好全面准备。其实，充分而透彻地认识双方实力对比的过程就是初步确立我方战略战术体系框架的过程。

在前述我方璧盈公司与对方翩致公司案件中，对方实力是异常强大，我方与其不在一个当量级。对方在事实证据、法律技术、综合实力等方面可以完全压制我方。但我方拥有两大优势却是对方永远不可能具备的，那就是站在正义立场的公理优势与经验饱富的操盘团队。基于站在正义立场的公理优势，我方只要发扬积极自救的精神意识，掘地三尺、钜细靡遗地调查摸排，必定能够在证据收集方面有突破性建树。如果在静态证据收集过程中无法有大的斩获，那么，在动态证据收集过程中，比如在特定诉讼中使对方的子公司在毫无防备的情况下和盘托出我方所需要的证据，亦具有高度的可行性。一旦证据方面取得突破，双方实力对比立即发生变化。操盘团队方面的优势并非出于自恋，而是经过充分调研，对方法务团队亦十分强大，但受其总公司董事长风格影响，太过迷恋法律专业技术，好给对方使用法律设计与诈术，擅长与人对抗与论辩，在面对对手刺激时反应易敏感过激，在我方正式交涉偿还货款后立即先声夺人起诉我方货物质量问题便是最好例证。总之，对方操盘团队总体来说奉行的是传统专业技术流思维方式与处理模式，而且相当轻敌自负，依恃双方合作过程中利用优势地位设计的事实证据、法律技术方面的优势，根本就没有把我方看在眼里，再加上之前与我方情况类似的供货商被打得丢盔弃甲的胜绩，更是令对方不可一世，气焰熏天，曾轻蔑地奉劝我方公司董事长别委托律师，避免乱花钱。那么，这样的实力对比情况下，我方完全可以做到战略上的藐视，我方若以正确的战略战术部署与对方展开有理、有利、有节的对抗，鹿死谁手，我方倒更有信心与把握。

（二）敏锐地发掘对方庞大机体中的薄弱环节

这是实施运动战中伺机围歼战术中最关键的一环，因为这是我方实施运动战的方向。运动战如果失去对于对方薄弱环节与致命要害部位的打击，那相当于盲流战术。发掘对方庞大机体中的薄弱环节的水平，直接决定了我方运动战的水平与实际效果，进而决定了能否达成围歼决战条件的战略优势。在面对实力远胜自己的对手时，到底是无计可施、束手就擒还是能够以弱胜强、绝地逆袭，决定因素就是能否敏锐地发现对方的致命薄弱环节。实务中有太多当事人在实力强大的对手面前一筹莫展乃至主动让渡权益乞求暂时安宁，若能够睿智而准确地发现阿喀琉斯之踵，想必也不至于签署丧权辱国的不平等条约。再强大的对手，也有致命的弱点，能否发现并加以利用，才是我方敢于在实力对比悬殊的情况下，毅然决然地向强大的对手宣战的底气。

发掘对方庞大机体中的致命薄弱环节，除了具备顶尖级法律专业人士应当具备的基本素质外，还必须拥有非常丰富的阅历与生活经验，熟悉法律以外的社会架构规则，谙熟暗流中利益涌动方向与规律，精熟地掌握人性在不同境遇下的适应变化，了解组织行为学与群体心理学，具有侦探的观察能力、分析能力、综合能力、归纳能力、推理能力、想象力以及精明缜密、审慎果敢。对于对方在法律关系产生、发展、变化过程中的行为进行全面分析判断，大胆地预测并确定其可能存在重要问题的环节与部位。并对于对方组织体系进行深入调研了解，熟悉其运作流程、制度、利益分配机制、权力分配方式、责任承担模式、内部矛盾状况，有针对性地将我方的战术行为与对方组织结构的特性结合起来，充分地利用对方组织结构中的缺陷与问题，强化我方战术体系的威力。

比如，在前述我方璧盈公司与对方翩致公司案例中，对方公司存在三个层级，最高级为一级总公司，第二级为市级子公司，第三级为区县级子公司。我方实际上与一级总公司存在直接业务合作，但对方总公司经常指令我方直接向二级子公司与三级子公司发货，事实上，我方与二级子公司以及三级子公司也发生了业务合作关系。对方以保密为由不许我方持有收货、验货、结算凭证，但我方被对方强势剥夺的关键证据在对方三级公司都有存档。我们来一个理想的假设，虽然设定了理想条件，但可以释明发现并利用对方薄弱环节的谋略。假定对方三级公司之间存在行政隶属汇报关系，我方与对方一级子公司双方发生了一定的冲突与分歧，又假定我方与对方三级公司都能够保持正常沟通，又假定对方哪怕撒谎也会书面回复的情况下，我方想得知一级子公司到底应付我方多少货款，方法绝对不止一种。直接发函征询一级子公司，太幼稚也太常规化，因为双方已经存在对立，对方绝对不会说实话。召集三家一起开会或者以三方都征询的方式去追问，结果可能是三家提前统一口径而得到虚假的结果。这两种方式都属于常规化的聪明做法，富于智谋的做法应该是先绕开三级子公司，别表现出任何异样与征兆，借着与一级总公司、二级子公司分别沟通其他问题而巧妙设问，让总公司与二级子公司在没有防备的情况下捎带着间接回答或者直接回答了三级子公司到底应该支付我方多少货款，总之，绝对不能引起一级总公司与二级子公司的警觉。在分别得到一级总公司与二级子公司的答复后，即使与我方推定三级子公司应付我方货款数额不一致，也别先声张，再单独向三级子公司征询其应付我方货款数额。得到答复后，有意思的结果就出现了。我们往往会惊奇地发现三级公司说辞都不一致的情况。此时，可以以三级子公司与一级子公司说辞不一致的问题，二轮征询一级总公司；就三级子公司与二级子公司说辞不一致的问题征询二级子公司；就二级子公司与一级总公司说辞不一致的问题征询一级总公司。此时，可能无法再得到任何答复，但已经够了，对方三级公司说辞不一，而其又为同一系统，总有地方治理他们的混乱。这种同一系统内各层级说辞不一的情况，在诉讼中作为证据使用，对方将十分被动，法庭认定也将对我方极为有利。如果对方三级公司本身存在内部矛盾，在互相攻讦、指证、推责过程中，或许会有更精彩、更劲爆的情节发生，甚至有哪级子公司公然支持我方，也并非不可能。笔者律师团队在实务解决过程中，就遇到过对方阵营中的参与主体公然站出来指证对方、支持我方的情况。

在前述我方璧盈公司与对方翩致公司案件中，我方实际上也是充分地运用组织行为学与职场群体心理学的原理，正好利用了对方内部层次、流程、制度、人际关系等方面的缺陷、漏洞与弱点，让对方的七家子公司向我方提供了有力的关键证据。我方面对对方强大而坚固的正面防线，理性地评估无法从正面防线阵地战中突围，便决定实施运动战中伺机围歼战术。在实施该战术过程中，最核心的问题便是准确把握对方庞大机体中的薄弱环节与致命要害部位。首先确定运动战战术据点为对方七家子公司，因为该七家子公司地域跨度较大，业务上往来并不密切，彼此串联互通情况的可能性较低；我方先选择最不可能被总公司知情的三家进行诉讼，该三家落实后再落实另外四家；对方公司规定子公司标的三千万元以上的诉讼案件需要申报总公司，而我方起诉该七家子公司的个案标的均在三千万元以下；对方体系庞大、层级烦琐，官僚主义严重，人浮于事，各个公司之间防备、猜忌、保密、拆台现象较严重，我方在各子公司可不申报限度内的小额诉讼，对方总公司得不到消息是大概率事件；我方诉子公司的理由是双方存在事实合同关系，我方向其提供了货物，该子公司必定以我方是接受其总公司指令而发货，合同相对方是我方与总公司，其与我方无合同关系，况且其已经如期将货款结算后支付给总公司为由辩解，并且在专业技术操作范畴极力地托出其与总公司结算支付凭证予以证明，以求在本案诉讼当中大获全胜。这些就是我方根据前期调研摸底得到全面、充分的情报而对于实施运动战中伺机围歼战术所需对方薄弱环节与致命要害部位的判断。事实上，我方在与对方七个子公司的诉讼中，完全得到了该七家子公司与总公司之间货款结算凭证，运动战取得了突破性的战术成果，该战术成果直接导致我方掌握了战略优势。从双方实力对比悬殊，我方完全处于劣势到掌握战略优势，竟在弹指之间，让人感觉恍惚又真实，或许这就是重大、疑难、复杂案件对于法律实务工作者的魅力所在吧。敏锐地发掘对方庞大机体中的薄弱环节，非但对于实施运动战中伺机围歼战术具有至关重要的作用，而且对于整个案件的战略形势，也发挥了一定程度的决定性作用。

（三）运动战与围歼决战的精准战略定位

运动战中伺机围歼战术包括两大战术体系，一个是运动战战术体系，另一个是围歼战战术体系。运动战战术体系是为围歼战创造充分战略条件的手段，围歼战才是最终实现我方总战略目标的途径，两者定位必须清晰准确，并且配合得相得益彰，确保各自在运作运动战中伺机围歼战术过程中发挥应有作用。

运动战战术体系作为战略手段的属性，决定了其附属地位，不可独立存在，因围歼战的需要而存在，一旦完成既定的战术目标便告终止。具有创造围歼战所必需的战略条件的运动战战术才具有实际意义，否则便是盲目的战术对抗。能够创造决定性围歼战所必需的战略条件的运动战战术，便是运动战战术体系中的核心战术。如果围歼战战术体系调整，运动战战术体系也随之调整变化。运动战战术体系存在的主要意义是为围歼战创造充分的战略优势条件，因而必须贯彻短平快的原则，在短时间内取得既定的战术目标，切忌将运动战打成持久战，在正面防线阵地战之外，形成更复杂漫长的对抗，无谓地分散我方战略力量。在前述我方璧盈公司与对方翙致公司案例中，由于对方利用绝对的优势地位，在合作过程中霸道地将几乎全部有利证据予以控制，导致我方通过正面防线的诉讼中无法取得突破。因此，我方决定实施运动战中伺机围歼战术。我方以存在事实合同为基础起诉对方七家子公司的诉讼行为为运动战战术，其宗旨就是为围歼战——起诉对方总公司偿付数亿元货款创造充分且必要的战略优势条件，取得对方子公司与总公司之间的货款结算凭证，完善我方证据体系中的关键缺失。一旦取得该战术成果，便应当立即终止，不宜过分纠缠，将主要战略力量集中于围歼战。

围歼战是最终实现我方总战略目标的途径，是我方核心诉求的依托，也是全局最核心的战术。在运动战中伺机围歼战术运作中，围歼战是目的环节，之前运动战的努力都是为围歼战做准备。围歼战的成功与否不但决定了运动战战术成果是否能够转化为有效战略力量，而且也决定了我方讼争全局结果，因此必须审慎对待。

围歼战战术体系必须保持高度的稳定性与全局性，这是由我方战略目标的恒定性决定的。围歼战别无选择，要实现我方讼争整体目标，必须在围歼战战场上取得决定性的胜利，可谓自古华山一条道。要实现我方终极诉求，必须走这条道，但直接走又行不通，因而才有了实施运动战中伺机围歼战术的充分必要性。运动战中的努力与付出，都是为了打赢围歼战。因而，围歼战必须以全局战略眼光进行审视，保持高度的稳定性，在条件不成熟的时候耐心等待运动战创造战略优势条件，在条件成熟时稳步推进，将运动战的战术成果转化为战略成果。稳定性也要求我方必须坚持稳定的战略信念，确信在正确的战略战术运筹下能够实现以弱胜强的战略目标。

在前述我方璧盈公司与对方翩致公司案件中，我方实施运动战术取得既定的战术目标，成功获取对方子公司无意间和盘托出的货款结算凭证体系后，我方证明对方拖欠数亿货款行为的关键证据已经基本掌握，运动战即行终止。转而在正面防线阵地战战场宣战，在翔实、充分、有力的证据体系基础上，对对方进行围歼决战，在我方运动战战术成果基础上形成的强大进攻战略力量，将对方战略防线全线攻破，非但我方诉求支付货款的请求得到支持，亦将对方恶意先声夺人的质量问题诉讼请求予以驳斥，完全实现了我方的总体战略目标。围歼战作为实现总体战略目标的途径之定位，在此过程中得到了完全的体现。

（四）重要环节的保密工作

运动战中伺机围歼战术实施过程中，运动战的战略意图以及运动战战术成果与围歼战之间的关联关系，要严格保密。运动战战略意图需要绝对保密，在运动战战术部署时就应当充分考虑保密的需要，确保不能被对方发现与识破。而运动战战术成果与围歼战之间的关联关系，我方必须尽一切可能在运动战战术部署与运作过程中做到最大限度的保密，至于对方觉察，那属于我方应当承担的正常风险，说得达观一些，谋事在人，成事在天。但以笔者律师团队实战经验判断，在我方实施运动战中伺机围歼战术过程中，对方能够警觉地预测到我方运动战战术意图的情况是极少数的情况，而且发生在运动战战术对象与围歼战战术对象同一的情况。比如，在前述我方璧盈公司与对方翩致公司案例中，我方运动战战术对象是对方下级子公司，而非对方总公司。对方总公司是我方实施围歼战的战术对象，因而，只要运动战战术谋划周密精巧，一般不会引起对方警觉。如果我方运动战战术对象本身就是对方总公司，那对方警惕性就十分高，至少不会在诉讼中和盘托出结算凭证体系来帮助我方。因此，实施运动战中伺机围歼战术过程中，运动战战略意图、运动战战术成果与围歼战之间的关联关系这两个关键环节的保密工作，应当从运动战战术谋划设计时就开始做起。

在筹划运动战战术体系时，要在充分掌握客观形势的基础上，利用对方战略防御方面的麻痹轻敌，巧妙利用对方庞大机体内部缺陷、漏洞与矛盾，谋划设计令对方庞大机体内不同的独立主体站在完全不同立场的战术，从而各自都很努力，站在本方立场都没有犯错，但站在我方立场考量，却是在不知不觉中为我方提供了战略力量支持。比如，在前述我方璧盈公司与对方翩致公司案件中，我方为了达到取得对方内部货款结算凭证体系这项至关重要的证据，在谋划运动战战术体系时，充分地考虑了以下条件来保障我方运动战战略意图的保密性：对方七家子公司地域跨度大、业务上往来不密切，彼此串联互通的可能性小；我方先选择最稳妥的三家进行诉讼，先落实第一步工作之后再落实其他的；对方总公司规定子公司标的三千万元以上的诉讼案件需要申报总公司，而我方起诉该七家子公司的个案标的均在三千万元以下；对方体系庞大、层级烦琐，官僚主义严重，人浮于事，各个公司撞钟式履责、各扫门前雪的现象十分严重，彼此之间防备、猜忌、保密、拆台现象普遍存在，我方在各子公司可不申报限度内的小额诉讼，对方总公司得不到消息是大概率事件；我方诉子公司的理由是基于事实合同关系向其提供货物，按照常理以及我方通过情报工作对于对方的了解，该子公司必定以我方系接受总公司指令发货，合同相对方是我方与总公司，子公司与我方不存在合同关系，况且子公司已经如期将货款结算支付给总公司为充分理由辩解，进而为保专业技术力道而和盘托出其与总公司结算支付凭证予以证明以求大获全胜。事实证明，通过我方合法、全方位、深邃的情报工作，充分了解对方庞大机体内部结构并利用其缺陷、漏洞与矛盾，谋划的战术体系确实产生了明目张胆地实施，但却能瞒天过海的成功效果。对方子公司面对我方诉讼，一则未达到申报总公司的标准，二则以传统专业技术流思维方式与处理模式进行处理，分析事实证据后必然认定其虽确实接受过我方供货，但系我方基于总公司的指令，我方与其不存在合同关系，只与总公司之间存在合同关系，况且子公司已经向总公司汇总结算支付过，因此，本案我方主张的事实与理由不成立，诉讼请求应当予以驳回。因而在胜券在握、成竹在胸的基础上不遗余力、毫不保留地追求大获全胜，无意间便将其与总公司之间的货款结算凭证和盘托出。这种放之四海而皆准的分析推理，正确得毫无疑义。但最大的问题就是战略盲目问题，站在本方立场，从专业技术角度分析是没有问题。但如果站在对手立场，那就是帮助对手壮大战略力量。因而，总体分析断定其为严重的战略盲目，毫无疑问。

这种情况在法律实务中经常发生，不光是在重大、疑难、复杂案件中，在普通较复杂的案件中也经常出现类似问题。笔者之所以经常提及传统专业技术流思维方式与处理模式，就是提醒法律实务同仁们，我们学习并运用法律，容易把自己的身份定位于专业技术人才，因而具备了专业技术人员的较真、教条、刻板，在自己负责的一亩三分地里面埋头耕作，不甚闻悉窗外事。因而，经常只见树木，不见森林。也时常盲人摸象般，企图以专业技术触点解读并驾驭法律事务。不同的身份要有不同的专业维度定位，整体来说均属法律专业技术人才，但法官、检察官、律师的专业维度定位恐怕有天壤之别，犹如军队政治部与特种兵的专业维度定位之迥异。律师必须全局掌控法律事务，解决问题的专业技术手段必须与全局形势与需要相匹配，否则就会经常像前述翻致公司子公司的法务团队与代理团队般只讲专业，不务战略全局，最终导致触犯严重的战略路线错误，满盘辛苦劳顿却为对手做了嫁衣。

通过充分而扎实的前期情报收集与调研摸底工作，透彻地掌握对方庞大机体内部结构，巧妙地利用其缺陷、漏洞、矛盾，谋划设计令对方庞大机体内不同的独立主体站在完全不同立场的战术，各自都很努力，但却为我方提供战略支援，如此，方为运动战战略意图保密的最佳选择。也就是说，运动战战略意图的保密工作，需要我方谋划设计运动战战术体系的功力来保障。如果将运动战战略意图保密工作的希望寄托于对方的幼稚浅薄，希望对方很天真地被我方瞒天过海的举动骗得五迷三道，我方首先已经比对方更幼稚浅薄了。还是应了那句老话，厉害的人必须觉得对手比自己更厉害，赢弱的人当然认为对手比自己无能。尤其法律实务工作者，需要在复杂多变、争斗激烈的法律关系中戴着手铐与脚镣在铡刀刃上跳舞，下面还是一片火海，绝不容许将对手设想得比自己赢弱。

做到了运动战战术意图保密，也就基本上保障了运动战战术成果与围歼战之间关联关系的保密工作。如果对方对于我方运动战战略意图处于盲视状态，那也无法上升到判断运动战战术成果与围歼战之间的关系。如果对方能够一针见血地洞穿我方运动战战略意图，那运动战战术成果与围歼战之间的关联关系也就暴露了，因而运动战的部署也应可宣告全面失败。由此看来，通过充分而扎实的前期情报收集与调研摸底工作，透彻地掌握对方庞大机体内部结构，巧妙地利用其缺陷、漏洞、矛盾，谋划设计令对方庞大机体内不同的独立主体站在完全不同立场的高度迷惑性、高保密度的运动战战术体系，是生死攸关的大事。

（五）运动战与正面防线阵地战战术成果产生化合作用，形成战略复合震慑

运动战目的不是为了打击，而是为了索取我方围歼战必需的战略要素，因此，运动战或许也能够形成一定的战术打击力度，但笔者并不建议这么做，除非运动战本身根本就不会引起对方警觉。否则，如果在运动战中战略力度太强，引起对方全局重视，甚至将主要战略力量移至运动战战线，那我方运动战战略意图与计划将全线失效。正如前述我方璧盈公司与对方翩致公司案件中，我方在诉对方子公司的运动战中，并未进行任何充分准备，故意示之以弱小，令对方感觉我方根本没有什么证据与底气，因而在完全放松无戒备且倾情赶尽杀绝的状态下与我方对垒，从纵横捭阖之道来讲，就是做到了使对方打开。如果我方气势汹汹、来者不善、势大力沉，对方子公司一定警觉，对于我方运动战战略意图的保密性会造成一定影响。运动战取得既定的战术成果即可，法律诉讼的核心是诉讼请求，诉讼请求具有十分强烈的目的性。无论重大、疑难、复杂案件还是普通案件，目的性应该是本质属性。因此，我们必须在讼争活动中始终牢牢把握目的性，任何诉讼行为均应当具有明确的目的性，只要实施某项行为，唯一的追求的结果就是实现特定目的，切莫将法律讼争当作专业技术为基础的艺术，自我陶醉其中，进行逻辑自洽的设计抗争，但却忽略了与本质目的南辕北辙的严肃问题。尤其是在运

筹运动战中伺机围歼战术时的运动战战术，更具有极强的目的性，就是为围歼战创造战略优势条件，因而，一旦达成该目的，运动战就应该寿终正寝。接下来就是如何将运动战战术成果转化为战略力量，进而发动围歼决战的问题了。

运动战战术成果与正面防线阵地战战术之间的结合，是化合作用关系，而非简单的物理相加关系。化合作用会产生新的力量，而物理相加未必形成合力，如果相加的两者方向不对，还会产生反作用力也不得而知。运动战战术成果与正面防线阵地战战术化合的典型表现，就是运动战战术成果直接作为正面防线阵地战的充分必要条件，从而使阵地战必需的重要战略要素得到补齐，形成可以发动围歼决战的战略形势，给对方造成战略复合震慑。

在前述我方璧盈公司与对方翩致公司案例中，我方在运动战中取得了丰硕的战术成果，对方七家子公司均将其与总公司有关货款结算支付凭证体系进行了展露，而这是我方在正面防线阵地战中最为缺失的关键环节。运动战战术成果直接令我方形成完备的证据体系，加之对方拖欠我方货款，于法于理均有失正义公理，尤其是运动战中取得对方曾经强势霸道地单方持有的关键证据后，我方立即掌握了战略优势，形成强大的战略复合震慑效果。利用该完备的证据体系，我方不但顺利地实现了追索数亿被拖欠货款的战略目标，而且使对方在其恶意先声夺人的质量问题诉讼中无法立足，可谓毕其功于一役。这也正是运动战战术成果与正面防线阵地战战术行为产生化合作用，形成全新的战略力量厚度，给对方造成强大的战略复合震慑，从而全面掌控战略优势的必然结果。

第六节　十面埋伏，四面楚歌大战术运作

一、十面埋伏，四面楚歌大战术运作的基本含义、适用情形及重要性

在重大、疑难、复杂案件中，双方并非单纯的法律专业技术之争，往往基于能够决定双方生死存亡的重大利益，倾尽全力、机关算尽地进行殊死搏斗。在这种情况下，装睡的人根本就叫不醒，企图把事情做到让对方由衷地感觉到错误谬舛后握手言和，想必是梦中情境。如果在对方于事实、法律、情理均不占丝毫优势，但却负隅顽抗、无所不用其极的情况下，运筹十面埋伏、四面楚歌战术，往

往是最佳选择。

十面埋伏、四面楚歌战术是在重大、疑难、复杂案件解决过程中，我方基本完全占据重要战术据点并对对方重要战略区域形成瞄准之势，对方依然负隅顽抗、困兽犹斗，甚至无所不用其极地与我方展开对抗的情况下，我方并不急于开战，而是在充分而透彻地掌握对方战略战术部署的前提下，制订六合八荒、力度千钧的战略进攻体系以及密不透风、滴水不漏的战略防御体系，进而全面发动决战围歼对方的战术。

十面埋伏、四面楚歌战术是我方基本掌控战略优势后，为防止对方反扑而导致战略优势转移，因而从进攻与防御两方面对于战略资源与力量进行全面整合，形成最大力度的战略总攻形势与完全切断对方后路的战略防御态势，使对方在正面防线战线陷入绝境，同时又无路可退。总体而言，十面埋伏、四面楚歌战术是我方在掌控战略优势后发动围歼决战，目的就是全线歼灭对方有生力量的一种战术体系。

在重大、疑难、复杂案件讼争中，我方基本掌控战略优势后，最重要的问题自然是如何全线歼灭对方有生力量，给对方全面、彻底的摧毁性打击，完全实现我方的战略目标。但讼争战场形势随时都在变化，此时的战略优势，极有可能因为对方一次关键性的战术行为而改变。因而，操之过急，轻率从事极有可能会丢失得来不易的战略成果。即使在基本掌控了战略优势，只要对方的战斗意志并未减弱，我方最紧迫的问题依然是如何不断地巩固并尽可能地扩大战略成果，防止对方伺机反扑。历史上在本方已经掌控战略优势之后，被对手以关键的战术行为反扑成功的战例，并不少见。这种功亏一篑的遗憾，在重大、疑难、复杂案件解决过程中也不少见。一般情况下，人们在胜利前夕难免松懈麻痹，甚至提前庆祝，因而完全放松了戒备，导致对手伺机反扑而一举成功。在重大、疑难、复杂案件中，除非最终结局已经成为现实，否则便不存在绝对稳固的战略优势。在取得相对而言的极大战略优势后，应该秉持宜将剩勇追穷寇的决绝态度，在对方被逼入狭仄的战略区域后，不给对方喘息的机会，以最快的反应速度部署六合八荒、力度千钧的战略总攻体系与密不透风、滴水不漏的战略防御体系，以此发起战略总攻，使对方在正面防线战场全线溃败，同时完全切断对方后路，从而全面巩固战略优势与成果，达成我方总体战略目标。

提及十面埋伏、四面楚歌战术，总是令人兴奋喜悦，有如释重负的酣畅淋漓。因为在重大、疑难、复杂案件操盘解决过程中，该实施十面埋伏、四面楚歌战术时，我方已经离全面胜利就剩最后一大步了。因而，与十面埋伏、四面楚歌战术有关的实战案例往往是充满喜庆色彩的，与其他战术体系形成明显色调反差，正如前节论述运动战中伺机围歼战术时，总感觉压抑沉闷，因为双方实力对比太过悬殊，该类案件解决全过程都是压抑、沉闷、身心俱疲、诚惶诚恐的，生怕稍有闪失便万劫不复。但实施十面埋伏、四面楚歌战术则不同，我方则是在基本掌握战略优势的情况下，气定神闲地调度我方优势战略资源与力量形成强大的进攻与防御体系，对对方发起围歼总攻，全面实现战略目标的过程，该过程是漫卷诗书喜欲狂、春风得意马蹄疾的巅峰体验，犹如当年韩信雍容自若地指挥调度各方势力，在垓下对项羽方形成十面埋伏，使项羽面临四面楚歌的境地一样的志得意满。

二、十面埋伏，四面楚歌大战术运作的实战案例参考

引用笔者律师团队成功运用十面埋伏、四面楚歌战术解决的一宗重大、疑难、复杂案件，以资在理论论述之前形成比较容易掌握的实战具象。我方委托人达盛公司是对方嶂实公司、启仁公司的供货单位，嶂实公司与启仁公司实际上为同一人控制的两家公司，嶂实公司为房地产开发公司，启仁公司为一家管理咨询公司。嶂实公司当初招标我方中标供货，并向其交纳了投标保证金。后来正式签订合同时，根据嶂实公司的强烈要求，我方只能与启仁公司签订合同，并且向我方展示了两家公司战略合作协议，嶂实公司董事长振振有词地说两家公司都是自己旗下产业，分开签约是集团专业化发展的需要，嶂实公司专注于房地产开发，而原材料采购签约等事务均由启仁公司负责。基于对嶂实公司实力的信任，况且有其董事长的拍胸脯保证，当然，我方达盛公司更是对于该笔较大订单的珍视，因而在疑虑重重的情况下与启仁公司签订了正式合同，但实际上货物还是直接提供给嶂实公司开发的楼盘。我方累计供货价值三亿余元。货品质量合格，对方未提任何异议。对方楼盘已经建成并顺利出售，但拖欠我方约两亿元货款逾期三年拒不支付，启仁公司与我方数次核算对账，但始终无实质履行行为。一开始嶂实公司还算买账，虽然坚称其不是合同主体，但也还能够勉强从中接应、斡旋，但后来态度逐渐嚣张，甚至有一次我方达盛公司项目经理去索要货款时，对方指使一彪人

马将该项目经理从二楼窗户扔了下去，所幸二楼高度较低加之该项目经理身手矫健，未造成实质伤害。双方正式交恶，对方自此愈发蛮横无理，拒绝支付货款。

我方达盛公司通过多方调查了解，与我方直接签订合同的启仁公司基本空壳，基本上未开展有效营业亦无业务收入，已经处于被吊销营业执照的状态。至此才完全明白启仁公司原本就是嶂实公司另行设立，专门为与项目供货方签订协议准备的一家空壳公司，在签约完成后，除了前期支付一亿余元，基本上没有业务活动，后来就被废置，导致被依法吊销营业执照。不光是我方达盛公司，其他供货单位也面临同样的问题。

我方达盛公司咨询过无数专业人士，均得到比较悲观的分析解答，称官司能打赢，但货款能否追回没法保证，根据启仁公司的现状分析，估计希望不大。我方达盛公司极力强调实际上是嶂实公司与我方的合同关系，但无一专业人士认同，均劝我方达盛公司董事长丛某尊重证据，证据显示确系达盛公司与启仁公司签订合同，诉嶂实公司于法无据。并追问丛某有无证据证明与嶂实公司之间存在合同关系或者事实上的合同关系，丛某称货物均送到嶂实公司的工场，得到相当肯定的否定判断。至此，达盛公司无计可施，任凭该笔货款无限烂尾，每逢资金周转不灵时，就追悔哀叹。

在一次朋友相聚时，无意间听达盛公司董事长丛某提起对方嶂实公司、启仁公司拖欠其两亿元货款的事，并十分确定地向笔者调侃指斥法律无能，庇佑恶人逃避义务与责任。笔者问明究竟后觉得很纳闷，问他嶂实公司实力如何，丛某称正好赶上房地产市场高峰期，楼房销售十分顺利，新开发的楼盘已经马上要封顶了。笔者质问他钱就在自己手里，却不取出来用，谁也不能责怪。丛某异之，笑问何故。笔者问丛某为何不追究嶂实公司，丛某坚称无证据证明我方与其存在合同关系，包括事实合同关系也不能证实。笔者又问我方达盛公司确实与对方嶂实公司没有任何实质性的往来时，对方坚称没有。以经验判断，这不科学也很不合理。即使当初被刻意安排与空壳公司启仁公司签订合同，但在房地产项目中，重大采购项目招标主体不可能是启仁公司。于是笔者问丛某招标者何人时，丛某方才恍然大悟，想起招标一节。笔者问有无正式招投标文件时，丛某称当初是通过电子邮件招投标，他已经咨询过专业人士了，邮件也不能证明嶂实公司的身份，因而没有实际意义。笔者提醒他回头检查当初招投标时对方是以哪个具体邮箱地址发送的电子邮件，因为根据经验判断，房地产企业为了树立品牌形象，所有员工对外开展业务活动时，均以公司官方网站域名申请邮箱空间的可能性居大，如果当初对方在招投标时给我方发送电子邮件使用该邮件，那完全可以证明双方存在招投标关系。丛某称需要回去核实，笔者也提醒他，若存在官方域名后缀的电子邮箱，则当初对方任何工作人员留给我方的名片亦可以作为证据使用。我通过再追问得知支付过的一亿余元货款均为启仁公司直接向我方达盛公司转账，便追问若对方收钱时会不会是启仁公司时，丛某甚觉无聊，笑称对方欠我方两亿都不还，怎么可能收钱。笔者提醒丛某以嶂实公司的鬼蜮伎俩、神机鬼械、巧设机局，不大可能不收投标保证金就允许我方投标竞标，丛某如梦初醒，若有所思后称当初确实交过一笔投标保证金，但因数额不大且年代久远已淡忘之，需要回去核实。

简短一番对话，其实已经完全将丛某从这么多年画地为牢的圈子中拉了出来，最起码为他提供了全新的审视与思考角度。后来经过核实，当时笔者追问他的问题全部得到了肯定回答。对方嶂实公司确实在招招标的时候以公司官方域名作为后缀的邮箱给我方发送电子邮件，包括中标通知书。并且，当初确实是我方达盛公司向对方嶂实公司直接转账交付了一百万元投标保证金。还有，丛某也保存了当初对方采购人员的名片，该名片显示公司官网域名与其电子邮箱地址以及在招投标过程中给我方发送电子邮件的电子邮箱后缀完全一致。通过向工信管理部门查询得知，该域名登记所有人确实为对方嶂实公司。至此，完全具备充分、有力的证据证明我方与对方嶂实公司存在合同关系。在明白我方完全可以同时起诉嶂实公司与启仁公司后，丛某反复向笔者求证这一切是不是真的，因为他觉得好恍惚，这么多年一直坚信追究不到嶂实公司。笔者感觉挺同情他的，他作为非法律专业人士，不可能达到那么高深的专业纵深度，何况他咨询过无数专业人士，得到专业人士们清一色的论断，对方嶂实公司不是合同主体，故不能追究嶂实公司的论断，非专业人士的丛某，没有理由不相信众多专业人士众口铄金般的论断。在此，传统专业技术流思维方式与处理模式确实将好多本该具有解决希望的案件，硬生生地给耽误了。笔者常想，律师职业不是通过司法考试，通过实习拿到执业证后便以此身份换取代理费收入，做着按部就班、四平八稳、水来土掩、兵来将挡的撞钟守责式工作，只能提供所谓专业服务行为，而无法帮助当事人现实地实现合法诉求与目的。法律是规则，过分熟悉规则、利用规则容易让人格局变小，逐渐丧失战略视野，而只侧重法与术的层面。所谓格局，无非是知书达理、世事洞明、人情练达基础上的高瞻远瞩。格物致知，形成知识、文化、专业技术、经验等技能，而立意高远，高瞻远瞩，放眼全局，纵观历史，遍阅当今世事，才能建立一个人高大、宏阔、深远的大局观。而超群的技能与高大、宏阔、深远的大局观，便构成一个人格局的具体内涵。法律专业人士太过迷恋纠缠于知识、文化、专业技术、经验等技能的研究提升，却往往在谙熟规则、精明有余的同时失却了大局观与眼量。因而战略目光相对狭小，擅长在既定的狭小范围条分缕析、穷究其理，却很不擅长战略、谋略等整体掌控运作事物的能力。这是绝大多数法律实务专业人士的致命弊端，好多重大、疑难、复杂案件被理所当然地误诊为专业技术问题，以传统专业技术流思维方式与处理模式进行批量化、平均质化的流水线处理，不陷入悬停僵死、泥泞困厄那实属幸运之至。如果法律实务专业人士能够在炉火纯青的知识、文化、专业技术、经验等技能基础上，还具有上佳战略眼光与战略运筹能力，必定相当可怕，世界各国那么多总统出身于律师，便强势地证明了这个道理。

在可以同时起诉对方嶂实公司、启仁公司的基础上，我方开始进行正式讼争前的调研摸底。通过多方了解，我方得知对方嶂实公司实力不俗，开发的房地产项目销售相当可观，并且正在意气风发地开发三处新建楼盘，可谓蒸蒸日上，气势如虹。而启仁公司则完全不同，非但被吊销营业执照，还有大批强制执行案件，且多为被执行人无财产可供执行，中止强制执行的状态。因而，我方决定在起诉的同时申请财产保全，查封冻结对方嶂实公司相应额度的财产。但更严重的问题来了，对方在签订合同时利用优势地位，对于合同条款作了相当苛刻的设定，尤其是在结算价款与付款期限方面，更是作了令我方公司望而却步的约定。双方在合同正常约定基础上，又做了补充约定。约定我方必须保证货物进入工程所在地政府采购名录，并且确保在全省范围内为同类同品质标准货物中价格最优，否则，若对方通过正式招投标确定有价格比我方货物价格更低者，对方便有权拒绝支付全部货款。同时约定，付款时按照业主购房款进度进行适当安排，若对方房屋销售未完成，我方无权要求其支付超过百分之五十的货款。针对与我方收回货款有关的关键条款，如此霸道而又无理的约定，比较少见。正如我方公司董事长丛某言称即使早弄明白可以同时起诉对方嶂实公司与启仁公司的情况，看到这样的合同约定也不敢轻举妄动。况且，我方在送货至对方工地现场时，往往都是晚上，因而，近三百批次送货签收单上面均是人名不详的人签署收货，没有合同约定中明确指定的收货代表签收并盖章，而双方合同约定由指定的三位品控专员签字并加盖项目部公章方为收货完成。这也是很大的隐患，因为我方已经将对方处心积虑、别有用心布设的金蝉脱壳之计给戳破了，对方极有可能气急败坏地抓住任何有利把柄大做文章。

在正式启动之前，我方通过战前形势分析会议，与委托人充分交换了意见，并对于接下来工作具体部署作出明确规划，尤其对于案件中诉讼主体问题、财产保全问题、发货签收单问题、关于价款补充变更约定问题、关于付款期限补充变更问题等作出重点安排。为了夯实对方嶂实公司确系被告的事实，我方将对方嶂实公司在招投标过程中与我方的电子邮件进行公证；同时调取工信管理部门有关对方官方域名所有人确为对方嶂实公司的证明，招投标电子邮件后缀与该官方域名完全一致；同时，将对方嶂实公司官网域名及主要页面亦作了公证；将当初招投标时与我方公司董事长丛某联络频繁的对方采购人员的名片也作为证据，证明该名片内容中显示对方公司官网网址的域名、电子邮箱地址均与我方从工信管理部门调取的域名、对方在招投标过程中使用的电子邮箱后缀一致，证明招投标文件确系对方嶂实公司的行为；同时，将当初我方交付一百万元投标保证金的汇款凭证作为重要证据，证明确系对方嶂实公司招标，我方竞标成功，最终签订合同，因而对方嶂实公司应当作为被告。

关于财产保全问题，我方采取梯次递补的策略。基于对方房产销售情况十分理想，对方嶂实公司账户应该具有一定资金，但考虑其正在开发三处楼盘，流动资金未必充裕，未必能够覆盖我方诉请数额两亿余元。因而，在实际保全时考虑与法院沟通冻结相应数额后，若不足以覆盖我方诉讼请求支付的数额时，可冻结对方嶂实公司账户，令其能入不能出，直至能够覆盖我方诉讼请求数额时只采取足额冻结。同时，为防万一查封冻结不成功，我方还制订了梯次递补战术，通过调查将一批对方正在出售但尚未办理过户手续的商用房屋作为重点进行关注，届时需要时进行保全，以增加保全威力。剩余就是未出售房屋与在建工程、土地使用权等财产，也作为梯次递补保全对象。有此轻重主次明确的财产保全方案，仅从财产保全角度看，力度几乎达到峰值。

关于发货签收单没有按照合同约定的签收品控专员签字并加盖项目部公章的

缺陷，我方断定对方会对此大做文章，因为对方的精心布局被我方戳穿以后，肯定会气急败坏地负隅顽抗，能够抓住的救命稻草决不放过。因而，我方提前准备了一系列申请材料，在开庭时对方否认收货的情况下，作为战略防御体系而未雨绸缪。我方准备了申请法院中止审理、移送公安机关刑事追究的申请材料；直接向当地公安机关报案追究诈骗的材料体系；申请法院依法向对方所在地人事劳动管理部门调取对方嶂实公司与启仁公司人事劳动档案，以确定发货签收单上的人或为对方公司员工；申请法院进行现场勘查，以确定确有我方配送货物已经安装到位，其中绝大部分商品具有我方品牌标识；申请法院要求对方出具其所谓供货单位的合同及履行相关资料。我方同时也将本公司当初送货时的出货单据进行深度整理，逐项作出解释说明。同时，也央请当初送货的物流公司悉数调出送货记录，并形成翔实的证据体系。并计划申请法院让物流公司司机、随车人员与我方公司送货员工出庭作证。至此，即使对方矢口否认，非但徒劳无功，反而会为其招致巨大麻烦。在诉讼中，完全没必要指责对方颠倒黑白、混淆是非，因为诉讼本来就是双方都不愿再讲理的时候选择的一种解决平台，只要没有违法犯罪，任何策略都可被接受。对方当然可以而且有权在证据对自己有利时选择不尊重客观事实的矢口否认与颠倒黑白，如果以道德规范在此抨击指责，除了徒显腐儒酸腐无能、絮絮叨叨之外，没有丝毫实际意义。如果双方都能够尊重客观事实与法律，守理明法地谈判解决，也不会走到诉讼这一步。既然已经进入诉讼程序，那就完全按照诉讼规则进行角力，道德规范那套可以暂时收起来。如果对方行为出格，构成违法犯罪，那我方必定追究到底。但若对方行为只是够狠绝阴毒，但又不违法违规，而且还让我方无法招架，从专业技术角度看，似乎更应该尊重才是。不能因为对方在讼争中没有尊重客观事实、巧用法律规定与证据规则将我方打败就说对方十恶不赦，像启蒙老师教小孩不能打人骂人一样教导对方诚实守信。先不要寄希望于对方配合我们诚实守信、实事求是地主张事实、陈述与辩解，我们能做的就是提前充分地掌握情报并富于经验与先见地预测，未雨绸缪，做好万全准备。一旦对方果然出格，那自有天罗地网收服。如果运气极佳，遇到对方是菜鸟，那就暗自庆幸一下，下次还是得未雨绸缪，做好万全准备。事实上，有在我方之前起诉启仁公司的供货商，其中有两家就因为货物签收单上的签名与合同约定的不一致，对方又坚决否认，因而诉讼请求被驳回，我方公司起诉前这两个案件正在上诉审理。我方公司董事长丛某对此十分忌惮，屡次提醒笔者要万分小心。笔者当然对丛某的提醒很受用，有一个提醒本人始终保持清醒与谦逊的人，是相当有福气的事情。但笔者心里明白，那两家公司是在坚信正义即力量、法院就是主持公道的地方、法官就是神仙皇帝能将任何真相洞穿并能将任何谎言揭穿、真的假不了的情况下，根本就没有做任何准备，甚至压根儿就没想过对方会在开庭时否认收到货物的事实。对方这种神机鬼械的操作瞬间就令这两家公司手足无措。关于此情况我们已经做过充分的调研了解，因为我方关于价格的补充约定中，约定若有对方嶂实公司招投标确定的同类同品质货物价格比我方报价低，将有权拒绝支付全部货款。如此恐怖的约定，笔者律师团队显然要审慎应对，因而在前期调研摸底过程中，掌握了这两家合同情况以及诉讼情况。

关于双方补充合同有关我方必须保证货物进入工程所在地政府采购名录，并且确保在全省范围内为同品类、同品质标准货物中价格最优。否则，若对方通过正式招投标确定有价格比我方货物价格更低者，对方便有权拒绝支付全部货款的约定，对方必定作为重点战术据点进行大力部署，在庭审中在此据点猛攻我方，我方必须就此做好全面而深彻的战略防御体系。关于约定我方货物必须进入工程所在地政府采购名录的问题，本身就十分牵强，因为该项目并非市政基础工程建设。我方为此向当地政府部门进行征询，得到答复是我方所供货物根本不涉及政府采购问题，在社会主体之间的经济往来中所涉及的产品，无须政府采购名录约束。为了取得书面答复，我方还特地申请了政府信息公开，该信息公开内容显示我方所供货物不涉及政府采购问题。另一个问题是约定我方必须确保价格在全省范围内为同品类、同品质标准货物中最优。否则，若对方通过正式招投标确定有价格比我方货物价格更低者，对方便有权拒绝支付全部货款。我方通过深入调查，发现在涉案工程项目中，我方所供货物共由两家供货商提供，其中一家就是之前提到的仅以对方启仁公司为被告，因无法证明对方已经收货，一审被驳回诉讼请求，目前正在与对方进行二审诉讼的联增公司。联增公司在聆听我方关于该案件的处理方式与力度后，深以为然，甚至打算二审直接撤诉后另案诉讼。因而，对于我方的要求配合力度非常大，为我方提供了其与对方启仁公司的合同及履行相关文件资料，并且提供了部分案件庭审笔录，证明对方启仁公司在法庭上明确表示涉案工程中，该品类原材料供货商只有我方达盛公司与联增公司两家。这样就防止了对方伪造另外一家公司，而且中标价格明显低于我方，进而以显失公平的补充合同条款为依据，主张有权拒付我方全部货款。此外，该约定本身显失公平，显然是对方利用其优势地位，借我方急于争取该业务的心理弱势，以明显有失公平的条款，企图拒付我方巨额工程款项，完全符合法律规定的显失公平条件，应当予以撤销。至此，关于合同价款极不合理的补充约定这个重要战术据点，我方已经完全建立起了固若金汤的战略防御体系，只等对方放马过来一战。

关于双方补充合同有关付款时按照业主购房款进度进行适当安排，若对方房屋销售未完成，我方无权要求其支付超过百分之五十的货款的约定，亦为对方进攻战术的重要据点，我方必须充分准备，制订强力反制战略防御体系。关于该问题，尽可能把对方想象得厉害一些，设想对方应该会提前准备大量证据证明其房屋未销售完成，因而只同意支付我方最多一半的货款。首先，该约定属于附条件民事法律行为，但双方所附条件既不是客观上具有达成的高度可能的现象或者事件，也不是双方当事人的履行行为或者主观意志能够决定的情况，而是案外人的行为造成的结果或者客观情况，与本案双方权利义务均不存在直接关系，也违反了合同相对性的原则，因而所附条件无效。因此该补充约定无效，双方应当按照原合同约定的付款期限履行。况且，我方决定先声夺人，先行主动而充分地调查取证，防止对方在庭审时混淆是非、颠倒黑白。我方收集了大量的证据材料均能够证明对方涉案项目楼盘悉数售空，其中包括对方在建楼盘户外广告中公然宣称涉案楼盘三年前就销售一空的证据，还有对方嵘实公司新楼盘售楼处的宣传资料中也有同样的表述。做到这些，该重要战术据点也被我方强大的战略防御体系围得水泄不通。对方若道行不够，未能以最疯狂的力度进攻，我方兴许还会觉得怅然若失。

经过充分的战略准备，我方以对方嵘实公司、启仁公司为共同被告提起诉讼，并在立案后立即申请了财产保全，冻结了六千余万元现金，并且对其账户进行查封，待入账资金达到我方诉请数额两亿余元后，仅冻结诉讼请求主张的数额。同时，由于冻结现金不足以覆盖我方诉讼请求的数额，同时查封了对方嵘实公司部分新楼盘中已经出售但未办理网签过户手续的商用楼房。立案并保全财产后，对方嵘实公司董事长气势汹汹地给我方达盛公司董事长丛某打电话威胁称我方告错对象了，打算严厉追究我方公司全部法律责任，不把我方公司搞破产，他就不当嶂实公司的董事长了。并且友情提示我方应该了解一下联增公司等诉讼的下场。对方在诈唬我方公司的同时，也气焰嚣张地去找法院理论，称嶂实公司不是适格被告，我方诉讼有误，并且因错误的财产保全给其造成了重大损失。待法院将我方提前准备得缜密周致的证明体系展示给对方以后，对方气焰瞬间消减，只称需要回去研究，未再敢过分声张。但终其诉讼全程，对方嶂实公司一直念念不忘提及其身份不适格的话语。这个庞大翔实、缜密周致的证明体系包括：对方嶂实公司在招投标过程中与我方的电子邮件进行公证的公证书；我方调取的工信管理部门有关对方官方域名所有人确为对方嶂实公司的证明，招投标电子邮件后缀与该官方域名完全一致；对方嶂实公司官网域名及主要页面的公证书；当初招投标时与我方公司董事长丛某联络频繁的对方采购人员的名片，证明该名片内容中显示对方公司官网网址的域名、电子邮箱地址均与我方从工信管理部门调取的域名、对方在招投标过程中使用的电子邮箱后缀一致，证明招投标文件确系对方嶂实公司的行为；将当初我方交付一百万元投标保证金的汇款凭证作为重要证据，证明确系对方嶂实公司招标，我方竞标成功，最终签订合同，因而对方嶂实公司应当作为被告。

及至开庭诉讼，对方果然不同凡响，招招致命，刀刀见血，针对我方薄弱环节准备了相当威猛的战术体系。首先是公然否认收货事实，称根本就未收到我方的货物，嶂实公司让法庭问启仁公司，称嶂实公司什么也不知道。启仁公司一脸无辜地称根本就未收到货物。看来对方嶂实公司提前与启仁公司彩排好在法庭止大演双簧了，嶂实公司装作什么也不知道的样子，因为要做戏就得做全套，其念念不忘其不是合同主体因而不是适格被告的问题，自然不能知道太多事情。但在启仁公司不争气说辞或做法严重不到位时，嶂实公司就忘记了自己假扮局外人的身份，开始赤裸裸地以主人翁姿态辩解争论，甚是憋屈郁闷。我方发货签收单确实存在该漏洞与问题，允许对方这么做，最起码知道如何运用证据规则给对手施以最狠的打击，比那些满口仁义道德但在法庭上大搞道德先锋模范行为艺术的无辜通敌先生要好得多。如果是无辜通敌先生代理对方，肯定会第一时间悉数承认，再假若我方是技艺不精、职业精神涣散的撞钟守责先生代理，可能还以为世界本来就是如此良善友好，结果哪次终于见鬼之后，顷刻间便是覆亡。对方公然否认收到货物的时候，据说从对方出庭人员眼神中看到了睥睨之色，同时流露出第二次看精彩电影时的期待与未卜先知的焦急，因为之前在他们与联增公司的诉讼中已经得逞过，让联增公司彻底茫然不知所措，这次故伎重施，对方必定认为我方非重蹈联增公司之覆辙莫解。

但对方嶂实公司、启仁公司完全想错了，世界可能不如他们想象得那么良善友好且温和，有时候六月天出门还得防腊月一，严寒突袭时一时适应不及冻毙于风雪者，大有人在。我方慢条斯理地逐一展开我方未雨绸缪中筹备的战略防御体系，鉴于本案涉案三亿余元货物在对方工地被不明身份人员骗收，案件涉嫌刑事犯罪，因此申请法院中止审理、移送公安机关依法调查追究相关人员刑事责任；并当庭明确表示庭后将直接向当地公安机关报案追究刑事诈骗责任，同时当庭展示了报案材料；申请法院依法向对方嶂实公司、启仁公司住所地人事劳动管理部门调取对方嶂实公司与启仁公司人事劳动档案，以确定发货签收单上的人是否为对方公司员工；申请法院进行现场勘查，以确定确有我方配送货物已经安装到位，其中绝大部分商品具有我方品牌标识；申请法院要求对方出具其所谓供货单位的合同及履行相关资料；提交我方公司当初送货时的全部出货单据，并逐项作出解释说明；同时提交了当初送货的物流公司提供的详尽的送货记录；同时，申请让物流公司司机、随车人员与我方公司送货员工出庭作证。我方这一通行云流水般的战略防御体系过后，对方彻底茫然不知所措，养鹰反被鹰啄了眼的事情很常见。

由于我方请求都合法合理，因而法院除中止审理、移送公安机关处理一点外，其余均同意了我方请求。法庭反复规劝对方可以运用庭审质证技巧，但基于我方提交了大量证据的基础上，应该选择尊重事实，无论案件是否涉嫌刑事犯罪，民事诉讼部分事实已经很明朗的情况下，对方依然选择当煮熟的鸭子，嘴依然硬得出奇，保持着自我壮胆的血性。庭后，我方立即向当地公安机关报案，公安机关非常重视，立即着手调查。法院调查后，在发货签收单上签字显示的姓名均为对方嶂实公司有社保记录的正式员工。同时，公安机关亦向该员工了解情况后，这些员工均同意出具证明说明其代表公司收取我方货物的事实。未及法院现场勘查，要求对方出具所谓供货方的合同及履行相关文件，亦未及我方申请证人出庭作证，对方主动向法院出具书面说明，明确承认全部收到我方货物的事实。

正如深受其害的联增公司所言，对方果然不是吃素的，如果我方真是传统专业技术流的教条刻板先生，还真是招架不了一个回合。在双方补充合同有关我方必须保证货物进入工程所在地政府采购名录，并且确保价格在全省范围内为同品类、同品质标准货物中最优。否则，若对方通过正式招投标确定有价格比我方货物价格更低者，对方便有权拒绝支付全部货款的问题上，对方依然表现得振振有词、胜券在握，称我方产品未进入工程所在地政府采购名录，并且举出一组证据，证明我方提供的货物在本省范围内并非同品类、同品质标准货物中价格最优，而且声称其提交的合同正是另外一家供货单位通过招投标提供的同类货物，价格就比我方的价格低，以图证明我方违反了合同约定，其有权拒绝支付全部货款。果然够精明够狠绝，刀口锋利，杀人不见血，真是一个值得敬畏的对手，但对方的好运气已经用完了，这次处处倒霉。

就对方指称我方所供货物未进入当地政府采购目录一事，我方提交了政府信息公开申请的书面回复，当地政府采购部门明确表示我方所供货物根本不涉及政府采购问题，在社会主体之间的经济往来中所涉及的产品，无须政府采购名录约束。对方对此甚为不解，据说此时开始投来好奇研究与丝丝尴尬的敬仰。关于对方称有通过公开招投标中标的供货商提供与我方同品类、同品质标准的货物，但价格比我方低，因而根据合同约定有权拒付我方全部货款一事，首先，我方明确提出增加诉讼请求，以显失公平为由，要求依法撤销该条补充约定以及有关付款时按照业主购房款进度进行适当安排，若对方房屋销售未完成，我方无权要求其支付超过百分之五十的货款的约定。并表明若法院认为应该另诉的情况下，我方庭后即立案的请求。法院表示庭后研究斟酌后再确定。我方认为该约定显失公平，显然是对方利用其优势地位，借我方急于争取该业务订单的弱势情况，以明显有失公平的条款，企图拒付我方巨额工程款项，严重损害我方合法权益，严重违反公平公正原则，符合法律规定的显失公平条件，应当予以撤销。后来，法院判决根本就未采纳该补充约定，法院认为双方合同中关于价款已经做了明确约定，况且合同于三年前已经履行完毕，亦无质量纠纷，因而，对方及时支付货款符合法律规定与双方合同义务的履行状况。

对方嶂实公司、启仁公司的斗争艺术与战斗意志绝非常人能比，屡败屡战的勇气与精神值得钦佩，也是笔者律师团队经过的对手里面最顽强、最富讼争意识、最具斗争艺术的对手之一。在各个重要的战术部署接连失利的情况下，依然保持着旺盛的斗志与清醒的讼争谋略。关于双方补充合同有关付款时按照业主购房款进度进行适当安排，若对方房屋销售未完成，我方无权要求其支付超过百分之五十的货款的约定，对方果然大做文章，坚称房屋并未销售完成，因而根据双方补充合同约定，我方无权要求其支付超过百分之五十的货款。我方已经习惯了，对方如果表现得很羸弱，像个善良得连自己的幼子都保护不了的绵羊，在我方强大的攻势面前顺应配合，反倒让人觉得怅然若失。棋逢对手、将遇良才的幸福，可能比案件大获全胜的结果更让人兴奋。可惜我方准备确实太充分，对方的高明战略部署接连被废掉，着实可惜。

我方已经诉请撤销该约定，同时又提出一项诉讼请求，请求法院依法宣告该条补充约定无效，至于撤销还是无效由法庭决定处理。我方认为该约定属于附条件民事法律行为，但双方所附条件既不是客观上具有达成的高度可能的现象或者事件，也不是双方当事人的履行行为或者主观意志能够决定的情况，而是案外人的行为造成的结果或者客观情况，与本案双方权利义务均不存在直接关系，也违反了合同相对性的原则，因而所附条件无效，双方应当按照原合同约定的付款期限履行。并且向法庭提交了对方于两三年前便公然宣称涉案项目楼盘悉数售空的证据体系，其中包括对方在建楼盘户外广告中公然宣称涉案楼盘三年前就售罄的证据，还有对方嶂实公司新楼盘售楼处的宣传资料中也有同样的表述。该证据对方不承认其真实性，认为是我方伪造。我方申请法院调查确定，并且是庭后或者当即赴现场勘查，以防对方庭后撤除相关证据。法庭表示会妥善审查斟酌。

我方本应占据优势地位，对方可能重点进攻的战术据点上，我方均部署了密不透风、滴水不漏的战略防御体系，并将我方所有优势战略力量与资源进行整合运用，制订了六合八荒、力度千钧的战略进攻体系。使对方处心积虑、别有用心设计的满打满算的战略进攻体系全线瘫痪。我方以抽丝剥茧、条分缕析的思辨洞察力与掘地三尺、钜细靡遗的证据收集力度，将对方嶂实公司稳稳地摁在被告席位上，使其长久以来自鸣得意的、并且让他人深受其害的神机鬼械般的鬼蜮伎俩现出原形。尤其是我方财产保全力度相当大，令其作为房地产开发公司面临太多绝境般的困难。因而，对方尽管对于我方将嶂实公司钉在被告席一事十分不服气，原本谋算在法庭较量中让我方吃饱苦头，孰料法庭较量中还真遇到了高其一丈之道。因而，在法庭较量数轮以后，对方自忖如此消耗下去非但结果不妙，反而使损失进一步扩大，所以主动请求和解。我方公司董事长丛某为人宽厚大度，做事总愿给他人多留一条路。因而，甚至在免去对方按照合同约定应当承担的违约金的基础上选择了握手言和。据说后来两家公司亦有合作，显然，对方再也不会在我方公司面前大肆狂炫法律特技了。

三、十面埋伏，四面楚歌大战术的适用条件

（一）我方具备客观公理正义性与全面战略优势

客观公理正义性，算是笔者针对解决重大、疑难、复杂案件的需要而创设的一个概念。因为每个当事人都觉得自己的案件具有不容置疑的正义性，但主观认定并不能改变客观现实。对于律师来说，虽然必须站在委托人立场上开展工作，但更需要尊重客观事实，保持绝对的理性，始终坚守正义的立场，这也是实战工作的能量源泉与制胜法宝。因此，在当事人认定自己的案件具有不容置疑的正义性的同时，作为律师应当对我方的立场是否具有正义性以及正义性的程度具有绝对清醒而透彻的认识，这就需要让正义性始终接受客观现实与公理的考量，从而形成一种认识、判断案件的方法论，笔者习惯将其称为客观公理正义性。

具有客观公理正义性的案件，与俗话所讲欠债还钱、天经地义的案件差不多，但又不完全相同。欠债还钱、天经地义类型的案件经常失手，因为当事人太过迷信自己的案件放之四海而皆准的正义性了，因而思想认识方面秉持正义即力量的战略幼稚，准备工作方面抱持有理走遍天下的理所当然，专业技术经验方面摆着我有道理我怕谁的懈怠，因而往往马失前蹄、阴沟翻船。具有客观公理正义性的案件，不但事情本身很占理，而且经过我方对于客观情况的充分、深入调研摸底，掌握全面而深邃的情报的基础上，结合案件客观形势与双方实力对比，在现有条件下部署了六合八荒、力度千钧的战略进攻体系与密不透风、滴水不漏的战略防御体系，并能够以精熟的战略掌控能力与战术机动能力驾驭战略战术体系推进。具备这样条件的案件，才可称之为具有客观公理正义性的案件。因为它不但经过了社会平均观念下正义性的考验，而且拥有全部客观有利条件的发掘与利用的优势，并经过专业精深的战略战术部署，从正义性、客观基础、实战解决体系方面看，均具有极高度成功率。

运用十面埋伏、四面楚歌战术，案件应当具备客观公理正义性，也就预示着

案件不但立场站得稳当正义，而且必须经过全面而深彻的准备工作，在进攻与防守两端均做到尽善尽美，并且拥有经验饱富的操盘团队负责实战运作。在这种情况下，才可考虑谋划并制订六合八荒、力度千钧的进攻战术体系，构建密不透风、滴水不漏的防守战术体系，向对方发起围歼决战，无论对方从哪个方向、什么时间、任何层级进攻或防守，我方均有成竹在胸、韬略于怀，对对方形成全时空的压制与打击，力保围歼决战大获全胜。如果不具备客观公理正义性的案件，在运筹十面埋伏、四面楚歌战术时，需谨慎再三。比如，前述我方璧盈公司与对方嶂实公司、启仁公司案例中，我方站在正义立场没有问题，对方拖欠我方数亿元货款拒不支付，到哪里也说不过去。但在笔者律师团队代理之前，我方连对方具有真正偿还实力、实际上使用我方供货的买方嶂实公司却都无法追究，嶂实公司一番专业精深、神机鬼械的操作便得以金蝉脱壳。我方只能苦守启仁公司这个空壳公司望洋兴叹了数年。案件客观存在的有利要素并未得到发掘与利用，而且对于案件客观形势也严重误判，缺乏经验饱富的专业操盘团队掌控，因而未启动便已僵死。此种情况显然不适合运筹十面埋伏、四面楚歌战术来解决。

及至我方将案件全部有利要素深度发掘并巧妙应用于案件实战战略战术体系中，不但以翔实的证据体系证明嶂实公司确实为共同被告，而且针对在履行合同过程中产生的巨大漏洞以及对方利用优势地位处心积虑、别有用心地设计的显失公平条款，均制订了密不透风、滴水不漏的战略防御体系，并针对对方嶂实公司的客观情况，部署了针对性、攻击性极强的财产保全措施。我方攻中有防，防中有攻，攻防兼备，已经完全具备同时在攻防两端发起总攻并围歼对方的客观条件。在此情况下，该案已经具备了客观公理正义性，足以实施十面埋伏、四面楚歌战术。

具有客观公理正义性的案件，在实施十面埋伏、四面楚歌战术时，还需具备我方占据全面战略优势的条件。其实案件具有客观公理正义性与全面战略优势在某些情况下是一个问题的两个方面。如果案件具备客观公理正义性的巨大实力，足以与对方抗衡后产生压倒性的优势，那案件的客观公理正义性就与全面战略优势统一于一体了。如果对方实力强大，尽管我方经过全面而深彻的战略筹备，已经将我方所有优势战略资源与力量整合形成最优化战略体系，但仍不足以达到完全压制对方的情况下，客观公理正义性并不等同于全面战略优势。因此，我方的强大与是否具备完全的战略优势是完全不同的概念，在实战中必须由经验饱富的操盘团队进行客观而理性的考量。只有在具备客观公理正义性，且经过经验饱富的操盘团队进行沙盘推演模拟双方实战对抗较量后，在对方能量最大化与我方能量正常化模拟对垒中仍能够确定我方取胜概率较大的情况下，才可认定其基本占据全面战略优势。具备客观公理正义性，且占据完全战略优势的情况下，才可考虑运筹十面埋伏、四面楚歌战术。

前述我方达盛公司与对方嶂实公司、启仁公司案件中，我方成功地将对方嶂实公司牢牢地钉在被告席位，解决了对方巧设机局后只让空壳公司启仁公司承担义务的现状，并对于对方拒绝承认收货、补充约定中对方可拒绝付款的特权等问题均制订了周密缜致的战略攻防体系，并以进攻力、牵制力最大的方式实施了财产保全，其实已经具备客观公理正义性的条件了。但我方依然没有贸然发动围歼总攻，而是保持了足够的战略克制，在将对方设想得更厉害的假设前提下，反复进行沙盘推演模拟双方实战对抗较量，最终确定每个战术环节均绝对成熟以后，才发动了围歼决战。事实上，若不是审慎缜密地考虑筹划，在大致确定案件具备客观公理正义性以后就贸然发动围歼决战，以对方实战中绝对出彩表现看，我方未必能够实现围歼的战略目标，之前与我方情况类似的联增公司就败得一塌糊涂。其实，作为传统专业技术流的法律实务人士来说，败在对方嶂实公司、启仁公司手并不算耻辱，因为对方能够把完全不具备客观公理正义性的案件，竟然打成大获全胜的结局，足见对方的水平与道行非同凡响。而这也是我方在已经完全具备客观公理正义性的基础上，依然审慎再三，在反复考量与沙盘推演模拟实战对抗较量中，最终确定我方可以完全掌控战略优势的情况下才决定实施十面埋伏、四面楚歌战术，发动围歼决战的原因所在。

（二）对方战斗意志坚毅

虽然我方的案件已经具有客观公理正义性，并且基本掌握了战略优势，但对方并不会因此而选择放弃抵抗。相应，因为重大利益的刺激，对方往往会坚持负隅顽抗。若是普通案件形势发展到这种程度，已经没有太大变数，对方的抗争往往就剩象征性的抵抗。但在重大、疑难、复杂案件中，事情远没那么简单。即使在我方已经完全掌控战略优势的情况下，只要未到案件结果尘埃落定的终局，对方的斗争意志不会有明显的减退。甚至面对大势将去的情况，会激起对方更坚毅的战斗意志。

相对简单的案件，战斗意志对于结果的决定作用不甚明显，在该类案件解决过程中，参与主体容易形成四平八稳、波澜不惊的风格，这种风格对于解决重大、疑难、复杂案件是致命的危险，好多重大、疑难、复杂案件就是被这种态度与风格给荼毒至僵死悬停。在重大、疑难、复杂案件解决过程中，对方的战斗意志必须十分重视。因为事务错综复杂、变幻莫测，谁也不能保证掌控绝对的战略优势。即使此时已经基本确定掌握了战略优势，但由于对方战斗意志的坚毅，始终在殚精竭虑、绞尽脑汁地筹划反制战术方案，一旦筹划并实施一项针对性极强的战术行为，战略形势极有可能发生转变，我方暂时取得的战略优势将荡然无存。因此，越是到后期，形势变化越发微妙，我方更需要谨小慎微、诚惶诚恐地面对，并始终保持高度的警觉与战备意识，全力将我方的围歼总攻战略战术部署并执行到位，以实在的战略震慑将对方的战斗意志消融于无形。其实，如果我方战略储备力量足够，对方的负隅顽抗、困兽犹斗的战斗意志不具有改变战略形势的价值。

在某些重大、疑难、复杂案件运作过程中，一旦我方创造了客观公理正义性，并且基本上掌控了战略优势的情况下，对方选择退缩和解也是常有之事。但绝大多数情况下，对方不会心甘情愿地放弃抵抗而束手就擒。这也正是在我方创造了客观公理正义性并且基本掌控战略优势的情况下重视对方坚毅的战斗意志的原因所在，有一些重大、疑难、复杂案件当事人一方在取得较大战略优势后，对方选择示弱求和，双方就此展开磋商谈判，谈着谈着，取得优势一方的战略优势就不翼而飞。其实是劣势方借磋商谈判争取战略机遇期，暗地里紧锣密鼓地部署反制战略战术而已，优势方千辛万苦地打拼赢得的战略优势瞬间被化为乌有，及至清醒之后，双方相当于重新站在原点，于原优势方而言，甚至还远不及原点时的形势美好。这也是在重大、疑难、复杂案件中，一方取得相对战略优势后忽视对方坚毅的战斗意志所致。

对方战斗意志坚毅，是适用十面埋伏、四面楚歌战术的一个必要条件，我方正是通过十面埋伏、四面楚歌战术的运筹，以六合八荒、力度千钧的战略进攻体系与密不透风、滴水不漏的战略防御体系所产生的战略摧毁力，给对方有生战略力量施以毁灭性的打击，才能从根本上摧毁对方坚毅的战斗意志并令其放弃负隅顽抗。如果经过全面观察、调研摸底以及对方的客观表现综合判断对方已经丧失战斗意志的情况下，自然无须运筹十面埋伏、四面楚歌战术，毕竟该项战术的运筹涉及我方各方面的资源与力量的消耗问题，会导致战略成本急剧上升。

在前述我方璧盈公司与对方嶂实公司、启仁公司案件中，对方在签订合同时采取金蝉脱壳之计，已经将嶂实公司从承担实体合同付款义务的位置上撤离，仅剩启仁公司这个空壳主体与我方周旋，使我方因启仁公司无偿还保障，又缺乏足够的能力与经验去连带追究嶂实公司而望洋兴叹，止步不前长达数年，甚至一度打算放弃。及至后来我方通过精挖细掘的调研摸底、收集并运用有利要素形成强大有力的证明体系，将对方嶂实公司稳稳地固定在被告席位上以后，对方依然保持了旺盛的战斗意志，从未想过放弃。对方充分运用未按照合同约定的方式签收货物、补充合同中关于拒付货款与少付货款的有利约定，公然混淆是非、颠倒黑白，甚至伪造证据与我方展开殊死对抗。在对方绞尽脑汁筹划的进攻战术被我方未雨绸缪而部署的强大战略防御体系悉数完全压制的情况下，对方亦未放弃战斗。对方在其进攻战术体系被我方强大战略防御体系全线压制至一筹莫展的时候，又因我方力度千钧的财产保全措施导致其地产开发过程中业务活动受到严重阻碍，并且面临购买其商业房产的买方集体诉讼，最终四面楚歌，走投无路。即使在这样的情况下，据可靠情报显示，对方在决定放弃前竟还就能否通过质量问题反诉来对抗我方，为此探讨了一周有余，直至最终认为远水难救近火，尤其是我方针对性极强的财产保全给其压力实在太大，因而才决定放弃顽抗，对方战斗意志的坚毅可见一斑。而且对方这种坚毅的战斗意志贯穿案件全过程，到了最后一刻也未曾放弃，除非是在绝对的实力面前屈服。这在重大、疑难、复杂案件解决过程中，并不少见。如果认为仅凭一城一域的小胜利就会让对方割地赔款，那是典型的战略幼稚，好多重大、疑难、复杂案件被以传统专业技术流思维方式与处理模式进行误诊误治后深陷泥泞困厄，就是因为触犯了这种低级错误。

（三）我方具备部署完备的战略攻防体系的主观意识与综合能力

任何具备了客观公理正义性并且基本掌握了战略优势的案件，部署六合八荒、力度千钧的战略进攻体系与密不透风、滴水不漏的战略防御体系，应该不存在太大问题，即一般来说完全具备必需的客观条件。而完备的战略攻防体系是该类重大、疑难、复杂案件在最后也是最关键的关头的制胜法宝，能否拥有完备的战略攻防体系并运筹执行到位，取决于我方的主观意识与综合能力。

我方必须认识到部署六合八荒、力度千钧的战略进攻体系与密不透风、滴水不漏的战略防御体系的决定性意义，杜绝麻痹轻敌的思想。人都有惰性，即使是最积极用世、勤勉敬业的人在特定情况下也会有难以自抑的惰性。身体的惰性易发现也容易解决，思想意识的惰性犹如暗夜幽灵一般总是悄无声息、不知不觉地趁人不备时无孔不入地见缝插针，潜入我们人性疏散的漏洞，令人猝不及防。因而，在一些关系国计民生的战略统筹岗位上任职的人，一般来说必须是能够最大限度地战胜思想意识惰性的强人。对于普通人来说，事情已经发生了也不知道所以然，固然无可厚非。但作为要害岗位职责的掌控人来说，不但要知其然，还必须知其所以然，更需要见于未萌，在事情具备出现苗头的趋向时便能够准确预知判断。在重大、疑难、复杂案件推进至基本掌握战略优势阶段后，我方必须具备见于未萌的战略前瞻思想意识，建立客观理性、冷静务实的认识观与处理观，准确而透彻地把握全面制胜的客观必须条件，未雨绸缪，提前部署完备的战略攻防体系。避免在胜利在望乃至一只脚已经踏进胜利大门的情况下沾沾自喜、提前庆功，麻痹轻敌，轻信对方不会再组织起有效反抗，结果像李自成领导的大顺政权般，其兴也勃焉，其亡也忽焉。在事业奋斗领域，最遗憾追悔的事情莫过于功败垂成、功亏一篑，这种痛苦比从来未曾成功过要剧烈千万倍。因此，在我方案件已经具备客观公理正义性且掌控了战略优势以后，也必须保持高度警觉的战略进攻与戒备意识，宜奉行谨小慎微、如履薄冰、如临深渊、战战兢兢、诚惶诚恐的战略谨慎与战术戒备，确保我方的战略优势尽早转化为实实在在的战略成果。

在全面提高战略思想与意识的同时，部署六合八荒、力度千钧的战略进攻体系与密不透风、滴水不漏的战略防御体系，更需要综合能力。在专业狭隘麻痹者的眼里，任何案件都差不多，都只不过是证据与法律问题而已，重大、疑难、复杂案件让年轻律师胆寒，那是因为被大标的迷惑，如果不关注标的问题，重大、疑难、复杂案件与其他案件没有丝毫区别。这种基于专业考量的眼光狭隘与意识麻痹是处理重大、疑难、复杂案件过程中的一大癌症，尤其是在最关键的关头，这种专业狭隘麻痹的危害更是致命。

笔者曾经亲眼所见一位专业狭隘麻痹者在取得一定的战略优势后麻痹大意，在开庭时既未向法庭提交、开庭时也未携带一项重要证据，而案件正好就从这

个最薄弱的环节出现了致命问题。因为该项证据能够证明一项对于本方十分有
利的法律事实产生于双方法律行为形成之前，而基于该法律事实，完全可以宣
告双方法律行为无效，而本方诉讼请求就是宣告双方法律行为无效。该项重要
证据是之前另案诉讼中法院判决的主要依据，但法院判决条文中只确定了该项
重要的法律事实，却未对该项重要法律事实的形成时间进行界定。因而，在后
来诉讼中该专业狭隘麻痹者自以为已经胜券在握，轻敌麻痹，根本就没有部署
完备的攻防体系的意识，甚至连对方会反抗的意识都不具备，结果在对手已经
倒地不起的情况下振臂欢呼胜利，想象着如何庆功时，被对手坚毅顽强地站起
来一击毙命。该专业狭隘麻痹者只向法院提交了之前诉讼的判决书，该判决内
容虽可证明确实存在能够导致双方法律行为无效的法律事实，但不能确定双方
在做出民事法律行为时是否已经存在该项重要法律事实。庭审时，对方律师敏
锐而犀利地针对该专业狭隘麻痹者的阿喀琉斯之踵猛击，该专业狭隘麻痹者此
时方知不妙，当庭打电话让当事人火速将被轻敌狭隘麻痹扼杀掉的证据送来时，
对方以超过举证期限为由坚决主张法院不可采信。结果，该专业狭隘麻痹者本
来完全可以提前将能够证明导致双方法律行为无效的重要法律事实产生于双方
民事法律行为形成之前的至关重要的证据作为重要战略力量与资源，与其他有
利证据一并建立起强大的战略进攻体系与防御体系，让对方从根本上丧失还手
之力，结果因为狭隘、麻痹、轻敌而折戟沉沙，接受了十分耻辱的败果。毕其
一生，即使后来取得再大的成功与辉煌，有此耻辱败绩，良心永远亦不得安宁。
这种表现是在我方通过努力创造了客观公理正义性且基本掌控了战略优势后，
不具备部署完备的战略攻防体系的主观意识与综合能力而导致功败垂成、功亏
一篑的典型代表。在实务中，无论案件简单与复杂，均应当谨小慎微、如履薄
冰、如临深渊、战战兢兢、诚惶诚恐地去应对。

　　部署完备的战略攻防体系需要杰出的能力，并非是愿意与不愿意的问题，乌
龟先生态度再诚恳努力，也不如散漫傲娇的兔子送信来得及时准确。因而，实务
中经常有一种伪认知如流感病毒般传播，在该认知世界中，法律就那么点东西，
法条背熟后任谁处理都差不多。这种想法似乎没错，如果是以传统专业技术流思
维方式与处理模式进行浅表耕作与削足适履的流水线批量应付，任谁处理结果都
差不多。但须知法律在案件实务解决过程中得到应用的比例并非全部，尤其是重

大、疑难、复杂案件中，法律规定应用的比例会更低，胜败关键在于全局战略掌控与战术机动决定的方向、路线、方针、策略、审时度势、战术适应与调整、攻防兼备的意识与能力等。绝非在狭小的一亩三分地里条分缕析、穷究其理、振振有词，当然，这些能力也必须具备，但既不是全部也不是关键，这只是作为律师等法律实务工作者的敲门砖。如果毕生都在为准入所必须的条件而努力修炼，想必会有一大票当事人注定为此买单。因此，作为律师，成为律师那天起，没有资格声称需要经过多少个案件的历练才能变得相对成熟饱满，那无论是经过一个还是一百个案件的历练，这一个或者一百个委托人该有多倒霉，才将寄托其身家性命的案件交付给不负责任、亦无能负责任的律师去练手。因此，即使是初为律师，虽然综合实力不如资深律师，但在个案代理工作当中，完全可以利用资深律师麻痹大意、轻敌自负的弊端，通过精挖细掘、掘地三尺般地毯式调研摸底与取证，并充分运用战略战术思想进行全局分析、全局考虑、全局谋划，部署缜密周致、力透纸背的战略攻防体系，并反复以冥想、模拟开庭等方式反复推敲求证，将一切可能存在的问题解决于未萌。届时在正式对阵中，对方即使是天王大帝，恐怕也不是对手。因此，律师不但必须具有高度的灵性，还得有超群的狠劲，还必须具有杰出的战略战术驾驭能力，这样才能基本称之为杰出。其实，杰出的评价是一个律师最高荣誉，坊间流行的大与不大的称谓挺讽刺，假使一个与我国律师行业同龄的年长律师，毕其职业生涯都在同一个低水平层面周而复始地劳作一生，除了年龄大或称其为大律师外，别无可称道之处。

　　只有具备杰出的战略战术驾驭能力，才能够把一手好牌打出好结果。因而，在杰出的战略战术驾驭能力加持下，我方已经具备客观公理正义性且基本掌控战略优势的利好形势，会迅速形成战略复合震慑力与绝对稳妥的战略优势，最终直接决定我方在关键围歼决战中稳操胜券。在前述我方璧盈公司与对方嵘实公司、启仁公司案例中，我方达盛公司因为年代久远、普通人对于重点把握不准，将当初招投标过程淡忘，导致合同相对方只有书面合同显示的启仁公司，而启仁公司早已空壳。虽然我方达盛公司董事长丛某咨询过无数专业人士，但均就事论事，仅凭书面合同便给出果断误诊，宣告不治，使对方金蝉脱壳之计差一点就完全得逞。及至后来笔者律师团队介入后，通过对我方达盛公司董事长丛某的引导、提醒、追问，才将当初对方嵘实公司与我方招投标过程及收取我方投标保证金的重要事实发掘出来，将电子邮件、对方域名及官网进行公证，将对方嶂实公司收取我方一百万元投标保证金的汇款凭证予以提取，用对方名片中显示的电子邮箱地址后缀与官网域名一致情况，形成坚实强大、充分全面的证明体系，证明对方嶂实公司应为合同相对方，与启仁公司承担连带偿还责任。将对方的精巧设计予以拆解，使对方嶂实公司金蝉脱壳、令空壳公司启仁公司独挡偿付货款义务，最终图谋逃避支付我方货款义务的阴谋败露。

同时，针对对方签收货物时均为工地现场不确定的人员签收，与合同中约定的三位品控专员不一致且未加盖项目部公章的情况，我方做了万全战略防御准备。提前准备好了多项申请材料与后备战术，包括申请法院中止审理、移送公安机关刑事追究的申请材料；直接向当地公安机关报案追究诈骗的材料体系；申请法院依法向对方所在地人事劳动管理部门调取对方嶂实公司与启仁公司人事劳动档案，以确定发货签收单上的人或为对方公司员工；申请法院进行现场勘查，以确定确有我方配送货物已经安装到位，其中绝大部分商品具有我方品牌标识；申请法院要求对方出具其所谓供货单位的合同及履行相关资料；我方同时也将本公司当初送货时的出货单据进行深度整理，逐项作出解释说明；央请当初送货的物流公司悉数调出送货记录，并形成翔实的证据体系；申请法院让物流公司司机、随车人员与我方公司送货员工出庭作证。这些充分的准备工作，形成了强大坚固的战略防御体系，同时亦大幅加强我方战略进攻力度。使对方在我方强大的战略攻防形势面前彻底放弃了顽抗。因为对方若再坚持，势必有人要为此承担刑事责任。

针对对方在补充合同中利用优势地位强势而霸道地约定我方货物必须进入当地政府采购名录以及价格必须是全省范围内最优，否则便有权拒绝支付全部货款，以及房屋未完全销售，货款支付最多不超过百分之五十的约定，我方提前充分地预计到对方会对此大做文章，必定为对方重要进攻战术据点。相应，也就是我方重点防御战术据点。我方为此筹备了极具战略力量厚度的部署，调取直接证据形成客观实证体系，政府信息公开申请书面回复明确证明该类货物不存在入围政府采购名录的问题，对方之后开发楼盘户外广告、售楼处宣传资料中公然宣称双方讼争的项目楼盘三年前就疯狂售罄，我方从与我方情况完全类似但因为准备不周、能力不足而被对方完全压制的增联公司处获得对方在与增联公司诉讼中的陈述与辩解，证明我方所供货物供货商仅为两家，即我方达盛公司与增联公司。因而后来在对方举出伪造的与第三人招投标文件与合同时，被当场证实为伪造。经过这些周密缜致的战略防御体系的部署，对方在讼争中根本就没抬起过头。

我方的进攻端除了客观公理正义性外，还部署了针对性极强，力度千钧的财产保全措施，将对方嶂实公司账户现有现金全部冻结，并且将其已经确定出售给他人等待过户的大宗商用房屋予以查封，导致对方在新楼盘开发过程中对外业务付款无法进行，同时购买对方商用房屋的买方欲起诉对方，给对方施加了巨大压力，最终导致对方无险可守，无计可施，陷入十面埋伏，面临四面楚歌的形势，最终自取灭亡。

从诉前将金蝉脱壳得逞的嶂实公司结结实实地摁在被告席位上，到实战诉讼中对于对方疯狂而富有水平的战略进攻体系的防御与反制，均建立在熟稔的战略战术驾驭能力基础上。无论是战略攻防警备意识还是战略战术驾驭综合能力稍有疏漏，必定在与对方的对垒较量中铩羽而归，因为对方的战略攻防警备意识与战略攻防能力均属上乘。由此可见，我方具备部署完备的战略攻防体系的主观意识与综合能力，是成功运作十面埋伏、四面楚歌战术的必需条件。

（四）围歼决战足以使对方彻底覆灭

围歼决战足以使对方彻底覆灭，更是侧重于实战较量层面而言，并非单纯的专业技术分析结果。只要具备客观公理正义性的案件，个个都具有全面准备后发动围歼决战使对方彻底覆灭的理论可行性，但实战结果往往远不如专业技术分析结果理想。因此，此处所论述的我方发动围歼决战足以使对方彻底覆灭，需要结合饱富的实战经验，在彻察双方战略对垒形势，对于双方战略力量与资源、操盘团队实力等因素进行全面、充分筹算的基础上，再结合沙盘推演模拟实战对抗较量，不断发现我方战略攻防体系的漏洞并逐一强化完善，最终确信我方的围歼决战足以致对方于绝境的情况下，才能基本断定我方的围歼决战足以使对方彻底覆亡。因为这种建立在饱富经验基础上的预测推断无法通过实证方式验证，也经不起验证，因而，非常考验操盘团队的战略战术驾驭能力。

其实并不虚幻，在具体个案中，这种建立在饱富经验基础上的预测与判断非常可靠。比如，在前述我方达盛公司与对方嶂实公司、启仁公司案件中，我方属进攻方，对于对方来说有几处天险可倚，包括空壳公司启仁公司仅为合同相对方导致我方无法有效追究实际相对方嶂实公司、未规范签收货物可决绝否认的巨大风险、补充约定可拒绝支付全部或者部分货款的极大利好、对方根本无畏诉讼周期漫长等，而这几处即为我方重点进攻的据点，必须拿下，任何一个出现闪失都将满盘皆输，现实中已经有与我方公司情况类似者折戟沉沙。然而，我方在精挖细掘、掘地三尺的调研摸底、证据收集基础上，将对方设想为最厉害的狠角色，丝毫未敢疏忽怠慢，尽人力所能及，进行了万全准备，逐一部署针对性极强的攻防战术体系，最终形成六合八荒、力度千钧的战略进攻体系与密不透风、滴水不漏的战略防御体系，在各个战略据点上均能够完全压制对方的进攻势头，亦能够完全击穿对方的防线。并经过模拟开庭，笔者作为对方代理律师，竭尽全力、殚精竭虑、绞尽脑汁地给我方出庭律师设置难题，模拟双方实战对抗与较量，若我方实际出庭律师存在未做到位的地方，均进行了补充完善。如此数轮后，已经形成完备的战略攻防体系，完全有高度理性的自信可致对方于覆灭境地。因此，正式运筹十面埋伏、四面楚歌战术，向对方全面发动围歼决战的时机已经完全成熟。

四、十面埋伏，四面楚歌大战术运作的要点

（一）情报全面、准确、深入

情报为王，在战争中如此，在重大、疑难、复杂案件的对抗较量中亦如是。笔者非常重视情报工作，这是开展律师代理工作的第一步。如果根本就不了解对手，也不深彻地了解事务本质，只是凭借法律关系认知能力与分类方法将大千世界中的复杂现象进行分门别类，建立起固执的门类偏见，这是典型的固步自封与夜郎自大，也是传统专业技术流思维方式与处理模式的典型表现。从这个角度看，情报工作是实事求是工作态度的必须，是知己知彼的必须，是因时制宜、因事制宜所必须。而实事求是、知己知彼、因时制宜、因事制宜都是解决重大、疑难、复杂案件十分必须且重要的综合实力构成部分。

其实情报工作没有大众想象中那么复杂神秘，无非就是本书时常提及的精挖细掘、掘地三尺的调研摸底、要素收集工作。只有在深彻掌握对方人与事的基础上，才能有针对性地部署战略战术体系，做到从根本上解决具体战术据点的问题。而案件全面而彻底的胜利，正是每个战术据点的彻底胜利累积形成。情报工作收

集总体要求是全面、准确、深入。

情报工作的全面性。全面性要求我们必须做到收集全部要素，包括全部有利要素与不利要素，尽力做到精挖细掘，钜细靡遗，力争将与案件存在直接关系与间接关系的要素全部掌握，进而在全面掌握的基础上筛选运用。在情报工作全面性问题上，可以适当的放宽尺度，不必过分拘泥于专业规则，适当宽泛一些也无所谓，好多重要的情报甚至是从街头巷尾的传言中得到的。比如，在审查材料的时候，一位女士身份信息引起笔者强烈关注，随即大胆地推定其与案件中一位被执行人为夫妻，听起来有些离奇，但在实务中确实为笔者律师团队做出了重大贡献，不失为情报收集工作的良方。这说明情报收集全面性不仅要求我们在物理空间上全面与时间上的全面，更要从操盘团队专业能动性方面充分发挥潜力与可能性，做到维度方面的全面。

在前述我方达盛公司与对方嶂实公司、启仁公司案件中，我方通过合法的精挖细掘、掘地三尺的调研摸底与要素收集，从我方界域挖掘出来好多重磅有利要素，而这些重磅有利要素之前被当事人认识不足以及咨询过的专业人士业务荒疏而导致被掩埋。比如我方与对方嶂实公司招投标的电子邮件、我方向对方交付投标保证金的转账凭证、对方嶂实公司采购人员的名片等。同时，也从其他合法途径挖掘出太多极具价值的要素信息，而这些是传统专业技术流思维方式与处理模式下不可能收集到的证据资料。比如对方新开发三处楼盘现金流十分重要的信息、对方已经出售但正待办理网签过户手续的商业房屋销售信息、政府信息公开申请回复文件、与我方情况类似与对方诉讼折戟沉沙的增联公司开庭笔录、对方新楼盘售楼处宣传资料与对方户外广告中关于涉案项目楼盘售罄的证据资料、对方基于收货手续与合同不符极有可能采取否认态度的情报、对方代理团队水平与风格等等，正是在这种全面性的基础上，我方才在围歼决战战略战术部署工作中如鱼得水。

情报工作的准确性。情报工作的准确性，惯常理解就是要客观真实，与事实真相相符等，但这种理解有失偏颇。实务中在传统专业技术流思维方式与处理模式引导下，收集情报都是遵循绝对的客观真实与理性挑剔、强迫症似的追求与真相相符，但结果真不敢恭维。笔者身为律师，挺为该行业现状着急，好多同仁学习、运用规则太多，已经被规则格式化；经常参与法庭诉讼，长期浸淫于法律程序，完全被体制化。行事刻板教条，恨不能吃饭前都得论证一番各种饭食的营养价值方肯下口似的。这样的思维方式根本就不能胜任情报收集工作的需要，恐怕连基本的证据收集与组织工作也会做得跌跌撞撞。其对案件事实的判断标准就是有无证据支持，若无则莫提。这是典型的以筌为鱼，削足适履。其实，法律人的专业严谨也需要建立在大格局与长眼量的基础上，否则就是狭隘与锱铢必较。这种风格对于案件经常产生毁灭性的效用，好多案件尤其是重大、疑难、复杂案件，被这种缺乏大格局与长眼量的专业严谨坑害不浅，分明是癌症引发诸多炎症并发，但愣是将表象发烧当作主要问题进行诊治，耽误治疗后回头问责，还振振有词地对其医治发烧的正确性进行辩解。这种风格显然不适合参与重大、疑难、复杂案件的解决，连法律关系简单的普通案件尚不能很好驾驭。之所以探讨这种风格问题，是为说明在情报收集工作中，必须放开格局与眼量，以开放包容的态度，以为达成目的可以接纳多种方式的理念展开工作，尽可能广泛地获取情报。情报不是证据，不需像法庭举证质证那般刻板、严谨、教条。只有在具备全面性、数量相对可观的基础上，再结合客观现象与饱富经验进行分析才能形成准确的情报。因而，情报工作的准确性是在数量充足、要素全面的基础上，凭借特定判断力而保障的，而不是靠收集时的准确来保障。谁也无法做到在收集情报时就能够保障情报的准确性，这点必须重点把握，避免踏入某些法律专业人士教条刻板的河流。

　　关于情报工作的准确性，举个最切实的例子，在前述我方达盛公司与对方嶂实公司、启仁公司案例中，如果认为诉讼财产保全就是必须确知对方账户中有多少资金，这是十分教条刻板且好笑的做法，因为无法得知也无从得知，笔者相信通过一些神机鬼械的手段也能够得知，但搞不好需要承担包括刑事责任在内的法律责任，那绝对不划算。我们律师可以尽职尽责，尽人力所能及地为当事人提供帮助，但如果涉及需要让律师本人承担法律责任的事情，那必须坚决拒绝，哪怕给一个地球作为代理费也必须断然拒绝。最熟稔法律与规则的人自然不能为了利益铤而走险，触犯法律。再大的利益诱惑力没有多大，选择律师职业也没想过像商人一样富有到富可敌国，因而必须保持高度的独立性与底线操守，首先充分地保护好自己，切莫在重大利益面前完全把自己当作当事人一方利益共同体联盟的成员，进而违反底线实施违法乱纪的行为。其实，真正杰出的律师，智慧、谋略与经验已经足够在重大、疑难、复杂案件中易如反掌地驾驭，根本用不着违法从事。

　　言归正题，我们一般在诉前无法得知对方公司账户到底有多少现金，一旦得不到确实数额，教条刻板者就要发言了，称因为无法确定，所以不能贸然申请财产保全，感觉真像对方派来的卧底。其实，好多律师同仁就是在这种教条刻板中被委托人怀疑其动机与人品。但教条刻板者非常无辜，因为如此教条刻板，对方统战他也没有用处。关于对方银行账户保全问题，我们不能说哪种方式最正确，只结合我方达盛公司与对方嵘实公司案例，对于笔者律师团队的操作方式进行说明，用以释明情报的准确性不是靠客观被动的准确性来保障，而是以主观能动性方面的分析判断力来保障。我们没有得知对方账户到底有多少资金，但从其正在开发三处楼盘的客观情况推断，其账户必定有不少流动资金，以备楼盘开发过程中名目繁多的支出需要。因此，如果做到保全冻结，对其影响甚大。若不足覆盖我方诉讼请求数额，可以考虑查封账户直至入账现金数额足以覆盖我方诉讼请求数额后，再改为冻结相应资金。如此操作，对方账户余额在达到两亿余元的情况下，一分钱也没法汇出，这对于对方嵘实公司正在开发三处楼盘的现实需要来说，简直是噩梦，这点压力比冻结足额现金的威力要大出百倍。因此，我方果断地决定实施申请保全对方嵘实公司账户，事实上冻结六千余万元资金，针对未足额保全的情况下查封其账户，直至账户资金足以覆盖我方诉讼请求数额后变更为冻结足额现金。这对于对方已经是灾难了，再加上我方准确地收集到对方一批商业房产出售后正待办理网签过户手续，因而精准地保全了该房屋，导致购买方追究其违约责任，使对方嵘实公司如坐针毡。

　　财产保全就得保全得有水平、有价值、有战略意义，否则只是把对方的财产控制在那里，对对方丝毫压制作用都没有，任凭对方气定神闲地与我方在诉讼程序中周旋消耗，甚至对方故意想方设法地延长诉讼周期，在强制执行阶段还大幅让步和解，那财产保全就毫无意义。与悭吝人看财奴将血汗存于第三方，自己依然勤俭节约甚至吃糠咽菜，只在夜深人静时摸出财产凭证欣赏摩挲，确信自己有钱有安全感一样的好笑。因而，财产保全必须具有战略震慑力，而这种战略震慑力是凭借情报的准确性来保障的。情报的准确性并非静态的客观存在，我们往往无法收集到直接现成的准确情报，而是在全面、深入收集情报的基础上，再结合饱富经验与熟稔的战略战术驾驭能力进行准确分析判断以后，才能实现情报的高度准确性。

　　情报工作的深入性。伤其十指不如断其一指，这是句耳熟能详的论断，在重大、疑难、复杂案件解决过程中，该方法论处处在发挥重要作用。无论是在集中优势力量攻破对方战略防线薄弱环节的战略统筹问题上，还是在收集情报以期做到四两拨千斤的小战术运作，均贯彻落实着伤其十指不如断其一指的方法论。该方法论在情报收集工作中的应用，其实就是情报收集工作的深入性。

　　情报收集工作的深入性，要求我们做到两个方面的深入，一个是战术穿透力方面的深入性，即独立的情报或者情报组的战术穿透力尽可能地强。另一个是战略纵深度方面的深入性，即在饱富经验基础上冥想双方对抗的各种可能性，直到假设对方延伸至力度最大模式为止，将对抗过程中所需要的情报信息尽可能掌握在手。战术穿透力方面的深入性具有一定的客观性，因为情报在收集前具有客观性，我方能否收集到极具价值的情报，并非由我方主观意志来决定，通过主观努力可以全面收集以保障情报的价值，但毕竟努力程度有限。尤其在重大、疑难、复杂案件中，双方当事人均具有极强的保密意识，因而轻易不会将极有价值的情报透露给我方，能够收集到具有一定价值的情报，已经难能可贵且能力通天了。因此，情报战术穿透力方面的深入性，只能通过情报的全面性来保障。

　　而战略纵深度方面的深入性，则是我们尽人力所能及工作态度的具体表现。要将静态存在的情报植入于模拟动态对抗的过程，反复求证缺失的环节，直至模拟推演至我方能力极限为止，只许把对手设想得比我方厉害，决不可将对手想象成窝囊废。如此反复推演、求缺、补漏，最终基于案件待解决的实际问题，将情报体系进行最强化升级，最终能够直接转化为战略力量。比如，在我方达盛公司与对方嵘实公司、启仁公司案件中，关于货物签收问题，我方首先从本方持有的证据中发现不利要素，即发货签收单上的签收人与双方合同约定的品控专员不一致，而且均未加盖对方公司项目部公章。这也是情报，从证据材料中发现问题并精挖细掘、顺藤摸瓜地找到源头并以有效措施解决，是办理案件过程中屡试屡灵的重要方法。我方根据这个情报线索进行了全面而深入的调研摸底，发现另外一家与对方正在诉讼的联增公司亦存与我方类似的情况，对方在诉讼中矢口否认收货事实，联增公司亦无证据证明本方完成送货义务，也没有任何有效的举措应对，束手等待天降奇迹。但奇迹永远不会出现，奇迹只是追求奇迹、创造奇迹的人在千万遍试验后的小概率结果闪现。联增公司折戟沉沙，败得一塌糊涂。我方又确定了对方必定在法庭否认收货事实的情报。

接下来我方又深入挖掘，针对对方否认的高度可能性，从案件基础事实、法律规定、证据规则等方面收集要素，得到了较多极富价值的情报。通过调查发货签收单上的名字对应的人，得知该几位人士均应为对方正式员工，但我方再无能力收集签收人确为对方员工的情报，因而确立了申请法院依法向对方所在地人事劳动管理部门调取对方嶂实公司与启仁公司人事劳动档案，以确定发货签收单上的人或为对方公司员工的战术方案。基于我方货物至少已经于三年前悉数安装到位，且据我方员工透露，货物上均有我方标识，而该标识对方要全部破坏，基本不可能做到，房屋未销售时都难以做到，更别提已经销售之后。因而确立了申请法院进行现场勘查，以确定确有我方配送货物已经安装到位的战术方案。同时，在收取他人三亿余元货物后却声称非施工单位收货，而货物确实被人签收，则涉嫌刑事犯罪，因而确定了申请法院中止审理、移送公安机关刑事追究以及直接向当地公安机关报案追究的战术方案。再辅以申请法院要求对方出具其所谓供货单位的合同及履行相关资料、我方的出货单据、当初送货的物流公司送货记录、申请法院让物流公司与我方公司送货员工出庭作证的战术行为的支持，就对方否认我方送货的事实形成了密不透风、滴水不漏的战略防御体系，在庭审中，对方否认后完全陷入了被动，不但在法庭上难以自圆其说，而且还面临公安机关调查追究，因而主动承认收货，黯然收场。

我方在充分收集情报的基础上，将情报信息与案件事实、法律规定、证据规则、庭审技巧等结合在一起，并将对方假设为能力出众、作风硬朗犀利的强者，反复模拟双方实战对抗较量过程，将我方的战术纵深度延伸至最大限度，最终形成完备的战略攻防体系。在这个过程中，以情报信息为起始，并且情报信息始终参与其中，充分体现了情报工作战略纵深度。事实上，情报工作的深入性，对于全面解决案件具有至关重要的作用，甚至某些重要情报信息对于案件解决具有一锤定音的战略意义。

（二）关于重要战术据点

在运筹十面埋伏、四面楚歌战术时，准确把握战术据点，是战术能否运筹成功的决定性因素。所谓战术据点，就是指对于双方而言能够作为进攻或者防守的要塞，是建立防守战术体系或者进攻战术体系的基础与依托。战术据点是相对的，对于我方而言是进攻据点，相对于对方而言就是防守据点；同理，相对我方而言是防守据点，对于对方而言就是进攻据点。在普通案件中，将战术据点理解为双方争议焦点亦可，案情简单，法律关系也不复杂，因而双方在法庭总结的争议焦点所建立的框架下展开举证质证、辩论，进而释明争议焦点各项问题，使案件得到解决。在重大、疑难、复杂案件中，从单个讼争的法律程序看，也可以按照普通案件中的争议焦点提炼方法确定双方争议焦点，但该争议焦点是专业学术层面的概念，在具体个案中可以称其为战术据点。但绝不可将该个案中的争议焦点作为整个案件复杂体系的全部战术据点，即便是主体诉讼中的争议焦点也不具备涵盖整个案件复杂体系的全部战术据点的特性。

重大、疑难、复杂案件中的斗争更复杂，讼争程序往往较多，双方争斗力度更大，直接或间接、明面或者暗中参与其中的主体较多。因而，双方不仅在具体个案中存在战术据点的问题，而且在个案诉讼程序之外，也存在着双方为之争夺攻伐的战术据点。在传统专业技术流思维方式与处理模式下，往往将双方讼争的战术据点狭隘地限定在重要诉讼的争议焦点范围内，导致核心问题、本质问题永远得不到解决，因而案件处于反复缠斗，斗争越来越复杂化但却与解决越来越远的怪圈里打转。其核心问题就是未确定准确的战术据点并一一解决掉，被确定为战术据点的诉讼争议焦点根本不能涵盖双方争议的庞杂问题。比如，双方争议焦点中不可能包括被告是否存在转移隐匿财产的行为以逃避债务，因为这是强制执行阶段的问题。该问题进入不了战术据点的序列，却对案件最终结果能够产生决定性的影响。在传统单纯法律诉讼案件中，对于战术据点的设定存在受专业程序限制的问题，但法律程序本该如此，似乎无法改变。但在重大、疑难、复杂案件运作解决过程中，必须万分审慎地对待该问题。

重大、疑难、复杂案件中，战术据点具有极强的目的性与自发性，往往是双方当事人根据自身的优势而布设，完全突破了普通案件中仅从专业技术层面考量确定争议焦点的范畴。一方认为对方哪个环节薄弱，便会部署针对性的进攻战术，该战术据点便成为对方重点防御战术据点；一方觉得本方哪个环节虚弱，便会部署相应防御战术，而对方极有可能会针对此据点部署针对性极强的进攻战术。因此，在重大、疑难、复杂案件中，战术据点的把握必须完全摆脱传统单纯诉讼案件中争议焦点的提炼模式，不能以被动而公开的方式列出战术据点，指引双方在该战术据点展开回合厮杀。在重大、疑难、复杂案件中，战术据点秘而不宣往往更为有利，因为当我方针对对方薄弱环节部署了进攻战术，在对方未觉察的情况下，进攻力度显然更有保障。相应，我方的薄弱环节布防亦不是通过对方告知或者第三方提醒而进行，是自发进行并严格保密。这就需要我方充分发挥主观能动性，运用经验法则，深彻把握案件客观形势，准确预测案件发展趋势，准确把握显性的和潜在的战术据点，并根据各个战术据点的实际情况部署完备的战略攻防体系，将每个重要战术据点的问题彻底解决掉，案件整体、全面解决便成为顺理成章的事情。

准确把握战术据点，可以理解为按照提炼为诉讼案件争议焦点的方式再升级，从全局分析、全局考虑、全局筹划的高度把握双方斗争的焦点，作为部署战略战术体系的依据。尤其是重要的战术据点，将决定我方战略资源与力量能否发挥战术打击力与战略震慑，进而转化为战略优势，并最终决定案件整体结果。因此，必须准确地把握重要战术据点，并作为我方战略战术体系的框架结构。尤其在案件掌握一定的战略优势，可以发起围歼决战的情况下，准确把握并在各个重要战术据点取得预期的战术目标，直接决定了能否一战消灭对方的有生战略力量。

比如，在前述我方达盛公司与对方嶂实公司、启仁公司案件中，我方作为进攻方，对方作为防守方。对我方来说嶂实公司应当成为共同被告，连带承担偿还我方货款义务是重要战术进攻据点，正好是对方重点防守据点，对方在签订合同之前已经设计好了让嶂实公司金蝉脱壳的计谋。财产保全是我方的进攻战术据点，是对方的防守战术据点。关于发货签收单签收形式与合同严重不符的问题，是对方的防守战术据点，是我方十分重要的进攻战术据点。我方为了攻破对方的防线，甚至预备了多达七八项战术行为，分核心战术与重要非核心战术、后备战术，攻中带防，防中有攻，攻防兼备。关于补充合同约定对方在某些条件下可拒付全部或者部分货款的问题，是对方的重要防守战术据点，正是我方重要的进攻战术据点。对方已经提前利用优势地位为其建立了坚固而强大的战略防线，而我方通过显失公平撤销诉求以及大量收集有利证据证明该约定应该撤销或者无效，因而不应被适用，便是在该重要战术据点部署的进攻战术。嶂实公司应当成为共同被告、财产保全、发货签收单签收形式与合同严重不符、补充合同约定对方在某些条件下可拒付全部或者部分货款这几个重要战术据点，我方均部署了六合八荒、力度千钧的进攻战术体系与密不透风、滴水不漏的防守战术体系，并以最高的战略重视程度与战术掌控力度进行了全面运筹，最终在各个重要进攻战术据点均取得完全突破，在各重要防守战术据点均立稳脚跟，取得了围歼决战的全面胜利。

（三）战略忍耐

在我方已经基本掌握战略优势后，不可操之过急，在毫无计划与章法的情况下发动决战，必须保持足够的战略忍耐，在决定实施十面埋伏、四面楚歌战术之前，先冷静地洞察对方战略战术部署方略，反复将我方战略部署与战术运筹进行推敲，并通过沙盘推演模拟实战对抗较量，发现战略战术体系存在的问题，并及时修正完善。在我方的案件具备客观公理正义性且基本掌握了战略优势后，几乎与最后的胜利只差一步之遥，越在这个时候，越要保持冷静与克制，俗语道乐极生悲不无道理，确有某些案件当事人在基本掌握战略优势后就立即发挥宜将剩勇追穷寇的急兴，穷追猛打，结果发现对方比想象中更顽强，更富于斗争的谋略与章法。事缓则圆，在此应当作为重要原则予以遵守。

前述我方达盛公司与对方嶂实公司、启仁公司案件中，我方通过调研摸底打造了翔实有力的证据体系证明对方嶂实公司应该为共同被告时，郁结在我方公司董事长丛某心中数年的死结被完全解开，丛某亢奋激昂溢于言表，急于发起围歼总攻。经过笔者提醒并给予深入讲解，丛某深感后怕。因为如果按照其心急火燎的决定，虽占有一定的战略优势，但对于案件中犹如巨大暗礁般存在的重要战术据点问题未部署到位，立即发动围歼决战极有可能成为起点之美，刚取得的战略优势瞬间化为乌有，并很快陷入对方强大的战略防线的包围。如果当初在运筹十面埋伏、四面楚歌战术前未对财产保全、发货签收单签收形式与合同严重不符、补充合同约定对方在某些条件下可拒付全部或者部分货款这几个重要战术据点进行周密部署，我方在诉讼中很难做到全身而退。我方公司董事长丛某后来提及该案便心有余悸，庆幸没有按照他的决定贸然发动围歼，否则后果不堪设想。由此可见，在我方基本取得战略优势，可以运筹十面埋伏、四面楚歌战术发动围歼决战前，必须保持适当的战略忍耐与克制，对我方战略战术部署再进行修正完善，确保在万无一失的情况下发动围歼决战。

（四）六合八荒的战略进攻体系

在运筹十面埋伏、四面楚歌战术过程中，之所以将我方的战略进攻体系以六合八荒来形容，其实就是为突出战术体系全方位、立体化、多层次、纵深化的特性。四面八方还不够，必须是六合八荒的进攻体系，给对方形成全时空的战略包围，犹如当年韩信发动各路大军将项羽围困于垓下一般，令对方无路可走，四面楚歌。并且在进攻过程中各个战术行为之间密切配合、谐调灵动、彼此呼应、互相依托、相得益彰，形成战术复合力量。六合八荒的战略进攻体系，重点强调的是施予对方全方位、全时空范围的打击，确保歼灭对方有生战略力量。

全方位要求在空间范畴内做到每个战术据点均得到发掘并部署针对性极强的战术行为，确保无明显或者严重遗漏。立体化要求从不同的维度给对方形成战略打击，犹如海陆空协同配合作战形成的立体化打击力度。多层次讲究战术行为的梯次布排，以防在前置战术行为失效或者失利后，后备战术即刻递补，以确保战略力量的延续。纵深化要求单个战术行为具备直插核心问题的力度，或者某几项战术行为组成的战术体系具有直接解决问题的战略向心力。

实施十面埋伏、四面楚歌战术过程中我方战略进攻体系的六合八荒、力度千钧，其实就是战术体系全方位、立体化、多层次、纵深化的表现特征。以前述我方达盛公司与对方嶂实公司、启仁公司案件为例，关于发货签收单没有按照合同约定的签收品控专员签字并加盖项目部公章的缺陷，我方断定对方极有可能就此进行攻击，因此我方部署了全方位、立体化、多层次、纵深化的战术行为，包括申请法院中止审理、移送公安机关追究对方刑事责任；庭后直接向当地公安机关报案追究对方诈骗刑事责任；申请法院向对方所在地人事劳动管理部门调取对方嶂实公司与启仁公司人事劳动档案，以确定发货签收单上的人是否为对方公司员工；申请法院进行现场勘查，以确定我方配送且带有我方明确标识的货物已经安装到位；申请法院要求对方出具其所谓供货单位的合同及履行相关资料；将我方公司当初送货时的出货单据形成证据体系；将当初送货的物流公司的送货记录作为证据体系予以提交；申请法院让物流公司与我方公司送货员工出庭作证。我方从各个方位、各个维度着手，均部署了极富针对性的战术行为，包括刑事追究、行政机关调取资料、法院现场勘查、要求对方举证、我方形成的证据材料、第三方物流公司形成的证据材料、证人出庭作证等，给对方形成全时空范围的包围。同时，该战术体系显然具有多层次的特性，若一项战术行为失算，则有足够的后备战术行为立即递补。比如，申请法院中止审理、移送公安机关追究对方刑事责任的战术行为，同时还有我方庭后直接向当地公安机关报案追究对方刑事责任的后备战术。该战术体系同时具有纵深化的特性，尤其是追究对方刑事责任的战术行为，直接导致事情由不承认收货转化为刑事责任，对方内部因此很快分化，其中签名收货的员工纷纷表示愿意配合法院与公安机关说明情况，对方在此时方知拒绝承认收货已经成为名副其实的一步臭棋，因而主动向法院表态确实收到了我方主张的全部货物。实施十面埋伏、四面楚歌战术过程中，进攻战术体系的六合八荒、力度千钧的特性在该战术体系中得到了淋漓尽致的体现。

（五）密不透风的战略防御体系

战略防御体系与战术进攻体系是相对应的，如果我方具备部署并运筹全方位、立体化、多层次、纵深化的战术体系的能力，自然也具备打造密不透风、滴水不漏的战略防御体系的实力。既然进攻战术体系讲究全方位、立体化、多层次、纵深化，战略防御体系亦应与之具有基本相同的特性，在进攻端的六合八荒、力度千钧，正好对应于防守端的密不透风、滴水不漏。在以完备的进攻战术体系发动围歼的同时，我方必须针对我方战略防线上的薄弱环节，形成类似于进攻战术全方位、立体化、多层次、纵深化的防守战术体系，以确保进攻战术体系争取与扩大战略优势的同时，防守战术体系巩固与强化我方的战略优势。

在前述我方达盛公司与对方嶂实公司、启仁公司案件中，我方提前就对方极有可能作为重点进攻战术据点的重要问题部署了密不透风、滴水不漏的防守战术体系。包括关于发货签收单没有按照合同约定的签收品控专员签字并加盖项目部公章的缺陷；关于双方补充合同有关我方必须保证货物进入工程所在地政府采购名录，并且确保价格在全省范围内为同品类、同品质标准货物中最优。否则，若对方通过正式招投标确定有价格比我方货物价格更低者，便有权拒绝支付全部货款的约定；关于双方补充合同有关付款时按照业主购房款进度进行适当安排，若对方房屋销售未完成，我方无权要求其支付超过百分之五十的货款的约定。由于发货签收单签收手续不规范的问题，在前项六合八荒的战略进攻体系中已经分析过，因为该战术体系既为战略进攻体系，同为战略防御体系，攻防兼备。此处再以补充合同关于价款以及付款期限与节点的变更约定问题的战略防御体系为例进行说明。

针对对方极有可能作为主要战术进攻据点的问题，我方部署了完备周密的战略防御体系。我方取得了政府信息公开申请书面回复，证明我方所供货物不涉及政府采购问题；同时得到另外一家向对方提供与我方同类货物的联增公司支持，其在与对方诉讼中被驳回诉讼请求，正在上诉。但在一审开庭中对方明确表示供货方仅为我方与联增公司两家，而且我方报价比联增公司还低，联增公司将部分庭审笔录交予我方；同时，我方以显失公平正式申请撤销对方关于货物价款补充条款；我方收集了对方在建楼盘户外广告中公然宣称涉案楼盘三年前就已售罄以及对方新楼盘售楼处宣传资料同样表述的证据。该战略防御体系结结实实地将对方各项进攻战术阻挡在安全线以外。

在庭审中，对方果然将双方补充合同作为重点战术进攻区域，疯狂进攻，坚称我方提供的货物未进入政府采购名录，故而有权拒付全部货款，我方以政府信息公开申请书面回复证明我方所供货物不涉及政府采购问题予以强力回击；对方为证明我方提供的货物不是双方补充合同中约定的全省同类同品质最低价格，还伪造了一份其与第三人公司的招投标文件及供货合同，我方以对方与联增公司诉讼中的笔录进行回击，因为对方在庭审时明确表示该类货物供货方只有我方与联增公司两家，而且从对方提交的证据看，我方的价格比联增公司价格更低；对方坚定地以楼盘未完全销售，因而根据双方补充合同约定有权只付不超过百分之五十的货款，而且还提供了大量什么也说明不了的照片证明其房屋未完全销售。我方以对方在建楼盘户外广告中公然宣称涉案楼盘三年前就已售罄以及对方新楼盘售楼处宣传资料同样表述的证据进行驳斥。事实证明，对方虽然准备很充足，针对我方战线中的薄弱环节，均部署了针对性极强的战术体系，并且收集、伪造了大量证据以支持其主张。但魔高一尺，道高一丈，在我方密不透风、滴水不漏的战略防御体系的压制下，对方的进攻火力始终没有发挥明显作用，最终全线崩盘。因此，在运筹十面埋伏、四面楚歌战术过程中，密不透风、滴水不漏的战略防御体系是巩固与强化我方战略成果的万里长城，必须同战略进攻体系一样重视并运筹到位。

（六）围歼决战的尺度把握

实施十面埋伏、四面楚歌战术时，当进攻战术体系全面展开，将对方的防线打开缺口，且我方战略防御体系已经将对方的进攻火力彻底遏制的情况下，其实就是该考虑案件整体解决方向的时候。若对方负隅顽抗，誓死不降，那只有全部歼灭的选择了。但是，案件毕竟是为争夺经济利益而展开的争斗，固然因为利益重大而争得你死我活，但真正到你死我活的时候，便迎来了最终解决时机，任何一方都不会为此付出太过惨重的代价。重大、疑难、复杂案件的结果完全由双方实力决定，当一方拥有绝对的实力将对方全面压制的时候，最终结果的出现往往比传统单纯诉讼案件更快。双方时间成本都十分珍贵，自知无力抵抗时，任何一方也不愿做无谓的牺牲与消耗。这似乎又是重大、疑难、复杂案件比普通单纯诉讼案件更容易解决的地方。但取胜一方为争取绝对的战略优势，付出了血的代价，真可谓枪林弹雨、九死一生。因而，无论是战胜方还是落败方，在此情况下都不愿意让讼争再延续。

在案件缺乏正确的战略战术思想指导的情况下，双方往往将此类案件按照标的较大的单纯诉讼案件对待，以传统专业技术流思维方式与处理模式进行误诊误治。双方各显其能，倾尽全力，用尽救济手段，甚至无所不用其极地展开斗争，使形势逐渐变得错综复杂、犬牙交错、盘根错节，经常陷入为斗争而斗争的泥泞困厄，离解决的方向越来越远。谁也完全制服不了对方，案件在实质上的悬停僵死中却从未停止争斗，这些无不展现出双方为重大利益斗争的坚毅斗志。但这是表象，真相的密码永远藏在实力魔盒中。

重大、疑难、复杂案件双方当事人一般来说均为精英当中的佼佼者，彼此在各自领域往往具有领军地位，而重大、疑难、复杂案件的影响力，往往在其交际圈子无法隐瞒，案件的结果与当事人的声誉、社会地位、业务活动直接相关。因此，在双方势均力敌的情况下，双方的斗争意志是一浪更比一浪高，想要息战，谈何容易。在案件缺乏正确战略战术思想指导的情况下，双方并非在实力方面无差距，而是解决模式本身就会导致双方共同深陷泥泞困厄。此时，没有任何一方服输，因为根本就没有必要服输，任何一方都不具备让对方敬畏的资格。以重大、疑难、复杂案件当事人一贯强势、硬朗、好胜、霸道的作风，在激烈讼争分不出明显胜负的情况下，谁先退缩谁的颜面便全然扫地。

因而，在传统专业技术流思维方式与处理模式误诊误治下的坚毅战斗意志表现，往往是外强中干的热气球。双方都已经争斗得极度疲惫，即使内心万分追求结束，但谁都是强者，示弱的话决不出口，甚至连厌战的情绪也不能表露。但这些人中豪杰，是血里火里爬过来的，是战马背上摇出来的，尊重强者，鄙夷懦弱，在遇到实力真正强大的对手时表现出和解的主动性与热情比我们想象中要快得多。而且，重大、疑难、复杂案件当事人往往是生意场上的高手，最擅长作成本与收益之间的权衡算计。孰轻孰重在绝对实力判若云泥的情况下更显得一目了然。当我方真正具备绝对战略优势，已经完全掌控了双方讼争的局面，并以十面埋伏、四面楚歌战术将对方围困时，对方主动请求和解的意愿，根本没有想象中那么困难。以笔者律师团队实战经验看，最终真正战斗到一方彻底倾覆的情况，可以说是凤毛麟角、少之又少。

基于以上认识，我们在实施十面埋伏、四面楚歌战术时，一旦掌控了战略形势，便应该同时运筹围城必阙的战术，给对方留一条出逃或者请降的路，敞开和谈的大门，随时欢迎对方与我方谈判解决，不必赶尽杀绝。但要确保我方战略进攻与防御力度不变。谈判和解是我方永远欢迎且能够极力配合的事情，但我方永远相信和谈是建立在实力基础上的斗争行为，不是妥协与停战，没有实力的和谈相当于调戏消遣。对方愿意谈判，我方随时都能够奉陪，但枪炮必须始终保持瞄准对方战略核心区域的态势。如果对方对此存有介意，那说明对方谈判就是缓兵之计，意欲诱使我方中止掌控战略优势的运作，松懈麻痹后为其提供战略机遇期。双方谈成，则兵器入库，铸剑为犁，田园耕织；若谈崩，则火力全开，万箭齐发，瞬时将对方歼灭。

总之，我方拥有总战略规划，总战略目标十分明确，当我方通过艰苦卓绝的努力建立了足够的战略优势，对对方形成泰山压顶的战略震慑，足以让对方以趋利避害的考虑而让渡利益，达成我方战略目标时，其幸甚之。在讼争结束前有此不战而屈人之兵的结局，也算圆满。如此结局，不但能够实现我方的总体战略目标，还可最大限度地化解双方长期争斗的矛盾与仇恨，为各自拓宽了未来的路，因而是双方讼争最后阶段的最佳选择。如何在给对方形成十面埋伏、四面楚歌之围后，合理地运筹战略战术，并准确地把握时机，给对方请降的出路与机会，兵不血刃地解决讼争，极度考验智慧、谋略与经验。

在前述我方达盛公司与对方嵘实公司、启仁公司的案件中，我方通过六合八荒、力度千钧的战略进攻体系将对方所有战略防线攻破，使其最终无险可守，所有巧设机局、鬼蜮伎俩、神机鬼械的谋划设计统统作废。并面临财产保全对其强力钳制，甚至使正常业务行为也无法开展。我方出色地发挥密不透风、滴水不漏的战略防御体系的威力，将对方战略进攻力度拦截在安全线以外，对方积蓄所有战略资源与力量的攻势被彻底清零，最终使对方黔驴技穷、无计可施。在此情况下，我方已经掌控了全部战略优势，当然有实力赶尽杀绝，全面歼灭对方有生战略力量。但我方并未选择决绝地将战斗进行到底，而是通过分析判断，确定此时便是全面解决问题的最佳时机，因而一面故张声势地加强围歼总攻的战略战术行动，令对方产生强烈的我方既追求经济利益又追求惩罚报复目的的错觉，使对方绝望恐惧。另一方面，我方刻意安排多个与双方相熟的第三方通过巧妙而无意的方式向对方传递斡旋和解的可能性与希望，在对方恐惧绝望中总能飘来一丝希望，斗争意志逐渐彻底瓦解。终于，对方请托第三方郑重地向我方提出求和息战的请求。我方公司董事长丛某为人宽厚，对方第一次托第三方传递请降的请求时便打算答应与对方和谈，但笔者律师团队建议不宜操之过急，莫急于答应对方和谈请求，先稳一步，在确定非对方缓兵之计并进一步瓦解消耗对方战斗意志的情况下再定，最好在对方提出具体和解支付方案再答应正式和谈更为稳妥。最终在对方第三次表达和解谈判请求并提出具体支付方案时，我方同意与对方和解谈判。谈判非常顺利，我方作出了较大让步，但也达成了相对较满意的战略目标。我方达盛公司与对方嶂实公司之间消除了矛盾与隔阂，可能是因为强者之间的惺惺相惜，达盛公司董事长丛某与对方嶂实公司董事长之间私交更深。据说后来还有过数次合作，但均皆大欢喜，大概对方已经彻底打消在达盛公司面前耍弄鬼蜮伎俩的念头了。

第七节　围城必阙大战术运作

一、围城必阙大战术运作的基本内涵

前述十面埋伏、四面楚歌战术中，在围歼决战尺度把握中已经论及围城必阙战术。我方在掌控了全面战略优势后从攻防两端同时发动围歼决战将对方包围，此时应当在时间或者空间上留有一定缺口，以免六合八荒的合围使对方产生与我方死战到底、鱼死网破的决心。留有缺口会使对方在对抗到底还是主动请求和解之间摇摆不定，从而逐渐瓦解对方的讼争意志，促使对方尽早放弃抵抗，主动选择和解解决，在降低我方战略成本投入的情况下提前彻底解决讼争。

在我方以六合八荒、力度千钧的战略进攻体系与密不透风、滴水不漏的战略防御体系发动围歼决战对对方形成合围之势，导致对方完全陷入绝境后，对方无非两种选择，要不与我方和解，要不死战到底。显然，死战到底对于我方来说并不划算，即使最终大获全胜，丝毫不打折扣地实现了我方的利益诉求，但考虑到各种战略资源、力量额外的投入与时间成本的增加，未必是上佳选择。选择接受对方的和解，可能会适当让渡部分利益，但会大幅减少战略资源与力量的投入，而且解决周期也大幅缩短，相对来说战略成果更有含金量。物极必反，即使我方已经完全掌控战略优势，对方根本不可能有任何反击的可能性，也不可逼迫太甚。否则一旦激起对方死战决心，即使我方依然能够确保胜利结果，但会大幅增加战略成本投入，尤其是会导致解决周期的迁延漫长，得不偿失。留有缺口，给对方多一个选择的机会，也给我方一个机会，对双方来说都是有利无害的选择。

围城必阙是每个重大、疑难、复杂案件解决过程中都会用到的战术，除非双方均缺乏系统的战略战术思想指导，在传统专业技术流思维方式与处理模式指引下毫无章法地头痛医头、脚痛医脚，按下葫芦浮起瓢，陷入永无休止且缺乏解决问题建树意义的缠斗。在陷入这种困局以后，双方都倾尽全力、想方设法地围困对方，唯恐拼尽全力、用尽救济、穷尽手段后尚不足以制服对方，根本没有战略空间给对方留一条出口。如此看来，围城必阙战术的实施并不是任何一方都能够拥有的资格，只有取得绝对的战略优势掌控权，并且拥有可以高傲地选择是大拇指朝上还是朝下的优势决定权的时候，极富智谋地选择给对方一条生路，同时也让自己实现更大利益价值的一种顶级思维方式与智慧。

二、围城必阙大战术运作的实战案例参考

每个重大、疑难、复杂案件都有运用围城必阙战术的必要性，只是取决于一方能否创造优胜者的特权。一般来说，运用围城必阙战术时我方已经完全掌控战略优势并以六合八荒的战略进攻体系与密不透风的战略防御体系对对方形成全面合围，故在论述围城必阙战术时只涉及某个实战案例末尾部分。故援引上一节十面埋伏、四面楚歌战术中所述我方达盛公司与对方嶂实公司、启仁公司案例进行阐述，以免从头讲述徒增篇幅。

我方达盛公司针对对方嶂实公司的薄弱环节与致命要害部位，部署了针对性

第七章 | 377
常用战术及实战应用

极强的进攻战术体系，并结合我方在讼争中极有可能被对方重点攻击的薄弱部位与致命要害，部署了滴水不漏的防守战术体系，在反复推敲与沙盘推演模拟双方实战对抗较量的基础上形成完备、稳固的战略攻防体系，向对方发起围歼决战。我方具有客观公理正义性，按常理推断，取胜应该是顺理成章的时间问题。但对方嶂实公司在讼争中表现出极强的战斗意志与斗争艺术，基本上将其所有优势充分发挥出来，并全面而充分地利用我方的薄弱环节与致命要害，发起了精准而强势的反攻，若非我方战略战术体系筹谋到位，注定折戟沉沙、铩羽而归。关于双方讼争对抗较量的细节，在上一节十面埋伏、四面楚歌战术中有详细讲述，此处不再赘述。

总之，我方未雨绸缪，针对对方可能重点进攻的所有薄弱环节与致命要害部位均部署了密不透风、滴水不漏的防守战术。通过精挖细掘、掘地三尺的调研摸底与要素收集，形成翔实、充分、有力的证明体系，将对方强劲有力的进攻火力全线压制，导致对方在与我方情况类似的供货商身上完美得逞的进攻战术体系全然失灵。我方在进攻端的表现让对方所有的防守变成昂贵而无用的摆设。首先，将对方嶂实公司处心积虑、神机鬼械地设计的金蝉脱壳之计彻底戳破，使对方企图只让空壳公司启仁公司作为合同相对方，使我方追索巨额货款的计划落空的阴谋破产，嶂实公司被结结实实地钉在被告席位上。进而我方在诉讼财产保全中以冻结资金查封账户至账户资金可覆盖我方诉讼请求为止，使对方在新楼盘开发业务活动中无法对外转账，直接形成火烧眉睫的急痛；同时查封其已经出售正待办理网签过户手续的商用房产，使对方嶂实公司背负重大违约责任，又造成急若星火的迫切压力。加上我方本身具有客观公理正义性，总体而言，进攻端压力足够威猛。但对方反攻相当强势有力，充分利用货物签收单签收手续不规范与合同严重不符、补充合同约定其在某些极易实现的条件下拒付全部以及部分货款的有利条件，组织了强大有力的证据体系进行反攻，曾经有与我方情况类似的供货商深受其害，导致状告对方的诉讼折戟沉沙。但我方精研深谋，在设想对方能量最大模式下，反复进行冥想对垒以及沙盘推演模拟双方实战对抗较量，早已预筹了缜密厚重的战略防御体系，仅就对方否认收货的反攻战术，我方就妥妥地筹备了八项反制战术，形成全方位、立体化、多层次、纵深化的防御战术体系，将对方的反攻火力彻底遏制并消灭。最终形成我方战略进攻体系攻破对方所有防线，战略防御体系将对方强势有力的反击全面击溃，导致对方无险可守，战略核心区域完全暴露在我方战略力量的瞄准区域，给对方形成全面合围之势，我方完全掌控了战略优势。

我方全面掌控战略优势并形成全面合围之势后，并不比激烈斗争时期更轻松。人在目标明确蓦直前进时，不管未来多么遥远，路途多么艰辛，往往并不觉得有多苦；一旦在大事将成面临抉择时，却时常踌躇优柔。我方达盛公司也面临该问题，继续往前，对方显然会全盘倾覆，我方基本能够大获全胜，但估计需要很长时间，而且产生极大的成本消耗。如果选择和谈，感觉总少了点什么，倾尽全力讼争许久，换来一个感觉所有讼争努力都白费的结果，多少感觉不是滋味，而且和解中必定让渡部分利益。因而，陷入巅峰体验并发失落的困扰。

我们虽以战争类比重大、疑难、复杂案件，但毕竟不是真正的战争，我方也没有权利真正地消灭对方，一切还必须跟着法律程序进行。对方虽然完全失去战略屏障，败局已定，但选择继续顽抗，血战到底，还是完全可行的。如果对方将财产保全的压力能够消解，并且对于支付违约金的成本选择战略性的忽略，则有十足的理由对抗到底。若对方故意以时间消耗我方，人为地拖长诉讼周期，对于我方来说也是不小的成本。如果选择和解，我方最大的损失就是让渡部分利益，如果没有利益刺激，对方也不至于选择和解。但我方得到的是战略成本付出的停止与解决周期的缩短，两者相加产生的利益与价值，绝非和谈让渡的利益可比。因而，总体而言还是和解解决价值更高。因此，在拥有绝对战略优势，可以行使围城必阙的特权，并能够以我方主观意志决定大拇指朝上还是朝下的时候，理性而富于价值的决断是和谈解决。必须着力抵制得势必落井下石、得理必不饶人的人性弱点，最终导致赔了夫人又折兵的极端情况出现。在一宗重大、疑难、复杂案件解决过程中，我方完全掌控了战略优势，对方主动请降和谈并已经将偿付我方的款项筹备妥当的情况下，笔者也极力地向我方当事人输出过优胜方选择的智慧与谋略。遗憾的是该当事人锱铢必较，登堂入室般上纲上线，甚至大有要求对方将其多年维权的精神损害都给予非金钱利益慰藉的疯狂想法。在如此得势必落井下石、得理必不饶人的架势面前，对方多数也不是懦弱怯战之徒，因而结果自然是大好形势被白白浪费，最终对方负隅顽抗到底，案件在强制执行阶段悬停僵死，至今也未得到解决。

笔者律师团队与我方达盛公司董事长进行简短会谈后确定了总体方向，就是在力争和谈解决的基础上，同时做好斗争到底的战略准备。一方面不断地巩固并扩大战略优势，确保不给对方喘息机会，以防对方借缓兵之计伺机反扑。并刻意安排虚张声势的战术行为，比如在庭审中的接触行为以及有意安排第三方传递我方斗争意志的坚决性，令其感受到我方并非只为经济利益而战，更多是为惩罚与报复对方处心积虑、别有用心地为我方布设鬼蜮伎俩的恶劣行径而战，增加对方的恐惧与绝望。但必须把握好度，这个度就是不能压迫对方至算明白账，做好最坏的打算与准备。对方最坏的结果无非是将财产保全中未足额冻结的一亿余元资金补齐；并与购买其被查封商业房产的客户磋商另行解决，或者提供反担保解除对于该房产的保全查封；同时把账算明白，决定以时间换空间，愿意承担最终判决与执行中增加的违约金等损失，因而故意延长诉讼周期，对其反倒更有利。如果把握不好度，让对方产生这种物极必反的决定，那就相当于白白浪费了解决的最佳机遇，着实可惜。

同时，我方积极地请托多个与双方相熟的第三方，不失时机地以无心插柳的方式向对方灌输可斡旋调停的希望与可能，逐渐动摇、消融对方战斗意志。据说对方每次在得到第三方无心插柳的提醒后均喜出望外，极力地希望第三方帮忙搭建沟通协商平台。时机一步步在成熟。我方完备稳固的战略攻防体系形成摧毁性打击力，并依此持续扩大恐慌与绝望、对方反复算计后趋利避害的理性判断、我方围城必阙战术中预留出逃缺口的诱导，以及第三方不失时机地施予斡旋调停的希冀，无时无刻不在提醒对方必须作出正确抉择。在这些战略战术、智谋筹划、纵横捭阖的方略挤压、趋利避害的引诱、督促开导等复合作用下，对方终于彻底动摇，决心请求和解并数次提出和解请求。我方刻意保持冷静迟重，直到判断对方不似缓兵之计，并准确掌握节度在对方一心求和心劲最旺的时候，即对方第三次请托双方相熟的第三方传达求和意向并提出具体支付方案后，我方正式答应与对方和谈解决。

和谈相当顺利，由于我方达盛公司董事长为人豪爽大度，广结善缘，深谙向宽处行的精妙，绝非得势便落井下石之人。率先提出悉数免除违约金，但必须在两个月之内全部付清两亿余元货款的方案。并明确表示本方不追究拖欠三年多的损失并免除合同约定百分之三十的违约金，已经拿出最大诚意且完全展示了底线，希望对方也能见好就收尽快决断，莫再讨价还价拖延时日。虽然直接触底不符合国人议事风格，但笔者比较赞同这种做法，一次触底但清醒地知道我方底线在何处并无大碍，虚高报价来回砍杀最是无聊。有时候杀伐果决也是一种美德，尤其在我方掌控局势的时候，更应当大气磅礴地露出底线，不容对方讨价还价但又很合理，无丝毫乘人之危之嫌，这是一种难得的智慧。对方答应则罢，不答应立即血战到底解决，哪怕付出再大成本也在所不惜。侵略者已经打进家门，正义战争的军火费自然不能吝惜。对方极有可能预计至少需要数轮拉锯互砍的谈判才能达成如此成效，经我方单刀直入露底一击，竟不知如何是好，连连称是。显然，这个结果自然是对方求之不得的。双方非常顺利地签订了调解协议，对方第二天便支付了一半货款，第二月支付了剩下一半，案件得到彻底解决。

解决后，我方达盛公司董事长与对方嶂实公司董事长私交甚笃，后来有过多次合作，均十分愉快。重大、疑难、复杂案件就是这么神奇，双方在讼争时斗得你死我活，甚至有些当事人为此而身陷囹圄，一旦彻底解决，双方当事人往往很快便能冰释前嫌，重归于好，甚至还能够建立更加深厚的友谊与更高度的信任。笔者猜测大概是为纯粹的经济利益争斗与强者之间惺惺相惜的缘故，双方在为重大利益争斗的时候，往往只为重大利益考量而疯狂角斗，甚至不惜代价、不择手段。但一旦结局明朗，胜负既定时，商人的天性会令当事人迅速作出趋利避害的决断，而且让渡利益的一方往往能够完全将此作为生意看待，不涉及较多个人情感纷争。当然，也有少数重大、疑难、复杂案件双方当事人之间畸变至感情仇恨的走火入魔状态，但相对占少数。另一方面，导致事端产生并发展至重大、疑难、复杂案件的始作俑者，往往是相对非正义的一方。这些当事人行为正义与否不予置评，单从个人能力与风格而言，均为人中龙凤，斗争策略、斗争方法、斗争艺术相当惊人，若在战争年代或许都是王侯将相的种子。这种人天生敬畏强者，从骨子里面鄙夷羸弱怯懦之人。当对手被折腾得哭天喊地、无计可施的时候，他们丝毫怜悯都没有，甚至更加激发了他们赶尽杀绝的征服欲。如果对手与他们势均力敌、平分秋色的时候，那种强者之间的认同感妙不可言。尤其是当对手比他们还要厉害，并全面征服他们以后，内心的敬畏与尊重油然而生，为利益相斗的过结根本就无法阻挡双方建立友谊的热情。正如角斗场上战胜方对于羸弱怯懦的失败者往往施舍大拇指朝下的残忍绝情决断，而对于英勇果敢、血战到底的失败者却能敬以大拇指朝上的尊重。败于实力强大、聪明勇敢的对手面前，即使被施以大拇指朝下的催命判笔，也不失对对手的敬畏与尊重。我方通过运筹高明的战略战术体系，彻底将对方征服，对方嶂实公司董事长从内心深处对我方达盛公司董事长丛某产生了极高的敬意与尊重。之前正好相反，在合作中对方本身拥有全面优势地位，并且通过巧设机局、神机鬼械的自以为是的智谋，将我方公司玩弄于股掌之间，任凭我方公司如何折腾，对方都带着恶作剧得逞后的窃喜鄙夷地审视着我方黔驴技穷的纠缠，内心的鄙夷与轻视满溢于言表。我方达盛公司一位副总经理去追索货款时被扔出二楼窗户的行为，足见对方内心的鄙夷与不屑。及至我方完全征服对方后，对方对强者的尊重与敬畏逐渐转化为实际行动，因而，双方在后来合作中皆大欢喜也有其必然性。

三、围城必阙大战术的适用要点

（一）完全掌控战略优势并形成全面包围之势

实施围城必阙战术，必须是我方在进攻端取得绝对的控制权，完全将对方战略防线击溃，并且在防守端将对方进攻力量全面遏制，使对方前进无能，后退无路，被我方全面合围，完全陷入十面埋伏、四面楚歌的绝境，我方才有可能考虑在重围之下给对方留出一个缺口，使案件在对方彻底覆灭的结局之外具备产生另外结局的可能性。如果未完全掌握战略优势，未对对方形成全面包围之势以前，战略形势尚不稳定，我方攻防两端均需极力加强，丝毫不能松懈。因而，在未完全掌控战略优势并形成全面包围之势以前，我方没有资格为对方故意留出缺口，即使我方故意留出缺口，对方也未必买账。

实务中，一些重大、疑难、复杂案件的当事人怯于案件争斗的激烈复杂与极高消耗，总是天真地借各种机会试图搭建与对方和解的平台，但终究徒劳无功。在没有绝对实力的时候妄谈和解，在重大、疑难、复杂案件中基本等于痴人说梦。只有我方完全掌控了战略优势并且对对方形成全面包围之势，我方才有资格为对方故意留出一个缺口，播下一颗橄榄树种子，理性地期待和平的结果。对方也才会相对友好而富于诚意地接纳我方的善意，别无选择地由我方留出的缺口出走解围，进而在和谈中拿出实在的诚意解决问题。完全掌控战略优势并对对方形成全面包围之势，是实施围城必阙战术的首要充分条件，缺一不可。

（二）优胜方的特权

在可以运筹十面埋伏、四面楚歌战术时，我方一只脚已经踏进胜利的大门。那么，可以实施围城必阙战术时，我方已经在胜利城中。并非任何当事人在案件中都可能拥有实施围城必阙的权利，只有优胜方在完全掌控战略优势并对对方形成合围之势以后，才有资格去考虑实施。而且，其他战略战术往往都是在迫不得已或别无选择的情况下，为挽救危局或者争取战略优势而实施，唯有围城必阙战术是优胜方的一项备选战术方案。优胜方可以桀骜不驯地置围城必阙战术于不顾，毅然决然地选择赶尽杀绝，以战斗到底的方式结束战争。也可以留有一线，故意给对方留一个缺口，动摇对方的战斗意志与决心，最终放弃拼死血战到底，选择出逃，从而被优胜方设伏歼灭。当然，在重大、疑难、复杂案件解决过程中，歼灭对方是一个程度概念，而不是物理意义上的概念。我方在完全掌握战略优势并对对方形成全面合围之势后，实施围城必阙战术时给对方留出的缺口是和谈的机会。和谈的机会是对方迫切需要的，也是我方极力追求的。毕竟双方激烈讼争的目的不是为了争斗而争斗，而是为了实现特定的利益诉求。

在前述我方达盛公司与对方嶂实公司、启仁公司案件中，当我方运用全方位、立体化、多层次、纵深化的战略攻防体系对对方形成全面压制，使对方嶂实公司挖空心思设计金蝉脱壳之计企图逃脱支付货款义务、只由空壳公司启仁公司承担付款义务的阴谋彻底破产，也使对方利用发货签收单不符合合同约定因而拒绝承认收货的防守战术未能达成预期目标，并且将对方利用优势地位设定的显失公平约定悉数否定，对方防守端的防守与反攻全部失算。而我方的进攻却切切实实像钉子一般扎在对方的心脏地带，对方在主体诉讼中全面败诉已是必然结果。我方将其账户查封令其无法正常开展业务活动，导致三个新楼盘的开发建设工作受到极大阻滞，给对方形成火烧眉睫之急与切肤之痛。同时，我方申请查封其已经出售但待办网签过户手续的商业房产，导致购买方追究对方违约责任，使对方面临损失急剧扩大的风险。事实上，我方完备稳固的战略攻防体系已经给对方形成了全面合围之势，我方完全掌握了战略优势，再往前推进对方必定全线崩溃。此时，围城必阙便成为我方的一项特权，我方可以选择发动最后决战总攻，将对方全线歼灭，在收回两亿余元货款的同时得到违约金、迟延支付的利息损失等收益，无非是周期较长而已。我方也可以给对方刻意留出一个缺口，敞开和谈大门，双方以非战的方式彻底解决问题。

也就是说，当我方完全掌控了战略优势并对对方形成全面合围之势以后，围城必阙战术取决于我方的意愿与理智，而不是必须选择的问题，它是一项特权。这项特权是重大、疑难、复杂案件中所有当事人都为之痴狂奋斗的境界与状态，拥有这项特权就相当于获得了胜利大门的入场券，从而相对轻松地换来我方期望的胜利结果。

（三）准确把握时机

在实施围城必阙战术时，我方的目的是让对方带着最大的诚意来求和，是在多方面施压过程中求得某种不太确定的结果，因而，准确地把握时机至关重要。如果压力不够，对方可能也会心存侥幸而不会就范。如果施加的压力太大，则有可能物极必反，导致对方产生鱼死网破的决心，从而制造更大的麻烦。我们姑且把这个最合适的点比作正抛物线的顶点。顶点是在我方施加的压力、对方的理性算计、我方后备战术震慑共同挤压之下形成的。

以前述我方达盛公司与对方嶂实公司案件来说，对方自以为固若金汤的防线被我方彻底攻破后，无险可守，在讼争中不会再有建树，除了面对法院判决结果，支付货款并承担合同约定的违约金以及迟延支付的利息损失外别无选择，这些法律责任对方从一开始就十分清楚。但我方针对性非常强的财产保全措施，成为打垮对方的最后一记重拳。我方申请冻结对方账户资金，若在账户现金不能足额覆盖我方诉讼请求数额时，则查封对方公司账户，直至其账户资金足以覆盖我方诉讼请求数额时只冻结与我方诉讼请求等额现金。实际查封时，对方账户被冻结的现金只有六千余万元，因此，对方账户被查封，只许资金进入，不许转出。对方正在开发三处新楼盘，经常需要以公司名义对外转账以保障业务活动正常进行，经此查封，对方业务甚至有陷入停顿的风险。因此，对方已经开始恐慌动摇了。由于保全不足额，我方同时申请查封了其已经出售正待办理网签与过户手续的大批商业房产，引发该商业房产购买方震怒，欲起诉对方主张违约责任，按照对方与购买方合同约定，至少需要支付三千余万元违约金。这也给对方造成极大压力，不仅是经济方面，甚至对其二期楼房销售产生了极大的负面影响。全面败诉偿还货款、支付百分之二十的违约金、赔偿利息损失的压力已经足够让对方考虑再三了，再加上财产保全带来的全方位负面影响，导致对方已经在恐惧与绝望中开始算计了。

我方在实际施加巨大压力的同时，还通过各种渠道向对方传递信息，因对方背信弃义的鬼蜮伎俩给我方造成太大损失，我方誓将维权进行到底，一定要让对方的行为受到法律严惩。并且故意表露强硬态度，声称我方已经提前备足了上诉、强制执行等程序所需资金，只要我方利益诉求未获完全满足，便坚持讼争到底，不畏诉讼周期变得最长，使对方在银行账户、急需办理过户手续的房产在被查封的状态下维持更长时间。所谓兵不厌诈，在双方争斗的情况下，一点都不排斥计谋、诈术、诡道，对方得知该虚张声势的表态后，结合我方在诉讼全程的精深厚重表现，宁可信其有，也不敢信其无。此时的压力可谓达到峰值，也是对方在恐惧绝望中动摇得最剧烈的时候。这算是我方的后备战术，如果对方果真敢于强硬对抗到底，我方立即将虚张声势的宣扬变成实在战术行动，令对方后悔不迭、叫苦连天。

对方开始反复算计，这种算计结果决定了对方是否迈出求和那一步。如果持续对抗，需要支付货款两亿余元，法院可能会支持双方约定的百分之二十的违约金约四千余万元，甚至有可能会支持部分利息损失，若从全面违约时算起已经三年有余，故该部分损失或可逾千万元。为了解除公司账户被查封无法对外转账的麻烦，必须至少转入一亿四千万元以上的现金才能解决问题。并且还需要对购买其商业地产的购买方承担购房款总额百分之三十的违约金三千余万元，还会对后续开发的楼盘销售产生极大负面影响。最终需要向达盛公司支付约两亿五千万元左右，并且眼下就得将两亿元静置于账户内被冻结，还需要向购买其商业房产的人支付三千余万元违约金。如果达盛公司正如其强硬表态般缠斗三五年，损失更将不可估量。经过算计，负隅顽抗损失实在太大，无论是眼前的损失还是长远的损失。

我方施加的压力如对方眼中钉、肉中刺，时刻提醒着对方该做点什么，并且这种压力产生的负面影响与日俱增，只要问题得不到解决，这种压力只增不减，造成的损失不可估量，这种恐惧与绝望令其坐卧不安。对方经过反复算计后也会理智地认识到不可再继续对抗下去，趋利避害的理性无时无刻不在说服其选择正确的道路。在我方施加的巨大压力、对方精明的算计、我方后备战术震慑的综合挤压下，对方再强大的神经也得崩溃，其实已经在望眼欲穿地渴望和解这个救命稻草的出现。而这正是实施围城必阙战术时，给对方留出一个缺口，让其从该缺口出逃的最佳时机。

（四）主动与被动结合

实施围城必阙战术，在全面合围中给对方施加足够大的压力后，对方最期待和解解决的顶点出现后，我方可考虑行使优胜方的高傲特权，在十面埋伏、四面楚歌般的合围形势下，给对方留出一个缺口，以便其有可能主动求和。如何让对方尽快知道我方留出的缺口，需要一定的实务技巧来把控。它并非水到渠成、顺理成章的自然形成过程，需要主动与被动相结合来完成该项工作。主动并不代表我方必须直接与对方接触请求和解。在激烈讼争中情势非常微妙，双方误解与隔阂甚深，即使我方真心实意地向对方表达和解愿望，对方未必会领会我方的真心实意。因而必须注意方式，充分研究对方的心理需要，以对方最能够接受的方式去传递。既然我方可以在对方压力大到濒临崩溃的时候故张声势地将我方的进攻意志、欲望透露给对方，自然可以借用该后备战术震慑传递手法，请托多个双方相熟或者基本信任的第三方，在各种可能的饭局、会晤、闲谈中不失时机地、无心插柳地传递给对方一些信息，表达尝试居中斡旋调停的意愿。切忌不可让这些第三方把话讲得太满、太过肯定。在对方望穿秋水地期盼和解沟通平台之际，若有人隔三岔五地向其建议尝试斡旋调停，对方应该不会拒绝。

被动也就是对方的主动求和。一般来说，对方主动求和并非多么美妙的事情，以缓兵之计居多。笔者对于对方主动求和的情况不太看好，往往注定是浪费感情与时间。对方已经被逼迫悬垂于悬崖上，但依然不肯主动求和，无非是面子问题与算账问题。重大、疑难、复杂案件中，当事人一般来说都是人中豪杰，不管在什么情况下，可以输钱但决不愿输了气节，在重大、疑难、复杂案件解决过程中，也是如此看重面子问题。因此，宁要面子活受罪的情况十分常见，其实做梦都在渴望能有一个诚不我欺的沟通平台，令其能够在公平、公开、公正的情况下算清经济账，彻底解决双方问题，但若主动服软找对方和谈，面子根本就放不下。劣势方在四面楚歌的压力下，即使事实上已经坚持不住，也不会轻易主动求和，是因为双方长期激烈斗争的惯性导致劣势方顾虑重重，担心主动求和会使对方在和谈解决过程中坚持过高的利益诉求，因而于己方不利。本身已经非常被动，再以被动的方式去求和，更没有谈判筹码可言，最终的谈判结果可能并不比血战到底好多少。因而，宁可在矛盾与算计中蹉跎，也往往不去主动求和。作为优胜方，必须充分了解劣势方的顾虑与心理情境，以其能够接受的方式，选择双方相熟或者基本信任的第三方以无意而为之的方式，抓住对方最渴求和解的时机，向其传递可尝试搭建沟通平台的建议，在对方感觉问题将要在相对公正的第三方主持斡旋下解决时，解决问题的诚意应该更有保障。

实施围城必阙战术时，对方被全面合围而面临最大压力的情况下，通过我方主动安排第三方以无意而为之的方式向对方指引缺口，我方根据第三方反馈的对方态度与表现进行判断，时机成熟时便可正式展开和谈。当然，在和谈中不但需要充分利用我方大兵压境的优势，还要适时巧妙地将我方后备战术体系以及持续性的战略震慑进行展示，促使对方和谈诚意不仅是建立在主观上的愿意，而且必须是建立在客观形势上的不得已而为之。

在前述我方达盛公司与对方嵘实公司案例中，我方用完备而稳固的战略攻防体系将对方压迫至绝境，我方预计对方耐受的极点已经到来，最适合案件全面解决的顶点业已到来的时候，将提前部署好的战术行为予以落实，请托五个与双方均相熟的第三人借各种饭局、聚会、闲谈的机会无意间提及双方讼争纠纷事宜，并顺着对方话茬不失时机、见缝插针、无心插柳地主动请缨尝试搭建斡旋调停平台，实际效果非常好。甚至在第三方首次指引缺口时，对方便满口答应，表示十分乐意接受斡旋调停。但我方有自己的原则，和谈必须确保是卓有成效的。我们可以接受对方的阳谋诡诈，但坚决不接受对方的阴谋诡计。要和谈必须拿出诚意，即使报出不切实际的解决方案，也比虔诚的虚谈更有实际意义。在对方求和谈判面前，我们的原则就两条，一是对方绝非缓兵之计，二是对方必须拿出具体支付解决方案。对方嵘实公司前两次央请第三方斡旋调停时，只是表示想和谈，但并未拿出具体解决方案，于是我方选择战略隐忍，同时加大合围攻击力度，并让居中斡旋的第三方将我方强大的后备战术体系故意泄露给对方，让对方的恐惧绝望再度加深，和谈态度再诚恳一些。对方终于在第三次央求第三方居中斡旋调停时拿出了具体解决方案，并且和谈解决的诚意尚算较大，我方经过全面分析，判断对方应该无行缓兵之计的底气，方与其展开和谈。

四、围城必阙大战术的运作筹算

围城必阙战术的本质是筹算问题。在战争中，假设一方将另一方围困于城池之中，被围一方无非死战与投降两种选择。如果围城方选择围得水泄不通，不留任何一条出路，势必激发对方上下一心誓死血战到底的战斗意志，也坚定了对方鱼死网破的决心。如果巧施围城必阙战术，给对方留出一个缺口，则必定动摇对方军心，使其在誓死抵抗与出逃、投降之间摇摆不定，因而防御力度也会大幅降低。因为有更多选择的可能性，对方内部矛盾也会相对更快地激化。最终极大可能通过围城方留出的缺口出逃，自然进入围城方提前布设好的埋伏圈，在埋伏中歼灭，或者引诱出城在开阔地带歼灭，显然比攻城付出的代价要低得多。如果通过围城必阙的方式促使对方最终军心动摇，内部矛盾激化，对方部分或者全部投降，则更是兵不血刃地收获胜利。因此，围城必阙战术实现了战略成本最优化的价值。

在重大、疑难、复杂案件解决过程中运用围城必阙战术，其实本质也是成本筹算问题。在对对方形成全面合围之势后，我们需要精细筹算赶尽杀绝、血战到底的成本以及留给对方缺口进而和解解决的成本，在成本筹算结果的基础上作出理性抉择。战争是为了争夺更大的利益，除了抱着屠城等极度变态目的的攻城，一般来说无非是为地盘、权力等利益而争斗，都能在筹算成本的基础上选择成本更优的围城必阙战术。重大、疑难、复杂案件基本上纯粹为利益而讼争，更应精细筹算成本，有必要将商业活动中成本筹算的原则运用于讼争策略选择。在我方将对方全面合围后，围城必阙战术确实是战略成本最优化的首选。

（一）赶尽杀绝、血战到底的筹算

在形成全面合围之势后，如果选择赶尽杀绝、血战到底，我方可能会得到预期的判决结果，但判决结果何时从纸面法律权利转化成为现实可支配法律权益，则存在一定程度的不确定性。并且周期会相对更长，我方需要付出更高的战略代价，包括时间、资金、人力以及其他隐性成本。而且，在漫长的讼争过程中，存在众多不确定性，为案件总体目标的实现带来巨大风险。虽然我方已经基本掌握战略优势，但在某些特定情况下，这种优势并不具有绝对的稳定性。比如，前述我方达盛公司与对方嶂实公司、启仁公司案件中，我方虽然对对方形成全面合围

之势，使对方无路可走，若未在合适的时机选择和解解决而是血战到底，基于对方房地产开发行业考量，或存不确定风险极大。而且对方还正在同时开发三处新楼盘，风险状况更应升级看待。若在讼争过程中资金链出现问题而破产，虽然我方已作财产保全，但在破产清算过程中，我方已经申请财产保全的财产虽然安全，但要和清算组接管的其他财产拆分清楚，绝对不是专业理论判断那么简单。笔者律师团队操盘处理过一宗重大、疑难、复杂案件就遇到类似情况，我方申请保全的财产同时被纳入破产清算财产范围，清算组虽然承认司法保全的法律效力，但由于清算程序复杂，破产财产管理要求与法院司法保全、强制执行程序之间存在一定的不协调，因而，整整用了五年时间才将保全财产从破产清算财产中晰明，方才启动强制拍卖程序，执行完毕共花了七年多时间。委托人一直追悔当初要求太高，没有选择接纳对方的和解方案，以致后来虽然执行所得数额较对方和解方案的支付数额高出不少，但时间迁延七年所增加的隐性成本实在太高，七年间我方当事人付出的资金、人力、时间以及其他隐性成本，足以导致执行到位的财产打个对折。

以前述我方达盛公司与对方嶂实公司的案件为例，如果我方在形成全面合围之势后选择赶尽杀绝、血战到底，则法院判决对方支付我方两亿余元货款应无问题，并可以支持约定的百分之二十的违约金，因为已经存在违约金的约定，故利息损失应该不会再支持。也就是说，我方最终除货款外会额外得到四千万元的违约赔偿金，这几乎是最理想的状态。但这是法院判决权利，如何落实为现实可支配法律权益还有很长很艰辛的路要走。

虽然我方对于对方反攻点均进行了强力有效的阻击，并有翔实、有力的证据体系予以证明，但这只是初次交锋。如果法院继续审理下去，案件的疑难问题较多，比如，双方补充合同约定我方产品必须入围当地政府采购名录、必须保证是全省范围同类、同品质标准中价格最优，否则对方有权拒绝支付货款；对方根据业主购买房屋付款进度支付货款，若房屋未完成销售，对方最多支付不超过百分之五十的货款。这些约定我方虽然有大量有力的证据证明其约定的条件并未成就，并且同时申请撤销该显失公平的条款，也同时宣告所附条件无效，但法院能否在同一个案件当中处理未知其可。如果需要另案撤销或者宣告补充条款无效，因为本案判决需要以撤销权诉讼以及宣告无效诉讼案件的审理结果为依据，因此，本案就需要中止审理，等待另案撤销权或宣告无效案件结案后才能恢复审理。而在撤销权或宣告无效案件中，对方必定想方设法拖延时间，导致案件迟迟不能作出生效判决，光管辖权异议就已经足够挑战我方等待极限。况且，诉请撤销显失公平的合同条款，早已超过撤销权行使期限，未必能够得到判决支持。假使一切都顺利，撤销权诉讼与宣告无效诉讼结案后，恐怕也是一年半之后了，此时，核心诉讼方可恢复审理。

对方还极有可能就货物质量问题进行反诉，案件更显复杂。在将双方争议的众多焦点问题逐一查清，未必能够在正常半年的审限内结案，延长一次是比较理性的预判，一年后才能作出一审判决。加上撤销权、宣告无效诉讼的一年半，两年半已经过去了。对方必定上诉，或者我方也有可能不服一审判决而上诉。以该案件的复杂性分析，二审最快也需要大概半年时间。案件判决生效竟然大概是三年以后事情，还有强制执行。假使对方已经将两亿余元现金补足，强制执行阶段可直接划扣，从强制执行程序启动起来到划扣完成也需要大概两月时间。最终，我方在大概三年半以后才能拿到货款，相当于这笔货款被拖欠了六年有余。六年前的两亿元与六年后的购买力恐怕相差太远，即使相对于三年前可和解解决的时候也大幅贬值，而我方血战到底只是多得了四千万元的违约赔偿。两亿元收回后无论如何投资运作，三年时间完全能够增值四千万元，甚至通过最简单粗暴的企业之间拆借，理想的情况下一年就能够实现四千万元的增值目标。而在漫长的三年多讼争中，我方需要投入高额的诉讼成本，扣除资金、时间、人力以及其他隐性成本后，该两亿余元估计比打个对折还要更低。没有更好的办法，法律讼争的成本就是如此，它不会因为我方具备客观公理正义性就降低，就像侵略战争打赢以后，我们还是需要处理残垣断壁、满目疮痍的烂摊子，战争赔款兴许是十几年以后的事情，或许根本就没有战争赔款。

将对方全面合围以后，不事围城必阙战术，或者和谈未成，即使满打满算地实现诉求目的，但仔细筹算成本后发现根本不是想象当中的大获全胜，成本还是高得惊人，甚至不如接纳对方当初和解时腼颜无耻地对半砍价的要求。因此，赶尽杀绝、血战到底是很酣畅淋漓、快意恩仇，但成本问题不得不察。

（二）铸铁为犁的筹算

在对对方形成全面合围之势后，成功地运用围城必阙战术，给对方留出一个缺口，接纳对方和解请求进而和解解决，对方肯定会要求我方免除部分支付或赔偿金额，这几乎是惯例，似乎在和谈中不让有理的一方出点血就不合情理。还真应了那句老话，杀人越货之徒放下屠刀就能立地成佛，积德行善之辈修行一生稍有不慎便万劫不复。给拖欠成性的恶人让渡利益而达成和解，竟然是正儿八经的绝对正确。没有更好的办法，要选择和解，就必须给对方这点好处，否则，捞不到好处的对方兴许又犯表演型人格障碍了，拖欠行为艺术、法律技术的神机鬼械、程序消耗的鬼蜮伎俩，必定让你眼花缭乱、目不暇接，给我们制造无穷的麻烦和障碍。

笔者曾经听一位同事讲过一个令人瞠目结舌的案件，被执行人拖欠执行申请人欠款，经历了拖欠、一审二审诉讼、强制执行程序共计八年多，最后结案的方式相当耸人听闻。强制执行两年未果，被执行人一个远房亲戚背着只有欠款数额百分之三十不到的现金，摆在执行申请人面前，来人称是被执行人借他的钱专门来还执行申请人的债务，反正被执行人已经完全没有履行能力了，而且还重病缠身。但履行诚意依然，虽然身体有恙但依然借了他的钱特来还债。如果执行申请人接受就收下这笔钱并和解，双方从此两清，如果不接受那他也管不了了。当然，带来的现金是这个远房亲戚的，自然是要带走的。据说执行申请人当时在法院走廊上来回踱步至少有一个半小时，最后眼见那位背负现金的先生等不及要走，才愁肠百结地如钝刀割肉般颤抖着双手签署了那份和解协议。被拖欠八年有余，或许也太缺钱了，被这百分之三十不到的现金一晃，任谁也拒绝不了收取这些现金的诱惑，如果放过可能真就打水漂了，所以必须抓住。对方真的可以，为了逃避债务，把赖账变成了艺术，把人性也研究得钻坚仰高，只是苦了善良无辜的出借人了。这或许是多数恶意拖欠方的真实心理写照，如果不狠狠杀价，不谈个好价钱，坚决不和解。

还好，我方从来没有想过靠对方的良心发现来实现权益，而是迷信实力决定结果的真理，始终把壮大我方实力作为第一要务，至于对方的态度，还是交由实力来决定。当我方实力足够强大时，将对方围得水泄不通，然后再高傲地施以大拇指向上的缺口令其逃生，对方的态度自然配合得体。如果我方无完备而稳固的战略攻防体系，任对方在我方战略核心区域驰骋纵横，如出入无人之境，对方显然不会配合得体。莫烦恼，蓦直前进。莫问前程，但修好事。别管对方怎么想，只管把我方战略攻防体系打造至极致，对方配合态度与解决诚意自然不差。如果差也无所谓，我方完全可以接纳正义战争的成本付出，但对方必须付出更高的代价。在围城必阙战术实施过程中，对方在请求和解时的诚意和报价方案并非取决于对方主观意志，而是我方战略攻防体系的震慑力。因此，只要我方拥有六合八荒、力度千钧的战略进攻体系与密不透风、滴水不漏的战略防御体系，可以最大限度地遏止对方厚颜无耻的杀价。也就是说，在围城必阙战术实施过程中，对方的和解报价不是谈判问题，而是取决于我方战略攻防力量指数。

在和解中，我方最大的牺牲就是让渡部分利益。但会尽快将法律权利转化为现实可支配法律权益，以该现实权益去撬动各种可能性，数年后应该绝对不止讼争到底对折收取的状况。而且免去了周期漫长的讼争带来的资金、时间、人力以及隐性成本的大幅增加。前述赶尽杀绝、血战到底成本筹算中已经明确计算过了，扣除资金持续被占用与各项成本提升的部分，最终即使全额实现诉求，但实际效果还不如当初打对折。因而，和解的优势是显而易见的。这方面是重大、疑难、复杂案件与其他普通案件的重要区别之一，普通案件经过较长时间消耗，成本不会增加太多，因为双方均在法律程序的规束下进行节律清朗的诉讼行为，意外因素较少，额外付出的代价相对于重大、疑难、复杂案件来说，几乎可以忽略。

还有，在围城必阙战术执行过程中，在给对方形成合围之势后接纳对方和解，也为我方拓宽了一条路。莫说双方后来能否合作，即便未结太深怨仇就已经是足够大的收获了。在重大、疑难、复杂案件中，双方当事人往往都是在一定范围内具有相当影响力的人物，互相之间通力合作，往往是一段财富与事业佳话；双方之间各自平行，也是两道美妙风景线；一旦两虎相斗，谁也不会拥有好结局，只会为行业的后生们让路了。有一位重大、疑难、复杂案件当事人与笔者交谈时，总会念叨其所涉行业龙头老大，反复遗憾地自语若不是对方和自己这么纠缠，现在的那个行业龙头老大极有可能是自己。当然，即使没有与对方纠缠，但那个行业的龙头老大也未必是他，因为行业龙头老大从来不会用多半精力与他人缠斗十余年，再用少一半的精力去经营事业。这足见重大、疑难、复杂案件的纠缠有多么毁人不倦。况且，若结怨太深，谁知后路会遇上谁，而各自领域的佼佼者碰撞的概率比普通人之间要高出太多倍，无形中丧失了太多发展提升的机会。

在前述我方达盛公司与对方嶂实公司案例中，在对方第三次请托第三方居中斡旋调停并拿出具体还款方案时，我方同意正式和谈。对方方案尚可，但还是想在货款本金部分动点手脚。我方明确表态本金绝对不能动，违约金可以免除，必须在一两月之内彻底解决。并且郑重提醒对方这是我方绝对的底线，能够做出如此重大让步，一次性免除了四千万元的违约金，目的就是不想反复拉锯讨价还价。对方一方面是真的畏惧我方强大完备的战略攻防体系给其造成的战略震慑，另一方面见我方确实大度豪爽，因此双方一拍即合，两个月内全部解决。我方收到了两亿余元货款，我方达盛公司气象更新，与之前被拖欠大额货款与行业整体不景气相交之下的濒临破产有天壤之别。三年后，若计算该笔货款直接或者间接产生的收益，已经至少增长了一倍。如果当初形成合围之势后选择赶尽杀绝、血战到底，此时才正好是刚执行回款的时候。和解的两倍价值与血战到底的对折价值，竟有约四倍差距。我方公司董事长丛某事业越发顺畅，与对方嶂实公司还有过数次合作，而且合同标的额都较大，双方合作皆大欢喜。想必对方嶂实公司神机鬼械般的法律设计钻营不会再给我方达盛公司使用了。而且，我方公司董事长丛某与对方嶂实公司董事长私交越来越深，大概是强者败于强者手下的敬畏与尊重吧。

五、围城必阙是一种顶级思维方式与智慧

其实人与人之间最大的区别就是思维方式，思维方式形成行为惯性，行为方式形成性格，性格决定命运。我们与客观世界打交道主要依靠思维方式，不同的思维方式导致事情结果千差万别。就以重大、疑难、复杂案件来说，以传统专业技术流思维方式与处理模式予以解决，实践证明会陷入休止的缠斗，最终案件悬停僵死后双方还在缠斗。思维方式无须刻意去做高级与低级的区分，毕竟在大千世界芸芸众生中，衣食住行头疼脑热才是头等大事，日常生活中，无人在意思维方式的迥异会导致行为结果的差别，大家都差不多。但在特定的工作或者环境中，如果忽略思维方式的差异，会导致灾难性的后果。比如，以律师的思维方式去做营销工作，以前卫艺术家的思维方式来做律师工作，结果一定是富有超现实的荒唐效果。因而，在特定的行业或者工作中，必定有某种最适合的思维方式，我们可称之为顶级思维方式。顶级思维方式，并非指该思维方式有多么高级，只是表达该思维方式最适合解决某个领域的事务。

对于解决重大、疑难、复杂案件来说，需要整套适合解决它的顶级思维方式，比如看见东方太阳升起，便不仅是看到我们的这边世界的光明，也能自然而然地

联想到另一端世界的黑暗；见一叶而知秋，窥一斑而见全豹，见微而知著；可以统观全局，也可钜细靡遗；擅长谋略策划，又长于落地执行；精研专业又不囿于专业；相信实力决定而非穷究其理；契约精神与客观理性为工作灵魂等等，因为重大、疑难、复杂案件事务错综复杂，其中涉及方方面面、各行各业的问题，因而解决其所需要的思维方式不是单一的线性思维方式，而是一种集多方面要素为一体的复合思维方式。其中围城必阙便是胜利方在最具优势的关头保护我方有生战略力量与资源，尽快全面彻底地解决案件问题并实现成本最优化的一种思维方式与智慧。

围城必阙本身就是一种顶级思维方式。围城必阙代表了不把事情做绝，不把话说死，凡事留有余地，给自己回旋空间，也给对方思考、决断、转变的空间与可能性。如果做得太满，说得太绝，往往会导致物极必反，结果非但会不如人愿，反而会适得其反。在重大、疑难、复杂案件中运筹围城必阙战术时，我方在绝对掌控战略优势且对对方形成全面合围的情况下，依然选择为对方留出一个缺口，让对方从该缺口选择退却与我方和解，从而让双方都得到解脱。既更有现实价值地实现我方权益，也使对方损失不至于过大。如果把事情做绝，在水泄不通的围攻中不留任何缺口，势必激起对方誓死抵抗、鱼死网破的决心，从而导致战线无限拖长，战略成本无限升高，经年累月后实现的诉求权利，恐怕也会大打折扣，最终得不偿失。

如同战争的目的是追求和平、维护和平一样，重大、疑难、复杂案件讼争的目的是为了解决问题并防止重蹈覆辙，而案件推进至可以实施围城必阙的战术时，其实已经无限接近于全面胜利，选择给对方留出缺口进行和解，换来的是兵不血刃的胜利。胜利战果或许没有赶尽杀绝来得丰硕，但从维护双方和平与保护我方战略资源与力量的角度分析，却是更大的收获。胜利的果实未必需要屠城的血腥来标榜，案件最终的胜利也不需要赶尽杀绝的酣畅淋漓来展现。前面通过对比赶尽杀绝、血战到底与铸铁为犁和解的成本筹算，可以明确得出和解的现实可支配法律权益价值甚至是血战到底的四倍。而我们解决重大、疑难、复杂案件的目的正是为了现实可支配法律权益，不要一纸空文的法律判决权利，也不要杀敌一千抵销自损八百后的实际获得权益价值，而要实际获得权益价值最大化。围城必阙战术正是达成现实可支配法律权益最大化的最佳思维方式与智慧。

不管是日常提及的做人留一线，日后好相见，还是经典智慧中的穷寇莫追，还是兵法中所讲的围城必阙，无不反映了做事掌握好分寸，留有余地的重要性。围城必阙代表了一种思维方式，是人们在长期的社会实践中对于事物客观规律的高度总结与升华，而智慧正是人们对于客观事物规律的高度认知与运用能力，显然，围城必阙也是一种顶级智慧。围城必阙的思维方式与智慧，指导我们做事时掌握好分寸，凡事留有余地，能够在错综复杂的事务中为自己留出回旋余地，也为他人留有余地，在平衡双方利益的基础上选择黄金切割点，实现解决历史问题、平复当前纷争、消除未来隐患的至高解决之道。

第八节　分化瓦解，弱敌阵营

一、概　述

分化瓦解，弱敌阵营是解决重大、疑难、复杂案件过程中一项常规化的战术，在任何情况下均能够得到应用。因为对方绝对不是一个人在战斗，往往会因为重大利益自发地形成利益共同体联盟，其中有些参与主体往往是能量巨大的人士。这些参与主体因重大利益而参与其中，因对方的现实需要而存在，各显神通，各尽其能，形成强大的对方阵营。我方与对方讼争，如果只针对对方单个主体，永远都解决不了系铃人的问题，因而就无法从根本上解决案件问题。实务中，一些案件当事人及专业解决团队认识不到这个问题，导致案件四面起火，麻烦连绵不绝、应接不暇，这种情况往往是对方强大阵营联合发力的结果。对方阵营中有各种专业、背景、能力、资源、角色的主体参与，因而能够给我方造成更多领域与维度的打击。重大、疑难、复杂案件绝对不是单纯法律诉讼案件那么简单，利益重大且关乎双方生死存亡、参与主体众多并形成利益共同体联盟进而演化成两大利益共同体联盟之间的斗争、为达成利益目的极限化地人为布设疑难与复杂是其本质特征。其中参与主体众多并形成利益共同体联盟进而深化成两大利益共同体联盟之间的斗争、为达成利益目的极限化地人为布设疑难与复杂的本质特征正好就是对方强大阵营的个案表现方式。因此，彻底解决案件问题，必须最大限度地接近对方阵营，研究对方阵营，深彻了解对方阵营，果敢地瓦解对方阵营。

当然，此处所讲对方阵营不包括对方委托的律师等专业人士，因为律师是法律诉讼及其他事务中接受当事人委托办理相关事务的专业人员，在诉讼中具有独立的法律地位，在授权委托范围内行使诉讼权利，履行诉讼义务。律师一旦接受委托便是诉讼及其他法律程序中必要参加主体，虽然站在一方立场行事，但不属于此处所讲对方阵营的构成部分。对方阵营的特定含义是除对方当事人与代理律师以外，不具有诉讼或其他法律程序中独立地位的、与案件本身无直接法律利害关系的主体。这些主体参与其中并不具有法律意义上的身份，因此称其为案外主体比较妥当。

对方组织吸纳各方面力量与资源形成稳定阵营以后，案件的复杂程度已经完全超越诉讼案件的范畴。在人为操纵布设下，矛盾据点众多，斗争战线拉长，各种讼争及其他程序全面开花，使双方当事人深陷复杂斗争当中不能自拔。并且每个讼争或其他程序斗争的复杂程度、解决难度均大幅提升，导致案件悬停僵死在某个程序或者阶段的情况亦司空见惯。其实，这些案外主体参与其中往往仅为利益，有些甚至就为捞点蝇头小利，甚至对于参与其中的法律后果都没有清晰的认识。即使是一些颇具实力的人士参与其中也是徒具实力而已，对于案件的解决却没有太多办法，虽然参与其中的初衷或许是帮助对方解决问题，但实际上却变成了问题与麻烦的制造者。因为这些案外主体并不拥有解决重大、疑难、复杂案件的智慧、谋略与经验，也不懂战略战术运筹，只知道一味地煽风点火、添油加醋，使矛盾更为复杂，斗争更为深广、激烈。好多重大、疑难、复杂案件双方越斗争越复杂，越斗争越激烈，甚至案件已经实质上僵死悬停了，但双方仍在乐此不疲地争斗，这种状况与对方阵营整体参与其中不无关系。有些案件中，对方阵营发挥的作用甚至比当事人本身要重要得多。因而，在解决重大、疑难、复杂案件过程中，若要使案件问题得到全面、彻底的解决，分化瓦解对方阵营，是绝不容忽视的工作。

二、对方阵营的负面影响

我们应当尊重任何一方当事人为了解决案件问题而构建本方战略力量与资源体系，只要是合法且对于解决案件具有重要的策划、指导、支持等积极作用，任何案件主体与力量的参与都应当是被尊重和允许的。如同战争中各方不仅凭借战争的力量与手段，同时也充分运用政治、经济、情报、外交、科技等力量与手段，形成综合实力，最终实质上是双方综合实力的较量。任何对方阵营参与主体对于对方讼争力量的积极正面的建树力量，我方必须通过加强自我力量建设的方式予以解决，并非只要是对方的参与主体与力量，便一概认定为非法与负面。这个问题不能完全站在敌对立场进行考量，对方即使通过合法而富有建树意义的方式组建阵营，也被简单地认定为非法、无道、邪恶。我方既要充分地认识到对方阵营对于对方战略力量的积极正面贡献，也要深入地洞察其对于案件解决的阻碍、破坏作用，努力提升我方讼争较量的水平与综合能力，拥有出色的谋略去分化瓦解对方阵营，使对方逐渐陷于孤立无援的处境。我方需要用绝对实力来解决对方阵营对于对方战略力量的积极正面的贡献，同时需要用足够的智谋与手段遏制其对于解决案件的负面影响。对方阵营积极正面的贡献是合法的参与方式与结果，这种参与方式与结果即使能够使我方完败，我们也应当尊重，并选择以更高明强大的战略战术体系予以征服。对方阵营的负面贡献往往是不合法乃至违法犯罪的参与方式与恶果，对于案件的解决起到致命的破坏作用。在我方羸弱无能的时候，该负面影响的恶果便成为粗暴地践踏我方合法权益的铁骑，同时对于对方坚守其非法而脆弱的防线发挥了强大的作用。当我方足够强大，能够清晰地洞察该负面影响的产生过程及恶果时，会发现其确实是案件得不到正常解决的毒瘤与祸根。我们需要拥有高强的智谋，精准地运筹战略战术手段，将这种毒瘤与祸根予以剜除。

（一）导致案件的方向与路线出现严重偏差

对方阵营的负面影响对于解决案件的影响是多方面的，首先便是导致案件的方向与路线出现严重偏差。案件再疑难复杂，只要双方在正常的渠道内以正常的方式解决，总体方向与路线便不会出现太大偏误，尽管艰难滞涩一些，但也不至于最终陷入悬停僵死的境地。一旦偏离了正常的渠道，以节外生枝的方式或者程序参与其中，方向与路线已经严重偏误，此时的讼争与较量其实完全不具有解决问题的建树意义，完全是故意误导方向的一方暗自得意，另一方百般折腾但徒劳无功。比如，在正常的纠纷中，案外第三人参与其中配合债务人以联营合作的名义将核心业务订单与设备、技术、人员等资产进行转移，导致债权人追究数年无果。案件的方向与路线彻底偏离了正常轨道，债权人追究数年的努力与付出都是在歧路上狂奔，注定徒劳无功。在债权人的智谋与实战经验不足以驾驭这一切时，债务人的鬼蜮伎俩便安然得逞，案件的方向与路线完全偏误，深陷悬停僵死的境地，似乎永远都得不到解决。但对于债务人及其阵营来说，这是绝世美妙的画卷，鄙夷着债权人无能的挣扎，享用着盗攫所得他人利益，也羞辱了法律的尊严与权威。遗憾的是，类似的情况在实务中俯首即拾，一方面因为被侵害的一方缺乏认知深度，另一方面深受传统专业技术流思维方式与处理模式的误导，即使债权人发现端倪，但教条刻板的专业人士目光与能力辐射不出一亩三分地的界域而扼杀了希望，最多是把该情况反映给执行法院听候处理结果，或者以没有证据证明的逻辑自洽未得到满足而作罢。由此可见，对方阵营对于解决案件的负面作用直接导致案件方向与路线出现严重偏误，是有些案件陷入悬停僵死境地的直接原因。

（二）导致案件经常出现节外生枝的情况

对方阵营的负面影响导致案件经常出现节外生枝的情况。因为重大、疑难、复杂案件斗争的全面性，双方都在极力地建立于本方有利的战术据点，作为攻击对方同时加固本方防线的依托，这就导致双方的讼争不仅限于核心诉求所依托的主要诉讼程序，在主要诉讼程序范围之外也存在众多对抗与较量。若为有事实基础与法律依据之对抗与较量，应为案件本身组成部分，必须理性面对且务必解决。但某些当事人会受一些别有用心、技艺不精的人士的攒掇，通过实施违法犯罪行为来制服对手，使案件在解决过程中节外生枝。导致案件在正常解决过程中出现比案件本身更为严峻的问题，从而阻滞了案件解决进程。

之前讲述过一个重大、疑难、复杂案件，双方在正常讼争过程中，对方借和谈名义，故意激怒我方当事人，使我方当事人在毫无防备的情况下在发给对方的信息中有一些言辞激烈的攻击、谩骂、威胁等内容，后来对方借着和谈约见，在酒店房间见面即给我方当事人五十万元现金称作为多年来的补偿。随后借着接电话溜出，旋即进来十余人录像并报警，称人赃俱获而追究我方当事人敲诈勒索的刑事责任。由于信息中的内容确实有若不给多少钱就怎么报复对方之类的威胁言辞，并且确实又有五十万元现金交付的证据，而且还有大批证人证言，最后我方当事人不明不白地身陷囹圄。后来我方在完全掌握对方一系列违法犯罪行为证据后得以澄清，对方也因为诬告陷害而受到惩罚，但对方罗织构陷我方当事人的阴招，正是对方阵营中一位能量非凡的人士贡献的阴谋。当然，不是对方的代理律师。对方代理律师的能力水平、正直人品非常值得称道，起初不明真相时真以为是我方当事人敲诈勒索，后来在得知真相后便未再代理对方事务。对方阵营中贡献该阴谋的参与主体，有点小聪明却不务正道，教唆怂恿他人以罗织构陷的方式诬告陷害他人，真是成事不足，败事有余，导致案件彻底陷入更复杂无序的缠斗。

（三）对方阵营某些参与主体的危害堪比肿瘤病灶

对方阵营中对于解决案件负面作用堪比肿瘤病灶的情况，就是在对方阵营中能量非凡的人士起到的负面决定性作用，由于其能量巨大，参与到对方阵营以后，导致各方面事务产生实质性的变化，影响力绝对不容小觑。但这些能量非凡的人士参与其中并非运用智谋与经验，颇讲战略战术地指导对方以合法手段与途径解决问题，而是鼓动、资助、教唆、怂恿对方不择手段与方式，甚至无所不用其极地与我方展开对抗与较量，甚至在对方侵害我方合法权益的违法犯罪行为中给予大力支持，对方需要渠道便为之疏通，对方需要资源便为之调配，对方需要特殊人力便为之招募。这种能量非凡人士对于案件正常解决的破坏作用堪比肿瘤病灶，往往能够让我方通过合法程序的努力成果付诸东流，因而，将解决该肿瘤病灶问题作为我方重点工作，是势在必行的任务。这本身不属于案件范畴的问题，但却颇具关键决定意义地强势根植于案件，直接决定了案件的正常解决过程与结果。好在事物都是遵循客观规律的，邪恶势力一般不会拥有太高的智慧与力量，即使其表现得厚甲利爪，但在侧翼与后方总有太多的致命缺陷，只要我方拥有把握与制服的智慧与经验，使这种虚弱的强大轰然倒塌并非难事。

（四）导致案件解决过程杂乱无章

对方阵营对于解决案件的负面作用的另一种表现方式就是导致案件解决过程杂乱无章。有序而卓有成效地解决重大、疑难、复杂案件，需要智慧、谋略与经验，需要精熟的战略战术驾驭能力，仅凭一腔热血是远远不够的。多少踌躇满志、志在必得的专业人士，在面对重大、疑难、复杂案件时，自认为规划得妥当周密的正名之战，往往搞成四面起火，问题多得像地鼠冒头般，纵有三头六臂也难以应付。在混乱战事中，最大的危险不是失败，而是被混乱包裹后不自知地转变成为战而战的盲目，好多当事人及其专业代理团队深陷其中，头痛医头、脚痛医脚，按下葫芦浮起瓢，战乱频仍，应接不暇。核心问题得不到解决，无关核心的新生问题却如火烧眉睫般的急痛接踵而至，使缺乏驾驭重大、疑难、复杂案件的众多专业人士都枉自嗟叹，黔驴技穷。

这种情况多是对方阵营参与主体众多，各献其计、各显其能给我方的考题，如果我方不从战略高度把握并遏制，仅随其步调亦步亦趋地被动应战，绝无从中解脱的可能，更别提最终解决案件问题。笔者律师团队受理的重大、疑难、复杂案件，绝大多数就是在这种情况下介入。对方阵营参与主体众多，各有所长，为了共同利益目标殚精竭虑地筹划解决方案并贯彻落实，属于正常谋略范畴，我方亦无权指责。但多数为利益而一窝蜂式涌来的参与主体，并不具有解决重大、疑难、复杂案件的智谋与经验，仅仅能够做到为了追求利益尽力而为。因此，好多杂乱无章、千奇百怪的诉讼程序及其他程序的挑衅与斗争此起彼伏，连绵不绝，导致案件解决程序变得杂乱无章，通往解决的路异常艰辛滞涩。笔者在律师生涯早期参与处理一宗重大、疑难、复杂案件时，双方公司董事长在围绕核心讼争问题争斗的同时，不惜抓住一切机会见缝插针地攻击对方，甚至互相利用对方不良癖好而攻击，一方借机举报追究对方从事非法色情交易的法律责任，而另一方回头又掘地三尺地张罗到对方非法赌博的罪证予以坚定追究。试想该案解决程序得有多么杂乱无章。或许杂乱无章正是某些人想要的，至少既得利益方是唯恐天下不乱的心态。只有在杂乱无章、核心问题被淡化、被无力专注的情况下，既得利益方才能更稳妥、更长久地占有其盗攫而来的他人利益。

这种既无解决谋略又无解决实战能力的案外主体参与至对方阵营后，对于案件正常解决的影响是全方位而深彻的，重大、疑难、复杂案件三个本质特征中，其中参与主体众多形成两大利益共同体联盟之间的斗争、极限化地人为布设疑难复杂这两个重要本质特征就与双方阵营参与主体众多有关，因而该问题也是重大、疑难、复杂案件与其他普通案件的最本质区别之一。普通案件解决过程中，或许也会有当事人、代理律师、司法机关工作人员之外的人参与，但参与的深度与力度，与重大、疑难、复杂案件中的参与不可同日而语。要更好地解决重大、疑难、复杂案件，必须对于对方阵营参与主体众多的问题具有深彻认识与把握能力，否则，再怎么修炼专业能力也有腐儒无能、夸夸其谈之嫌，及至正式上阵，可能连一个回合也支撑不住。

三、洞穿对方阵营的内部结构

在双方对垒较量前，必须通过全面深入的情报工作，充分地了解对方阵营的内部结构，大概有什么样的案外主体参与其中，以及这些案外主体具有哪方面的资源与力量优势都需要大体掌握，这也是知彼工作的重要组成部分。只有在充分了解对方阵营的基础上，才能准确地把握双方的优劣势，尤其是准确把握对方的薄弱环节与致命要害，有针对性地制订战略战术体系。我方不但需要了解对方阵营参与主体，还要对各参与主体的贡献与能量倾向领域进行全面了解与准确判断，更要对其结盟方式进行深入研究，以便在部署与运筹战略战术体系时作为重要的参考要素。尤其是对方与其阵营参与主体之间的结合方式，必须当作重中之重予以把握。只有充分地了解对方与各参与主体的结合方式，才能更有针对性地瓦解其结盟，同时也能够准确判断各参与主体在对方阵营中的整体地位与作用，从而分轻重主次地予以解决。一般来说，对方阵营无非同盟利益输送型、无知被利诱型、庇护取利型几种。

（一）同盟利益输送型

同盟利益输送型的参与主体明知其行为的法律后果，但为了分享对方从我方盗攫的重大利益而积极参与，配合对方完成鬼蜮伎俩、神机鬼械的谋划设计。其行为表现若仅从单独的法律程序或者行为分析，完全合法、合理、合情，颇具高明缜密的意味。当然，对方与同盟利益输送型的参与主体进行设计钻营，由于均为明知故意之举，因而一般都是在确信无法律风险，或者能够觉察存在一定法律风险但轻信我方无法追及，或者觉得完全超出法律程序射程范围而无所顾忌。这种参与主体的危害相当大，不但投机钻营侵害了我方的合法权益，而且对于法律秩序的破坏力极大，造成极坏的社会影响，使普通社会大众不得不误信法律就是为某些人钻空子实现非法利益的工具，严重地亵渎了法律的威严与公信力。

同盟利益输送型参与主体的配合行为具有一定范畴内的合法性，因而对于道行颇浅的当事人一方来说，简直就是灭顶之灾。笔者律师团队操盘解决的一宗重大、疑难、复杂案件，在笔者介入之前，对方便与案外第三人通过联营合作的方式，将公司核心业务订单与资产悉数转移至第三人公司，由于该行为是在暗中秘密地进行，且在我方当事人起诉之前实施，及至强制执行阶段才发现对方无财产无收入已经多年。我方当事人略知对方与案外第三人勾结的大概，将此情况反映给执行法官，但执行法官也无直接证据证明双方确实存在恶意串通，也无法教我方当事人怎么去追究，因而只是在强制执行程序范围内经过调查后无计可施。我方当事人明知对方与案外第三人勾结串通，但又无法追究，其已经坚信法律确实有空子可钻，而且对方已经钻空子成功了，因而悲观叹息，望洋兴叹。这种情况不是个别现象，在好多重大、疑难、复杂案件中普遍存在，使好多受害方深受其苦，导致好多案件陷入泥泞困厄。

其实，同盟利益输送型的参与主体与对方的鬼蜮伎俩、神机鬼械并非真正的合法，如果只是以传统专业技术流思维方式与处理模式来考量，对方的行为似乎是合法的，因为在我方主体诉讼与强制执行的一亩三分地范围内，根本就无法追究。因而，对方相当于把我方核心诉求所依据的事实基础移调至法律程序射程范围之外，而我方又固守核心诉讼程序的界域穷究其理，无法追及也是情有可原，毕竟技术不精，只知其然不知其所以然者，大有人在，其情可悯。但是，若从全局战略高度进行分析、考虑、筹划，对方与参与主体貌似合法的设计，其实存在显而易见的法律风险，显然属于双方恶意串通损害他人合法权益的行为，应当属于无效民事法律行为。同时，若是在强制执行阶段存在类似行为，还极有可能构成拒不履行法院生效判决罪。只是这种恶意串通行为极难得到证明，就看我方有无承揽瓷器活计的金刚钻将对方收服而已。在实务中，笔者律师团队经常将存在该类行为的当事人围困，最终通过追究其民事责任、刑事责任等，令对方利益共同体联盟轰然作鸟兽散。

（二）无知被利诱或利用型

该类参与主体往往不扮演重要角色，但所发挥的作用未必是可忽略不计的情况。该类当事人往往由于缺乏必要的法律常识与风险意识，被对方施以小恩小惠，或者碍情面而参与其中，无论是本人参与还是为对方提供掩护条件，共同实施了侵害我方合法权益的行为。无知被利用或利诱型参与主体往往主观上不具有较深的恶意，其无明确与对方恶意串通侵害我方合法权益的故意，亦无该认知水平与能力，属于蠢萌无辜但极易招灾惹祸类型的。但其间接故意或者无意的配合行为，造成的后果却一点也不蠢萌可爱，好多案件的悬停僵死，与这类参与主体的搅局掺和有着直接关系。

比如，笔者律师团队操盘解决一宗重大、疑难、复杂案件过程中，对方公司董事长同为连带责任人，我方当事人在长达三年的追究过程中，除了得到胜诉生效判决，因为对方公司与董事长均无财产可供执行，根本就没有获得分毫现实可支配法律权益。这极不正常，背后一定有令我方惊喜的真相。我方当事人也相信存在令人惊喜的真相，但苦于老虎吃天无处下口，只能望洋兴叹。最后通过深彻调查，终于发现了真相，对方公司董事长使用其亲戚账户走账，搞资金体外循环逃避债务，但其账户经常存在大额入账后立即转入亲戚账户的情况。我方诉讼宣告对方公司董事长与该亲戚恶意串通转账的行为无效，在诉讼中该亲戚唯一住房被查封，丈夫与其大闹矛盾，工作单位亦对其行为进行严厉批评与追究。结果在庭前调解时才知道，该亲戚是被对方公司董事长欺骗，当初称需要借用该亲戚名义办一个银行账户为其国外求学的孩子转学费用，但对方公司董事长却以此来搞体外资金循环。但该解释即使属实也显得很苍白无力。最终该亲戚在得知有可能承担重大法律责任时，情绪当场崩溃，当庭就要与对方公司董事长厮打拼命，哭诉其被搞得即将家破人亡。这样蠢萌地配合其搞体外资金循环的亲戚有好几位，对方公司董事长最终慑于祸起萧墙的巨大压力，配合我方解决了问题。

无知被利诱或利用型的参与主体，与对方的结盟关系一点都不紧密，在我方战略进攻力度渗透不到该参与主体时，其往往一副幸灾乐祸、量你也拿我没办法的样子，大义凛然地配合对方侵害我方的合法权益。一旦我方极富谋略地将战略打击力度渗透至该类参与主体的界域时，其撤退速度与力度超乎我们的想象。因为该类参与主体往往是因为无知而被利诱或者利用，能够为蝇头小利就配合他人实施违法行为的人，在面临个人权益损失的时候显然也缺乏坚定与忠诚。因而，无知被利诱或利用型的参与主体与对方的结盟相当脆弱，一经拆穿便犹如肥皂泡一般瞬息即破，但问题是我方必须具有拆穿的能力。实务中，被这种脆弱组合打得溃不成军的当事人也不在少数。

（三）庇护取利型

该类参与主体往往具有极强的实力，能量场强大，在对方阵营中发挥着举足轻重的作用，甚至在某些重大、疑难、复杂案件中，对方只是前台唱戏的，而该类参与主体才是幕后真正的操纵者。该类参与主体如果坚定地参与案件解决过程中，使各项事务的复杂性大幅提升，在不具备将其全面压制的战略优势力量的情况下，我方将不可避免地处于弱势地位。如果不能解决庇护取利型参与主体的参与问题，案件得到最终解决的可能性极小。当然，庇护取利型参与主体参与其中绝非因为高风亮节，而是利益驱使。

我方必须充分地遵循并利用客观规律，既要认清庇护取利型参与主体强大的一面，也要深彻地掌握其虚弱的一面，从而准确把握其与对方之间勾结最薄弱的环节，有针对性地进行分化瓦解，将其请出局并非镜花水月之妄想。毕竟对方与该类参与主体的结盟是非法的，至少是法律所不支持的行为，双方必须在暗中进行，一旦曝光对于对方来说便是灭顶之灾。另一方面，庇护取利型参与主体即便能量场再强大，但能够为了星点利益便屈节辱操地参与他人非法勾当，想必也不是什么金身不破的得道高人，无非是色厉内荏、外强中干的恃强凌弱之辈，在其小圈子中被众星捧月般抬举捧吹，事事一副盛气凌人、不可一世的架势，一旦遇到真正富有智谋与经验，熟稔战略战术运筹的人，不消数个回合便会原形毕现。这是笔者在操盘解决重大、疑难、复杂案件过程中始终坚信的真理，我们没少与此类能量场极大的人对阵，但均被我方以相对高明的战略战术手段挑落马下。因此，我方需要练好内功，打铁还需自身硬，不怕对方参与主体有多么强大，只要我方行正义之事，以智慧、谋略与经验引导讼争，以精准的战略战术攻其虚弱，持此无坚不摧之利器，对方任何串通勾结、蛇鼠一窝、沆瀣一气的结盟将不复长存。

四、利益与责任挪移法，是分化瓦解对方阵营的王道

利益与责任挪移法，是针对对方阵营参与主体均为追逐利益而参与的本质特征，我方运筹极富针对性的战略战术手段，力促战略形势发生转变，导致对方阵营参与主体承担的责任与其参与其中所得利益之间的悬殊越来越大，最终在重大责任的压制下不得不放弃参与其中追逐的利益而撤退。

对方阵营中任何参与主体均系基于追逐利益的目的而参与其中，这点概无例外。即使充当幕后主使、对方当事人为台上唱戏的木偶的庇护取利型参与主体，也是为了重大利益而参与其中。既然能为利益而来，必定有能令其去的责任。参与主体为了利益而参与，并非没有考虑过责任问题，但往往因为各种原因而选择无视。比如，预判我方不会察觉，或者料定即便我方察觉但法律程序也辐射不到其领地，抑或基于对自己实力过分自信而轻信能够稳妥掌控等。即使参与主体当

初也考虑过法律责任，但并未转变成现实的法律责任，因而只是风险而已。人为了追逐星星点点的蝇头小利尚能铤而走险，何况在重大、疑难、复杂案件中参与一把，即便最边缘的角色也能获益颇丰，甘冒或存风险而参与其中者，非趋之若鹜，也是大有其人。既然是为了利益而参与，那就有解决的办法。利益与责任是相对的，决定参与是因为可得利益远远大于要承担的责任，自然会因为必须承担的现实责任远远大于可得利益而撤退。我们不怕为了利益而参与的主体，只怕为了利益之外诸如刎颈之交的仗义、追求并维护公平正义的凛然气概、维护法律尊严与权威的大公民意识等高风亮节的情操而参与。但很遗憾，事物总是遵循客观规律而产生、发展、变化。行正义之事者，不但在利益问题上堂堂正正、光明正大，还有气节情操的纽带。行非正义之事者，唯利益苟且勾结耳。行非正义之事的联盟中，在有利可图时一拥而上，忠诚尽责之情态满溢于言辞；当责任劈头盖脸袭来时，撤退散逃之迅疾状，远胜急急之丧家犬、忙忙之漏网鱼，这是客观规律。笔者律师团队操盘解决重大、疑难、复杂案件十余年，对方阵营的参与主体毫无例外地遵循着该客观规律行事，从来就没有让我们失望过。因此，笔者才敢断定利益与责任挪移法是分化瓦解对方阵营的王道，而且在实战操盘解决重大、疑难、复杂案件过程中屡试不爽。

在利益与风险之间反复权衡，随时将算盘拨得噼里啪啦响，首鼠两端，骑墙观望，随时随地练习忠诚与背叛变脸手艺的小人物，实在多如牛毛，而对方阵营中的参与主体多数便是该类人。并非笔者狭隘认定，如此断定有坚实的客观规律作基础。良善厚道之人自然知道君子不立于危墙之下、是非之地须远离的古训，显然也不会为了利益而轻易参与他人讼争，甚至不惜以违法犯罪行为作为代价。而能够为了蝇头小利参与其中，势必也会因为识清风险责任的庐山真面目后断然撤退，妄想其为对方守节尽忠，无异于痴人说梦。况且，无知被利诱或利用型以及部分同盟利益输送型参与主体，一般是对方占据优势地位，操纵、怂恿、引诱这些参与主体参与其中。而庇护取利型以及某些同盟利益输送型参与主体，往往不是对方当事人利用案外主体的问题，而是参与主体操纵、利用对方的问题。对方被这些能量场强大的参与主体驾驭着，为了重大利益狂奔，倾尽全力，穷尽其法，不择手段，甚至无所不用其极，但最终承担责任的主体首先只能是对方。在我方通过运筹精准的战略战术体系将战略形势改写以后，这些强势的参与主体自觉不妙时便会悉数轰然撤退。这是笔者以实战经验确保其屡试不爽的客观规律。这些强势的参与主体撤退后，只剩对方孤零零地伫立在风雨中凌乱飘零。

犹记少年打篮球时篮球被经常卡于篮脖子处，小伙伴们便共举一人将球踢飞。当踢球人被高高举起并将球踢飞的一刹那，众伙伴遂不约而同地去追逐篮球，竟齐刷刷地将踢球人撒手不顾。众伙伴争抢皮球的欢笑声早已掩盖了踢球人重摔于地面后的痛哭。这一幕经常闪现于脑际，不由地让人联想到重大、疑难、复杂案件解决过程中对方阵营的结盟关系。在有利可图时，对方被一众参与主体高高托起踢球，一旦有风险责任来临或者有更大的利益时，对方瞬间被撒手不顾，独自一人来收拾众多参与主体共同炮制的残局。在实务中，这种情况不胜枚举，好多重大、疑难、复杂案件的当事人就是在一众案外人参与主体的鼓动、怂恿、教唆、利诱、操纵下，为非法攫取我方利益而机关算尽，鬼蜮伎俩、神机鬼械层出不穷，往往不惜触犯法律，在遇到传统专业技术流思维方式与处理模式的代理团队，可能会阴谋得逞且永保无虞。一旦遇到精挖细掘、掘地三尺收集情报与要素，极富智慧、谋略与经验地谋划，熟稔而精准地运筹战略战术体系的对手，根本就经不起拆解。对方的阴谋伎俩不但会被拆穿，而且所有参与炮制鬼蜮伎俩的参与主体，均难逃法网。对方及参与主体非但必须将非法盗攫的利益悉数吐出，并且须承担包括民事赔偿、刑事责任等在内的重大法律责任。

以笔者律师团队操盘解决重大、疑难、复杂案件的实战经验判断，分化瓦解对方阵营没有战争中双方斗争那么富于故事性，遥想刘邦当年委派陈平离间分化项羽阵营的故事，比杰出编剧发挥最丰富的想象力的编排还要精彩。演义故事中周瑜为分化瓦解曹操阵营，设计使曹操误杀蔡瑁和张允，从而消除了水战中的重量级对手，同样也惊心动魄、扣人心弦。但在重大、疑难、复杂案件解决过程中分化瓦解对方阵营远不及战争中的精彩与有趣，甚至是枯燥乏味的。我们只需突破传统专业技术流思维方式与处理模式，将对方移置于法律程序射程范围之外的基础事实与法律关系进行战略瞄准，并以精准的反制战术猛攻即可。这种拆解对方阵营联盟的战术未必追求最终的战术结果，其战略意义远大于战术结果。该战术只需达到令对方阵营的参与主体意识到实实在在、劈头盖脸的法律责任即可。使这些参与主体当初的愚钝、轻信、自负、鄙夷都转化为即将承担重大法律责任的恐惧，令这些为追逐蝇头小利首鼠两端、骑墙观望的人在自忖将要承担的重大责任远胜其可得利益时即刻选择撤退，并将对方神机鬼械地侵害我方合法权益的勾当大白于天下。

笔者律师团队操盘解决重大、疑难、复杂案件过程中，多数案件分化瓦解对方阵营的方法唯有利益与责任挪移法，将对方与其阵营参与主体串通配合实施侵害我方合法权益的勾当予以揭露并强势追究，令对方阵营中参与主体的可得利益远远小于将要承担的重大法律责任，逼迫对方阵营中的参与主体悉数撤退，从而为案件全面彻底的解决创造极大利好条件。利益与责任挪移法，在前述好多案例中也有精彩展现。比如，以拒不履行法院生效判决罪、诈骗罪追究配合对方转移隐匿财产的案外第三人，并以宣告无效或者撤销权诉讼的方式追究对方及案外第三人的返还、赔偿责任，均取得了十分完美的战略效果。毕竟当初加入对方阵营的参与主体在讼争中所得利益，在如此重大的法律责任面前根本就不值一提，因而选择以迅雷不及掩耳之势溜之大吉，完全在预料之中。利益与责任挪移法，在实战中屡屡拆解对方阵营联盟，在分化瓦解对方阵营的争斗中发挥了不可替代的作用，因而，称利益与责任挪移法为分化瓦解对方阵营的王道，可谓实至名归。

第八章
审时度势，全局统筹

在解决重大、疑难、复杂案件过程中，要随时密切关注案件客观形势的发展变化，不但要准确把握案件讼争伊始的客观形势，还要准确判断案件发展趋势与特定时间段的情势，精准掌握时机、节点与火候，结合双方实力对比与战局变化，对战略战术进行及时调整，使其与案件客观形势的发展变化保持一致。战略规划以稳定当先，轻易不宜调整变化。但通过前瞻性的预判，确定案件客观形势将要发生重大变化时，必须在客观形势变化之前对战略规划作出调适，以便更好地发挥战略规划提纲挈领的作用。战略调适的难度相当高，非常考验重大、疑难、复杂案件操盘团队的驾驭功力。战术灵活当先，在案件客观形势需要时即应随时调整，并且尽可能做到策无遗算、计出万全、尽人事所能及，保持战术体系的周密、准确、稳妥。并且根据案件客观形势发展以及战略意图变化的需要，及时对具体战术作出取舍增减。

在做好战略掌控与战术机动工作的同时，需要以总体战略目标为核心进行全局统筹，充分地认识到重大、疑难、复杂案件的解决过程本身就是场持久战，务必做好全方位的准备工作。在讼争过程中，始终从全局战略高度考量战略行动与战术行为的价值，不计较一城一池的得失，坚定正确的战略方向与路线。在运筹具体战术行为过程中，精细筹算战略成本，在客观形势严重不利的情况下，及时实施战略撤退以保护有生战略力量资源，并谋划更优战术方案进行替代。在具体战术执行过程中，始终贯彻细节决定成败的理念，将讼争事务中每个细节做到极致，力求众多细小环节的胜利，并以此带动整个战略战术体系产生连锁反应，进而引发全局战略形势发生根本转变，奠定我方全面胜利的基础。

时势与统筹，在解决重大、疑难、复杂案件全程都具有举足轻重的作用，两者围绕总体战略目标的核心，对讼争事务进行全时空研判与掌控，形成既能提纲挈领又能细致入微的常规化工作内容。务必在重大、疑难、复杂案件解决过程中审时度势，及时并适宜地调整战略战术，并在总体战略目标的统筹下，高瞻远瞩，准确把握大局与方向的同时，将各个环节与事务中的细节工作做到极致，不断从宏观与微观层面增加筹码，最终形成绝对的战略力量优势。

第一节　审时度势，调整战略与战术

一、重大、疑难、复杂案件中的时与势

在重大、疑难、复杂案件中，事务本身错综复杂、千头万绪、盘丝错节、千变万化，加之双方当事人为此倾尽全力，用尽救济手段与程序，不知疲倦地增加筹码，案件客观形势随时都发生着剧烈变化。无论是从全局宏观层面分析，还是从局部微观角度审视，案件客观形势的变化都是永恒的。这点与传统单纯诉讼案件存在本质区别，笔者之所以一直将重大、疑难、复杂案件的实战解决方法论与传统单纯诉讼案件的解决模式完全作以区分，主要是由两者的疑难、复杂程度迥然不同决定的。传统单纯诉讼案件，由于不存在因为重大利益争得你死我活、由于利益重大而自发形成利益共同体联盟进而演化为两个强大的利益共同体联盟之间的斗争、在前述基础上人为布设疑难复杂的情况，案件客观形势相对来说稳定得多。虽然也存在一定程度的形势变化，但维度不同。重大、疑难、复杂案件客观形势的变化具有全方位、立体化、多层次、纵深化的特征。而传统单纯诉讼案件事实与证据在双方形成纠纷时往往已经基本固定，只是在双方举证质证、辩论、法院裁判、强制执行等环节存在一定变数。因此，在理解重大、疑难、复杂案件中的时势问题时，必须从该类案件与传统单纯诉讼案件的区别入手，只有对于这两种完全不同类型案件的区别明辨秋毫，才能更为准确地把握重大、疑难、复杂案件的时势。

（一）重大、疑难、复杂案件中时势的范畴

案件当时的形势。案件当时的形势，其实就是相对静态的案件客观情势，这是判断案件时势的最基本考察对象，在启动初期就应该对此作出全面分析与评估，作为实战运作的第一手资料。案件当时的形势，主要包括对对方战略意图的分析与判断、对双方讼争核心问题进行分析并评估其实现的可能性与障碍、对对方布设的正面防线的客观情况进行分析与判断、对双方主要战术手段的分析与判断、对双方主要战略力量的分析评估、对双方战略区域划分的分析与判断、对双方利益共同体联盟成员组成情况及各自实力进行准确判断；对双方实力对比初步分析判断等。通过对于案件启动时客观形势的全面分析与判断，能够对于双方讼争问题进行全局俯视扫描，准确地掌握案件的重要环节与框架结构，有利于我方从战略高度把握案件，是我方制订战略攻防体系的基础。

案件发展趋势。对于案件发展趋势的判断，也是把握案件时势的重要环节。案件当时形势注重在某个特定时间点上对案件静态情势进行分析判断，而案件发展趋势则是对于案件发展变化的动态全程进行分析判断。重大、疑难、复杂案件能够在实践中正确运筹并得到全面解决，总战略规划起到决定性的纲领匡引作用。而战略规划的制订又明显地带有预测性，这种预测性的基础便是我方对于案件发展趋势的判断。理性而富于智谋经验的预测，可以将案件动态发展过程进行全面把握，并且确定发展过程中重要的节点，从而能够适时前瞻性地部署相应战术行为，避免战略盲目与教条冒险情况的发生。案件发展趋势的判断需要在充分研究案件当时形势的基础上，充分地考虑众多有利要素与不利要素，对于双方整体战略运筹与战术运作进行全局分析，运用饱富的实战经验对于各种战术行为的结果进行预测判断，并对于各种战术行为结果遇合交织产生的战略形势变化作出准确判断与评估。笔者律师团队在实战中，均将案件发展趋势分析与沙盘推演相结合，以增加案件发展趋势分析判断的准确性。可以毫不夸张地说，能够准确地把握案件发展趋势，基本上就掌握了一半胜利。因此，案件发展趋势的分析判断工作，始终贯穿于实战解决全程，是操盘人与当事人时刻都需要深思熟虑的事情。

特定时间段的情势。在案件实战解决的特定阶段，经常需要对于该特定阶段的客观形势作出准确的分析评估，这是由重大、疑难、复杂案件人为布设极端复杂疑难的本质特征决定的。由于双方讼争的客观形势随时都在发生变化，战略战术必须随着客观形势的变化进行适应性的调整，在每次调整之前，均需要对特定时间段的情势进行深入分析评估。比如，在面对对方布设的正面防线时，需要以什么样的战术体系应对以及成算几何、有无其他更好的战略战术运筹可能性等，就需要对当前阶段双方实力对比与战略方针、路线、策略，以及后备战略选项等客观情况进行局部与微观的深入分析，确保阶段性重要战略战术运筹严格建立在客观条件基础上。案件启动初期全面的客观形势分析，即案件当时的形势，是宏观、全局形势的分析与判断，对于具体战术行为有重要的参考意义，但不一定具有全面的基础指导作用。案件发展趋势的分析与判断，有助于我方准确地部署具体战术并预估战术结果，但对于具体战术行为的实施，往往不具有全天候的指导作用。因此，案件启动当时的形势以及案件发展趋势，均具有宏观性、全局性、方向性的特征，在案件整体谋划设计工作中，案件当时形势与案件发展趋势发挥着基础作用。而特定时间段的情势，则更微观、局部、具体，对于具体战术行为的部署与运筹均具有不可替代的作用。在案件实战解决过程中，具体战术行为部署与实施工作中，特定时间段的情势是基础。

（二）关于时势，实务中应当把握的要点

时机。时机是具有时间性的客观条件，也是我们人为主观地对于客观条件的判断。人们经常提及机不可失、时不再来，便是这个意思。时机所蕴含的客观条件能够实现人们的特定目的，而这个客观条件的存在具有时间性，一旦错过，便不再具备实现特定目的的可能性。在重大、疑难、复杂案件中，在双方讼争的核心问题下面，存在众多待解决的下级问题，解决这些问题的时机需要以丰富的经验与敏锐的洞察力予以捕捉。即使经验异常饱富的重大、疑难、复杂案件操盘人，也未必具备全息化的时机捕捉能力，因此，作为法律实务专业人士，应该毕生都在该方面不断修炼。

时机具有客观性，不以人的主观意志为转移，它存在于案件产生、发展、变化的全过程，可以说时机无处不在处处在，只取决于我们有没有发现与捕捉能力。小至在案件庭审质证中对于对方提交的证据中的较重要瑕疵洞若观火般的发现，大至根据案件客观形势发展变化而果断地实施全面战略反击，都包含着发现与捕捉时机的能力。重大、疑难、复杂案件实战解决便是一系列决断构成的复杂过程，而每次决断都是基于客观形势的发展变化，而我们往往是在客观形势发展变化至一定节点时，认为特定时机成熟的情况下才作出最终决断。因此，时机的把握能力在一定程度上决定了操盘解决重大、疑难、复杂案件的水平。

节点。节点在重大、疑难、复杂案件中有其特定的含义，就是在案件整体发展过程中，具有重要战略意义的一个事件或者一部分事件。节点在解决案件过程中，具有与时机同样重要的意义。时机突出的是客观形势不断发展变化的动态过程中人为主观的判断状况，而节点则是在案件客观形势发展过程中以相对静态的方式展现于人们面前的状态，节点更易发现与把握。比如，在笔者律师团队操盘解决的一宗重大、疑难、复杂案件中，当事人在笔者律师团队介入之前已经在核心问题诉讼中与对方僵持缠斗了数年，案件从未向前迈过一步，甚至比纷争初起时还要糟糕。双方除了在核心问题的诉讼中不遗余力地斗争，在其他一切可能的领域，也展开极为激烈的斗争。我方当事人紧抓对方私自将我方公司的资金转入其亲属经营的公司一事，追究对方职务侵占、挪用资金刑事责任长达五年未果。笔者介入后力劝委托人停止无用追究，因为对方当年系我方公司总经理，完全有权限动用该笔资金。再者，我方并无客观证据证明接收资金的公司与对方之间的关系，只是一味地向公安机关陈述收款方系对方亲属开办的公司，但至今未有客观证据证明。即使有也未必能够说明资金转入对方亲戚公司账户就一定违法。还有，我方追究的这笔资金数额不小，当时应该就能及时发现，但当时却未报警控告，时隔七年方才追究，更能说明当时汇出资金行为是职务行为，而非擅自非法转移资金。我方追究对方构成职务侵占与挪用资金的节点不对。直到后来，我方通过深入调查后发现，对方将我方公司二十余套房产悉数通过该亲属及其家人以极低的价格转让，而且，公司自始至终均未收到该亲属及其家人支付的购房款。此时，追究对方与其亲属恶意串通，以里应外合的方式侵占、骗取我方公司财产的事实就得到了完全证实。而且，对方故意非法占有我方公司财产的目的也得到了证明。不但追究其与亲属合伙诈骗的节点到来，而且将数年追究未成的职务侵占、挪用资金犯罪行为也能一并提起。因为对方故意非法占有我方公司财产的目的得到证实，原来追究过程中最欠缺的犯罪构成要件得到补齐。在重大、疑难、复杂案件实战解决过程中，节点最务实的理解就是在特定的节骨眼儿上做特定的事。

火候。火候与时机和节点都是案件客观形势发展过程中，我们的主观认识对于客观条件的判断而形成的认知状态，只不过时机和节点相对平缓宁静，而火候则显得紧要与不可多得。也可以说火候就是最紧要的时机，强调火候就是要求重大、疑难、复杂案件操盘人与当事人对于时机的敏感度要异常高，不但具有发现捕捉所有时机的能力，而且对于各种时机能够分门别类地进行全方位判断，以确定其轻重主次缓急，尤其是对于最紧要、最重要的时机具有天生的过敏易感，从而抓住不可多得的紧要时机，在关键的时候果断取舍、决断、铺排，掌控好办理案件的火候。火候往往与案件中诸如战略形势转移、全面战略总攻、战略优势掌控等转折性、划时代意义的事务相关。比如，笔者律师团队操盘处理过一宗重大、疑难、复杂案件，在正面防线以合同纠纷诉讼牵制对方战略注意力与主要战略力量的同时，在对方侧翼与后方实施战略大迂回、侧翼与后方包抄合围的大战术运作。针对对方为吞噬我方三亿余元货款而无所不用其极地谋划设计，产生一系列违法犯罪问题的薄弱环节，部署针对性极强的刑事追究、利益共同体联盟瓦解等具体战术。当各个具体的战术行为将对方侧翼与后方完全攻陷时，完全可以与正面防线的合同纠纷诉讼战术呼应联动，发动夹击合围，全面击破对方防线。而侧翼与后方战术体系取得预期战略目标后，能否与正面防线战术进行合围，以及合围后可否发动战略总攻等问题，就非常考验我方掌握火候的能力。

双方实力对比。双方实力对比必须始终密切关注。我们分析把握案件时势，最终目的是为了从全局以及局部准确地判断双方实力对比，以决定采取何种战略方针与战术部署。双方实力对比是一个变量过程，在案件客观形势的发展与变化过程中属于非显性的客观情势。时机、节点、火候均有客观条件作为判断依据，但双方实力对比往往是建立在经验基础上的预测、推断与算计。

没有客观条件作为判断依据，并不代表在实战解决过程中没有客观利用价值。事实上，我方战略运筹与战术运作方案，均是在双方实力对比的基础上予以确定。双方正式进入讼争，要不要选择直接从正面突破，是由双方实力对比的结果来决定。如果我方有十足的把握直接从对方布设的正面防线突破，且不会造成太大的战略损耗，则完全可以果断地从正面直接突破。如果通过分析双方的实力对比，认为直接从正面突破存在现实的不可行性，则考虑保存有生战略力量，寻找对方侧翼与后方薄弱环节进行突破。大到宏观战略运筹调整，小至具体战术行为当中的决定，均由双方实力对比的结果来决定。如果无视双方实力对比，盲目地凭借追求正义的力量便与对方展开争斗，属于典型的战略盲目与冒险，必定无法达成预期战略目标。在实务中，好多重大、疑难、复杂案件被当作传统单纯诉讼案件处理，首先就没有尊重双方实力对比的客观情况。如果对方精心布设正面防线，我方在没有防备的情况下贸然应战，双实力对比是显而易见的。此时应该选择避其锋芒，保存我方实力，寻找对方容易攻陷的战略区域，以优势战略力量集中攻克，不断地积累战术成果为战略成果，最终逐渐产生战略优势转移的形势。其实，这个过程就是双方实力对比不断发展变化的过程。要准确地把握双方讼争的时势，对于双方实力对比变化的分析与判断是重中之重。

战局变化。在重大、疑难、复杂案件讼争过程中，战局时刻都在发生或大或小的变化，战局的变化也是案件整体时势变化的主要组成部分。战局变化与双方实力对比变化是不同的概念，双方实力对比变化加上正确的战略战术运筹才会产生战局变化，因此，战局变化是客观有形的阶段性事件，而双方实力对比变化是无形的，需要我们根据客观情势的变化进行主观判断后才能确定。在重大、疑难、复杂案件操盘解决过程中，决策团队需要重点认识与把握的时势莫过于战局变化，因为战局变化意味着部分或者全部重大战略任务的完成，也预示着我方总战略规划设定的战略阶段又翻过一页，也意味着战略方向调整的必要性，也预示着离总战略目标越来越近。战局变化在重大、疑难、复杂案件中一般表现为对方侧翼与后方在我方战略大迂回大战术运作中包抄成功、对方利益共同体联盟在我方责任与利益分化下瓦解、对方侧翼的沦陷导致正面防线基础动摇等重大战略转折事件，当然也包括于本方严重不利的重大情势变化。总之，战局变化在重大、疑难、复杂案件解决过程中是最具重量级的时势变化，要审时度势，始终掌控战略主动权，对战局变化不可不明察秋毫。

二、恰到好处的战略调适

（一）稳定当先，无百利不调整

战略是为实现全面彻底解决案件的总体目标，对于全局性、宏观性、方向性的重要事项作出的整体规划，是解决案件的行动纲领，犹如国家发展过程中的五年规划一样统领全局。因此，战略宜稳定当先，无特殊重大情况则决不擅调。

战略稳定必须建立在战略本身合理基础上，如果随着案件客观形势的发展变化，原定战略明显不能适应客观形势的需要时，适当的调整十分必要。比如，在案件伊始定位为标的较大的单纯诉讼案件，进入讼争实战以后却发现对方来者不善，运筹的各项战术针对性极强，角度刁钻，招招直插我方要害部位，已经形成单纯诉讼根本无法穿越的防线时，若再坚持战略稳定当先的原则不动摇，就是教条刻板与盲目冒险。此时，应该审时度势，果断地作出战术调整，对于战略目标、战略方向、战略任务、战略阶段、战略力量、主要战略手段等均作出顺应案件客观形势的调整，以确保我方在激烈复杂的讼争中保持极高的智谋领导力。

战略调整一般发生在客观形势发生根本性的转变，导致原定战略与客观形势严重冲突的情况下。如果客观形势只是产生非根本性变化，则无须调整战略，因为战略本身的全局性、宏观性、预见性足以使战略能够很好地适应客观形势的正常变化。因此，发生战略调整的情况，以战略方向与路线的严重错误居多。而战略方向与路线的严重错误，会给全局造成致命的影响与损失。笔者律师团队操盘解决的所有重大、疑难、复杂案件，当事人均曾经在错误的战略方向与路线指引下，与案件一同深陷泥泞困厄，笔者律师团队介入后，首当其冲的工作便是调整战略方向与路线。

战略调整是在原定战略百害无一利的情况下实施。相应，若无百利，坚决不可随意调整战略。因为战略是我方在讼争过程中的定海神针，擅自调整会引发方方面面的问题，造成战略资源与力量的严重浪费。笔者把战略比作人的大脑与神经系统，指挥着身体各个器官各司其职地完成精密复杂的动作体系，并接受各个器官反馈的信息，作出新的判断与指令，在复杂多变的客观世界中，维持了人类万类之主的不二地位。大脑无比重要，不但需要聪慧，而且也需要稳定输出正确的指令与判断。只有聪慧又稳定，才能够称得上完人。再聪慧的大脑，如果经常阴晴不定、飘忽突兀，必定十分可怕。战略作为我方解决重大、疑难、复杂案件最高指挥部的本质属性，不仅需要富于智谋的本性，更需要稳定地输出理性的指令与判断，匡扶我方在错综复杂、变幻莫测的事务中坚定方向与目标，以最优成本实现最大战略成果。

（二）前瞻性地预筹

即使遇到需要调整战略的情况，也应当进行前瞻性预判，提前确定案件客观形势发展变化的趋向，将战略实际调整走在时势成就之前。被动应付式的战略调整是兵家大忌，这个禁忌在重大、疑难、复杂案件中也同样适用。在传统实务操作中，把重大、疑难、复杂案件当作标的较大的专业诉讼案件进行处理，头痛医头、脚痛医脚，按下葫芦浮起瓢，便是被动应付式战略调整的典型代表。战略本身代表着掌控，要实现掌控，必须对于客观情况了若指掌。而要充分了解客观情况，不仅要做到看到过去与现在，还要求对于未来发展趋势也能够作出准确判断，这正是战略预测性的客观基础。

既然战略具有预测性，那么其调整也应当建立在准确预测的基础上，实际调整必须建立在客观形势达成之前，绝非根据已经实现的客观形势变化，相机作出战略调整。这就要求重大、疑难、复杂案件的操盘人能够以前瞻性的战略眼光审时度势，准确地把握案件客观形势发展变化的规律，在案件客观形势变迁之前已经作出富于提前量的战略调整与储备。正如在一宗重大、疑难、复杂案件中，我方通过深彻调研得知对方存在借签收手续不完善而拒绝承认收货事实的先例，因而提前准备好对方拒不承认收货事实时的相关反制战术体系。对方在庭审时果然对于收货一事矢口否认，我方立即启动提前部署的战术体系，申请法院调取人事劳动部门档案、现场勘查、要求对方出示"实际供货方"的相关证据；并鉴于案件涉嫌巨额刑事诈骗，申请法院中止审理并将移送案件至公安机关侦查；且于休庭后直接向工程所在地公安机关报案。这些综合战术体系的联动推进，为对方鲁莽的否认行为设定了极高代价，迫使对方主动承认收到全部货物。前瞻性地预筹，将战略调整走在案件客观形势成就之前的战略意义，在该案中得到淋漓尽致的体现。

同时，也应当具备常态化的战略强化意识，随时密切关注双方讼争客观形势的发展变化与双方实力对比的变化，紧抓时机、节点与火候，适时富于提前量地作出战略强化与补充，以保障战略在一定程度上掌控客观形势的效果。本节前述案例中，我方以前瞻性的战略目光预判客观形势的发展变化，提前作出战略调整与强化，成功狙击了对方稳准狠的战术布置，事实上左右了案件客观形势的发展。我们必须时刻谨记重大、疑难、复杂案件中案件客观形势非自然发展形成的本质特征，在战略运筹方面前瞻性地预筹，并富于提前量地将战略调整与强化落成在案件客观形势达成之前，可确保我方始终掌握战略主动权，这正是战略存在于重大、疑难、复杂案件解决过程中最具本质的意义。

（三）战略调适是考验操盘人功力的最佳方式

战争胜败的决定因素，除了绝对军事实力外，最主要的决定因素就属战略运筹能力。历史上有名的常胜将军，均以战略运筹能力出众见长，绝对军事实力的强大，本身也是战略运筹能力强大的必然结果。一个长于战略运筹，又能在实战执行中杀伐决断，指挥千军万马攻城略地的统帅，自然非常注重军事实力的积蓄与训练。在重大、疑难、复杂案件中，严格遵循着谁出主意谁干活的原则，再好的筹谋策划，交给不深解其意的人去运作，往往成为典型的教的曲儿唱不上去的效果。操盘人律师更像既要出谋划策，又要实战执行的全能统帅，必须同时具备出色的战略运筹能力与战术驾驭能力。但从案件实务解决的高度分析，战略运筹能力比专业技术能力要重要得多。能够在案件专业技术范畴做到条分缕析、穷究其理、振振有词的专业人士俯首即拾，而能够从全局战略高度全面掌控案件，运筹帷幄、决胜千里，坚定地在错综复杂、千变万化的事务中指挥调度有方，既不出现方向性、路线性的错误，也能够在局部微观事务运作中有条不紊的操盘人，可谓凤毛麟角。

长于战略运筹的人，专业技术水平必定属于出类拔萃者。没有深厚的专业技术底蕴滋养，连技术过硬都不敢奢谈，更别提战术素养，至于战略运筹，恐怕连战略与案件有什么关系也搞不明白。因此，在重大、疑难、复杂案件解决过程中，很有必要将律师工作区分为战略级工作与事务级工作，有关全局性、方向性、重要性的事务属于战略级工作范畴，其他需要以专业知识与技术经验解决的传统法律事务归于事务级工作。重大、疑难、复杂案件错综复杂、千头万绪、变化莫测，绝非单纯法律技术层面的问题，亟须从全局战略高度进行掌控。因此，重大、疑难、复杂案件操盘人需要极佳的战略运筹能力。

战略问题决定了重大、疑难、复杂案件的讼争方向，并对最终结果产生最决定性的影响。好多重大、疑难、复杂案件深陷悬停僵死与泥泞困厄，均由严重缺乏战略统筹引致。高明的战略运筹，不仅体现在能够制订正确的战略规划，更体现在实战运作过程中的战略调适与掌控。战略要解决的问题是全局性、方向性、重要性的问题，而且均在预见性当中就解决重要问题做出规划设计。因此，在实际执行过程中结合客观形势进行战略调适，往往最考验操盘人的功力。

战略是宏大的谋划设计，但并不代表操盘人具有迂直腐阔、挂一漏万的工作作风，而代之以饱经战阵后的敏锐周全与精明缜密；在风云突变时摆脱固执规则人士特有的教条刻板与迟滞优柔，代之以雷厉风行、言出令随、雷霆万钧的执行力气场；在方向性、路线性问题上，杜绝了执拗于专业技术经验人士的平衡、中庸、辩证风范，代之以果决取舍，勇往直前；面对挫败时，因为熟稔战略运筹，能够放眼长远与全局筹算，能在屡败屡战中重振雄风，决不会计较一城一隅之得失，将小小战术失利哭成战略溃败而一蹶不振。这些实务运作过程中经常发生的问题，明确地反映了战略调适的重要性。

战略决定着重大、疑难、复杂案件的方向与结果，正如航向与路线决定着飞机的方向与目的地。每个飞机驾驶员都熟悉航向与路线，但在实际飞行过程中，引领飞机驾驶员坚持正确的方向与路线，避开所有危险以确保航行安全，并在遇到意外情况时确定新的航向，确保航行旅客安全的却是领航员。战略匡引下的重大、疑难、复杂案件解决过程，犹如航向与飞行路线指引下的飞机，在具体解决过程中，不断调适战略以坚持正确的方向与路线，规避重大不利要素确保我方运筹得当，并在经常性的突发不利情况下依然调度有方，准确地调整战略方向与路线，坚守我方总体战略目标，最终实现终极目的的，是重大、疑难、复杂案件的操盘人。操盘人在解决重大、疑难、复杂案件过程中扮演的角色，与领航员指引飞机准确安全地飞行极其相似。因此，操盘人的战略调适能力，从战略全局高度分析，决定了我方战略方向与路线的正确性，同时也最终决定了我方战略目标能否达成。

三、顺应时势的战术调整

（一）灵活当先，时势需要即应调整

在重大、疑难、复杂案件实战解决过程中，战术是为达到我方既定战略目标与战术目标，应时势需要而部署的。由于时势不断发生变化，战术随时随地地都在调整。战术最大的特征是灵活性，灵活性决定了战术不像战略般宏观全局化，在一定时间段必须保持稳定。战术则是对解决局部、微观的问题所作部署，需要关注的点就集中在相对狭小的战略区域，因而灵活且随机应变是其固有特征。战术的局部目的性特别强，一旦实现了局部微观目的，战术即告终结。或者在实现过程中发现行不通，随时取消废除也是常有之事。在战术实施过程中，单一战术

行为如果难以达成战术目的，协同其他战术行为一并发力也是惯常操作。由此可见，根据案件时势的发展变化，随时对战术进行适应性调整是重大、疑难、复杂案件操盘人与决策团队必须具备的素养。

战术调整的关键在于时势解读能力，只有准确解读时势发展变化情况，才能部署与之适应并行之有效的战术。针对不同的客观形势部署相应战术行为并无困难，难点在于严丝合缝、力度通透。战术最适宜的衡量标准是实战效果。比如，在案件运作过程中，一旦发现对方在强制执行程序中存在转移隐匿资产逃避执行的情况，第一反应不是在强制执行程序中如何追究其责任，而应当立即与刑事拒不履行法院生效判决罪挂钩，立即启动刑事追究程序与强制执行程序相配合，彻底摧毁对方转移隐匿财产以抗拒执行的布局。追究对方拒不履行法院生效判决罪的战术部署就是顺应案件时势的需要而部署的严丝合缝、力度通透的战术。但实务中好多当事人在遇到对方存在转移隐匿财产的情况时，往往只是申请执行法官进行司法处罚，根本就想不到刑事追究的问题。若只布置司法处罚追究的战术，显然未能很好地顺应时势，战术力度远远不够，完全在对方预期付出的违法成本范围内，显然无法形成战略震慑，实战效果自然不佳。

比如在股东权益诉讼中，我方本来已经知道对方存在销毁、篡改公司财务账目的行为，并存在以公司名义为其个人购置资产的情况。对方在庭审时为了证明其未剥夺我方的股东知情权，举出大量证据，其中包括伪造后的财务账目凭证，显然与木已成舟无法撤除的对外转账记录存在明显矛盾。此时，必须调整、增加战术以实现更深彻的打击力度。应当立即将对方法庭质证时举出的虚假财务账目与我方调查获得的以公司名义对外转账购置私产的证据结合起来，追究其销毁公司财务账目凭证的刑事责任，将刑事追究与股东权益诉讼结合起来，形成战术复合力量，我方诉求的达成更有保障。准确地解读时势，并根据客观形势部署严丝合缝、力度通透的战术，是战术灵活调整的灵魂。

战术灵活性当先，并不代表朝令夕改。战术调整的总原则是适应案件客观形势需求，并且战术与客观形势严丝合缝，战术力度通透。如果违背这些原则，随意调整战术，则有战术随意与战略盲目之谬误。在传统专业技术流思维方式与处理模式下，好多重大、疑难、复杂案件被当作专业技术问题处理，双方如同玩纸牌游戏，不断出牌力图压制对方点数，反复绵延地争斗不休，双方战术变幻多端，严格来说也属于战术调整，但意义完全不同。这些战术调整并未体现出与案件客观形势的严丝合缝，战术力度难称通透，甚至好多战术本身方向就是错误的，这种情况在实践中应当竭力避免。

（二）策无遗算，计出万全，尽人事所能及

周密。单纯诉讼案件一对一的专业技术对抗，对于战术没有什么太多要求，因为双方的战术行为均被限制在具体讼争范围内。双方在收集证据、举证质证、辩论、强制执行等工作方面也使用一定的计谋算计，但本质而言属于专业技术与经验范畴，无关战略战术体系的问题。因而，提及案件代理，人们合理想象界域便封停于此。即便是单纯诉讼案件的专业技术之争，也很讲策略与艺术，双方在广度、维度有限的法庭战场上，绞尽脑汁地算计布排，力求全胜。在重大、疑难、复杂案件中，只有可能存在一个核心诉讼程序，但绝非一个诉讼或者法律程序。并非当事人愿意卷入复杂的系列诉讼，完全是由重大、疑难、复杂案件的本质属性决定的。双方围绕讼争核心问题，能够布设的战术手段与力量、资源统统上阵，战略空间的广度、维度均大幅提升，产生了众多可以阻击对方的战术据点。因而，在重大、疑难、复杂案件中，战略规划与战术部署才具有现实的意义。

无论是在案件实战运作伊始，还是在特定的时势条件下，抑或是为适应时势变化而部署战术体系，均要做到策无遗算，计出万全。首先应当做到的就是周密。周密的要求不难理解，无非是针对战略形势需要，把能够适用的战术体系统统谋划设计形成可执行操作的战术行为以备随时调用，力求六合八荒，滴水不漏。但重点不在于数量，而在于单个战术行为的威力以及合并产生的战术合力，一个优质战术行为完全抵得上一系列意义不大的缠讼滥诉。因此，周密强调的重点在于密致，无论是单个战术行为产生的万夫莫开的战术效果，还是多个战术行为复合形成力度千钧的战术效果，都以达到我方预期战术目标为准。在实战中，对于特定条件下的战术体系来说，需要在数量与战术体系威力之间把握高度平衡。

比如，在笔者律师团队操盘处理的一宗重大、疑难、复杂案件中，我方交货时，对方签收人均为工地当时的负责人，而这些人员变更频仍，很难做到由合同约定的签收人签收并加盖对方公司公章。鉴于我们在调查中已经得知对方因此否认收货而导致一家供货单位败诉的事实，因而预判对方极有可能在庭审质证中否认收货。因此，我方部署了周密的战术体系，包括申请法院调取对方公司人事劳动档案资料以确证是否有签收单中员工；申请法院现场勘查；要求对方出具该三亿余元所谓实际供货单位合同以及签收相关资料；基于我方已经送货并确有人签收，但对方否认收到货物的事实，本案存在刑事犯罪行为，申请法院中止案件审理，移送公安机关刑事侦查；单独准备刑事报案材料，若对方在庭审时否认收货，庭后立即向公安机关报案；调取送货物流公司物流单据记录，并请求物流公司送货人员出庭作证。该系列战术部署，相当周致缜密、滴水不漏，令对方无路可逃。在正式庭审时，对方果然否认收货，我方立即祭出早已准备妥当的战术体系，对方瞬间被秒杀。优质的战术与战术体系所要求的周密，在此案该战术体系部署中体现得淋漓尽致。

准确。准确与战术制订水平直接相关。在稍显复杂的案件中，一方为了达到既定目的，往往也会选择以较多的诉讼程序来压制对方，好多其实与待解决的核心问题无关，甚至徒增麻烦进而将双方拖入更杂乱无章的系列讼争。显然，当事人一方制订战术水平欠佳。战争中无法做到弹无虚发，虽然将重大、疑难、复杂案件类比战争，只是从你死我活的激烈对抗、综合实力较量、战略力量联盟强大等角度进行对比，但在具体运作中，重大、疑难、复杂案件更像众多狙击战术据点组成的战场，在每个狙击战术据点，我方需要充分发挥狙击手的战略威慑力，将对方的进攻火力狙击于安全防线以外。因此，每个战术就像狙击手的射击命中行为一样，必须尽一切可能地做到弹无虚发。这对战术的准确性提出了很高要求，操盘人与决策团队的专业水平与技战术素养往往会受到严峻考验，好多重大、疑难、复杂案件陷入循环往复的争斗，往往与战术准确度差有极大关系。

准确度并非单纯的法律逻辑就能解决，对方出什么招数我方如何应对，对于法律专业人士来说根本就不是难事。但能够应付与应付得了又是完全不同的概念。能够应付多多少少带着水来土掩、兵来将挡的撞钟式思维惰性，而应付得了则表明了搞定的意愿与信心。讼争很现实，没有虽败犹荣的自我慰藉，只有结果倒推的错与对。战术的准确性只能体现在实战效果上，理论上可行的应对接招方案，若最终产生了讽刺的效果，就说明战术的准确性为零。比如，在本节前述对方拒绝承认收货的案例中，曾经有供货单位因为战略盲视，抱持送了那么多货还能有假的想当然式自信，被对方反常规操作搞得丢盔弃甲、溃不成军。对方庭审时否认收货时，该供货单位的应急战术无非是由本公司几个业务员、送货时陪同人员出庭作证而已，结果自然是无济于事。案件裁判尺度问题不予置评，但我方公司与该供货单位情况完全类同，但结局迥异，至少说明该供货单位在诉讼中战术素养确实有大幅提升空间。类似于该供货单位的做法，在实践中也是惯常操作手法。只是好多人遇到了老好人对手，没有青面獠牙的本事，该供货单位非常不幸地遇到了能够露出青面獠牙的对手而已。作为重大、疑难、复杂案件操盘人，这是无法接受的耻辱。可以失败，但决不可因自己的无能而失败。

我方在遇到类似情况时，全方位、立体化、多层次、纵深化的战术体系完全掐住了对方咽喉要塞，并且在其侧翼与后方各个重要战术据点均伏有重兵，使其进无能、退无路，只能束手就擒。战术的准确度在此发挥了至关重要的作用，如同弹无虚发的狙击手镇守战略要塞，枪枪毙命的神准威力，甚至能够将单兵作战能力升华至重要战略力量集群，对于战局起到决定作用。

稳妥。稳妥建立在周密准确的基础上。一般来说，只要战术体系周密准确，稳妥也就是副产值。之所以单独强调稳妥，是为突出战术价值的层次性，以防在战术据点失守后有替补据点顶上。无论是单个战术内部的据点层次，还是众多战术体系内部的据点层次安排，均要做到稳妥有兜底安排。比如，在本节前述对方拒绝承认收货的案例中，我方部署了申请法院调取对方公司人事劳动档案资料以确证是否有签收单中员工、申请法院现场勘查、要求对方出具该三亿余元所谓实际供货单位合同以及签收相关资料、基于对方否认收到货物的事实申请法院中止案件审理并移送公安机关刑事侦查、单独准备刑事报案材料以在对方在庭审否认收货时立即向公安机关报案、调取送货物流公司物流单据记录、请求物流公司送货人员出庭作证的战术体系，这些战术行为之间高度统一，均围绕对方确实已经收货的事实。并且具有多层次打击的战略意义，即使一个战术行为失算，其他战术行为足以顶上，以我们战术体系的丰富层次，量对方纵有翻天覆地的本事，也难以冲破防线。

如果战术层次单一，即使准确周全，可能也会遇到滑铁卢。有一个简单借款合同纠纷案件可以生动地说明战术稳妥、层次丰富的重要性。被告向原告借款十万元，双方签有借款协议，被告出具了欠条，原告将十万元现金交付给被告。后被告拒不还款，原告诉之。原告持有借款协议与欠条，本以为王牌在握，胜诉无忧。谁知被告反其道而行，答辩时就从根本上否认一切，经过法官劝说勉强举证质证，被告直接否认借款的事实，并否认借款协议、欠条的真实性。原告申请鉴定，被告坚决不予配合，称原告恶意诉讼，其无义务配合原告的无聊表演云云。后来，结局也出乎普通人意料之外，法院认为谁主张谁举证，原告主张被告欠款，以借款协议与欠条证明欠款事实，但被告否认，原告又无其他证据证明该借款协议与欠条确系被告签署，故原告未完成其举证义务，应当继续举证证明其主张的事实。事实上原告无法举证证明，因此驳回原告的诉讼请求。原告持有借款协议与欠条，而且确实是亲眼所见为被告书写，这样的证据作为战术项考量，绝对准确且可谓周密，但稳妥性严重欠缺。遇到常人常事尚可应付，一旦遇到奇人异事，恐怕就要翻船。事实上，实务中靠想当然推动事务的情况俯首即拾，只不过对手往往太弱小以至人畜无害，让好多撞钟之士侥幸脱险而已。从道德情理上可以任意指责那位被告，但从法律诉讼角度分析，其做法自然是符合专业技术操作规范的，法律以及庭审程序均为规则，在遵守规则的范围内进行对抗，都是合法且被允许的，我们可以不提倡，但无权上纲上线地扣帽子。

在这个案件中，最好的解决方式是未雨绸缪，有预见性地加强战术。比如要求对方签署时摁手印、照相、录像、银行转账等方式加强战术。至少也应该在诉讼前基于现金交付的弊端，想方设法收集被告签字样本也不失为战术补强。并准备好在被告否认一切的情况下，立即以诈骗追究其刑事责任。但对于守责撞钟式人士来说，如何找到被告签字样本是登天难题，也会自我释压般建构即使找到对方签字样本也不会承认的逻辑而宽恕自己、放纵恶人。该案中被告是两家公司法定代表人，工商行政管理机关、税务机关、银行都留有太多签字样本。若当时原告方战术素养极高，在充分调研收集可靠情报线索的基础上申请法院向相关机关单位调取签字样本，法院应该不会拒绝。但问题是原告除了茫然与愤慨，却没有任何实质意义的建树。法官不可能教无能的当事人怎么打官司，法官只能居中裁判。即使法官因为一方的愚蠢急得抓耳挠腮，反复含沙射影地暗示，也拯救不了专业技术流思维方式与处理模式的悲剧。

从这些案例可以看出，战术策无遗算，计出万全，尽人事所能及是十分重要的要求，要求重大、疑难、复杂案件的操盘人与决策团队拥有极高专业技术水平与战术素养，针对案件客观时势，部署周密、准确、稳妥的战术体系，仅从战术体系上就能够实现对对方的合围，以增加我方的战略力量厚度，在双方讼争较量中掌握战略主动权。当然，策无遗算，计出万全，尽人事所能及，强调的依然是尽人事所能及。而尽人事所能及，强调的重点是人事，人的综合能力是决定因素，而不是主观上有多么鞠躬尽瘁、死而后已。宁愿要谈笑间樯橹灰飞烟灭的举重若轻般的潇洒，切莫呈现鞠躬尽瘁、死而后已却山河破碎的悲壮。人力不同，尽力以后的效果判若云泥。显然，骐骥一跃的实际效果可能比驽马十驾还要好。况且，在激烈的讼争中，骐骥显然不可能一跃就停。事实上，骐骥矫健雄壮，更迷恋风驰电掣的感觉。而驽马一步三喘，要其十驾恐怕有强人所难之嫌。作为法律实务领域解决问题的专家，必须时刻在解决问题的综合能力方面修炼提升，力求骐骥跃进间樯橹灰飞烟灭的淡定从容，切莫作勤勤恳恳埋头耕作的法律搬运工。

（三）服从战略调遣，绝不纠缠

不管相对于战略体系还是相对于待解决问题，战术均具有明显的从属性，不具有独立存在的意义，应战略体系与待解决问题的实际需要而生，随着战略转移、调整、问题得到解决或无力解决而终。因而，在结合案件时势调整战术时，战术的从属性必须严格把握。从属性决定战术部署与调整的尺度，而这个尺度范围便是法律允许、战略运筹需要、形势需要、解决问题需要，在这些尺度范围内，战术的周密、准确、稳妥、合法均能得到有效保障。

战术的从属性使其在重大、疑难、复杂案件解决过程中扮演着重要的工具与媒介作用。在战略、法、战术思想体系中，笔者经常将战术比作人的四肢，确有异曲同工之效。如同四肢严格服从大脑指挥调遣一样，战术也必须完全服从战略的指挥调遣。战略规划需要时招之即来，不需要时挥之即去，即使在激战正酣时也必须果断放弃，避免毫无意义的纠缠。其实，在实战运作过程中结合形势发展需要，在法律允许、战略运筹需要、解决问题需要的尺度内部署与调整战术，也就是严格地遵循了战术的从属性，基本就做到了不做无谓的战术纠缠。

不管是相对于战略需求而言，还是相对于解决问题的实际需要来说，战术具有明显的从属性。之所以将服从战略调遣、决不纠缠作为战术机动的重点来论述，是因为实务中存在单独战术行为完全游离于战略战术体系之外的情况。尤其是在缺乏系统的战略战术谋划的重大、疑难、复杂案件讼争中，双方往往为斗争而斗争，互相攻击泄愤，抓住对方把柄就不遗余力地斗争到底。整体问题可能已经尘埃落定，但某些与讼争核心问题毫不相关的战术争斗却还在纠缠。显然，这严重违反了战术严格从属性的原则，是毫无意义的战略消耗。

笔者在律师生涯早期参与解决过一宗重大、疑难、复杂案件，在案件解决过程中，双方公司董事长逐渐严重对立起来，当时笔者虽旁敲侧击地劝说过我方委托人公司董事长吴某不做毫无意义的纠缠与斗争，除了徒增消耗，就是伤害感情。泄愤根本都谈不上，因为双方公司本为利益争斗，天大的事都是钱财问题。但从事实发展情况看，劝说显然如过耳清风。双方由于相交已久，彼此太过熟悉，甚至达到连彼此的呼吸都可辨认的程度。这两个五六十岁的精英老者紧盯对方把柄，荒诞又真实的故事便一幕幕上演。吴某在对方公司董事长廖某从事色情交易活动时予以举报，廖某乃一介儒商，经此一颠，可谓身败名裂。廖某出来后，卧薪尝胆、发愤图强、锲而不舍，苦心人天不负，终于张罗了吴某涉嫌赌博的翔实证据，进行了坚定不移的控告追究。最后，吴某被以赌博罪追究刑事责任。在案件终局尘埃落定时，我方公司取得了相对较大的战略胜利，但公司董事长吴某却只能在铁窗内收阅喜讯。

这就太遗憾了，双方为了经济利益斗争，虽然升级为重大、疑难、复杂案件，需要展开你死我活的系列争斗，但那也必须限定在与双方讼争的经济利益有关事项的范畴内，轻易不可越界。无论是事实关系还是法律关系，均需要与案件讼争的核心问题有直接关联。比如，我方要求对方偿还巨额欠款，但对方与他人恶意串通后非法转移资产，我方追究他们诈骗、拒不履行法院生效判决罪，追偿债务与刑事追究之间存在直接关联，于法有合，于德无亏，于情有理。而这个事件中，吴某的赌博行为、廖某的违法色情交易行为与双方讼争均不存在事实或者法律关联。双方的斗争行为超出了正常界限，已经上升为个人之间的仇恨报复。或许这也是重大、疑难、复杂案件的本来特征。

在操盘解决重大、疑难、复杂案件过程中，笔者向来极力要求当事人将争斗限定在与双方讼争的事实或者法律存在关联的范畴内。如果当事人擅自越界攻讦，笔者一般会选择退出代理，这也是律师职业尊严与安全意识的需要吧。吴某和廖某的事情对于笔者职业生涯有关战略战术的思想形成产生了极大影响，经此事件，笔者更加坚定了决不作毫无意义的战术纠缠的选择，此后职业生涯当中及至现在操盘解决重大、疑难、复杂案件，都在严格遵循该原则。

战术必须是紧密结合案件客观形势需要，在法律允许、战略运筹需要、形势允许、解决问题需要的尺度范围内予以部署，而且严格讲究周密、准确、稳妥，不做任何超出战略规划的战术行为，也不可部署任何与解决问题全局或者局部毫无关联的战术行为，更不可将战术独立存在，不为整体战略目标服务，而仅仅为了斗争而斗争。这点在重大、疑难、复杂案件运作解决全过程都必须严格遵守，确保战术的从属性，服从战略调遣，决不纠缠。

第二节　目标统筹，高瞻远瞩

一、持久战思想与重大、疑难、复杂案件

（一）持久战思想一以贯之

重大、疑难、复杂案件的本质特征注定了持久战的命运。重大、疑难、复杂案件的本质特征决定了解决周期必定是相对漫长的持久战，绝非短平快的单纯诉讼案件。首先，双方为了关乎双方生死存亡的重大利益而讼争，愿意为之付出的代价更高，愿意为此作出的努力更大，双方的斗争意志更坚毅，而且出于争取重大利益的巨大动力，讼争的技巧、方法、艺术也都达到极值化表现，因而，这种讼争显然在短期之内无法平息。其次，由于存在重大利益，双方自发形成利益共同体联盟，最后升级为两大利益共同体联盟之间的斗争，这些参与其中的主体虽然不是当事人、代理律师等在诉讼程序中拥有独立诉讼地位的必要主体，但在讼争程序中发挥的作用不容小觑。这些众多参与主体各自献计献策，八仙过海，各显其能，导致双方讼争面极大程度地扩大，各项讼争事务无论是从单个诉讼程序的纵深疑难复杂程度还是从众多讼争程序与事务相互交织而形成的复合疑难复杂，都几近极值。相对较为彻底地理顺这些复杂关系，尚需较长时间。至于完全解决，显而易见不是短期之内能够完成的艰巨任务。再次，两大利益共同体联盟为了争夺重大利益，唯一目的就是彻底打败对方，令对方无力再组织起有效的反抗，从而达到完全掌控重大利益的目的。最终结果是由实力来决定，而不是单纯诉讼案件追求法院生效判决那么简单。双方为了完全压制对方以达到目的，互相如玩纸牌游戏般筹算出牌压制对方点数，来回往复，人为地布设对本方有利的讼争据点，在双方核心诉讼程序之外往往存在较多讼争的法律程序及其他程序，无

限提升了案件的疑难复杂程度。从实践经验看，在短期之内能够将疑难复杂的讼争体系归置至分清轻重主次缓急，已经属于上乘的驾驭能力，若求短期之内彻底解决，任综合实力再强的专业操盘团队也勉为其难。

无法以单纯诉讼案件周期计算方式衡量重大、疑难、复杂案件的周期。传统单纯诉讼案件可以理性地预计解决周期，因为法律程序清晰明朗，无论是一审、二审、强制执行、再审等几大阶段还是每个阶段的具体细节所需要的时间，均可以相对准确地预测计算，并且各种意外耽误时间以及加快进程的因素都可基本预知，笔者律师团队甚至将传统单纯诉讼案件办理流程与所需要耗费的时间设计出最精细的表格，将法律规定零散分布于不同部分的时间与流程中，以更清晰、直观的表述方式展现诉讼程序，以便让当事人一目了然地把握。这是非常幸福的事情，出发时就能够准确地知道返航时间，未来充满了确定感。然而，重大、疑难、复杂案件的周期根本就无法按照单纯诉讼案件周期计算方法来预测，并非因为重大、疑难、复杂案件不接受法律诉讼程序限制，而是因为案件本身是一个十分庞杂的讼争体系，并非只有一个单纯的诉讼案件，整个庞大的讼争体系中各项程序何时结束，受较多因素制约与限制。比如，如果涉及刑事案件与民事案件交叉重合的情况下，按照先刑后民原则，民事案件便需要中止审理，待刑事案件判决生效以后恢复审理，或者作为刑事附带民事诉讼案件进行处理。两个或者多个诉讼案件之间若存在条件关系，一个案件需要以另外一个案件的审理结果为依据，则需要中止审理，等待另外一个案件作出生效判决后再恢复审理。这些已经足够让诉讼周期大幅延长。

在重大、疑难、复杂案件解决过程中，无论是核心诉讼还是其他讼争程序，双方都将能量发挥至极致，每个战略进攻据点或者防守据点，双方往往会尽人力所能及地部署力度千钧的战术行为予以应对，导致案件需要证明、调查、解释的问题极限化地增多，事实变得异常复杂，证据体系庞大，案件审理难度极大。在诉讼过程中，由于事实复杂，时常无法通过双方举证质证等常规法庭调查程序完成，申请调查取证、鉴定、勘查等程序经常启用，导致案件周期极大程度地延长。单纯从法律审理程序来说，这样的案件也不大可能在正常普通程序审理期限内审结，往往需要延期审理，有些案件甚至经过数次延期也不能结案。

双方的斗争意志在个案诉讼程序中也得到了极限化的加强。在传统单纯诉讼案件中，双方讼争的目的虽然也为达成利益目的，但相对更能尊重生效判决的效力。一旦法院作出生效判决，双方当事人即使内心不服气，也迫于法律强制力而选择愿赌服输、偃旗息鼓，诉讼程序就此终结。而在重大、疑难、复杂案件中，双方的讼争的目的性更强，因为追逐重大利益导致斗争意志无比坚毅，不论法院判决公正正确与否，只关心本方利益有无达成。因而，只要判决不符合其利益目的，便坚定地将诉讼程序进行到底，任何一个流程环节均不错过。上诉、申请再审等自不必说，即使一些本该为当事人合法权益更有保障而设置的程序，均被在此极限化地运用，比如通过管辖权异议申请与上诉、执行异议申请与诉讼等程序阻延诉讼进程，导致案件周期无限拖长。笔者律师团队操盘解决过一宗重大、疑难、复杂案件，核心诉讼经历了两次发回重审后，第三次二审判决后，对方依然坚定地申请再审，并在强制执行程序中通过执行异议申请、复议以及案外人执行异议诉讼来狙击我方的诉求实现。案件何时能够完全尘埃落定，真的无法用传统单纯诉讼案件的周期计算方式来衡量。

在重大、疑难、复杂案件解决过程中，还有许多不确定因素会影响案件正常审理周期，比如，案件法律关系往往为交叉复合法律关系，各种类别的诉讼程序与行为兼而有之，若一方或双方当事人涉嫌承担其他法律责任时，案件审理亦会受到较大影响，如果一方必须参加诉讼的当事人受到其他法律责任追究，其他诉讼程序能否正常进行均存在较大的不确定性。

解决正面防线问题本身就是持久战。其实，解决重大、疑难、复杂案件的过程就是解决对方布设的正面防线的问题。对方布设的正面防线，就是我方必须突破进而解决案件核心问题的最大障碍，谁都知道攻破了对方正面防线，案件也就基本达成了预期战略目标。之前已经在避其锋芒，绕开对方正面防线一章以及战略大迂回，侧翼与后方包抄合围一章中对于突破对方正面防线做了详细论述，直接突破对方布设的正面防线具有现实的不可行性。因为对方布设的正面防线，往往经过全方位的周密准备，将我方核心诉求所依据的基础事实或法律关系移调至法律程序射程范围之外，导致我方在正面防线诉讼中注定不会达到预期目的。因而，我方欲最终突破对方布设的正面防线，往往通过战略大迂回的大战术运作，针对对方侧翼与后方的薄弱环节与致命要害，部署针对性极强的战术体系，在对方侧翼与后方更大范围内实施分割穿插，对于各个战术据点形成包抄。包抄成功后再与正面防线战线进行夹击合围，最终利用侧翼与后方战术成果创造的战略优势条件，为正面防线战场提供强大战略力量支持，最终在正面防线取得突破。

粗略估计侧翼与后方包抄合围战术与正面防线战线耗费的时间，也能够清楚地认识到这是一场持久战。即使我方在战略战术部署问题上精准筹算，丝毫未出现偏差，也不会像普通诉讼案件的程序那么清晰明朗。不但整个战略战术运筹过程中程序复杂，事务千头万绪，而且还涉及从侧翼与后方相对不确定的战术结果与正面防线战术的最终配合，两条战线协同推进，相得益彰，合围产生战术复合力量之后产生战略形势转变而引发正面防线战场局势的变化。众多事务具有高度的不确定性，需要在实战运作过程中审时度势，进行精准的战略掌握与战术机动，最终在复杂的战略战术运作过程中达成我方战略目标。事务的复杂性、多变性、不确定性决定了其不可能在短期之内解决。加之对方不可能在布设妥当正面防线后无所作为地等待我方突围，必定竭尽全力地处处狙击拦截我方的进攻，也会导致解决周期大幅延长。

要使案件问题得到全面彻底的解决，就必须解决对方布设的正面防线问题。解决正面防线问题，又必须通过战略大迂回、侧翼与后方包抄合围等大战术运作的方式先从对方侧翼与后方攻破防线，再将该战术成果与正面防线战术相结合，最终形成战略复合力量，进而击溃对方布设的正面防线。显而易见，这个过程是漫长的。解决对方布设的正面防线问题，本身就是持久战。

（二）关于持久战的若干重要问题

做好打持久战的充分思想准备。在重大、疑难、复杂案件解决过程中，必须做好打持久战的充分思想准备，对于讼争的复杂性、讼争程序多样性、事务关系的多变性、周期的漫长性要有充分的认识，并且提前做好相应准备，最好在正式进入讼争前做到心中有数，以便有更好的心态迎接与面对未来复杂讼争的到来。实务中，有些当事人对于重大、疑难、复杂案件缺乏全面、深入的认识，往往与传统单纯诉讼案件没有任何区别地看待，结果一入此门深似海，对于解决过程中斗争的复杂性、事务关系的多变性、诉讼程序的多样性、周期的漫长性根本就没有任何心理准备，对方发动每个程序之后，我方不是在最恰当的时机予以反制，而是耽误于我方当事人的反复思考、质疑、犹豫之中。作为专业操盘人，耗费精力与时间最多的工作不是运筹讼争事宜，而是做我方当事人的答疑解惑、辨析说明等说服教导工作，往往会错过最佳的战略机遇，令人懊恼不已。整个操盘解决过程中，不是如何与对方对抗较量令人颇费思量，而是当事人认识不足、心理准备严重欠缺而导致的艰难滞涩令人萌生退意。由此可见，当事人在重大、疑难、复杂案件讼争前做好充分的思想准备工作，是十分有必要的前置工作。

笔者律师团队接受委托后，在正式进入讼争前一般会会同当事人开展重大、疑难、复杂案件本质特征分析论证会议，首先让当事人从思想上充分地认识重大、疑难、复杂案件与普通案件的本质区别，使其准确地掌握解决此类案件的核心要害所在，进而深知事务的复杂性、多变性、多样性、漫长性，绝非普通案件诉讼周期内可以解决，同时对于各项成本提前认识并接纳，在本人客观条件允许的情况下展开下一步工作。如果通过深彻认识重大、疑难、复杂案件的本质特征后，当事人经过自我评估后认为客观条件不足以支持体系庞大的讼争消耗，亦可提前作出决断，可选择放弃或者以传统专业技术流应对模式进行简单处理。

在当事人充分认识重大、疑难、复杂案件本质特征，并做好充分的思想准备与心理预期、初步成本预算的情况下，笔者律师团队会引导当事人开展前期情报收集工作，通过合法的渠道与手段，从本方以及对方所有可行的事实、法律关系、人事关系等方面进行精挖细掘、掘地三尺的调研摸底，收集一切可能收集到的有利要素与不利要素，作为筹划我方攻防战略战术体系的基础。笔者律师团队结合案件客观形势与双方实力对比状况，再结合饱富的实战经验制订总战略规划，从全局高度进行分析、考虑、筹划，对于讼争解决过程中的各项重要事项作出总体安排部署，明确战略目标、战略方向、战略路线、战略任务、战略力量、战略手段、战略阶段等重要事项，使当事人对于案件解决全过程有一个宏观性、全局性的认识与把握。

在当事人对于案件讼争解决全程建立了全局性、宏观性认识的基础上，笔者律师团队根据总战略规划确定的路线与方针，对于具体讼争战术进行部署，将正面防线突破与侧翼与后方突破的具体战术执行事宜在理论讲述的基础上，通过沙盘推演模拟双方实战对抗较量，一方面使笔者律师团队参与人员的思想认识进一步提升，同时也使当事人对于未来讼争实战解决过程中的细节问题有更加充分的思想认识与准备。在极大程度上避免了当事人在某些具体执行阶段踌躇不前，犹豫优柔，成为讼争推进过程中的阻滞与不确定因素。

　　经过理论讲解、前期情报收集、制订总战略规划、部署具体战术体系、沙盘推演等过程，在正式进入讼争实战时，当事人的思想准备工作其实已经相当充分。这是重大、疑难、复杂案件解决过程平稳顺利推进的稳定器，好多重大、疑难、复杂案件的半途而废，并非是战略战术出现严重问题，而是当事人的思想出现严重异动。启动之前对于重大、疑难、复杂案件的复杂性、多样性、多变性、漫长性缺乏根本性的认识，及至讼争程序轰隆隆地推动起来之后，逐渐感受到气力不支，处处质疑、节节设问，导致专业操盘团队工作重心竟然必须转移到冗长无用的教导说服工作上，甚是懊丧无趣。若当事人的思想认识已经定格，自然是无法再往前推进，案件半途而废也是必然的命运。之前，笔者律师团队在操盘解决重大、疑难、复杂案件过程中也遇到过类似问题，是因为我们对于当事人充分思想准备工作的重要性认识不足，轻信如此专业深奥的沟通纯属浪费时间与精力，不如多做实事。但事实并非如此，当事人思想准备工作在关键的时候就像是连接火车车厢的那些最脆弱的链条，连接链条坚固，火车整体向前；若连接链条脆弱，火车也就涣散了。因此，后来笔者律师团队逐渐采用了沉浸式参与法，让重大、疑难、复杂案件的当事人全程参与理论讲解、前期情报收集、制订总战略规划、部署具体战术体系、沙盘推演，不但对于案件讼争全局事务具有宏观性的认识，而且对于具体战术执行细节也提前做到心中有数，提前做好了充分的思想准备。实战效果证明，这种方式是卓有成效的，能够促使当事人建立相当充分的思想准备，事实上可以转化为有形的战略力量，对于解决重大、疑难、复杂案件发挥了重要的促进作用。

　　充裕的成本预算。充分的思想准备只是解决了提前认识重大、疑难、复杂案件各项事务以及未来有可能发生的事务，并对于未来出现的重要情况有心理准备与接受能力，属于解决思想、情感、意志、心理层面的问题。但更实在且具有决定性意义的问题是成本预算问题。解决普通单纯诉讼案件的成本，与解决重大、疑难、复杂案件的成本完全不可同日而语，也不是以简单的倍数计算的问题。如果没有充裕的成本预算，切莫稀里糊涂地进入重大、疑难、复杂案件的讼争。莫说事务复杂、疑难、多变，单凭周期漫长的持久战特性，需要付出的成本也高出太多。充裕的成本预算，是重大、疑难、复杂案件能够顺利推进的决定性基础条件。

　　在实务中，好多当事人经常错误地估算成本，根据案件标的通过法律规定的收费标准，计算出各项费用从而误推解决案件的成本，这种认识是相当主观、粗浅、片面。重大、疑难、复杂案件不能只以标的来衡量，某些案件虽然标的很大，但是不具有重大、疑难、复杂案件的本质特征，其依然是单纯诉讼案件，完全可以按照法律规定的诉讼成本计算方法进行筹算。但重大、疑难、复杂案件事务千头万绪、错综复杂，各项成本的增加不是静态计算的问题，需要动态地考量事务整体运作过程与主要环节，将每个重要环节的费用都作出准确预估，并对总体成本作出相对富余的估算，确保复杂事务齐头并进过程中费用充足，战略力度不因费用问题而降级。普通单纯诉讼案件成本可以紧缩欠缺，但依然能够保持相对的稳定性，那是因为案件推进的节奏完全受法律诉讼程序掌控，案件事实与证据业已固定，只要当事人与专业代理团队不出太大原则性的问题，案件结果一般来说不会出现意外。但重大、疑难、复杂案件推进节奏完全脱离了法律诉讼程序的限制，案件基础事实受诸多讼争因素的影响较大，需要审时度势、随机应变，适应性地调整战略与战术体系以左右客观形势、顺应客观形势，而这个过程均需要较高的成本预算来保障。

　　还有一些重大、疑难、复杂案件的当事人对于案件本质缺乏透彻认识，只强调自己的冤屈与胜利后的重大利益，似乎大有以案件的正义性与未来期权来标榜案件的价值。但很遗憾，在重大、疑难、复杂案件领域，根本就不存在这个问题。案件再具正义性，未来胜利后可获得多大利益，并不代表实际战斗力量，最多是证明了战斗的可行性与必要性。普通单纯诉讼案件可以通过正义性与相对较大期待利益的维系而完成不错的目标，但重大、疑难、复杂案件根本就不现实，对方蓄谋已久、殚精竭虑、机关算尽地为我方布设难题险关，往往打造我方根本无法直接突破的正面防线，最简单如通过相对合法的程序与案外第三人将财产悉数转移的正面防线，我方通过诉讼与强制执行程序根本就无法穿越其防线，案件注定悬停僵死。要突破这些正面防线，必须从侧翼与后方实施大纵深分割穿插，针对对方侧翼与后方的薄弱环节，实施针对性极强的战术行为，将每个据点攻破，进而为正面防线战场提供强大的战略力量支撑，才能取得从正面防线突破需要的战略优势。而这个运作过程头绪众多，事务复杂，并非数项事务同时并进那么简单，而是各项事务互相呼应、互为前提与条件、彼此依托地谐调推动，绝非普通专业人士能够操持明白，因而成本自然不会太低。因此，正义只代表立场，需要通过足够成本的支持才能转化为战略力量。反侵略战争的军火费并不因为正义的立场而减少，没有成本付出的正义战争，或许是博取世人同情的表演。实力会让正义更饱满，既有外在又有实在的内涵，而实力是靠成本堆积出来的。尤其是在重大、疑难、复杂案件的持久战中，充裕的成本是实现战略目标的最坚实保障。只有在兵精粮足的基础上，我方的正义才能得到伸张，基础事实与证据体系的优势才能充分发挥，战略攻防体系的威力才能最优化展现。

方向明确而坚定。其实，重大、疑难、复杂案件解决之道就在于一个方向问题。传统专业技术流思维方式与处理模式最大的问题就是方向与路线的错误，好多重大、疑难、复杂案件陷入胶着迁延、泥泞困厄、悬停僵死的缠斗，剪不断、理还乱，按下葫芦浮起瓢，但却与真正的解决渐行渐远，就是当初方向与路线出现严重错误，误将重大、疑难、复杂案件视为单纯诉讼案件，错误地以传统专业技术流思维方式与处理模式进行头痛医头、脚痛医脚的被动式应诉处理，最终陷入对方精心布设的战略陷阱。重大、疑难、复杂案件的方向一旦出现偏误，要想纠正回来，需要付出成倍的代价。即使愿意付出成倍代价，由经验饱富的操盘团队掌控运作，也未必能够弥补回来。

在重大、疑难、复杂案件办理过程中，必须始终坚持正确的方向，犹如在沙漠中前行，必须用切实可行的具体方案来确保方向的正确性，避免在茫然一片中顺着一个大圆圈打转。重大、疑难、复杂案件事务错综复杂、变幻莫测，身陷其中极易迷失，在多个法律程序同时推进的情况下，保持正确的方向并不容易，在复杂的讼争程序中极易陷入以筌为鱼的方向性错误，整天在为斗争而斗争，但还误以为在解决问题。因此，必须从全局考量，始终坚持正确而坚定的方向，准确地把握每个讼争程序的战略价值与战术意义，严格区分轻重主次，始终将我方的战略力量投入于具有重要建树意义的战略行动中，确保案件的解决沿着既定的方向与路线前进。重大、疑难、复杂案件事务异常复杂，双方斗争十分激烈，在我方形成稳固而完备的战略攻防体系之前，会有一段讼争极度复杂但却似乎看不到希望的时期，因为各项战术行为逐步铺开以后，尚未形成成型的战术成果，但讼争形势却很复杂激烈，当事人心理与精神方面经受着极大考验，犹如黎明前最黑暗的时刻，这时候也是我方的方向最受考验的时候，好多案件就是没有熬过这个时期而放弃。因而，在坚定地按照正确方向前进的过程中，这个至暗时刻必须引起足够重视。熬过了至暗时刻，各项战术成果相继出现，我方逐步占据更大的战略优势，形势变得越来越明朗的时候，坚持正确的方向就显得容易多了。

在重大、疑难、复杂案件过程中，对方诈降求和也经常对案件的正确方向会产生较大影响。在我方取得相对较大的战略优势后，对方往往会请降求和，使我方不易判断其到底是真心而为还是诈降，有些案件当事人可能实在是受够了案件长期的煎熬，对方一抛橄榄枝就迫不及待地与对方展开磋商。而且最要命的是中止甚至放弃战略战术体系的推进工作，专事和谈。其实，这是典型的方向性错误。在解决过程中，甫一占据战略优势便迎来对方求和，对方假借求和赢得战略机遇的可能性更大。我方轻易不可被对方的缓兵之计迷惑，必须保持清醒的头脑，坚持正确的战略方向。只要对方提出请降和解，我方一概不应拒绝，但必须始终保持战略战术体系推进力度不变，在和谈的同时保持足够的战略压迫势能，以便和谈未果时战术行为的延续性，不给对方借缓兵之计筹划反制战术的机会。

信心动摇时的心态调适。人们都喜欢做简单的事情，是因为简单的事情变数不大，过程容易控制，投入成本与输出结果之间的关系容易把握。而相对复杂的事情，多数人避而远之，因为复杂的事情过程环节相对较多，发展过程中变数较大，而且过程较难控制，投入的成本与输出的结果之间存在着极为复杂的换算关系，一般人根本无法掌控。简单的事情不用劳心费神便可获得结果，只需费力。而复杂的事情不但需要费尽九牛二虎之力，而且还需要殚精竭虑、绞尽脑汁地谋划，最终的结果却未必是十拿九稳。能够一眼看穿简单事务的结果，是正常的聪明人。能够锐利地洞穿复杂事务结果的人，实乃寥若晨星。因而，在复杂的事务运作过程中经常产生红旗到底能打多久的疑问，实属再正常不过之事。重大、疑难、复杂案件解决过程，是除了战争之外人类关系最复杂的事务之一。在这个过程中，无论是当事人还是专业操盘团队，有人经常产生红旗到底能打多久的疑问完全在情理之中，这本身属于待解决问题的一部分，必须以切实有效的措施来解决。

在重大、疑难、复杂案件解决过程中，唯一能够解决信心时常动摇问题的方法就是学会站在全局战略高度进行分析判断，这是笔者在操盘解决重大、疑难、复杂案件十余年过程中总结出的十分富有成效的实战方法论。笔者律师团队的好多委托人，包括笔者律师团队有些人员，完备的战略战术体系筹划妥当后的亢奋与热情被枯燥艰险的推进实务消耗殆尽后出现动摇时，笔者往往通过引导其站在全局战略高度进行分析与判断的方式帮助其重塑信心，效果出奇地好。因为信心动摇属于主观意识范畴的问题，我们谁也无法深入他人的思想深处解决根源问题，正如心理医生、精神科医生根本就解决不了真正的心理、精神问题，再多的大道理劝说教育，无非过耳清风，滴水止沸。只有通过帮助其认识到自己分析与判断的方式、基础存在错误，进而建立正确的分析与判断方式、基础，令其客观、理性地分析得出乐观结果以后，自然会树立信心。

站在全局战略高度分析与判断，要求我们充分地理解我方的战略战术体系，准确而客观地掌握双方的优势与劣势，充分认识我方的战略战术部署，透彻地理解集中我方优势战略力量攻击对方薄弱环节的高度把握性，从而建立全局化的战略较量概念，通过全局战略较量理性判断客观较量结果。若只停留在狭小的战术抗争范畴，就易犯主观片面错误，有盲人摸象之嫌。比如，在对方经过一系列的设计，将其财产悉数转移，导致我方即使胜诉后也无法执行到位的情况下，如果仅从诉讼战术层面分析判断，结果必定渺茫。好多案件其实就是犯了这样的错误而导致无所作为。在我方拥有完备而稳固的战略攻防体系的情况下，站在全局战略高度分析判断，则结果完全相反。因为对方虽然布设了固若金汤的正面防线，但因为其机关算尽地布设正面防线的矫枉过正之举，为其侧翼与后方遗留了重大法律风险，必定存在与他人恶意串通非法侵害我方合法权益的行为。我方针对对方该薄弱环节与致命要害，实施针对性极强的战术行为，追究其非法恶意串通损害他人合法权益行为无效，并追究其包括刑事责任在内的法律责任，对方的侧翼与后方必定被攻陷。对方侧翼与后方被攻陷后，财产如何转移以及转移的数量也将悉数暴露，我方在正面防线面临的难题也迎刃而解。如此，站在全局战略高度分析判断，结果准确而无疑。如果站在对方布设的正面防线面前，只盯着我方在诉讼与强制执行程序中将无所作为，因而得出争也白争的错误结论进而放弃，任由恶人得逞得势，岂止是怀疑红旗到底能打多久，简直是举起白旗直接投降。站在全局战略高度看待问题与埋身于技战术层面看待问题的区别，就是判若云泥。在解决重大、疑难、复杂案件的持久战中，如果出现红旗到底能打多久的疑惑时，不妨站在全局战略高度进行分析与判断，信心有如打盹受惊后的清醒爽利般提升。

　　在实务中，笔者经常会遇到当事人信心过山车的呼啸，从视笔者擘画的完备战略攻防体系若救星时的踌躇满志、志在必得，到渐入枯燥艰辛的战术执行阶段的坚忍疲弱，再到黎明前至暗黑夜的消沉失望，再到对方战略防线轰然崩塌时的喜极而泣、春风得意，又到对方重新组织起有效反扑后的一落千丈、低迷绝望，笔者早已安之若素，也没有太好的办法帮助他们从自我心境当中走出来，即使告诉他们做事的信心和心态是致命的，一个再杰出厉害的人，如果在飘忽的心态与脆弱的信心牵引下做事，也会一败涂地，并且危言耸听地告诉他们石达开当年就是被信心与心态害死的故事，依然只能起到瞬时电击效果而已。提到运作复杂事务过程中的心态与信心问题，很有必要重温石达开当年的经历。石达开在天京事变后率兵负气出走，一路向西南用兵并不顺利，与天京事变前的高歌猛进、横扫千军如卷席的境遇有天壤之别。因而时而亢奋激进，时而消沉低迷，心态飘忽不定，状态极为不稳，完全丢失了一个天才军事指挥家的灵魂。导致在好多重要战略决策事务上犹豫优柔，难以当机立断，与其前期英勇果敢、言出令随、雷厉风行的风格判若两人。其实，石达开身边的副将已经发现了这个问题，并且有过数次提醒，但改变不了实质问题。或许石达开对于整体战略目标已经绝望了吧。后来行军至大渡河南岸，本来应该在河水未涨、对岸敌人未到时马不停蹄、毫不迟疑地抢渡。但石达开率军负气出走后的忧郁挫折造就的飘忽心态与摇摆信心，像魔鬼巨爪般攫住了他的理性与意志，使他完全丧失了一个杰出的天才军事家的理智与果决，竟然因为一个儿子的出生而全军庆祝，耽误了天赐的渡河战机。第二天，大渡河涨水严重，对岸敌人业已开到并安营扎寨，最终全军覆没，自己为了保全士兵们的性命屈意投降，终惨遭凌迟处死。

　　稳定的心态与坚定的信心真的可以改变好多事情的结果，虽然人人都知道这个放之四海而皆准的道理，但却没有几个人能够贯彻落实到实际行动当中。比如，一个赚钱能力很强的人，在突遭变故一夜破产且负债累累后，如果心态不稳、信心动摇，便只会聚焦纠结于眼前的巨额债务与自己身无分文却负债累累的绝境，在走投无路的焦虑与恐惧中选择跑路甚至自杀。而真正的强者却能够保持极为稳定的心态与坚定的信心，在充分相信自己赚钱能力的基础上进行筹算，余生以最努力的模式赚钱能够赚到多少，可以知其大概，如果完全可以偿还累累债务，那就莫慌，债务肯定得还，利息该涨就让它涨吧，反正以前赚钱是投资失败而花掉了，以后赚钱还债并偿还利息花掉也是一种消费支付方式。即使经过筹算，余生以最大努力模式赚钱也不足以偿还巨债时，也能够乐观地期待全世界的好运气都降临在自己身上，继而勇敢地面对一切，并积极努力地拼搏解决。事实证明，这种乐观坚强的人，无论什么时候心态都特别稳健，为人处事信心十足，做任何事情的结果都比正常人更出色。

尽管说教很让人动心，但效果是暂时的，在第二天太阳照进卧室时，一切照旧，愁苦和郁闷依然不请自来。其实，好多人在处理复杂事务遇到信心动摇问题时，都缺乏好的办法来解决。现实生活中更多的是如同前述石达开与巨债面前漂亮翻身的人的故事进行说教开导，这也算是黔驴技穷后的无奈挣扎了，就像大考前的父母没用而正确的劝学口诀一样。但对于解决重大、疑难、复杂案件持久战过程中当事人心态不稳与信心动摇问题，站在全局战略高度进行分析判断的方法确实是灵丹妙药，屡试不爽。在实务中，每当委托人怀疑红旗到底能打多久的时候，笔者引导其站在全局战略高度进行分析判断，得出双方全局战略较量结果后，委托人的信心提振效果可谓立竿见影，而且能够持续稳定许久。因而，每当在解决重大、疑难、复杂案件的持久战中开始反复质问红旗到底能打多久时，不妨试试站在全局战略高度透透风，站在离天最近的地方，或许能有涤荡心灵的神奇感受。

当事人专务正业。在操盘解决重大、疑难、复杂案件过程中，笔者最不想看到的情况就是当事人专心致志地投入于案件运作工作当中，甚至不务正业。这里说的不务正业并非是该成语传统意义上的指责贬损，而是为了准确表达某些当事人放弃事业乃至生活，完全被案件给填充至几近爆炸的状态。律师代理当事人打官司是职责所在，全天下可能只有律师打官司是营务正业了，虽然处理的不是自己的事情，但还是正业所在。包括当事人在内的所有人若全力纠缠于官司，都有不务正业的意味。这让笔者想起好多当事人通电话时礼貌而尊重地提醒周末需要休息的话就挪至下周时，笔者都会毫不迟疑地告诉他们，打官司是律师的正业，对于其他人来说都是副业，包括当事人本人。因而，只要当事人不介意占用周末休息时间，笔者自始便认为周末更适合与当事人办理打官司有关事务，因为当事人需要在周内营务正业。作为律师，耽误当事人周内营务正业的时间与我面晤，仅为了保留周末丁点休息权，着实非成就事业之态度。当然，律师也需要休息，显然可以在当事人营务正业的时候。由此看来，案件虽然是当事人本人的事务，律师只是代理人的角色，但却是律师的正业，是当事人的副业。

既然打官司不是当事人的正业主业，那当事人就应该将精力全部投入于正业当中，将案件交由真正有实力的人来操持解决。重大、疑难、复杂案件当事人均为人中豪杰，但必须清醒地认识自己，不要被某一方面或者几个方面的强大能力宠坏，错误地以为自己在哪个领域都很强大，在有些专业精深度极高的领域也想担纲驾驭。比如，在解决重大、疑难、复杂案件领域，并非笔者刻意神话，该工作确实不是一般当事人能够摸清门道，好多专业技术经验俱佳的专业技术流律师尚且根本无法自如应对，更别提轻松驾驭一事。作为非法律实务专业人士的当事人更是无法做到应对与驾驭。作为当事人最重要的能力是选择合适的律师团队来操盘，这种目光就像鉴宝专家识别赝品的能力一样稀缺而珍贵。尽可能地做到一眼便可识珠，尽量避免吃一堑长一智般循序渐进的增长智慧模式，一生很短，没有时间与心情天天吃堑。在经历无数次错谬后，即使华佗现世也难以起死回生。

现实情况不容乐观，笔者律师团队受理的重大、疑难、复杂案件，几乎均是经过传统专业技术流思维方式与处理模式误诊误治，导致案件悬停僵死时才逐渐醒悟。甚至一半左右起初事发时就咨询过笔者，甚至在一遍遍垂询之下，笔者为节省双方时间与精力，奉送书面初步规划方案后令其自行操作，但最终困于教的曲儿唱不上去的尴尬，导致各项事务推进艰难滞涩，困苦不堪，根本就无力为继。最后终于完全搞明白预算高成本的意义所在，最终选择委托笔者律师团队操盘解决。作为当事人，选择了有能力操盘解决其重大、疑难、复杂案件的律师团队，其实就已经向胜利迈出一大步，已经做完了最重要的工作。其余工作就是在重要环节与阶段参与商议决策、了解案件推进情况，根本没必要事无巨细地参与其中，无谓地浪费时间与精力，还在某些特殊情况下起反作用。比如，若代理律师个性比较随和内敛，当事人固执于错误决定，代理律师很难做到义正词严地坚持只服从正确与理性。即使代理律师强势霸气，但毕竟是收取当事人代理费而从事代理行为，如果通过耐心讲解灌输正确方法策略后依然无济于事，很难相信代理律师愿意承受解除代理关系的结果而选择坚持正确与理性。我们可以严格奉行契约精神与独立人格，在任何情况下只服从正确与理性，当委托人固执己见地坚持错误决定时，只要双方委托代理关系尚在，我们依然选择坚持正确与理性，不服从金钱，不服从当事人的意志，只服从于解决案件需要的正确与理性。但每每与当事人的错误决定厮杀后，虽然当事人心悦诚服地承认疏浅错谬，内心的疲惫与失望还是让人感觉元气大伤，再也找不到那种极心无二虑的感觉。事实上，这种相对放之四海而皆准的正确与无谓的错误坚持之间的论辩消耗，还是影响了案件解决的力度。

作为当事人，如果坚信自己选择专业操盘团队的眼光与能力，就应当把案件交由能够轻松驾驭的专业人士去操持，自己则继续营务正业。而不应当将正业荒废，却将主要时间与精力投入于根本就不擅长的讼争解决上。既然在重大、疑难、复杂案件中需要委托专业操盘人来解决，说明自己根本就不是对方对手。付出极高代价委托专业操盘人操盘解决，说明内心认可专业操盘团队的实力完全可以碾压对手，同时也说明委托的专业操盘团队实力肯定在自己之上。那就没有必要再盲乱操心，自己能想到的专业操盘团队都能想到，自己苦思冥想才想到一个大概，专业操盘团队已经轻车熟路地走了千百回。这也是重大、疑难、复杂案件专业操盘团队与传统专业技术流法律实务专业人士的本质区别。在传统专业技术流思维方式与处理模式下，当事人还真需要操心费力，因为一旦有重要事项被自己忽略，往往会被完全耽误。最极端的有错过财产保全的最佳机遇，当事人质问专业代理人士时，竟得到该问题不在双方委托代理协议约定事项范围的铿锵回答。在这种模式的折磨摧残下，当事人显然操碎了心，也伤透了心。这种恐惧感会植入基因，慢慢就变成习惯进而形成性格特质，导致在重大、疑难、复杂案件解决过程中，尽管有专业操盘团队操盘解决，但依然不改其絮叨烦琐的个性，事事提醒参与，其实毫无意义。笔者常想，一个自认为有能力解决重大、疑难、复杂案件的专业操盘团队，其专业精深意识深刻于骨子里面，事无巨细均能够一览无余，而且完全能够分得清轻重主次缓急，如烹小鲜般将疑难复杂的案件解决事务行云流水般推动前进。

因此，只要选择了正确的专业操盘团队，当事人应该专心致志地营务正业，莫让毕生只遇一次的重大、疑难、复杂案件，成为人生永远过不去的坎。笔者想遇到重大、疑难、复杂案件是不幸的，但日后提起时，希望为自己增加一个知人善任的荣誉勋章，而不是因此而一蹶不振却还不知胡抓乱管之谬误的永生迷惑。

（三）持久战周期的合理估计

形成完备而稳固的战略攻防体系需要的时间。完备而稳固的战略攻防体系是我方在重大、疑难、复杂案件讼争中的核弹头，也是我方战略规划与战术体系最终借以发挥技战术威力的依托。形成完备而稳固的战略攻防体系，预示着我方迈出了最坚实的一步，若日后取得胜利，该步便是成功基石的完全落成。因此，以形成完备而稳固的战略攻防体系所需要的时间作为合理估计重大、疑难、复杂案件解决周期的重要参考因素，很有必要且相对比较准确。

完备而稳固的战略攻防体系形成的条件有正面防线战术体系趋于成熟、侧翼与后方战略大迂回战线战术部署到位、正面防线战术与侧翼与后方战术体系具备合围的条件。这三个必须条件同时表明形成完备而稳固的战略攻防体系需要经历正面防线战术体系成熟、战略大迂回战术体系成熟、正面防线战术体系与战略大迂回战术体系合围三个阶段。正面防线战术体系的成熟过程是全程贯穿的，与战略大迂回战术体系的成熟以及两条战线战术体系的合围是同时进行的，因此，这三个阶段所耗费的时间不是简单相加，而是存在一定的重合。按照运作程序来说，一般是在正面防线牵制对方战略注意力与主要战略力量的同时，实施战略大迂回，从对方侧翼与后方包抄。在侧翼与后方取得能够强化支撑正面防线战术体系的战术结果后，立即与正面防线战术体系进行夹击合围，两条战线形成战术复合力量，专注于正面防线战术进攻，最终攻破对方布设的正面防线，案件也就宣告终结。因此，需要相对准确地判断侧翼与后方实施战略大迂回战术体系完成预期战术目标的时间，以及形成战术复合力量后正面防线战场解决所需时间，便可相对准确地判断案件整体解决需要耗用的时间。

举之前讲述过的一个比较简单的案例进行说明。对方金产公司拖欠我方八亿余元货款长达数年拒绝支付，我方在起诉时才发现对方金产公司基本变成空壳，其形式上表现出来的业务依旧系将核心业务订单转移至第三人拓俏公司，并且通过一百二十余次联营合作的方式将公司资产、核心生产线、人员逐渐转移至该第三人拓俏公司。其实，该第三人拓俏公司实际上也是对方金产公司董事长实际控制。我方通过深彻调查后将对方与他人恶意串通逃避我方债务的证据悉数掌握后，在提起要求对方支付货款的诉讼的同时，实施战略大迂回战术体系，起诉请求法院宣告对方金产公司与拓俏公司恶意串通损害我方合法权益的行为无效，要求其承担返还并赔偿损失的责任。在诉讼中运用极富针对性的财产保全措施，将对方拓俏公司需要紧急发给其境外最重要客户的货物予以保全，同时将对方拓俏公司厂区中心花园的火箭雕塑予以查封保全且以巨大的亚克力透明封罩保护起来，给对方形成火烧眉睫的急痛。并且筹划妥当征询其境外最重要的客户是否知道对方金产公司、拓俏公司恶意串通转移核心业务订单以逃避我方债务而故意予以配合的战术。该战术存在的重大意义是该境外客户每年要求金产公司提交资产损益表，应该知道其拖欠我方八亿余元货款的事宜。若不知道，则说明金产公司向该境外客户提交了虚假的财务报表。并且，该境外客户十分看重诚实信用原则，若得知对方金产公司与拓俏公司的违法行径，必定断然拒绝合作。同时，针对对方金产公司与拓俏公司实为同一人控制的事实，两者却以虚构事实、隐瞒真相的诈骗行为方式，实际上达到了逃避我方巨额货款的目的，我方亦非常坚决地提请司法机关予以调查追究。也就是说，侧翼与后方战略大迂回战术体系包括诉请法院宣告对方金产公司与拓俏公司恶意串通损害我方合法权益的行为无效、追究对方刑事诈骗责任、征询其境外最重要的客户是否知道对方金产公司、拓俏公司恶意串通转移核心业务订单以逃避我方债务而故意予以配合这三个具体战术行为。

通过实战运作情况看，未及我方侧翼与后方首个战术诉请法院确认对方两家公司恶意串通损害我方合法权益行为无效的诉讼运作完毕，只是在将提请司法机关进行刑事追究以及征询对方境外客户的动议透露于对方，对方便已经迫于宣告无效诉讼中角度刁钻、力度千钧的财产保全措施压力，以及因为自己恶意串通行为而导致失去赖以生存的最重要客户，甚至面临刑事追究的情况下，完全放弃了抵抗，同意偿还我方货款，最终双方和解解决，对方用时一年分十期偿还了我方全部货款。

不算对方付款所耗用的一年时间，仅从起诉前调研摸底、收集情报时算起，至双方签署调解协议对方支付第一笔货款，耗时十个多月。调研摸底、情报收集工作大概耗时五个月；起诉后送达、通知、保全等程序性事项耗时一月半月；由于力度通透，对方迫于眼前战术行动的压力以及后备战术的战略震慑力，最终决定与我方在正面防线战场起诉请求支付货款的民事诉讼中和解，耗用了三个多月。这是一宗解决得相对最快、最彻底的重大、疑难、复杂案件，总耗时以及各个战术阶段耗时均极少，只可作为解决重大、疑难、复杂案件持久战周期估计的参考，不可作为教条予以对照。

正面防线战场突围的时间。该段时间就是指侧翼与后方达成预期战术效果，与正面防线战术体系进行合围，形成战术复合力量后从正面防线发起总攻开始，到对方防线被攻破所耗费的时间。一般来说，在两条战线战术体系形成战术复合力量后发起总攻，对方的防线很快便会崩溃。因为对方为了布设固若金汤的正面防线，耗费了太多战略资源，甚至将自己触犯刑事法律的风险都作为成本予以投入，可谓遗患无穷，对方的侧翼与后方其实脆弱得不堪一击。只要我方能征善战，突破单一法律诉讼程序的束缚与限制，将对方处心积虑地移置于法律诉讼程序射程之外的基础事实予以控制，并以极富针对性的战术予以钳制，对方侧翼与后方的沦陷速度，往往超乎想象。对方侧翼与后方沦陷后，会产生连锁效应，正面防线的基础就会严重动摇，正面防线失守便指日可待。至此，对方能够支撑多久，不是战略战术问题，而是人的意志力问题，不好预估。但以实战经验判断，仅靠意志力的支撑是相当靠不住的。

在前述我方与对方金产公司、拓俏公司案件中，我方在全面而深彻地掌握对方鬼蜮伎俩的证据后，采取了极富针对性且角度异常刁钻的财产保全措施，并将后备战术的运作动议透露给对方后，其实对方已经丧失了抵抗的决心与勇气，旋即在正面防线战线支付货款诉讼中与我方开始和谈。此时，相当于我方已经攻陷对方侧翼与后方，将侧翼与后方战术体系形成的战果与正面防线战术相结合，形成战术复合力量发起总攻。该案中，由于侧翼与后方战术可谓力度千钧，且有战术摧毁力更强大的后备战术体系时刻保持瞄准发射态势，因而对方在我方正面防线总攻战略力量压迫下，坚持了两个半月便全线崩溃。这个期限是相当理想的，几乎是笔者律师团队操盘处理过的重大、疑难、复杂案件中同类战略阶段耗时最少的。

对方利益共同体联盟瓦解的时间。相对准确地预估重大、疑难、复杂案件办理周期，除了考虑完备而稳固的战略攻防体系形成时间与正面防线战场突围时间外，还必须考虑对方利益共同体联盟的瓦解时间。对方利益共同体联盟的瓦解周期在好多重大、疑难、复杂案件中都成为后半期最大的耗时因素，大致是因为其系人的问题。事与物的问题好解决，一旦涉及人的问题，就变得非常复杂。事与物只要客观上理顺后，便具备现实的存在意义，对于解决案件发挥着稳定的作用与支持。但人的问题具有极大的不确定性，守财舍命的人虽然极端少有，但笔者律师团队也遇到过太多例，着实令人大跌眼镜，人性的边界再次得以拓宽。

一般来说，对方利益共同体联盟均是基于追逐利益而聚集在一起，虽然其中不乏能人异士，但无非是追腥逐臭之辈沆瀣一气建组的乌合之众，遇到有利可图时一拥而上，建言献策，各显其能，好不热闹。一旦责任当头，便会以迅疾之势作鸟兽散。此正为分化瓦解对方阵营之王道利益与责任挪移法产生的客观基础。笔者律师团队在实战解决过程中，屡屡成功运用利益与责任挪移法瓦解对方利益共同体联盟。趋利避害是人的本性，但在对方利益共同体联盟中往往体现得更为赤裸。能为蝇头小利便与人串通合谋，甚至不惜触犯法律的人，显然是无知自私、愚蠢贪婪的人。这种人甚至在攫取蝇头小利时能够以无知、轻信等自我麻痹的方式将任何法律风险视为虚无，但在确信法律风险与责任即将劈头盖脸压过来时，撤退之迅疾与撇清责任之积极也是理所当然，甚至倒戈一击也是家常便饭。因此，只要我方将掌握了对方阵营参与主体违法行为的证据，对方利益共同体联盟也应声溃散。

在前述我方与对方金产公司、拓俏公司案件中，当我方掌握了对方金产公司与拓俏公司恶意串通转移财产逃避我方债务的全部证据后，并且通过力度千钧的财产保全措施对拓俏公司实施了精准控制，我方的后备战术可令对方承担更为严重的后果。虽然拓俏公司是由金产公司董事长实际控制，但拓俏公司明面上的董事长已经开始频繁地与境外客户接触，企图将非法串通合谋侵害我方合法权益的责任推卸给金产公司及其董事长承担。并在私下多次请求约见我方公司董事长，其言辞之间明显流露出揭露金产公司董事长的意向。而金产公司董事长还是拓俏公司董事长的知遇恩人。实际上，对方利益共同体联盟已经瓦解了。在该案中，对方利益共同体联盟瓦解的速度相当快，几乎在我方将侧翼与后方战术体系铺开后便开始瓦解了，也符合重大、疑难、复杂案件中对方阵营瓦解的一贯规律。

在符合正常规律的情况下，或许不需要过多考虑对方利益共同体联盟瓦解的时间问题。但在特殊情况下，对方利益共同体联盟的瓦解是相当困难的事情，而且周期会迁延许久，导致案件解决周期也大幅延长。这在庇护取利型参与主体身上发生较多。该类参与主体往往实力极强，拥有非凡的活动能量，在对方阵营中发挥着举足轻重的作用。在某些情况下，对方当事人或许只是前台唱戏的，而庇护取利型参与主体才是幕后真正的操纵者。对方利益共同体联盟中一旦有该类参与主体，案件的解决周期一般都较长。因为该类参与主体在案件解决过程中，本身就是一个战斗集群，我方不但要将对方当事人这个附属国征服，还要将该庇护取利型参与主体的宗主国征服，其难度可想而知。笔者律师团队操盘处理的一宗重大、疑难、复杂案件中，由于对方利益共同体联盟中存在庇护取利型参与主体，最后对方已经被我方四面洞穿，但该庇护取利型参与主体或许感觉自己宗主国的尊严被凌犯，被激起了疯牛般的斗志，穷尽手段与能量，绞尽脑汁地坚挺了近两年，但最终还是黯然退场了，非正义的一方在绝对实力面前，终究必败无疑。但对方利益共同体联盟中该庇护取利型参与主体搅和其中，直接导致案件解决周期延长了近两年，想来着实令人愤慨不已。因此，对方利益共同体瓦解的时间，必须纳入解决重大、疑难、复杂案件持久战的周期预估考量范围。

二、全局计，无谓一城一池得失

赢十百，只争一时之长短；赢无数，方争一世之长短。在普通单纯诉讼案件中，程序相对单一，事实证据相对固定，讼争事宜限定在诉讼程序中按部就班地进行，结果也因法院裁判而一锤定音。因此必须锱铢必较，严防死守每个细微环节，力争处处赢得先机，进而奠定胜利。因而，必须争一时之长短。在解决重大、疑难、复杂案件过程中，各项事务错综复杂、千头万绪，讼争程序相对繁杂，讼争形势千变万化，任何一方也不能保证在每个讼争程序中均能够赢得先机。只能从战略高度整体把握，最终赢得全局。因而，此为争一世之长短。争一时之长短与争一世之长短，是完全不同的处世哲学与方法论。争一时之长短，精明算计，惜溪限流，虽从未吃亏，便也难飞黄腾达；争一世之长短，憨稳持重，胸有城府，一时未必得势，但终非池中物。经略一隅，必重一城一池之得失；经略四海，必计全局，无谓一城一池之得失。在所有诉讼案件中，重大、疑难、复杂案件可谓包罗万象、吞吐八荒、变幻多端，因而，需要争一世之长短的处世哲学与方法论，需要经略四海之智谋，计全局，无谓一城一池之得失。

（一）从全局战略高度考量结果

重大、疑难、复杂案件的结果，必须在我方总战略规划基础上，从全局战略高度来考量结果，不可将目光聚焦于一个或者某几个诉讼程序。只有从全局战略高度考量的结果才具有实际意义与实现的可能性，一个或者某几个诉讼程序的结果，往往并不能决定最终结果，但核心战术除外。如果将目光聚焦于某个单独的诉讼程序，以单独诉讼程序的形势或结果来衡量整个案件的结果，就容易犯以局部、微观代替全局、宏观的主观片面错误，导致对案件的发展形势与未来结果作出完全错误的判断。

从全局战略高度考量结果，要求我们从全局分析考虑，将各种有效战略要素综合在一起进行适当的预见性判断，避开战术狭隘与盲视，在动态发展过程中预测双方较量的最终结局。这是一个比较复杂的动态化合过程，并非将诸多具体战术行为的结果进行简单的相加，正负抵消后推算物理结果。比如，在一宗重大、疑难、复杂案件中，我方总战略规划中战略任务分为两部分，一部分是正面防线的主体诉讼，由于对方进行了专业、周密的设计，且利用优势地位在合作过程中以保密为名将关键证据悉数单方掌控，导致我方在正面防线对抗中注定落败。另一部分是战略大迂回防线的策应性诉讼，利用对方体系内部的缺陷与漏洞，谋划令对方总公司与子公司之间不会互相沟通情况，子公司必定全力以赴地应对，但却在无意间将关键证据予以泄露的诉讼程序。该战略大迂回防线的诉讼程序中，我方也没有任何取胜的把握，但却可以在诉讼过程中得到我方缺失的关键证据。在该重大、疑难、复杂案件运作解决过程中，如果仅从战术层面进行局部、微观分析判断，正面防线主体诉讼也必败无疑，战略大迂回防线也注定无所作为，分析结果就是案件整体结果是绝对的失败。若站在全局战略高度进行考量，我方在正面防线主体诉讼中，虽然缺失关键证据，导致案件结果堪忧，但我方在对方侧翼与后方精准地部署了运动战战术，通过运动战策应性诉讼的方式，令对方子公司在自认为胜券在握的情况下，为了赢得酣畅淋漓的大胜，在无任何防备的情况下将我方梦寐以求的关键证据和盘托出。取得关键证据后，立即停止侧翼与后方运动战的运作，以该关键证据补强正面防线主体诉讼的缺失，整体赢得战略优势，并最终在正面防线一举攻破对方防线，取得全面胜利。

站在不同的高度进行分析判断，得出的结果迥然不同。在传统专业技术流思维方式与处理模式下，往往仅站在专业技术角度进行考量，一城一隅地计算结果，其实是以偏概全，盲人摸象。这种分析判断方式在普通单纯诉讼案件中无关大体，尚算可行。但在重大、疑难、复杂案件异常复杂的运作环境中，就显得太过狭隘盲目，将目光聚焦于一城一池的静态物理结果的计算，只谋一域不顾全局，完全忽略了案件形势发展趋势以及我方的主观能动性，导致经常作出错误判断，使客观上完全具备解决条件的案件被误诊误治，大好的局面硬生生地被葬送。但站在全局战术高度分析判断，由于综合了案件讼争中的全部战略要素，并且在动态发展过程中准确地预测案件客观形势的发展趋势，预判战略形势的转变，充分地运用我方优势力量进攻对方的薄弱环节，最终在运动发展的过程中取得我方追求的关键证据，完成战略优势转移，最终奠定胜局。

所站高度不同，分析判断的结果竟完全相反，事实证明，我方在总体战略规划的指引下，站在全局战略高度分析判断的结果是正确的。在重大、疑难、复杂案件解决过程中，必须站在全局战略高度分析判断胜败，从全局计，不计较一城一池之得失。避免囿于战术狭隘盲目，以主观片面的认识来推定宏大局势，造成战略盲目与短视。

（二）核心战术务必达成战略意图

在重大、疑难、复杂案件运作解决过程中，虽然必须从全局计，无谓一城一池之得失，但核心战术必须全力掌控，确保实现既定的战术目标。核心战术与策应性、配合性、辅助性、后备性战术具有完全不同的意义。核心战术不仅囊括了案件主要法律关系，而且是双方实现终极讼争目的的依托，在任何情况下均具有不可替代的地位，也是我方战略战术体系服务的目标与对象。而策应性、配合性、辅助性、后备性战术的存在具有明显的短期性、阶段性、局部目的性的特征，既非案件主要法律关系所在，亦非实现双方讼争终极目的的主要依托。因此，核心战术在战略资源投入、战略重视程度等方面拥有绝对的核心地位，其他战术的存在均为核心战术服务。其他战术可以在实现了战术目标后立即终止，但核心战术务必实现预定的战略意图。

战略意图是结合案件客观形势发展变化的趋势，对于战术运作进行高度智谋化的筹划，并对结果进行动态性、预见性判断的一种主观意识活动与客观实战相结合的复杂存在。比如，在前述案例中，我方正面防线主体诉讼的战略意图是鉴于关键证据缺失的现状，必须先采取战略隐忍，不可操之过急地露头。静待侧翼与后方运动战取得预期战术目标，从对方子公司处得到关键证据后，使正面防线主体诉讼证据体系得到补齐强化，再发动正面防线主体诉讼总攻，一举拿下。战术目标则浅显得多，不需要经过太多复杂的筹划设计，单刀直入地在单个讼争当中取得某种必然性的客观结果即可。比如，在前述案例中，我方在对方侧翼与后方部署的运动战战术，属于策应性诉讼，利用对方体系内部的缺陷与漏洞，使对方总公司与子公司之间互不沟通的情况下，子公司为大获全胜全力以赴地应对，在无意间将关键证据予以泄露。而取得该关键证据便是我方的战术目标，只要实现该战术目标，侧翼与后方运动战战术行为即可终止。战术目标与战术结果不同，若在该运动战战术中取得战术结果，便是法院判决，而该判决并非我方所追求，况且结果肯定不会比我方处于劣势时正面防线的情况好多少。

核心战术的战略意图往往寄托了我方解决案件的希望与目标，因而必须全力运作，务必实现战略意图。在全局计，无谓一城不池之得失的问题上，核心战术的战略意图正好就是全局计算的核心所在，必须重视而且十分在意结果。无谓的对象是核心战术以外的策应性、配合性、辅助性、后备性等战术行为的结果。

（三）富于智谋地看待战略意图下的胜与败

战略意图是结合案件客观形势发展变化的趋势，对于战术运作进行高度智谋化的筹划，并对结果进行动态性、预见性判断的一种主观意识活动与客观实战相结合的复杂存在。在实现战略意图过程中，某些策应性、配合性、辅助性、后备性战术行为生来就是为实现战略意图而存在，因而不具有从战略或者战术层面考量其胜败的现实意义。因而，其存在于战略战术体系中，单纯为实现特定的战术目标而存在，传统观念中的胜与败，在此需要做完全转变。能够实现特定战术目标即为胜，不能实现特定战术目标，即使客观上取得诉讼程序的胜诉，也是败。

在传统专业技术流思维方式与处理模式下，律师往往对于案件的胜诉与败诉具有强迫症般的追求与膜拜，但仅限于纸面判决权利方面的胜诉与败诉，至于能否转变为现实可支配法律权益，则在所不问。这就导致传统专业技术流律师根本就无法适应重大、疑难、复杂案件复杂多变的讼争环境，笔者律师团队也经常遇到这样的困扰，成为工作当中的严重内耗与负担。比如，笔者让一位律师针对对方在强制执行过程中非法擅自变卖资产两千余万元的行为部署追究对方拒不履行法院生效判决罪的战术，该律师即刻欲与笔者展开对方是否构成该罪的论辩，即使笔者数次打断令其尊重战术目标，我方目标是让其行为受到法院的刑事责任通牒，至于追究成功与否绝非我方预期目标。因为强制执行程序已经接近尾声，在我方书面申请法院追究对方擅自变卖资产的法律责任时，法院必定严肃告知并发出最后履行通牒，最终尽快促使案件得到完全解决。该律师奉行专业技术流思维方式与处理模式久矣，一旦进入一个微小程序，目光就完全聚焦于该单独法律程序而不能自拔，根本就没有关注、考虑全局的意识与能力。如果以这样的思维方式与处理模式解决事情，在重大、疑难、复杂案件中的客观表现必定是陷入头痛医头、脚痛医脚，按下葫芦浮起瓢的窘境，最终导致案件陷入悬停僵死的危亡境地。因此，必须在符合战略意图的前提下，极富智谋性地看待每个战术的胜与败，站在全局战略高度考量，能够实现既定战术目标并有益于战略意图的实现即为胜，若不能实现既定战术目标无益于战略意图的实现，即使取得客观程序中的胜诉也为败。

在重大、疑难、复杂案件解决过程中，某些战术甚至生而为败。比如，在虚则实之、实则虚之战术运作过程中，在迷惑对方将战略注意力与主要战略力量全部投入虚战战场的战术行动中，目的就是为示弱求败以迷惑对方，导致对方在我方部署的实战战场毫无防备，最终在实战战场被我方以闪电突袭的方式全面攻破。该大战术运作过程中，虚战战场的战术便是生而为败的疑兵诱饵，存在的目标就是牺牲并且完成诱敌深入的使命。在这种情况下，生而为败的战术必定会逼死专业技术胜诉强迫症患者。这是考验格局的时候，只能在技术层面穷究其理，在一城一池当中穿梭的人，显然无法驾驭掌控大局。而重大、疑难、复杂案件事务如此疑难复杂且变幻多端，显然需要极大的格局与器量，从战略高度驾驭掌握，极富智谋性地看待具体战术的胜与败。

（四）紧盯总战略目标，不迷恋小胜战果

树立了从全局战略高度分析判断的格局观，并主抓核心战术运作，务必达成预期战略意图，且能够智谋化地看待具体战术的胜与败，还必须紧盯总战略目标，始终明明白白地把握我方核心诉求是什么、法律胜诉判决权利与现实可支配法律权益的区别以及如何转化的问题。在解决重大、疑难、复杂案件过程中，之所以亟须总战略规划，就是因为其对于案件解决过程中最重要的事项提前做出筹划设计，以确保在复杂事务推进过程中有章可循、有纲可依。其中总体战略目标便对于我方实现案件讼争核心目的作出了全方位、立体化的设计。我方不但要达成法律判决胜利的目标，而且要将法律判决权利转化为现实可支配法律权益。因而，紧盯总体战略目标，才能务求实质，紧抓核心关键问题，最终全方位、立体化地实现我方终极诉求目的。

总战略规划中设定的总体战略目标，对于我方讼争的核心目的进行了全方位、立体化的设计与规划，将实现手段、途径、方法、策略等进行了设计与规划，同时也对于不同层面法律权利的衔接转换进行了立体化安排。在传统专业技术流思维方式与处理模式下，当事人与律师之间最大的分歧就是当事人所称胜诉是指达成现实可支配法律权益，也就是俗话说的最终拿到钱。而专业技术流、程序应和式律师所讲胜诉是拿到法律胜诉判决权利。律师说能够胜诉，当事人喜出望外地签约，最后拿到胜诉判决后在强制执行阶段折戟沉沙，当事人理所当然地指责律师欺骗。其实，没有律师是骗子，只是双方的合作模式还处在较原始的时代，完全没有跟上趋势发展的步伐，亦未尊重客观现实情况，并且没有以创新举措满足个性化需求。作为律师必须转变思想观念，驾驭趋势与潮流，切莫抱残守缺、刻板教条、古僵守旧，行今日之事却囿于昨日之教条，总穿着旧鞋走在新路上磕磕绊绊。而总体战略目标就彻底地解决了该问题，不但包括了法律判决权利，更是明确地涵盖了现实可支配法律权益的实现问题。

在总体战略目标下，仅实现法律判决胜诉权利，属于小胜战果。笔者遇到一个重大、疑难、复杂案件的当事人，官司打了十余年，其间可谓付出了血的代价，狼奔豕突，上上下下，后来终于取得胜诉判决，逢人便把"官司打赢了"挂在嘴边。其实，他已经被斗争复杂、周期漫长、无力驾驭的泥泞困厄折腾得心理与精神健康方面出现了一些问题，只好夸大其词地侃侃而谈其过五关斩六将的经历，并且以胜诉判决作为结果的标榜，以慰藉其失落的心境。只有在向他人尽情地倾诉其艰辛斗争过程与胜诉结果，才能找到安全感与存在价值。其实，他的内心依然是失落的，根本未得到满足，因为他根本就没有实现诉讼的终极目的。而这个案件并非客观公理意义上的无法达成现实可支配法律权益，而是在传统专业技术流思维方式与处理模式的误诊误治下，被活生生地耽误至此。从一开始便坚持一事一议的严格程序推动原则，埋头于单个法律程序环节的一城一域，一审时根本就不想二审与执行的问题，及至折腾多年后拿到了生效判决，但对方早已金蝉脱壳。更讽刺的是，对方完成金蝉脱壳之计时，正是首次一审判决作出后本方上诉期间。这么明显的问题，他以及专业处理团队竟然无计可施，甚至连追究对方与案外第三人恶意串通转移隐匿财产的想法都没有，更别提具体的追究办法。整天到处逢人说项，口口声声称官司打赢了，但离真正的赢差了一个银河系。若是这样的赢法，还不如当初做个赢了官司的美梦，到处给人讲梦倒更显艺术唯美。这个当事人就是在缺乏总战略规划，自然也没有总体战略目标的情况下，迷恋小胜战果，基本形成了惯性思维方式，在运作解决过程中如此，在最终能否达成现实可支配法律权益的严肃问题上依然如斯，严重地影响了战略方向观与战略成果评判标准。

我们在解决重大、疑难、复杂案件过程中，必须紧盯总体战略目标，将总体战略目标中两大层级目标准确地予以把握，不但要实现法律判决权利，更要达成现实可支配法律权益。决不迷恋不能达成现实可支配法律权益的小胜战果。同时，也在众多战术运作过程中，始终从全局战略高度分析判断各项战术行为的胜败，全力把握核心战术与宏大战略意图，决不迷恋小胜战果。

（五）拥有相对庞大的战术体系，金身不败绝无可能

之所以论述该问题，是为防止传统专业技术流思维方式与处理模式下胜败观对于重大、疑难、复杂案件的致命影响。因为在传统专业技术流思维方式与处理模式下，法律判决权利方面的胜与败简直就是成王败寇的铁则，但这只不过是专业技术流律师的看法。其实当事人十分看重且反复强调的胜诉是指达成现实可支配法律权益，即使在普通单纯诉讼案件中，当事人在讼争中追求的终极目的与笔者所论述的重大、疑难、复杂案件的总体战略目标也完全一致。要顺利地推进重大、疑难、复杂案件解决事务，必须从根本止戒除传统专业技术流思维方式与处理模式下教条刻板的胜诉与败诉观念。

在重大、疑难、复杂案件解决过程中，讼争事务相当复杂，不仅是主体诉讼本身复杂多变，而且在主体诉讼之外依然存在众多法律程序及其他程序的讼争。这些讼争行为均为主体诉讼目的的实现而存在，因而只求取得既定战术目标后夯实主体诉讼基础，其诉讼结果根本就不重要。以传统专业技术流思维方式与处理模式来衡量，一入诉讼程序必固执教条地追求胜诉，以筌为鱼，主观片面地耕作于一隅，因小失大，导致忽略、轻视核心事务与目标，最终酿成危局。在庞大的讼争体系中，如此标榜金身不败的观念与处事模式，不但无法实现预期战术目标，甚至连其妄求之法律程序胜诉结果也未必能够保证，在重大、疑难、复杂案件解决过程中，若专业操盘团队中有该类人士出现，相当于拉响红色警报，必须及时予以妥善处置。

重大、疑难、复杂案件解决体系庞大，单独考量各个程序，必定有胜有败，甚至某些程序本身就是为败而生。因此，在整个讼争程序中，金身不败绝无可能。我们应当树立正确的战略价值评判观，站在全局战略高度进行分析判断，从全局计，无谓一城一池得失。只要在符合总战略规划的情况下，充分运用优势战略资源与力量，通过运作各个具体战术行为并逐一取得预期战术目标，以此不断壮大我方战略力量体系，最终实现战略优势转移，为我方正面防线的突围创造决定性的战略优势条件。在此客观而理性的运作过程中，如何筹算总体胜利，如何看待局部微观的胜败，自然胸有成竹。

三、必要的战略撤退

（一）战略撤退的特定含义

在重大、疑难、复杂案件讼争过程中，双方均倾尽全力、用尽救济展开全方位的争斗，往往形成胶着复杂的局势，任何一方都很难从中顺利突破，因而陷入为斗争而斗争的怪圈。好多迁延数年甚至最多二十余年未得到解决的重大、疑难、复杂案件，正是陷入为斗争而斗争的怪圈所致。该问题需要辩证地看待，陷入为斗争而斗争的怪圈，对于受害一方而言是不幸和灾难，合法权益被侵害践踏，却陷入毫无意义缠斗的汪洋大海，日子过得水深火热。但对于既得利益一方则是求之不得的结果，已经通过鬼蜮伎俩、神机鬼械盗攫他人利益成功，迁延胶着的局面意味着对盗攫所得利益的稳稳占有。因此，一旦陷入为斗争而斗争的怪圈，作为受害方，必须有所作为，至少应该从泥泞困厄的境地成功脱身，不做过分的无谓战略消耗，保存有生战略力量，耐心等待并努力创造战略机遇，另作他图。或者随着战略形势的变化，产生替代战术体系，且战略攻防效果明显优胜于当前战术体系的情况下，选择策略性的撤退，以迷惑对方的战略视线，诱使对方作出错误判断，进而在全新战术体系的攻势下取得更大的战略成果。这便是重大、疑难、复杂案件运作过程中的战略撤退。

（二）战略撤退的种类及适用条件

战略性撤退及适用条件。战略性撤退是在我方与对方对抗较量明显处于劣势或者进入毫无战略意义的僵持消耗后，为了保存有生战略力量，从而选择的战略撤退。战略性撤退一般是受害方在对方布设的正面防线前被全面压制并长期消耗，无法取得预期战略目标且消耗牺牲太大，为了保存有生战略力量并寻找合适的战略机遇而采取的有计划地退出正面防线战场的行动。

如果缺乏正确的思想指导，没有系统的战略战术体系支持，重大、疑难、复杂案件往往会陷入胶着迁延的复杂斗争状态，这是由其本质特征决定的。重大、疑难、复杂案件没有突发案件，从纠纷萌芽至正式宣战，必定经历了漫长的酝酿过程。在这个过程中，双方或者一方往往经过异常周密的规划设计，针对对方薄弱环节部署战略攻防体系，力求将对方核心诉求或者反驳理由所依据的事实基础或者法律关系移调于法律程序射程范围之外，这已经注定了对方的诉求或者反驳理由不具有成立的可能性。但遗憾的是，在实务中极少有当事人进行深彻分析与认识，还是盲目地以传统专业技术流思维方式与处理模式进行毫无针对性的专业技术处理，因为诉求或者反驳理由所依据的事实基础或法律关系已经不具有转化成为现实权利的可能性，案件势必陷于毫无意义的僵持消耗。在这种僵持消耗中，双方均不擅长从战略高度进行审视并作出明智决断，而是埋头于讼争本身，明知本方战术行为绝无可能引致预期的战略目标，但为了压制对方、不放弃讼争而坚持，纯粹演化成为斗争而斗争。彼此为了这种僵持斗争均投入了极大的战略成本，造成了极大消耗，但这种消耗完全是无谓的牺牲与付出。对于既得利益方来说，虽有消耗，但可视为正常战略成本投入，因为在僵持消耗中虽然不能将受害方完全打垮，但最起码维持了讼争利益的现状，其依然可以稳稳地占有盗攘他人的利益。

对于受害方而言，这种僵持与消耗是致命的，不但毫无可能达成战略目标，在悬停僵持中投入每分每毫的战略成本都是无谓牺牲与浪费。与其做毫无实际意义的牺牲浪费，不如索性放弃。但往往受害方具有异常坚毅的斗争意志，在悬停僵死中依然坚挺地抗争便足见其心志弥坚。即便维护权益的斗争意志再坚毅，也要讲究斗争的方法与艺术。因此，必须从战略高度进行筹划设计，提高讼争对抗的战略战术驾驭能力，针对对方薄弱环节部署针对性极强的战术体系，集中优势战略力量力求攻破。而正面防线的僵持消耗，导致几乎无可调用战略力量，因此需要有计划地从正面防线战线退出，将有限战略力量投入于成算更大的全新战术体系。

战略性撤退有两大适用条件，一个是正面防线战场毫无意义的僵持消耗，另一个是具备成算更大的全新战术体系。正面防线战场的消耗是否具有实际意义，首先需要从立场进行判断。如果是既得利益方，那么僵持消耗便是一种战术手段，在实际占有讼争利益的情况下，以消耗战的方式逐渐消灭对方有生战略力量，待其消耗殆尽时便可不战而胜。如果是受害方，那僵持消耗就是末路狂奔。事实上不可能通过消耗的方式令既得利益方弹尽粮绝，对方完全可以以战养战，用攫取我方的利益作为战略力量补充与加强，与我方展开僵持消耗。正如被围困于城中的军队，军粮水源供应也存在问题的情况下，还想通过消耗战的方式拖垮对手一样的不切实际。因此，对于受害方来说，正面防线战场毫无意义的僵持消耗，是客观形势在发出明确而强烈的提示，要求受害方必须另作他图。

正面防线战线的僵持消耗有没有实际意义，不能从局部、微观、战术的角度或层面去评估，必须是从全局战略高度去考量。受害方在正面防线战场与对方长期僵持消耗，必定是有一些战术建树促使受害方进一步深陷其中。比如，有些受害方在正面防线与对方僵持消耗数年，最终得到了胜诉判决，而该判决根本就无法执行到位。这种僵持消耗有无意义，在不同的角度与层面，看法完全不同。以传统专业技术流思维方式与处理模式进行评判，不但有意义，而且是取得重大成功与突破，因为这或许就是其追求的终极目的。如果基于智慧、谋略与经验，从全局战略高度分析，这是毫无意义的牺牲与浪费。非但不能达成预期的战略目标，甚至往往错失最佳的追究对方与案外第三人恶意串通侵害我方合法权益的时机。笔者觉得正面防线战场的消耗有无实际意义，必须从全局战略高度进行分析判断，以务求实效的态度予以界定，若对于实现总体战略目标、达成现实可支配法律权益没有实际支持意义，便可认定这种僵持消耗毫无意义，应该果断选择有计划的退出。

战略性撤退，我方必须具备成算更大的全新战术体系。在实务操作中，一般表现为在对方布设的固若金汤的正面防线面前，避其锋芒，绕开并针对对方侧翼与后方的薄弱环节与致命要害部位，实施更大范围的分割穿插，以针对性极强的战术体系对对方侧翼与后方形成包抄之势。各战术据点包抄战术取得成功后，对方侧翼与后方由于布防空虚甚至毫无防备，因而往往被完全攻陷。此时再以侧翼与后方包抄战术成果与正面防线战术体系实施合围，形成战略复合力量，进而一举攻破对方正面防线。这种战略部署与战术运筹，在前述避其锋芒、绕开对方正面防线，战略大迂回、侧翼与后方包抄合围，虚则实之、实则虚之，声东击西以及运动战中伺机围歼部分有详细论述，此种便不再赘述。总之，当在正面防线战场僵持消耗中实施战略性撤退时，必须具有成算更大的全新战术体系，否则便与败退没有实质区别。

策略性撤退及适用条件。在重大、疑难、复杂案件解决过程中，我方将某些战术行为有计划地退出讼争战线，以此迷惑对方的战略视线，使对方作出错误判断，我方利用对方战略麻痹或者防守松懈，有针对性地部署战术体系，从而出其不意、攻其不备，攻破对方防线。策略性撤退与战略性撤退的目的大致相仿，都是为了充分利用我方战略优势力量，避免无谓的消耗，创造更好的战略进攻条件。但两者的区别是非常明显的，战略撤退的目的是为了避免正面防线毫无意义的僵持消耗，原来坚持的战术行为的战略方向与路线存在严重问题，导致其与实质解决问题不存在现实直接关系，是结束错误走向正确战略路线的修正问题。而策略性撤退中，原来坚持的战术行为也没有原则性的问题，只是为了诱使对方做出错误判断，陷入战略麻痹与防御松懈的错误而故意实施的诱使对方深入的战术行为，其目的是使对方最终钻入我方布设的战术口袋，进而一举歼灭。策略性撤退是为了运筹更好的战术计划而实施的策应性战术，是计划实施的全新战术体系的一部分。这点与战略性撤退完全不同。

在重大、疑难、复杂案件复杂讼争中，在合法的前提下，必须充分地运用智谋，以壮大我方战略力量，削弱对方有生战略力量，只有这样，我方才能在长期对抗较量中逐渐争取有利的战略形势，并最终完全掌控战略优势。其中策略性撤退便是增强我方战略力量、削弱对方战略力量的一种谋略。比如，对方以非注册商标冒充注册商标骗取我方加盟的案件中，起初我方当事人并不知道对方是冒充注册商标的事情，只是因为对方所供货物质量实在太差而希望解除加盟合同。后来通过笔者律师团队深入调研后发现对方存在以非注册商标冒充注册商标的行为，但并未声张。在有加盟商以货物质量为由起诉对方解除合同均被驳回后，我方依然选择与其他加盟商同样的方式起诉,自然是被驳回全部诉讼请求的下场,但我方的目的就是诱使对方在解除合同诉讼中作出其商标是注册商标的陈述。进而以此陈述内容的笔录、对方宣传与路演资料中宣称注册商标的证据起诉宣告合同无效。因为直接打宣告无效诉讼的证据存在问题,对方在合同中作出精妙的专业设计,并未提其商标是注册商标还是正在申请中但未获核准注册的商标,而且约定我方签约成为加盟商就代表着我方认同其品牌及子品牌,包括申请中但未获核准注册的商标。在此等条件下,即使掌握了对方所持商标为申请中但未获核准注册的商标,贸然以对方冒充注册商标起诉请求宣告无效或者解除合同,基于对方合同所作精妙设计,还是存在极大不确定性。因为直接起诉,对方会断然否认其冒充注册商标的事实,会很诚实地表述其商标本来就为正在申请中但未获核准注册的商标,这与合同中约定我方签约即视为认同其子品牌包括申请中但未获核准注册的商标相吻合,使我方处于完全的不利。甚至对方会对于宣传资料、路演资料、产品标识中注册商标等这些无法与其身份具有直接关联的证据予以全盘否认,甚至极有可能诬赖我方伪造。

因此,必须在对方毫无防备、完全放松懈怠的情况下诱使其对于冒充注册商标情节在法庭上作以表述,形成证据力与证明力都更强大的王牌证据。对方本来就在宣传资料、路演资料中公然宣称其商标为注册商标,在产品标识上也标注为注册商标,我方不要急于揭露,先策应性地以产品质量问题起诉对方解除合同,庭审中,因为是加盟代理合同,法院必定对于商标问题进行例行公事般的发问,对方应该会与其宣传与路演资料中态度一致,甚至不假思索地脱口而出坚称系注册商标。事实上,对方在解除合同的诉讼中,对于法官关于商标的发问,根本就是不假思索地脱口而出,坚称为注册商标,而且还补充了一句无意义的话,称既然是加盟代理肯定是注册商标。到此为止,我方完全可以撤退了。

在这个案件中,我方有计划地退出解除合同诉讼战场的战术行为,便是典型的策略性撤退。对方彻底被迷惑了战略视线,加之前面有好多加盟商起诉其解除合同均被驳回,对方战略麻痹与松懈相当明显,根本就没有觉察到我方接下来的战术动作。撤退后,我方立即起诉宣告合同无效,在商标管理部门关于其商标为正在申请中但未获核准注册的证明、对方宣传资料、路演资料、产品标识、对方在解除合同诉讼中的陈述等证明,对方以非注册商标冒充注册商标的行为违反法律强制性规定，双方合同被宣告无效，我方的诉讼目的全部实现。

从以上所述案例也可以看出，策略性撤退适用的条件是存在策应性战术与核心战术两个战术体系，策应性战术会迷惑对方战略视线，并牵制对方主要战略力量，导致对方作出完全错误判断，完全忽略正面防线以外的战略防御。在策应性战术运作过程中取得可以强化、支持核心战术的战略要素之后，旋即有计划地实施退出策应性战术战线，或者实质上退出但形式上还依然保持战术行为的延续。进而集中优势战略力量，在核心战术运作过程中攻破对方防线。

（三）战略撤退与败退的关系辨析

战略撤退与败退都是从原来的战术区域退出，但两者却有着天壤之别。战略撤退是主动地、有计划地、有策略地实施的主动战术行为，而败退完全是迫不得已而退出原来的战术区域。两者之间的差别显而易见，而且极易掌握。但两者之间存在着一定的相似与重合，而且在实务中两者之间存在一定的辩证关系，必须予以重点把握。

战略性撤退与败退具有某些相似的地方。两者都是具有一定的被动性，都是在对方防线面前无计可施而退出战场。战略性撤退是在对方正面防线无法取得突破，但又长期僵持消耗，导致我方的战略牺牲太大，为了保存有生战略力量以作他图而退出战场。败退时往往已经丧失了组织战略战术体系的能力与意志，是纯粹性的退出，没有后续的企图性。但两者都具有一定的迫不得已特性，只不过败退的迫不得已的特性更加明显。战略性撤退如果没有后续的全新战术体系递补，其实质也是败退。或者说递补战术体系实施失利，战略性撤退看起来也像败退。而真正的败退后，如果能够组织起有效的全新战术体系重新发起冲锋，也与战略性撤退无异。尤其是能够取得丰硕战术成果的情况下，那更是名副其实的战略性撤退了。当然，战略性撤退未必都具有与败退相同的形式，败退时常表现为丢盔弃甲、溃不成军，是形式与内在均货真价实的退出。但战略性撤退却需要为后续战术安排考虑，形式上佯作一切正常，但在不动声色当中已经完成实质撤退。

战略性撤退与败退之间似乎就差了一个战斗意志，只要战斗意志没有磨灭，百足之虫，至死不僵，但遇合适的条件或者外界刺激，依然能够爆发出强劲的战略反弹力量。笔者律师团队受理的绝大多数重大、疑难、复杂案件，均是在当事人走投无路、四面楚歌的时候委托笔者介入的，在我们介入前当事人究竟是战略性撤退还是败退，就不好界定了。因为在后来的攻城略地的战果映衬下，即便当初是货真价实的败退，看起来也像战略性撤退了。因此，可以这么说，战略性撤退也是在正面防线被消耗至一筹莫展时迫不得已而退出，但心有不甘，顽强而睿智地开辟了新的战场，继续让本方残存的优势战略资源投入进攻。战略性撤退更像是强者、智者的败退。

策略性撤退与败退本质大不相同，甚至没有丝毫相似。策略性撤退是带有极强目的性、策略性、计划性的特性，甚至没有丝毫的迫不得已性质，退出原来的战场完全是根据本方战略意图与战术目标而定。因此，从实质上讲，策略性撤退与败退完全处于两极。但策略性撤退与败退的形式却十分相似，并且两者的相似程度可以衡量一个操盘团队的专业水准与实务经验段位。在实务中，策略性撤退一定要真实可信，甚至真假结合，假作真时真亦假，彻底使对方陷入错误的判断，误以为我方是真实的败退，从而放松警惕与战略防御，完全忽略其侧翼与后方的战场，为我方创造绝佳的包抄合围战略机遇。由此看来，策略性撤退有货真价实的败退之表，但却拥有截然迥异于败退之内核。败退除了形式与策略性撤退如同双胞胎般形似之外，其余无一相类。

（四）战略撤退的实务意义

实务中，笔者律师团队都是接受相对正义的受害方的委托而操盘解决重大、疑难、复杂案件，因而往往站在相对正义、相对弱势的受害方立场展开论述。相应，我们面对的战略形势常常是以弱胜强的考验。施害方是既得利益方，经过神机鬼械、鬼蜮伎俩的谋划设计，构建了固若金汤的正面防线，甚至令受害方根本就无法突破，至少在前期踌躇满志，亦不需要付出较高成本委托资深操盘人来操持。当然，富有正义感且业务精深的操盘人也不会参与任何人神机鬼械、鬼蜮伎俩的谋划设计勾当。因此，在笔者律师团队介入时受害方已经处于完全的劣势了，经常在对方蓄谋已久、倾尽全力布设的正面防线面前困厄已久，已经做了太多无谓的僵持消耗。最长的竟然长达五年多，这种战斗意志与韧性令人折服。因此，笔者律师团队介入后首选战术项为战略撤退的概率相当高。

其实，战略撤退是以弱胜强的必要选择。在对方强大我方相对赢弱的情况下，如果选择与对方在正面防线战场硬拼，虽然看起来很英勇而且自我感觉相当解气，但绝对不明智。明知山有虎，偏向虎山行，我们必须保证有打虎的本事才行。在明知不敌还要强硬支撑，甚至明知对方经过一番神机鬼械的设计，却还要在其布设的固若金汤的正面防线突围、挣扎、消耗，实在是不慧甚矣。因此，弱势方在正面防线困厄已久，无路可走时，转折点常常是战略撤退。无论是为了保存有生战略力量的战略性撤退，还是为了策应后续核心战术运作的策略性撤退，都是弱势方开始掌握斗争方法与艺术，敛藏优势战略力量，避开对方锋芒，集中有限战略力量攻陷对方薄弱环节的开始。

战略撤退可以有效地保存我方有生战略力量，避免毫无意义的牺牲与付出。在一个重大、疑难、复杂案件中，双方的战略力量都是有限的，因而必须十分珍视。解决案件的过程中的斗争虽然复杂，但毕竟不能与战争完全类比。战争失败以后或许还可以东山再起、卷土重来。案件中某个法律程序一旦尘埃落定，那就会产生不容置疑的法律强制力。因此，在有限的法律诉讼及其他法律程序的讼争中，运用有限的战略力量进行对抗较量并取得预期结果，绝非蛮干可以达成，我们必须确保将有生战略力量运用于有效战术当中，避免在无效战术中僵持消耗。尤其是对方强大我方相对羸弱的战略形势下，战略资源与力量的有效保存对于我方来说具有更重大的意义。对方是既得利益方，已经稳妥地占有着攫取我方的重大利益，并且经过周密部署，形成强大而坚固的正面防线，甚至导致我方根本就无法突破。我方如果正中对方预判，在正面防线舍生忘死地进攻，及至损耗至伤筋动骨也百折不挠地垂死挣扎，这正是对方期望中最理想的对抗模式。我方的错误坚持与无谓消耗，其实在严重损耗我方战略力量的同时，无形当中也在帮对方壮大战略力量。因此，在对方布设的强大坚固防线面前做毫无意义的挣扎消耗，是极不明智且极度危险的战略盲目与冒险。

在对方布设的强大坚固的防线面前无所作为又产生巨大消耗，要结束战略盲目与冒险，保存有生战略力量，最好的选择往往是实施战略撤退，避开正面决战与消耗，并以更有成算的全新战术体系发动战略攻势。实施战略撤退后，在正确的战略思想指导下，确立全新战略战术体系，坚持正确的战略方向、路线、方针，确保我方战略力量发挥在最能实现战略目标与意图的战术行为中，集中我方优势力量逐一攻陷对方薄弱环节，战略形势也随之转变，对方强大的正面防线也因此渐失其威。实战经验表明，战略撤退在敌强我弱的战略形势下，确实是弱势方走向胜利的转折点，也是弱势方能够以弱胜强的指向标。

四、积小胜，成大胜

任何重大、疑难、复杂案件的解决，都不是一朝一夕可以完成的，并且事务错综复杂、千头万绪、千变万化，也不是直接发动一次性决战可以彻底解决的。即使存在一次性决战总体解决的可能性，也必定经历了方方面面、细密琐碎的争逐角力，在一个个微小乃至微不足道的战术成果积累中，最终才产生质变，案件客观形势相应发生了根本性转变，一方掌握了相对稳固的战略优势，决战总攻的时机才算到来。此正谓积小胜，成大胜的战略统筹思想。

面对庞大的重大、疑难、复杂案件体系，如同站在高耸入云的大山面前叹息。山峰险峻，近乎笔直，但善于攀登者总能找到路，此谓看似险，登则缓。鸿篇巨制洋洋洒洒，也是在今日作序、来日成章的过程中，由一字一句凝练而成。高楼大厦纵有万丈，也是在一砖一瓦中建成。冰冻三尺非一日之寒，长城筑成非一日之功。集腋成裘，聚沙成塔，积少成多。千里之行，始于足下。不积跬步，无以至千里；不积小流，无以成江海。这些耳熟能详的经典妙语，无不向我们阐释着积小胜，成大胜的道理。

积小胜，成大胜要求我们在重大、疑难、复杂案件解决过程中既要运筹帷幄，也要明察秋毫。既有宏观全局的战略规划指引，又能够求真务实，脚踏实地，从眼前小事做起，收集运用一切与案件相关的要素，将每一个有意义的战术据点都做稳做实，竭力使缜密精细、细致入微的能量力促全局形势转变，在点滴成果积累中完成蜕变，最终构筑宏大雄厚的战略成果。

此处所强调的积小胜，成大胜，并非指在重大、疑难、复杂案件解决过程中一个个较小诉讼程序或者其他法律程序的结果积成最终的大胜。而是着重强调细节决定成败的理念，从案件运作过程中细致入微但又十分实用的微观事务处理能力、工作方法论制胜作用的角度进行探讨。

（一）细致入微的情报工作

法律实务工作者受工作习惯的影响，具有明显的外向界域梗概粗疏与内向界域精细缜密的倾向，不能一概而论地认为所有的法律实务工作者都具有该倾向，便最起码是法律实务领域一个普遍性现象。外向界域与内向界域的概念并不难理解，以法律实务工作范围的边界线为准，边界线以外的时间空间、人与事、真与假、是与非等称为外向界域，边界线以内的事实、证据、法律规定、程序规则、经验法则等作为内向界域。法律实务工作者基本上都存在对待内向界域工作异常精细缜密的倾向，对于能够引入诉讼案件争议、审理、证明、论辩、裁判的事实、证据、法律规定、程序规则、经验法则等要素，往往抱持异常精细缜密的态度进行收集、处理、运用，但对于可以不引入、不能引入案件审理的要素，则持比较模糊、漠视、排斥的态度。

笔者觉得法官等司法机关实务工作者完全可以抱持外向界域梗概粗疏的风格，因为外向界域的要素对于其处理案件确实无实际助益，即便职业生涯早期较多考虑外向界域要素，但随着实践工作中外向界域事物根本不可能得到应用的现实情况定格，因而也就习惯性地不予考虑外向界域要素问题。事实上，法官等司法机关实务工作者基本上可以不用考虑外向界域要素的问题，对于其工作成效不会产生较严重的影响，案件只要从事实、证据、法律适用等角度不存在问题，便是出色的履职完成。但律师则完全不同，律师若只关注内向界域要素，将全部注意力聚焦于案件事实、证据、法律适用等要素，对于外向界域要素一概忽略，案件审理程序可能不存在严重问题，但对于委托人能否达成现实可支配法律权益却有致命影响。传统专业技术流思维方式与处理模式在重大、疑难、复杂案件面前的疲弱无力，便与代理律师外向界域梗概粗疏以及内向界域的精细缜密有关。对方已经在谋划并实施将我方核心诉求所依据的事实基础以及法律关系移调至法律程序射程范围以外了，而我方却还在诉讼专业技术讼争范畴内沉浸。显而易见，即使得到百分百的胜诉判决，也无法将判决权利变现为现实可支配法律权益，案件最终还是失败的结果。

律师作为重大、疑难、复杂案件解决过程中绝对性的决定因素，必须在准确把握外向界域与内向界域要素问题上形成正确的价值观。内向界域要素把握与运用必须做到精细缜密、滴水不漏，这也是作为律师的基本功。外向界域要素的收集、评估、分析、判断、运用也必须做到全面、深入、细致入微，确保案件不会因为人力因素而错失解决机遇。以笔者操盘解决重大、疑难、复杂案件的经验判断，绝大多数重大、疑难、复杂案件的制胜因素，并非内向界域的贡献，常常是外向界域发挥了决定性的作用。因为双方在重大、疑难、复杂案件讼争中，均会委托专业水平较高的律师代理，因而，双方在诉讼程序庭审讼争中事实、证据、法律适用等较量中难分伯仲，内向界域要素对于案件最终结局的决定作用基本上可以忽略。况且，如果一方在解决重大、疑难、复杂案件时将全部战略力量均投入于内向界域要素，只关注事实、证据、法律适用问题，那对方移调核心法律事实与程序于法律程序射程范围之外的阴谋便会轻松得逞，我方的结局一定是一场空，这点毫无例外。在重大、疑难、复杂案件复杂讼争中，对手不会给任何专业技术流天真幻想成真的圆梦机会。对方往往会在重大、疑难、复杂案件讼争开始前便进行了巧设机局、神机鬼械、鬼蜮伎俩的谋划设计，这种谋划设计能够成功的假设前提就是我方坚持专业技术流的风格，内向界域精细缜密，外向界域梗概粗疏，只在主体诉讼案件事实、证据、法律适用问题上穷究其理、条分缕析，对于外向界域要素则忽略、漠视。对方追求的目的就是让我方在内向界域的忙乱中获得毫无实际价值的突破与虚幻的胜利，但最终无法兑现为现实的权益。而对方则稳稳地持续占有着盗攫而来的我方权益。因此，作为律师必须在重大、疑难、复杂案件解决过程中重视并充分地运用外向界域要素，从实质上掌控案件走向，确保委托人的利益诉求能够落到实处。

外向界域要素的把握能力主要体现在情报工作的细致入微方面。其实，大可不必对于情报工作持狭隘的误解，情报工作绝对不代表非法与灰色，通过合法的手段完全可以采集到丰硕可用的情报信息。强调情报工作并非要求律师像侦探一样去做大海捞针般的刺探与追寻，律师可能也没有侦探那样的本事，也没有那么充裕的时间。但可以提高情报收集工作的能力水平，在现有要素基础上能够见微知著、见一叶而知秋、观蝴蝶振翅便能推断哪里可能掀起龙卷风。绝对不可以被动地接受委托人提交的证据资料，对于证据资料进行宏阔分类，再以吃盐多过吃米的自负轻浅进行例行公事般的分析判断，最多再根据现有的证据资料列出一个清单，征询委托人有无其他或存证据。甚至有些律师似乎为体现自己经验高深，给委托人开出一个具体的清单，让当事人严格按照清单上的列具的内容提供某些重要证据即可，在当事人弱弱地追问妥当与否的情况下，还能胸有成竹地告诉委托人其他的没用。如此处理，甚为遗憾。殊不这般操作其实已经粗暴地拒绝了十分重要的情报的敲门求进。

律师对于现有及或存证据材料的精挖细掘、掘地三尺的情报要素发掘、收集、运用能力相当重要。在任何案件现有证据材料中，均存在着破解案件核心实质问题的密码，只是考验我们有没有细致入微的发掘态度与明察秋毫、深邃入骨的发掘能力。比如，通过当事人提交的现有证据资料中一些非显性矛盾，便能够预知对方在这个时期实施了何种谋划设计。笔者在与一宗重大、疑难、复杂案件的当事人首次会谈时，通过双方洽商函戛然而止的情况，初步断定对方在此时完成了移调核心基础事实与法律关系于法律程序射程范围之外的时间，最后安排笔者律师团队在调查取证、收集情报信息、协助以及申请司法机关调查取证时，将该重要推断作为重点予以对待，事实证明，对方确实是在洽商函戛然而止的时期完成了神机鬼械、鬼蜮伎俩的设计谋划。这个在细致入微地审查证据材料基础上作出的推断，为后来的调查取证追究对方与案外人合谋串通侵害我方合法权益的成功提供了极大支持。如果没有该发现与决断，在双方案件萌芽、酝酿、形成的十二年时间里，要想通过地毯式排查检索出这些证据，可真是大海捞针。更大的可能性是因为调查取证工作的浩繁庞杂而象征性地搜寻无果后不了了之，因为在缺乏足够缜密精深的专业素养与认识水平的情况下，无能很容易被自己以及他人原谅。

同时，在对现有证据材料进行细致入微的发掘与收集的同时，必须扩大范围至极限，以缜密精深的专业发掘嗅觉与合理假设推断，对于外向界域中或可存在的要素进行搜集，以防止当事人在事务发展过程中由于专业触感不灵敏而导致忽略要素。比如，在一宗重大、疑难、复杂案件中，笔者在前期会同委托人与对方接触过程中，对方子公司法务总监一句无意的话，却对于案件的解决起到了至关重要的作用。而这句话若以传统专业技术流思维方式与处理模式进行审视，根本与案件毫无关系，因而会被简单粗暴地剔除。其实，如果真这么做，那绝对是战略盲视与无能。我方与对方总公司签订有战略合作协议，长期给对方供货，经常接受对方总公司指令将货物直接送到对方全国各地的子公司，约定由对方总公司按照季度与我方结算。对方为业界翘楚，实力绝对强大。在合作过程中以保密为名，单方掌控收货结算凭证体系，我方除了极不规范以至不能作为证据使用的物流送货单据，别无其他客观证据能够证明我方供货数量、价款等重要事实。后来双方发生严重分歧以至无法和解，我方欲起诉追偿货款，但证据严重不足。我方总体上决定采用运动战中伺机围歼战术进行解决，先以存在事实合同为由从对方子公司发掘收货结算凭证，待证据夯实后再针对对方总公司发动总攻。因为双方已经决裂，在诉讼中对方显然不会友好而识趣地悉数承认收货数量、价款、质量等重要事实。但从对方子公司着手，对方为一个系统，肯定互相维护，想要取得突破谈何容易。当初做这个决断的时候我方当事人也明确提出该质疑。当然，决定实施运动战中伺机围歼战术时，已经是与对方子公司会谈之后的事情。对于我方当事人的质疑，笔者提出自己掌握的情报信息对于我方战略战术方案具有强大支撑意义时，我方当事人与笔者律师团队都表示极力支持。

因为在与对方一家子公司会谈时，我方提到了无奈之下可能必须诉讼解决，因为给对方子公司大量供货，双方已经存在事实上的合同关系，所以只能抱歉地起诉该子公司时，对方子公司法务总监在表示我方只与总公司存在合同关系，与子公司不存在合同关系，子公司为独立法人组织。我方是根据总公司的指令发货至总公司，合同主体不因收货方指令送货地点、收货主体的变化而变更。况且，子公司已经定期与总公司结算，我方无权要求其承担法律责任。并且十分自负地善意劝谏我方莫做无意义的努力，并举出曾有与我方情况类似的供货商不自量力起诉他们公司，结果败得一塌糊涂的前车之鉴以示警告。我方也不失时机地劝谏其若我方起诉子公司也会给对方造成麻烦时，对方子公司法务总监很无所谓地随口嘟囔了句子公司争议标的三千万以上才需要向总公司申报。我方诉其事务一则子公司百分百胜诉根本无须申报，另则标的未到申报标准总公司肯定不会知道，因而无麻烦之说。说者无意，听者有心。我方当事人根本就没在意这句话，甚至后来笔者与其谈及该问题时，我方当事人压根儿就不知道。但正是这句话，为我方实施运动战中伺机围歼战术提供了强大的支持。

基于对方公司体系庞大，各地子公司各自为政的情况极为常见，尤其是受体制约束，信息沟通存在一定障碍，在子公司有坚实可依的制度保护时，其不与总公司沟通信息的可能性十分大。比如，对方子公司法务总监称三千万以下的诉讼案件不需向总公司申报的情况，若我方选择三千万以下标的诉讼，则子公司一般来说不会向总公司申报，况且对方子公司法务总监又那么迷信该案百分百的胜诉，更不可能向总公司申报。而正是这种基于对方坚定而理性地认定我方以事实合同关系诉子公司不可能得到支持的专业技术流固执偏狭，必定在诉讼中成竹在胸、胜券在握，因而春风得意马蹄疾，不遗余力地运用一切有利证据将我方全歼。极大概率地会抛出子公司与总公司定期结算凭证予以释清。一旦抛出其内部货款结算凭证体系，我方在运动战中的战术目标便达到了，有关双方签收证据的缺失补齐了，进而以该货款结算凭证体系与我方的合同、物流供货单据、发货清单形成完备的证明体系，向对方总公司发动围歼总攻。

事实证明，我方先后尝试以事实合同关系为由起诉对方七家散布于全国各地的子公司，这些子公司态度如出一辙，均以必胜者鄙夷羸弱者的姿态，振振有词地严守我方根本无权追究子公司的坚固防线，并酣畅淋漓地将其与总公司货款结算凭证体系和盘托出。而这个过程，对方总公司根本就不知情，各子公司之间也未沟通过诉讼的情况。我方借此取得了最重要也是最为缺失的证据体系。在案件基础事实、证据、法律适用范围以外的情报工作的重要性在此案中得到淋漓尽致的体现，仅凭对方子公司法务总监一句无心话语，进而深入调研，确定确实存在三千万元以下诉讼案件无须申报总公司的准确情报后，再利用对方子公司自负轻敌的人性弱点、料定胜券在握的疏忽、穷追猛打的不遗余力，最终顺利地将对方公司内部收货结算凭证体系拿到手。后来，在以完备的证据体系起诉对方总公司的诉讼中大获全胜。如果不是在此重要发现的基础上部署运动战中伺机围歼的战术体系，我方也会落得之前怀抱正义即力量的牌位贸然起诉对方而折戟沉沙的供货商同样的宿命。外向界域钜细靡遗、精挖细掘的要素收集能力，在解决该案当中发挥了关键作用。

在重大、疑难、复杂案件解决过程中，往往不是在划时代的重大事件中奠定胜局，而是在细致入微的每个细节当中。在掌控全局战略的同时，必须在把握轻重主次的基础上，将细节问题做到极致、深入、全面，力争关键细节要素上的节节胜利为最终的战略优势奠定基础。细致入微的情报工作，正是关键细节要素上节节胜利的保障。我们不但要在与案件诉讼程序直接相关的内向界域做到缜密精深，同时要将诉讼程序以外的外向界域中各项关键要素悉数掌控，创造案件全面、彻底、实质解决的必要条件，而不仅是法律诉讼程序中的形式胜利。

（二）洞若观火、明察秋毫的俯察能力

其实，关于洞若观火、明察秋毫的俯察能力，在上条细致入微的情报工作中已经涉及，但还是觉得该项能力对于细节决定成败的阐释能力太强大，因而还是单独列出并重点论述。之所以称之为俯察能力，主要想表达其不仅需要有雄鹰与直升机的视野，同时也必须拥有如同高像素摄像机般捕捉细节的能力。拥有这种俯察能力，便可总揽全局，宏观掌控，又可钜细靡遗、洞若观火、明察秋毫。都知道细节决定成败，但停留在口号的认识高度，往往成为空泛要求，落实到每个领域的内涵可能会有所不同。在重大、疑难、复杂案件解决领域，细节决定成败更集中地表现在洞若观火、明察秋毫的俯察能力。

　　洞若观火、明察秋毫的俯察能力包含两个重要的方面，一个是看得清楚，另一个是分得明白。看得清楚要求钜细靡遗，尽收眼底，洞若观火。分得明白要求准确把握轻重主次缓急，主抓核心关键要素，而不是事无巨细一把全抓。拥有出色的俯察能力，可以将案件外向界域与内向界域的所有要素予以发现提取，并进行综合分析判断，结合饱富经验进行评估利用，在制订战略战术体系时作为重要的依据与支持。在实践中，好多案件本来觉得完全可以取胜，但往往出现比较意外的结局，可能与这种俯察能力的欠缺有关。案件行与不行，并非完全取决于专业技术流在真空实验室条件下的推断结论，而与当事人以及经验饱富的专业人士的直觉更亲近一些。因为案件本身依托于客观事实，在客观事实存在、发展、变化过程中，当事人全程参与，当事人虽然无法像专业人士一样做到条分缕析、头头是道，但内心深处对于自己案件的成算几何还是有一本明细账。直觉告诉当事人行，但是结局很意外，必定是在解决过程中细节掌控力上出现了问题。而这种细节掌控力，在具体案件当中就表现为看得清楚，不但能够看清楚基础事实、证据、法律适用这些与诉讼本身直接相关的内向界域要素，还能够看清楚法律诉讼本身以外的外向界域要素；能够看清楚证据宏观架构，也能够将每项证据背后隐藏的真相及其内在关系洞察得清晰明白。在此基础上，需要以解决案件事务的实际需要以及饱富经验，将各项要素分得明明白白，区别轻重主次，形成系统化的案件认知基础事实体系。案件认知基础事实体系，是完全而彻底地解决案件问题的最强大事实基础。在该基础上，案件解决的全部有利要素与不利要素业已定型，因而，我方的优势与劣势已经一目了然，对方的基本情况也能够掌握至最大限度。在充分掌握案件客观情况与双方实力对比的情况下，战略目标、战略方向、战略路线、战略任务、战略阶段、战略手段、战略力量等重要问题并不难确定，总战略规划便是水到渠成的事情。在系统化的案件认知基础事实体系下，具体战术手段也相对达到最丰富的状态，各项战略任务的实现途径与方法不仅有核心战术支撑，并且拥有足够战略力量厚度的后备战术体系，案件整体成算大幅提升。洞若观火、明察秋毫的俯察能力，直接决定了案件认知基础事实体系的水平。而案件认知基础事实体系的水平，又直接决定了重大、疑难、复杂案件运作解决过程中战略战术体系的攻防威力。战略战术体系攻防威力自然决定着案件最终的结局。

在重大、疑难、复杂案件解决过程中，人的主观能动性表现得更为重要，这点与传统单纯诉讼案件完全不同。在传统单纯诉讼案件中，案件基础事实、证据、法律适用等要素相对固定，因而容易形成固守程序、按部就班地推进的习惯，人的主观能动性如同玩魔方一样，在狭小一隅内通过不断调整来体现。但无论如何变换，也还在诉讼程序之内。而重大、疑难、复杂案件则完全不同，由于事务错综复杂、盘根错节、变幻多端，固守一隅已经完全不可能，人的主观能动性被激发，即使是以传统专业技术流思维方式与处理模式解决重大、疑难、复杂案件，主观能动性也会比传统单纯诉讼案件强出很多。由于解决重大、疑难、复杂案件所需要的案件认知基础事实体系更为强大，因而需要专业操盘团队拥有更高的主观能动性，人力因素对于案件的决定作用明显加强。仅凭精熟法律、诉讼技巧娴熟、诉讼经验丰富，远远不足以驾驭重大、疑难、复杂案件。细节掌控能力反倒显得比专业技术经验更为重要，洞若观火、明察秋毫的俯察能力在重大、疑难、复杂案件解决过程中，经常发挥着决定作用。同样的重大、疑难、复杂案件，在传统专业技术流思维方式与处理模式下，被处理至悬停僵死，当事人深陷泥泞困厄，而代理律师专业技术经验均属上乘。转由重大、疑难、复杂案件操盘经验丰富的团队操盘解决，便立即焕然一新，生机蓬勃，进入了正式解决的轨道。其原因除了全局战略高度掌控带来的方向、路线、策略改观外，更重要的恐怕是洞若观火、明察秋毫的俯察能力，也就是掌控细节的能力。

有几宗缠斗数年，当事人基本上已经决定放弃的重大、疑难、复杂案件，均是从入微的细节处取得了重大突破，从而奠定了起死回生以及大获全胜的基础。有一宗案件在强制执行阶段悬停僵死三年有余，执行申请人已经决心放弃的时候，笔者律师团队从对方工商登记档案中一位非常不起眼的担任过一段时间监事的女士身份情况，敏锐地推断其为该案另一位担保人，同为该案共同被执行人的妻子，经过询问得知该被执行人配偶信息在强制执行阶段至今未明。因为当年强制执行调查技术手段比起现在要落后太多，尤其是某些登记较早的夫妻关系，要查明并非易事。这更加坚定了我方的判断。法院依据该重要线索调查后，果然印证了我方的推断是正确的。并且该被执行人配偶名下拥有七处价值连城的房产，该案就此顺利解决。该案诉讼审理、强制执行一共经历了五年多，仅强制执行程序就消耗了三年多，代理律师换了又换，但未取得丝毫进展。而笔者律师团队通过该细致入微的觉察发现，并结合饱富经验合理地假设推断，使案件取得了决定性的突破。对于案件整体洞若观火、明察秋毫的俯察能力的重要性，得到了完美的体现。

而这种极致的细节掌控能力，并非在该案中偶然显现，在好多案件中均得到过完美体现。在一个只有三个小时的阅卷过程中，笔者在二十五本案卷，总厚度至少有一米五以上的浩瀚卷宗中，发现了同一人在重合的时间段，在相距六七十公里的两个不同地方，对不同的人进行问话的重要情况，而该情况的发现同样使该案件基础事实发生了根本性的转变，直接导致案件结果绝地逆转。洞若观火、明察秋毫的俯察能力，再次展现了极具震慑的战略力量。

莫说重大、疑难、复杂案件复杂的整体解决过程中洞若观火、明察秋毫的俯察能力的重要性，即便在单个诉讼过程中，哪怕在最紧急而不容细品的情况下，也必须练就洞若观火、明察秋毫的细节掌控力。因为残酷的现实角斗中，对方以及法律程序不会给我方那么宽厚温和的待遇，让我们将证据材料带回办公室字斟句酌，必须在现场瞬时作出准确反应。此时，洞若观火、明察秋毫的俯察能力显得尤为重要而耀眼，一旦通过这种极致的细节掌控能力将核心关键要素提取运用，对于对方以及居中裁判事务的人来说具有相当的震撼力度。在一宗重大、疑难、复杂案件开庭过程中，对方为了证明对于自己有利的事实，伪造了一大批证据资料。在质证时我方在对方提交的多达三百页的证据材料中，无一遗漏地将该伪造行为发现并指出，导致对方十分被动，当庭受到法庭训诫。自然，法庭对于对方证据体系的证据力、证明力的判断形成了明确的自由心证。对方伪造的事实发生于五年前，但由于伪造证据数量较多，因而办事人员做到机械麻木后，竟然在几页文件上签署了伪造当时的年份。还有，由于枯燥无趣的伪造书面证据工作实在令对方公司员工感到绝望，开小差情况屡见不鲜，竟然在伪造他人签字时签署了自己的名字。当我方在质证时将该伪造情况一一指出并要求对方解释时，对方真是尴尬得无地自容，羞赧得恨不能钻入地缝。是的，在某年年初习惯性地将年份误写为去年年份很能理解，也符合日常经验法则。但鬼使神差地误写为五年以后，实在解释不通，拥有文足以饰非、智足以拒谏的超凡能力也无法解释得圆融可信。当我方拿着一份伪造操刀手误签自己名字的证据质问对方名称显示为何与文件中打印名字不一致，且追问名字显示为何人时，对方仔细定睛细瞄才发现赧笑大方了，额头上的汗珠涔涔渗出。在语无伦次解释间，我方立即申请法院调取对方公司人事劳动档案信息，以确定该签名人士确为对方员工时，对方立即要收回该证据，自称搞错了。该行为遭到法官严厉申斥训诫，指责其不是搞错，这是赤裸裸地伪造。这些伪造的证据夹杂在三百多页证据当中，而且是当庭提交后质证，瞬时觉察入微有很高的难度。而该伪造情况的发现，显然像斗牛士刺入公牛心脏的一剑，令对方的反扑彻底破产。

作为律师，唯有在代理案件中始终对自己提出严格的高要求，在精熟地掌控全局战略的情况下，也能够钜细靡遗地洞若观火、明察秋毫，练就像雄鹰与直升机一般的俯察能力，确保具备发现、提取、运用案件全部要素的细致入微的能力，并能够分得明明白白，在区别轻重主次缓急的基础上，分门别类地将全要素体系植入案件认知基础事实体系，成为制订我方战略战术体系的要素。实践证明，洞若观火、明察秋毫的俯察能力能够在细节层面积累胜果，形成大的胜利战果。极致的细节掌控能力，在关键细节上取得的胜利，甚至完全可以决定案件整体的胜利。

（三）发掘每个有意义的战术据点

战术据点是双方讼争活动所凭借的点，往往是由双方的有利要素或者不利要素形成。本方有利要素与对方的不利要素所在，可设置进攻战术据点；在本方不利要素与对方有利要素所在，设置防御战术据点。发掘战术据点，与收集要素的能力相关，最终还是与细致入微的情报收集、要素发掘能力直接挂钩。拥有细致入微、洞若观火、明察秋毫的情报、要素发掘、收集、运用能力，相应便能够设置较为全面的战术据点，在全面战术据点的支撑下，才能形成完备而稳固的战略攻防体系。

在传统单纯诉讼案件中，发掘战术据点缺乏建树性意义，因为案件基础事实、证据、法律适用问题均相对稳定，而且案件审理过程严格按照法定程序以及法庭设定的争议焦点展开，双方当事人最多需要在证据方面穷究其理，当然也存在发掘一定的有利与不利要素建立质证论辩的据点，便终究是辅助作用。甚至在多数情况下被法庭主导安排的程序进程湮没，还未来得及以提前设定好的据点为依托进行对抗较量，已经被裹挟在一个较大的程序环节中带过。因此，在传统单纯诉讼案件中发掘战术据点的必要性与积极性均较低。

但在重大、疑难、复杂案件中，情况完全相反。双方当事人讼争较量的范围远不止主体诉讼程序，在主体诉讼程序之外的众多法律诉讼程序或者其他法律程序中均存在着激烈的对抗与较量，其中法律关系往往是刑事、民事、行政交叉的复合法律关系，案件可挖掘要素较多，能够据此形成的战术据点也较多。战术据点是战术威力与战略震慑的依托与凭据，故在重大、疑难、复杂案件解决过程中，尽人力所能及地发掘每个战术据点，并以此为依托部署攻防战术体系，充分地将全部有利要素应用于实战讼争，形成完备而稳固的战略攻防体系。完备的战略攻防体系是我方充分发挥本方战略优势力量进攻对方战略防线的薄弱环节，并积极地防御我方薄弱环节被攻陷的系统化讼争方案，是保障我方在讼争中最终掌控战略优势并实现总体战略目标的法宝，而战术据点正是完备而稳固的战略攻防体系的骨架，战术据点的重要性不言而喻。

战术据点虽然是在案件要素基础上设立，但案件要素不等于战术据点。绝大多数战术据点是由众多案件要素构成的，一个重大要素也可能会形成一个独立的战术据点，甚至会形成更多的战术据点。在实战中，案件要素与战术据点不是简单物理对应或者相加的问题。在经验饱富的操盘人眼里，案件要素不光是直接地提示我方设置某个战术据点，而且该案件要素背后隐藏的可能性，会引导我方继续进行深入发掘，从而获取更多案件要素，发掘更多有力的战略据点。同时，有效的战略据点能够更深入地发掘重要的案件要素，利用这些重要的案件要素，又可以设置更为稳固的战术据点。应当根据案件客观情况与形势发展趋势，对于案件要素与战术据点进行灵活掌握与具体运用。比如，在一宗重大、疑难、复杂案件中，我方在与对方股权纠纷主体诉讼进行的同时，对方通过伪造证据、怂恿他人作伪证等方式狙击我方。并数次指使他人殴打我方当事人，还罗织构陷导致我方当事人遭受敲诈勒索的刑事追究。通过细致入微、明察秋毫的调查取证，我方掌握了对方指使他人殴打我方当事人的线索。该线索便是十分有利于我方的案件要素，以该线索设置了追究对方故意伤害罪的战术据点。通过司法机关深入调查后，对方阵营开始瓦解，纷纷指陈对方累累罪行以期洗清责任。对方指使他人伪造证据、提供伪证妨碍股权纠纷诉讼的事实，以及对方指使、教唆他人捏造事实、伪造证据诬告陷害我方敲诈勒索的事实均被揭露，我方又取得了重大的有利案件要素。我方以该案件要素为基础，又设置了追究对方诬告陷害刑事责任、以对方伪造重要证据并唆使他人作伪证导致股权纠纷案件作出错误判决而申请再审的战术据点。根据有利案件要素设置相应战术据点，在战术据点战术执行过程中，又会发掘更多有利案件要素。战术据点发挥了固定案件有利要素使之形成实际战略力量并且不断深入发掘更多案件要素的作用。

实战讼争中，通过全面深入地收集发掘案件要素并形成有效战术据点，既属于宏观架构问题，也是属于赢得细节与微观方面胜利的工作。案件最终的全面胜利，正是在这种小胜的基础上逐步累积完成。

（四）点线面体苗壮法，夯实证据

之前多次强调，重大、疑难、复杂案件不是自然形成的案件，具有强烈的人为设计色彩。从双方合作至纷争萌芽，到渐生分歧及至酝酿形成的过程，均有明显人为操纵设计的因素。尤其是在双方正式决裂至正式宣战的期间，分明就是双方的军备竞赛。双方殚精竭虑、绞尽脑汁地谋划压制并战胜对方的方略。在这个过程中，好多事实被人为改写，众多真相被湮没。尤其是在一方当事人防备不严密的情况下，对方会进行釜底抽薪的谋划设计，将双方核心诉求所依据的基础事实与法律关系移调至法律程序射程范围之外，使对方的核心诉求不再具有转变成为现实可支配法律权益的可能性。比如，一方与第三人合谋串通，通过貌似合法的形式将财产悉数转移，导致另一方即便最终取得胜诉判决也无法执行到位，因而沦为一纸空文。这便是典型的、最简单直接的将双方核心诉求所依据的基础事实与法律关系移调至法律程序射程范围之外。

这种现状决定了在解决重大、疑难、复杂案件过程中获取证据的方式与传统单纯诉讼案件截然不同。传统单纯诉讼案件相对而言是自然形成的案件，案件所依托的基础事实、法律关系、证据体系基本上是在双方当事人法律行为基础上自然形成的。案件基础事实与证据体系相对稳定成熟，人力争取因素对于案件基础事实体系的改观并不算太大。因而，在实务中，双方均固守现有的事实与证据，在法庭上展开唇枪舌剑的交锋，法庭审理中双方举证质证、互相辩论才是重头戏。虽然极负责任的律师也花大力气调查取证，但由于基础事实相对简单，法律关系并不复杂，双方讼争利益不足以导致任何一方为此做神机鬼械的设计谋划，并且传统单纯诉讼案件的发生相对较突然，任何一方也没有足够的机会进行充分的谋划设计。因而，调查取证的难度低、范围小、深度浅，也不太需要运用特殊的技巧、手段与策略，这与重大、疑难、复杂案件相比不可同日而语，切不可将传统单纯诉讼案件中调查取证的方式照搬应用于重大、疑难、复杂案件。否则，重大、疑难、复杂案件从解决伊始便已经注定有太多真相无法得到证明，得到证据证实的法律事实与客观事实之间的出入极大，当然也注定了失败的基因。

重大、疑难、复杂案件调查取证工作的核心目的与主要方法就是揭穿对方隐藏湮没证据的谋划设计，行之有效的具体方法较多，其中较常用的是点线面体茁壮法。点线面体茁壮法，是在明知对方人为地隐藏湮没了重要证据，但缺乏直接线索的情况下，以对方隐藏湮没证据行为产生的间接后果或关联痕迹为切入点，抽丝剥茧、顺藤摸瓜、层层深入、登堂入室，在取得较小的线索的基础上不断精挖深掘，逐步发掘出更重要的线索。以此渐进渐深的方式最终形成系统化的证据体系的一种调查取证方法。点线面体茁壮法之所以比较常用，与重大、疑难、复杂案件人为布设疑难复杂的本质特征密切相关。因为对方人为地布设疑难复杂，导致直接的证据线索被刻意隐藏，常规的调查取证方式根本行不通，只有通过点线面体茁壮法的调查取证方式，以间接甚至是转折间接的蛛丝马迹为切入点进行层层剥离，才能发现真相。

事物总是遵循客观规律存在并发展变化，对方为了刻意隐藏湮没证据，必定会在其他方面留下痕迹，为了消除这个遗留痕迹又会留下新的痕迹。只要对方实施了隐藏湮没证据的行为，不管是经过多少道掩饰，终究会留下蛛丝马迹的痕迹与线索，只取决于我们有没有耐心与能力去发现而已。事实上，好多当事人在对方隐藏湮没行为制造的困难面前，拥有在对手布设的正面防线面前只谋划如何直接突破一样的思维定式，极少考虑如何更为巧妙地突破。从正面直接突破难度显然极大，厮杀若干回合便望洋兴叹了。其实，只要用心去发现，必定能够找到蛛丝马迹。以此痕迹为切入点，再辅以相应的技巧与策略，必定能够层层深入，最终揭开真相。而且，随着渐进渐深，会发现难度越来越小。我们必须相信，真实存在的事物才是稳固而强大的，人为布设的事物固然也可能很强大，但只要采取极富针对性的方法去拆解破坏，倒塌也只是瞬间而已。有时候，发现了对方隐藏湮没证据的蛛丝马迹，逐层深入地追索并取得首次重大突破后，对方处心积虑地布设的迷局便如同推倒了多米诺骨牌的第一个牌子，导致悉数相继倒下一样。

在一宗重大、疑难、复杂案件中，我方公司租赁对方公司的土地，自己修建了厂房、办公楼、员工宿舍等建筑物，双方约定若遇到征地拆迁，我方修建的建筑物的补偿、公司经营损失等全部拆迁补偿均归我方所有。后来，在我方公司资金周转遇到严重困难以后，对方特别积极地张罗一家社会贷款机构给我方提供短期高额高利贷款，并以我方公司经营权作为质押。后来我方公司无力按时偿还借款，被对方伙同该高利贷款机构以暴力胁迫、限制人身自由的方式将我方公司营业执照、公章等强行收走，胁迫我方公司董事长及股东办理了公司股权转让变更登记。并将我方厂房、办公楼、员工宿舍等建筑物悉数据为己有，将我方大量原材料变卖。我方公司董事长因为欠钱无力偿还，自然事亏理短，未做太多挣扎便放手任由对方处置。后来，我方公司董事长在与其他人闲谈中得知原来公司所在地已经拆迁，并且对方得到了巨额补偿款。该情况引起了我方公司董事长的极大疑惑，因为我方公司被对方吞并也就半年不到，拆迁补偿一般来说周期比较漫长，应该不会在半年之内全部完成。对方必定隐瞒了什么，尤其是对方积极张罗第三方高利贷公司给我方提供短期高利贷并以全部公司经营权质押的事与征地拆迁补偿联系在一起考虑，更觉蹊跷。

我方怀疑对方在已知征地拆迁补偿的情况下，与高利贷款机构合伙趁我方公司资金周转发生严重困难且十分紧急的危难情势，故意施以短期巨额高利借款并以公司经营权质押，事实上短期内我方公司资金状况不可能好转，因而被对方全盘吞并了公司。我方公司被变卖的原材料都足以偿还高利贷公司的借款，对方与第三方相当于把我方公司应得拆迁补偿款项全部侵占。我方开始正式追究对方相关责任，委托两拨专业人士处理，但苦于无任何证据证明，未获丝毫进展。我方公司在无力偿还借款时，对方以实现质押权为名，将所有证章资料、文件档案全部掠走，我方手里任何证据也没有留下，甚至连自己当年承租人的身份都无法证实。

后来笔者律师团队介入，我方公司董事长一味地强调事情实在太难，他们该想的办法都想了，能折腾的路子都尝试过了，但就是没有取得丝毫进展。笔者律师团队充分了解情况后，对于我方公司董事长的论断表示明确否定，并对于如何以点线面体苗壮法获取所有证据，最后起诉对方返还我方公司应得的拆迁补偿款项，并且追究对方与高利贷公司合伙诈骗我方征地补偿款的行为展开追究。虽然我方公司做过两年的努力，但完全被对方诱导，一直徘徊在对方布设正面防线前尝试直接突破。尽管申述材料多达三十余页，泣血泣泪，惹人怜悯，激人愤慨，但连自己的身份都无法证实，无论是向拆迁管理部门反映情况还是向公安机关报案，肯定不会被受理解决，两年来未取得丝毫进展也在情理之中。我方应该从对方处心积虑地隐藏湮没证据的行为链入手，确定一个能够揭开层层包裹的切入点，顺藤摸瓜、抽丝剥茧、层层深入地展开调查取证，最终掌握全部证据体系。经过充分研究客观情况，我方预判对方是土地所有权人，拆迁管理部门有关征地拆迁的通知及其他法律程序均直接面对对方公司，对方刻意隐瞒我方，并在正式拆迁之前借我方资金周转严重困难之际，与他人合谋以高额短期高利贷并以我方公司经营权质押的方式，最终在料定我方短期之内无法偿还的时候成功图取我方公司经营控制权。在将我方大量原材料变卖后足额偿还借款的情况下，非法骗取了我方应得的征地补偿款项。不管对方怎么设计，有一个事实永远无法规避，那就是征地拆迁决定早于我方公司经营控制权被对方攫取的时间，在我方公司变更至对方名下之前，我方应得拆迁补偿款项的事实已经确定。这是对方通过神机鬼械的谋划设计最想掩盖的事实，但也是对方的阿喀琉斯之踵，一旦该事实得到确证，对方所有阴谋都将破产。

我们将切入点选在工商行政管理机关的登记档案，以我方公司董事长与其他所有股东个人身份，请求确认我方公司董事长与其他股东曾经在公司的身份，虽颇费周折但最终得到了确认。继而我方就公司住所地土地征地补偿方案问题，以公司法定代表人、股东身份向拆迁管理部门申请政府信息公开，很快得到了详细的土地征收补偿方案。随后又向财政管理部门申请了征地补偿款项拨付情况的信息公开，亦得到了专项财政检查报告的明确答复。以我方曾经公司法定代表人、股东身份为切入点，通过申请政府信息公开，确定了我方控制公司的时间段，并且得到了详细的征地拆迁补偿方案，证明征地拆迁补偿行为确实发生在我方控制公司期间，我方公司建筑物及经营损失等补偿款应该归我方公司所有。同时，得到征地补偿款拨付财政检查报告证明对方确实已经收取了包括我方征地补偿款项在内的补偿款。至此，我方通过点线面体茁壮的方式，逐步掌握了充分有力的证据体系。我方公司立即起诉要求对方返还侵占的征地补偿款项并赔偿损失，并对于对方隐瞒征地拆迁补偿事宜，与他人通过高利贷的方式设计套取我方公司经营控制权，进而骗取我方巨额征地补偿款的事宜展开刑事控告，对方防线全线崩溃。

该案中，我方通过点线面体茁壮法，以最易坐实的问题作为切入点，站稳后拾级而上、顺藤摸瓜、抽丝剥茧、层层深入，将证据体系逐渐做实、做大、做稳，积小胜终成大胜。充分展现了在全局战略统筹、高瞻远瞩的战略视野下，从细节入手求得小胜，不断积累小胜后奠定全局胜利的智慧与谋略。在重大、疑难、复杂案件解决过程中，对方人为布设疑难复杂，刻意隐藏、销毁、湮没证据与事实真相，无法从显性的问题入手调查取证时，不妨绕开问题本身，从其他方面的非显性问题切入，以点到线、由线至面、再从面到体的方式夯实证据体系，最终将我方的合法诉求建立在稳固的客观事实证据基础上。

（五）纵横分割穿插揭谜底

纵横分割穿插揭谜底是一种获取证据的战术，当实力异常强大的对手人为隐瞒我方基于合同应当获知的重要证据，我方无法从直接对垒的对手处获得时，利用对方庞大机体的缺陷与漏洞，以精妙的方式分别求得对方不同层级初步最真实想法，包括企图欺骗、蒙蔽、隐瞒我方的想法。在对方不同层级初步真实想法存在严重矛盾的情况下，展开纵横穿插对比求证，使对方陷入完全被动，将对方不同层级的合力予以分割，最终在对方内部矛盾中取得我方预期的战略目标，从而全面揭开谜底。

纵横分割穿插，在面对实力异常强大的对手时，实战成效往往非常显著。该项战术在实战中操作异常复杂，语言能够表达出来的恐怕不到一成。若在具体案件操作中，内容则相当翔实、丰富、具体、生动。纵横分割穿插战术虽为重大、疑难、复杂案件解决过程中的一种取证方式，但实战操作体系之庞大堪比一个相对简单的重大、疑难、复杂案件。需要有非常清晰的战略战术架构，并且对于法律专业、技术、经验要求极高，甚至对于组织行为学、群体心理学也需要有比较深入的研究与掌握。在实施过程中随时根据实际情况的发展变化进行调整适应，及时废止无益战术行为，递补全新战术行为。还需要准确地拿捏轻重主次缓急，始终将众多头绪、不同层级的工作内容进行全局考量，充分协调各项事务关系，确保全时空范畴的工作内容协同推进，灵动谐调，首尾呼应，共同为既定战略目标服务。

纵横分割穿插揭谜底的取证方式，是我方在细节处入手求得小胜成果，进而以此小胜成果渐进渐深，抽丝剥茧，最终掌握核心要素与证据的一种智慧与谋略。同样也反映了积小胜成大胜的理念与其始也简、将毕也巨的进取方式。

纵横分割穿插揭谜底战术，实战操作模式大致是在对方存在多层级组织模式并且存在级别管束的情况下，我方与其中一个层级的公司直接对抗较量，但对方利用合作过程中的优势地位，违反合同义务，拒绝提供其责任与义务范围内的重要信息。而该信息在对方不同层级之间存在申报、报备、审批的情况。我方可以在未激化矛盾的情况下，利用对方庞大机体管理制度、信息互通渠道、层级协作等方面的缺陷与漏洞，绕开直接对垒的层级公司，分别向其所有上级公司进行巧妙征询求索。上级公司往往会在不加防备的情况下，将与我方直接对抗层级公司以及其他下级公司申报的真实信息告知我方。在得到上级公司的回复后，我方先不急于将上级公司的回复展示并找直接对垒的公司求证，一定要沉住气，就同样问题再向直接对垒公司求证一次。得到直接对垒公司答复后，往往出现非常有趣的现象，直接对垒公司的答复与其所有上级公司的答复均不一致，其不同层级的上级公司的答复也往往不一致。此时，可以展开第二轮征询质问，以上级公司的答复为依据要求下级公司解释不一致的原因，以下级公司的答复为依据要求其上级公司解释不一致的原因。到该阶段，对方一般会选择噤声，但在实战中也有在内部充分协调后给出统一答复的。无论对方答复还是选择沉默，在未来的诉讼程序或者其他法律程序对抗较量中，该证据将成为对方致命的阿喀琉斯之踵，对方的战略防线势必从此处被我方攻破。

纵横分割穿插揭谜底的战术，是在全局战略统筹的前提下，准确地把握细节要素，从核心关键的细节处楔入钉子，引致对方内部矛盾与对立，无形之中分化瓦解了对方强大阵营，最后在对方内部矛盾对立中取得我方预期的战略成果。该战术也遵循着渐进渐深的模式发展变化，由最初似无意义的小胜，逐渐演变为战略成果级别的大胜，进而能够决定全局战略形势的转移，奠定我方全面胜利的基础条件。

（六）小胜中必然性的蝴蝶效应

在重大、疑难、复杂案件千头万绪、错综复杂、犬牙交错、盘丝错节、变幻莫测的复杂讼争中，即使再小的一个胜利都具有现实意义。我们虽然能够确定引致全局战略形势彻底转变的胜利来自核心战术，但在某些情况下，一个非常微小的战术动作的胜利，也能创造掌控全局战略形势的可能性。从实务经验角度看，重大、疑难、复杂案件解决过程中核心战术的大获成功，往往与其他战术动作的配合密不可分，正因为其他战术动作取得小胜后的战果引发了整个战略战术体系的连锁反应，最终导致案件客观形势发生本质变化。一个小战术动作的胜利，甚至能够决定案件全局的结果，更加有力地证明了重大、疑难、复杂案件的解决过程具有高度的复杂性。我们要认识到重大、疑难、复杂案件解决过程中的客观规律，这是案件解决过程中的定数。在运用客观规律解决问题的同时，也必须认识到一些不可预测的变数，小战术动作的结果便是这些不可预测的变数项，我们必须重视并极尽可能地推动，以期用微小的变化推动全局战略形势的转变。

由于核心战术是我方战略力量部署的重点，自然也是对方进攻或防御的重点，双方均倾尽全力于此形成正面防线。正面防线本身具有导致双方僵持消耗的潜质，如果不筹谋其他战术体系进行辅助催化，案件常常会陷入互相缠斗的无解尴尬。这些发挥辅助、催化、带动作用的战术，相对于全局而言往往是微不足道的，在实施初期未必作为重点战术项予以部署，但随着落实推进及至产生战术成果后，却发挥了至关重要的战略意义。有些小战术动作甚至是在无意间的洞察发现，但却神奇地发挥了关键一击的战略作用。在一宗重大、疑难、复杂案件中，笔者从对方公司工商登记档案中一位非常不起眼的担任过一段时间监事的女士身份信息，敏锐地推断其为该案另一位共同被执行人的配偶，事实证明确实如此，最终让悬停僵死的案件成功盘活，得到全面而彻底的解决。这个微小战术动作，起初谁也未曾预料，根本不可能纳入战术体系，只因我们洞若观火、明察秋毫的俯察能力衍生的合理怀疑起，但最终却产生了决定战略形势的关键因素。笔者相信该案件的解决并非巧合，在好多重大、疑难、复杂案件解决过程中都存在类似的巧合现象，那就说明具有一定的客观规律。这个规律便是在众多小胜战果中，总有某个小胜战果发挥蝴蝶效应，带动战略战术体系产生连锁反应，引发全局战略形势重大转变，从而奠定全面胜利的基础。

小胜产生蝴蝶效应，数量与战术威力是决定性因素。必须保障丰富而多层次的战术体系，确保足够的战术动作以及小胜战果，这样才有可能在众多不确定的因素中产生必然性的带动连锁反应的作用。如果守着一个小战术动作的胜利成果便期待产生蝴蝶效应，与守株待兔无异。保证战术动作的丰富而多层次性，并非只求数量众多，更需要从单个战术动作的威力方面多加权衡。那些能够产生蝴蝶效应并最终奠定全面胜利的小战术动作，往往具有大纵深的战术威力，其结果往往能够直插核心问题。因此，小战术动作的小胜，带动战略战术体系产生连锁反应，引发战略形势发生重大转变，并最终奠定全面胜利，必须保证小战术动作丰富且多层次，并且尽可能地使每个小战术动作具有直插核心问题的大纵深战略威力。

从笔者操盘解决重大、疑难、复杂案件的实战经验判断，在正面防线直接取得重大突破的少之又少，绝大多数案件均是在对方侧翼与后方的薄弱环节首先取得突破，进而导致全局战略形势产生根本性的变化。在对方侧翼与后方的大迂回战略运作中，主要战术动作是针对对方的薄弱环节与致命要害进行包抄分割穿插，这些包抄分割穿插战术动作相对于全局而言，无疑是小战术动作。但正是通过运筹这些小战术动作包抄成功并取得预期战术成果，将对方侧翼与后方攻陷，为正面防线提供强大战略支持，最终与正面防线战术合围才取得了全局胜利。从这个角度看，凡是绕开对方布设的正面防线，从对方的侧翼与后方实施战略大迂回、侧翼与后方包抄合围的大战术运作，均是竭力追求小战术成果引发蝴蝶效应，进而带动全局战略战术体系产生重大连锁反应，最终引发整体战略形势发生根本性的转变。因此，案件最终全面胜利往往是众多小战术胜果引发的蝴蝶效应而缔造，在众多的小胜中，产生蝴蝶效应而引致全局胜利的结果，具有高度的必然性。我们在解决重大、疑难、复杂案件过程中，必须在全局战略统筹的前提下，充分地认识到讼争的复杂性，在追求确定性的战术成果的同时，应当充分地发挥智慧、谋略与经验的作用，敏锐地提取并运用一切有利要素，并不断借此创造小胜战果。在众多小胜中，总有某些小胜战果以其微小的变化带动全局战略战术体系的连锁反应，并直接导致我方掌控战略优势，最终实现全面而彻底的胜利。

第九章
平衡或倾覆

　　战争的目的是为了和平，双方从矛盾不可调和诉诸武力到倾尽全力的较量结束，无非是追求一种新的平衡状态或者一方彻底的倾覆。无论是新的平衡状态还是一方彻底倾覆，均能够维持一定时期的和平。重大、疑难、复杂案件的情况与战争相类，双方竭尽所能地对抗斗争，最终的结果也将归于平寂。或是双方基于战略攻防体系的综合实力对比而重新构建重大利益分配机制，建立一种全新的秩序而归于和平；或者是一方在对方绝对综合实力的打击下完全而彻底地倾覆，再也没有东山再起、卷土重来的实力，因而双方维持了和平。由此看来，重大、疑难、复杂案件的结局是构建和平新秩序，但具体表现为平衡或倾覆。

　　在传统单纯诉讼案件中，存在非胜即败的结果观，这也是案件的客观情况决定的。事实清楚，法律关系简单，案件遵循着严格的相对性，仅在双方当事人之间展开讼争角逐，非胜即败的观念具有当仁不让的适用空间。但重大、疑难、复杂案件的最终结果与传统单纯诉讼案件有极大区别，绝大多数重大、疑难、复杂案件最终是以平衡的方式结束讼争。非胜即败的执念一旦适用于重大、疑难、复杂案件，最终往往形成法律程序形式上胜诉，但却无法达成现实可支配法律权益的窘境，导致案件陷入长期且毫无意义的僵持消耗。从实战经验角度完全可以断定，非胜即败的传统诉讼执念根本不能适应重大、疑难、复杂案件的解决需求。再权威的裁判方式也无法根除重大、疑难、复杂案件中当事人斗争较量的源动力，因而才有传统专业技术流思维方式与处理模式下的重大、疑难、复杂案件虽经多次裁判，但新生问题如雨后春笋、遍地而起，导致问题越来越复杂，各个问题互相牵制，互为依托与条件，使解决难度无限提升，最终陷入剪不断、理还乱的泥泞困厄。只有凭借绝对的综合实力划定边界，重新构建全新利益分割机制，优势方再往前推动无法求得更优结果，劣势方持续挣扎恐遭覆灭，在优胜方相对心满意足、劣势方心服口服的相对平衡条件下，案件问题才能得到全面、深入、彻底的解决。显然，平衡是绝大多数重大、疑难、复杂案件的最终归宿，也是最理智的结局方式。

当然，若绝对实力划定边界也不能解决问题，双方便血战到底，优势方赶尽杀绝，劣势方一败涂地，案件也会得到全面解决。但解决得并不彻底、深入。在倾覆的情况下，优胜方在劣势方的负隅顽抗、垂死挣扎前，全面实现战略目标的难度也会大幅增加。劣势方日后厉兵秣马，东山再起，卷土重来亦未可知。在重大、疑难、复杂案件解决实务中，存在普遍的报复式次生讼争大战情况，使案件在重大、疑难、复杂的基础上再生顽固之绝症，给双方当事人均造成极大负担与消耗。因此，在特定情况下，倾覆的结局似乎不可避免，但无论是优胜方还是劣势方，均宜慎之又慎。

第一节　实力为王

一、实力决定一切

在重大、疑难、复杂案件中，讼争过程就是双方实力对比不断变化的过程，最终结果只能由双方实力对比来确定，可以说实力决定一切。真正能够使案件得到全面而彻底地解决的，是双方实力碰撞挤压后形成的一种利益切割状态，绝非在某个法律诉讼程序当中穷究其理后探求一个确定的结果。这点与传统单纯诉讼案件完全不同。

在缺乏真正实力支撑的情况下，重大、疑难、复杂案件中的主体诉讼即使取得预期法律判决，也往往被对方神机鬼械的谋划设计精准狙击。实务中，为攫取他人利益而提前周密部署的当事人，往往通过形式合法的系列操作，将双方讼争核心诉求所依据的基础事实或者法律关系移调至法律程序射程范围之外，比如，债务人一方通过与案外第三人联营合作的方式将核心业务订单、资产悉数转移至第三人公司，显然会导致未来判决根本无法执行，因而法律生效判决被实质性地悬空，实现了将双方讼争核心诉求所依据的基础事实与法律关系移调至法律程序射程范围之外的鬼蜮伎俩。这种人为布设疑难复杂的本质属性，导致案件即使按照传统解决纠纷的模式作出明确裁判，但问题依然得不到解决。究其原因，还是实力不足以驾驭宏大纠纷机体而导致的恶果。

既然对方已经将双方讼争核心诉求所依据的基础事实与法律关系移调至法律程序射程范围之外，那说明在主体讼争的基础事实、证据、法律适用等内向界域以外存在着实际上的斗争。而我方若只是在主体诉讼的内向界域发力，纵使解决得再彻底，对方在外向界域改变的法律事实依然阻止了我方权利的实现，也只是实现了法律判决高度的形式权利，对于重大、疑难、复杂案件的当事人来说，毫无实际意义。若不能进一步将该法律判决形式权利转变成现实可得权益，重大、疑难、复杂案件的斗争便是失败的。因此，必须将外向界域对方的战术据点逐一拔除，在实力方面完全压制对方，才有可能在实现法律判决形式权利的同时，也实现了现实可支配法律权益。比如，在对方与案外第三人以联营合作的方式将核心业务订单、资产悉数转移至第三人公司，导致判决根本无法执行，法律生效判决被实质性地悬空的情况下，我方除了在主体诉讼战线奋战之外，还必须在对方侧翼与后方实施战略大迂回包抄合围，将对方与第三人恶意串通损害我方合法权益的行为彻底揭露并依法追究其无效返还乃至刑事责任。如此运作，不但使我方的生效判决的执行有了保障，也令对方为其逃避责任与义务的违法行为付出代价，从单纯法律程序层面的打击升级为全维度打击，我方在综合实力方面占据完全优势。只有综合实力占据完全优势，我方终极诉求才会基本实现。

在重大、疑难、复杂案件中，没有通过单纯法律判决与强制执行就能全面、彻底、深入解决问题的。相应，能够仅通过单纯法律判决与强制执行就全面、彻底、深入解决问题的案件，必定不是重大、疑难、复杂案件，即使标的再大也没必要提升至重大、疑难、复杂案件的高度去解决。在所有重大、疑难、复杂案件中，双方为了重大至关乎双方生死存亡的利益展开你死我活的斗争，且自发形成利益共同体联盟，最终演变成两大利益共同体联盟之间的斗争，双方为了重大利益人为地布设疑难复杂，使案件的疑难复杂程度极限化地升高，通过正常法律诉讼程序根本无法解决。因而，在主体法律诉讼程序之外存在较多对抗与较量，也是重大、疑难、复杂案件讼争的本质特征。只解决了主体诉讼的法律专业技术问题，于案件全局来说，甚至连表皮也未刺破。因此，必须全局掌控，制订总体战略规划，部署全方位、立体化、多层次、纵深化的战术体系，在实战推进过程中审时度势，及时做好战略掌控与战术机动，形成完备而稳固的战略攻防体系，形成核心战略力量。只有在我方强大战略力量震慑下，才能在所有战术据点的对抗中取得优势，最终将对方的战略防线完全攻破，完全掌控战略优势，才能具备赢取真正胜利的资格。这种模式在重大、疑难、复杂案件中毫无例外，笔者律师团队操盘解决的百余宗重大、疑难、复杂案件，均是通过以上运作模式推动至完全掌控战略优势，在绝对实力方面全面而彻底地压制对方的情况下，才能够达成我方的战略目标。从实战效果角度考量，实力决定一切，在重大、疑难、复杂案件解决过程中似乎已经成为一种客观规律。

在重大、疑难、复杂案件中，实力为王，实力决定着一切。正义、公理、法律也是我方实力的一部分，但不能仅靠正义、公理、法律。在小是小非面前，正义、公理、法律、良知等形成的有效社会评价足以使觊觎他人利益的人望而却步。但在足以使人铤而走险的重大利益面前，正义、公理、法律、良知根本就无力唤醒装睡的人。如同战争中，最终战胜的一方总是戴上了正义与公理的光环，而战败的一方显然是邪恶而卑污的。我们应当尊重重大、疑难、复杂案件的客观现实，并遵循其解决的客观规律，在解决过程中不天真幻想，不教条刻板，不狭隘斗法，务实又理性地营务我方综合实力，实力程度决定了我方总体战略目标的实现程度。

二、凭实力划定边界

在重大、疑难、复杂案件解决过程，确定双方利益分割的尺度与原则，犹如战争结束后双方划界而治。交战后划定边界，其实反映了双方实力对比状况。显然，优势方会占有更多地盘。在重大、疑难、复杂案件解决过程中，最终确定双方利益分割尺度与原则的，是综合实力而非其他。此处所讲综合实力，是从掌控战略优势的角度考量的结果，决非传统单纯诉讼中事实证据以及法律专业技术经验范畴的专业实力。专业实力有效区域是单个诉讼程序，而综合实力的有效区域是重大、疑难、复杂案件全局，能够影响到案件中全部流程与环节，也能够全面压制对方的进攻，攻破对方所有防线，因而形成掌控全局战略优势的有利地位，拥有分割利益的发言权与决定权。

重大、疑难、复杂案件解决过程中，实力划定边界是真理性的命题，为我们指出了案件运筹总体原则是但行好事，莫问前程。不要将全部精力投入于具体法律诉讼程序中的专业技术对抗与较量，并在诉讼程序范围内将目光聚焦于胜利与失败，在不能创造胜利结果的形式与内务工作中耽误消耗。应当只顾发展与积蓄实力，莫过分地索求胜利结果。因为过分地索求胜利结果会导致战术执行能力受到严重影响，某些战术行为与最终索求的胜利结果之间或许不存在直接关联，过分看重最终胜利结果，便会带着实现胜利结果的强烈目的性从事，因而会使战术选择能力与执行力严重降低。传统专业技术流思维方式与处理模式下，就是过分强调技战术的目的性，因而导致战略目光狭隘，放弃好多原本具有建树意义的战术行为，完全沉浸在从专业技术角度推导出理想结果的诉讼程序中，最终导致只有形式成果而实质上陷于悬停僵死的境地。我们必须始终坚信实力划定边界的真理，站在全局战略高度进行运筹，在总体战略规划的指引下，充分运用我方的有利条件，并尽可能地利用对方的薄弱环节与致命要害部位，将各项具体战术行为的战术威力发挥到极致，力求达成实实在在的战果。争取在每个战略据点的对抗中尽可能占据优势地位，最终在点点滴滴的积累过程中逐渐掌控全局战略优势。当我方具备足够的实力与对方决战，并且通过多方理性权衡后能够对于决战的结果进行清晰地认识时，利益分割的尺度与原则其实已经确定。

实力划定边界问题的理解，要从全局、宏观的高度与层面来把握，本意并非指双方的实力对比犹如法律判决般客观地确定双方利益分割原则与尺度。事实上，双方实力对比无法作出客观有形的利益分割原则与尺度。实力对于利益分割的作用，是通过强势引导理性筹算、击溃与强化战斗意志的过程中实现的。从讼争开始至终局，双方其实一直在筹算，对于双方的有利要素与不利要素、优势与劣势、实力与虚弱所在、各种程序与场面的对抗较量结果等方方面面的问题进行精细算计，并以算计结果作为实际战术行动的判断基础。随着双方实力对比发生变化，这种算计的结果也相应发生改变。如果我方实力足够颠覆对方时，对方的理性筹算结果也会清晰地对其作出强势引导，促其趋利避害，选择更为有利的方式与我方周旋，而非固执于讼争缠斗。同时，对方的战斗意志坚毅的表现并非全时空的状态，必定具有一定的时空条件。当对方自认为胜券在握时，其战斗意志必定异常坚定。随着战略形势的转移，对方逐渐失势时，其战斗意志也相应减弱。及至我方完全掌握战略优势后，对方的战斗意志徒剩主观坚持的力量。也就是说，在重大、疑难、复杂案件讼争过程中，当事人的战斗意志是由两方面要素支撑起来的，一方面是主观坚持的能量，另一方面是实力赋予的坚定。而实力的决定作用是关键性的，主观坚持的能量也随着实力的变化而呈正比例变化。当我方具备掌控全局战略优势的实力后，对方的战斗意志往往只剩主观坚持的能量，已经脆弱得不堪一击。再经实力对比结果强势地引导对方进行理性筹算，筹算结果如芒刺在身地提醒对方覆亡结果的情况下，双方边界划分在实质上已经完成，有关利益分割的原则与尺度已然成形。

在重大、疑难、复杂案件讼争过程中，终局结果是在双方实力对比形成定局时的客观形势造就的，双方讼争之核心重大利益的分割尺度与原则，最终由实力确定。我们在坚持正确方向与路线的前提下只顾发展与积蓄实力，绝对的实力优势会强势地引导对方进行理性筹算，并作出趋利避害的选择，对方的战斗意志也在实力对比的劣势以及理性算计的绝望中荡然无存，案件讼争利益分割的尺度与原则也就此定型。

三、实力是和解的底气

重大、疑难、复杂案件的解决无非讼争到底与和解两种可能，当然，任何当事人与诉讼必要参与主体均希望通过和解解决，还能够最大限度地保障实现权益诉求。这种想法本身就存在矛盾，希望和解与结果完全满意本身就无法并存。主观上解决的欲望强烈、和解诚意高、愿意适当让步等在传统单纯诉讼案件调解与和解中极具价值的要素，在重大、疑难、复杂案件中基本上不具有任何实际意义，反倒成为维护权益的牵绊。传统单纯诉讼案件的调解与和解过程中，在法院查清事实，分清是非责任的基础上，根据双方自愿原则，同时本着互谅互让的原则，由法院居中主持解决。其中有两个假设的前提十分重要，那就是双方当事人都愿意明法守理、愿意让渡部分利益。如果缺乏这个前提基础，调解自然也是无效的。在好多得到顺利调解的案件中，往往是双方当事人对于客观事实与法律事实存在一定的误解，经过法院充分调查并明法述理后，误解在一定程度上消除，因而愿意心悦诚服地接受调解。况且双方纠纷事宜并不复杂，涉及利益不大，而且事发相对突然，无明显长期谋划设计的因素，在厘清事实、明晰法律、分清是非责任的基础上，由权威的居中裁判方主持调解，自然成算较大。也就是说，双方都没有揣着明白装糊涂，也没有唯目的是图，不达利益目的誓不罢休，因而如同真正睡着的人能够叫醒一般，调解往往可获成功。如果在双方讼争过程中，有一方或者双方装睡，即使完全能够明法断理，但为了重大利益追求就是装作糊涂。而且，双方都要吃全鱼，在没有现实的压迫与危害的情况下，根本不可能让渡利益，那调解工作注定徒劳无功。在重大、疑难、复杂案件中，双方为了关系到双方生死存亡的重大利益展开激烈争斗，斗争意志相当坚毅，目的就是大获全胜并且将对方彻底打垮，而且人为布设疑难复杂，双方的斗争若不经综合实力碾压，很难达成利益分割条件。若以传统诉讼案件中的调解原则予以调和，显然存在装睡的人叫不醒、双方偏执地追求大获全胜的致命问题，因而根本不具备调和的可能性。但这不代表重大、疑难、复杂案件解决过程中和解没有价值。相反，绝大多数重大、疑难、复杂案件都是以和解的方式解决。重大、疑难、复杂案件的和解，是在双方实力对比悬殊到一定程度时的必然结果。如果一方想要通过和解解决并且基本达成预期的利益目标，必须以极大的绝对实力作为依托和底气。没有极大的绝对实力作底气，和解的提议都与投降无异。

在重大、疑难、复杂案件解决过程中，在双方实力对比未出现明显优劣势的情况下，任何一方也不会自发地减弱战斗意志产生和解解决的念头，故在双方实力对比出现明显差距之前，任何关于和解的想法与提议都是徒劳。在运筹解决过程中，如果我方尚不具备完全压制对方的实力，就专注于发展并积蓄实力，别抱任何与对方和解解决的幻想。当我方通过运筹战略战术体系，逐渐掌握明显的战略优势后，可以以强者明智、包容、开放的风格打开和谈大门，只要对方愿和谈，我方一概全力配合与支持。但战略推进力度依然如故，且在和谈中绝不泄露我方战略战术机密。及至我方拥有绝对而稳固的战略优势后，宜保持清醒的战略头脑，充分认识到赶尽杀绝、血战到底的弊端，和谈大门要开得更大，甚至有必要运筹围城必阙战术，在重重合围中给对方留出一个缺口，动摇对方死战到底的战斗决心，瓦解其战斗意志，尽快主动而富有诚意地请降和谈。在实战中，我们一般会主动地安排双方相熟的第三方以不经意间无心插柳的方式隔三岔五地向对方传递居中斡旋的提议，对方往往会迫不及待地与我方谈判。但我方只有在确定对方非施缓兵之计并且拿出足够的诚意后才同意与对方正式谈判解决。对方的诚意当然是拿出具体而尊重案件客观形势与双方实力对比的解决方案。在正式谈判中，我方在完全掌控战略优势后得势莫落井下石，得理别不饶人，有分寸、有节制地对待和解，虽然有实力和必要将对方一举歼灭，但依然需要保持战略克制，给予对方绝对优于血战到底的条件，促其尽快放弃无谓抵抗，与我方和解解决。

在解决重大、疑难、复杂案件过程中，关于和解问题的态度变化，其根基是实力。从起初讼争形势不明朗时的绝对不考虑和解，到取得一定战略优势仍难分伯仲时的不抱和解幻想，及至取得一定战略优势时保持强者开放、包容、明智的态度而大开和谈大门，以及最终完全掌控战略优势时运筹围城必阙战术，甚至以主动战术行动促成谈判和解的过程，我方对待和解的态度始终在发生变化，其基础是我方实力的变化，实力是我方和谈名副其实的底气。和解的目的是为了更好地解决问题，不具备实力的和解，不是寻开心就是调戏，再有可能就是阴谋。因而在不具备和解资格与条件的情况下，必须打消一切不切实际的和解企图与念想。既然将和解作为战术项考虑，那就必须有极大把握产生战术成果。我们在和解中唯一追求的目的就是更快、更全面、更彻底、更深入地解决问题，要达成这样的目的，必须以足够的实力作为底气。只有在强大实力底气支撑下的和谈，才能基本达成我方预期战略目标，从根本上避免强势掠夺、割地赔款、丧权辱己式和解以及和事抹稀、各打五十大板式应景和解的伤害与不公。

四、凭实力免除后顾之忧

重大、疑难、复杂案件的解决达到全面性、彻底性、深入性的标准，方算完全解决。好多案件问题得到了全面解决，但未必达到彻底、深入解决的程度，往往遗患无穷。一方在争逐重大利益失败后，无论是失去重大利益的报复，还是失败的屈辱，都足以令其在十年生聚、十年教训之中厉兵秣马、卧薪尝胆，然后东山再起，卷土重来，反攻倒算。实务中，在解决后爆发次生讼争的情况并不罕见。究其原因，还是因为临解决时双方实力对比不够悬殊，未能创造绝对掌控的战略优势，不具有持续性的战略震慑，也无后备战术切断对方后路，因而使对方在得到利益或者在让渡利益后经过反复算计，认为还有争取的机会与可能性，加之长时间的失衡、怨愤、不甘、复仇等情绪酝酿，卷土重来，反攻倒算便在情理之中了。只有绝对的战略优势与实力，才能从根本上解决对方出尔反尔的问题。

在我方掌控了绝对的战略优势的情况下，往往不是将所有战术体系铺陈实施完毕才取得战略优势，而是有大批战术行为形成箭在弦上、引而未发的态势，一旦解决这些引而未发的战术体系并不会就此消亡，而是直接转化为战略防御力量维持战略震慑力。对方胆敢卷土重来，我方便立即启动后备战术体系进行全歼式战略打击。因而，绝对的战略优势与实力，在和解中不但体现在解决阶段的主动权、发言权等底气方面，而且还体现在保持持续性的战略震慑，使对方在案件解决后慑于我方后备战术体系的威力而不敢反攻倒算。后备战略防御体系，在双方和解解决阶段已经部署到位并可立即实施，但出于双方和解解决的友好氛围考虑而采取战略忍耐，引而不发。其战术威胁与战略震慑是持续存在的，即使在双方完全解决以后也不会消失。拥有这样的战略战术体系，才可称完备而稳固的战略攻防体系，也只有拥有完备而稳固的战略攻防体系，才有可能完全掌控战略优势，并拥有绝对压制对方的实力。完全掌控战略优势，拥有绝对压制对方的实力，在和解中是我方重大筹码与充足底气。其中引而未发的后备战术体系，甚至在和解后亦能保持持续性的战略震慑，迫使对方放弃反攻倒算的想法与计划。

比如，在一个重大、疑难、复杂案件中，我方通过精挖细掘、掘地三尺的调研摸底、要素收集，掌握了对方在案件强制执行期间转让、变卖财产并与案外第三人恶意串通转移隐匿财产损害我方合法权益的证据。据此，我方部署了追究对方以及案外第三人拒不履行法院生效判决罪刑事责任的战术，以及追究对方与第三人恶意串通我方合法权益行为无效并主张返还与赔偿损失的民事责任战术。由于证据确实充分，对方阴谋破产，必须将转移隐匿、转让变卖的财产悉数返还，而且第三人也必须因此连带返还赔偿。更为严重的是对方需要为此负担刑事责任，并且案外人也有可能构成共同犯罪，而案外人又是对方的至亲，对方的压力可想而知。正是在该战术体系的压力下，对方完全屈服，积极张罗和解解决了问题，我方亦未深究。该案解决后，对方或许心有不甘，或许经常也会筹谋东山再起、卷土重来、反攻倒算的计划。但只是想想而已，果真出尔反尔，等待他的不是争取权益的问题，而是身陷囹圄的问题。因而，我方箭在弦上、引而未发的后备战术的后续战略防御功能十分突出，保持了持续性的战略震慑。

绝对的战略优势与实力，不但是我方解决过程中的王牌力量，为我方赢得更接近预期战略目标的结果，还可以保持持续性的战略震慑与防御，在案件解决后依然能够给对方施以压制，确保案件解决效果的全面性、彻底性、深入性，从根本上解除了对方的卷土重来，反攻倒算的可能性。从案件讼争伊始到彻底解决，绝对的实力在每个环节都稳定地发挥着决定性作用，强势地宣示了重大、疑难、复杂案件解决过程中实力为王的铁则。

第二节　树立更务实的胜败观

一、两种不同的胜败观

（一）传统单纯诉讼案件的胜败观

在法律实务领域，胜与败是贴在传统单纯诉讼案件脑门上的醒目标签，这里似乎没有中间值，只有胜诉与败诉的两重天，即使是调解结案，当事人也更喜欢以赢了或输了来表达结果，非胜即败的执念深入人心。传统单纯诉讼案件的胜败观就是简单直接的非胜即败，并且胜败只是相对于法律判决而言。为表述方便，姑且将传统单纯诉讼案件的胜败观称为传统胜败观。传统胜败观对于当事人在诉讼案件中的思维方式、行为模式、关注界域、价值观念均有全面的影响，因而形成特定的诉讼应对模式，这种应对模式对于案件的解决影响相当深远。

在传统单纯诉讼案件中，当事人与专业代理人士一般都更在意法院判决结果，十分关注基础事实、证据、法律适用这些内向界域的要素，对于内向界域以外的要素基本不做重点考量，只是作为参考因素。一般会严格按照法律程序按部就班地展开诉讼行为，且在每个程序环节中完全沉浸其中，只求该程序阶段的胜利。从案件总体来说，在审理阶段只关注能否得到胜诉判决的问题，在强制执行阶段才考虑如何执行到位的问题。好多案件在启动时根本不考虑判决能否得到执行的问题，在得到胜诉判决后弹冠相庆，及至在强制执行阶段被冰冷的现实浇醒以后，才知道案件当初似乎应该做点什么，但为时已晚。在传统胜败观的指引下，不但当事人被动地跟着诉讼程序走，好多专业人士也抱持同样的观念，特定阶段只做该阶段的工作，超出该阶段范围则一概不问。经常有当事人在诉讼伊始十分关注胜诉后能否执行到位的问题，但经常被一些专业人士那套没有一审胜诉哪来强制执行的道理征服，因而选择跟着法律程序的步伐亦步亦趋又异常专注地沉浸于诉讼流程。如此操作方式，已经不是打草惊蛇那么简单，而是直接给对方发出战略隐蔽通牒，告诉对方我方已经打算诉讼追究了，请务必做好转移隐匿、转让变卖等工作，否则一旦被我方抓住就不好看了，搞得双方都很尴尬。对方当然要收下这份厚礼，一通神机鬼械、鬼蜮伎俩的操作设计，我方再折腾得精彩也只剩虽败犹荣的廉价绶带聊以自慰。这种现象十分荒诞，但竟然在实务中有极大的存在市场，甚是令人百思不得其解。最近几年，随着诉讼保全成本与风险的降低，传统胜败观在客观形势的敦促下终于缓缓地向前挪动了步伐。但最关键的是解决思想问题，如果思想还是停留在被动怠惰的阶段，即使诉责险等新生事物以及司法体制改革成果让财产保全成为每个诉讼案件的可能标配，但教条刻板者还是固守专业代理人身份不变，认为找寻财产线索并非其本职所在，还是找不到财产线索，依然暴殄天物，白白浪费法治进步带来的福利。

传统胜败观太过偏重法律判决结果，导致战略盲视与狭隘的情况相当突出，由于将目光与精力全部聚焦于判决结果，却丢失了最重要的阵地，导致法律判决赋予的纸面权利无法转变成现实可支配法律权益，实在得不偿失。笔者无意指责注重法律判决结果不对，而是强调必须抓主要矛盾与关键问题，分清轻重主次，将案件作为一个整体，进行全局分析、全局考虑、全局谋划，以系统性的战术解决问题，始终精准地把握核心问题。显然，如何将法律判决赋予强制执行的纸面权利转变成现实可支配法律权益才是重中之重，如果这个问题得不到落实，其他的战术行为可以暂缓，包括通过诉讼取得胜诉判决的行动。因为好多传统单纯诉讼案件事实清楚，法律关系简单，证据体系稳定，争取到胜诉判决似乎不是最核心的问题。

但传统胜败观根本不理这一套，在非胜即败的观念指引下，当事人将注意力与精力全部集中于追逐胜诉判决，如同眼巴巴地盯着冠军奖杯而发挥失常的孩子，错漏百出地完成了并不光彩的征程。最终确实得到了胜诉判决，可以很自豪地宣告赢了。但再往前走就是悬崖了，在本方悉心帮助与提醒下，对方已经做好了万全准备，只等笑看对手握着胜诉判决但却拿自己一点办法都没有的样子。案件推动到这一步，如果不承认失败，那只有一种可能，因为本身就是失败，因而不觉得失败是失败。

　　传统单纯诉讼案件中比较流行的非胜即败的胜败观引致的战略盲目与狭隘，导致好多案件陷于悬停状态，并非绝对普遍现象，但却由来已久并始终拥有广阔的生存空间。虽然当事人也能觉察出况味不对，律师也觉得似有不妙，但却能够顽固地在一个个全新的案件中寄生存活，大概与传统胜败观一脉相承的价值观有极大关系。在传统非胜即败的观念下，律师代理的最大意义就是帮助委托人打赢官司，这个打赢是指拿到胜诉判决，绝非最终完全实现目的。好多律师将此定位视为圭臬，奉行不渝，甚至在某个恍惚的时间段竟成为律师职业道德规范，只在接受委托的程序阶段做专业代理工作似乎变成美德，多管一点事、多担一点责好像不但有违职业道德，并且在精明者看来还很傻憨。这就是典型的东西路南北走，实在荒诞离奇。律师是具有法律专业知识与技术经验背景的解决问题专家，我们必须拥有高超的解决问题能力，因而必须从只注重案件判决结果的传统胜败观中走出来，系统性地处理案件，彻底地解决案件问题，帮助委托人达成现实可支配法律权益，而非仅一纸判决赋予的胜诉权利。

　　综上所述，传统单纯诉讼案件中过分偏重法律判决的非胜即败的胜败观，确实对处理案件的思维方式、行为模式、关注界域、价值观念均有较大的不利影响，站在务实解决的高度看，弊端已经十分明显。在解决重大、疑难、复杂案件的层面看，已经完全属于禁止事项范畴。

（二）重大、疑难、复杂案件的胜败观

　　有系统性的思想、方法论指导的重大、疑难、复杂案件，从案件开始运筹解决时便已经以总体战略目标的方式确定了明确的胜诉目的。总体战略目标和传统胜败观中的诉讼目标不同，总体战略目标是在综合分析、考虑、筹划全局重要事务的基础上，结合案件客观形势与双方实力对比，并运用饱富经验对于案件发展变化进行相对准确的预测后，对于我方能够在讼争中实现权益的程度作出准确判断后确立的综合目标，具有客观性、综合性、全要素性、科学性、预测性、经验法则化等特性。与仅在单一法律程序中追求案件胜诉法律判决的过程截然不同。

　　在重大、疑难、复杂案件胜败观的评判标准体系中，胜诉是一个综合目标，是各项具体战术行为协调推进后，基于双方实力对比，通过法律判决、谈判、和解等方式而产生的一种综合结果。其中包括了传统单纯诉讼案件所追求的法律判决层面的胜诉，但更注重实质上的胜利，胜与败的评判标准，更看重法律判决赋予的权利转化为现实可支配法律权益的实现程度。同时，也追求胜利成果的稳定性、持久性，无后续法律纷争给胜诉成果带来威胁与不确定性。

相应，重大、疑难、复杂案件胜败观也直接导致处理案件的思维方式、行为模式、关注界域、价值观念产生重大变化。在解决案件过程中，各项要素与流程不再被单独陈列，而是综合在一起进行分析、考虑、运用，各项事务得到协调一致的安排与推动，从案件运作伊始便将未来如何达成现实可支配法律权益的问题作为核心目的，将一切有利于实现该核心目的的要素进行整合，纳入战略战术体系。作为重大、疑难、复杂案件解决过程中的操盘人，对于自身的定位不再限于专业技术人才，只在狭小的流程段提供中介代理服务，而是类似于项目总负责人、飞机机长、轮船船长的角色与职责定位，以自身的实战思想体系与方法论、专业素养、技术经验等对于各项事务全面高度负责，独立判断，在总体战略目标的统筹下维持各项具体战术的最佳运作状态，以高效能、低能耗的模式达成总体战略目标。

在案件解决过程中，不但关注单个诉讼案件基础事实、证据、法律适用等内向界域的要素，同时也以洞若观火、明察秋毫的俯察能力缜密而富有轻重主次地关注外向界域的要素，将任何有助于案件解决的要素悉数收集运用，归置于我方有利的进攻或防御据点，不断增加我方战略力量的打击力度与厚度，发展并积蓄我方战略综合实力。最终的胜利，正是凭借综合实力奠定的战略综合震慑力度而确定了双方利益分割的原则与尺度，从而确定了案件的终局结果。

在重大、疑难、复杂案件胜败观指引下，解决案件的价值观是求真务实的，这在设定总体战略目标时已经确立。总体战略目标是多层次的综合目标，既包括了法律胜诉判决的追求，更包括了如何将胜诉判决确定的纸面权利转化为现实可支配法律权益的求真务实的追求，只有法律判决权利与现实利益均达成，才算实现了总体战略目标。在案件讼争伊始，通过对于全局分析、考虑、统筹后认为达成现实可支配法律权益存在无法克服的障碍，则坚决不会盲动冒险，此种情况下，即使通过专业理性分析判断能够十拿九稳地取得主体诉讼胜诉判决，也不能盲动冒险。相应，如果在主体诉讼中败诉，但基于其他战术体系的助力而导致我方综合实力完全压制了对方，案件可能得到全面、彻底而深入解决的情况下，也会毅然决然地向前推动。比如，在笔者律师团队介入时已经陷入悬停僵死状态数年的案件，若以传统专业技术流思维方式与处理模式进行判断，肯定是一听就连连摆手，摇头避开。但经过我方深彻洞察分析对方侧翼与后方的致命要害部位与薄弱环节，综合各项要素判断完全可以在该外向界域取得重大突破后果断实施，最终将已经悬停僵死的主体诉讼盘活，从而全面解决问题。在求真务实的价值观引导下，案件的解决始终保持在全面、彻底、深入解决的力度层面，从大战术运作到小微战术动作，均围绕达成现实可支配法律权益的核心目的进行，因而最大限度地杜绝了最终只实现法律判决纸面权利的情况出现。

（三）两种不同胜败观的关系辨析

传统单纯诉讼案件只追求胜诉判决的非胜即败的胜败观与重大、疑难、复杂案件综合全面而求真务实的胜败观并不矛盾，两者是对同一事物关注、追求的领域、层面不同而已。传统胜败观只从专业技术层面关注诉讼内向界域的问题，追求法律判决层面的胜利，绝大部分力量用于法律权益的固定与赋予强制执行效力，但对于法律判决权益如何转化为现实可支配法律权益的问题，既缺乏提前规划又缺乏驾驭能力。重大、疑难、复杂案件胜败观从全局分析、考虑、谋划，对于讼争内向界域与外向界域问题同时关注，追求法律判决胜诉的结果，但更注重现实可支配法律权益的实现问题，如果未达成现实可支配法律权益，案件运作解决就是失败。

重大、疑难、复杂案件胜败观中追求的胜利完全包括传统胜败观中的胜诉追求。并非重大、疑难、复杂案件中不追求诉讼案件从专业技术层面的胜诉。相应，对于庞大讼争体系中各个诉讼案件专业技术层面的胜诉追求意志、能力、努力程度等均要比传统单纯诉讼案件高出好多。如同战略级律师更强调全局统筹、全局掌控的战略统筹能力，但不代表忽视专业技术水平一样的道理。相反，战略统筹能力必定建立在极高的专业素养与专业技术水平基础上，如果这个基础薄弱，也无从升级至全局统筹、全局掌控的战略高度。战略级律师专业技术能力必定不是其能力木桶中最长的木板，但在整个律师界专业技术能力中绝对属于佼佼者。重大、疑难、复杂案件胜败观重视全局统筹与掌控，只是没有将追求单个诉讼案件胜诉判决提到最高高度，只是强调其他对于达成现实可支配法律权益具有决定性的因素更重要、更值得把握。实际上，在庞大讼争体系中每个单独诉讼案件的专业技术掌控能力方面，优势依然比传统胜败观指引下的专业技术流模式出色得多。

能够从全局范围进行细致入微、洞若观火、明察秋毫的俯察，对于一个单纯诉讼案件的掌控能力自然会更出色。如果连一个单纯诉讼案件尚不能做到出色驾驭，显然不可能具备俯察、掌控全局的能力。

重大、疑难、复杂案件处理过程中，在追求单个诉讼案件法律判决胜诉方面，需要继续保持传统胜败观的非胜即败的执念，甚至要更决绝地坚持。因为执拗地追求诉讼案件法律判决胜诉没有一点错误，只是因此一叶障目、不见泰山就是严重错误了，这种盲人摸象、刻舟求剑的前车之鉴必须高度重视。相应，传统单纯诉讼案件解决过程中，应当积极地吸纳重大、疑难、复杂案件胜败观之下的先进思想、理念、价值观、方法论，将关注的领域与层面予以提升，在极力追求法律判决胜诉的同时，也能够均匀用力，充分地尊重案件客观情况与当事人合理而现实的诉求，在实现法律判决胜诉的同时，也能够达成现实可支配法律权益。杀鸡用宰牛刀不会影响实质效果，若倒过来结局恐将完全改写。

二、非胜即败的观念，断不可取

此处所讲非胜即败的观念，指的是以传统专业技术流思维方式与处理模式解决单纯诉讼案件时仅追求法律判决胜诉的胜败观，得到胜诉判决即使无法达成现实可支配法律权益也堂而皇之地宣称胜利。自然，对于法律判决结果的败诉，假使对方满足本方所有利益诉求也坚决排斥。当然对于法律判决败诉畏之如虎是应该的，但在某些特定情况下还得灵活掌握。这种仅追求法律判决胜诉的非胜即败的观念之所以断不可取，是因为其本身具有只要葫芦不管根叶的错误，即使根本部分与关键部分已经出现严重危机，但还是聚焦关注形式目标，最终酿成全局僵死的恶果。

（一）歧路亡羊之患

如果坚持只追求法律判决胜诉的非胜即败的观念来处理重大、疑难、复杂案件，势必无法设定正确而清晰的方向与路线，只局限于单个诉讼案件本身的狭小范围进行穷究其理、探究辨析，对于单个诉讼案件之外的事务缺乏应有的敏感与足够重视。而重大、疑难、复杂案件绝非单纯诉讼案件那般简单纯粹，基本上在主体讼争之外都存在着众多讼争事项，涉及各种法律关系以及多种、多层次法律纠纷，势必会存在众多法律诉讼程序以及其他程序讼争。在众多讼争程序中，如果按照非胜即败的观念，只停留于专业技术层面进行极致追求法律胜诉判决的单独处理，各自为政，互不呼应协调，最终的结果必定是单个诉讼案件均无疾而终，全局形势因此变得烽火四起，支离破碎，但却离真正的解决渐行渐远，陷入极端复杂泥泞的悬停僵死状态。在传统专业技术流思维方式与处理模式下，好多重大、疑难、复杂案件被当作标的较大的单纯诉讼案件进行处理，结局往往如此。

尤其是我方作为未做充分准备的应战方的情况下，形势更显严峻危险。在对方处心积虑、别有用心地布设的正面防线面前，对方提起什么诉讼就被动而投入地予以应对，对方四处点火，我方也跟着四处应战，疲于应付。不从根本上解决问题，却将全部精力投入于对方人为布设的复杂讼争汪洋大海，甚至好多案件的当事人在对方发起的众多讼争战局中，为了所谓专业考量竟将各个单独诉讼委托不同律师团队代理，根本就无法形成统一的应对战略战术体系，案件走入太多错误的茬路，离真正的解决越来越远。传统单纯诉讼中过分注重单个诉讼案件法律判决胜诉，因此而衍生的非胜即败的观念导致只要葫芦不管根叶的错误行为方式，使重大、疑难、复杂案件复杂讼争体系中各项讼争行为陷入毫无方向、路线的争斗，只管自顾自地往前开，整个讼争局势就像众多碰碰车信马由缰地胡扑乱撞般无序而混乱。

（二）悬停僵死之祸

与歧路亡羊之患相对应的，是悬停僵死的危亡境地。本来在重大、疑难、复杂案件中由于对方人为布设坚固而强大的正面防线，导致我方突破几乎不可能，而且还存在众多讼争战场，已经为整体案件的悬停僵死铺垫了基础。对方作为既得利益方，已经通过神机鬼械、鬼蜮伎俩的设计谋划攫取了我方合法权益，自然意欲我方陷入无休无止的复杂讼争，为其稳固占有盗攫而得的利益提供条件。我方若以传统非胜即败的观念被动应战，只盯单个诉讼案件目标，在对方设置的战局中胡扑乱撞，缺乏正确的方向与路线指引，本来应该系统化、整体性地解决的讼争问题，被人为地肢解分割，单独处理，还互不牵扯，为最终的悬停僵死结局贡献了最后的必要条件。

好多缺乏系统性战略思想指导的重大、疑难、复杂案件，往往具有基本类同的宿命，最终在被动应战的复杂讼争中陷入悬停僵死境地，斗争还在继续，但却与真正的解决南辕北辙。究其原因，在于以传统专业技术流思维方式与处理模式进行误诊误治的必然结果，而传统专业技术流思维方式与处理模式对于解决重大、疑难、复杂案件最致命的先天缺陷，便是只重法律判决胜诉的追求下非胜即败的胜败观。好多重大、疑难、复杂案件陷入悬停僵死的危亡境地，最深的根源是传统单纯诉讼案件中非胜即败的观念。这种非胜即败的观念太过关注单纯法律判决的胜败，只盯短期目标与利益，完全忽略全局形势与核心问题，导致其解决普通单纯诉讼案件尚可，但却根本解决不了人为谋划设计的疑难复杂局面，因而案件整体陷入悬停僵死便是无法躲开的宿命。

三、胜利在重大、疑难、复杂案件中的真正内涵

（一）建立了稳固的战略力量优势

在重大、疑难、复杂案件双方对抗较量中，双方基本上不可能凭借某个诉讼程序的裁判结束斗争，好多案件主体诉讼已经尘埃落定，但双方的斗争并没有平息，甚至有基于双方对主体诉讼判决的不满而导致斗争愈演愈烈的情况。前已述及，最终决定案件终局结果的只有实力，哪方拥有了足够的综合实力，便拥有强势的发言权与决断权，因此才能确定双方利益分割的原则与尺度。而这种能够决定案件终局结果的综合实力，具体表现形式是稳固的战略力量优势。是否拥有稳固的战略力量优势，需要从两个方面来判断。一方面是这种战略力量优势是经过实际对抗较量以后现实存在的优势对比结果，而非正义公理以及理性分析层面的战略力量优势。另一个方面是这种战略力量优势的悬殊度较大或极大，对方不具备翻盘的可能性，而非在特定阶段取得了一定的战略优势，但对方完全具有翻盘可能性的情况。

我方在形成完备而稳固的战略攻防体系后，通过正式对抗较量，将对方防御体系攻陷，并在我方的战略防御体系上取得成功，将对方的进攻力量全面遏制，同时取得进攻体系与防御体系的重大胜利，才能建立相对稳固的战略力量优势。比如，之前讲述过一宗重大、疑难、复杂案件，双方实力对比悬殊，我方被对方拖欠数亿货款，但对方在合作时就利用优势地位对合同进行了详尽的法律技术设计，并以保密为名单方持有收货结算凭证体系，我方手里证据根本就无法证明送货数量、价款、质量等重要问题。后来双方发生严重分歧不得不诉讼解决，我方甫一正式交涉，对方便先声夺人，先以一批货物质量问题为由起诉我方。由于我

方关键证据严重缺失，因而，无论是在追索货款的进攻战线还是对方提起的质量问题诉讼的防守战线，都处于全面被动。后来，我方通过运筹运动战中伺机围歼战术，以存在事实合同关系为由起诉对方七家子公司的方式，利用对方庞大机体的缺陷与漏洞，在对方该七家子公司与总公司之间以及子公司彼此之间缺乏沟通的情况下，在诉讼中取得了子公司与总公司之间货款结算凭证，将我方供货数量、价款、质量合格等重要问题得到证实，对方拖欠我方货款的事实以及我方供货质量均为优等品的事实均得到了有力证实。取得该关键证据后，我方具备形成稳固而完备的战略攻防体系的条件。后来，我方以完备而稳固的战略攻防体系向对方正式发起围歼总攻，在强大的证据体系面前，在追索货款的进攻战线，我方完全击溃对方的进攻，并在对方起诉质量问题的防御战线中，成功地狙击了对方的攻势，同时取得进攻战线与防守战线的关键性胜利，取得了稳固的战略力量优势。

这种战略力量优势是经过实战对抗与较量的战略力量优势，而不是分析判断得出的战略优势，与理性分析得出的优势必须进行严格区分。好多案件当事人与专业代理团队误将正义当作力量，习惯于从案件本身的正义性进行分析比较以推断出优劣势，导致案件最终在未尊重客观形势与双方实力对比的情况下落败。须知正义是产生力量的源泉，并非力量本身。再具有正义立场的案件，如果不具备完备的战略攻防体系，也不能避免落败的命运。在具有绝对正义立场基础上就理所当然地推断我方具有战略力量优势，是典型的战略幼稚与冒险，拥有这样的优势不能作为我方拥有战略力量优势的依据。必须是经过实战对抗较量考验后而产生的战略力量优势才是稳固可靠的，才可以作为我方基本掌控战略优势的判断依据。在重大、疑难、复杂案件解决过程中，取得稳固的战略力量优势，是我方取得最终全面胜利的前提，同时也是我方是否能够取得最终全面、深入、彻底的胜利的重要判断标准。

在取得稳固的战略力量优势的同时，双方战略力量对比相当悬殊，对方基本不具备翻盘的可能性，我方才具备完全掌控战略优势的条件。对方能否具有翻盘的可能性，主要从双方的战略力量余量分析。如果对方尚有战略力量余量，我方不可轻易断定已经完全掌控了战略优势。只有在对方战略力量存量使用殆尽，并且无战略力量存量，而我方还拥有较丰厚的战略力量余量的情况下，才能断定我方已经完全掌控了战略优势。在重大、疑难、复杂案件解决过程中，我方能否取得最终的胜利，在对方战略力量存量使用殆尽且无余量，而我方依然拥有丰厚战略力量余量，是至关重要的判断标准。

（二）基本达成利益目标

双方为了关乎生死存亡的重大利益展开你死我活的斗争，是重大、疑难、复杂案件的本质特征之一。相应，案件最终成功解决也必须是对于重大利益的分割作出了明确而稳定的处理，否则，案件便不会得到全面、彻底、深入的解决。虽然绝大多数普通单纯诉讼案件也是为了利益而争逐，但也有不少案件可能为了纯粹的非经济利益的权益而斗争，比如身份、公平、正义、尊严等。但在重大、疑难、复杂案件中，利益是主导因素，其他的因素或许兼而有之，但绝对不可能成为主导因素。因此，在重大、疑难、复杂案件解决过程中，重大利益分割始终是核心问题，只有核心问题得到彻底解决，案件才算得到妥善解决。对于我方而言，取得胜利更直观的指标便是基本达成了利益目标。

追求基本达成利益目标的目的，必须杜绝传统单纯诉讼案件非胜即败的胜败观，勿将法律判决胜诉视为解决案件的圭臬，以求真务实的态度解决案件。将解决的标准牢牢地确定在当事人实现了利益诉求与目的，而非将本身就业已客观存在的法律权利交由法律程序处理一遍，赋予其强制执行的效力。问题是在绝大多数重大、疑难、复杂案件中，对方早已通过一系列神机鬼械的谋划设计将我方核心诉求所依据的基础事实或者法律关系移置于法律程序射程范围之外，即使得到具有法律强制执行效力的判决，到头也会是一场空。因此，我方在案件中相对具有正义立场的情况下，事实上的法律权利就在那里客观存在，并不会因为未经诉讼程序就灭失或者减损，在我方具备足够实力的情况下，不通过法律诉讼程序也能够实现。既然通过法律诉讼程序解决，不是对于我方法律权利是否存在以及存在的程度存在极大的疑惑，因而选择由法律诉讼程序予以确定，而是想借助法律的威力实现权利。既然明知对方设计了阻却我方法律权利真正实现的防线，那我方的核心任务便是攻破对方布设的固若金汤的防线，扫清我方法律权利转化为现实可支配法律权益的障碍，并最终顺利实现利益诉求。基于此，案件胜利与否，应当将是否基本达成利益目标作为重要标准。只有利益目标基本达成，案件的处理才具有实际意义。如果利益目标无法达成或者达成度较低，无论其他方面多么出彩，均不算真正的胜利。

之所以将实现利益目标的程度表述为基本达成，有着深刻的原因。大事不拘小节，小事可以斤斤计较。在重大、疑难、复杂案件中，双方讼争的利益数额往往很大，解决的过程又异常艰辛复杂，即使在具备百分百的战略优势赶尽杀绝，最终也未必能够百分百地达成利益目标。何况在绝大多数情况下系双方和解解决，即使我方掌控了绝对的战略优势，但依然需要给对方一定让步作为和解的良好基础。否则，对方横竖是完全倾覆，更大的可能是选择死战到底，搏个鱼死网破。如果是这样的情况，我方将得不偿失。笔者遇到过多例在我方掌控了战略优势后当事人得理不饶人、得势便落井下石的极端情况，甚至在对方基本满足我方利益诉求时，依然要求对方对于其多年来维权的精神伤害与误工损失等进行公开赔礼道歉、赔偿损失。对方提议统一折算在案件和解支付款项中，但该当事人竟然严词拒绝，最终痛失大好和解局面，导致对方决意与我方鱼死网破。最终结局很令人遗憾，笔者律师团队毅然决然地退出代理，据说事务迁延六年有余，依然没有得到丝毫解决。该当事人在笔者律师团队退出后这六年期间，无数次通过各种各样的方式向笔者表达想继续委托笔者律师团队解决的想法，但笔者每次都坚决而委婉地谢绝，因为在重大、疑难、复杂案件解决过程中根本就不兴传统单纯诉讼案件解决的那一套，百分百地实现利益目标，甚至溢价达成利益目标的想法很不合时宜。固然对方有重大过错导致案件胶着迁延，给我方造成极大的维权成本，令其溢价支付赔偿的要求并不过分。但我方并非出于为对方考虑而让步，实因为本方利益考量。如果得理不饶人，得势必落井下石，导致对方决意鱼死网破，会给我方造成更大损失。因此，重大、疑难、复杂案件的解决需要排除主观感情因素，完全站在利益筹算的理性角度进行权衡。基于此，完全达成利益目标的追求不但无助于案件解决，反倒会成为致命障碍。相应，基本达成利益目标，是我方在重大、疑难、复杂案件讼争中取得胜利的衡量标准，而非全额达成乃至溢价达成利益目标。

（三）无被反攻倒算之虞

重大、疑难、复杂案件解决以后，一方东山再起、卷土重来、反攻倒算，导致案件发生次生讼争大战的情况并不少见。发起反攻倒算的，以当初解决时的劣势方居多，优势方发起反攻倒算的情况也可偶见。究其原因，主要是因为优势方战略优势不够完全彻底。当初问题虽然得到解决，但并不深入、彻底。劣势方可能在弹尽粮绝的情况下迫不得已而选择了缓兵之计，先行割地赔款稳住优势方，待日后时机成熟后反击，一旦条件具备便卷土重来。或者优势方因为优势并不完全彻底，因而无法对劣势方实施灭顶压制，本方也已经消耗至强弩之末，因而急于息战和事，解决后又渐觉失算，因而在条件成熟时再杀个回马枪。由于实力对比未达到极度悬殊状态，战略震慑持续性不足，解决问题本身体制存在缺陷与漏洞，双方在利益分割完成后失衡、怨恨等心理感情因素也起到了推波助澜作用，双方最终重开战事也在预料之中。在重大、疑难、复杂案件中，问题是否得到全面、彻底、深入的解决，其中一个重要的衡量标准就是无反攻倒算之虞。

要做到无被反攻倒算之虞，任何精巧设计、预防都缺乏实际意义。在重大利益争逐面前，只有绝对的实力才具有确定分割原则与尺度的权威与尊崇。我们根本无法干预他人在重大利益面前的主观意识，况且为了重大利益甚至都可以舍命追逐，我们更没有任何办法预防当事人在重大利益的或存权利面前变得心若止水，放弃争夺的欲望。因此，还是追根溯源解决问题最为彻底。我方要在重大、疑难、复杂案件讼争中取得全面胜利，必须拥有足够强大的实力，足以对双方利益分割做出权威而稳定的原则与尺度。

能够支撑重大利益分割原则与尺度的绝对实力，在实战中的表现是持续性的战略震慑力。持续性战略震慑力，是在案件得到解决时，我方依然拥有引而未发的后备战术体系，对对方形成强大的战略震慑。持续性的战略震慑表现，也是我方完备而稳固的战略攻防体系的典型表现。持续性战略震慑并不会因为案件解决而终止，相应，正是为案件解决后维持战略成果稳定性的需要而部署。在案件解决后，对方慑于我方后备战术体系的威力亦不敢轻易出尔反尔。即便真的勇敢至要反攻倒算，我方后备战术体系即刻发动强大攻势，对方的结局必定比前次和解解决时要糟糕很多倍。

在重大、疑难、复杂案件解决过程中，在我方拥有稳固的战略力量优势的情况下，无论是通过和谈还是抗争到底的方式解决，在我方基本实现利益目标后同时拥有强大的后备战术体系，继续保持持续性的战略震慑，使对方无反攻倒算的可能性，持久性地维持了战略成果的稳定性，才是真正的全面、彻底、深入的解决。

第三节　讼争中的外交与谈判

一、讼争中外交与谈判的基本内涵

在重大、疑难、复杂案件解决过程中，外交与谈判具有特定的含义，是在双方讼争战场对抗与较量战术手段之外，以正式往来、交涉、协商为主要表现形势的战略手段，其目的是在双方讼争战场对抗与较量战术手段之外寻求解决问题的途径与可能性，争取对于本方有利的解决条件。

按照传统观念的理解，重大、疑难、复杂案件双方为了关乎双方生死存亡的重大利益斗得你死我活，应该是仇人相见、分外眼红的状态，因而提到外交与谈判，似乎已经联想到历史上那些在交战中被委派出使敌营而被残杀的使者。事实情况正好相反，在重大、疑难、复杂案件中，双方虽为重大利益展开异常激烈的斗争，却比传统单纯诉讼案件更具外交与谈判的客观条件。原因是多方面的，首先，双方纯粹为利益展开争逐，不涉及太多感情纷争，相对来说极大限度地保证了双方争斗的理性边界。重大、疑难、复杂案件讼争比起双方长期以来存有血海深仇的家事、情感纠纷类的案件显然平和了太多，更类似于名士风范大行其道的时代，双方交战为公，但私下依然保持着惺惺相惜的尊重与敬仰。当然，笔者无意指所有的重大、疑难、复杂案件中双方的争斗都具有君子比武的特质，在极个别重大、疑难、复杂案件中，也因为激烈讼争而引发极端事件。但总体而言，君子比武的气节还是占主流。双方斗争激烈，倾尽全力，甚至不择手段、无所不用其极只是限于案件讼争本身的基础事实、法律关系、专业技术方面的谋划设计与神机鬼械，一般不会超出该正常讼争范围进行人身攻击。在相对纯粹利益纷争的情况下，外交与谈判的大门轻易不会被关死。其次，重大、疑难、复杂案件双方当事人均具有较高的素质与涵养，在双方讼争中能够相对准确地把握节奏与界限，能够将商场赚取利润的理性筹算与精明取舍应用于案件解决过程，因而，只要有可能促成案件解决并于本方有利，任何渠道与平台均不会拒绝。再次，在重大、疑难、复杂案件讼争过程中，没有任何一方能够做到全程保持绝对优势，任何一个微小的变数都有可能引发战略优势的转移，因而，只要外交与谈判对于解决案件能够发挥积极建树意义，双方便会以开放的态度看待外交与谈判。基于以上原因，在重大、疑难、复杂案件解决过程中，从实战经验角度看，外交与谈判的基础条件并不差，甚至比传统单纯诉讼案件的基础条件要更好。只要在具备基础条件的案件中，我们就必须充分发挥外交与谈判的战略建树意义，为我方整体战略攻防体系再增筹码。而非仅限于在一方完全掌控战略优势之后，另一方在迫不得已求和时才开启外交与谈判。

二、讼争中外交与谈判的战略意义

外交与谈判属于我方战略体系的有机构成部分，与讼争对抗战术体系具有平等的战略地位，但讼争对抗战术体系拥有主体核心位置，外交与谈判处于辅助位置。在正常情况下，我方与对方较量必须依靠战术体系的力量，这是坚决不可松动的原则性问题，即使在双方已经展开最终和谈的特殊阶段，实质上的战术力度也得保持不变，最多是为了配合双方会谈的氛围而改变形式，转变为外松内紧的状态。但在关键的时候，外交与谈判必须不失时机地出现，纵横捭阖，巧妙地实现我方战略意图，巩固战略成果。即使在我方取得绝对战略优势的情况下，如果一味保持强势战略进攻，最终赶尽杀绝，可能也是杀敌一千、自损八百的结局。在这种情况下，正是外交与谈判让一切止于血战到底、赶尽杀绝的前夜，争取更快更全面地实现总体战略目标，同时也相应地降低了成本消耗。在我方完全掌控战略优势的情况下，往往通过外交手段，主动也好被动也罢，与对方构建和谈平台，并充分运用谈判的技巧与手段，将我方讼争战术体系浴血奋斗换来的战略优势转化为实实在在的现实可支配法律权益。同时，在讼争双方的外交与谈判过程中，没有任何一方能够抱持绝对的坦诚相待，因而可以在外交与谈判中充分发挥洞若观火、明察秋毫的俯察能力，敏锐而不失时机地捕获任何有利与不利要素，转化为我方战略战术部署的元素。同时，在外交与谈判活动中，我方可以审时度势，将外交与谈判工作与我方的战略战术体系部署予以巧妙结合，虚则实之、实则虚之地向对方传递一些有利于我方战术行动展开的或真或假的信息，为我方创造战略机遇。当我方处于绝对不利的局势时，也必须充分地发挥外交与谈判的战略功能，尽可能地以示弱和谈的方式与对方展开交涉磋商，争取更长周期的消耗，为我方破解困局提供战略机遇期。同时，外交与谈判是我方通过完备的战略攻防体系围困对方时留出的缺口，软化对方在实力逐渐不支的情况下的战斗决心与意志，不断地在死战到底与请降和解之间摇摆不定，最终放弃无谓抵抗乃至鱼死网破的死战念头，降低我方能耗，提高讼争解决效率，并以兵不血刃的方式解决讼争。

三、关于讼争中外交与谈判的实战提示

（一）尽可能在讼争过程中保持高亮气节与风骨

在重大、疑难、复杂案件解决过程中，双方存在着激烈的斗争，在有些特定情况下甚至是水火不容，这是不争的事实。但在好多案件中双方却能保持斗争过程中的高亮气节与风骨，争斗时则不遗余力，在争斗之外却能够保持基本的尊重，并保持相对正常的外交与谈判关系。笔者律师团队操盘解决过一宗重大、疑难、复杂案件，我方当事人在对方资金周转遇到极大困难时，并没有像普通诉讼对抗双方之间的有你没我、幸灾乐祸，而是义薄云天地为对方伸出援手，令笔者大为折服。该当事人有自己的处世哲学，称他们之间是存在重大利益分歧和斗争，但仅限于这个案件的范围，在案件讼争过程中谁也绝对不会心慈手软，但在案件讼争范围之外，他们之间还是能够保持友谊，并不会因为双方的讼争而成为仇人。待案件尘埃落定后，无论谁赢谁输，此事就该翻页了。而这种高亮气节与风骨，正是双方保持基本正常外交与谈判关系的基础。在存在私人情感纠葛或仇恨的案件中，这是无法想象的梦幻奇迹。

重大、疑难、复杂案件的当事人基本上都是掌管运作过巨额财富的成功人士，在争逐重大利益过程中往往表现出极为明显的两面性，一方面为争夺重大利益不遗余力地主导讼争，挖空心思、殚精竭虑地谋划设计以制服对方，但另一方面又在巨额利益面前表现出完全异于常人的超脱与淡定。因此，对于其讼争的动机，真不能一概而论地认定为某种纯粹的追求，或者是为了重大利益，或者是为了争强好胜，或者是为了争抢商业领地与机会等等。据笔者十余年操盘解决重大、疑难、复杂案件的实务经验看，在正常情况下，重大、疑难、复杂案件双方当事人往往是从争夺重大利益开始，产生了多层次化的争斗目的，失却讼争重大利益后产生的不良连锁反应才是当事人更看重的价值，比如圈子地位降低、发言权缺失、

社会舆论压力、面子全无等等。假如能够将不良连锁反应带来的负面价值完全避免或者消除，双方之间随意让渡讼争的全部利益，或许是一时兴起大笔一挥就能完成的小动作。而这些不良连锁反应带来的负面价值往往与当事人一方的人格尊严有关，或许正应了尊严无价的铁则。尤其是那些社会精英当中的佼佼者，失却重大利益可能不会伤筋动骨，但人格尊严被践踏羞辱，才是其最不能接受的情况，也是其无比坚毅地对抗较量的最深层次原因。参透重大、疑难、复杂案件斗争的本质，对于充分把握双方讼争节点、分寸、尺度等有极大的帮助，进而对于运筹战略战术体系、外交与谈判、引进案外力量全面解决案件问题提供了社情民风级的参考要素。事实上，好多重大、疑难、复杂案件在最终双方和谈解决时，最能促使双方达成一致的方法就是充分地给予对方人格与尊严方面的尊重与补偿，若能够尽可能地扫清有关对方人格、尊严、面子等方面的障碍，和谈将加倍顺利。

当然，不能一概而论，任何事物都没有必要一概而论，再放之四海而皆准的论断，也有其无法推导的特殊情况。重大、疑难、复杂案件当事人为了争夺重大利益而衍生出多层次的斗争目的，具有一定的普遍性，但绝对不是全部。研究这个问题的目的是为了确定外交与谈判工作的分寸与尺度，以便重大、疑难、复杂案件讼争参加主体在解决问题过程中合理地安排战与非战工作，能够两线齐头并进地推动，以促进案件更快更好地解决。

既然重大、疑难、复杂案件双方当事人除了重大利益的争逐外，还有更为看重的基于其特殊身份而享有的人格尊严方面的价值，我们可以以此为基础，构建特殊的外交与谈判方略。无论双方讼争对抗较量有多么激烈，尽可能地将其限制在利益争夺范畴，在任何时候、任何情况下也不要将对方人格尊严、声誉名誉、亲情关系等设定为进攻斗争的靶向。以重大、疑难、复杂案件双方当事人的身份地位，以及基于特殊的身份地位而产生的极高自我评价与要求，只要不把争斗的靶向对准对方人格尊严、声誉名誉、亲情关系等领域，双方便能够维持高素质人士之间对抗较量的规则，有所为有所不为，在争夺重大利益方面可以倾尽全力地击败对手，但在争夺重大利益以外的领域，则能够保持平常心与理性态度，甚至在任何一方提出面晤请求时，都能得到对方的赏脸。双方保持一种比较理性高尚的讼争情操，只为利益争夺较量，不涉及个人情感与仇恨，至少在表面上能够维持正常交流的状态。这便是讼争过程中尽量树立并保持的高亮气节与风骨。如同在战争中，双方也为巨大利益争得你死我活，但依然遵守国际战争法以及惯例，保持着一定的气节与风骨。

在重大、疑难、复杂案件解决过程中保持高亮气节与风骨，是外交与谈判工作的极大利好条件。外交与谈判工作具有十分重要的战略意义，在解决案件的全程都在发挥重要的作用，双方都需要外交与谈判工作参与其中实现特定的目的，因而必须在激烈讼争的同时树立并维护讼争的高亮气节与风骨，为双方保持正常的外交与谈判关系提供保障。双方保持高亮气节与风骨，才能保障双方激烈的斗争仅限于重大利益争夺范畴，理性地恪守着斗争边界，不将点火引至人格尊严、声誉名誉、亲情关系等领域，积结永远无法化解的仇恨与矛盾，为双方最终解决问题造成无法消除的障碍。重大、疑难、复杂案件斗争虽然异常激烈复杂，讼争众多，但均与双方争夺重大利益的基础事实有关，比如，一方为了逃避法律义务而将对方核心诉求所依据的基础事实或者法律关系移调至法律程序射程范围之外，该行为可能涉及相关民事责任乃至刑事责任，但该行为均与双方争夺重大利益的基础事实有直接关系。如果一方为了压制对方，进行故意伤害等人身攻击，显然超出了双方争夺重大利益的基础事实范围。这种情况在重大、疑难、复杂案件讼争过程中，也偶有所见，但不是主流，一般来说，重大、疑难、复杂案件当事人的个人素养均比较高，即使再好斗善斗，也能够保持最起码的气节与风骨。

在保持高亮气节与风骨的讼争中，双方能够维持基本正常的外交与谈判关系，在单方或者双方确需交涉沟通时，能够顺畅地搭建平台，并能以平和而理性方式展开沟通交流，最大限度地使用非战的方式解决问题。笔者律师团队操盘解决重大、疑难、复杂案件过程中，中途双方经常坐下来谈判交涉，即使谈判未果，各自也没有任何损失，至少争取把握了一次高效能、低能耗地解决问题的机会。在谈判结束时，双方当事人还能够非常绅士地戏谑让对方当心，接下来本方的战术动作将如何凶猛，双方在一阵貌似轻松又略显尴尬的氛围中结束谈判。当然，中途和谈成功的概率相当渺茫，重大、疑难、复杂案件双方当事人如果不是走到山穷水尽，绝对不会轻易服输。但任何没有达成共识的谈判，对于善于捕捉机遇与要素的人来说，均具有一定的战略意义。比如，在一个案件双方争执过程中的谈判，笔者律师团队通过对方公司法务总监无意间流露的其总公司与子公司之间的诉讼事项申报管理制度，便作为确立并运筹运动战中伺机围歼战术的重要依据，最终取得了全面的胜利。最重要的是，在案件客观上具备和谈解决的条件时，如果双方在讼争过程中保持了高亮气节与风骨，维持着基本正常的外交与谈判关系，便能够在平和理性的状态下展开谈判，使问题的解决更加顺畅。反之，若双方失去最起码的尊重与底线意识，将斗争之火烧到重大利益争夺范围之外，甚至互相之间展开人格尊严、声誉名誉、亲情关系等范围的攻击，显而易见，双方根本不可能心平气和地坐下来谈判，即使坐下来谈判，首先必定是互相声讨攻讦之类的与正式谈判毫不相关的宣泄怨怼，根本就无法正常商谈解决。因此，尽可能地树立与保持讼争过程中的高亮气节与风骨，是双方讼争能够保持在正常争斗范围的重要保障，也是双方能够保持最基本的外交与谈判关系的基础。

（二）保持开放而主动的姿态

在重大、疑难、复杂案件解决过程中，外交与谈判工作应当保持开放而主动的姿态，保持随时可以与对方往来谈判的姿态，决不主动将外交与谈判的大门封上。其实，适度的外交与谈判工作，对解决案件问题有百利而无一害，因而没有理由主动排斥外交与谈判工作。其实，在外交与谈判工作方面保持开放而主动的姿态，反映了不说硬话、不做软事的处世哲学。既然我方有足够的战略自信与战术力量储备，而且不会因为外交与谈判工作而减弱丝毫力度，而外交与谈判工作又是百利而无一害，因此，我们完全可以做到在讼争对抗较量中足够强硬，但在外交与谈判问题上却保持足够的开放与主动，哪怕在双方决战期间也完全没有必要将双方外交与谈判的大门封死。

在案件解决过程中，我方在全力运筹战略战术体系争取战略优势，通过讼争较量取得胜利的同时，随时保持开放姿态，对方在任何时候愿意与我方以外交与谈判的方式展开协商交涉，我方均保持欢迎态度，随时奉陪并虔诚地与对方展开谈判沟通，即使谈判无果也不因此而断绝外交关系，在我方完备的战略攻防体系之中，永远为对方留有一条缺口，充分运用捭阖之术，在外交与谈判问题上，永远完全地打开，但在讼争较量问题上，则需要完全而充分地闭合。无论在什么情况下的外交与谈判，均不能丝毫减弱战略战术攻防力度，必须随时保持战略高压态势，始终要坚信重大、疑难、复杂案件最终虽然多以和解解决，但都是绝对的实力挤压出的结果。哪怕在双方最终阶段的和解谈判过程中，也必须保持战略高压态势，以我方精锐战略力量瞄准对方核心战略区域，缔造箭在弦上、一触即发的战略形势，在和谈崩裂的同时，战略总攻便山呼海啸地全面发动。也只有这样，和谈成功的概率才会大幅提升，对方和解谈判的诚意也会更大。切忌对方甫一抛出橄榄枝，还未等到双方坐在谈判桌前，我方便中止所有战略战术运筹，静待谈判结果，最终中了对方的缓兵之计，丧失了我方千辛万苦拼搏得来的战略优势。

同时，在外交与谈判工作问题上，始终需要保持主动态度。无论我方处于优势还是劣势，均要表现出维持外交谈判工作的积极主动性。通过实战经验看，外交与谈判工作方面积极主动，对于解决案件有百利而无一害，而且还是战术零成本。在存在对抗较量的情况下，一方炫耀强大实力，可能会激发另一方愤怒情绪与反抗意志，或者是因为恐惧而加强战备，无论如何对于炫耀方来说都极其不利。若一方向对方示弱示柔，那对方可能会在鄙夷轻视中放松防御与戒备，从而让示弱示柔方大得其利。如果示弱示柔方善于把握战略机遇，总会在对方轻敌大意、麻痹松懈时送出致命一击。如同越王勾践的示弱示柔，确实已经提前为吴国的覆灭谱写了命运交响曲。在重大、疑难、复杂案件解决过程中，主动的外交与谈判态度相当于示弱示柔，它不会对我方造成任何损失，唯一损失的可能是无法满足逞强的虚荣心。那也无妨，毕竟重大、疑难、复杂案件的讼争不是为了满足虚荣心而大费周章。无论我方战略攻防体系有多么强大，均应当积极主动地展开外交与谈判工作，向对方示好示弱示柔，以使对方松懈麻痹，为我方创造更多战略机遇。当然，如果我方遇到对方在外交与谈判工作上保持高度的积极主动时，需要万分当心，切莫被对方的示弱捧杀。

在外交与谈判工作中保持开放与主动姿态，与围城必阙的顶级思维方式与智慧一脉相承，并且围城必阙也是我们解决重大、疑难、复杂案件的一项重要战术。围城必阙要求在对对方形成全面合围的情况下，专门为对方留出一个缺口，随时等待对方从该出口出逃或者投降。在对方被全面合围后，无非两种选择，要么死战到底，要么请降和解。如果我方将所有的出路全部封死，对方只能下定死战到底的决心，组织全部力量与我方决一死战、鱼死网破。如果我方专门给对方留出一个缺口，对方必定产生动摇，在死战与投降之间犹豫不决，最终在我方强大战略攻势压迫与逃生出口的诱惑下，选择从我方故意预留的出口出逃的可能性极大。在此情况下，便是我方展开和谈解决的最佳时机。尤其是在对方陷入绝境的情况下，我方更应该通过巧妙的方式，请托相熟的第三方出面以自然而然的形式，不经意间无心插柳的方式向对方传递可斡旋调停的提议，对方应该没有理由拒绝，因此尽快促成双方正式和解谈判。此时主动的意义就是让对方打消顾虑，因为对方已经完全处于劣势，主动请降自然会担心我方得理不饶人、得势必落井下石，因而在十分渴望和谈与顾虑重重的纠结当中消耗。我方的主动态度会让对方特有的弱势方被狠宰的顾虑减轻太多，为双方和谈争取时间的同时，也能够让和谈更顺畅。

在重大、疑难、复杂案件解决过程中，在外交与谈判工作方面，我方应该始终保持开放与主动的态度，在任何阶段都能为案件解决赢得先机，同时还可以弱化麻痹对方，并在我方完全掌控战略优势的情况下迅速瓦解对方的战斗意志，为全面解决案件争取时间的同时也大幅降低了能耗，实为有百利而无一害的万能战术。唯一需要重点把握的是，无论外交与谈判姿态多么开放主动，但必须在战略攻防工作上丝毫容不得松懈。外交与谈判工作需要极柔极软，但讼争战略战术运筹工作一定要极为强硬。

（三）与战略战术体系相得益彰

在双方讼争过程中，外交与谈判工作自然带有极强的目的性，该目的性有主要目的与次要目的之区别，在实务中注意把握。主要目的显而易见，双方因何事而开展外交与谈判工作，待解决的事情自然就是主要目的。次要目的不是显性目的，关键在于有心人去发现，通过外交与谈判过程中发现提取的要素，与案件推动工作相结合加以运用。这些次要目的方面的工作内容主要包括虚实相结合的信息传递、不失时机的情报刺探、漫不经心的布疑。这三方面工作内容并非必须，但却在实务工作中往往能够发挥决定性的影响力，成为破局的关键战术。在缺乏系统思想指导的解决案件活动中，该部分内容基本上被完全忽略，但真的十分重要，如果想让案件得到高效能、低能耗的解决，该方面工作必须做到位，并将其工作成果与战略战术体系紧密结合，相得益彰，使我方战略攻防体系进一步得到强化。

虚实相结合的信息传递。虚实相结合的信息传递，是在外交与谈判工作中结合我方战略战术运筹的需要，将某些具有战略意义或者战术价值的信息经过人为加工，刻意地传递给对方，以诱使对方作出有利于我方的判决与决定，进而辅助我方战略意图的实现。该项工作必须做到不动声色、行云流水，务必让对方看不出任何破绽。如果谋划不周密，让对方识破我方的真实用意，非但起不到应有作用，反而弄巧成拙，破坏双方外交与谈判工作建立的良好基础。同时，在为战略战术运筹需要而加工信息时，非常考验专业素养与经验，对于需要传递什么信息，要充分结合案件解决的实际需要先予确定，进而分析提取信息要素，结合双方斗争形势与特定事务的实际需要确定如何人为加工，确定真信息假传还是假信息真传的方式与尺度，再安排合适的人选与时机，以最不易招致对方猜忌的方式传递出去。犹如当年项羽的使者去刘邦军营后，刘邦方面准备了异常丰盛的宴席，但故弄玄虚，假装在听清是项羽的使者后，嘟囔着说还以为是范增的使者呢，立即撤去丰盛宴席并换成粗茶淡饭。项羽使者回去禀报项羽后，项羽肺都要气炸了，对于范增的猜忌与不满火速加剧。又如演义小说中周瑜故将虚假伪造的书信假装不经意间留置于帅案，又痛饮大醉后与蒋干同卧中军帐，使蒋干在确信一切真实无疑的情况下将假情报偷回曹营，终致曹操作出完全有利于吴国的错误决定。这些就是典型的假消息真传，与之相对应的真消息假传与此大致类似，都需要在实务运作过程中，结合双方斗争形势以及实际需求，再根据需要传递的信息的具体情况进行把握。

当然，在重大、疑难、复杂案件运作过程中，或许没有历史大事件与演义中扣人心弦的故事那么惊心动魄的适用场景，但对于粗疏糙砺的人来说，世界是扁平的，简单事务与复杂事务均一视同仁地懒散对待，轻重主次缓急于他们而言显得太遥远，火烧眉睫的危急情况下，他们依然能够保持蜗牛漫步的节奏在晃悠。但对于心思缜密、长于计谋的人来说，处处皆有新发现的土壤条件。只要用心对待又兼具饱富经验与较高水平，在外交与谈判工作中做到妙用计谋并非难事。比如，在一宗重大、疑难、复杂案件处理过程中，我方通过非常有针对性的财产保全措施将对方稳固钳制，对方因此如坐针毡，急得火急火燎，便四处找寻合适的人选与渠道与我方交涉，但却只字不提如何解决问题，而只是想解决保全之急。结合这个情况，我方当事人也感觉有些许失望，觉得如此力度也无法制服对方，看来斗争还会很漫长。最后，对方提议让双方律师面晤一次，我方自然爽快应允。但这个面晤最重要的意义就是能够促进双方解决问题，否则没有任何意义。对方是抱着解除保全措施的目的而来，却从未想全面解决问题，而我方显然不会同意。

因此，面晤似乎毫无意义，我方有多人提议根本就没有必要浪费时间与口舌。但笔者不同意这种看法，在日常生活中，处处留心皆学问，在重大、疑难、复杂案件解决过程中，处处留心皆计谋。任何外交与谈判在解决案件过程中都可以具有重要意义，只取决于我方有没有能力去运用和驾驭。就拿该案中对方提议律师面晤的外交与谈判动作来说，我方完全可以针对对方最急最痛之处运筹精妙计谋，诱使对方做出错误判断，强化我方已经取得的战略优势。在双方律师面晤中，双方在一番洋洋洒洒、主题不甚明显的谈话后，我方律师不经意地念叨了保全的事情不好解决的苦恼，并且告诉对方律师我方当事人积怨太深，除了想大获全胜外，更追求让对方痛苦不堪，甚至已经将上诉费用都提前预备妥当交由律师保管，即使一审判决全部支持也要上诉，目的就是要让对方难受，并且漫不经心地向对方律师展示了我方当事人预筹上诉费用的相关凭证。该动作虽然不猛烈，但足以让对方彻底绝望，本来已经面临灭顶的压力，再联想到这样的巨大压力还将持续一两年的时候，显然崩溃的可能性更大。对方在双方律师面晤后的第三天，便提议全面解决问题。我方利用双方面晤的机会，极为真实自然地将提前安排妥当的重要信息展示给对方，但在对方阵营中却产生了核聚变的效应。而该信息无论如何判断，必须是宁信其有，万不可信其无。其实，于我方而言，未必会那么做，但在双方对抗激烈的讼争中，适当的计谋是非常重要的，真假结合、神机妙算地向对方传递一些信息，对于强化战略战术体系力量的作用相当明显。

不失时机的情报刺探。在外交与谈判工作中，必须不失时机地完成情报刺探工作，这应当作为与外交与谈判本身同样重要的工作予以重视。外交与谈判工作往往很乏味，尤其是屡屡接触交涉但总难见成效的无益消耗，令多数人倍感厌倦。但对于经验丰富的人来说，没有白费的外交与谈判，任何一次在主要目的方面未取得丝毫进展的外交与谈判，均具有重要的战略战术要素发现提取的意义。在双方接触谈判过程中，对方会在不经意间透露太多极富价值的要素，经验丰富的人就会不失时机地利用敏锐的嗅觉与洞察力准确地提取并加以利用。但对于迟钝简单的人来说，雷霆响于耳畔也会无动于衷。尤其是在对方开展外交与谈判工作的人员缺乏足够能力与经验的情况下，我方能够获取的有利要素的数量与质量会相当惊人。如此看来，外交与谈判工作要求极高，代表我方开展外交与谈判工作的人选，必须精明缜密、滴水不漏，对于事物钜细靡遗均能洞若观火、明察秋毫，并且富于智谋与经验，没有这个金刚钻，就别揽外交与谈判的瓷器活，否则就有可能会成为偷假书信的蒋干，变成他人智谋光环下的阴影。

笔者律师团队操盘处理过一宗重大、疑难、复杂案件，对方陆续拖欠我方八亿余元货款长达五年，开始还能够好声好气地应和我方，最后彻底翻脸，连瞎编一些故事让我方当事人安心的耐心都没有了，我方无奈决定起诉。笔者律师团队介入后，力劝我方当事人稳一步为妙，再极力央请对方谈判一次，毕竟对方欠款数额巨大，于理有亏，应付我方谈判一次的付出意识还是具备的。根据笔者的推断，对方态度剧变背后的真相是其完成了移置双方讼争核心问题所依据的事实基础与法律关系于法律程序射程范围之外，我方通过简单的法律诉讼与强制执行程序无法再撼动对方。因而，案件的关键问题不在于尽快起诉追究，而在于将对方背后的神机鬼械拆穿。于是我方设计了谈判的重点，商讨对方偿还货款作为主体内容，但不是核心。巧妙地刺探外围情况作为核心，但必须夹杂在主体问题之间，在闲谈中若无其事地开展。后来在双方谈判时，对方一位主管采购的副总经理出席，双方就对方无法偿还货款的老生常谈问题做了篇幅宏大的有关历史、现在、未来的漫谈后，我方当事人漫不经心地提到欧洲市场采购首选地就是对方公司所在地，而对方公司也算是龙头企业，这么萧条下去欧洲货源供应也是问题时，对方公司副经理毫无防备地提到了几家公司，并且就货源稳定供应属于国家战略级的事项故不会耽误的问题又发表了洋洋洒洒的论证。谈判结束了，我方公司董事长失望疲惫之情难以自抑。在笔者律师团队安排了接下来的工作时，他似乎在极黑暗夜中看到了*丝丝希望之光*。

我们安排具有一定专业知识与市场经验的人员去深入调查了解后发现，对方副总经理提到的几家供应欧洲市场货源的公司中，其他几家都是老牌企业，只有一家公司是近几年兴起的，而且发展极快，对方公司在逐渐萎缩后，欧洲客户基本上将订单全部转入该新兴公司。根据这个情况，笔者大胆推断，该新兴公司就是对方公司实际控制，双方之间必定存在着所谓的合法合作关系，将核心业务订单、生产线、技术人员等全部转移。后来在这个大胆推断的基础上进一步深度调查，发现了大量对方公司与该新兴公司确实同为对方公司董事长实际控制，双方通过一百多次联营合作协议将生产线、技术人员及其他重要人员转移，并与欧洲客户签署了三方战略合作协议，将核心业务订单转移。该案最终正是通过在貌似毫无意义的谈判中刺探到重要情报，以此为切入点展开顺藤摸瓜、掘地三尺的调查取证，将对方与他人恶意串通损害我方合法权益的勾当揭穿后，取得了突破性的胜利。由此可见，在外交与谈判工作中，不失时机的情报刺探工作不但必须，而且要作为常规的核心非主体工作予以开展。

漫不经心的布疑。在开展外交与谈判工作的同时，必须充分利用各种因素与条件，因势利导，见缝插针地布设疑惑，令对方举棋不定、犹豫难决，最终起到瓦解对方利益共同体联盟与诱使对方作出错误判断的作用。对方利益共同体联盟对于正常解决案件起到极坏的负面作用，这种论断并非完全站在我方立场进行评判，而是站在完全客观、理性、中立的立场上进行专业判断的结果。好多案件陷入为斗争而斗争的悬停僵死困局，与这些徒有追逐利益热情但缺乏谋略的参与主体的搅和有极大关系。关于这个问题在前面分化瓦解、弱敌阵营部分已经有过详细论述。分化瓦解对方阵营与挑拨离间是完全不同的概念，如果高尚到连分化瓦解对手阵营都能够做到君子有所为有所不为，那酸腐熏天的气势，完全达到登峰造极的境界了。当然，分化瓦解对方阵营的对象，不包括对方当事人、代理律师等在讼争活动中的必要参加主体，而是指必要参加主体之外的案外人参与主体。在重大、疑难、复杂案件解决过程中，我们必须抓住一切可以利用的机会，见缝插针地分化瓦解对方阵营，弱化对方实力，并用合理可信的疑惑信息诱使对方作出错误判断与决定，不断强化我方战略力量，争取对于我方更为有利的战略形势。外交与谈判工作，正是合理而漫不经心的布疑的最佳渠道，除此之外，似乎很难找到更适合传递疑惑对方的消息的渠道，毕竟双方激战正酣，将疑惑信息正式地通过公文传递，恐怕没有几个正常人能够做得出来。

通过布疑的方式分化瓦解对方阵营或诱使对方作出错误判断，必须准确地判断对方阵营的结合方式，确定其结合环节最脆弱的部位，采取极有针对性与破坏性的战术手段，巧借时机，以合理自然又漫不经心的方式传递给对方最合适的人选。该微小战术动作虽然阵势不大，但破坏力惊人。不是因为我方智谋有多么高超，而是对方阵营结合的方式存在先天缺陷，个个都是冲着利益而来，甚至不惜以违法犯罪行为为纽带进行勾结，本身就很脆弱。如果我方巧施计谋，破坏这种蝇营狗苟的结盟，可谓易如反掌。

在一宗重大、疑难、复杂案件中，对方阵营中有一位颇具能量的先生，在各项事务中攒掇煽动、上蹿下跳，甚至运用违法犯罪的手段给对方频献馊计、暗中助力，导致案件的解决遭到严重破坏与阻碍。我方当事人通过充分调研后得知该能量先生是一个极度贪婪的人，参与对方阵营后频频向对方索取劳务费，对方当事人对此也极度不满，但又不便发作，因而双方虽然依然站在同一阵营，但存在较大芥蒂，早已貌合神离。在我方逐渐掌握优势后，双方经过几轮反复磋商，已经基本达成初步解决意向，但又是该能量人士的攒掇煽动，导致极有可能再度陷入僵局。在一次谈判时，因为有初步沟通意向在前，气氛还算比较融洽。在谈判进行至末尾阶段时，我方当事人将焦点集中在该能量人士身上，方方面面地与对方展开谈论，谈着谈着对方对于该能量人士的不满渐次显现，颇有微词。虽未透露与该能量人士的合作细节，但无意间说过该能量人士从他身上没少得便宜。

这个细节点醒了我方当事人，由于对该能量人士不公不正的行径以及倒行逆施的破坏力深恶痛绝之情由来已久，我方当事人借此安排了十分刁钻的反间计。我方当事人请托了一位与该能量人士相熟的第三人，并故弄玄虚、夸大其词地告诉该第三人一些重磅信息，并央请该第三人好意劝谏那位能量人士，对方已经开始筹划陷害该能量人士了，奉劝该能量人士好自为之。我方当事人告诉该第三人称对方当事人透露曾送给那位能量人士大量钱物，并且已经通过录像、录音等方式固定了证据云云，现在对方与我方接触频繁欲马上解决，因而想出尔反尔地掏那位能量人士的老窝，举报控告其构成刑事犯罪。无论站在该能量人士角度还是这位负责斡旋的第三人角度，必须信其有，坚决不可信其无，毕竟对方已经与该能量人士芥蒂较深，对方一贯行事风格就是过河拆桥，本次竟然也未出所料。在该负责斡旋的第三人将善意劝谏传递到位后，那位能量人士再也没有在案件解决过程中参与过。明面上也未参与，实质上也未参与，无论是双方谈判解决的顺畅程度，还是我方当事人调研了解的情况均表明那位能量人士确实退出了对方阵营。我方当事人的做法，虽然阴险了一些，但对于频频以违法犯罪勾当侵害我方合法权益，阻碍并破坏案件解决的人与事来说，这仅仅是温文尔雅、神机妙算的绅士般讨伐而已。如果是血气方刚、粗砺暴躁的汉子，结局如何谁都无法预料。因此见仁见智，各有立场，必须深彻地站位于特定身份与情境再作评判。

（四）外交与谈判中的保密工作

虽然外交与谈判工作要作为一项常规化的工作全程贯穿，并且在开展外交与谈判工作时保持开放的姿态与主动态度，但这并不代表完全打开自我让对方一览无遗。相应，在外交与谈判工作中必须做好保密工作，我方重要的战略战术部署以及其他需要保密事项，在外交与谈判工作中坚决不可泄露给对方，连给对方猜想的线索也不要留。如前所述几个我方在外交与谈判过程中故意传递真假相间的信息、刺探重要情报、布设疑惑的案例可以看出，在重大、疑难、复杂案件外交与谈判场，危险无处不在，稍有不慎就会为对方打助攻，严重损害了我方的战略部署还不自知。

外交与谈判工作的本质属性，决定了保密性的必要性。外交与谈判具有极强的目的性，双方开展外交与谈判的目的就是通过往来谈判这种低能耗、高效能的方式取得于本方有利的战略成果或者获得其他主体目的之外的有利要素。除了这些目的之外，双方没有时间与精力在激烈的讼争过程中保持情感沟通与礼节性的互访。因为带有极强的目的性，在外交与谈判工作中，事无巨细均须谨小慎微地看待，并且极富智慧、谋略与经验地处理每个事务，必须相信对方也是带着极强的目的性与谋略与我方进行交涉，任何言行方面的疏漏都有可能对我方的战略部署与战术运筹造成严重影响。在行云流水、若无其事地施展我方计谋的同时，也要敏锐而深邃地洞穿对方的谋划与企图，做到密不透风、滴水不漏。

在双方外交与谈判主体目的范畴内，一般不会出现严重纰漏，因为都经过反复权衡思考。但在主体目的范围之外，往往未明确设防，因而出现无意间泄露重要情报的情况比较常见。因而，在主体目的范围之外的交涉谈判内容，更需要慎重对待，确保滴水不漏。在正常社交活动中，可以天南海北地随意漫谈，但在重大、疑难、复杂案件解决过程中的外交与谈判活动中，即使双方在主体谈判内容磋商完毕后的随意漫谈中，也必须保持足够的警惕与防备，于我方而言一句无意之言，对于对方来说可能就是如获至宝，并被直接运用于战略战术运筹，给我方造成极大的威胁。比如，在前述事例中，对方副总经理只是随口聊了本地为欧洲市场供货的公司名称，就变成我方打开缺口的强烈提醒，事实上对方副总经理相当于泄露了情报。

在外交与谈判工作中，除非主体交涉内容谈判需要，否则，对于我方战略战术部署事宜，必须三缄其口，只字不提。除了策略性的谈判震慑及停战问题与战略战术部署略有皮毛联系外，在任何情况下，双方外交与谈判工作与战略战术实质部署都毫无关系。如果在外交与谈判工作中涉及战略战术部署问题，其实已经完全越界了，我方必须具有此等高度的戒备意识，一旦涉及战略战术具体部署事宜，应当立即停止探讨，务必做到完全保密。

（五）对面笑的重要性

在象棋中规则中，对面笑是一大忌讳，双方都要极力地避免将帅直接对面。对面笑是中国象棋的一种基本杀法，一方以车或其他子牵制对方将帅，利用双方将与帅不能在同一条直线上直接见面的规定把对方将死。但在重大、疑难、复杂案件的外交与谈判工作中，却正好与此相反，最好的交涉谈判方式就是双方将帅直接碰面。从实务解决经验看，双方将帅直接对面的交涉谈判效果比其他方式的效果要好出太多倍，好多取得重大突破的谈判，往往是双方将帅直接对面后取得的成效。双方将帅直接面对往往能够取得更好的交涉谈判效果，与信息传递的客观规律以及组织行为学有极为密切的关系，在外交与谈判实务中，我们必须充分地掌握该规律与学问，确保最佳的工作成效。

在一个层级较多、主体众多的庞大组织中，信息百分百地传递永远是一道难题。为了解决这个问题，好多大型企业甚至尝试采取扁平化的管理方式，尽量减少层级设置，以确保信息沟通的保真率，提高信息沟通的效率与效果。在重大、疑难、复杂案件解决过程中的外交与谈判工作中，信息的保真率特别重要，因为在讼争激烈的形势下，争得一次双方面对面谈判解决问题的机会实在难得，因而务必要保持沟通百分百的顺畅。如果在双方谈判信息沟通问题上也采用解决案件的大兵团作战、专业对口的模式，恐怕效果会受到极大影响。一则双方谈判参与人数较多时，戒心重，顾虑多，不能完全打开，二则人数多、层级多的情况下，十人为虎的效果会导致信息完全变样，我方信息传递至最终决策人处已经严重变异，对方亦同理，在两相变异的情况下，显然已经完全偏离了预期的轨道。最终双方谈判成效不佳，这种低效率、低成效的谈判沟通方式也起到了推波助澜的作用。

根据实战经验看，双方重要事项的外交与谈判，最好是双方将帅直接对面，各方参与人数不宜超过两人，在私密而温馨的环境中进行。这样双方才能在基本互信基础上进一步打开封闭世界，能够进行充分了解与沟通，更容易达成共识。而实务中好多重大、疑难、复杂案件的谈判正好相反，觉得事关重大，要么让其他较边缘人士先行试探性接触，根据接触情况再逐步深入。或者基于事关重大考量，除了一方最高决策人之外，各种专业人士一应俱全，组织较庞大的谈判小组，在极为正式而冠冕堂皇的氛围中展开谈判，结果是每个人都话说三分且巧说为妙，根本就打不开封闭的世界，沟通效果极差。因此，这些经验教训需要吸取，再重大的案件，在最终和谈解决等重大事项交涉谈判时，务必做到双方将帅直接面对，以保证充分交流沟通，确保交涉谈判信息的百分百传递，以此保障最佳谈判效果。即使谈判不成也不是因为外交与谈判技术问题或者组织行为模式问题而导致无效。

（六）进退有节，核心利益决不妥协

讼争为武，必须保证强硬有力，无坚不摧，宁折不弯。外交与谈判为文，力争做到柔和顺滑，无形中有形，顺势而为。两者互相结合，互相促进，相得益彰，才能更好更快地达成我方总体战略目标。在外交与谈判工作中，柔和顺滑，无形中有形，顺势而为不代表一味地以柔和顺滑的姿态处事，应该做到进退有度，在核心利益问题上决不妥协。其中进退有度就是坚持底线原则，在外交与谈判活动中，就具体事项设定我方能够接纳的最低限度，在底线以上可以妥协退让，与对方通过交换利益、互免责任的方式进行磋商，但一旦突破底线，则必须坚定地拒绝，话题就此为止，决不再深入。核心利益决不妥协，要求我们固守核心利益禁地，任何情况下不作为谈判筹码，无论对方提出多么优越的交换对价，我方均应严防死守核心利益禁地，让对方知道边界以及我方的坚持。

关于进退有度，在外交与谈判工作中最经典的应用就是将让步与战略震慑力量炫示相结合，使对方在得利的理性筹算与负隅顽抗的灭顶压力面前尽快做出选择。其实，这种谈判方式也是算是交涉谈判中的一种简洁高效的思维方式。既然我方认为到了谈判这一步，必须是掌握了战备优势。如果在没有掌握战略优势的情况下，轻易就解决案件的问题展开谈判，必定是自取其辱。因而，应该坚信谈判最终的结果只是将双方实力对比的抽象事物转化成为利益分割原则与尺度的具体表现形式而已。交涉谈判技巧对于重大、疑难、复杂案件解决的谈判来说，显得很单薄赢弱。所以，在已经展开的谈判中，将能够给对方让渡的利益提前计算清楚，设定好底线，让对方能够明确地感受到谈判可获得的利益。同时，将放弃该利益后的结果也应当帮助对方筹算明白。具体方法就是将我方完备而稳固的战略攻防体系所能够发动的战略摧毁力量进行炫示，最好是在不泄露我方战略战术部署机密的情况下，以实证方式向对方展示，令其充分地认识到后果的严重性。并且向对方充分炫示我方后备战术体系，令其认识到持续性的战略震慑。进退有度的谈判原则也体现了简洁就是力量的真理，如果选择迁延漫长的反复讨价还价，明提暗示，对方决断力会受到我方优柔态度的影响，始终抱有一定幻想而迟迟不能决定，最终有可能会导致谈判僵化。在进退有节原则指导下，明晰地向对方展示了让渡利益与诚意，又果断强悍地向对方炫示了灭顶的战略震慑压力，有此足矣。如果这种进退有度的方式不足以让对方接纳，只能选择最后决战总攻，毕竟谁也无法左右对方的主观意志。

在外交与谈判工作中，核心利益是我方固守的禁区，坚决不作为谈判筹码，所有谈判话题触及核心利益边界便应当立即停止前进。核心利益决不妥协原则再次强调了我方的底线和强硬态度，而这种坚守的底线和强硬态度犹如主权问题没得商量一样掷地有声。好多案件的当事人根本就不深究重大、疑难、复杂案件谈判之道，有时候误将某些商业谈判之道生搬硬套于案件谈判，甚至在核心利益问题上也作拉锯消耗式谈判，相当失策。谈判是期望和平解决，但如果让对方感受到我方是害怕硬战死战而谈判，那就已经完全失去谈判的意义了。而坚定地固守底线，在核心利益禁地坚决不妥协，让对方感受到我方的强硬与坚持，会更快更彻底地促使对方作出相应抉择。莫怕强硬阻碍和解谈判，正好相反，软弱无原则，在核心利益问题上也敢与人讨价还价才是谈判最大的障碍，任何对手在软弱而让步无度的人面前都会得寸进尺。

其实和谈解决就是让对方在理性筹算与恐惧不安中作出正确抉择，给双方开辟更宽阔、更顺畅的道路。如果让渡的利益程度与其死战到底的情况无异，那对方当然会选择血战到底。因而，我方必须在利益问题上退得相对广阔一些，让对方基于利益的诱惑已经足够动摇战斗决心。同时，充分炫示我方战略震慑力量，让对方深知其灭顶压力。令对方在既得我方让渡利益又免除灭顶祸患的情况下，尽快作出正确选择。我方在核心利益上的决不妥协，也能够及时制止对方无休止地往前移步的欲念，从而坚定其抉择。在外交与谈判工作中，进退有节，软硬兼施，恩威并举，并在核心利益禁区决不妥协，要始终作为外交与谈判工作的重要原则予以坚持，尤其是在最终和解谈判中，更需严格坚持。

第四节 平衡与倾覆

一、结局无非是平衡或倾覆

纵观笔者律师团队十余年操盘解决重大、疑难、复杂案件的经验，得到成功解决的重大、疑难、复杂案件，最终基本上都能够把双方讼争的基础事实、法律关系、涉案重大利益等问题全面、彻底、深入地解决，案件派生、衍生、次生问题也能够得到彻底解决。双方当事人经过艰苦卓绝、九死一生的斗争，目的都是追求讼争利益的最大化，但最终似乎又回到讼争原点，一切归于平寂，该是谁的还是谁的，该偿还的一分也留不住。优胜方基本上实现了利益目标，将属于自己的利益争取回来。但为此付出了血的代价，并且与本该属于自己的重大利益阔别许久，无论是从现实可支配法律权益的实际价值还是内心的充实满足角度考量，并不像传统意义上的胜诉那般胜得明显而令人窃喜。而且在双方斗得鱼死网破的案件中，维护权益的有形与隐性成本均极高，扣除维护权益的巨大成本后，实际结局肯定在讼争原点之下。落败方攫占他人利益良久，考虑讼争成本以及因为落败而付出的额外成本，最终结局肯定比讼争原点的状态要糟糕太多。甚至在好多重大、疑难、复杂案件中，落败方甚至为讼争付出身陷囹圄的巨大代价。

由此看来，以传统观念中的胜诉与败诉来简单地评说重大、疑难、复杂案件的结局，似乎都欠妥。因为在重大、疑难、复杂案件斗争中，没有真正的赢家，也不可能有真正的赢家，双方都是在比谁输得更惨。因此，从尊重客观现实的角度分析，重大、疑难、复杂案件最终的结局无非是平衡或者倾覆。平衡是双方斗争到极限阶段后，落败方无力为继，优胜方也未必有足够的把握赶尽杀绝，或者为了保留有生战略力量而选择退一步，双方通过和解息战的方式确定讼争重大利益分割原则与尺度，双方在运动的、持久的斗争中取得了暂时的平静。倾覆是落败方在无力为继又不愿或不能满足优胜方的利益诉求，双方血战到底，最终落败方彻底被掀翻，而优胜方也因为血战到底而付出极为惨重的代价，大致取得惨胜结果。以笔者律师团队十余年操盘解决百余宗重大、疑难、复杂案件的实战经验判断，平衡与倾覆是重大、疑难、复杂案件相对稳定的两种结局方式。

二、平衡结局之设想

在一方或者双方存在系统性的战略思想与方法论指导的情况下，重大、疑难、复杂案件讼争终究会分出高低胜负，绝对不至于陷入胶着迁延的缠斗。在一方通过运筹完备而稳固的战略攻防体系掌控了绝对战略优势的情况下，案件其实已经到了该解决的时候，再往前推动便是悬崖，而掉下悬崖的是劣势方。优势方从悬崖下捞取失落的利益，成本与打捞深海沉船似有些许相近。因此，在这个关键的路口，是双方屏息静气、左思右想的历史性关口。

一方掌控战略优势与传统单纯诉讼案件法院作出生效判决是完全不同的概念。法律生效判决在传统单纯诉讼案件中具有王牌意义，但在重大、疑难、复杂案件斗争中，必须清醒而务实地看待法律生效判决作用的有限性。法律生效判决只是将本来已经存在的权益通过法院判决的方式予以确认，并赋予强制执行效力。有没有法律生效判决的确认，该权益均在。法律生效判决只是确认了本来存在的权益并赋予强制执行效力，并未创造权益。在重大、疑难、复杂案件斗争中，由于双方为关乎双方或者一方生死存亡的重大利益展开你死我活的斗争；并且基于重大利益形成强大的利益共同体联盟，实质上演化为两大利益共同体联盟之间的斗争；双方目的只有战胜并全面压制对方，胜败完全取决于双方实力；并且基于重大利益形成装睡的人叫不醒的尴尬局面，双方各自用尽救济手段、使尽力量与资源，倾尽全力、不遗余力地展开全方位的斗争与较量。因而，双方或者一方是铁了心要将重大利益争夺到手，因而不会因为法律生效判决的确认而主动履行。甚至在法律诉讼程序开始前许久已经将双方核心诉求所依据的基础事实或法律关系移调至法律程序射程范围之外，导致法律生效判决根本就无法得到执行。双方能否让渡重大利益并解决案件，完全取决于实力对抗的结果。而这个实力对抗结果正是双方对于战略优势的掌握情况，当一方完全掌控战略优势时，表明优势方已经在基础事实、证据体系、法律程序等基本对抗领域的攻防两端均将对方全面压制，并且在案件派生、衍生、次生问题方面将对方完全制服，对方已经完全不具备东山再起的可能性。在这样的情况下，显然已经完全具备了解决条件。再往前走，便是悬崖。

优胜方当然有实力赶尽杀绝，但投鼠忌器之顾虑未必比劣势方的倾覆忧虑少多少。虽然双方在重大、疑难、复杂案件讼争的终极目的是实现利益目标并全面压制对方，案件最终的结局取决于双方实力对比，但还是与战争中双方血战死拼产生终局结果的方式不同。案件受法律程序制约，需要通过法律程序运行的结果来体现战果，除了和解之外，双方不可能独立于法律程序之外另行构建终极解决平台。因而，在双方战略实力对比已经悬殊的情况下，如果继续往前推动，还是必须回归法律程序范畴。重大、疑难、复杂案件讼争事务错综复杂、千头万绪，千变万化，讼争法律程序众多，涉及法律关系较多，互相交织，互为条件与依托，在诉讼程序中往往需要中止处理某些程序以等待前提案件结果，整体处理妥当需要相当漫长的周期。周期大幅延长，显然会导致双方成本投入持续走高。同时，战略形势也存在一定变数，对于双方来说也是较大的考验，尤其是当前优势方更应当理性地考虑这个问题。受复杂法律关系的影响，法律生效判决权利转化成现实可支配权益难度较高，因而，权利实现的成本与风险均大幅提升。而劣势方除了考虑以上成本与风险外，更应当充分考虑包括刑事责任在内的极端严重法律后果以及返还、赔偿损失等极度扩大的法律责任问题。

站在一方已经完全掌控战略优势的点上，双方最佳选择似乎只有追求平衡，以和解方式全面、彻底、深入地解决案件问题。双方冷静而理性地考虑继续斗争下去的成本与风险，优势方适当放弃追求百分百全胜的想法，将血战到底需要付出的成本适当地让渡给劣势方。而劣势方也应充分尊重案件客观形势与双方实力对比，放弃不切实际的幻想，将重大法律责任风险止于当前，并且还能得到比血战到底更优越的支付赔偿条件。双方及时息战止损，以和解方式解决，达到相对平衡状态。

三、倾覆结局之设想

在优势方完全掌控了战略优势后，不愿意让渡任何利益，力求全额实现利益诉求；或者劣势方虽然已经面临全面溃败的局势，毅然决然地决定负隅顽抗到底；或者双方都不约而同地选择以血战到底的方式解决问题，那结局只有经过漫长法律诉讼程序较量后的倾覆。

优势方最终极有可能完全实现法律诉讼权利，会得到足额的讼争利益与损害赔偿等判决。但能否最终转化成现实可支配法律权益，却存在较大变数。首先，优势方需要通过相对漫长的法律程序来实现权利，其间需要投入较高的讼争成本。并且在相对漫长的法律程序中，也可能存在一定的变数。因为战略优势是不断发展变化的，目前完全掌控战略优势只是阶段性的现象，而战略形势的不断发展变化才是本质规律。因此，在漫长的解决周期内，必定会发生较大变化，劣势方重新掌握战略优势也并非不可能。并且劣势方一旦决定鱼死网破地对抗，那必定将诉讼权利无限行使，在诉讼程序中竭力拖延，导致解决周期变得更加漫长，这会导致双方的成本大幅提升。在重大、疑难、复杂案件中，不仅事务错综复杂、盘根错节、犬牙交错、变幻莫测，而且法律关系往往是民事、刑事、行政法律关系交叉复合，各种诉讼程序交织并存，基于先刑后民以及案件需要以其他案件审理结果为依据时必须中止审理，待其他案件作出判决以后再恢复审理等法律程序的限制，解决周期更是无法准确预判。这种极端复杂的复合法律关系，最终真正实现权益的强制执行程序也会受到严重影响。劣势方面临全面溃败的局势，需要付出巨大代价，最终不但需要将攫占他人的利益悉数返还，往往还需要赔偿巨额损失，甚至好多案件中劣势方最终以承担刑事责任的方式收场。同时，在讼争过程中为了维护权益也会付出较高代价。

因此，倾覆的结局下，优势方最终也会胜利，但结局是惨胜。其实，惨胜严格来说不能算作胜利。在为了人格尊严而战的情况下，惨胜是可以被接受的。而重大、疑难、复杂案件基本上是为利益而战，惨胜就不能算作完全胜利。劣势方只能败得更惨，奇迹不会轻易发生。最终如果包括刑事责任在内的最严重的法律后果泰山压顶般袭来时，不知道劣势方当事人是对于自己英勇不屈的壮举无怨无悔，还是为心存一丝幻想的无谓抵抗而噬脐莫及，抱恨终天。

第五节　全局战略高度的抉择

一、理性看待总体战略目标与现实可支配法律权益

由于笔者律师团队在实战中代理的往往是相对正义的被动应战方，对方往往蓄谋已久、处心积虑地布设了固若金汤的正面防线，使我方根本无法正面突破，

因而往往被挡在正面防线挣扎许久，一筹莫展。实在黔驴技穷、无计可施时，才委托笔者律师团队操盘解决。因而，关于战略、法、战术思想体系更应该理解为是相对而言具有客观公理正义性的一方当事人最终成功实现目标的方法论，似乎不针对相对非正义一方如何维护本方神机鬼械、鬼蜮伎俩、巧设机局的成果。因此，不是笔者对于案件结果总报有美好期望与想象，而是笔者律师团队代理相对正义一方已经成为惯例，最终客观上确实会形成我方掌控战略优势的局势。所以笔者总是习惯于站在胜利方的立场看待问题。关于最终抉择结局方式，显然是站在掌控战略优势一方的立场上展开阐述。

总体战略目标是基于总战略规划而确立的案件讼争最终要达成的整体目的。案件解决成效如何，只看总体战略目标实现程度如何。总体战略目标是在总战略规划对于案件全局事务进行全面、宏观、深入分析的基础上形成的理性追求目标，甚至建立在对于案件的发展趋势进行科学预测的基础上。因而，总体战略目标与传统单纯诉讼案件追求胜诉结果是完全不同的概念。在总战略规划基础上设定的总体战略目标，具有多层次的目标内容。总战略规划是我方对于案件进行全局分析、全局考虑、全局谋划后，对于案件解决过程中战略目标、战略方向、战略路线、战略任务、战略阶段、战略手段、战略力量等重要问题进行全面谋划设计，并根据案件客观形势与双方实力对比情况，结合饱富的实战经验，对于案件形势发展变化以及最终结果进行准确判断与预测，并提前对各个阶段的具体战术行为进行部署安排，对阶段性目标与总体目标的实现进行总体统筹安排而形成的整体规划。总战略规划为实现总体战略目标而服务，在讼争过程中，总战略规划指导全部战略战术行动，因而，总体战略目标是我方讼争战略战术体系的灵魂与方向。我方通过艰苦卓绝的努力，在完全掌控了战略优势以后，如何实现总体战略目标问题便成为头等要务。

在重大、疑难、复杂案件中，总体战略目标主要包括法律判决权利目标与现实可支配法律权益目标两个层面，换种通俗的说法，其实就是理想状态的利益目标与尊重客观现实的利益目标。总体战略目标是求真务实的，不仅追求法律判决权利方面的胜利，更追求将法律判决权利转化为现实可支配法律权益方面的胜利。在法律判决胜利目标的基础上，最终转化为现实可支配法律权益，才算完全达成战略目标。但总体战略目标往往带有理想化、预见性、动态化的特性，往往与最终达成的现实可支配法律权益之间存在一定差距。因此，在案件解决最后阶段，必须处理好总体战略目标与现实可支配法律权益之间的关系，切忌理想化地追求总体战略目标设定的完美利益目标，而忽略了案件客观现实，导致案件解决方向出现严重偏误。

尤其是在我方完全掌控战略优势后双方和解解决的情况下，必须始终清醒地筹算各种解决可能下总体战略目标与现实可支配法律权益之间的比例。在围城必阙战术论述中，笔者结合实战案件进行过测算，考虑时间成本、最终现实可支配法律权益事实上的贬值、讼争投入、现实可支配法律权益实现难度加大等因素，和解的现实可支配法律权益是血战到底情况下的几乎四倍左右。虽然在个案基础上进行实务辨析的结果未必放之四海而皆准，但亦可足见和解优势之大。因此，我们必须杜绝理想化追求总体战略目标实现的教条倾向，在血战到底的巨大损失完全足以抵销百分百胜诉带来的收益时，应当果断地接纳和解可得到的现实可支配法律权益，适当下调总体战略目标的阈值。总之，总体战略目标包含法律判决胜诉权利与现实可支配法律权益两个层面的追求，总体战略目标与法律判决胜诉权利都是理想化的完美追求，只有现实可支配法律权益才是最终追求的现实利益目标。而只有转化为现实利益的总体战略目标才具有实战价值，因此，总体战略目标必须尊重客观现实，将法律判决权利尽最大可能地转化为现实可支配法律权益。

二、平衡结局的利与弊

平衡的结局对于优胜方而言，尽早地将讼争利益变成现实可支配法律权益，投入正常的生产经营；避免了讼争周期迁延漫长的成本支出；也避免了讼争周期漫长而引发的战略形势变化风险；同时规避了法律判决权利转化为现实可支配法律权益过程中的风险。而弊端是往往不能百分百地实现法律判决权利确定的全部利益。对于落败方来说，避免了最终承担全额支付、赔偿的风险；节省了长期讼争的高额成本；有效地避免了事态升级后法律责任扩大化的风险。弊端是提前放弃了对盗攫所得他人合法权益的占有；放弃了争取大获全胜的机会而心有不甘。

通过和解解决以后，双方都能够回归正常的工作、生活轨道，不再长年累月地深陷于案件而无力营务正业。在双方为重大、疑难、复杂案件而争斗期间，即使委托专业人士处理，但事实上案件对双方的时间、精力、资金等消耗极大，甚至还会造成严重的心理、精神、情感方面的障碍，对当事人的人生命运都会产生极为深远的负面影响。好多重大、疑难、复杂案件当事人本为行业领军人物，但深陷极为复杂的讼争事务数年后，事业节节败退、家庭出现变故的情况不胜枚举。双方在和解停战后，都能够回归正常生活与工作，若当初选择血战到底的解决之时，或许已经因为全力营务正业而创造了数倍于讼争利益的财富。结束了令人忧郁愁苦的讼争烦恼，幸福感也大幅提升，生活质量显著提高。同时，双方和解解决以后，可以相对比较彻底地消除双方的矛盾与敌对状态，为日后的生活与事业扫清麻烦与障碍，拓宽道路，避免到处树敌而带来的不确定风险，免除后顾之忧。

平衡结局对优胜方来说弊端就是往往不能百分百地实现法律判决权利确定的全部利益。然而，法律判决确定的全部利益假使能够全额实现，扣除因拒绝和解而额外延长的讼争周期的成本投入，扣除在血战到底的法律程序中对方竭尽全力地抵抗而导致法律判决权利转化成现实可支配法律权益的风险与难度因素，显然会比当初选择和解的实际获得价值要低得多，甚至最终守着全额支持利益诉求的法律判决但分毫都未实现现实可支配法律权益的情况，也偶有所见。平衡结局对于落败方的弊端是提前放弃了对盗攫而来的他人合法权益的占有；放弃了争取大获全胜的机会而心有不甘。但问题是即使真的血战到底，结局只会更糟糕。法律判决与强制执行利益数额的升高、拒绝和解而额外延长讼争的高成本付出、包括刑事责任在内的升级法律责任的追究等相对更现实的风险，足以数倍地抵销占有盗攫而来他人合法利益所产生的收益，也足以让任何理性的人放弃当初还想为大获全胜再搏一次的疯狂追求。因而，权衡利弊，平衡结局对于双方来说是有百利而无一害的选择。

三、倾覆结局的利与弊

倾覆结局对于优胜方来说最大的好处就是可以理想化、完美化地追求百分百实现总体战略目标，不但可以追逐全额利益目标，要求对方支付本金并赔偿全部损失，还可以全面追究对方侵害我方合法权益的违法犯罪行为的法律责任，真正地做到赶尽杀绝，实现利益目标与解气泄愤的双赢。但弊端也是十分明显的，对方势必竭尽所能地利用一切可能的诉讼权利拖延诉讼进程，导致讼争周期极限化地延长；在额外增加的漫长的讼争过程中，需要持续投入极高的时间、精力、资金、隐性投入等讼争成本；漫长的讼争周期与对方的绞尽脑汁、倾尽全力的对抗也增加了战略形势转移的风险；对方的全力对抗也造成了在强制执行程序中将法律判决权利转化为现实可支配法律权益的难度与风险。

倾覆结局对于落败方而言，好处就是可以继续在对抗的同时稳稳地占有盗攫而来的他人利益，讼争周期有多长就能够占有多久；同时还保留了争取分文不予支付或赔偿的大获全胜结果以及较少支付与赔偿的可能性。弊端也是显而易见的，最严重的是极有可能承担侵害他人合法权益的违法犯罪责任；最终承担全额支付与赔偿责任，比和解成本会高出太多；持续性的讼争导致产生高额的成本投入。

倾覆结局下，双方当事人继续深陷复杂泥泞的讼争大战，偏离正常生活与工作轨道，无法营务正业，无法正常生活，导致心理、精神、感情等方面出现严重障碍，幸福感严重下降。更为关键的是，双方最终得到的结果都比和解的结果糟糕得多，优胜方在扣除额外加长周期的高额讼争成本、战略形势转移风险、法律判决转化成现实可支配法律权益的风险与难度、失落利益回笼周期大幅延长等成本后，即使能够全额实现利益目标，相对于当初和解能够实现的实际利益价值，仅为四分之一左右。这个算法在之前围城必阙大战术运作中有详细阐释。况且，在双方激烈对抗的情况下，对方必定进行大量神机鬼械的谋划设计，甚至甘愿冒着触犯刑事法律的风险也要阻却我方达成现实可支配法律权益，在强制执行等程序中，我方法律判决权利能否转化为真正的现实可支配法律权益，存有较大的不确定性。

笔者律师团队操盘解决的一宗重大、疑难、复杂案件，在我方完全掌控战略优势的情况下，我方当事人在和解阶段觉得对方本身就是非法攫取我方的合法利益，因而无法接受给对方让渡丝毫利益的结果，最终双方不可避免地对抗较量到底。主体诉讼判决结果相当饱满，甚至溢价实现了我方利益目标。但在最终执行阶段，因为对方涉嫌与本案有关的刑事犯罪问题，民事案件强制执行被中止。两年后刑事判决生效后才恢复执行，但已经物换星移，沧海桑田，完全不是彼时情状，对方公司又进入破产清算程序。虽然我方有财产保全，但强制执行程序与破产清算财产管理之间存在无法协调的程序与规则障碍，最后数次拍卖均流拍，耽误了整整六年，最终还未完全执行到位。该当事人噬脐莫及，抱恨终天，经常纠结于当初未选择和解解决，导致最终现实可支配法律权益缩水六七倍。

作为落败方，坚持死战到底，虽然可以较长时间地占有他人合法利益，但终究得还。而且在奉还时还需支付巨额赔偿，相对于巨额赔偿，占有他人利益期间的收益已经被完全抵销。况且还需要在持续讼争中付出极高的时间、精力、资金、隐性付出等成本，更是得不偿失。当然，最恐怖而得不偿失的是可能承担侵害他人合法权益的违法犯罪责任，甚至身陷囹圄。一旦失去人身自由，攫取多么巨大的利益，看起来也都是个笑话。

综上所述，倾覆结局对于双方当事人来说，确实是百害而无一利。希望在重大、疑难、复杂案件的泥泞困厄中挣扎的人们能够擦亮双眼，理性筹算，对法律责任以及讼争成本抱持相当的敬畏，求真务实地选择最终解决模式，切忌贪婪过度或血气太盛而误入歧途。

四、力求平衡，不畏倾覆

平衡结局对于双方来说有百利无一害，而倾覆结局正好相反，我方当然极力追求平衡结局，也愿意为平衡结局做任何努力与适当的牺牲，但如果对方非要选择倾覆结局，那我方也会毫不畏惧，奉陪对方在未来的讼争决战中血战到底，并且毫不迟疑地朝着百分百实现总体战略目标的高阶追求奋进。

毫不畏惧并毫不迟疑地朝着百分百实现总体战略目标的高阶追求奋进，显然不能仅停留在主观表态与战斗意志层面，必须依靠我方完备而稳固的战略攻防体系的战略力量震慑力、深度、纵深度、厚度。拥有这种战略力量优势，才是我方和解的依恃，争胜的底气。追求平衡结局，我方为高效能、低能耗的解决模式而考虑。不畏惧倾覆模式下的纠缠，是因为我方有足够的战略力量作底气。

在处理重大、疑难、复杂案件过程中，我方在系统性的思想、哲学、理念、价值观、方法论的指导下，通过全面了解案件客观情况，并进行精挖细掘、掘地三尺的调研摸底及要素收集；在深彻把握案件的基础上，进行全局分析、全局考虑、全局谋划，制订总战略规划，对于案件整体解决过程中的战略目标、战略任务、战略方向、战略路线、战略阶段、战略力量、战略手段等重要事项进行全面设计；并在总战略规划的指引下，结合案件客观形势与双方实力对比，准确地预测案件发展趋势，确定具体的战略方向与战术运筹方案；针对对方的薄弱环节与致命要害部位，部署极富针对性的战术体系形成完备的战略攻防体系；并且在讼争过程中全面、深入地收集战略要素，形成布点丰富的战术据点，以此打造全方位、立体化、多层次、纵深化的战术体系，形成六合八荒、力度千钧的战略进攻体系以及密不透风、滴水不漏的战略防御体系。在主体诉讼等核心讼争领域，我方拥有足够的实力在攻防两端完全压制对方战略力量。在主体诉讼等核心领域以外，我方也拥有雄厚丰富的后备战术体系，大幅增加我方战略力量的震慑力、深度、厚度、纵深度。甚至在双方讼争结束后，依然拥有保持持续性战略震慑力的后备战术体系，防止对方出尔反尔、卷土重来、反攻倒算。这是在所有重大、疑难、复杂案件中我方战略力量标配。

我方极力追求和解模式下的平衡结局，首选以低能耗、高效能的模式解决问题，以求最佳法律判决权利转化为现实可支配法律权益的性价比。如果对方在我方的让渡利益与战略震慑下执意选择血战到底的倾覆结局，那我方无非是调整模式立即投入讼争战斗，将目标调设为百分百实现总体战略目标的高阶追求，以我方在讼争中掌控的战略优势以及深厚的战略力量储备，最终达成总体战略目标应有保障。

后　记

　　把操盘解决重大、疑难、复杂案件实战经验基础上形成的思想、理念、价值观、方法论等系统性地总结并成书，是笔者由来已久的宏大计划。或许是缺乏连续性的业余时间，顾虑零敲碎打地写会影响整体性，或许是觉得还不够完美，再等等会变得更好。并且，完全记录个人实战经验基础上形成的思想、理念、价值观、方法论，没有任何先例与素材可以参照，必定是一项浩大工程。总之，成书想法持续了好几年一直未能成行。

　　今年因为一个标的巨大、涉及国内外众多超重量级主体、事务异常精密复杂的重大、疑难、复杂案件，战略、法、战术思想体系作为实战方法论，展现出其无与伦比的实战解决威力，令悬停僵死数年的案件原地勃发，让笔者终于确信战略、法、战术思想体系已经基本成熟，可以供飨业界同仁以及受重大、疑难、复杂案件困扰的当事人了。因此，特地提前安排好时间，对日常工作事务作了妥善部署，除了处理工作中最重要事项外，其余时间均用来写作。由于全部内容系笔者十余年来操盘解决重大、疑难、复杂案件的经验与想法转化成书面文字，且酝酿已久，因而洋洋洒洒、一挥而就，仅用月余时间便创作完成五十余万字的鸿篇巨章，实现了几年以来的最大心愿。其中第四章、第五章、第七章富集升华了重大、疑难、复杂案件实战解决的战略、战术、智慧、谋略、经验等精华内容，是本书的重中之重。

　　战略、法、战术思想体系是专门解决重大、疑难、复杂案件的系统性实战方法论。通过笔者律师团队十余年操盘解决百余宗重大、疑难、复杂案件的实战成效看，战略、法、战术思想体系能够充分地运用智慧、谋略与经验，从全局战略高度统筹案件，充分发掘利用全部案件要素，紧密结合案件客观形势，并运用饱富经验优势，前瞻性地预测案件客观形势发展趋势，形成深彻的案件客观基础事实认知系统。针对对方战略防线上的薄弱环节与致命要害部位，充分发挥智谋、策略、计谋的战略意义，部署极富针对性的战术体系。并充分发挥我方战略优势，强化虚弱部位，形成全方位、立体化、多层次、纵深化的战术体系。各个具体战术在总战略规划指引下，为达成总体战略目标而分别轻重主次缓急，形成核心突出、层次分明、目的明确、后备充足的战略向心力。在实战中往往能够形成六合八荒、力度千钧的战略进攻体系与密不透风、滴水不漏的战略防御体系，缔造完备而稳固的战略攻防体系。完备而稳固的战略攻防体系，正是我方在重大、疑难、复杂案件实战中所向披靡、攻坚拔锐的致命核武系统。通过笔者律师团队实战经验看，战略、法、战术思想体系深度应用于实战，针对具体案件形成个性化、全时空要素、实效性的实战解决系统，拯救了好多深陷悬停僵死绝境却缠斗不止的重大、疑难、复杂案件，充分展现出建构讼争实战战略力量体系的决定性意义。

　　战略、法、战术思想体系产生于重大、疑难、复杂案件解决实战，在实战中深入应用，并在实战中不断发展完善。相信随着笔者律师团队不断积累实战经验，战略、法、战术思想体系会得到更好的提升与强化。本书献给致力于解决重大、疑难、复杂案件的业界同仁，希望能够为重大、疑难、复杂案件的彻底解决做出绵薄贡献；本书献给正在重大、疑难、复杂案件泥泞困厄中苦苦挣扎的当事人，希望能够帮助找回正确的方向、路线、策略。

　　感谢笔者律师团队的集体付出与智慧贡献，正是在我们团队同心同德、尽人力所能及、肝胆相照的讼争实战中才逐渐形成了战略、法、战术思想体系。战略、法、战术思想体系是笔者律师团队集体智慧结晶，将在未来操盘解决重大、疑难、复杂案件的讼争实战中继续发挥提纲挈领的作用。作为最系统的实战方法论，在解决重大、疑难、复杂案件的过程中继续担当领航员的角色。感谢广大重大、疑难、复杂案件委托人的信任与支持，是他们帮助我们创建了战略、法、战术思想体系，希望战略、法、战术思想体系能够帮助他们彻底解困脱难，在未来的路上顺畅平安，绝不再趟入重大、疑难、复杂案件的激流。

段军齐

二○二○年七月于北京